清史诗画

清帝承德三百六十五天

诠释清朝第二个政治中心

揭示康乾盛世治国理念

演绎帝王之都宫廷文化

荟萃避暑山庄诗书画品

避暑山庄全图 清彩绘本，横轴装，原图纵142厘米，横224厘米。现藏中国国家图书馆。图左下角钤“钱维城印”、“不试故艺”，右下角钤“冯氏珍藏书画印”和“冯联棠珍藏书画印”。

全图以鸟瞰式全景画形式描绘热河行宫及其周围山水胜境与庙宇，内容详尽，形式生动，形象逼真，画工精细 。图中方向上北下南，用红、黄贴签标注景名，麋鹿、白鹤出没林间，十二座色彩绚丽、金碧辉煌的寺庙环绕在山庄东部和北部丘陵起伏地段，有众星捧月之势。整幅图充满生机，是一幅珍贵的清代皇家园林地图。

【7月1日】

一日

康熙五十二年闰五月初九(1713年7月1日)，因本年康熙帝六十寿辰，本日，康熙帝赐热河居住的九十岁以上、八十岁以上、七十岁以上、六十五岁以上耆老银两有差。

乾隆十九年五月十二日(1754年7月1日)，乾隆帝诣盛京、恭谒三陵，本日到达避暑山庄，杜尔伯特三策凌从乌里雅苏台经张家口出独石口到热河入觐。封杜尔伯特台吉策凌为亲王，策凌乌巴什为郡王，策凌孟光、色布腾为贝勒。

一诗

至避暑山庄即事书怀

◎乾　隆

岭度广仁晓旭殷，宫临避暑敞云关。
几经绝域策耆定，适值潢池逞鞠顽。
兵顿徒称因阻雨，贼逃预计竟翻山。
豫游肯此疏幾务，筹笔忙仍宵旰间。

一解

这是一首颇具史料价值的诗作。写于乾隆四十九年五月十四日(1784年7月1日)。乾隆帝一年一度塞外巡幸，在避暑山庄的日子长达四五个月，但在这里豫游不曾疏忽军国大事，而是精心筹划忙于政务。诗注透露：乾隆二十九年(1755年)乾隆平定准噶尔，乾隆二十四年(1759年)平定回部及乾隆四十一年(1776年)平定金川，筹划军务均在避暑山庄。此次至避暑山庄即事，即以陕甘总督李侍尧等办理甘肃固原邪教田五在小山地方聚众起事反清一事，命固原提督刚塔迅速剿捕，因李侍尧办理失误，命福康安为钦差大臣驰驿前往督办。最终官军分四路进攻，固原起事被平定。邪教首领马文熹、孙文庆等被解至热河处死。

云关，云雾笼罩的关隘。绝域，极远之地，指甘肃固原一带地方。耆定，平定。潢池，语出《汉书》，谓叛乱，造反。鞠，古代民族名。幾务，军国大事。筹笔，运笔筹划。

“三策凌”杜尔伯特蒙古王公绰罗斯公达瓦画像

扎萨克多罗贝勒刚多尔济(策凌汀从了)画像

【7月2日】

一日

乾隆十九年五月十三日(1754年7月2日)，乾隆帝在澹泊敬诚殿召见新封亲王策凌等。垂询准噶尔内情，策凌等以“彼处人心不一，甚属乖离”回奏。随后，策凌一行百余人受到清廷隆重接待。乾隆帝连续在流杯亭、卷阿胜境、万树园设宴款待并观火戏。

乾隆三十八年五月十三日(1773年7月2日)，乾隆帝检阅时宪书，是日为吉日，故敕建热河城隍庙落成开光。乾隆帝至热河顺路拈香，作《初建城隍庙八韵》并序缘起。后驻跸避暑山庄来此朝拜，已成定例。

一诗

流杯亭小宴杜尔伯特亲王策凌等

◎乾　隆

宛转清流绕石渠，羽觞小宴欵康居。
呼前手赐笑言接，喜可身循礼法初。
荒略从来事杯饮，倾城那解饰虚誉。
褭蹄锦段颁中禁，满载归教艳拂庐。

一解

乾隆十九年(1754年)，杜尔伯特亲王策凌等人来到承德避暑山庄，乾隆帝连续宴请亲王等人。这首诗描写了在避暑山庄流杯亭宴会时的情形。此诗也可以看做是一曲民族团结的赞歌。流杯亭，香远益清是避暑山庄“康熙三十六景”之一，位于澄湖东岸，金山之北，前殿五楹。后殿三楹名紫浮。紫浮西有殿五楹名依绿斋，由此沿东廊南行，可达水中方亭，名流杯亭。

诗的前四句意思是，清澈的流水曲折绕石渠而过，端起鸟雀形的酒杯，设宴款待杜尔伯特亲王策凌。呼唤亲王策凌来到我跟前，我亲自赏赐，笑言相接，他们遵循礼法，举止言谈很合规矩。羽觞(shāng)，酒器。作鸟雀状，左右形如两翼。一说插鸟羽于觞，促速饮。康居，古西域城国名，最盛时有今中亚细亚锡尔河北方吉利吉斯草原一带地方。此处借指杜尔伯特部。欵(kuǎn)，同款，款待。

诗的后四句意思是，边疆之人豪爽善饮，他们不懂得虚伪矫饰。黄金锦缎颁自禁中，策凌等人满载而归，阳光拂过毡庐。荒略，偏远、荒蛮之地。虚誉，虚假的夸奖。褭(niǎo)蹄，马蹄形的铸金。中禁，禁中。艳，通焰，光焰。拂，轻轻地擦过，这里可以理解为阳光拂过毡庐。

城隍庙门景

城隍庙图　选自《承德府志》

杜尔伯特亲王策凌像

流杯亭

【7月3日】

一日

康熙四十一年六月初九日(1702年7月3日)，康熙帝往塞外避暑，皇太后及胤礽等皇子七人随同。这一年开始驻跸热河下营(今承德市区半壁山以南，接近武列河入滦河处)。以前皆驻喀喇河屯行宫。

康熙五十年五月十八日(1711年7月3日)，文华殿大学士张玉书病逝于承德，终年70岁。康熙帝闻讯深为痛惜，特传谕大学士温达："今大学士张玉书病故，尔会同部院官员，照汉礼衣殓发往京师。"赐银1000两。张玉书系顺治十八年(1661年)进士，曾护驾亲征噶尔丹，多次随康熙帝出巡，参与制定治国方略，主修《明史》、《平定朔漠方略》等典籍。张玉书既是一代博学鸿儒，又是一位勤政廉吏。

一诗

眺远亭作歌

◎乾　隆

趁爽更復跻崇椒，树叶翻风凉意满。
虽然亦眷劳舆人，恰憩山亭颜眺远。
眺远讵止玩山林，絜矩之道吾应斟。
衣食大欲民可畏，雨旸时若天难谂。
况兹金川有正事，遥遥西望常廑意。
禁暴安民不易筹，宵旰企待捷音至。

一解

这首诗写于乾隆三十七年(1772年)。乾隆三十六年，大金川与小金川同流合污，反叛朝廷，乾隆帝再度派兵西征金川，任命桂林为四川总督，温福为定边右副将军，共同讨伐大小金川。但金川形势险要，碉卡坚固，清军屡攻不克，损失惨重。乾隆虽出塞巡幸驻跸山庄，但登上西峪的眺远亭，仍遥遥西望常廑意，挂念于心，企望得到官军分路进军的胜利消息。

眺远亭，在避暑山庄西峪秀起堂北山，出西北门顺石阶可登此亭。跻，登。崇椒，高山顶。颜，题字匾额。絜矩，絜，度量；矩，画方形的用具，引申为法度。儒家以絜矩来象征道德上的规范。

“恰憩山亭颜眺远”

【7月4日】

一日

康熙五十年五月十九日(1711年7月4日)，康熙帝为已故大学士张玉书亲写挽诗一首，并与大学士等言："朕自幼读书，见大臣多不能保其初终，故立志待大臣如手足，不论满汉蒙古，非大奸大恶法不可容者，皆务保全之。五十年来，如大学士蒋赫德、卫周祚、李霨、杜立德、冯溥、黄机、吴正治、王熙、李之芳、宋德宜、梁清标、李天馥、张英、熊赐履、吴琠、陈廷敬，皆以年老告辞林下颐养，保全名节，朕亦未尝少忘，常使人存问，始终如此。凡在朝诸臣，朕待之甚厚，伊等亦矢忠尽力，历数十年之久，与朕同须发皤然矣。朕念宿学老臣辞世者辞世，告退者告退，每每伤心痛哭。"

一诗

御制挽张玉书诗

◎康　熙

文章未齿秉丝纶，旧德凝承近紫宸。
瀚海天山同正略，江干河道与尝新。
表贤未及身先殁，颐养空谈梦没湮。
挥泪长歔叹佐斗，从来伤痛肃雍臣。

一解

这首七言律诗写于康熙五十年五月十九日(1711年7月6日)。这首诗表达出君臣的深厚情义及伤痛的情感，赞扬了张玉书的人品及才干。原题为"康熙五十年五月十八日丙午，上驻跸行宫，是夜子时张玉书病故御制挽张玉书诗"。

诗的前四句意思是，你年少时，文章就非常出众，入阁以来，又常为我撰写诏书。你牢固地继承了传统的优秀品德，我让你常在皇宫中行走。你伴随我走遍天南海北，一齐考察民情，共同商定施政方略；也和我坐在一条船上穿行于大江大河之上，共同品尝水鲜。未齿，牙齿没长齐全，指年少之时。丝纶，指皇帝的诏书。旧德，指传统的优秀品德。凝承，巩固地继承。紫宸，帝王的代称。张玉书不仅仅是文华殿大学士，还是侍讲官，即皇帝的老师。所以能够常到皇宫里来见到皇帝。瀚海，北海，蒙古高原东北，一说指今内蒙的呼伦湖、贝尔湖。古代泛指北方最远地区。天山，汉代时称祁连山为天山；唐代时称伊州以北山脉为天山，在今新疆哈密县。江干，江岸。尝新，品尝新鲜的水产品。

诗的后四句意思是，没来得及表彰你的贤良，你就亡故了，晚年要颐神养性的美梦也破灭了。失去了一位辅佐大臣，我禁不住挥泪长叹。自古以来，帝王最怕失去严肃清正的大臣。表贤，表彰贤良。殁，死亡。颐养，颐神养性。颐，保养。没湮(mò yān)，破灭、灭亡。佐斗，这里用北斗星辅佐在天极星的周围，比喻皇帝的辅佐大臣。肃雍，严肃清正。

康熙帝半身像

【7月5日】

一日

康熙二十二年六月十一日(1683年7月5日)，施琅进兵澎湖。大会各镇、协、营等官员于铜山，二万舟师从铜山出发。

康熙二十四年六月初四日(1685年7月5日)，康熙帝在巡幸塞外出古北口途中获悉，都统彭春、黑龙江将军萨布素等统领满、蒙、汉、达斡尔等组成的军队，分水陆两军于五月二十五日攻克被俄国军队侵占二十余年的雅克萨城，康熙帝停辇传知诸王与大臣，在鞍匠屯行宫(今滦平县城后营街)接受恭亲王常宁率文武官员的庆贺礼。

雍正七年六月初十日(1729年7月5日)，设立军机处，怡亲王胤祥、大学士张廷玉、蒋廷锡领其事。军机处设在隆宗门内，原名军需房，后改名办理军机处、军机处。乾隆年间，成为独立机构，总揽军国大事。

乾隆十九年五月十六日(1754年7月5日)，乾隆帝在万树园设大蒙古包宴内蒙古、青海、喀尔喀诸部蒙古王公及京师赶来的各部大臣。

一诗

宴杜尔伯特亲王策凌郡王策凌乌巴什等于万树园诗以纪事

◎乾　隆

万树参天焕曙霞，穹庐酒醴乐柔遐。薰风五月偏含爽，湛露三巡共拜嘉。
天与人归宁可拒，茅分爵锡应自加。征召应律欢情洽，试听编钟设虡牙。

渠搜何必镇天骄，来贺倾诚不惮遥。外厩马为中厩献，新宾人并旧宾邀。
镳锔自可随方俗，冠服同教式本朝。避暑匪今廑惠远，千秋家法仰仁尧。

一解

这组诗写于乾隆十九年(1754年)。诗描绘了乾隆帝在避暑山庄万树园宴杜尔伯特亲王策凌、郡王策凌乌巴什等人的情形，表达了民族团结的主题。

第一首诗前四句意思是，彩霞满天，在树木茂盛的万树园搭起的蒙古包里我和远方前来归顺的策凌亲王等人共同举杯，其乐融融。五月的和风偏偏含着清凉的爽气，酒过三巡，共同拜谢给予他们的佳惠。

第一首诗后四句意思是，杜尔伯特部落的归顺是顺应天意的，不能拒绝，要对他们进行封赏。他们顺应规律被征召而来，欢声融洽，倾听演奏编钟、磬交加的乐声。茅分，分茅，按封地所在方向取祭坛上一色土，以茅包之，称为茅土。虡(jù)牙，悬挂编钟磬的木架。

第二首诗前四句意思是，对杜尔伯特部为什么一定要像汉代对待匈奴那样镇服呢？他们诚心归附，来朝拜不怕路途遥远。外厩马成了内厩马，新归附的部落与旧部落欢聚一堂。原注：时四十九旗扎萨克并青海诸部王公、台吉毕集行在皆令入宴。新归附的杜尔伯特亲王策凌、郡王策凌乌巴什等和四十九旗扎萨克并青海诸部王公、台吉欢聚一堂。渠搜，古西域国名，在大宛北界，葱岭以西。这里借指杜尔伯特。

第二首诗后四句意思是，他们的服饰自然可以按本民族的习俗，来朝觐时即赏赐衣服冠带，令从本朝之典章制度。在避暑山庄勤施恩惠于远人，不是自今天才开始的，皇祖时就已经形成家法传下来了，这是令我十分敬仰的。原注：策凌等入觐后即赉以衣冠，令从本朝之制。镳(qú)锔(yú)，金银等穿耳饰物。这里指少数民族服饰。镳锔，君长，边疆少数民族各部首领。

避暑山庄万树园赐宴图

【7月6日】

一日

康熙二十二年六月十三日(1683年7月6日)，康熙帝奉太皇太后第三次出塞北巡，巡视蒙古各部及习武木兰围场。皇太子胤礽、皇长子胤禔、皇三子胤祉随驾。出古北口、途经鞍匠屯、滦河沿、张三营、九隘口(伊逊河口)进入乌拉岱川及拜察(今内蒙古克什克腾旗芝瑞)。

一诗

水心榭

◎乾 隆

界水为堤，跨堤为榭，弥望空碧，仿佛笠泽垂虹景色，明湖苏、白未得专美。

一缕堤分内外湖，
上头轩榭水中图。
因心秋意萧而淡，
入目烟光有若无。

一解

水心榭为“乾隆三十六景”第八景。水心榭建于康熙四十八年(1709年)，避暑山庄内下湖与银湖之间建有一石堤，堤上建有三座敞亭。亭榭形成优美如画的倒影。凭栏东望，青翠杳然；西眺银涛万叠，浩淼溟濛，是夏季纳凉赏荷的好地方。石堤南北各立一牌坊，亭下有八孔水闸，俗称“八孔闸”。

诗序叙写水心榭建筑形制，筑起石堤，将下湖与银湖分开，在石堤上建起三座敞亭，与湖面相比，敞亭仿佛建在高台上，又在水中，因而康熙帝题额“水心榭”。坐在亭中俯瞰，充满视野的是清澈蔚蓝的天光水色，如置身松江垂虹桥优美风景之中。石堤周围景色，可与西湖苏堤、白堤相媲美。笠泽，水名。即松江(今吴淞江)。垂虹，桥名。在江苏省吴江县东。本名利往桥，因桥上有垂虹亭故名。桥有72洞，宋庆历八年(1048年)建。俗名长桥。明湖，此处指杭州西湖，观上下文意可知。一说明净的湖水。苏、白，即苏东坡、白居易居杭时在西湖所建的苏堤、白堤。专美，独享美名。

诗的前两句写景，一条长长的石堤把湖水分成内湖和外湖；石堤上的亭榭倒映在水中构成一幅优美的图画。缕，凡物细而长者皆称缕，此处指石堤。

诗的后两句抒情，坐在水心榭中，即使是夏天也会觉得秋意萧然，感受到清爽而恬淡的情趣；映入眼帘的水气波光，若有若无，周围景色显得迷迷茫茫，别有韵味。因心，由于心的感觉。秋意，秋天凄清萧瑟的景象和气象。萧而淡，秋意萧然，情趣清爽、恬淡。烟光，亦作“煙光”，水上的雾气。

康熙皇十三子怡亲王胤祥画像

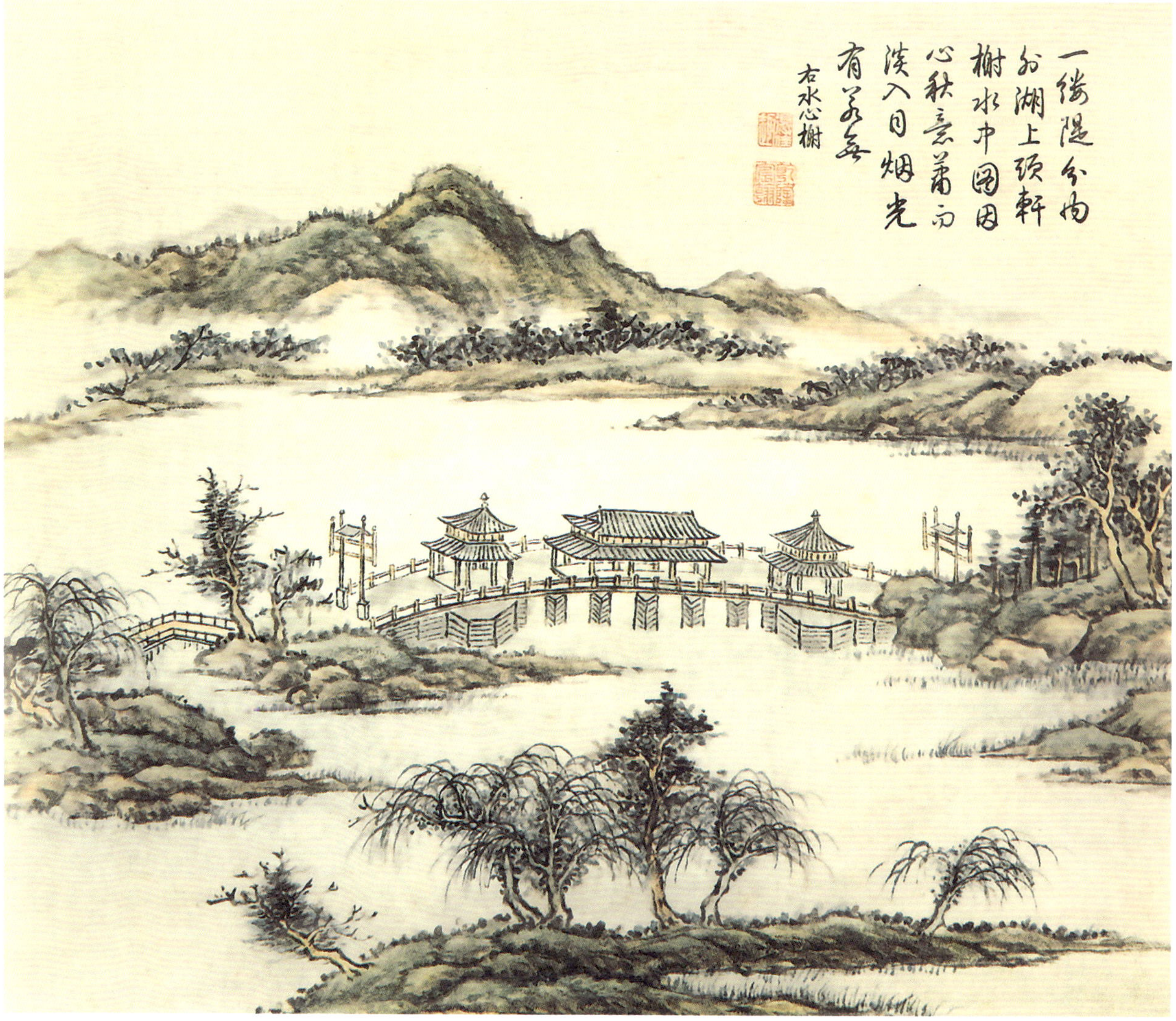

“乾隆三十六景”之水心榭

“一缕堤分内外湖”

【7月7日】

一日

乾隆四十四年五月二十四日(1779年7月7日)，热河文庙落成，乾隆帝亲诣文庙行释奠礼。乾隆帝行二跪六叩大礼，迎神乐奏《昭平之章》，初献乐奏《宣平之章》，亚献乐奏《秩平之章》，终献乐奏《叙平之章》，撤馔乐奏《懿平之章》，送神乐奏《德平之章》。

[评]清朝满族贵族尽管奉佛，但御旨明确指出儒道为“正道”，儒家学说为“正学”。乾隆帝建热河文庙，并颁内府十件周代法物于大成殿内，落成时又亲诣释奠礼，其后又二十余次祭拜孔子，足见清政府以正统王朝之主身份出现，认为孔子神位是自己的国事，表现了清统治者对于中原主流文化的认同感。

乾隆四十六年闰五月十六日(1781年7月7日)，乾隆帝发布上谕：热河满洲兵丁驻防年久，所有病故人等，骨殖无力送京埋葬，甚属可悯。且各省驻防满兵，俱官给葬地。著加恩于热河附近官地，赏给40顷，以为埋葬之所。其所位于西郊水泉沟、果家沟、赵家沟、佟山南坡等地。

一诗

文庙释奠礼成有述

◎乾 隆

圣祖于斯避暑曾，养恬乐利被黎蒸。
闾阎此日较前胜，礼乐百年以后兴。
爰建庙堂欣庆落，载因释奠仰依凭。
菁莪雅化捷影响，已有庠间俊秀升。

一解

这首诗写于乾隆四十四年(1779年)。文庙即孔庙。乾隆帝敕建的热河文庙，是清代第三大孔庙。乾隆四十一年三月(1776年4月)，礼部尚书曹秀先扈从乾隆帝去山东曲阜拜谒孔庙，五月又扈从乾隆帝来承德，君臣二人议论政事，都提到应在承德兴办教育。八月，乾隆帝为兴建文庙发出上谕，把在热河办学和兴建文庙事宜交直隶总督周元理、学政罗源汉具体办理，随后又指派管工程大臣英廉负责文庙工程。热河文庙于乾隆四十四年建成，五月二十四日(7月7日)举行了隆重的落成典礼。随后，乾隆帝写了这首诗。诗后小注说：“丙辰夏诏于热河兴建文庙，并定各厅入学额数。丁酉秋顺天乡试，即有热河生员中式者。”称决定兴建文庙促进了承德教育发展。释奠，置爵于神前而祭。此处指热河文庙落成乾隆帝以隆重的礼仪祭奠“至圣先师”孔子。

诗的前四句意思是，皇祖父曾经在热河避暑理政，把安乐和福利带给黎民百姓。今天街市和以前相比更加兴盛，礼乐在百年之后终于在这里兴起。

诗的后四句意思是，于是兴建热河文庙并欣喜地庆祝它落成，从此开始有了用来祭祀孔子的地方。热河文庙的建成迅速地影响了对人才的培养，学校里已经有了才俊优秀者脱颖而出。

热河文庙棂星门（老照片）

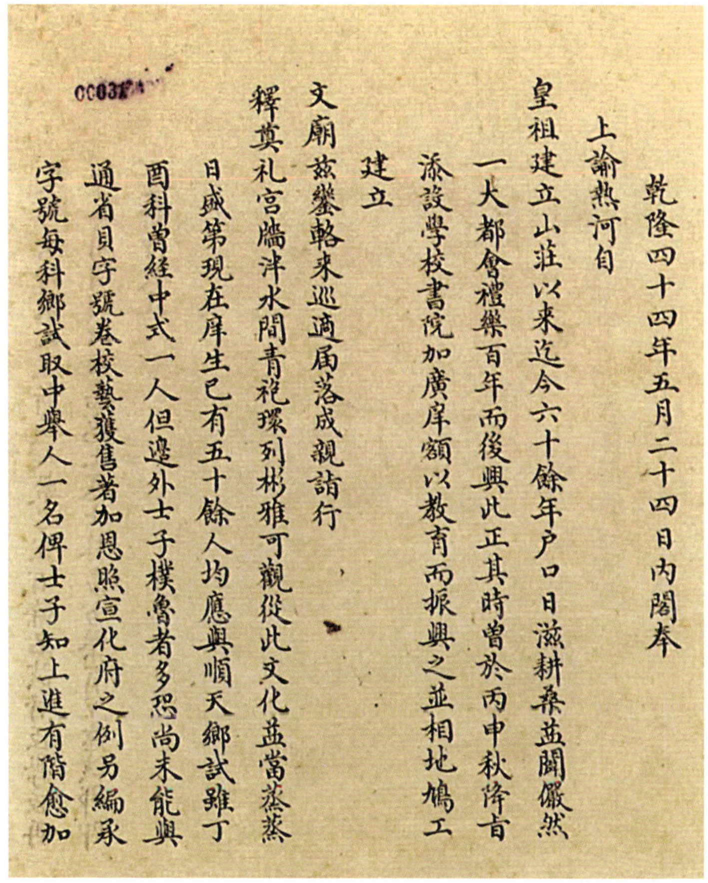

乾隆四十四年五月二十四日內閣奉
上諭熱河自
皇祖建立山莊以來迄今六十餘年戶口日滋耕桑益闢儼然
一大都會禮樂百年而後興此正其時曾於丙申秋降旨
添設學校書院加廣庠額以教育而振興之並相地鳩工
建立
文廟茲鑾輅來巡適屆落成親詣行
釋奠礼宮牆泮水間青衿環列彬雅可觀從此文化益當蒸蒸
日盛第現在庠生已有五十餘人均應與順天鄉試雖丁
酉科曾經中式一人但邊外士子樸魯者多恐尚未能與
通省貝字號卷校藝獲售著加恩照宣化府之例另編承
字號每科鄉試取中舉人一名俾士子知上進有階愈加

乾隆帝关于热河文庙落成亲谒行礼的上谕

热河文庙碑记

热河文庙大成殿

【7月8日】

一日

乾隆四十年六月(1775年7月)上旬，承德避暑山庄文津阁完工。承德避暑山庄文津阁从乾隆三十九年(1774年)秋季动工，经过近一年时间。此时正值乾隆帝驻跸避暑山庄，他亲自参加了落成典礼，并撰写了《题文津阁》，说明了建文津阁的目的、时间、落成及建筑形式，最后阐明了学习传统文化知识的重要性。诗序说，收藏《四库全书》的楼阁之处有三：北京紫禁城文渊阁、圆明园文源阁、避暑山庄文津阁是刚刚起始。文津阁开始于甲午秋季，第二年乙未夏月竣工，正当我驻跸于此，为落成赋诗一首。要追溯河流的源头就必须从合适的渡口上船。这就是文津阁名字的来源。现在仿照浙江宁波范钦的藏书楼天一阁来建造文津阁，前一年(乾隆三十九年)已写了《文津阁记》，详细说明了情况。

一诗

题文津阁

◎乾　隆

四库书成将弆之，范家天一仿而为。
基营去岁才择向，鼎落今朝弗滞时。
子晋漫夸秘书逮，长沮徒议执舆知。
名山藏实无过此，却待他年枕葄兹。

一解

这首诗前四句意思是，《四库全书》辑成即将收藏，文津阁仿照范钦天一阁而在避暑山庄建造。去年刚刚择址相地，今年就落成了，没有延误时间。

这首诗的后四句是议论，毛子晋不要夸耀他的《津逮秘书》是学习经典的入门指南。子晋，毛晋，字子晋，明代人，他采用胡震亨辑刻未成的《秘册汇函》残版，增补所藏秘籍编成《津逮秘书》，全书15集，144种，752卷。当时有人认为《津逮秘书》所收的书籍远远超过过去各家辑录的丛书。说长沮讽刺孔丘知道哪里是渡口的传言是无稽之谈。长沮(jǔ)，《论语·微子》云："长沮桀溺耦而耕。孔子过之，使子路问津焉。长沮曰：'夫执舆者为谁？'子路曰：'为孔丘。'曰：'是鲁孔丘与？'曰：'是也。'曰：'是知津矣！'"孔子让子路问长沮哪里有渡口，长沮反说孔子知道渡口在哪儿。长沮是个隐士，认为避世隐居才是正确的人生道路，孔丘的从政济世学说只能是迷途，所以他讽刺孔子是知津的人。执舆，驾车的人。我们等待着人们会沉迷在《四库全书》典籍的境界和思想之中。这里，乾隆帝拿《四库全书》和《史记》作比较，指的是对后世的影响与教育意义。弆(jǔ)，秘藏。逮，及，达到。枕葄(zuò)，犹枕藉，引申为沉迷。

文津阁（老照片）

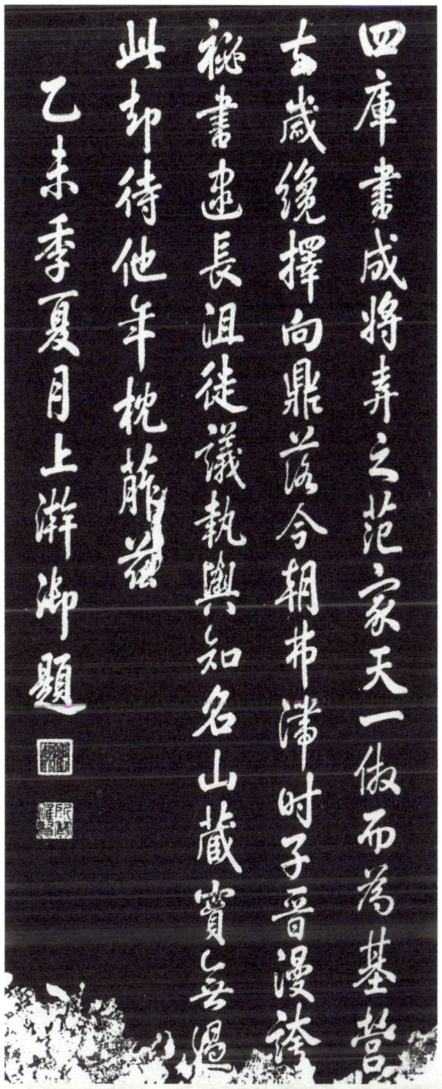

文津阁石碑拓片

“范家天一仿而为”

【7月9日】

一日

康熙四十七年五月二十二日(1708年7月9日)，康熙帝巡幸塞外，至桦榆沟行宫(今滦平县陈栅子乡)，同内大臣及翰林官游览后苑，赐食，席间奏升平雅乐，诸臣宴赏尽欢。

乾隆四十年六月十二日(1775年7月9日)，阿桂、明亮、富德三路军营进剿金川奏折同时递到，乾隆帝在避暑山庄即为展开批阅，召见军机大臣，并做出部署。

乾隆四十六年闰五月十八日(1781年7月9日)，谕内阁仲秋丁祭著派扈从大学士一员前往热河文庙行礼，以襄大典。

一诗

军书

◎乾 隆

三处军书一日来，立时筹笔肯徘徊。
扼其吭背守自力，聚彼鲸鲵攻易摧。
绒布遥牵严斥堠，勒围夹击迅风雷。
独因捷近盼如远，日夜邮传问几回。

一解

这首诗写于乾隆四十年六月十二日(1775年7月9日)，清军官兵进剿金川，阿桂、明亮、富德三路大军节节胜利，军书频传，乾隆帝在避暑山庄批阅同时到达的奏折，向军机大臣面授机宜，尽行剿洗，不应姑息，诱而擒之，以蒇斯役。

三处，指阿桂、明亮、富德三路大军。军书，军事文书。斥堠，侦察，候望。勒围，收紧包围圈。

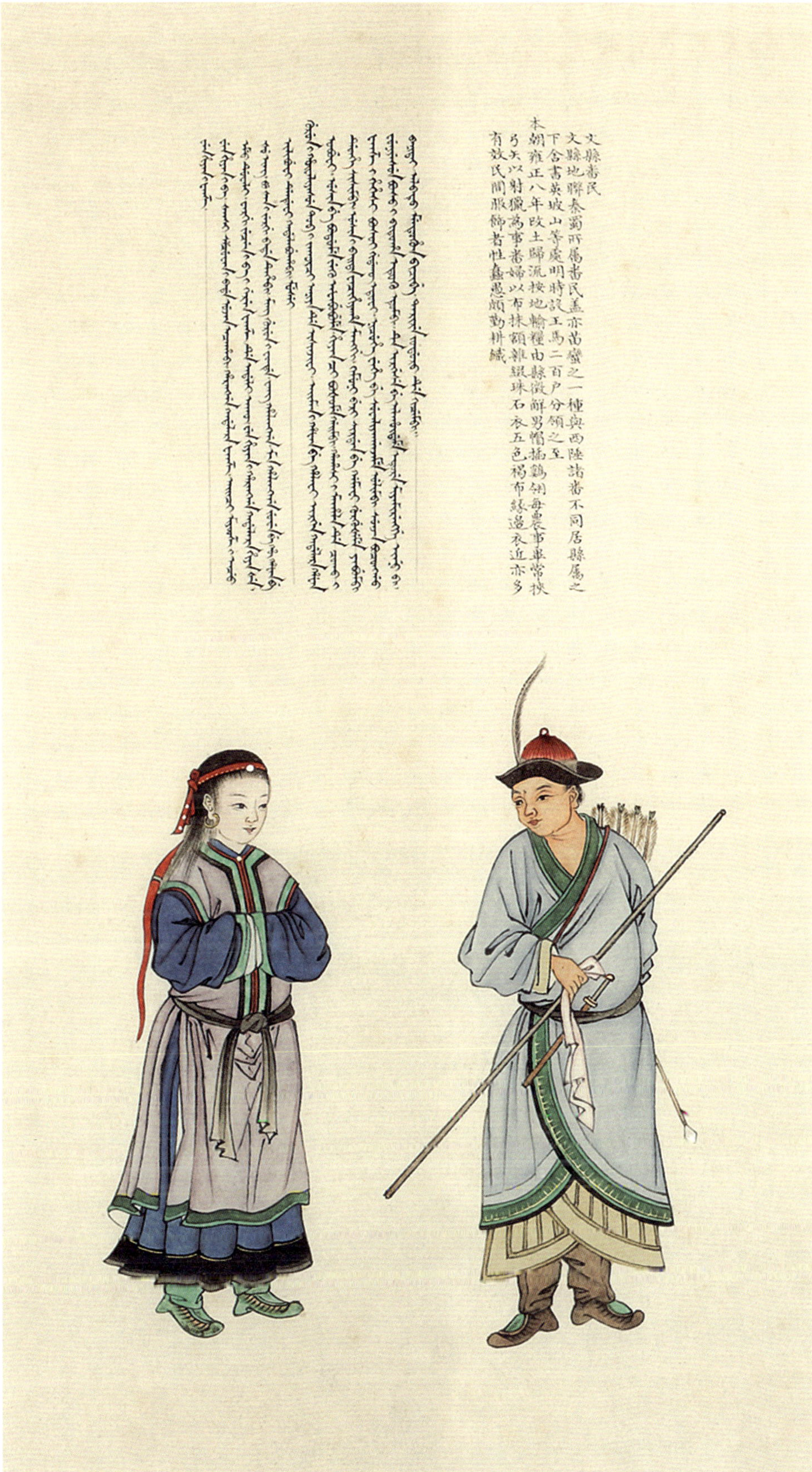

雍正年间改土归流的西南少数民族　载于乾隆二十六年(1761年)《皇清职贡图》

康熙元年(1661年)归化

康熙六十年(1721年)归化

康熙、雍正年间改土归流的西南少数民族　故宫博物院提供

【7月10日】

一日

康熙四十一年六月十六日(1702年7月10日)，康熙帝经古北口出巡塞外，至闰六月四日(8月7日)。康熙帝此次率领长于“堪舆相地”、“考校地理”的张玉书、陈廷敬、张英、李光地、揆叙、满保等大臣。康熙帝还带上了擅长测量、颇懂生态地理的西洋传教士闵明我、刘应二人。对热河上营(即今承德市老城区火神庙一带，与下营相距25华里)吉地选址进行了再度考察、勘测与确定。

乾隆五十一年六月十五日(1786年7月10日)，御史曹锡宝奏称和珅家人刘全家资丰厚，衣服车马房屋逾制，乾隆帝命留京王大臣勘办。侍郎吴省钦因与曹同乡里，闻其事，驰告扈从巡幸在热河的和珅，和珅遂命刘全掩饰净尽。及乾隆帝于避暑山庄询问此事，和珅从容应对过去。乾隆帝以曹锡宝本欲参劾和珅又不明言，实为报复，对曹锡宝严加申饬。此后，诸大臣皆以和珅在位日久，不敢言说。

一诗

金莲映日

◎康　熙

广庭数亩，植金莲花万本，枝叶高挺，花面圆径二寸有余，日光照射，精彩焕目。登楼下视，直作黄金布地观。

正色山川秀，
金莲出五台。
塞北无梅竹，
炎天映日开。

一解

金莲映日为“康熙三十六景”第二十四景，意为金莲花在日光的映照下，闪着耀眼的光辉。此景是位于如意洲上的五楹殿堂，隔湖与避暑山庄西岭相对。殿前地面开阔，种植许多金莲花。置身于此殿，既可遥望西山秀景，又可观赏金莲花。这首五言绝句，既赞美来自五台山的金莲花非同凡品，又颂扬金莲花为塞北增添秀色。诗的语言，颇为凝炼。

诗序叙写金莲映日殿前种植万柄金莲花，然后具体描绘金莲花的状貌，并以“日光照射，精彩焕日”点明此景得名的缘由。金莲花，一名旱金莲，又称旱地莲、金芙蓉。产地主要有河北、山西。花茎挺直，其叶略似莲叶，初夏开花，朵为五瓣，有黄、橙、鲜红等色。

全诗的大意是，颜色纯正的金莲花，为此地山水增添了秀色。避暑山庄的金莲花，来自佛教圣地五台山。塞北虽无梅花与修竹，但在夏日里有金莲花映日开放。正色，纯正的颜色。我国古代以青、黄、赤、白、黑五色为正色，两色相合为间色。

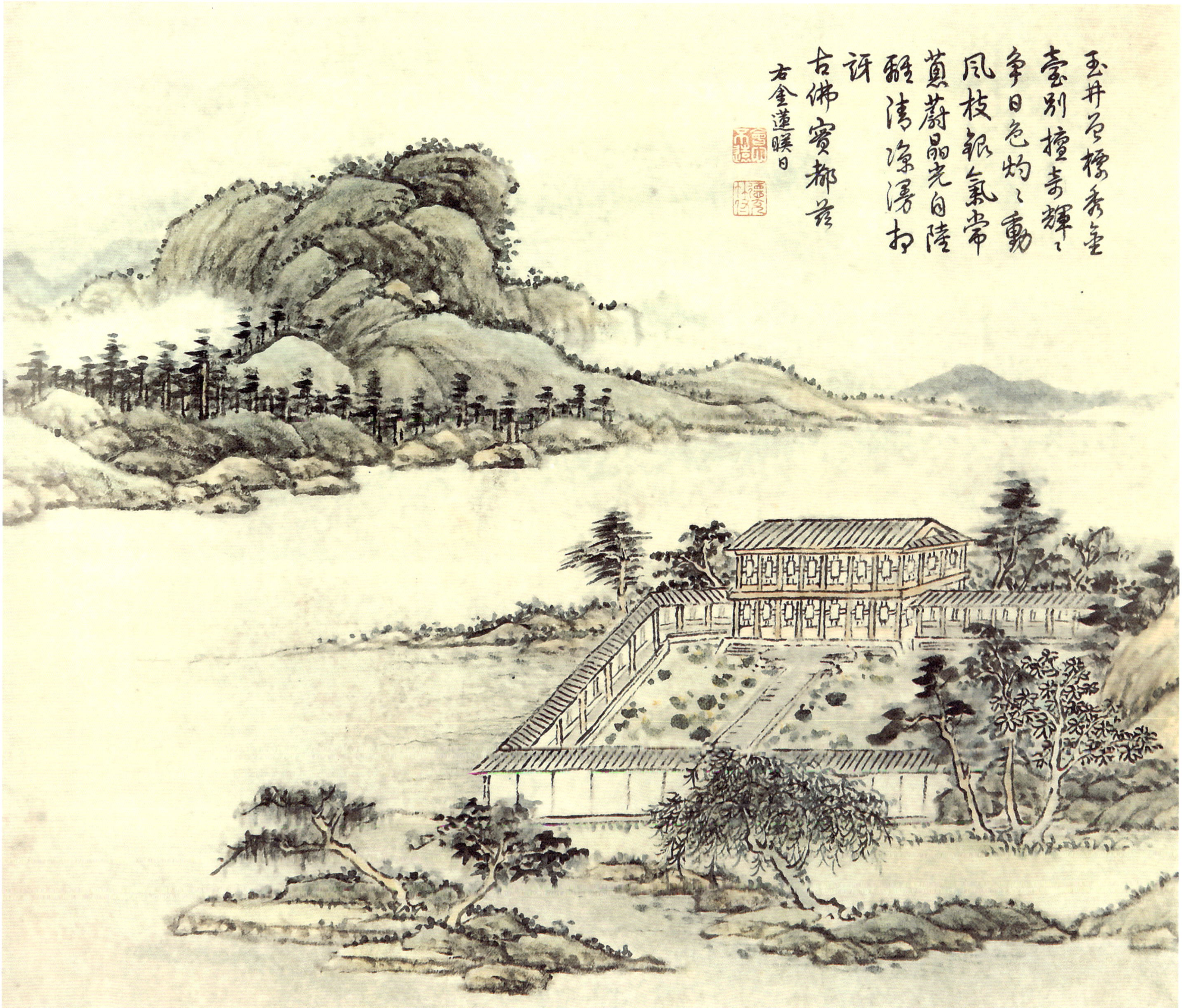

“康熙三十六景”之金莲映日

【7月11日】

一日

康熙四十七年五月二十四日(1708年7月11日)，康熙帝巡幸塞外，驻跸喀喇河屯行宫，命与内大臣及众翰林官赐游后苑，赐食奏乐。

同治十一年六月初六日(1872年7月11日)，热河总管永存、松瑞行文总管内务府，将查收芳园居收存的筵宴铜、珐琅、金、银、玉尊、爵、壶、罐……等造册启程，运往京师内务府。三日后抵达。负责此次押运的是避暑山庄苑丞百龄、苍副五岱，所运器物计186件。从同治元年到同治十一年(1862—1873年)，从避暑山庄解运北京的文物计21365件。

一诗

题文津阁

◎乾 隆

全书四库成虽久，核误考伪兹逮臻。
厝务自当尽美善，淑身可不造真淳。
兴山列水蔚文气，纮户诵家鼓朴民。
一度来胥一题句，所惭惟是未知津。

一解

这首诗写于乾隆五十四年闰五月十九日(1789年7月11日)。《四库全书》于乾隆五十年入藏文津阁后，乾隆帝对全书不时抽阅，发现存在讹误及违碍多处，引发内廷四阁全书复校工作。降旨命在京之皇子大臣派大小臣工，将文渊、文源之书，一律重校。将来盛京文溯阁之书，俟原总纂陆锡熊于学政任满后，带回原校各员前往重阅。文津阁之书，去年已令诸皇子及扈从大臣校阅，其未校完者，令原总纂纪昀带回原校各员节次详勘，现已完竣。惟待改换匣子，依次待察而已。

逮臻，达到完善。厝务，指复校事务。厝，安置。淑身，以善修身。文气，指承德升府后，建立文庙增置学额，十余年来，文教蔚兴，到处是一片乐声读书声。山水之秀，钟毓已久。胥，视察。知津，识途，本于论语孔子使子路问津于长沮桀溺事。

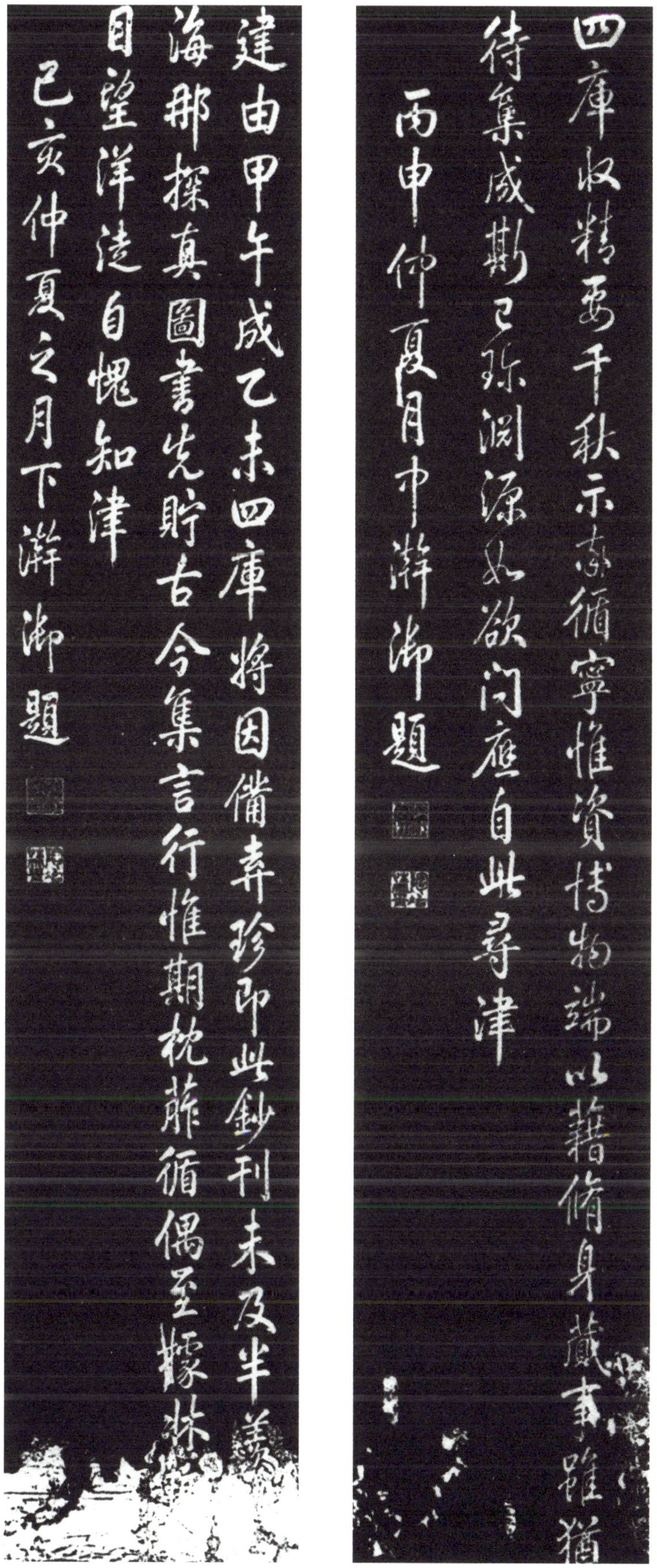

文津阁碑拓

文津阁本《四库全书》的原配书函和书架

文津阁宝

【7月12日】

一日

康熙四十九年六月十六日(1710年7月12日)，工部右侍郎兼翰林院掌院学士揆叙、皇三子诚亲王胤祉奉敕书《敕建琳霄观碑文》。琳霄观位于喀喇河屯行宫东南，是清代早期的一座道观，坐北朝南，为汉“伽蓝七堂”式建筑。依次为门殿、钟楼、鼓楼、正殿、东西配殿和火神殿。门外竖立两木牌坊，前曰“兴州胜境”，后曰“紫塞春台”。门额“琳霄观”。琳霄观与穹览寺相望，是当时热河宗教活动的重要场所，当时边疆少数民族王公来此顶礼膜拜，盛况空前。“净界梵天，钟渔互答”，“清钟夜闻，远近罔弗皈依，月殿朗辉，中外靡不瞻仰”。

一诗

山中即景四首

◎乾 隆

山中无事弗清真，妙合而凝静入神。
鹤似有缘迎客立，鹿知不害向人亲。

依岩结屋翰筵香，不是仙乡即帝乡。
北谷风来万林响，西风日落一川凉。

横云峰影半空翠，度雨溪声百道喧。
蝶饱花香过别圃，鸟随叶落到前轩。

爽延冰簟辞摇扇，昼永壶天得赋诗。
设问山庄何所事，答言惟此觉便宜。

一解

这四首诗写于乾隆二十八年(1763年)。诗歌描写了避暑山庄里幽静的景色，展示了人与自然和谐相处的情景。诗歌既是一幅幅美丽的避暑山庄图画，也是一曲曲对自然和谐之美的赞歌。诗句清新自然，对仗工稳。

第一首诗描写了避暑山庄的幽静，人与自然的和谐，仙鹤迎客、驯鹿亲人，令人流连忘返。

第二首诗描写了避暑山庄的清凉怡人，“不是仙乡是帝乡”表达了对避暑山庄的喜爱之情。翰筵香：这里指文章、书画、笔墨等散发出的清香。

第三首诗描写了雨后避暑山庄的美丽景色，溪流湍急，哗哗做响，鸟飞蝶舞，一片欣欣向荣的景象。后两句生动形象，充满了天然情趣，对句颇显功力。

第四首诗描写了避暑山庄的凉爽宜人，在此休憩，最好不过了。冰簟(diàn)，凉竹席。《诗・小雅・斯干》：“下莞上簟，乃安斯寝。”这里用来比喻避暑山庄的凉爽。壶天，道家所称的仙境。唐代张乔《古观》载：“洞水流花草，壶天闭雪春。”此处用壶天来比喻避暑山庄。

琳霄观图

【7月13日】

一日

康熙五十三年六月初二日(1714年7月13日)，图里琛使团至萨拉托夫地方，图里琛等使团成员会见土尔扈特汗阿玉奇，宣上谕毕，阿玉奇表示：我虽外夷，然冠服与中国同，俄罗斯乃嗜欲不同、语言不通之区也。今道路不通，我部之人不能至西藏，凡一切药物甚是难得，我于大皇帝恳求一切药物，烦天使留意转奏。图里琛沿途受到阿玉奇汗部下台吉僧民的热烈欢迎。

雍正十年闰五月二十二日(1732年7月13日)，二世哲布尊丹巴呼图克图在徒众八百余人的扈从和其母垂穆朝的照料之下，从库伦南下，前往多伦诺尔，于秋季到达，入住善因寺。善因寺本为二世章嘉呼图克图所建，因哲布尊丹巴年幼，居库伦，再加上准噶尔图谋侵扰喀尔喀，劫掠哲布尊丹巴，雍正帝遂命和硕亲王丹津多尔济将迁移哲布尊丹巴缘由告知喀尔喀蒙古。乾隆十年(1745年)，乾隆帝巡幸多伦诺尔，二世哲布尊丹巴在善因寺候驾觐见。

一诗

至避暑山庄即事

◎乾 隆

沿途宝稼阅回苏，岭过广仁气象殊。
历谒金城文武庙，果然玉塞帝王都。
万民便仰创垂祖，庶政勤仍朝夕吾。
复值师贞廓尔喀，筹几望捷慎先图。

一解

这首诗写于乾隆五十七年(1792年)。是乾隆帝“木兰秋狝”至避暑山庄时所作，诗写承德已成为清王朝第二个政治中心，兼点明出兵廓尔喀，望捷的急切心情。

诗原注：热河自升厅为府后，始创建文庙、城隍庙，每岁至山庄顺道必先恭谒并谒关帝庙。去岁于此始闻廓尔喀侵扰后藏边界之信，彼时意料不过贼匪与藏地因钱债细事起衅，不值兴师大举。只令鄂辉、成德等如前藏带兵示威，即可完事。初未有利其土地人民之意，即而稔悉巴忠前次有许银贿和之事，而贼匪亦竟敢至扎什伦布庙肆行抢掠，则不得不加惩创，以杜后患矣。因命福康安等率领巴图鲁、侍卫章京、索伦劲兵千人及降番地练近万以为后擒渠之计，昨据福康安等奏，官兵业已到齐，目下当已统兵入，不日可望捷音驰至。而向日驻跸山庄屡庆武成，兹来复值筹画军书曲直昭然，定邀上苍鉴佑，亟望迅奏肤功耳。

多伦善因寺本尊

多伦敕建善因寺

多伦章嘉活佛仓大经堂

多伦善因寺全景　多伦县政协提供

【7月14日】

一日

道光六年(1826年)，道光帝不再巡幸塞外，鉴于热河文物丢失现状，谕令内务府“依嘉庆朝陈设清册，清点热河各处陈设什物，酌集于几处，著人安为照管”，并分批运往京城。热河行宫总管定祥、总管内务府大臣阿尔邦阿按照旨意将避暑山庄“芳园居存贮绸洲、纱绫、呢羽、宴器、雨绸、藏香、香扇项30款器物共15703件解送北京”。

一诗

阅射六韵

◎乾　隆

阅射门前却自思，髫龄曾此沐恩慈。
我朝家法惟弓矢，即位躬勤继创垂。

臂病因之疏步发，身闲原未废骢驰。
习劳每以寓观德，右屈还教挺左支。

凭览不能无技痒，欲为又觉有颜怩。
廿连十九当年事，回想犹疑众定疑。

一解

这首诗写于乾隆三十九年(1774年)。乾隆帝已经64岁。夏天，乾隆帝在阅射门前观看皇子皇孙王公大臣们的射箭比赛，觉得自己年岁渐老、体力不支，感慨之余写下了这首诗，书写在避暑山庄午门的东墙上。阅，检阅。韵，诗词歌赋的韵脚。

诗的前四句意思是，看到阅射门前射箭场上的景象我想到了从前，孩童时我在这里沐浴着皇祖父的恩宠和慈颜。我们大清王朝的家法从来是崇尚武功和骑射，即位后亲自习武实践让祖宗的规矩永世流传。阅射门，避暑山庄宫殿区的第二道门叫阅射门，上有康熙御书“避暑山庄”横匾。

诗的中间四句意思是，52岁那年我因肩膀生病停止了步射训练，只要有空闲时间从来没有放弃锻炼骑马射箭。这样的劳苦习练常常寄寓着一个人的道德观，弯曲右臂挺直左肢的射箭姿势练习坚持不断。

诗的最后四句意思是，只能观看射箭不能上场让人技痒难耐心不安，很想上场表演又顾虑如射不中岂不令人丢脸。射出二十箭连中十九箭是38岁那年的事。我都奇怪当年自己的射技，大家怀疑情有可原。原注：“戊辰秋，于大西门楼前较射，发二十矢中十九，曾纪诗四首。己巳夏，圣母御楼观射，复十中其九，破的者三，仍用韵纪事。丁丑秋复于楼下命射屡中，后悬的最小者亦再破的，适哈萨克使臣列观班末，因三叠前韵纪之。忽忽二十余年，回忆曩事，不禁为之怅怏也。”

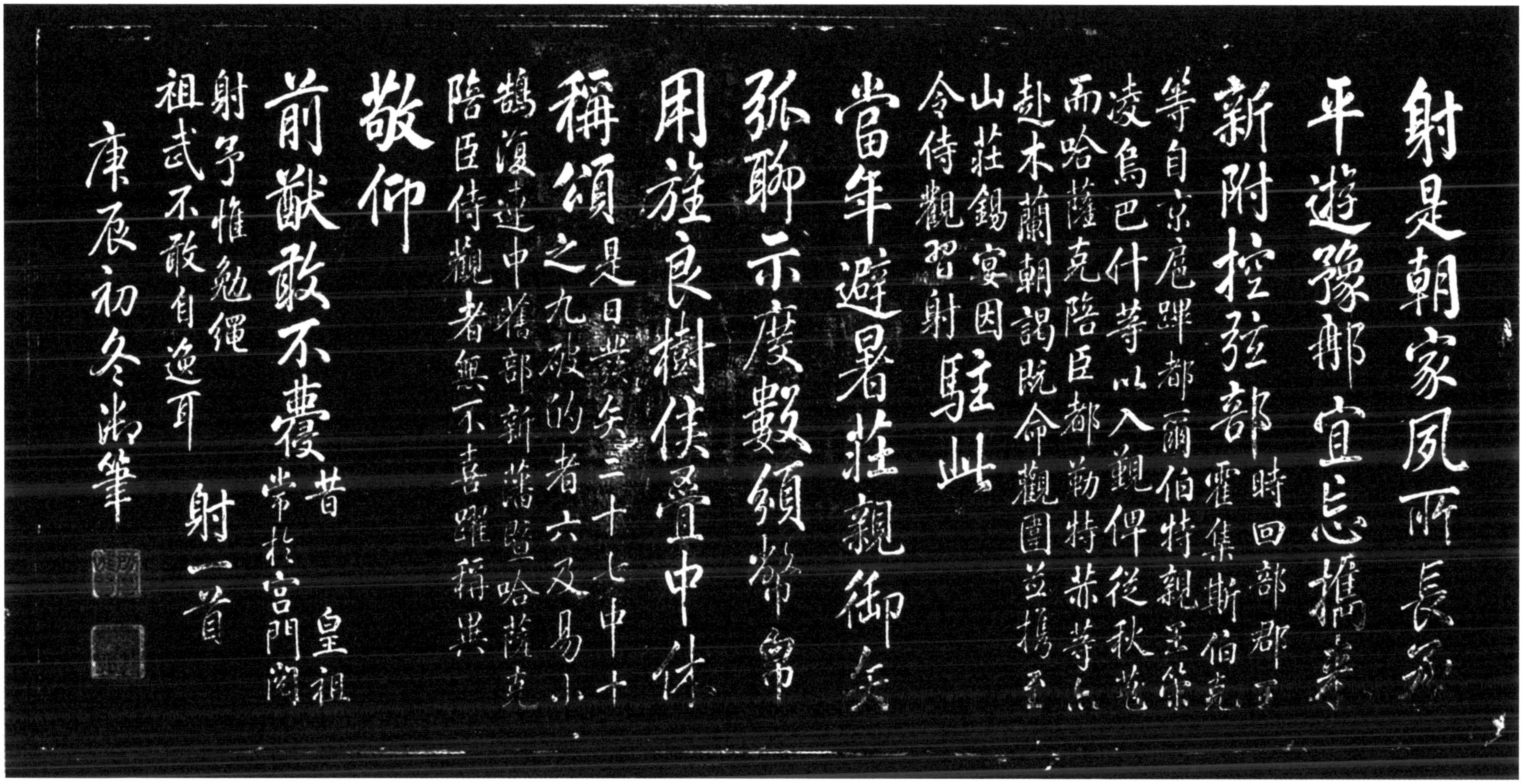

内午朝门《阅射》诗刻　清帝常命官员在阅射门前校射，考核武官。康熙六十一年(1722年)，12岁的弘历(乾隆皇帝)也参加校射，五发五中，得到了康熙帝的赞赏。乾隆二十五年(1760年)，在这首《阅射》诗中，乾隆帝记述了阅射的盛况，回忆自己小时候百发百中的箭法以抒发自豪之情，同时阐明了阅射是皇家所长，清皇室重视习武射箭的传统。

【7月15日】

一日

康熙十八年六月初八日(1679年7月15日)，康熙帝命全国各地设立社仓、义仓，以本乡之人管理其事。按照出陈入新、春借秋还、每石取息一斗的原则发放。承德府于乾隆五年(1740年)后分别由知州、同知、知府在府署前东西修建8座仓廒，编列为丰、盛、盈、余、平、安、吉、庆等字号，存贮由各地庄园缴纳的粮食。可贮谷26800石。

雍正元年六月十四日(1723年7月15日)，设立属于畿辅驻防兵制的热河八旗驻防，雍正帝命将京城无产业兵丁及新满洲内熟谙农务者移驻热河。总理王大臣会同兵部复议，于热河、喀喇河屯、桦榆沟三处驻兵，京城兵八百名。热河约四百名，其余二处各200名。以50员为一佐领。其总管设热河。乾隆二年(1737年)又增1200名拨往热河。原满洲、蒙古、汉军合驻。后裁汉军，满蒙合驻。满洲驻防兵1760人，蒙古驻防兵440名。热河八旗驻防官兵居址按五行排列，以取相生之意。正黄、镶黄居住狮子沟，正白在山庄东南，镶白、正蓝在南营子，正红在西下营房，镶红、镶蓝在西郊滦河镇。蒙古正黄、正蓝、镶红、镶蓝在北郊普宁寺附近，镶黄、正白、镶白、正蓝在桦榆沟。

一诗

福康安奏报抵厦门登岸并巴图鲁侍卫等皆平安渡海凯旋诗志慰

◎乾　隆

往征进旅迟成速，迴渡登舟危得安。
可识臣忠天必佑，益钦神护众胥欢。
除凶凯旋事全蒇，宵虑旰萦念始宽。
自顾何修叨助顺，持盈惟励慎君难。

一解

这首诗写于乾隆五十三年六月十二日(1788年7月15日)。本年初，福康安擒获林爽文，又转而进兵南路，二月初五俘获庄大田。至此，台湾平定。六月福康安自台湾返抵厦门，并奏报渡海凯旋归来。乾隆帝得讯，写下此诗。

诗注：福康安于乾隆五十二年十月(1787年11月)出征，候风停泊，等候屯练广西兵，后兵船已齐抵鹿仔港，乘锐长驱，不到三月而全台平定，因迟而速，神之佑助。

又注：福康安于回抵后奏称，渡海情形，有顺风扬帆，抵黑水洋距澎湖内澳仅二十余里。风息不能前进，船在洋面往来飘荡，午后风浪大作，竟夜不止。幸而安稳无虞，后抵大担门登岸。俱各安顺。回渡濒危得安。叨，念叨，因惦记或相望而不断说起。

八旗各旗佐领图记 努尔哈赤在统一女真族过程中创建了八旗制度，每旗下辖一定数量的属民，实行旗主、参领、佐领三级管理制，战时出征，平时务农，军政合一，兵民一体，它具有行政管理、军事征伐、组织生产三项职能。入关后，八旗的社会、生产职能逐渐缩小，军事为其主要职能。 中国国家博物馆藏

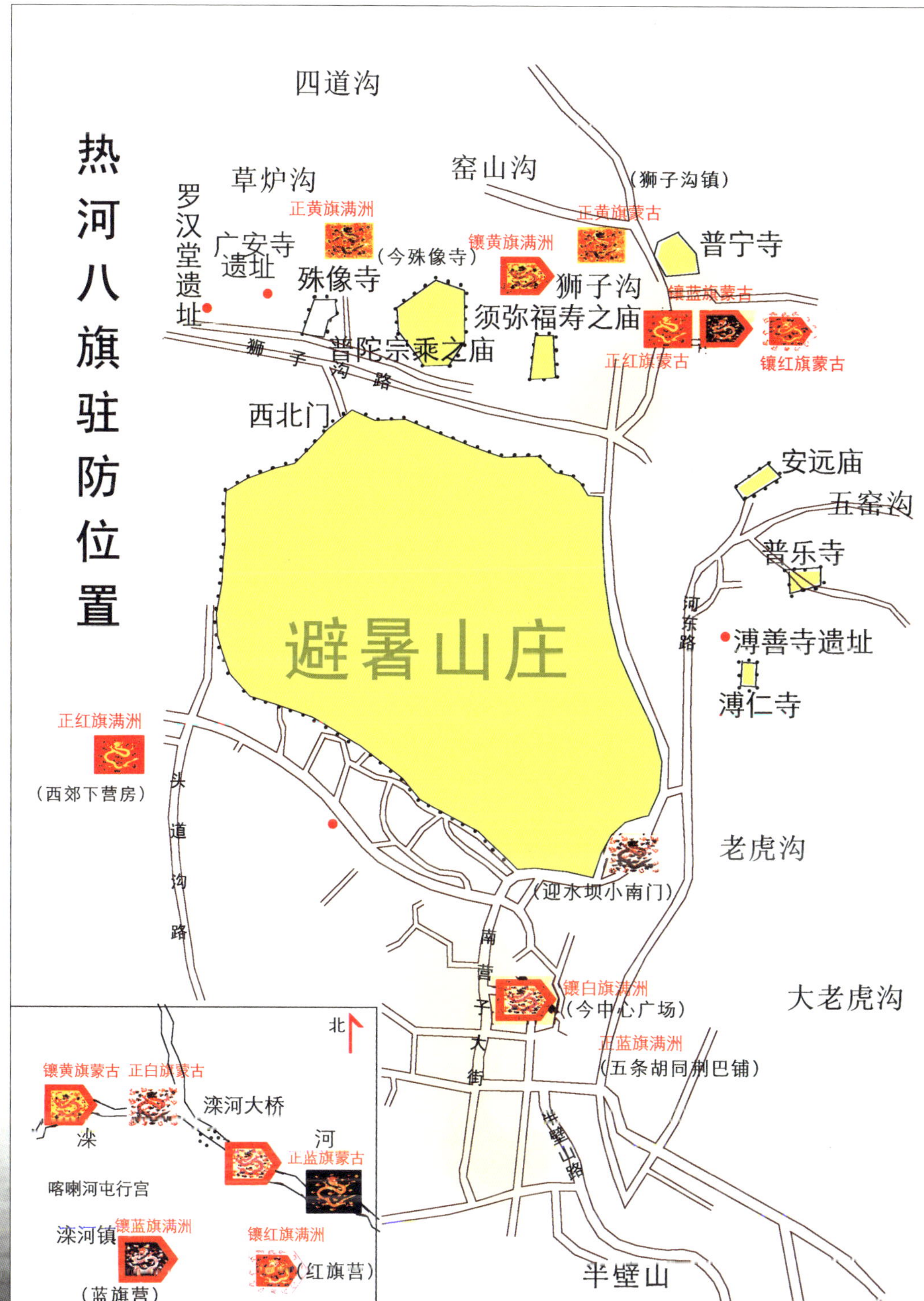

清廷粮仓(老照片)

【7月16日】

一日

康熙二十二年六月二十二日(1683年7月16日)，施琅进攻澎湖。在郑军娘妈宫阵地，自辰时开战，双方炮火矢石交攻，犹如雨点。巳时，南风大作，施琅令火器船乘风出击，以火桶、火罐进攻，郑军大败，刘国轩退回台湾，澎湖遂克。

乾隆二十年六月初八日(1755年7月16日)，达瓦齐为回部伯克霍集斯诱擒。本月二十四日，霍集斯将达瓦齐父子押赴军营献给将军班第。至此，准噶尔全境荡平。

嘉庆十五年六月十五日(1810年7月16日)，大学士庆桂遵旨议奏热河新设都统章程。积拉堪为首任都统，从一品，满洲镶黄旗人。俸银180两，俸米85石5斗，照察哈尔都统之例，岁支养廉银800两，以资办公。都统印为礼部铸给，刻有满、蒙、汉三种字样。热河设都统，从兹至宣统三年(1911年)，共有都统(包括署任)82任。

咸丰十一年六月初九日(1861年7月16日)，咸丰帝三旬万寿，咸丰帝在避暑山庄绥成殿行礼，御澹泊敬诚殿，皇子及王以下贝勒、贝子、公、文武大臣官员行庆贺礼，复御福寿园，赐皇子及王、大臣、贝勒、贝子、公等食。

一诗

狮子园夏日

◎雍　正

石屋荆扉枕翠岗，烟峦朝夕郁丹苍。
棋敲绿树荫中局，酒泛红薇架下觞。
珠箔昼摇新竹影，玉池晚送嫩荷香。
居间漫谓全无事，一榻临风蝶梦长。

一解

这首诗描写了盛夏在避暑山庄狮子园里那种闲适自在的隐逸生活，远离尘嚣，有先古隐士之风。这首七言律诗艺术性较高。

诗的前四句意思是，石屋卧在翠绿的山岗上，搭建起石屋，柴门半掩，早晚云霞笼罩下显得更加郁郁苍苍。在绿树荫底下下棋，在红薇架下饮酒，悠然自得。觞：酒杯。

诗的后四句意思是，白天风吹竹林，珠帘摇动，竹影斑斓，傍晚微风送过缕缕荷花的清香，沁人心脾。住在这里不要说啥事没有，躺在床上酣然入梦，也是不错的呀。珠箔，珠薕。李商隐《春雨》载："红楼隔雨相望冷，珠箔飘灯独自归。"漫谓，不要说。蝶梦，这里引用庄周化蝶的典故。《庄子·齐物论》载："昔者庄周梦为蝴蝶，栩栩然蝴蝶也。自喻适志与！不知周也。俄然觉，则蘧蘧然周也。"唐代李商隐《锦瑟》载："庄生晓梦迷蝴蝶，望帝春心托杜鹃。"

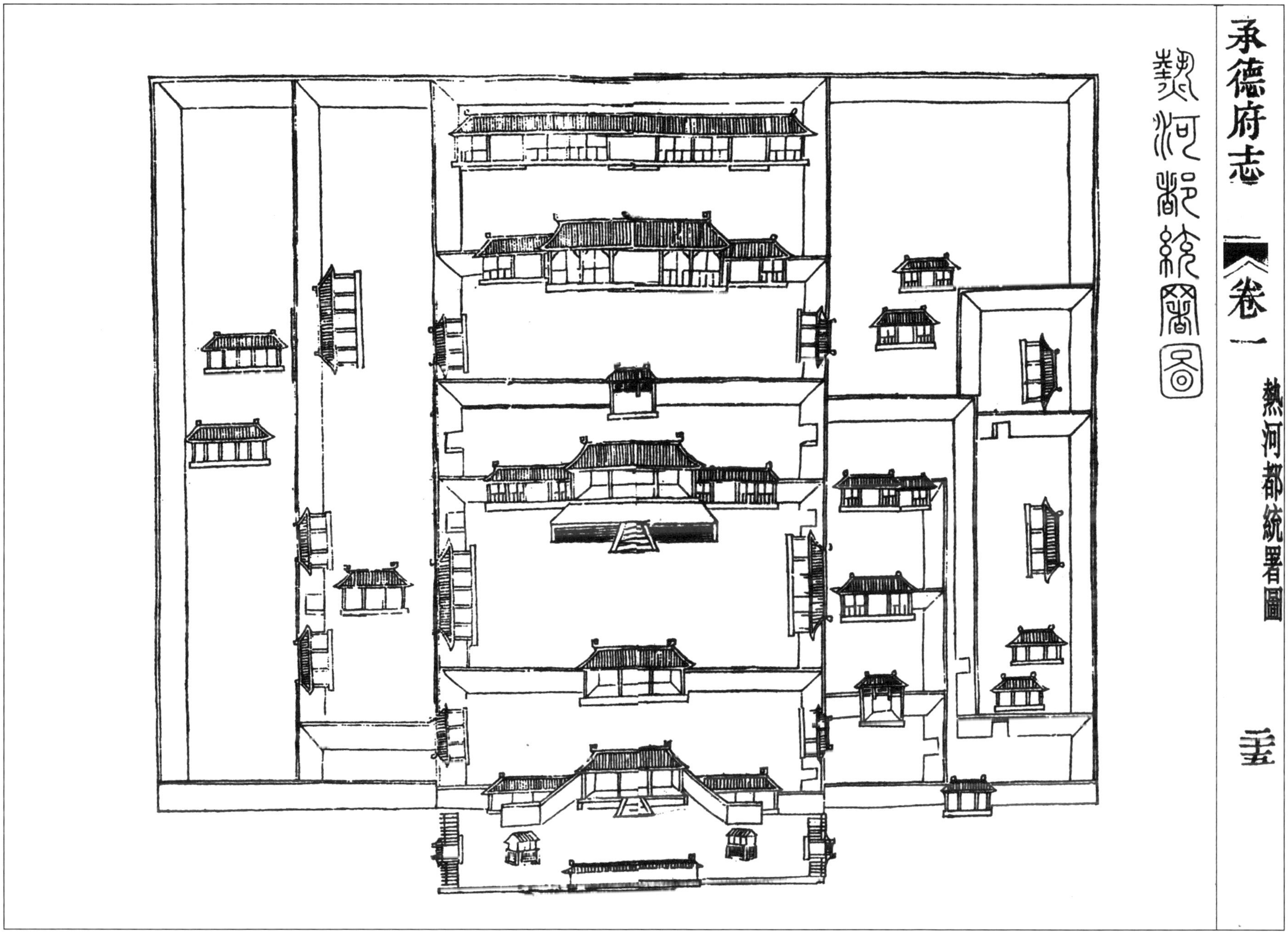

热河都统署图

【7月17日】

一日

道光十一年六月初九日(1831年7月17日)，道光第四子奕詝出生，即后来的咸丰皇帝，母为孝全皇后钮祜禄氏。

一诗

荷二首

◎董 诰

(其一)

亭亭不异液池观，玉井分来映碧滩。
月白风清尘不到，净因先得证毫端。

(其二)

掩冉青芬引塞风，水晶钵里曙云红。
作歌好谱江南曲，戏看喁喁西复东。

一解

原诗题为《恭和御制荷二首》，作于乾隆四十七年五月(1782年6月)。本年荷花早于往年开放，诗中描绘了避暑山庄的荷花与京都太液池荷花的异同，赞叹这里让人生出“江南可采莲”的意境与佛缘清静的境界。

第一首诗的意思是，观赏避暑山庄湖中亭亭高耸的荷花与京都太液池的荷花没什么差别，这里的湖水由山谷中的玉井泉水经过石滩分流而来，清澈而流急。月白风清灰尘不到的地方，在笔下证明是预先有佛缘在里。不异，没有差别，等同。液池，古池名，即太液池。清代太液池即今北京故宫西华门外北海、中海、南海。上源自玉泉山含西北诸水，由地安门流入。玉井，井的美称。碧滩，水清流急而多石之处。净因，佛缘。清代赵翼《自幸》载：“只应独领闲中味，趺坐蒲团结净因。”毫端，犹言笔底、笔下。

第二首诗的意思是，塞上的风引得香气萦绕着荷花，荷叶上的莲房里有美如拂晓红霞般的花朵。创造好的歌谱要像《江南可采莲》那样，游玩时观看着鱼跃的样子，在水中翕张吞吐。掩冉，萦绕貌。水晶钵，像盆而较小，指莲房。江南曲，乐府《相和曲》名，也称《江南可采莲》，写江南采莲时景色。喁喁(yǎnyóng)，鱼口开合貌。

避暑山庄敖汉莲

【7月18日】

一日

乾隆五十年六月十三日(1785年7月18日)，命将福建番薯移植到河南。河南连年大旱，番薯向来产自福建，民间种植颇多，既可充饥，又耐旱，故乾隆帝传谕来热河陛见的浙闽总督富勒浑将藤种浇灌之法，速交转饬依法栽种。

乾隆五十三年六月十五日(1788年7月18日)，《御制平定台湾告成热河文庙碑记》刻制完成，立于热河文庙大成门外左壁西向。是年二月初一(3月8日)，福康安擒获林爽文到京，初五日(3月12日)，庄大田被擒，至此，台湾天地会反清起事失败。乾隆帝在碑文里记录了台湾隶属中国的渊源，记载了中国对台湾行使主权管辖及征讨过程，表达了反对分裂、永奠海疆的事实。

咸丰四年六月二十四日(1854年7月18日)，热河都统毓书等上奏朝廷："如蒙谕胤，奴才一面饬属出示劝捐，并收买铜斤，一面速立官钱局，建炉鼓铸钱文及各样大钱，以逐卯所得之钱，作为票本，行使票钞，并请敕部颁发各项大钱样式，以便遵照办理。"

一诗

荷露烹茶

◎乾　隆

塞中地气厚，蒸为零露重。阴沉晴则浮，橐籥含静动。
物皆承沆瀣，于荷受独涌。盆盎收有余，瓶罍罄无恐。
轻胜第一泉，宜用沃心孔。欲淡不欲浓，天浆流活汞。
三霄与为游，五蕴与为洞。却笑李家符，何异求登垄。

一解

这首诗写于乾隆二十八年(1763年)。诗歌描绘了用露水烹茶的过程以及品茶的心情与感受。诗中将荷露与其他水做了对比，说明了水以轻为贵，具有一定的认识价值。

诗的前四句意思是，塞外水气重，天凉露水凝结快。阴天显得沉闷，晴天则感觉爽朗，烧火吹风的橐籥一静一动。橐籥(tuóyuè)，古代鼓风吹火的装备，犹如近世的风箱。橐，外面的箱子；籥，里面的吹风管。

诗的中间八句意思是，塞湖水气重，潮气大，荷花叶子上露珠滚动。荷叶像盆盎一样，盛满了露水，用来装露水的器具都满了。荷露水质轻于玉泉水，宜烹茶，饮之沁人心脾。要饮淡茶，淡茶就像天浆；不要喝浓茶，浓茶就像流动的水银，对人有害。原注：水以轻为贵，尝制银斗较之。玉泉水重一两，惟塞上伊逊水尚可相埒，济南珍珠、扬子、中泠皆较重二三厘，惠山、虎跑、平山则更重。轻于玉泉者惟雪水及荷露云。这里指荷叶烹茶清香之气沁人心脾。

诗的后四句意思是，饮此荷露烹制的茶水，神清气爽，飘飘欲仙，似游三霄洞府，使人五蕴空灵。可笑道家画符炼丹，以求长生，哪如饮此荷露烹制的茶，不必再求仙访道啦。三霄，三霄洞，即云霄、碧霄、琼霄。五蕴，佛家语，也称"五阴"或"五众"，即色(形相)、受(情欲)、想(意念)、行(行为)、识(心灵)，其中识为认识的主观因素，其余四蕴为认识的客观因素。

《御制平定台湾告成热河文庙碑记》玉册

乾隆款宜兴窑茶壶　故宫博物院提供

【7月19日】

一日

康熙二十二年六月二十五日(1683年7月19日)，康熙帝奉太皇太后自围场伊逊河崖口入围，经拜巴哈(今围场县清泉)、红川、乌拉岱至拜察。

康熙四十七年六月二日(1708年7月19日)，历时五年建设的热河行宫初成，康熙帝开始驻跸于此，至七月十七日(9月1日)，前后总计45天。

乾隆二十年六月十一日(1755年7月19日)，因准噶尔诸部尽入版图，命何国宗带同安国、富德并西洋人傅作霖、高慎思，前往该处测量北极高低、东西偏度，及考订形胜，绘图呈览。翌年十月(1756年11月)，伊犁、吐鲁番地图绘制完竣，送京进呈御览。

一诗

普乐寺

◎乾 隆

伊犁耆定后，黄教示遐方。
来觐都欢喜，成功久晏康。
实非先所料，益凛后无遑。
罔不兴稼穑，惟祈若雨旸。

一解

这首诗写于乾隆五十年(1785年)。普乐寺始建于乾隆三十一年(1766年)，于次年建成。乾隆二十年(1755年)以后，清政府先后平定了达瓦齐、阿睦尔撒纳的叛乱，新疆南北两路归顺的杜尔伯特、左右哈萨克、东西布鲁特等族，不断派使者觐见乾隆帝并参加“木兰秋狝”活动。乾隆帝采纳了章嘉国师的建议,“大藏所载，有上乐王佛，乃持轮王化身，居常东向，洪济群品，必若外辟重闉(yīn)，疏三涂，中翼广殿，后规阇(dū)城，叠磴悬折而上，置龛正与峰(磬锤峰)对者”，修建了寺庙，是继“普宁”、“安远”之后而修的另一座寺庙，有普天同乐之意。此诗为乾隆帝五十年(1785年)来寺瞻仰时所作，表达了他想到民族政策取得成效后的喜悦之情。

诗的前四句意思是，喇嘛教教义已经宣示到边远地区，此兹寺以西陲大功告成，自丙戌春经始，丁亥秋葳功。嗣后，每岁各蒙古王公、扎萨克及卫拉特各部，分班来觐者，无不仰瞻欢喜，如游春台化宇。

诗的后四句意思是，自西陲平定至今30年，伊犁无兵革，来往新疆者夜行无滞。仰蒙眷佑，中外晏康，实非始用兵时所敢料也。凛(lǐn)，恐惧。民族团结取得了良好效果，那里的人民都从事农牧业生产，为祈求风调雨顺，取得好的收成。

普乐寺旭光阁藻井

磬锤峰在普乐寺中轴延长线上

普乐寺全景

【7月20日】

一日

康熙二十二年六月二十六日(1683年7月20日)，施琅向朝廷飞报《舟师渡海，克取澎湖大捷事本》，详细陈述了攻克澎湖经过。称“拟即乘胜追剿，安台湾港道迂回，南风狂涌，深浅莫辨，似应少待。八月或十月利在北风，进取万全”。

一诗

普乐寺宗印殿楹联

◎乾 隆

三摩印证喻恒河人天皆大欢喜

七宝庄严现香界广轮遍诸吉祥

一解

这副楹联于乾隆三十一年(1776年)悬挂于普乐寺宗印殿楹柱上，乾隆帝在赞美用七宝装饰的佛像的同时，抒发了利用佛教笼络团结边疆少数民族，以“习俗为治”，从而达到国家安定统一吉祥景象的喜悦之情。

上联的意思是，专心修行，印证佛法广大无边，人间天上皆大欢喜；下联的意思是，寺庙中的佛像是用七宝装饰的，美丽庄严，在佛法的庇护下，遍布吉祥。三摩，即三昧，意为正定。一心向佛为正定。恒河，印度有名的大河，佛教认为是圣河。这里喻为广大无边之意。欢喜，佛教指进入顺情情界后，身心喜悦。七宝，七种珍奇的宝物。广轮，法轮广布之略。

普乐寺宗印殿楹联

【7月21日】

一日

嘉庆八年六月初三日(1803年7月21日)，嘉庆帝谕内阁“国家承平，不忘肄武，每岁木兰行围，简蒐军实，兼以绥怀藩服，意至于深远”。“圣祖仁皇帝在位六十余年，岁时出口行围，著为恒典。世宗宪皇帝垂谕谆谆，虽未及亲举行围而训练满洲之意未尝一日忘也。我皇考高宗纯皇帝敬承世德，每岁举行秋狝大典，自平定西域以来，新疆诸部络绎来庭，其中多有系生身者，每于山庄展觐，《圣制避暑山庄后序》以后世子孙当毋忘家法，习武木兰，后人如忘此言，则与国休戚之大臣，以及骨鲠忠直之言官，随时进谏。朕日以肄劳讲武为训，仰承列圣教养之圣心，著将此旨明白宣示。”

一诗

登四面云山亭子作歌

◎乾　隆

一岁一登不为频，四壁泐题亦已满。
太上就闲合罢吟，既以来临那默返。
今较昨秋幸时若，雨不嫌多晴非旱。
山田骋望可卜丰，北省率然西成亶。
咄哉言失愁正多，切盼捷音难刻缓。

一解

这首诗写于嘉庆元年(1796年)，乾隆帝已传位给嘉庆帝，自己当了太上皇。乾隆帝晚年，以天朝大国自居，固步自封，闭关锁国，使中国与世界相对隔离，使中国与西方的差距越来越大。对内吏治腐败，人口膨胀，财政紧缺，两极分化，白莲教起义，使得康乾盛世由盛转衰，在这首诗里有所反应。四面云山，是避暑山庄“康熙三十六景”第九景，位于避暑山庄西北山峦最高处，是一座单檐四角攒尖顶方亭。

诗的前六句意思是，一年一登四面云山亭不算频繁，亭子四壁梁柱上都挂满了我题写的诗篇。我今年当上了太上皇，本应闲游，应该停止吟诗了，既然已经登上了亭子，怎能白来一回默默而归呢？与去年比较，今年风调雨顺，雨多而不涝，天晴而不旱。泐题，亲笔题写的诗篇。泐，通“勒”，刻识，引申为书写。时若，犹若时，意谓顺应天道，风调雨顺。

诗的最后四句意思是，“木兰秋狝”归来，遥望山冈和田野，庄稼生长茂盛，可预卜今年会是丰收年。此话一出口，我就觉得言语有失，怎能不想想愁事呢？想到镇压白莲教之事，我刻不容缓地盼望着胜利的捷报。骋望，极目远望。北省，到塞北巡狩，指“木兰秋狝”。省(xiǎn)，通“狝”。西成，秋喜丰收。亶(dǎn)，信然，诚然。咄哉，哎呀。咄，叹词，表示惊异。言失，犹“失言”，言语有失，说错了话。

乾隆帝松荫消夏图 故宫博物院提供

【7月22日】

一日

雍正三年六月十三日(1725年7月22日)，以皇帝潜邸原雍王府改为宫殿，名雍和宫。

乾隆四十五年六月二十一日(1780年7月22日)，六世班禅抵达多伦诺尔，三世章嘉国师率僧俗官员二千余人，迎六世班禅至汇宗寺附近的行辕安禅，并设宴接风。随后，六世班禅到汇宗寺巡礼献浴，向三世章嘉国师为首的喇嘛僧众宣讲《供养上师空乐无别经》及宗喀巴大师有关上师瑜伽经文传承，并莅临国师驻锡之所拉章，撒下祝愿吉祥的花朵。

一诗

穹览寺偶成

◎康　熙

塞北钟声久不闻，
梵音列刹共氤氲。
雨花柏树同僧老，
开世瞿昙永法云。

一解

穹览寺在喀喇河屯。康熙四十二年(1703年)，随侍人员恭建此寺以祝康熙帝万寿(康熙四十三年是康熙五十寿辰)。这首七言绝句诗写于康熙四十三年(1704年)，除这首诗外，康熙帝还写了《穹览寺碑文》。

诗的大意是，年年到塞北巡视，很久都不曾听见钟声了。现在寺庙里的诵经声不断地传来，又有香烟缭绕。这里天花降落如雨，还有长青的柏树和得道高僧，佛教的创始人释迦牟尼的法云永远覆盖着这里的上空。梵音，诵经声。刹，佛寺。氤氲(yīnyūn)，云烟弥漫。雨花，天花降落如雨，这里引用了天女散花的佛经故事。瞿昙，梵语音译，佛教创始人释迦牟尼的原名叫瞿昙，字悉达多。法云，谓佛法如云覆盖一切，保佑众生。

御製穹覽寺碑文

喀喇和屯者蒙古名色驛之即烏城也乃古興州之所轄因世久事殊前朝未及設官分職皇輿等書徧察雉考朕避暑出塞因土肥水甘泉清峯秀故駐蹕於此未嘗不飲食倍加精神爽健所以鳩工此地建離宮數十間茅茨土階不彩不畫但取其容坐避暑之計也日理萬幾未嘗少輟與宮中無異萬幾偶暇即窮經史性理諸書臨池揮翰膳後郊較射蒐懷以安不忘危之念也此其大略也因有離宮隨侍人負共祝萬壽而建寺不日即成又求扁額以垂永久朕賜書云穹覽取流約䕶者覽層穹之意在行宮之巽位寺勢雖微蓮社梵音鈴鐸經聲臣細皆備於有三大士相仙衣飄颻瑞園滿影以室宇為本慈悲為筏波引四生津梁三界清鐘夜聞遠近咸皈依同啟朗耀中外靡不瞻仰況右倚層岩左帶大河口外諸藩来往進貢皆由經過三庚無暑六月生風地脉宜穀氣清少病誠為佳景前朝以成邊不暇何得駐蹕今四海為一八表同風自京北至為里如同家人父子豈有他術哉以誠而已今臣下歸福於朕朕曰天下皆福朕之福也先憂後樂廣之職也所願者年豐歲稔煙塵永息余之念茲在茲之意足矣無以妄求佛有可知自有保護

康熙四[illegible]三年歲次甲申秋八月中秋日

穹览寺碑文拓片

三世章嘉国师塑像

穹览寺

【7月23日】

一日

康熙二十二年六月二十九日(1683年7月23日)，康熙帝出古北口避暑，驻跸乌拉岱(意为红川，今围场满族蒙古族自治县东部朝阳湾邢家营境内)，正值盛夏，因为近期亢旱，康熙帝遂建坛祈祷。本日，甘霖普降。

康熙五十二年六月初二日(1713年7月23日)，康熙帝命诚亲王胤祉率庶吉士何国宗等于热河行宫澄观斋立馆修辑律吕、算法诸书。九月二十日(11月2日)，又命胤祉于蒙养斋立馆，将学习算法之举人照海等45人再加考试，择其优者在修书处行走。康熙五十四年(1715年)，汇编御制天文、律吕、算法诸书《律吕渊源》100卷。

[评]康熙帝注意吸收西方文化，不仅自己刻苦研习西学，而且积极培养一批学贯中西的科学人才，设斋立馆编纂书籍，为引进和推广西方科学作出了一定贡献。

一诗

塞外对雨

◎康　熙

奋雷殷殷鸣大泽，飞雨千山万山白。
草色花香濯更新，荒岗处处流泉脉。
回望神京接塞云，雨声应得四郊闻。
黍苗翼翼平畴远，多少农人话夜分。

一解

这首诗为康熙二十二年(1683年)康熙帝奉陪太皇太后到兴安避暑，六月二十九日(7月23日)在途中遇雨而作。《承德府志》记载："驻跸乌拉岱，庚子因天旱命建坛祈雨，是日甘霖大沛(充沛)。"这首七言古诗(八句不是押同一韵母，而且中间两联不对仗)表达出诗人关心农业生产及农民生活的心情。

诗的首联意思是，大草原的上空响起轰轰的雷声，大雨飘落，千山万岭白茫茫一片。奋，振作，鼓劲。殷殷，形容雷声。泽，水草丛杂之地。

诗的颔联意思是，花草经雨水清洗，更清新更芳香了，荒芜的山岗流涌出一条条泉水。濯(zhuó)，清洗。脉，形容泉水有条理而连贯。

诗的颈联意思是，回头望京城，也被塞北的乌云笼罩着，京郊也应该听到雨声了吧。应得，应该能够。神京，皇帝居住的京城。

诗的尾联意思是，平坦辽阔的田野上，谷物生长得非常茁壮茂盛。不知有多少农民高高兴兴地谈论到半夜。翼翼，植物茁壮茂盛的样子。畴，熟耕地。夜分，半夜。

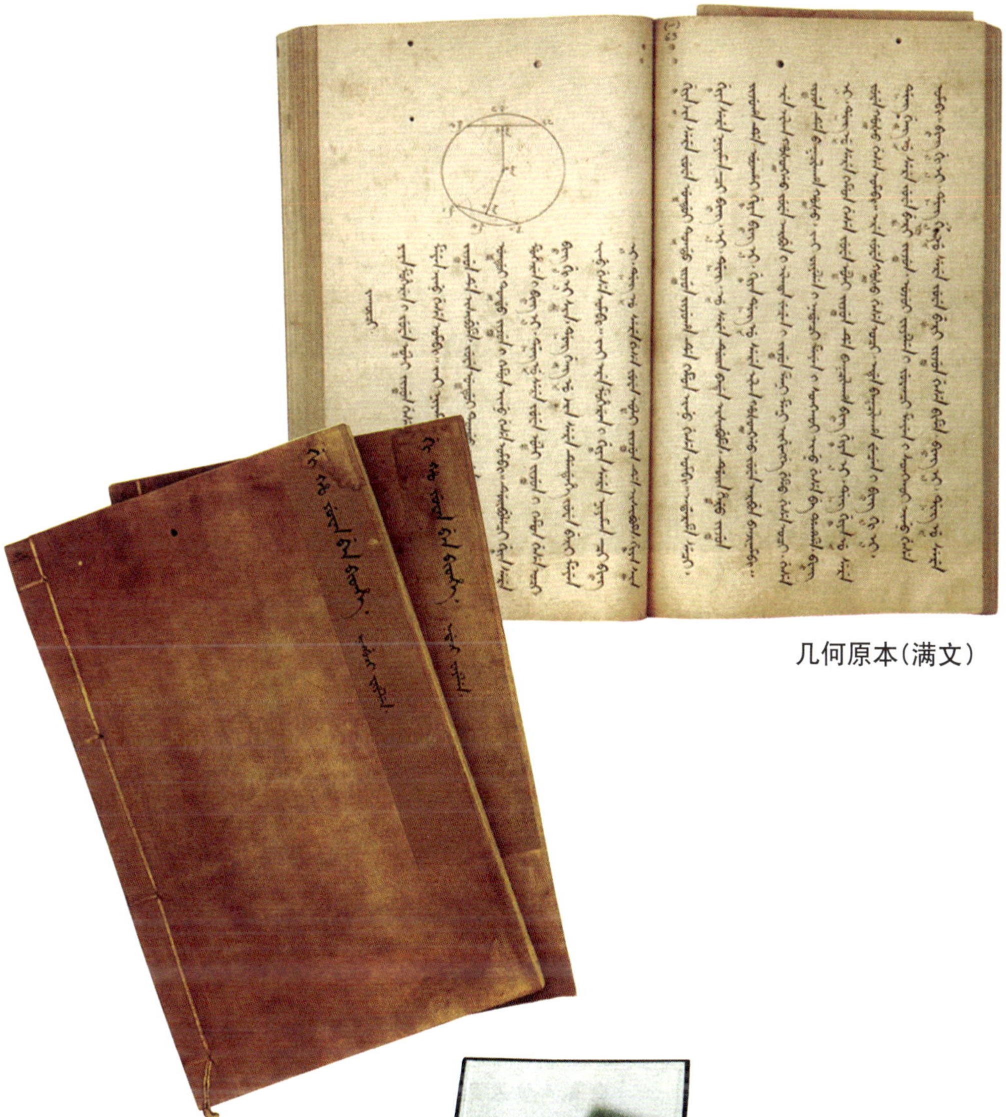

几何原本（满文）

铜镀金手动计算机 此手动计算机由清宫造办处制作，是康熙帝学习西方数学时使用的仪器。原机由法国科学家巴斯加于1643年在巴黎制作。计算机有数盘，手拿拨针即可顺时逆时进行加减乘除运算。 故宫博物院提供

度数表

地平经纬赤道日晷仪 18世纪西方流行的多功能计时器，仪器有子午圈、赤道圈、直表、地平盘等构成，各部位均有刻度，操作仪器，通过测日可以得到时刻，太阳距离地平的高度。 故宫博物院提供

【7月24日】

一日

康熙五十三年六月十三日(1714年7月24日)，大暑第二天，康熙帝传旨刑部："朕避暑口外，驻跸避暑山庄，此地素称清凉，还觉烦热，想京师更甚。朕时以民生疾苦为念，今天下承平，农商乐业，惟有罪之人拘系囹圄，常被枷锁，当兹盛暑，恐致疾疫，轸念及此，不胜恻然。应将在京监禁罪囚，稍加宽恤，狱中多置冰水，以解郁暑。俟暑退后，仍照限补枷。尔部即遵旨速行，以副朕法外施仁至意。"

乾隆三十六年六月十三日(1771年7月24日)，渥巴锡一行抵伊犁，与大臣舒赫德等会见。至此，历时六个月的土尔扈特部万里东归结束。渥巴锡所率土尔扈特蒙古从额尔济勒出发时，共三万三千余户、十六万九千余人，及至伊犁，仅剩15800户、六万六千余人，不及半数。

一诗

古戍三绝

◎康　熙

隐隐山头皆古戍，中原民力尽边城。
曾闲父老经年战，回首生灵血泪盈。

金瓯永固识人和，万里烽烟发兴多。
设使山林有暗晓，更须太息论如何！

旧日山中罢马叹，今时避暑乐清风。
穷兵岂若为观德，仁义无私八表同。

一解

康熙四十三年五月(1704年6月)，康熙帝巡幸塞外，这三首七言绝句为其出古北口时所作。诗人面对雄关，回想起秦筑长城以来，边塞地区战争不断，生灵涂炭而叹息不已。想到今日不仅没有战争，而且人民生活安宁，深感欣慰。古戍，古代边防的营垒及城堡，此指长城。三绝，三首绝句。

第一首诗的大意是，隐隐约约的山头上到处是城墙和城楼。过去中原的民力和财力都消耗在修筑长城和戍守边疆的战事中了。曾经参加捍卫边防战争侥幸生存下来的父老，回想起在多年战争中死去的人们，禁不住血泪盈眶。

第二首诗的大意是，若想使国家疆土永久完整而巩固，要依靠人民的齐心合力。回想起过去边境常常点起报警的狼烟，我十分感慨。假如现在山林上空浓烟中闪着亮光，人们会因发生山火而长吁短叹，怎能还会议论边境发生战争了呢！

第三首诗的大意是，从前经过这里，曾经停下马来出声长叹；现在到塞外避暑，喜欢这里清凉的和风。好战不止，哪里比得上多做些观察德政施行情况的事呢！无私地实施仁义的政治，就能使极远地方的人民和中原人民和谐相处。

“隐隐山头皆古戍，中原民力尽边城。” 与燕山山脉第一峰——雾灵山遥遥相对海拔1200米的滦平金山岭长城建在悬崖峭壁上的望京城楼

【7月25日】

一日

乾隆四十五年六月二十日(1780年7月25日)，朝鲜组成以朴明源为正使的使节团共74人前来中国为乾隆帝祝贺七十大寿。本日从朝鲜出发，取道东北，入辽东，经盛京、山海关，“自鸭绿江至皇城，统计三十三站，为二千三十里”，于八月初一日(8月30日)到达北京，因当时乾隆帝驻跸热河，为礼部谕“朝鲜所来正副使，著来热河行礼”。

一诗

采菱渡

◎乾　隆

湖波澄碧，水面多菱，叶浮贴水，背日花开，佳实脆香，与莲房水芝并荐，故取摩诘诗中语名其处。

菱花菱实满池塘，谷口风来拂棹香。
何必江南罗绮月，请看塞北水云乡。

一解

采菱渡为“乾隆三十六景”第十三景。约建于康熙四十二年(1703年)。此景在如意湖南侧偏东的环碧的北端。亭宛如圆形的斗笠，顶覆盖茅草，颇具江南水乡的情韵。这首诗以对比的写法，赞美了避暑山庄风景可与江南水乡相媲美。

诗序叙写采菱渡佳景，湖水碧波澄澈，水面长着很多菱角。菱叶贴着水面漂浮，背着日光的枝叶开着菱花，菱实又脆又香，与莲蓬、荷花一样茂盛，形成似江南水乡的景色。此处可于圆亭中观赏菱荷美景，又可由此泛舟湖上，采菱摘莲，体验水乡生活情趣。因而取王维诗中语命名此亭。佳实，菱角硬壳内有洁白果肉可食，甜脆清香。莲房，莲蓬。莲花开过后的花托，倒圆锥形，有许多小孔，各孔分割如房，故名。水芝，荷花别名。荐，草肥美茂盛。此处形容菱实、莲蓬、荷花。摩诘，唐诗人王维的字。此处视环碧岛上的采菱渡如王维在辋谷水的田园，故以此命名。

诗的前两句写景，菱花菱角铺满湖面，山谷吹来的风，将香气吹送到船上。拂，斜掠过；轻轻擦过。棹，船桨。借指船。

诗的后两句表达对山庄的喜爱，人们何必眷恋江南月下的绮丽景色呢？请到塞北避暑山庄看一看，这里的景色同江南水云乡一样秀美。罗绮，精美的丝织品。此处喻指绮丽的景色。水云乡，云水弥漫，风景清幽之处。多指隐者幽居之地。此处指避暑山庄。

“谷口风来拂棹香”

【7月26日】

一日

乾隆五十二年六月十二日(1787年7月26日)，乾隆帝谕内阁：热河文津阁所贮《四库全书》，朕偶加披阅，其中讹谬甚多，因派扈从之阿哥及军机大臣等覆加详阅，并令在京之阿哥及大学士九卿等，将文渊、文源二阁所贮书籍一体校阅，著将文渊、文源、文津三阁书籍所有应行换写篇页其装订挖改各工价均令纪昀、陆锡熊二人一体分赔。再将文渊、文源两阁书目总册寄至热河，以凭稽查划一，俾无鲁鱼亥豕之误。

一诗

绿毯八韵

◎乾 隆

山庄土美草丰，连冈遍野，而以鹿多恣食，不至蔚长，铺地不过寸余，诚绿毯也。对而引兴，用成八韵。

绿毯试云何处冣？最惟避暑此山庄。却非西旅织裘物，本是北人牧马场。
雨足翠茵铺满地，夏中碧罽被连冈。鹤行无碍柔从印，鹿龁那容密刹长。
度不尺盈刚及寸，闻殊香爇乃饶芳。奢哉温室氍毹汉，刺矣白家丝线唐。
奚必郑元书作带，偶同李贺句归囊。莎罗小坐因成什，示俭因之缅训良。

一解

这首诗写于乾隆四十六年(1781年)。这是一首七言排律，共八韵。

诗序叙写避暑山庄“土美草丰，连冈遍野”，由于野鹿经常吃草，因而绿草“铺地不过寸余”，诗人将绿草如茵的草地比喻为“绿毯”，“对而引兴”，写成《绿毯八韵》。诗序写出了成诗的缘由。

诗的前四句意思是，试问绿毯哪里的最优美呢？最优美的地方只有这避暑山庄。“绿毯”并不是西域商人带来的皮毛编织的地毯，而是北方人牧马的草场。冣(jù)，本义为聚积，《辞源》释为“优秀(等)”。

诗的中间八句意思是，夏天雨水充足，遍野都是碧绿的芳草，像巨大的绿毯铺在地上。仙鹤在柔软的草地上走来走去，留下它们的足迹；鹿群啃吃着青草，哪容得青草长得又密又尖。量一量，绿草刚刚一寸来长，闻一闻，它那丰足的香气与焚烧的熏香显然不同。奢侈呀汉皇温室殿中地铺氍毹毡，白居易诗中讽刺那唐明皇用蚕丝织成的红线毯做地衣。碧罽(jì)，碧绿的毛织品，此处指“绿毯”。

诗的后四句意思是，何必像郑玄那样在书斋里苦研经书，用沿阶草作捆书的带子呢？有机会我也会像李贺那样，游览时有所感触，就写几句诗放在袋囊中。在草地上稍作休息，于是吟成了这首《绿毯八韵》，由此使我缅怀皇祖要我们崇朴尚俭的良训，并借此诗告诫我的子孙千万不要奢侈。

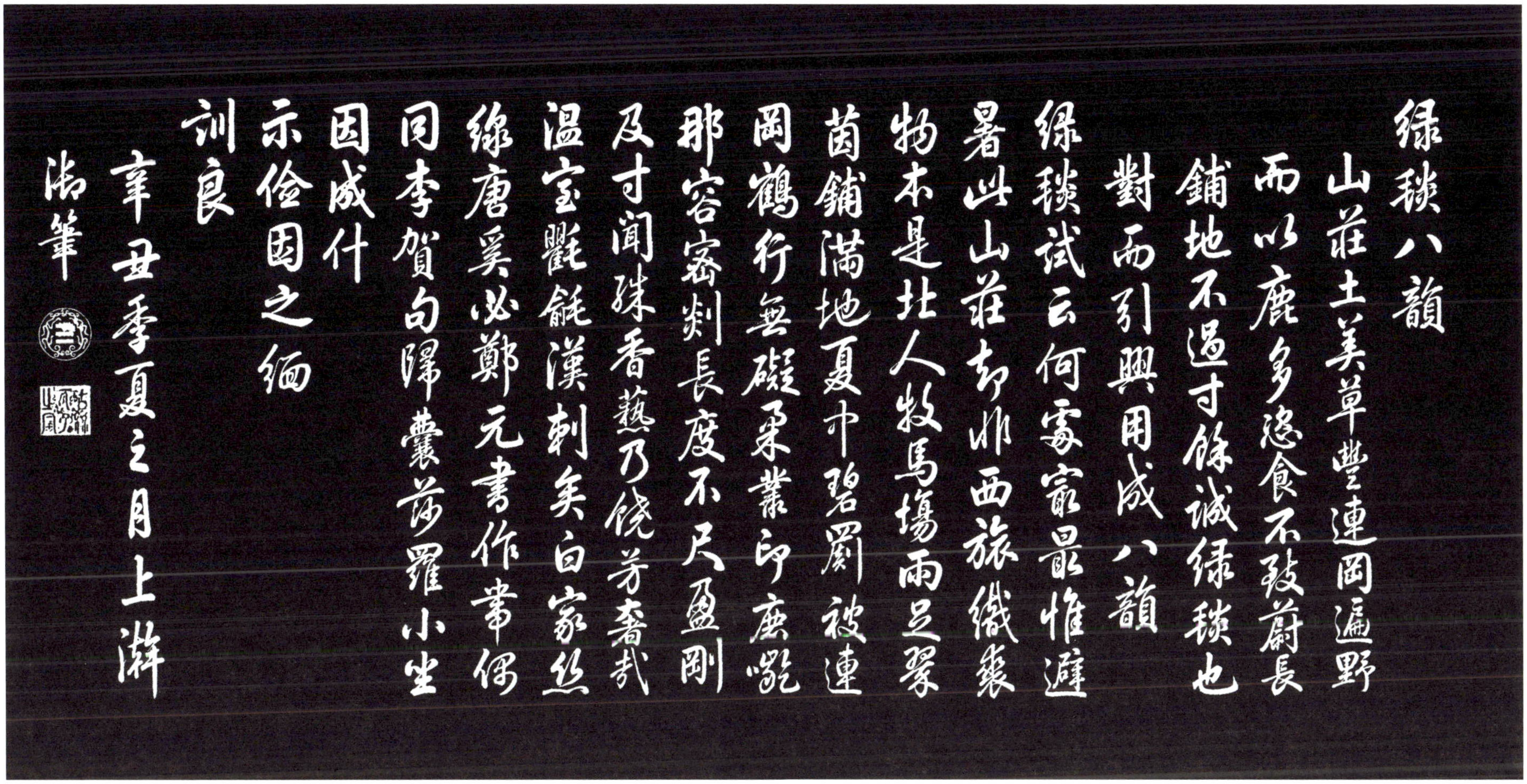

避暑山庄绿毯八韵碑拓片

“雨足翠茵铺满地”

【7月27日】

一日

康熙二十九年六月二十二日(1690年7月27日)，康熙帝召集大臣商议噶尔丹窜犯喀尔喀之事，认为噶尔丹借端内犯，志不在小，必须严惩以绝后患。康熙帝决定下诏亲征，命苏努所率之军随行，定于七月初六日(8月10日)起程。

乾隆四十五年六月二十六日(1780年7月27日)，皇六子永瑢与章嘉国师于多伦诺尔出迎六世班禅后，于本日奉旨先赴热河，向乾隆帝报告六世班禅在途中情形。

咸丰四年七月初三日(1854年7月27日)，咸丰帝阅热河都统毓书承德开设官钱局折，朱批："所奏俱妥，即照所拟行。"七月初七日(7月31日)，咸丰帝钦定宝德局，朱批："钱背面，著用宝德清文。"

一诗

溥仁寺瞻礼

◎乾　隆

兴州最古寺，每到礼应亲。

策马河桥度，垂鞭农务询。

即看优则霈，实胜小霑频。

屏息法云地，溥仁真溥仁。

一解

这首诗写于乾隆三十九年(1774年)。溥仁寺在避暑山庄外，武列河东岸，是外八庙中兴建最早的。康熙三十年五月四日(1691年5月31日)，在取得平定厄鲁特蒙古准噶尔部噶尔丹叛乱的胜利后，正式册封外蒙古各部首领爵位，与内蒙古各部首领同等待遇，史称"多伦会盟"。此后的二十多年里，整个蒙古地区政治稳定、生产发展，与清政府联系更加紧密。康熙五十二年(1713年)是康熙帝六十大寿，又逢避暑山庄肇建十周年，蒙古各部王公来避暑山庄叩祝万寿，常贡之外，又共同出贡银20万两，请建庙于热河。康熙帝允准，但本着崇尚节俭的原则，只用10万两建溥仁寺，俗称前寺。另10万两因已经敬献，在旁边又建了溥善寺，俗称后寺。溥(pǔ)，广大，普遍。"溥仁"、"溥善"是皇帝广施仁义善爱天下之意。

诗的前四句意思是，溥仁寺是兴州最古老的寺庙，每到热河都应该亲自去礼拜。骑着马走过桥东渡武列河，停鞭下马询问百姓庄稼农务。兴州，金元时期承德一带称兴州。

诗的后四句意思是，今日热河雨量充沛，土地透足，胜过往年小雨阵阵略有短缺。来到庙前肃然起敬，静心屏息，皇祖广施仁义善爱天下真是溥仁。

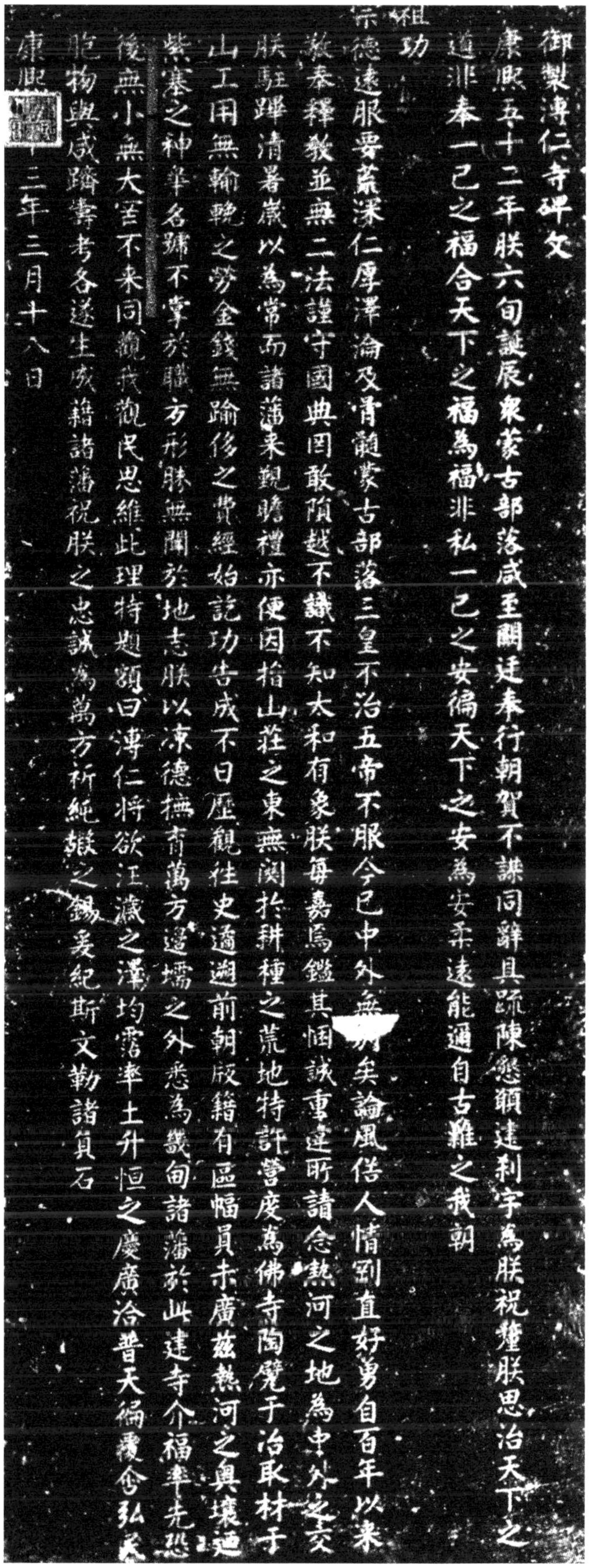
御製溥仁寺碑文
康熙五十二年朕六旬誕辰眾蒙古部落咸至闕廷奉行朝賀不謀同辭具疏陳懇願建剎宇為朕祝釐朕思治天下之
道非奉一己之福合天下之福為福非私一己之安徧天下之安為安柔遠能邇自古難之我朝
祖功
宗德遠服要荒深仁厚澤淪及骨髓蒙古部落三皇不治五帝不服今已中外無別矣論風俗人情勁直好勇自百年以來
漸奉釋教並無二法謹守國典罔敢隕越不識不知太和有象朕每嘉焉鑒其悃誠重違所請念熱河之地為中外之交
朕駐蹕清暑歲以為常而諸藩來覲瞻禮亦便因指山莊之東無關於耕種之荒地特許營度為佛寺陶甓于治取材于
山工用無輸輓之勞金錢無踰侈之費經始記功告成不日歷覩往史遍週前朝版籍有區幅員未廣茲熱河之輿壤適
紫塞之神皋名蹟不掌於職方形勝無聞於地志朕以涼德撫育萬方遐壖之外悉為畿甸諸藩於此建寺介福率先恐
後無小無大罔不來同覩我觀民思維此理特題額曰溥仁將欲汪濊之澤均霑率土升恒之慶廣洽普天徧覆含弘民
胞物與咸躋壽考各遂生成藉諸藩祝朕之忠誠為萬方祈純嘏之錫爰紀斯文勒諸貞石
康熙[illegible]三年三月十八日

御制溥仁寺碑文

溥仁寺正殿三世佛

溥仁寺山门(老照片)

【7月28日】

一日

康熙四十七年六月十一日（1708年7月28日），康熙帝巡幸塞外至避暑山庄。本日有旨，命同满大臣游观后苑。大学士张玉书有《赐游热河后苑记》，详细记述了所见所闻，描绘了避暑山庄初建成的三十六景情状。盛赞“宇内山林无比奇丽，宇内亭园无比宏旷，先后布置皆由圣心指点而成”。

乾隆三十五年六月初七日（1770年7月28日），热河街降大雨，自广仁岭起诸沟山水暴发，河水宣泄不及，四处漫延，流入街市。将热河本堂、水泉沟、普陀宗乘庙工程处、热河副都统衙门等处铺面、民居房屋、旗兵住房、官铺冲毁，冲塌瓦房817间，草房113间，淹死六人，压死九十多人，冲走石桥一座。

一诗

题写照哨鹿图

◎乾　隆

此图乃辛酉年初幸木兰哨鹿，命郎世宁所为者。彼时扈从诸臣年长于予者如来保辈颇多、少于予者如傅恒辈共十有二人，今皆不见，怃然有怀，因成从是什。云十人者，举成数也。

哨鹿曾教写照为，扈行原有十人随。却看介尔惟存我，底事翻然都逝其。
视昔由今语已信，何真非幻义堪思。似乎否也证临镜，骨格依前鬓有丝。

一解

这首诗写于乾隆四十年(1775年)，当时乾隆帝64岁，看到郎世宁在三十多年前画的哨鹿图，画中人物很多已故去，感慨万千，写了这首七言律诗。写照，画像。辛酉，即乾隆六年(1741年)，这年乾隆帝30岁，即位后第一次到木兰围场行围。郎世宁(1688—1766年)，天主教耶稣会修道士，画家兼建筑师，意大利米兰人。康熙五十四年(1715年)来北京传教，后进入清廷，历任康熙、雍正、乾隆三朝宫廷画师，擅长画肖像，曾参与圆明园工程。来保，乾隆帝近臣，武英殿大学士，乾隆二十九年(1764年)卒。傅恒，号春和，满洲镶黄旗人，乾隆帝皇后富察氏之弟，早年自侍卫升至户部侍郎，入军机行走。乾隆十二年(1747年)任户部尚书，后授保和殿大学士、军机大臣等，为乾隆所倚重。乾隆十三年(1748年)统军平定大金川土司叛乱，降服莎罗奔；乾隆二十年(1755年)进军伊犁，俘达瓦齐，平息准噶尔部叛乱。乾隆三十四年(1769年)，督师进攻缅甸途中病逝，封忠勇公。“成从是什”，随着这幅哨鹿图写了这首诗歌。怃(wǔ)然，茫然自失的样子。

诗的前四句由哨鹿图写起，想起往事，曾经教郎世宁为“木兰秋狝”画像，扈从的原有十几个人跟随。且说如今这十几个人中间，只有我还健在。过去的事随着这幅图又重新勾起了我的回忆。

诗的后四句抒发感慨：往事活生生好像刚发生，相信这话是真实体验，多么真切不是幻觉，君臣间的感情真让人思念。似乎不是这样，但这幅画像镜子作证在我面前，觉得身体还和以前一样，可两鬓已经出现白发。

哨鹿图 故宫博物院提供

【7月29日】

一日

乾隆三十六年六月十八日(1771年7月29日)，多罗贝勒永瑢奏闻热河普陀宗乘之庙佛像落成，择日供奉开光典礼，奉旨派1000名喇嘛读经，派递供喇嘛113名，共1113名，内除热河各寺庙喇嘛700名。又章嘉呼图克图等所率弟子奏派100名外，由京都派往313名，于七月十三日(8月22日)起，分三次起程前往热河。

乾隆四十四年六月十七日(1779年7月29日)，六世班禅额尔德尼自后藏扎什伦布寺启程，踏上东行朝觐之路。十月十五日(11月22日)到达青海塔尔寺过冬，准备翌年开春前往避暑山庄参加乾隆帝七旬万寿庆典。

乾隆五十八年六月二十二日(1793年7月29日)，英使马戛尔尼所乘“狮子号”船只于十八日在大沽口抛锚停泊。徵瑞派天津道乔人杰、通州协副将王文雄前往迎接，并送去牛羊米面果蔬茶酒，传旨颁赏，同时向英使查看表文和贡品。乾隆帝据徵瑞奏报，再次谕示接待时要“不卑不亢，以符体制而示怀柔”。

一诗

田家即事二首

◎雍　正

沙碛高低禾黍盈，群飞铜雀绕田鸣。
竹弓蒿矢堪驱吓，漫向黄云试射声。

戍烽罢举息征尘，肆力耕耘属幸民。
榆柳荫疏秋社近，缘边笳鼓赛田神。

一解

这两首诗描写了亦兵亦农的口外农村生活场景：第一首写驱赶啄食农作物的鸟雀，轻松活泼；第二首写农闲时的乡村祭祀活动，富有浓郁的生活气息。

第一首诗的大意是，沙地上长满了高高低低的庄稼，一群群的铜雀绕着田地鸣叫。用竹子做弓，青蒿做箭，漫无目的地向空中射去，以此来驱赶吓唬铜雀。铜雀，一种野生的麻雀。漫向，没有具体目标。

第二首诗的大意是，没有了战争的威胁，幸运的老百姓在田地里尽力地耕耘。树木叶子已经稀疏了，飘落了，秋祭的日子越来越近，笳鼓声声，是人们在祭祀土地神呢。烽，古时边防报警点的烟火。征尘，远行的途中，身上沾染的尘土。戍烽、征尘在这里都用来比喻战争。肆力，尽力。社，古代把土神和祭祀土神的地方、日子和祭礼都叫社。赛田神，亦即祭祀土地神的活动。

通州协副将王文雄

停泊在舟山群岛配备64门大炮的“狮子号”战舰

天津道乔人杰

日喀则扎什伦布寺　六世班禅自此从西藏启程东行朝觐

【7月30日】

一日

乾隆四十年七月初四日(1775年7月30日)，未正，乾隆帝在避暑山庄如意洲进晚膳，用折叠膳桌摆：燕窝莲子扒鸡一品、鸭子火燻萝蔔炖白菜一品、扁豆大炒肉一品、羊西尔占一品。后送鲜蘑菇爆炒鸡一品、上传拌豆腐一品、拌茄泥一品；蒸肥鸡烧狍肉一品；象眼小馒首一品、枣糕、老米面糕一品、甑尔糕一品、螺狮包子豆尔馒首一品、纯克里额芬一品(蒙古面食)、银葵花盒小菜一品、银碟小菜四品，随送豇豆水膳进一品；次送燕窝锅烧鸭丝一品、羊肉丝一品、小羊乌乂一盘。

[评]乾隆帝是我国历代帝王中最长寿的皇帝，享年89岁。他除去习武木兰、嗜好书法、注重健身外，平时对饮食要求也很高。注重饮食的多样化、荤素搭配、讲究营养。从这份晚膳单子看，除去奢华，可以看到，主副食搭配合理，咸甜酸辣五味兼备，有趣的是，乾隆帝临时点的拌豆腐和拌茄泥，虽属平常，但正当时令，也非常符合科学。

一诗

杨 川

◎康 熙

塞柳多於荠，
清川逐望平。
西风吹戍日，
碎叶欲成城。

一解

康熙二十二年(1683年)，康熙帝北巡，驻跸红川行宫时，曾多次到各处巡视，接见蒙古各部王公以及狩猎，闰六月初七日(7月30日)曾驻跸杨川。这首五言绝句诗当作于此时此地。诗中描写出塞外的景象。

这首诗的大意是，塞外的柳树丛比平原的荠菜还多还密。清澈的原野，放眼望去处处平平坦坦。强烈的西风吹得营垒上空的太阳似乎在晃动，树上的枯叶纷纷飘落下来，似乎要堆成一座城堡。荠，野生的荠菜。逐望，向各处望去。戍，边塞地区的营垒、城堡。

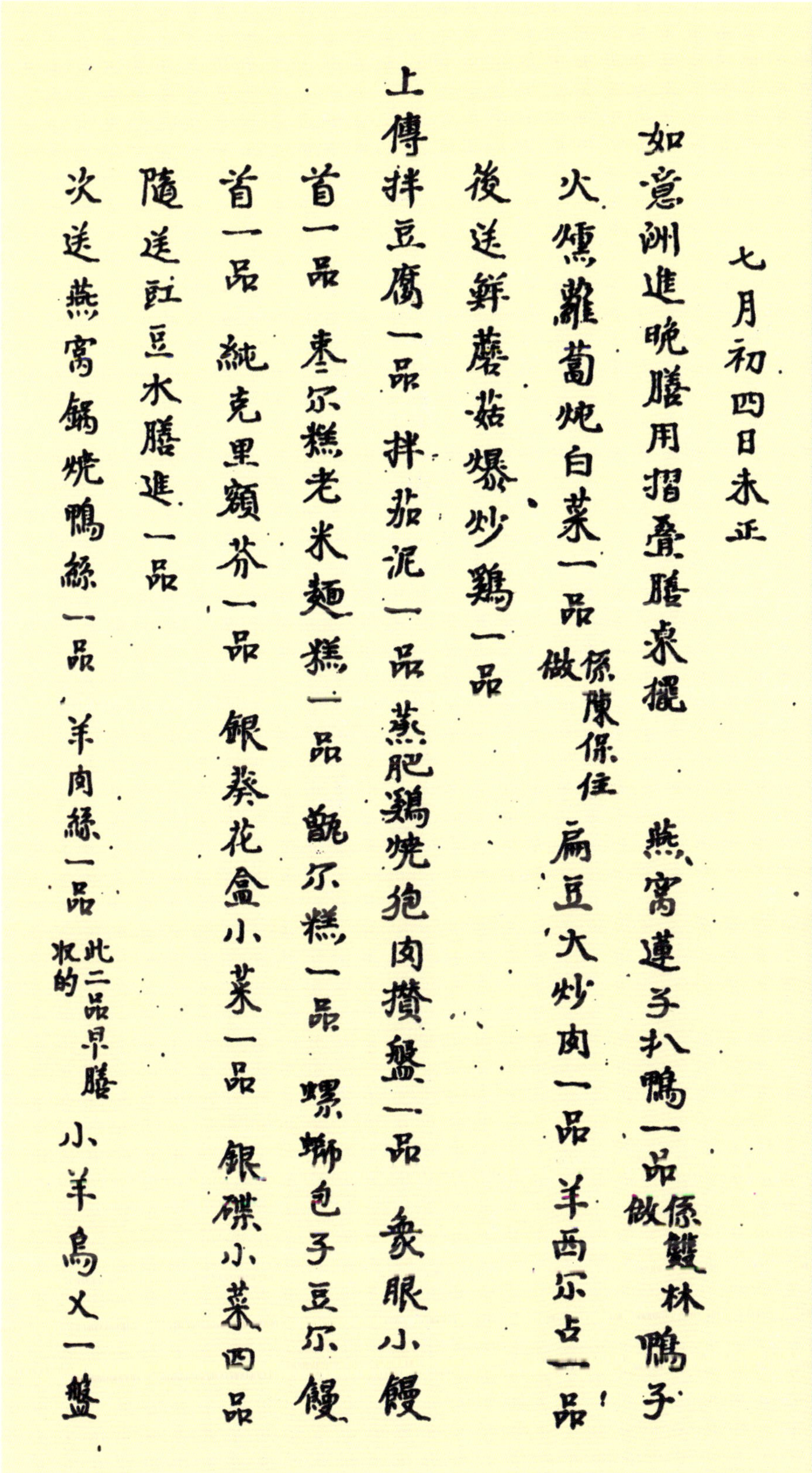

七月初四日未正

如意洲進晚膳用摺叠膳桌擺 燕窩蓮子扒鴨一品係雙林做鴨子火燻蘿蔔燉白菜一品係陳保住做 扁豆大炒肉一品 羊西尔占一品

後送鮮蘑菇爆炒鷄一品

上傳拌豆腐一品 拌茄泥一品 蒸肥鷄燒狍肉攢盤一品 象眼小饅首一品 棗尔糕老米麵糕一品 甑尔糕一品 螺螄包子豆尔饅首一品 純克里額芬一品 銀葵花盒小菜一品 銀碟小菜四品

隨送豇豆水膳進一品

次送燕窩鍋燒鴨絲一品 羊肉絲一品此二品早膳收的 小羊烏叉一盤

乾隆四十年七月初四日（1775年7月30日）乾隆帝御膳单

皇帝用餐时的餐具摆设　故宫博物院提供

清代宫廷餐刀

【7月31日】

一日

顺治七年七月初四日(1650年7月31日)，摄政王多尔衮谕："京城建都年久，地污水咸，春、秋、冬三季犹可居止，至于夏月溽暑难堪，但念京城乃历代都会之地，营造匪易，不可迁移。稽之，辽、金、元曾于边外上都等城为夏日避暑之地，予思，若仿前代造建大城，恐靡费钱粮，重累百姓，今拟建小城一座，以便往来避暑。"于是，征用九省(直隶、山西、山东、浙江、江南、河南、湖广、江西、陕西)钱粮，在多尔衮相中的喀喇河屯古城(即今日承德市滦河镇酒店与西南营之间伊逊河汇入滦河处)修建避暑城。

乾隆三十九年六月二十三日(1774年7月31日)，攻剿大金川西南两路兵，攻克喇穆喇穆山上碉座及日则丫口各碉，杀数百名守兵。

一诗

将军阿桂奏报大兵攻克喇穆喇穆山梁及日则丫口

◎乾　隆

色淜普克固可进，喇穆喇穆转在后。山梁上有贼战碉，直进仍虞彼掣肘。
我兵相势分营围，而匪聚徒亦严守。惟彼峰尖两大碉，肋崖如削猿难走。
以故贼不堪提防，得此斯为踞其首。搤吭拊背则无难，捣虚抵隙或堪取。
分兵路路各进攻，别选精锐登峰嵝。峭壁直上千仞高，以顶继踵翼为手。
须臾遂克两战碉，贼众尽歼无一漏。其余各碉虽力拒，我围益坚鱼在罶。
贼知难拒尽弃遁，我围追戮多僵仆。乘胜勇气百倍增，并即克口则丫口。
是役诸将皆用力，而海兰察功最右。相机取逊克尔宗，伫待捷音奏囊剖。

一解

此诗写于乾隆三十九年七月(1774年8月)避暑山庄。喇穆喇穆是金川第一要隘，日则丫口为勒乌围要路，海兰察率领600勇士攀援峭壁，一举攻克喇穆山。乾隆帝根据奏报，详细描述了这场战斗经过。搤吭，扼住咽喉，形容形势危急。搤，通扼。拊背，要地。罶(liǔ)，捕鱼的竹篓。

多尔衮画像 爱新觉罗·多尔衮(1612年11月17日—1650年12月31日)，努尔哈赤第十四子，皇太极之弟。清朝初期杰出的政治家和军事家，完成大清一统基业的关键人物，清朝入关初期的实际统治者。1626年封贝勒；1636年因战功封和硕睿亲王；1643年辅政，称摄政王；1644年指挥清军入关，满族问鼎中原，先后封叔父摄政王、皇叔父摄政王、皇父摄政王；1650年病死于喀喇城，年39岁。先追尊为成宗义皇帝，后被顺治帝追论谋逆罪削爵；1778年乾隆帝为其平反，复睿亲王封号，评价其“定国开基，成一统之业，厥功最著”。

平定两金川战图 阿桂奏报攻克喇穆喇穆山梁及日则丫口 故宫博物院提供

【8月1日】

一日

康熙四十二年六月(1703年7月)下旬，康熙帝在避暑山庄甫田丛樾亭旁开辟御瓜园和御稻田。此御稻田为康熙帝实验种植庄稼的地方。康熙帝在避暑山庄吃的御稻米就是在御稻田里种的。康熙帝看到早御稻在避暑山庄实验种植成功，第二年就颁旨在北京玉泉山等地推广种植。

[评]康熙帝爱农、重农，同时热爱科学研究。他在避暑山庄种试验田就是他爱农、重农的重要表现。他在北京丰泽园治田数畦，培育稻种，其后又在避暑山庄试种成功，从而改写了长城沿线内外不种水稻的历史。

一诗

早御稻

◎康　熙

紫芒半顷绿阴阴，
最爱先时御稻深。
若使炎方多广布，
可能两次见秧针。

一解

这首七言绝句，写于康熙六十年(1721年)或六十一年(1722年)。早御稻是康熙帝发现并指导培育的早熟的稻谷。这首诗表现出康熙帝勇于实践的精神，以及对农业生产的关心和对人民的关怀。据《承德府志》引《康熙几暇格物编》说："丰泽园中有水田数区，布玉田谷(稻谷)种，岁至九月始刈获登场。一日，循行阡陌，时方六月下旬，谷穗方颖。忽见一科(同棵)高出众稻之上，实已坚好，因收藏其种，待来年验其成熟之早否。明岁六月时，此种果先熟。从此生生不已，岁取千百。四十余年以来，内膳所进皆苑米也。其米色微红而粒大，气香而味腴。因其生自苑田，故名御稻米。一岁两种，亦能成两熟。口外种稻，至白露以后数天不能成熟，惟此种可以白露前收割。故山庄稻田所收，每岁避暑用之，尚有赢余……朕每饭时，常愿天下群黎共此嘉谷也。"并曾指示江浙督抚令民间种植这种一年两熟的稻谷。

诗的大意是，半顷稻田绿阴阴的，而且吐露出紫色的稻穗。我最喜爱先前从御苑移植过来的稻谷茂盛地生长。如果让南方多多地种植这种御田的稻谷，就可能一年两次有收获。紫芒，紫色的稻芒，指稻穗。深，茂盛。秧针，稻穗的芒针，指稻穗。

“康熙三十六景”之甫田丛樾

【8月2日】

一日

康熙二十七年七月初七日(1688年8月2日)，由于噶尔丹率兵追击居住在苏尼特部附近的哲布尊丹巴，康熙帝特命侍郎文达调派阿坝哈纳班第戴清、车陵戴清1500名兵士，设哨防护该地，以保护哲布尊丹巴。

乾隆三十九年六月二十五日(1774年8月2日)，乾隆帝决定为《四库全书》建造专门庋藏之处，特命杭州织造曹寅亲往浙江范氏天一阁，详加询察，烫具准样。天一阁取“天一生水，地六成之”之意。乾隆帝下令在紫禁城、圆明园、避暑山庄、盛京分别仿照天一阁样式建造四阁，最先建成的就是避暑山庄里的文津阁。乾隆帝《月台》诗中有“天一取阁式，文津实先构”之句。

乾隆五十二年六月十九日(1787年8月2日)，进剿台湾将军常青再请添兵，乾隆帝知其不足恃，决策命陕甘总督福康安即赴热河行在，听候调遣。

一诗

阅堤

◎乾　隆

武列带山庄，建堤圣虑长。有时经泛滥，昨岁致怀襄。
冲啮须当补，坚牢永保康。依然卫闾里，所以奠耕桑。
策马阅工蒇，遵途廑念详。牧民惟我责，絜矩慎三防。

一解

这首诗写于乾隆三十七年(1772年)。承德武列河防护堤避暑山庄一段，始建于乾隆二十四年(1659年)，历时12年，在乾隆三十六年(1771年)才完工，乾隆帝为之题名为“迎水坝”。迎水坝是清代在武列河上修建的重要水利工程，目的是疏通山庄湖水，抵御山洪，护卫承德府百姓。这首诗写于迎水坝竣工的第二年，乾隆帝去巡视修整后的河堤期间。诗中表现了乾隆帝关心防洪，体恤百姓，认真视察，一丝不苟的验收态度。

诗的大意是，武列河水像一条带子流过避暑山庄近旁，修建堤坝是执政者考虑久远的爱民主张。(这条河)有时候经过(这里)会泛滥成灾，去年的洪水就越涨越高包围了避暑山庄城乡。被冲坏和出现崩塌的堤岸必须立即补上，要保证迎水坝坚固牢靠让百姓永保安康。依然如故卫护着山城的居民和避暑山庄，凭借着它来奠定承德府经济发展的保障。骑着马去巡视察看刚刚完工(的迎水坝)，沿着河堤一路查看不敢怠慢要务求其详。要知道管理老百姓是我不能推卸的责任，仔细丈量谨慎对待，要想到多种洪水情况。“武列”，指武列水，即今之武列河。原注：“热河本固都尔呼河三源汇流，考之《水经注》，即所谓武列水，绕山庄东北行，南流入滦，详见向所作《热河考》。”圣，通达事理。怀襄，怀，包围。襄(xiāng)，升到高处。啮(niè)，咬，蚕食。闾(lǘ)，古代的一种居民组织单位。里，里巷，家乡。牧，统治，管理。絜(xié)，度量物体周围的长度。矩(jǔ)，画直角或方形的工具。三防，意思是要预防多种险情的出现，三，泛指多。

热河草市街一带的迎水堤坝(老照片)［日］竹岛卓一　关野贞摄影

【8月3日】

一日

乾隆四十四年五月(1779年6月)，乾隆帝以热河文庙初成，依太学例，特颁内府所藏周代法物10件给热河文庙。计有：文王鼎一、宝尊一、夔凤卣一、素洗一、雷纹爵一、叔朕簠一、蟠夔壶一、蟠夔罍一、雷纹觚一、蝉纹簋一。

一诗

细河

◎康　熙

一水沙冈外，回流甲帐前。
日长时饮鹿，风至忽闻蝉。
棕叶铺凉殿，松花落细旃。
从来消夏地，未胜此中偏。

一解

康熙北巡，于闰六月十一日(8月3日)曾驻跸细河，这首五言律诗即作于此时此地。诗中描绘出塞北初秋生动的景象。细河，在今内蒙古自治区克什克腾旗和河北省围场满族蒙古族自治县交界处。

诗的大意是，一条河水从沙冈的外面流过来，又从行营大帐的前面绕过去。夏季白天很长，常常看见鹿群来饮水；清风微微吹来，忽然听到蝉的叫声。用棕叶铺在冰凉的营帐的地面上，松花纷纷飘落在毛毯帐篷的上面。我到过很多消夏避暑的地方，没有一处胜过这个偏远的小地方。甲帐，军营中主帅的大帐，此处指康熙帝所居的大帐。饮，此处读(yìn)。饮鹿，让鹿来饮(yǐn)水。旃(zhān)，毛帜物，通毡，此处指毡制的帐幕。偏，侧面，边远之处。

夔凤卣

蟠夔壶

蟠夔罍

雷纹爵

文王鼎

雷纹觚

叔朕簠

蝉纹簋

素洗

宝尊

热河文庙所藏10件周代法物　钱树信提供照片

【8月4日】

一日

康熙四十五年六月二十六日(1706年8月4日)，受法国君主路易十四派遣的传教士严嘉乐与张诚、巴多明在热河觐见康熙帝，经过面试，康熙帝发现严嘉乐不通汉文，且又不谙孔子学说，于是辞退了严嘉乐这位路易十四派遣的第一位法国传教士。路易十四倡导中西文化交流，愿意加强与中国的友好往来，在他主政期间，先后派遣三批传教士来中国。

康熙六十一年六月(1722年7月)下旬，康熙帝让在避暑山庄万壑松风儿孙读书处的弘历在观莲所廊下背诵经书，弘历不遗一字，近侍皆环听耸异，康熙甚为高兴。

一诗

热河闲咏七首(选三)

◎雍 正

(其一)

塞北开行殿，窗临万壑松。云封双塔岭，烟锁磬锤峰。
飘渺层峦接，盘回曲径重。红尘难到处，何事不从容。

(其二)

一人临塞北，万里息边烽。朽木含生意，闲花逞冶容。
夔魈潜隐迹，虎豹尽藏踪。群动无纷扰，惟闻响梵钟。

(其七)

闲来忘暑兼忘我，浩气冲融贯太虚。城市山林君子宅，山林城市帝王居。
不寻仙客谈元旨，懒觅高僧讲梵书。天地古今惟一啸，悠然自得有谁知。

一解

这一组诗歌描写了避暑山庄的自然景色，居住于此的种种益处，展示了和平盛世的景象，歌颂了父皇的文治武功，同时也表达了自己超然物外、乐以忘忧、远离尘嚣、与世无争的自得心情。是诗人在与康熙诸皇子“夺谪”斗争中行韬晦之计的反映。

第一首诗的大意是，在塞外建造了避暑的行宫，推开窗子，正对着万壑松风。双塔山上，云雾封合，棒槌山中，烟霞缭绕。层峦叠嶂，连绵不断，羊肠小路，回环盘旋。远离尘世、从容悠闲。

第二首诗的大意是，父皇一人来到塞外，边疆的烽火就熄灭了。父皇的到来，使得枯朽的树木焕发了新的生机，遍地的野花绽开了美丽的容颜。妖魔鬼怪都消失了，虎豹狼虫也踪迹不见。社会安定，百姓安居乐业，只听到寺庙里传出来的一阵阵悠扬的钟声，显得那么安宁，那么平和。夔魈(kuí xiāo)，古代传说中的一种独脚怪兽。

第七首诗歌的大意是，静下心来既忘却了暑气，也忘掉了自己，只剩下浩然之气飞而直上流通贯满太空。城市山林适宜君子作宅院，山林城市适宜帝王作居室。既不必找儒生来谈大道理，也不用找僧人来讲佛经，自己就可以悠然自乐。面对天地古今惟有一声长啸，悠然自得有谁知道呢！

雍正行乐图
故宫博物院提供

【8月5日】

一日

乾隆五十四年(1789年)夏，《四库全书》总纂官纪晓岚在文津阁完成勘校之余，昼长无事，追录见闻，编成《滦阳消夏录》六卷。嘉庆三年五月(1798年6月)，随皇帝到热河，在礼部值班之余，又编成《滦阳续录》。这两部书后来收于《阅微草堂笔记》，嘉庆五年(1800年)编定刊印。

一诗

草房

◎乾隆

岩屋三间号草房，
朴敦俭示训垂长。
偶来却愧茅茨者，
岚霭恒斯纳景光。

一解

这首诗写于乾隆三十七年(1772年)。当年乾隆帝每来避暑山庄都要陪母亲去避暑山庄外西北的狮子园，狮子园主殿乐山书院后山上是家庙妙高堂，山包东坡建有茅草房三间，乾隆帝来此有感写下了这首七绝。

这首诗的大意是，狮子园山岩旁的三间茅屋起名草房，朴实敦厚节俭的训教启示流传久长。偶尔却感到面对茅草房的(建造者皇祖父)自愧不如，久久地享受这云雾缭绕的美景风光。号，名字叫。岚霭(lán ǎi)，山中的雾气、云气。纳，接受，享受。

纪晓岚画像 纪昀，字晓岚(1724—1805)，河北献县人，清代学者。历雍正、乾隆、嘉庆三朝。任《四库全书》总纂，其体例由他一手所定。《四库全书》分经、史、子、集四部，凡3503种，79337卷，是集中国历史文化之大成的一部千古巨制，对于搜集、整理、继承和发扬我国历史文化遗产，具有不可估量的作用。此外，纪晓岚还一手删定润色而成《四库全书总目提要》凡200卷。并奉命创编了《四库全书简明目录》20卷，是研究中国古籍最方便的工具书。《四库全书》的浩大工程，倾注了纪晓岚的毕生精力，皇帝称赞说："美富四库之储，编摩出于一人之手"。纪晓岚一生最大的贡献就是总撰了《四库全书》和著作了《阅微草堂笔记》。因其"敏而好学可为文，授之以政无不达"(嘉庆御赐碑文)，故卒后谥号文达，乡里世称文达公。

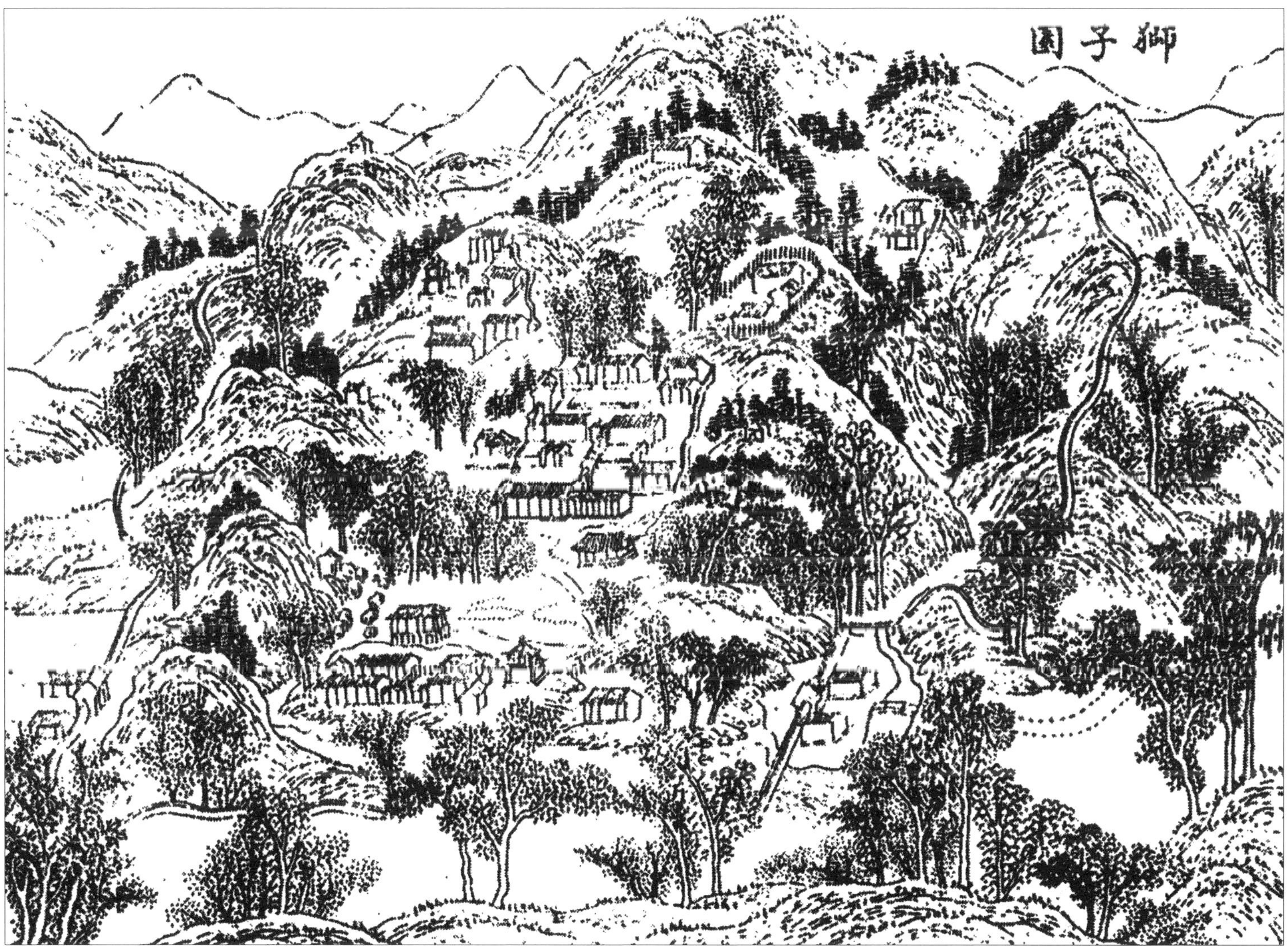

狮子园

【8月6日】

一日

康熙二十九年七月初三日(1690年8月6日)，康熙帝亲征噶尔丹。以裕亲王福全为抚远大将军，皇长子胤禔副之，出古北口；以恭亲王常宁为安北大将军，简亲王雅布、信郡王鄂札副之，出喜峰口；内大臣舅舅佟国纲、佟国维，内大臣索额图、明珠、阿密达、都统苏努等俱参赞军务。从福全之请，令大同镇兵2000名驻防杀虎口。

一诗

山西巡抚毕沅奏报得雨诗以志慰

◎乾　隆

北省今年雨获均，
披看继泽报西秦。
延绥最是廑怀处，
灾后甘膏苏窘民。

一解

乾隆四十九年六月二十一日(1784年8月6日)，乾隆帝夏日身在避暑山庄，心系各地雨情。原诗注：今岁直隶、山东、山西、陕西夏月间皆陆续奏报得雨沾足，西成可望。毕沅奏报西安省城于五月廿九、六月初三等日，甘霖大沛，入土深透，其附近各属亦禀报同日得雨处优渥，秋禾畅茂，民情欣悦。乾隆帝最关心的是延安、绥德一带上年灾欠地区。五月初十、十一、二十一、二十二均得雨四五寸，深透不等，边地节候较迟，得此伏雨普沾，谷物杂粮勃发滋荣，灾民深为庆幸。披看，披览。廑怀，殷切关怀。甘膏，甘雨，膏雨。苏，谓困而得息。

八旗甲冑 故宫博物院提供

【8月7日】

一日

康熙二十四年七月初八日(1685年8月7日)，巡幸塞外的康熙帝得知蒿齐特蒙古遭受灾荒饥馑，3000人皆采野薤草根为食，即命理藩院尚书阿尔尼，速从拜察地方储备之粟，措支一千石，遣贤能官昼夜兼驰，运往赈济。

康熙四十一年闰六月十四日(1702年8月7日)，康熙帝驻跸热河下营。“热河”二字首次出现在历史文献上。

康熙四十二年六月二十五日(1703年8月7日)，上元节过后，工部、内务府率属员齐集热河下营，测量、绘画、构图、设计，各司其职，并根据康熙帝“省输挽之劳，宜就地取材”的旨意，开始热河行宫备料采办事宜。本日召集会议，审阅图谱，听取筹备奏闻，面谕营造要旨，赐宴慰勉有劳绩者。

一诗

塞北早秋

◎康　熙

万马边声合，千旓障口开。
霜威随出塞，秋色壮登台。
雁度连营去，鹰呼巇岩回。
苍茫云海月，永夜照龙堆。

一解

康熙于二十二年(1683年)北巡，闰六月十四日(8月7日)，康熙帝回跸红川(今围场满族蒙古族自治县乌拉岱)，十五日立秋，这首五言律诗作于立秋之日。诗既描写出塞北早秋的景象，又表现出围猎回营时的威壮的气概。

诗的大意是，在边塞千军万马前呼后应，营垒前千万杆旗帜分列两旁。到塞外各处巡察，寒霜越来越显出威力；登上高台望去，金秋景色非常壮丽。大雁从连营的上空向南方飞去，猎鹰听见呼哨声从山峰的悬崖处飞回来。苍茫云海的高山上空，月亮整夜照着塞北大地。旓(shāo)，旌旗上的飘带，此处指旗帜。障，险要地方的堡寨，此处指行宫或行营。霜威，寒霜萧杀的威力。秋色，庄稼成熟时的金黄色和树叶经霜后的黄色和红色。云海，高山之巅在云之上，下视则云铺如海，故称云海。龙堆，即白龙堆，沙漠名，在新疆以东、天山南路。此处指塞北一带。

塞北秋色

【8月8日】

一日

乾隆四十四年六月二十七日(1779年8月8日)，六世班禅率领三大堪布及僧职人员离藏远赴热河，到达羊八井扎西通门。八世达赖降白嘉措、摄政甘丹喜热图诺门汗、驻藏大臣恒瑞和索林，以及全体噶伦、代本等人欢送班禅进京。六世班禅与八世达赖等人见面，互换哈达，并举行“噶卓”(藏式庆祝会)。八世达赖用八天时间送六世班禅从羊八井到达上达木扎西塘后，返回拉萨。

一诗

副将军明亮奏报攻克石真噶碉堡诗以志事

◎乾 隆

宜喜虽经下压攻，近巢力守聚群戎。
因教逾月阻多砦，忽报双碉尅众雄。
军杂役喧进犹巧，将先兵奋効惟忠。
石包已俯勒围背，捷报红旗指日中。

一解

这首诗写于乾隆四十年七月十三日(1775年8月8日)。六月十二日乾隆帝在避暑山庄接到阿桂、明亮、富德三路大军进剿金川奏折，军书频传。本日，又接到副将军明亮奏报，攻克石真噶碉堡，赋诗一首。

诗的大意是，北路明亮宜喜不克，将军阿桂调南路7000名，福德6000名，前往明亮军营助攻。由宜喜下压，濒河夹击，直捣勒乌围。金川番兵聚集，全力守住巢穴。那里官寨环列木栅，易守难攻。海兰察与福康安亦率军前往宜喜以助明亮，并约定会攻日期，连克数寨，直压勒乌围。阿桂一军两路夹击勒乌围官寨，从月初从舍图卡分路绕攻，夺占昆色尔山梁，并将果克多山峰碉堡攻克。初七日又攻克章噶大碉及碉旁大木城，官兵截出勒乌围以南，已拊勒乌围之背。十三日官军已压至勒乌围。不久将接到攻破勒乌围的红旗捷报。

八世达赖为六世班禅送行图　马虹绘

六世班禅东行觐见途经羊八井地方

【8月9日】

一日

康熙五十年六月二十五日(1711年8月9日)，避暑山庄肇建八年后，康熙帝对在长城外修建避暑山庄的用意作了概括，这就是《御制避暑山庄记》。指出：在这里修建行宫是因为此处“风清夏爽，宜人调养之功。自天地之生成，归造化之品汇”。“热河，道近神京，往还无过两日；地辟荒野，存心岂误万畿。”他还指出此处佳景“皆非人力之所能，借芳甸而为助，无刻桷丹楹之费”。热河行宫三十六景建成，康熙帝对其“胜景总观细赏”，遂有感而发，赐名“避暑山庄”。并于内午门横匾亲题了“避暑山庄”四字，从此避暑山庄正式得名。

[评]《御制避暑山庄记》是记述避暑山庄的首份历史性文献。全文352字，简要阐明选择热河的原因，交代了营造避暑山庄的基本原则，概括了康熙帝在避暑山庄的活动，并以其物境比兴言志。此记既可称为避暑山庄原始文献，也是一篇难得的历史散文佳作。

康熙五十四年七月十一日(1715年8月9日)，大学士李光地(74岁)以年老多病请解葬亲，康熙帝给假二年，李光地来热河行宫谢恩。康熙帝作诗赐之，并命诸王大臣俱赋诗相送。

一诗

书扇赐将军阿桂六韵

◎乾　隆

掌握师行抡俊豪，事无巨细一心操。
功成九仞尤应慎，志恰诸军实所褒。
探路欲因乘怠隙，攻碉直可压危桡。
我居避暑原无暑，卿效贤劳真是劳。
嘉予七言锡书扇，凯歌三捷换征袍。
勉之指日亲郊劳，紫阁铭勋祟爵叨。

一解

这首诗写于乾隆四十年七月十四日(1775年8月9日)。平定大小金川之战已近四年，定西将军阿桂功不可没。乾隆帝特于避暑山庄以书扇赐之，深感“卿效贤劳真是劳”，在接近最后胜利之时尤应该慎重，企盼指日亲自举行郊劳大典，在紫光阁赐宴，画像纪录功勋。师行，行师，出兵。抡，选择。功成九仞，犹“为山九仞功亏一篑”，比喻功败垂成。指日，不日，不久。爵叨，叨爵，表示承受纪录功勋。

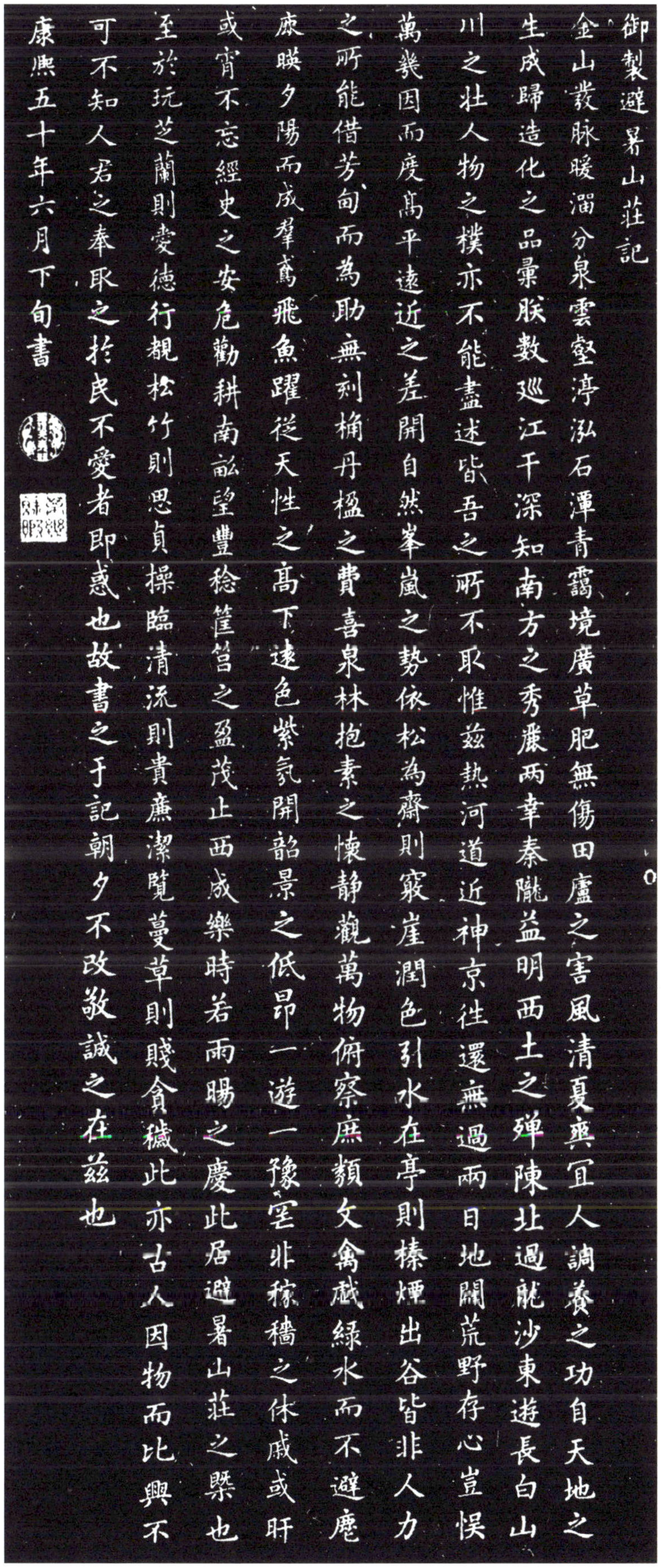

御製避暑山莊記

金山發脉暖溜分泉雲壑渟泓石潭青靄境廣草肥無傷田廬之害風清夏爽宜人調養之功自天地之生成歸造化之品彙朕數巡江干深知南方之秀麗兩幸秦隴益明西土之殫陳北過龍沙東遊長白山川之壯人物之樸亦不能盡述皆吾之所不取惟茲熱河道近神京往還無過兩日地闢荒野存心豈誤萬幾因而度高平遠近之差開自然峯嵐之勢依松為齋則竅崖潤色引水在亭則榛煙出谷皆非人力之所能借芳甸而為助無刻桷丹楹之費喜泉林抱素之懷靜觀萬物俯察庶類文禽戲綠水而不避麀鹿暎夕陽而成羣鳶飛魚躍從天性之高下遠色紫氛開韶景之低昂一遊一豫罔非稼穡之休戚或旰或宵不忘經史之安危勸耕南畝望豐稔筐筥之盈茂止西成樂時若雨暘之慶此居避暑山莊之槩也至於玩芝蘭則愛德行覩松竹則思貞操臨清流則貴廉潔覽蔓草則賤貪穢此亦古人因物而比興不可不知人君之奉取之於民不愛者即惑也故書之于記朝夕不改敬誠之在茲也

康熙五十年六月下旬書

御制避暑山庄记

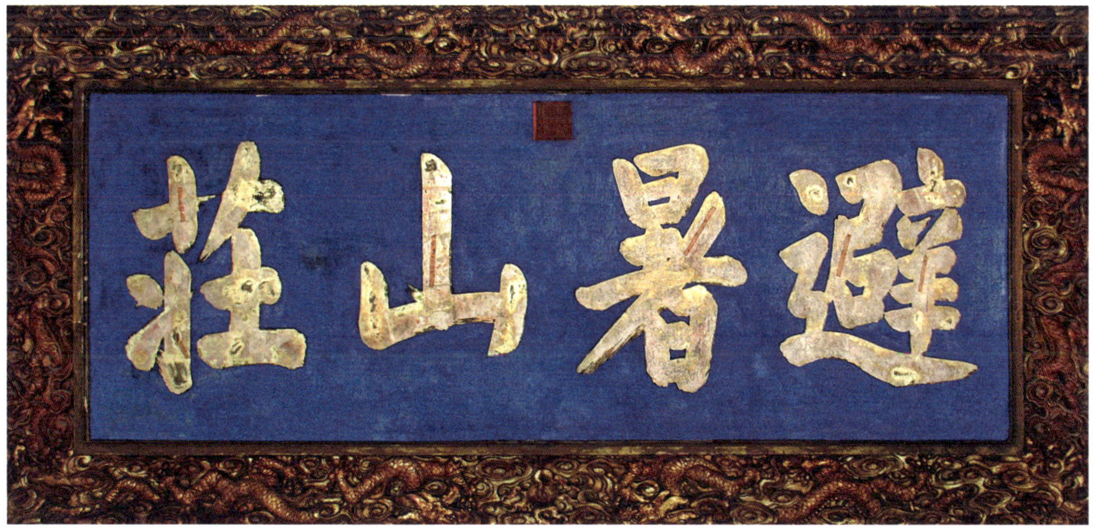

康熙帝题避暑山庄匾额

避暑山庄拓印

避暑山庄印　此印通高13厘米，印面10.7厘米见方，为乾隆年所制，原件存放于避暑山庄内。

【8月10日】

一日

康熙二十二年闰六月十八日(1683年8月10日)，康熙帝驻跸红川(即乌拉岱，今围场邢家营)，是日晚，福建总督姚启圣以水师提督施琅攻克澎湖大捷奏报，康熙帝命将捷报遍谕扈从文武官员，并颁发了一道至关重要的谕旨，阐明了和平解决台湾问题的思想。之后，八月十三日(10月3日)施琅到达台湾，郑克塽归降，完成统一重大使命。

嘉庆十九年六月二十五日(1814年8月10日)，避暑山庄外围墙加高工程完竣。此次加高城墙实际修砌2303丈，分为13段修砌。从东面、南面、西面三个方面同时增修了五处。

光绪二十六年七月十六日(1900年8月10日)，给事中托佛欢上奏朝廷，提出“张三营地方有孟奎、布格五川，绵长二百余里，具系未垦荒地，如一律开垦升课，可得熟地数万亩”，为此，清廷下旨，命热河都统色楞额查明上报。后因故未能实施。光绪二十九年(1903年)，拟章设局招佃，开放荒地2691顷。

一诗

四知书屋八韵

◎乾　隆

微隐显为彰，柔卑高制刚。系词缘述孔，数典不因杨。
回缅昨年事，幸成此日堂。宵旰筹塞苑，稂莠靖瀛疆。
胤赖天恩贶，莫非祖烈扬。楣间题旧仰，檐外额新张。
清旷山水明，德公挞伐方。五言重衍义，兢业识毋忘。

一解

这是一首具有很强史料价值的诗作，写于乾隆五十三年七月九日(1788年8月10日)，乾隆帝赐宴平定台湾凯旋将军福康安、参赞海兰察等前几日。去年八月，乾隆帝总结平定台湾之役的经验教训，于避暑山庄依清旷七次召见福康安，筹划台湾军务，亲授方略。乾隆帝诗注道：“日于此召见军机大臣，实因先事知己，有合于豫之六二爻义，后以蒇功，因取系辞所云：知微、知彰、知柔、知刚之意。”即知道事机的微妙，坚持正义，遵循事理，要使江山巩固，必须学会刚柔相济，藏显咸孚的治乱之方，才能使天下长治久安。乾隆帝在诗中阐明这是孔子引述系辞里的话，并非后汉杨震所谓“四知”。基于此，军务大事获得成功，缘于对知微、知彰、知柔、知刚的心领神会，乾隆帝特意将康熙帝依清旷殿檐外题写“四知书屋”新匾额，以志不忘。

四知书屋西间 乾隆帝在此七次召见军机大臣福康安，筹划台湾军务，亲授方略

乾隆帝题四知书屋匾额

乾隆御制四知书屋印

四知书屋

【8月11日】

一日

康熙二十二年(1683年)夏，康熙帝出古北口避暑，至围场乌拉岱，前后驻跸十三日，作诗《红川》。

乾隆五十一年七月十八日(1786年8月11日)，御史曹锡宝因弹劾和珅家人刘全不能指出实情，部议降二级调用，乾隆帝命加恩改为革职留用。八年后，嘉庆亲政，追赐曹锡宝为副都御史。

一诗

红川

◎康熙

紫塞红川接上京，昼闲雉尾暑风轻。
茅茨不改阶三尺，台殿何须筑九成。
谷鸟群飞林欲暮，边花齐发雨新晴。
试看属国欢娱日，大漠虚烟处处生。

一解

康熙帝陪同太皇太后到塞外避暑，多次驻跸红川。《康熙起居注》称红川已设行宫，《承德府志》称乌拉岱，在今围场县东部乌拉岱河川。这首七言律诗表现出红川行宫房舍简朴，环境优美、清凉，适宜避暑，同时也显现出塞北的祥和景象。

诗的首联意思是，塞外的红川和京城相连接，这里没有暑天的热风吹来，雉尾扇在白天都闲置起来了。上京，自汉代以来，一般以京城为上京。作为地名，唐、辽、金都有上京，都在东北地区，而不指京城。雉尾，雉尾扇的省称，也作雉扇，是古代仪仗之一，有障翳风尘的作用。

诗的颔联意思是，建造行宫时，没有将原来的茅草屋重新改建，台阶只有三尺，行宫的殿堂何必一定要建造得高大宏伟呢？茅茨，茅草屋顶，也指茅屋。九成，九层。

诗的颈联意思是，日落西山，成群的飞鸟从山谷的丛林中飞出来；雨过天晴，边塞原野上的鲜花争先开放。谷，双山之间的夹道或流水道。边花，边塞地区的花草。

诗的尾联意思是，请看蒙古各部和平，人人欢乐，塞北大漠各处村落的炊烟冉冉升起。属国、大漠，见《塞上宴诸藩》注。虚烟，农村市集的炊烟，虚同墟。

木兰围场风光

【8月12日】

一日

康熙四十四年七月二十三日(1705年8月12日)，宫廷画家蒋廷锡扈从康熙帝北巡，驻跸热河上营，绘制《塞外花卉图卷》66种。描绘了避暑山庄、喀喇河屯行宫及其附近山区野花，是清代塞外皇家园林植物和生态环境的形象资料。

康熙四十五年七月初五日(1706年8月12日)，康熙帝驻跸热河上营。十五日驻跸喀喇河屯行宫，二十五日启銮行围。

乾隆三十九年七月初六日(1774年8月12日)，平定两金川南路，明亮率军前往宜喜，与舒常会师，攻达尔图山梁。

乾隆五十四年六月二十二日(1789年8月12日)，册封阮光平为安南国国王。安南之役结束后，乾隆帝原打算于第二年八旬万寿阮光平亲来叩见时册封王爵，但阮光平进表称造邦伊始，必须仰赖天朝宠荣，锡之封号，方足以资驾驭。因而乾隆帝于是日册封阮光平。

一诗

夏日奉太皇太后避暑兴安

◎康 熙

玉辇亲扶出凤城，青霄遥指五云生。
鸣銮日映中天永，避暑风来北塞清。
万里山河通远徼，九边形胜抱神京。
登临但得慈颜喜，长侍瑶台岁岁行。

一解

康熙二十二年(1683年)夏，康熙帝奉陪太皇太后到塞外避暑，以及巡视蒙古各部并多次进行围猎。闰七月自拜察奉太皇太后经古北口回京。这首七言律诗的主旨是祝福皇祖母健康长寿，愿意年年陪同祖母到塞外避暑。通过抒发出京后所见所感，表现出国家统一和谐升平的景象。太皇太后，即玄烨的祖母、福临的母亲、皇太极之妻，曾辅佐福临、玄烨两位年幼登基的皇帝，谥号孝庄。兴安，此处指内蒙古东部小兴安岭地区，南邻围场北部。

诗的首联意思是，我扶持着祖母的玉辇出了京城，请看远处青青的天空出现了五彩祥云。玉辇，古代帝王乘坐的大车，因装饰华丽而名玉辇。凤城，即京城，因秦穆公之女弄玉吹箫引凤降于京城而得名。

诗的颔联意思是，起驾出京以来，太阳长久地照耀在天空中，塞外的清风太适宜避暑了。鸣銮，车上的銮铃响起，表示启驾出行。中天，天空之中，古史称尧、舜时代为中天之世。

诗的颈联意思是，辽阔万里的大好河山，可以顺畅地到遥远的边境去巡视。北方九镇地势险要而优越，环抱似的保护着帝都。九边，明代在北方设置的九处军事重镇：辽东、宣府、大同、延绥、宁夏、甘肃、蓟州、偏头、固原。

诗的尾联意思是，登临蒙古高原，祖母脸上露出了笑颜。我愿年年陪同侍奉老人家到这里来避暑。瑶台，神话中神仙居住的地方。此处指玄烨的祖母，内涵希望祖母像神仙般长寿。

孝庄文皇后常服像 孝庄文皇后即昭圣皇太后，蒙古族博尔济吉特氏。生于万历四十一年(1613年)，顺治元年(1644年)尊为皇太后，康熙二十六年(1687年)卒，寿75岁。她在顺治、康熙两代小皇帝当政期间，起到了一定的幕后参政作用。 故宫博物院提供

塞外花卉图卷 蒋廷锡绘 故宫博物院提供

【8月13日】

一日

康熙六十一年七月(1727年8月)，康熙帝试热河随驾官33人，诗题为《万家烟火随民便》，文题《上天之载，无声无臭》。取一等五人，原庶吉士福敏、举人徐觉民、贡生成禧、翰林院侍读王国栋、主事色舍立。次等三人，监生孙廷枢、侍卫赵宏济、员外郎顾琮；字取一人，侍卫崔起潜，皆旗人。

一诗

习 射

◎乾 隆

佳山佳水漫游娱，习射相将校壮模。
讵可太平耽燕酖，从来男子事桑弧。
心平体直争何害，志定功成语不诬。
犹忆髫龄兹扈跸，树侯连中被恩殊。

一解

这首诗写于乾隆十九年六月(1754年7月)。乾隆帝在地避暑山庄隆重接见宴请三策凌，其后便在避暑山庄演兵习武。乾隆帝是个严守祖制、重视武备，牢记祖上取天下之创业史的统治者。他具有居安思危、不弛兵备，以骑射巩固社稷的治国思想。精于文韬武略的乾隆帝，从9岁就读于翰林院庶吉士福敏，同时由贝勒胤禧教授弓术。他熟练地掌握了弓术，可达到二十中十九的水平。12岁时，康熙帝命他在避暑山庄宫门试射，因屡中而得到康熙帝的褒奖。继位后，仍不废骑射，扈从大学士说：“皇上巡幸塞外，几余游艺惟射与书。”

这首诗讲明了习射的目的，告诫后世子孙及大小臣工：在太平盛世不能耽于燕饮游玩，不能愧对男子汉的本分。诗的前四句表明了此番习射动机。后四句说他常常来练习提高射技水平。常回忆自己小时候跟随皇祖父来山庄，在试射时因水平高而得到皇祖父的褒奖。树侯，树立箭靶子。恩殊，殊恩，特别的恩宠。

乾隆帝射箭图　王致诚绘　故宫博物院提供

【8月14日】

一日

乾隆四十七年七月(1782年8月)，福建巡抚杨魁差千总、兵丁以水(福建水师战船)陆两种方式押运岁贡皇宫的鲜荔枝树100桶，从五月初至七月初一运抵避暑山庄。七月二日(8月10日)开始享用。第一日，摘下荔枝11个，掉下64个。皇上进四个，插瓶用两个。给裕贵妃、愉妃、颖妃、容妃(香妃)、惇妃、顺妃及嫔贵人每位一个；给六阿哥、八阿哥、十一阿哥、和敬固伦公主、十公主、绵恩、绵亿、绵惠阿哥每位一个；阿桂、诚亲王、三宝、曹秀先、丰绅殷德、睿亲王、庄亲王、郑亲王、福隆安、和珅、梁国治、董诰、海兰察、嵇璜、热河堪布喇嘛、扎什伦布堪布喇嘛每人一个。以后每日皇帝用三至五个，另赏亲王、大臣、内赏妃嫔总管各一个。十三日之内共享用鲜荔枝果473个。

一诗

荔 枝

◎乾　隆

闽中嘉实到秋前，朱颗累累湛露鲜。
塞北冰盘供夏清，定知解暑更延年。

广博谁能穷蔡谱，品题都识数陈家。
连树擎来青石岭，却疑两度过仙霞。

赤珠囊缀翠琼珠，方物何须辞不须。
一骑红尘味多败，始知记载率多诬。

一解

这三首诗写于乾隆十九年(1754年)夏。描写了诗人在塞外避暑山庄品尝荔枝时的情形，诗人描绘了荔枝的形状、种植、储存等多方面的特性。

第一首诗的大意是，每到夏天，福建产的荔枝就进贡到避暑山庄，红色的果实粒粒带着浓重的露水，显得特别新鲜。盛在塞北冰盘中的荔枝，供夏天消暑，它既能解暑，又能益寿延年。湛露，浓重的露水。屈原《九章·悲回风》载:“吸湛露之浮原兮，漱凝霜之雰雰。”

第二首诗的大意是，蔡襄的《荔枝谱》知识广博，有谁能穷尽呢？品评定其高下，数陈琦家的荔枝堪称极品。连果带树一起从青石岭送来，一样的新鲜。而且恐怕两度过仙霞岭和仙霞关。仙霞，指仙霞岭，在浙江西南部。蔡谱，北宋蔡襄著有《荔枝谱》一书，该书系世界最早的一部介绍荔枝产地、栽培、功用、运销等知识的著作。陈家，秘书省著作佐郎陈琦家，据说他家栽种的荔枝号称极品，称为“陈紫”。

第三首诗的大意是，红色的果皮，碧绿的枝叶，里面包着珍珠一样的果实，荔枝确实不同一般呀。荔枝不耐贮存，书上的许多记载是不对的。唐代杜牧《过华清宫绝句》有“一骑红尘妃子笑，无人知是荔枝来”之句。

福建水师战船

“赤珠囊缀翠琼珠”

【8月15日】

一日

乾隆五十八年七月初九日(1793年8月15日)，钦差徵瑞与英使马戛尔尼就觐见乾隆帝礼仪一事开始争执。英使未到达通州，徵瑞即对马戛尔尼提出觐见皇帝要用中国礼仪，行三跪九叩之礼。本月二十日，马戛尔尼抵京后，即向徵瑞递交了关于觐见礼的备忘录，同意有条件地接受三跪九叩礼觐见，但要求贵国派一位与本使地位身份相同的大员，穿着朝服，在英王陛下御像前行本使在贵国皇帝面前所行的同样礼节。

一诗

台湾提督奎林等奏报收早稻八分诗以志慰

◎乾　隆

五月收早稻，他方致鲜同。
已欣接民食，况复获中丰。
闽郡仍资济，海疆早偃功。
相于谨武备，永靖惬深衷。

一解

这首诗写于乾隆五十五年六月(1790年7月)立秋前后。平定台湾后，乾隆帝采取了一系列善后安民措施，得见成功。提督奎林奏报，五月中旬早稻俱已成熟登场。内地各省早禾六七月才收获。据奎林报，除台湾一县不种早稻外，其余一厅三县早稻收成有八分。时值仲夏，青黄不接之时，得此可称中等年成。在台湾既有益于民众，而福建漳州、泉州各郡亦可借此接济民用。乾隆帝得此奏报十分高兴。台湾总兵武备废弛，自命奎林提督衔任总兵以来，严加整肃，海疆可长享绥靖之福。

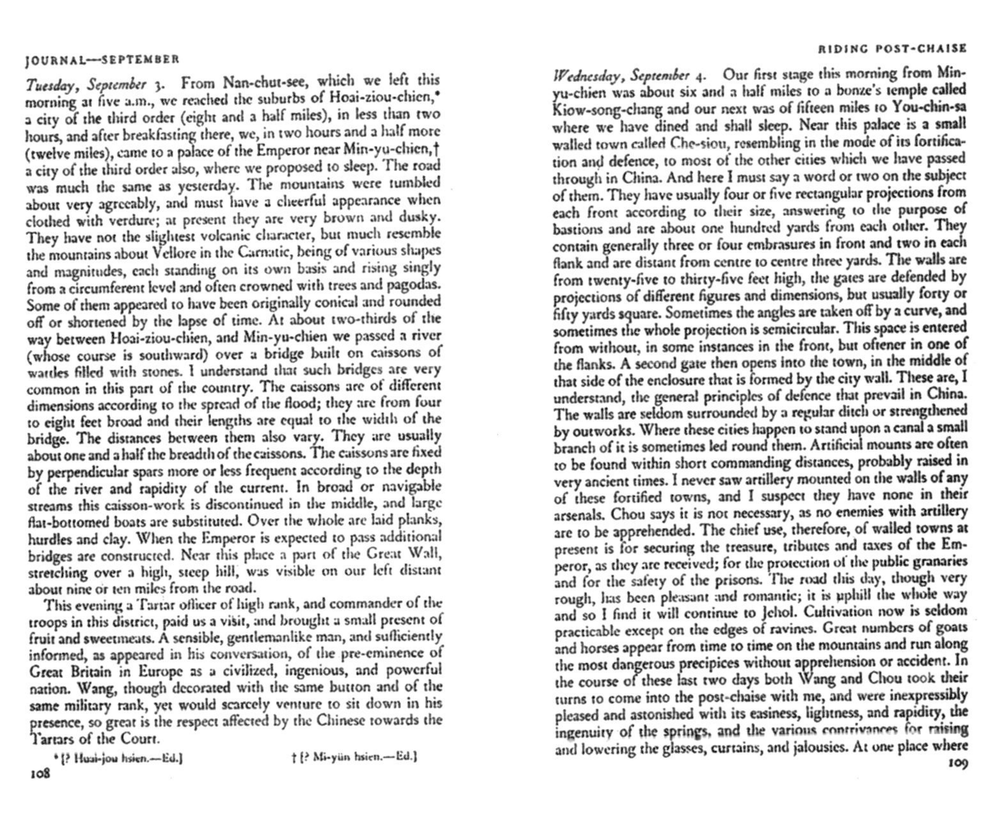

JOURNAL—SEPTEMBER

Tuesday, September 3. From Nan-chut-see, which we left this morning at five a.m., we reached the suburbs of Hoai-ziou-chien,* a city of the third order (eight and a half miles), in less than two hours, and after breakfasting there, we, in two hours and a half more (twelve miles), came to a palace of the Emperor near Min-yu-chien,† a city of the third order also, where we proposed to sleep. The road was much the same as yesterday. The mountains were tumbled about very agreeably, and must have a cheerful appearance when clothed with verdure; at present they are very brown and dusky. They have not the slightest volcanic character, but much resemble the mountains about Vellore in the Carnatic, being of various shapes and magnitudes, each standing on its own basis and rising singly from a circumferent level and often crowned with trees and pagodas. Some of them appeared to have been originally conical and rounded off or shortened by the lapse of time. At about two-thirds of the way between Hoai-ziou-chien, and Min-yu-chien we passed a river (whose course is southward) over a bridge built on caissons of wattles filled with stones. I understand that such bridges are very common in this part of the country. The caissons are of different dimensions according to the spread of the flood; they are from four to eight feet broad and their lengths are equal to the width of the bridge. The distances between them also vary. They are usually about one and a half the breadth of the caissons. The caissons are fixed by perpendicular spars more or less frequent according to the depth of the river and rapidity of the current. In broad or navigable streams this caisson-work is discontinued in the middle, and large flat-bottomed boats are substituted. Over the whole are laid planks, hurdles and clay. When the Emperor is expected to pass additional bridges are constructed. Near this place a part of the Great Wall, stretching over a high, steep hill, was visible on our left distant about nine or ten miles from the road.

This evening a Tartar officer of high rank, and commander of the troops in this district, paid us a visit, and brought a small present of fruit and sweetmeats. A sensible, gentlemanlike man, and sufficiently informed, as appeared in his conversation, of the pre-eminence of Great Britain in Europe as a civilized, ingenious, and powerful nation. Wang, though decorated with the same button and of the same military rank, yet would scarcely venture to sit down in his presence, so great is the respect affected by the Chinese towards the Tartars of the Court.

* [? Huai-jou hsien.—Ed.] † [? Mi-yün hsien.—Ed.]

108

RIDING POST-CHAISE

Wednesday, September 4. Our first stage this morning from Min-yu-chien was about six and a half miles to a bonze's temple called Kiow-song-chang and our next was of fifteen miles to You-chin-sa where we have dined and shall sleep. Near this palace is a small walled town called Che-siou, resembling in the mode of its fortification and defence, to most of the other cities which we have passed through in China. And here I must say a word or two on the subject of them. They have usually four or five rectangular projections from each front according to their size, answering to the purpose of bastions and are about one hundred yards from each other. They contain generally three or four embrasures in front and two in each flank and are distant from centre to centre three yards. The walls are from twenty-five to thirty-five feet high, the gates are defended by projections of different figures and dimensions, but usually forty or fifty yards square. Sometimes the angles are taken off by a curve, and sometimes the whole projection is semicircular. This space is entered from without, in some instances in the front, but oftener in one of the flanks. A second gate then opens into the town, in the middle of that side of the enclosure that is formed by the city wall. These are, I understand, the general principles of defence that prevail in China. The walls are seldom surrounded by a regular ditch or strengthened by outworks. Where these cities happen to stand upon a canal a small branch of it is sometimes led round them. Artificial mounts are often to be found within short commanding distances, probably raised in very ancient times. I never saw artillery mounted on the walls of any of these fortified towns, and I suspect they have none in their arsenals. Chou says it is not necessary, as no enemies with artillery are to be apprehended. The chief use, therefore, of walled towns at present is for securing the treasure, tributes and taxes of the Emperor, as they are received; for the protection of the public granaries and for the safety of the prisons. The road this day, though very rough, has been pleasant and romantic; it is uphill the whole way and so I find it will continue to Jehol. Cultivation now is seldom practicable except on the edges of ravines. Great numbers of goats and horses appear from time to time on the mountains and run along the most dangerous precipices without apprehension or accident. In the course of these last two days both Wang and Chou took their turns to come into the post-chaise with me, and were inexpressibly pleased and astonished with its easiness, lightness, and rapidity, the ingenuity of the springs, and the various contrivances for raising and lowering the glasses, curtains, and jalousies. At one place where

109

马戛尔尼原著《乾隆英使觐见记》书影

马戛尔尼画像 马戛尔尼(1737—1806)，18世纪末英国外交家，为扩大与中国的贸易并建立外交关系，曾率使团访问中国。回国后针对一些英国人欲以“更直接的途径”使英国的贸易打入中国市场，马戛尔尼在书中陈述了中英交恶可能带来的危害，反对对清朝动武。

马戛尔尼与斯当东画像

【8月16日】

一日

乾隆五十五年七月初七日(1790年8月16日)，四世哲布尊丹巴呼图克图、噶勒丹锡呼图克图及众呼图克图、诺门汗喇嘛等在避暑山庄依清旷(四知书屋)觐见乾隆帝。乾隆帝八旬万寿庆典正式揭幕。

本日，台湾生番首领怀目怀一行12人到达热河。朝鲜学者在《滦阳录》中描述：台湾北路狮仔社怀目怀、中路多萝大补社投旺、南路望子立社均力力等，皆剪短发，插著绿色长衣，外穿红短衣，缘以金绒缎；冠前后檐崛起，龌龊，画云纹，正中加穹隆。梁列插鸡羽，冠左右悬小铜铃各三，行步丁当响。项悬木牌，一面画名，一面画其所居社名。

[评]康熙二十二年(1683年)，清廷统一台湾，次年在台湾设置一府三县(台湾府和凤山、台湾、诸罗)，隶属福建省。清政府对台湾的农业、工商业均采取扶助政策，使台湾的经济得到快速发展，居住在台湾的高山族与大陆各民族逐步建立了密切的民族关系。

一诗

兴安夜

◎康　熙

连峰横亘塞东西，
缇幕高临百尺梯。
坐览银河天际近，
仰看珠斗夜深低。

一解

康熙奉太皇太后于康熙二十二年闰六月二十日(1683年8月16日)离开红川行宫，二十四日驻跸小兴安岭的拜察(今内蒙古克什克腾旗)行宫。这首七言律诗当作于此时，诗中描写的夜景具有高原的特色。

诗的大意是，兴安岭山连山、峰连峰，从东到西横亘在塞北高原上。行营的帐幕紧靠着百尺高的登山石阶。坐在帐幕前，觉得天边的银河离我很近，仰望着北斗星在深夜里慢慢地落下去。亘(gèn)，连绵不断。缇(tí)幕，桔红色的帐幕。百尺梯，比喻登山的石阶。天际，天边。珠斗，北斗七星。

巡视台阳图卷(局部) 清政府于康熙六十年(1721年)首次设置巡台御史，监督台湾官员的政务，并随时向中央参奏。此图描绘的是雍正年间巡台御史巡视台湾的情景。 中国国家博物馆藏

"连峰横亘塞东西"

【8月17日】

一日

康熙四十二年七月初五日（1703年8月17日），康熙帝巡幸往复塞外。十六日（8月28日）至热河上营，二十日（9月1日）幸汤泉，二十三日（9月4日）回驻山庄，九月二十一日（10月31日）回京。

乾隆五十五年七月初八日（1790年8月17日），乾隆帝八旬万寿庆典军机大臣呈台湾生番进献的贡物，计有胎鹿皮100张，豹皮40张，番锦100匹，钱呢藤五匝，沙连茶五匣。

嘉庆七年七月二十日（1802年8月17日），嘉庆帝举行亲政以来首次“木兰秋狝”，自圆明园启程，皇次子绵宁、皇三子绵恺随驾。四世哲布尊丹巴与担任京城掌印扎萨克喇嘛噶勒丹锡呼图克图各率所部赴承德，觐见嘉庆帝，以传承避暑山庄抚绥外藩、会宾之所的功用。

一诗

早起寄都中诸弟

◎雍　正

晓起轻寒透薄帷，风光節物暗推移。

正当边塞秋临早，况是关山月落迟。

一雁孤鸣惊旅梦，千峰攒立动诗思。

凤城诸弟应相忆，好对黄花泛酒卮。

一解

这首诗是雍正帝作皇子时，扈从秋狝，在边塞寄给京城中弟弟们的，诗里描绘了边塞早秋的景物，表达了手足相思之情，真挚感人。

诗的首联意思是，清晨寒冷透过帐子传进来，不知不觉之中已经是秋天了。帷，帐子。推移，（时间、形势、风气）移动、发展。

诗的颔联意思是，塞外之地，秋天来的早，清晨起来，月亮还挂在天边。关山，关口和山岳，这里指塞外之地。

诗的颈联意思是，孤雁哀鸣之声惊破了羁旅之人的睡梦，千峰聚集耸立，勾起了诗人的思绪。攒（cuán），聚在一起。

诗的尾联意思是，这个时候，在京城里的兄弟们应该正在把酒赏花，悠然自乐吧。凤城，京城。传说秦穆公女弄玉吹箫，凤降其城，其后言京城曰凤城。黄花，菊花。宋代李清照《醉花阴》载：“莫道不销魂，帘卷西风，人比黄花瘦。”卮（zhi），古代盛酒的器皿。

东宁陈氏番俗图 陈士俊绘 中国国家博物馆藏

台湾风俗图 巡视台阳图卷(局部)

【8月18日】

一日

康熙二十二年闰六月十六日（1683年8月18日），康熙帝在拜察（今内蒙古克什克腾旗）行宫张黄幄，举行秋狝大典，赐宴科尔沁、敖汉、奈曼、喀尔喀、阿坝垓土默特、喀喇沁、翁牛特、克什克腾亲王、郡王、贝勒、贝子、公、额驸、台吉及蒙古官兵。康熙帝亲自赐酒，并颁发蟒袍、珊瑚、金带、金刀、靴等物，并赐蒙古王公管围大臣各郡王公等袍帽。

康熙二十九年七月十四日（1690年8月18日），康熙帝启程进行第一次亲征噶尔丹，十六日（8月20日）出古北口。

乾隆五十三年七月十七日（1788年8月18日），乾隆帝在避暑山庄卷阿胜境，赐平定台湾凯旋的将军福康安、参赞海兰察等扈从王公大臣、御前乾清门侍卫等宴。

乾隆五十五年七月初九日（1790年8月18日），乾隆帝为八旬万寿庆典，蒙古回部王公、南掌国使臣、台湾生番头目在卷阿胜境入觐。清音阁上演承应寿戏《群仙祝寿》等剧目，场面异常壮观。

一诗

赐凯旋将军福康安、海兰察等宴即席成什

◎乾隆

去年此际未登程，蒇绩今朝凯宴迎。来往算仍先一月，驱驰真是赖群英。
国威海峤扬惟烈，祖德山庄佑实明。回忆旰宵斯擘画，不徒劳耳慰犹诚。

善后详陈十六条，用斯两月驻成遥。抒猷山海安万民，锡宴君臣会一朝。
念汝父当惬怀永，视如予合受恩饶。受恩饶处人知否，不嗜杀邀天惠昭。

西域金川宴紫光，台湾凯席值山庄。敢称七德七功就，又报一归一事偿。
戒满持盈增惕永，安民和众系怀长。养年归政应非远，益此孜孜励自强。

一解

这组诗写于乾隆五十三年（1788年）。乾隆五十一年（1786年），台湾的天地会在林爽文领导下起事，建政权，定年号。乾隆帝在承德部署发兵镇压，取得了平定台湾的胜利。乾隆五十三年夏六月（1788年7月），乾隆帝撰写了《平定台湾告成热河文庙记》，刻石立碑于热河文庙，碑文证明了台湾自古以来就是中国的领土。七月十七日（8月18日），乾隆帝在避暑山庄卷阿胜境殿赐宴，赏赐凯旋的福康安、海兰察二位将军，即席写下了这首诗。诗篇具有很高的历史价值。

第一首诗的大意是，去年此时还没有登上征程，今年此时就在这里举行盛宴欢迎凯旋的人们。福康安于上年八月初旬由避暑山庄奉命前往督剿，今以七月望后凯旋来此复命，计期尚不及一年。为办大事而奔走依靠的是这些真的英雄。在台湾岛弘扬了国威，立下了功绩，这实际是神灵在保佑当年祖宗的功德。回忆起当初宵衣旰食筹划军务，没白费苦心，确实让人感到欣慰。

第二首诗的大意是，台湾善后事宜必得福康安之忠诚明练方可筹划，及详陈事宜十六条，果悉中弊源，命廷臣集议准行，而福康安归期以此遂迟两月。抒发谋划安抚天南海北广大百姓，才有今日君臣在宴会上的欢聚呀。逆匪林爽文等因属罪大恶极，然亦有良民被其胁迫者，悉以骈诛亦殊可悯，濒行时因即谆戒以胁从罔治之义，而福康安果能体予之心，专意生擒渠魁，惟抗拒者痛加剿洗，凡归降者概从宽贷，即此不嗜杀一念，乃其克膺恩眷者也。

第三首诗的大意是，当年平定西域和金川之役大宴紫光阁，此次台湾凯旋宴席设在避暑山庄。予自即位以来，弗敢轻言用兵。然前此平伊犁、定回部、收金川、诛王伦、剪苏四十三、洗田五及兹俘林爽文而七，皆不得已而用之，故皆仰邀天鉴，俱获成功。若唐太宗侈陈七德以为己功，实自恧耳。一归一事偿，指缅甸归诚。原注：往岁缅甸之役亦由事非得已，彼时将计日蒇事，予以水土恶劣，怜我将士多受病者，适缅酋亦愿求贷罪，遂令撤兵。乃二十年来，业已置之度外，近据云南督臣富纲奏报新掌缅甸国事愿进贡称臣，是此一事虽未就于当年，而此日之归诚亦可偿予夙愿矣。警惕自满，安抚百姓，是众人更加和谐。自此更要勤勉不懈，加倍努力工作。

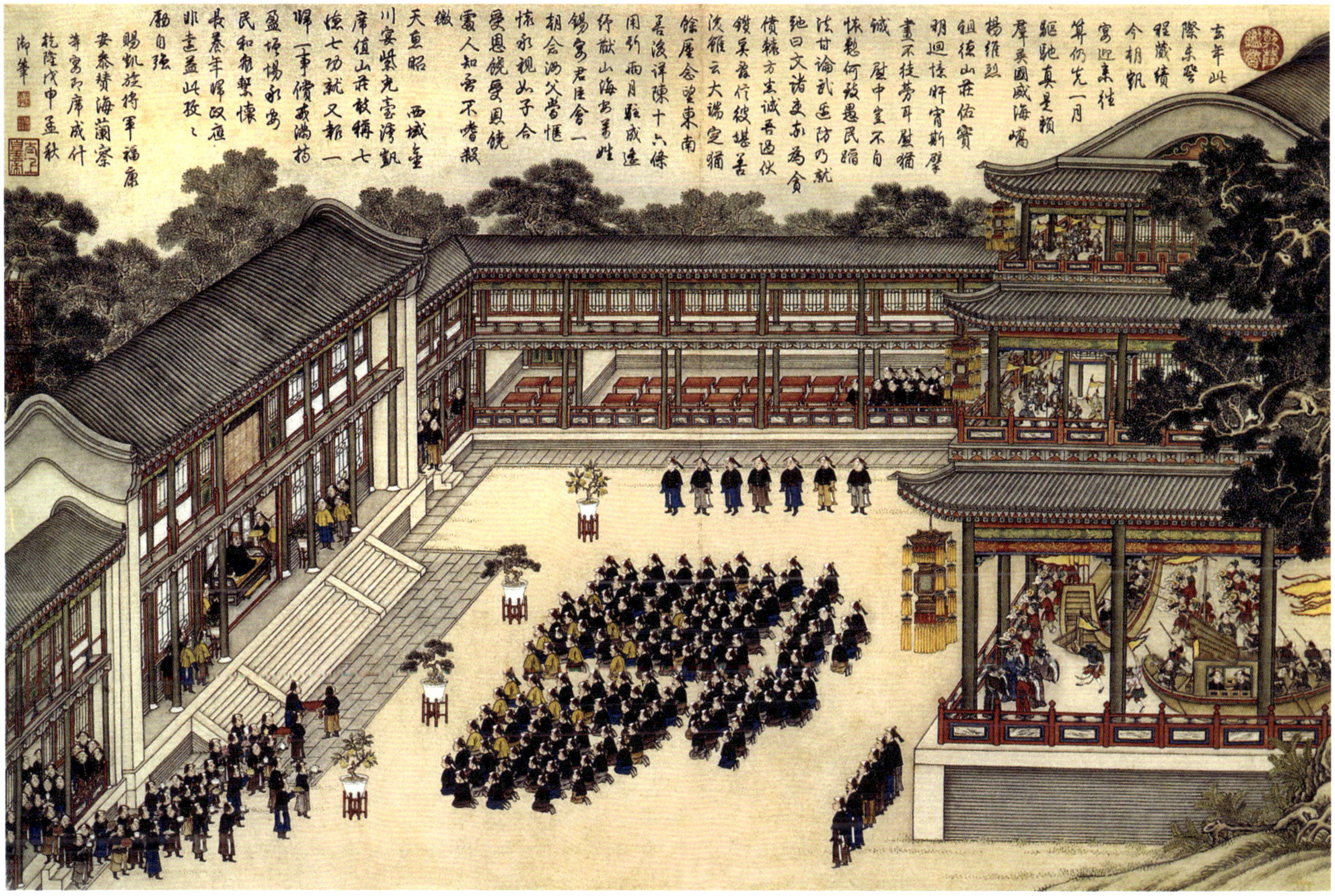

平定台湾战图　清音阁演戏

右旋白螺　乾隆帝将此物赐给福康安，祝其平定台湾渡海时平安

福康安像　福康安(1754—1796)，富察氏，镶黄旗人。清高宗孝贤皇后侄，大学士傅恒子。因为是富察家族的子孙，自幼乾隆帝即将他带到内廷，亲自教养，待之如同亲生儿子一般。福康安长大成人以后，乾隆帝对他更是委以重任，生前封贝子，死后赠郡王，成为一代宠臣之最。福康安19岁时，即以头等侍卫统兵随定西大将军温福征剿大金川，此后担任过吉林将军、盛京将军、成都将军、四川总督、陕甘总督、云贵总督、闽浙总督、两广总督、武英殿大学士等要职。参加过平定大小金川、台湾，击退廓尔喀入侵等重大战役。

【8月19日】

一日

康熙五十二年六月二十九日(1713年8月19日)，康熙帝在热河行宫谕大学士等：人间誉言，如服补药，无益身心。朕在位五十余年，闻人誉词溢于耳矣，实见其无益也。

乾隆三十一年七月十四日(1766年8月19日)，皇后乌拉纳喇氏去世，翌日，乾隆帝于避暑山庄降旨，指责皇后于去年春巡幸江浙时“性忽改常”，比至杭州，“迹类疯迷”，其丧仪只可比照皇贵妃例行。

乾隆五十五年七月初十日(1790年8月19日)，四世哲布尊丹巴呈递丹书克，所献物品有：进拴五色哈达十五两重金曼达1个，拴五色哈达五十两重镀金银曼达1个，铜无量寿佛1尊，铜白救度佛母1尊，铜无量寿佛1尊，铜尊胜佛母1尊，铜无量寿佛108尊，银成三尺高无量寿佛1尊，银成三尺高塔1尊，金画像佛三十三轴，金字八千佛经1卷，金字善缘经1卷，金字金光佛经1卷，拴五色哈达镀金银杵1个，银盘盛镀金银八宝一分，银盘盛八吉祥一分，银盘盛五佛冠1尊，铜塔1座，银金银轮1个，银壶1个，剑1把，黄蟒缎迎手靠背一分，黄红香100束，各色氆氇100匹，马140匹，驼130只。

一诗

日出丽正门乘马观稼观堤并成是什

◎乾　隆

十余日深居，未曾一命驾。
虽曰有召见，究觉多闲暇。
迩来纵炎热，晓每凉风下。
因之一策骑，观堤更观稼。
稼既茂有成，堤亦坚无罅。
皇祖家法昭，讵此徒消夏。

一解

这首诗写于乾隆四十四年七月初八日(1779年8月19日)。乾隆四十二年、乾隆四十三年，因圣母皇太后去世，未举行“木兰秋狝”大典，至本年四月，满27个月，举行释服礼毕，乾隆帝仍遂旧制。五月十八日驻跸避暑山庄。二十四日(7月7日)热河文庙落成，乾隆帝诣文庙行释奠礼。七月，深居避暑山庄的乾隆帝，出丽正门乘马查看历时十二年完工的迎水坝堤坝和既茂有成的庄稼，昭示了继承皇祖家法，重稼穑、体恤民生，认真视察并非只为消夏的德化思想与做法。

德汇门附近的迎水坝堤坎(老照片)

【8月20日】

一日

乾隆四十五年七月二十一日(1780年8月20日)，六世班禅抵达热河前数十里外，三世章嘉与乾隆帝钦派大臣策马前往迎接。内外蒙古各部王公贵族、新疆回部首领、敏珠尔呼图克图及各寺院堪布扎萨克达喇嘛、大喇嘛、苏拉喇嘛、领经喇嘛等千余僧俗云集大道两旁欢迎。六世班禅离轿步行，与领侍卫内大臣和珅等诸臣互致敬意，互献哈达，在皇六子和内大臣的陪同下，六世班禅到普宁寺前事先准备好的幄帐内休息，随后，又到三世章嘉国师驻锡的普宁寺住处饮茶小憩。乾隆帝让皇六子禀告马上觐见，六世班禅从自己带来的随从中挑选50人前往觐见，大路两旁有四万余人稽首致敬。六世班禅则受殊遇乘轿直至寝宫前。乾隆帝在依清旷(四知书屋)前，六世班禅向乾隆帝敬献哈达，准备下跪时，乾隆帝用藏语说“喇嘛不必跪拜”。还赠班禅哈达一条，进入殿内，用藏语问好，班禅一一起身作答。后三世章嘉及皇六子陪同六世班禅到行宫各处巡礼祝赞，最后来到专门为其修建的须弥福寿之庙休息。

乾隆五十五年七月十一日(1790年8月20日)，安南国王阮光平入觐，行抱见礼。哈萨克汗杭和卓之弟卓勒齐、金川土司同时瞻见。乾隆帝在卷阿胜境召见并赐宴，扈从王公大臣、蒙古、回部王公、伯克、缅甸、南掌国使臣及台湾生番与宴。清音阁连续演出大戏。八旬万寿庆典因安南国王亲诣阙祝贺而达到高潮。乾隆帝另赐安南国王“福”字。

咸丰十一年七月十五日(1861年8月20日)，咸丰帝病重，皇长子朝夕侍侧，咸丰帝带病在如意洲观戏。此日演出剧目有《琴挑》、《白水滩》、《连环阵》等。

一诗

安南国王阮光平至避暑山庄陛见诗以赐之

◎乾　隆

瀛藩入祝值时巡，初见浑如旧时亲。
伊古未闻来象国，胜朝往事鄙金人。
九经柔远只重译，嘉会于今勉体仁。
武偃文修顺天道，大清祚永万千春。

一解

这首诗写于乾隆五十五年(1790年)。《承德府志·巡典》载：七月九日，乾隆帝于卷阿胜境殿召见缅甸国、南掌国使臣、台湾生番等赐食，并赐安南国王阮光平诗。七月十一日(8月20日)安南国王阮光平入觐，乾隆帝赐诗。诗记录的就是此事。

诗的大意是说，海外的藩属来此祝寿正值在外巡幸，初次见面很像见到过去的亲戚。自古以来就没听说过多象之国的安南，只知道前朝正德年间，安南大臣逼逐其主，明政府兴师讨之，第二年师讨不出，其臣进代金人，遂封为都统，其后该大臣之孙夺位，亦进金人，复封为王，既不能致彼入朝而为金人以代，兼有黩货之讥，其行事殊为可鄙。以儒家奉为经典的九种古籍安定远方之人，在此举行盛大宴集，更加体现容纳仁德精神。偃息武备而修明文教是顺应天道，大清国统治会万载永存。

“嘎布拉”碗

六世班禅额尔德尼像

六世班禅献给乾隆帝的法器

四知书屋东次间

六世班禅进献乾隆帝的右旋白法螺

【8月21日】

一日

乾隆四十五年七月二十二日(1780年8月21日)，乾隆帝在臣僚簇拥下，驾临须弥福寿庙，看望六世班禅。随后，乾隆帝请六世班禅主持须弥福寿庙开光诵经仪式。于是，六世班禅和乾隆帝乘轿先后驾临大经堂。参加念经的，因敏珠尔、里莽呼两个大喇嘛到达避暑山庄，两位活佛亦参加诵经，达到200人。乾隆帝率臣子进“妙高庄严殿”祈祷，后在“吉祥法喜殿”由六世班禅大师主持诵经仪式，三世章嘉及活佛、众喇嘛集体诵经，开光诵经仪式后，乾隆帝与六世班禅饮茶叙谈，由三世章嘉进行翻译。

咸丰十一年七月十六日(1861年8月21日)，子时，咸丰帝疾，大渐，召宗人府宗令、右宗正、御前大臣、军机大臣承写朱谕二道：“皇长子载淳著立为皇太子，特谕。”“皇长子载淳现立为皇太子，著派载垣、端华、景寿、肃顺、穆荫、匡源、杜翰、焦祐瀛尽心辅弼，赞襄一切政务。特谕。”

一诗

扎什伦布庙落成纪事

◎乾隆

华言福寿等须弥，建以班禅来祝釐。旧例已遥遵顺治，新工犹近比康熙。
层楼初耸辉佛日，万树分栽蔚慧枝。一语欲询驻锡者，有为法也抑无为？

一解

这首诗写于乾隆四十五年(1780年)。这一年乾隆帝70岁，六世班禅自后藏日喀则来承德祝寿，乾隆帝特建须弥福寿之庙作为班禅居住和讲经的处所，故称班禅行宫。该庙位于避暑山庄东北狮子沟北坡。班禅在日喀则驻扎什伦布寺，班禅行宫即仿照扎什伦布寺而建，建筑规模宏大，特别是大红台融合了汉藏建筑艺术。大红台内部为群楼，中央是“妙高庄严”殿，即六世班禅讲经处，大殿三层，上下贯通，重檐攒尖顶，覆盖鎏金铜瓦，即所谓“金顶”。瓦片成鱼鳞状，屋脊成波状，每个屋脊上有两条鎏金黄龙，共八条，形态生动。中央宝顶成钟形，颇为奇特。六世班禅住室为“吉祥法喜”殿，亦为金顶。阳光照射下，显得金碧辉煌。此诗写班禅行宫的修建缘由，以及庙的布局、形制。该庙的修建是西藏与清中央政府关系日益紧密、清政府对西藏管理统治有效加强的历史见证。因此，这首诗具有一定的历史价值。

诗的前四句意思是，唐古特语(藏语)伦布者“须弥山”，扎什者“福寿”也。今年班禅额尔德尼来热河为余祝七旬万寿，因仿后藏班禅所居庙式特建此寺。西黄寺，因五辈达赖喇嘛于顺治年间来京，特敕建寺居之。溥仁寺，康熙五十二年(1713年)建，为热河最古寺。等，同样。

诗的后四句意思是，重楼耸立显示佛法广大无边，广济众生，像太阳一样普照大地。分别栽种的万树上智慧之枝十分茂盛。我有一句话想问僧人，佛教里讲的因缘所生的世间万物，一切为有，犹如梦幻泡影，如露亦如电，能脱离一切烦恼、进入自由无碍的境界吗？

"层楼初耸辉佛日"

【8月22日】

一日

康熙五十五年七月初六日(1716年8月22日)，命吏部满洲侍郎一员带领月选道员以下、教官以上至热河引见。

乾隆二十八年七月十四日(1763年8月22日)，寄谕大学士来保著将绵纸《古今图书集成》一部在京装订齐全再行送往热河。

咸丰十一年七月十七日(1861年8月22日)，是日寅刻，咸丰帝病逝于避暑山庄烟波致爽殿西暖阁。赞襄政务大臣咨吏部兵部:"本王、大臣拟旨缮递后，请皇太后、皇上钤用图章发下，上系'御赏'二字，下系'同道堂'三字，以为符信。"

一诗

驻跸兴安八首(选三)并序

◎康　熙

出古北口，岗峦盘互，地形渐高，行五百里至兴安。峻岭竦峙，自张家口蜿蜒而来，横亘塞外。南北诸山，尽在其下。地当蒙古诸部道里之中，为曩昔枕戈擐甲战争之所。迨我列祖肇握乾符，恢廓天绪，德威所被，四十八部罔不倾心内附。古之瓯脱，今隶方舆。癸亥夏六月，奉太皇太后避暑来游驻跸于此。于时远迩大小藩臣各率其属，趋侍行殿。朕今绍祚，获际升平，能无永念乎？即事书怀，得诗八首。

特奉仙舆出，晴峦驻羽旄。风多停彩扇，驿远进冰桃。
丽草金莲涌，浓阴碧树高。墉台新月上，广乐奏云璈。

虎戟闲清候，逍遥览物华。烟笼千树柳，暑发四时花。
风土暄凉异，山川道里赊。濯枝新雨歇，皎皎散飞霞。

边云澄霁色，山翠点行衣。马引雕弓过，禽连羽箭飞。
旌旗开一面，草树入长围。我武当蒐狩，非因耀德威。

一解

这组诗写于康熙二十二年(1683年)。康熙帝于本年闰六月二十日自红川奉太皇太后移驻拜察，驻跸期间，康熙帝不仅接见及宴请蒙古各部王、公等，还多次到山区狩猎。《驻跸兴安八首》为此时所作，这里所选的是第二、第五、第七等三首五言律诗。在写景和叙事中，抒发出诗人对塞外景色的喜爱以及将军队训练成能征惯战之师的信心。

诗序记述了自古北口到兴安避暑途中的景象和避暑地的清凉，特别赞扬了蒙古四十八部内附及随侍的盛况。

第一首诗的大意是，特意奉陪皇祖母离开了原驻地，在晴朗的兴安岭地区的拜察行宫住了下来。这里清风不停地吹着，彩扇用不着了；经过遥远的驿路，送来了冰镇的鲜桃。美丽的金莲花被风一吹像波浪翻滚；高大的绿树洒下浓密的树荫。仙台上空，一轮明月升起来了。各种乐器和谐地奏起了钧天广乐仙曲。

第二首诗的大意是，武士们在清凉的时候闲起来了，逍遥自在地观看万物的精华。烟云笼罩着千万棵柳树，暑天盛开着四季的鲜花。这里地理环境的冷与暖和关内相比，差别非常大，山川道路又非常遥远。雨过天晴，树木被清洗得非常清新。洁白的天空，片片彩云飘来飘去。

第三首诗的大意是，云散雨停，天色清澄。青山滴翠，欲染行衣。战马引导着雕弓驰过；飞鸟连带着羽箭飞落。狩猎的将士从三面围笼起来，进入草原、树林追杀飞禽走兽。通过狩猎来训练官兵的作战能力，不是来炫耀我的恩泽和威严。

避暑山庄烟波致爽殿

避暑山庄烟波致爽西暖阁

御赏印

同道堂印

【8月23日】

—日

乾隆四十五年七月二十四日(1780年8月23日)，乾隆帝在万树园大幄设宴，款待六世班禅以及扈从王公大臣、蒙古王公、杜尔伯特亲王策凌乌巴什等，并赐冠服、金银、缎匹等。班禅请行跪拜礼，以示敬重皇帝，拥戴朝廷。翌日，乾隆帝又在卷阿胜境赐班禅、三世章嘉等宴。

乾隆五十五年七月十四日(1790年8月23日)，乾隆帝在澹泊敬诚殿举行华筵，赐扈从王公大臣、蒙古、回部王公、伯克、安南国王及各国使臣和文武百官171人侍宴，安南国王恭进万寿祝嘏词十章，并携带该国乐人演奏了乐曲。当晚在万树园大蒙古包看烟火。十六至十八日连续三天演出大庆戏。安南国、缅甸国乐人演奏了本国乐曲，准部、回部、蒙古等也演奏了民族乐器。

嘉庆七年七月二十六日(1802年8月23日)，嘉庆帝秋狝到达热河，先到文庙瞻礼，又到关帝庙、城隍庙拈香，接着到永佑寺行礼，然后驻跸山庄。刚下马，经略额勒登保等六百里加急奏折传到，称大败白莲教最后一支队伍，巴州白莲教首领苟文明被击毙，其余党皆被擒斩。嘉庆闻讯，激动不已，声泪俱下，召见军机大臣时，哽咽不能宣旨。

咸丰十一年七月十八日(1861年8月23日)，传谕：皇考大行皇帝在山庄升遐，恭奉梓宫回京，除热河都统本在热河外，直隶总督已谕令前来叩谒梓宫外，其余各省大员俱不必前来，致旷职守。

—诗

八沟村

◎乾　隆

平泉今号州，厅属本八沟。
圣祖狩冬习，宪皇舆地收。
濯林无野兽，辟陇有耕牛。
蒙古民杂处，胥仅衣食谋。

—解

乾隆四十八年八月(1783年9月)，乾隆帝自承德避暑山庄启行东巡，往盛京谒祖陵，途径八沟村(今平泉县城)时写下这首诗。八沟过去本属蒙古游牧地，康熙帝在冬至时，在此明安沟围场行围，即米峪口之地。雍正年间，因喀喇沁蒙古人众，将围场三旗地方赏还耕牧，并设立八沟厅负责管理旗民事务。八沟本是热河七厅之一，乾隆四十一(1776年)年改为平泉州。诗作写出了当时蒙古人和其他民族一同耕牧的情景。宪皇，对先人的美称，此指康熙帝。舆地，大地，土地。收，绥辑。胥，皆。

昭陵（皇太极陵墓）　故宫博物院提供

【8月24日】

一日

康熙二十九年七月二十日(1690年8月24日)，康熙帝亲征噶尔丹至波罗河屯(今隆化县)，病情加剧，高烧不退，夜不能寐，扈从诸臣环跪行幄请求回銮调摄，康熙帝不允。在波罗河屯坚持三天，病情不见好转，乃回銮。三天后，福全指挥清军在乌兰布通大败噶尔丹。

乾隆五十五年七月十五日(1790年8月24日)，中元节。乾隆帝率众在避暑山庄环碧岛观荷灯，并举行“盂兰盆会”，搭建彩棚，设法船，做水陆道场，放焰口，放水路灯，用玻璃制成荷花灯，点燃放在湖中，随波流动，与夜空交相辉映。

一诗

中元夕放灯

◎乾　隆

烟光露色早秋天，望夕冰轮满意圆。
例事盂兰传梵呗，便看朔塞放灯船。
照岩霞锦惊眠鹿，贴浦云葩缀败莲。
千古诗人吟不尽，湖山风月总无边。

一解

这首诗写于乾隆十四年(1749年)。诗描绘了避暑山庄中元节傍晚放灯船的景象。放灯船例于环碧岛采菱渡举行。

诗的首联意思是，避暑山庄云霭雾气显露早秋的景象，十五晚上的月亮格外圆润。

诗的颔联意思是，按惯例于七月十五中元节举办盂兰盆大会，请喇嘛诵经，唱赞颂的偈(jì)语。然后就是在避暑山庄水面放灯船。盂兰盆，盂兰，梵语为乌兰婆拏，意译为解倒悬。盆为食器，盛百味五果于盆中，供养众佛僧，仰佛的恩光，以解脱饿鬼倒悬之苦。梵呗，佛教做法事时的赞叹歌咏之声。偈语，佛经中的颂辞，四句为一偈。朔塞，犹塞外，泛指北边地区，与江南相对。此处指避暑山庄。

诗的颈联意思是，灯船的光焰映红山坡，岩石像坡上锦霞。亮光惊醒睡梦中的梅花鹿。浓密的鲜花贴近水边，旁边点缀着凋谢的荷莲。浦，水滨。云葩，浓密的鲜花。

诗的尾联意思是，千古诗人们吟诵不尽的诗篇，歌颂山水风景的美丽。

“便看朔塞放灯船”

【8月25日】

一日

康熙四十一年七月初三日(1702年8月25日)，康熙帝传谕工部对热河上营“差官划界布桩，此后禁段行猎、放牧”，并“著于山东、直隶招延工役，近于围场伐运木植，兹地选山采石，予修窑场”。至此，兴建避暑山庄施工前部署正式开始。

乾隆十四年七月十三日(1749年8月25日)，乾隆帝驻跸喀喇河屯行宫，作《滦阳别墅》伤情诗一首。

乾隆五十七年七月初八日(1792年8月25日)，廓尔喀再次乞降，大将军福康安允准。命廓尔喀遣大头人具表纳贡，其银钱不准行使藏内。

一诗

滦阳别墅

◎乾 隆

又来别墅早秋天，未启闲斋向二年。
草木依然成荟蔚，光阴底识有推迁。
涛增古柏急鸣籁，潦退溹流缓汇川。
忽忆云窗同眺处，愁怀欲遣倍凄然。

一解

这首诗写于乾隆十四年七月十三日(1749年8月25日)。滦阳别墅即滦河之阳的别墅，指喀喇河屯行宫。江河北岸称阳。这是一首触景伤情的诗。走进书房，窗外景色依然，但细看却留下了岁月推移的痕迹。松涛声中增加了古柏在疾风中发出的唰唰声。书房旁边的当年湖水早已汇入热水溪经武列河奔向滦河了。忽然想起了与富察皇后两年前凭窗远眺的情景，不由一阵伤心，虽然想排解忧伤，却更觉伤情。这首诗表达了乾隆帝对孝贤皇后的深切怀念之情。

[评]这是乾隆帝在承德留下的两首怀念孝贤皇后的诗之一。乾隆帝献给孝贤皇后有上百首堪称最见真性情的上乘之作。在这些诗中，乾隆帝真正放下帝王之尊，尽情抒发内心深处对异性的眷恋，可谓情深意切。在那么多的妻与妾之间，乾隆帝对孝贤皇后富察氏的感情最好，最真诚，而且是永恒的。

孝贤纯皇后朝服像 孝贤为乾隆帝弘历的皇后，姓富察氏，满洲镶黄旗人。乾隆二年(1737年)以嫡妃册立为皇后，生二子二女。乾隆十三年(1748年)她随乾隆帝东巡，返回京师的途中卒于德州，终年37岁。孝贤纯皇后为人贞淑、勤俭，深得皇帝的喜爱 故宫博物院提供

【8月26日】

一日

乾隆八年七月初八日(1743年8月26日)，乾隆帝奉皇太后启程，取道避暑山庄、木兰围场，前往盛京谒陵，这是乾隆帝首次赴盛京谒陵。

乾隆四十五年七月二十七日(1780年8月26日)，六世班禅将达赖喇嘛及其经师等代为进呈给乾隆帝的哈达、佛像等交给三世章嘉国师，由尚书福隆安进呈乾隆帝。

嘉庆二十五年七月十八日(1820年8月26日)，嘉庆帝自圆明园启程，赴热河秋狝木兰。皇三子智亲王绵宁、皇四子瑞亲王绵忻、皇孙奕纬(十一岁)随驾。

一诗

味甘书屋

◎乾 隆

书屋临清泉，可以安茶铫。
取用乃不竭，奚虑瓶罍诮。
泉甘茶自甘，那系龙团貌。
展书待尔浇，颇复从吾好。
是中亦有甘，谁能味其调？

一解

这首诗写于乾隆二十九年(1764年)。避暑山庄碧峰门内有碧峰寺，寺内正殿法华宝殿后为经楼宗乘阁，经楼后就是味甘书屋。味甘书屋之西有丛碧楼，楼前溪水环绕，建亭取名回溪亭，此处泉水甘甜可口，泡茶味道极佳。乾隆帝来碧峰寺常到味甘书屋休息，并引领众亲信大臣取溪水烹茶。这首诗表现了乾隆帝对饮茶伴读书的浓厚兴趣。

诗的前六句意思是，味甘书屋临近清清泉水，在这里可以安置煮开水的茶铫。不要考虑使用什么样的容器盛水，也不必责备茶具的优劣。茶叶在杯中团团簇簇的样子真让人赏心悦目。铫(diào)，煮水、煮东西用的器具。罍(léi)，古代一种形状象壶的盛酒器具，这里代茶壶。诮(qiào)，责备。龙团，像龙一样盘绕。

诗的后两句意思是，打开书后好像文字都等待着茶水的浇灌和滋润，这很符合我的爱好。谁能体会伴着茶香读书的志趣呢？尔，你，指茶水。浇书，指晨饮。南宋陆游《春晚村居杂赋》载："浇书满挹浮蛆瓮，摊饭横眠梦蝶床。"自注：东坡先生谓晨饮为浇书。调(tiáo)，音调，引申为旨趣、志趣。

永陵 原名兴京陵，位于兴京城西北启运山下的苏子河畔。永陵是清皇族的祖陵，埋藏着清太祖努尔哈赤的远祖孟特穆(肇祖原皇帝)、曾祖福满(兴祖直皇帝)、祖父觉昌安(景祖翼皇帝)、父亲塔克世(显祖宣皇帝)。

【8月27日】

一日

乾隆二十年七月二十日(1755年8月27日)，由宫廷画家郎世宁、王致诚、艾启蒙等绘制的《御容筵宴大画》两幅(《即万树园赐宴图》和《马术图》)张贴于避暑山庄卷阿胜境殿内东西山墙上。这两幅画于本年五月初九奉旨绘制，六月十六画成，七月十日装裱完毕，七月十一日由员外郎白世秀携往避暑山庄。

乾隆四十五年七月二十八日(1780年8月27日)，六世班禅和乾隆帝在普宁寺九层殿举行会晤，讨论西藏政教问题，三世章嘉国师陪同并担任翻译。

嘉庆九年七月二十三日(1804年8月27日)，派官员驰赴围场阅看，发现鹿只减少，私砍木材、毁林开荒、偷猎现象严重，围场遭到破坏。嘉庆帝要求严行惩究，并处分、撤换了一批官员。

一诗

常山峪行宫

◎乾 隆

忆昔髫龄际，趋陪圣祖前。于今巡幸至，驻跸故宫边。
湛露曾叨泽，含饴想侍筵。秋风悲此日，轩屋尚当年。
鸟语如怀旧，花香故逞妍。恩勤终古慕，承显一身肩。

一解

这首诗写于辛酉年，即乾隆六年(1741年)。乾隆帝往来避暑山庄的路上，经过常山峪(今作长山峪，滦平县东南)行宫。见到康熙帝当年建造的行宫，睹物思人，怀念皇祖父对自己的哺育之恩，想到要继承和发扬皇祖父的精神和事业，深深感到肩上历史重任的艰巨。

诗的前四句意思是，回忆童年的时候，时常走到皇祖父的房间陪伴在他身旁。髫(tiáo)龄，儿童换牙的年龄。圣祖，康熙帝的庙号。现在北巡到此，驻跸在常山峪行宫里。

诗中间四句意思是，我像屋旁浓重的露水一样，曾经得到过皇祖父的恩惠，以及想起陪伴皇祖父宴席的情景。看到秋天的景象，触发我自己的伤感之情，当年敞亮的住室至今尚在。湛露，浓重的露水。叨(tāo)泽，沾到恩惠。含饴(yí)，含饴弄孙略语，谓年老自求恬适，此指康熙与乾隆祖孙之情。

诗的最后四句意思是，这里一派明媚的景象，鸟鸣声如同在念旧，花的香气是因为它放纵的美丽。我要对国是尽心尽意，不怕勤劳辛苦，以古代明君为楷模，肩负起继承和发扬皇祖父精神和事业的历史重任。恩勤，是《诗·鸱鸮》中“恩斯勤斯”的缩语。意为父母抚子女的恩情和辛劳。承显，继承和发扬。

普宁寺千手观音 选自《热河》

【8月28日】

一日

乾隆六年七月十八日(1741年8月28日)，乾隆帝谕大学士：口外行围期间，办理一切政务与宫中无异。

乾隆三十六年七月十九日(1771年8月28日)，据舒赫德奏土尔扈特“窘困之状，非同一般”，乾隆帝命调拨银两、购买羊只，送往其游牧地救济。据《御制优恤土尔扈特部众记》载：为赈济来归的土尔扈特，从新疆、甘肃、陕西、宁夏及内蒙古先后调集马牛羊二十七万头、米麦四万石、茶二万余封、羊裘五万多件、棉布六万匹、棉花近六万斤，以及大量毡庐。

道光十一年七月二十一日(1832年8月28日)，热河总管松龄奏，继德堂修缮工程完竣。道光帝令钦天监敬选移奉列圣圣容吉期。同日，道光下旨：“继德堂现改名为绥成殿。”不久，将圣祖、世宗、高宗、仁宗圣容供奉到绥成殿。(此后，宣宗道光、文宗咸丰、穆宗同治御容都先后恭悬于此。)

[评]清朝供奉圣容，由世宗雍正首创，高宗乾隆完善，历代相沿，乃至清末。避暑山庄永佑寺建有御容楼，供奉圣祖、世宗圣容。道光十一年(1832年)决定把永佑寺御容楼的供奉移至继德堂。清统治者接受儒家思想，认为孝莫大于尊亲，礼莫大于事天，敬祖尊亲，把孝推到了至高无上的地位。供奉御容，就是清帝敬祖尊亲思想的具体体现。

咸丰十一年七月二十三日(1861年8月28日)，恭亲王奕䜣奏请赴热河叩谒梓宫(按：实两太后召之)。允行。

一诗

中元登狮子岭感怀

◎雍　正

晚登狮子岭，四望净云烟。
叶落瘦崖树，雨过响涧泉。
人颜移岁月，秋色老山川。
令节须酬赏，天空月正圆。

一解

这首诗描绘了初秋傍晚登高所见景色，抒发了光阴流逝、应及时行乐的思想感情。中元，道家以农历七月十五日为中元节，旧时道观在这一天作斋醮，僧寺作盂兰盆斋。这首诗想象奇特，讲究炼字。

诗的大意是，傍晚登上狮子岭极目四望，但见云烟俱净。叶子零落，山崖上的树木显得更加枯萎，雨后山涧水量大增，发出响亮的声音。岁月流逝，容颜更改，秋色浓重，山川寂寥。恰逢佳节，此时圆月高悬空中，理应好好地酬和、赏玩。令节，佳节。

西域回疆图　选自《雍正皇帝画传》

《御制优恤土尔扈特部众记》玉册

北京紫禁城奉先殿后殿供奉清先祖之处

北京太庙后殿内景　故宫博物院提供

【8月29日】

一日

康熙四十二年七月十七日(1703年8月29日)，汪灏在《随銮纪恩》记载："热河之下流，汇入滦河，旁皆有皇庄，其种获小黍、高粱、黍子、糜子、稗子、豆、荞麦，凡七种。"当时，内务府在承德占地5275顷84亩，建皇庄138处。此外，还有宗室王府庄田多处。汪灏特别记述："波罗河屯，一名皇姑庄，乃今上(康熙帝)之始太宗文皇帝公主(固伦淑慧)下嫁巴陵(林)，往来居停地也。"波罗河屯附近500倾土地即淑慧公主的陪嫁脂粉地。720亩便有为之经营的庄头。

[评]承德庄田的建立，对避暑山庄建立和"木兰秋狝"活动创造了有利条件，同时对承德的农业开发、交通发展、社会经济发展亦产生一定的促进作用。

乾隆五十五年七月二十日(1790年8月29日)，乾隆帝在万树园赐宴哲布尊丹巴呼图克图、噶勒丹西呼图克图及众呼图克图、诺门汗喇嘛等，并蒙古王公台吉，赏赉有差。

嘉庆二十五年七月二十一日(1820年8月29日)，嘉庆帝抵达滦平县，驻跸两间房行宫。

一诗

书斋秋暝

◎雍　正

幽斋新雨后，爽气泛池荷。
碧落疏星淡，晴窗皓月多。
隔花闻漏滴，倚枕和渔歌。
更爱流萤好，悠扬拂槛过。

一解

这首诗为雍正帝作皇子时所作，诗中描绘了秋季傍晚时书斋的景色，由远及近，动静结合，有声有色，深得王维《山居秋暝》之神韵。

诗的前四句意思是，一场秋雨过后，书斋更加幽静，荷塘上面弥漫着清爽的水气。天上星光点点，疏疏落落，一轮皓月高悬空中，月光照得窗子发亮。碧落，青天。唐代白居易《长恨歌》云："上穷碧落下黄泉，两处茫茫皆不见。"

诗的后四句意思是，更漏之声穿花而来，依靠在枕头上，和着渔歌而唱。偏偏喜欢飞舞的萤火虫，看它们从门槛飞进飞出，悠闲而又自由。漏滴，漏壶，古代计时的器具，一般用铜制作，分播水壶、受水壶两部分。播水壶有小孔，可以滴水，流入受水壶，受水壶有立箭，标有刻度，箭随水逐渐上升，露出刻度，用以表示时间。也有用沙子的。倚，歪靠着。流萤，飞舞的萤火虫。

「幽斋新雨后，爽气泛池荷。」

故宫博物院提供

【8月30日】

一日

乾隆十四年七月十八日(1749年8月30日),乾隆帝在避暑山庄延薰山馆赐扈从大学士、内廷诸臣宴。

乾隆五十五年七月(1790年8月),为祝贺乾隆帝八旬万寿庆典，先后抵达热河的少数民族首领有：台湾生番头目怀目怀等13人；哲布尊丹巴呼图克图等喇嘛；土尔扈特汗、杜尔伯特多罗郡王、和硕特多罗贝勒、乌梁海散佚大臣；哈密郡王及回城阿木伯克等17人，金川木平宣慰司甲勒参纳木伯克等30人；哈萨克汗抗和卓之弟勒齐等五人。外国使节有安南国王阮光平、陪臣吴文楚率使团184人；缅甸使臣便居朱施等32人；南掌国使臣叭整烘等15人；朝鲜使团30人。共261人。

一诗

延薰山馆召大学士傅恒、史贻直及内翰侍御诸臣，赐膳赋诗，辄成首倡

◎乾 隆

雨后晨清霁景开，山庄相共赏灵台。
智仁乐在山兮水，赓咏才看邹与枚。
岩下仙泉鸣舜乐，庭间温树识尧培。
旧时侍从今元老，鸠杖中朝未扈来。

一解

这首诗写于乾隆十四年七月十八日(1749年8月30日)。这一年七月初七日，乾隆帝奉皇太后巡幸塞外，十四日到达避暑山庄。十六日赐扈从王公大臣等宴。十八日又赐保和殿大学士傅恒、文渊阁大学士史贻直、内廷诸臣汪由敦、阿克敦、梁诗正、刘统勋等宴且赋诗在先。

诗的首联意思是，雨后晨清展现一片晴朗的景色，君臣一起在灵台一样的延薰山馆共赏避暑山庄的美景。霁景，雨后晴朗的景色。灵台，台名。周文王时所建。

诗的颔联意思是，乐山乐水，虽然各自爱好不同，但是相继咏和，才能要看邹一桂和枚了。

诗的颈联意思是，山庄山岩下的热河泉水流动的声响好似优雅的韶乐，宫廷里的花草树木也有上百年的历史了。仙泉，指热河泉。舜乐，韶乐。传说舜作《韶》。温树，宫廷内的花草。尧，相传帝尧寿116岁。此指避暑山庄花木栽培的寿命长。

诗的尾联意思是，旧时的侍从，如张廷玉、来宝等，现在皆已年高，留在京中办理政务不能扈从来山庄了。鸠杖，杖头刻有鸠形的拐杖，此处指年高者。

延薰山馆

延薰山馆匾额

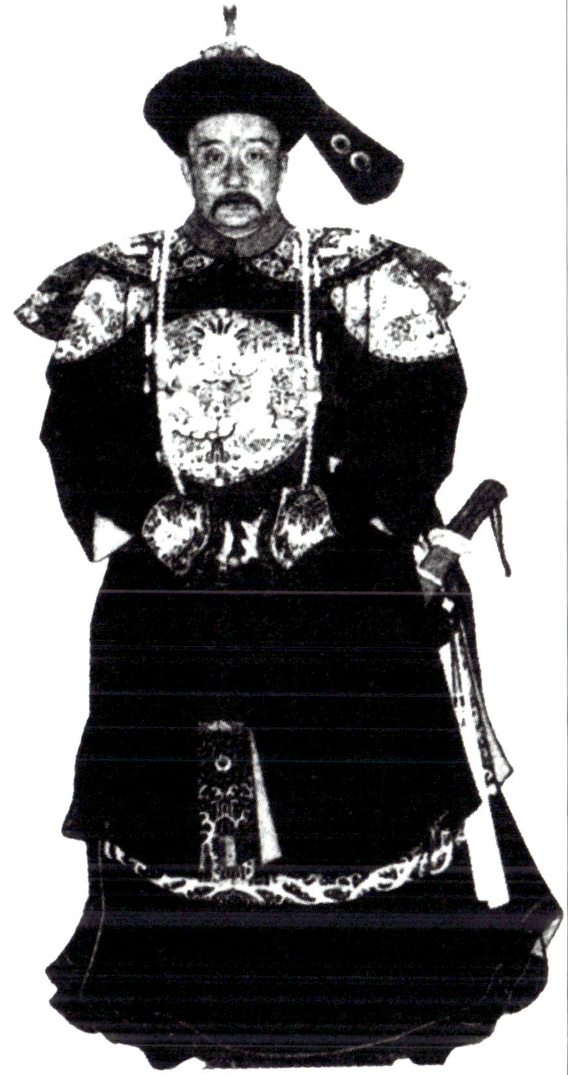

傅恒画像

九秋图　钱维城绘

【8月31日】

一日

乾隆五十九年(1794年)，自七月二十四至八月十五日(8月19日至9月8日)，乾隆帝每天赐扈跸诸臣观戏于清音阁。每日卯时入班，未时散出，每日赐茶果、克什(饽饽)三次。

嘉庆二十五年七月二十三日(1820年8月31日)，嘉庆帝抵达喀喇河屯行宫，午后，嘉庆帝身体略感不适。

一诗

示七弟及诸皇子

◎乾 隆

汝曹读书久，兹命随时巡。讵云事嬉游，吾意良有因。
祖制不可忘，勉继在后人。汝观此稼穑，勤哉劳万民。
汝观彼部落，何以来相亲。乘马汝安逸，仆役殊苦辛。
深宫汝丰裕，蔀屋多窭贫。见猎可悟学，射鹿应怀仁。
絜矩汝其懋，大旨斯略陈。

一解

这首诗写于乾隆十四年(1749年)。是乾隆帝写给七弟(弘昼)及各位皇子看的，意思是说，你们读书已经很久了，应该加强社会实践活动。现在命令你们跟随“木兰秋狝”，难道是为了游乐吗？我是有深刻用意的，你们应学会怎样与蒙古各部和睦相处，你们要体察军民的疾苦。不要忘了弧矢定天下的家法，不要忘了敬天法祖的原则。在勤政爱民方面为臣工们做出表率。汝曹，汝辈；你们这些人，常用于称呼同辈或下辈人。兹命，现在(我)命令。讵(jǔ)云，岂为，难道说。良有因，有充足的理由。祖制，指弧矢定天下(“木兰秋狝”)，敬天法祖、勤政爱民。蔀(bù)屋，棚户屋。蔀，覆盖在棚架上的席子。窭(jù)贫，贫穷。“见猎可悟学，射鹿应怀仁”二句意思是，看见打猎可以悟出学理，明白射猎野鹿也应有仁爱之心，母鹿、小鹿不要射杀，应放其逃生。“絜矩汝其懋，大旨斯略陈”二句意思是，我勉励你们在各方面做出表率，我对命令你们跟随“木兰秋狝”的用意做了概括的陈述。絜(xié)矩，儒家伦理思想。絜，度量的意思。矩是制作方形的工具，象征道德的示范作用。懋(máng)，勉励。

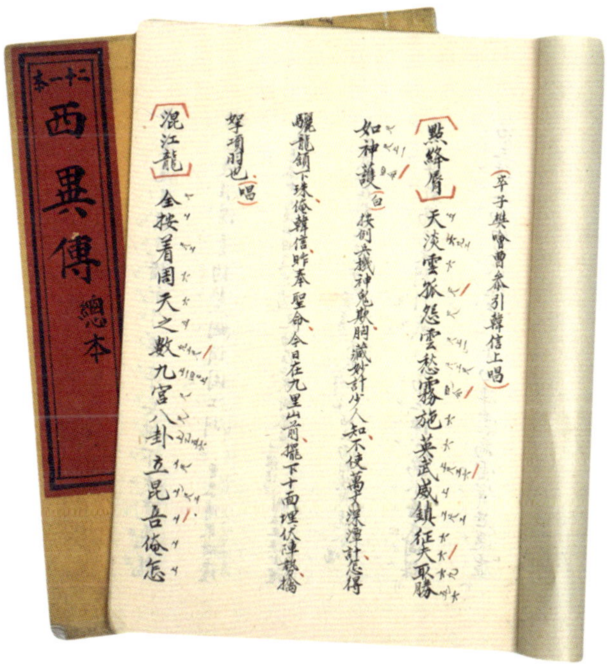

带工尺谱的剧本　故宫博物院提供

戏装

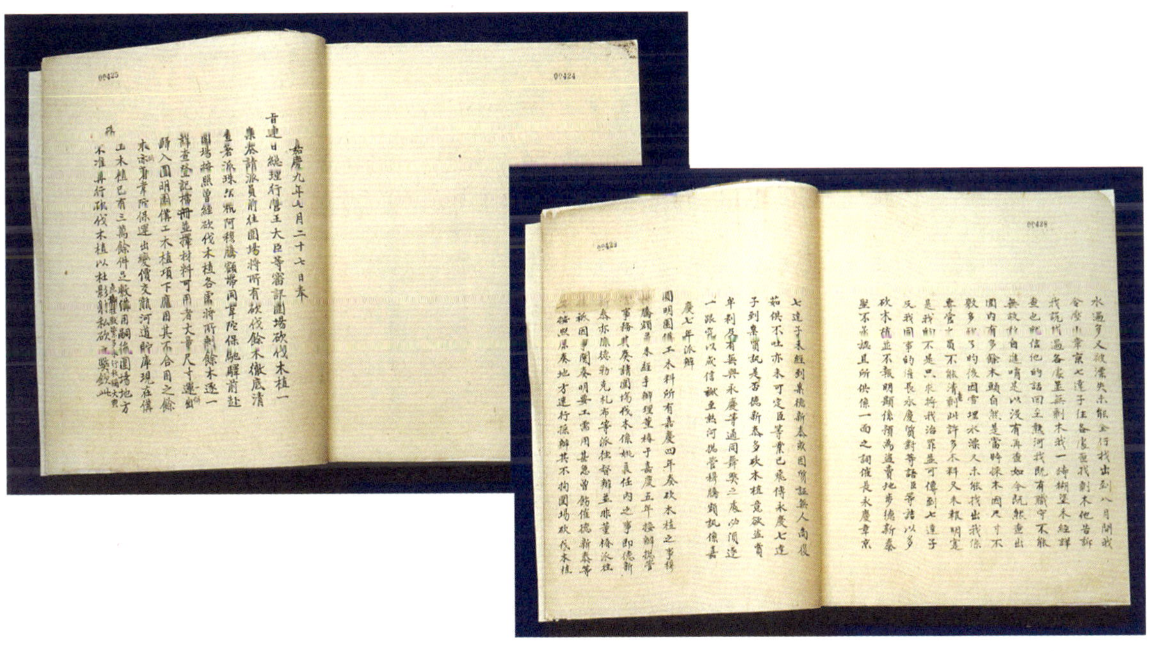

嘉庆帝颁发谕旨命令珠尔杭阿等前往围场清查剩余树木

【9月1日】

一日

康熙四十二年七月二十日(1703年9月1日)，清廷开始督修热河上营行宫(即避暑山庄前身)，负责修建的是原巡抚喀拜。喀拜在蓝村(即蓝旗营，今滦平县小营满族乡)接郎中佛保转康熙帝圣旨，康熙帝要求“在朕指定地方从速建成住房”，并要求“将朕之住房盖成瓦房，其余为草房”。第二年喀拜呈报上营建房完竣，共建大小房屋410间，用银五万七千余两。

康熙六十年七月初十(1721年9月1日)，福建水师提督施世骠报捷，云：六月二十二日克台湾府城，朱一贵等为乡民擒献解送军前，现正在搜剿余党，安抚居民各安生业。康熙帝大喜，赏施世骠。

乾隆二十四年七月初十日(1759年9月1日)，清军追缴霍集占至伊西洱库尔卓尔，该地属拔达山界，山高石险，隘口数十里，仅容单骑。至十二日黎明，共俘回众一万二千余人，牲畜万计。

乾隆四十五年八月初三日(1780年9月1日)，乾隆帝敕封六世班禅玉册、玉印，由福康安、和珅送至须弥福寿之庙吉祥法喜殿，班禅居中，章嘉和皇六子及其他大臣、喇嘛分立两侧，理藩院官员巴忠以满、汉、蒙三种语言宣读敕书。

嘉庆二十五年七月二十四日(1820年9月1日)，嘉庆帝到达广仁岭，下舆换马，策马驰奔，午后抵达热河，亲诣文庙、城隍庙拈香，又到永佑寺行礼。之后住避暑山庄，于四知书屋稍事休息，即赴澹泊敬诚殿，擢升詹事府少詹事奎照为詹事。

一诗

捷 报

◎ 乾 隆

待围小憩坐孱颜，捷报飞传达玉关。
奏读机宜悉览遍，降番辎重尽遮还。
千军直进伊西洱，二竖旋逃拔达山。
除蔓斯之未底定，可辞画策宵旰间。

一解

这首诗写于乾隆二十四年七月初十(1759年9月1日)。乾隆帝奉皇太后巡幸塞外，在喀喇河屯行宫小憩，得到平定准噶尔大小和卓叛乱的捷报，喜形于色，写下此诗。诗中叙述了富德将军连创霍占集兄弟于霍斯库鲁克、阿尔楚，并于伊西洱淖尔大败叛众，取得战役大胜，认为不久即会获全胜。孱颜，险峻、高耸的样子。这里指喀喇河屯行宫嶝道等处所。伊西洱，拔达山，均地名。玉关，指宫门。二竖，指霍占集兄弟。除蔓，剪除依附势力。

平定西域战图 伊西洱库尔淖尔之战 故宫博物院提供

乾隆帝颁给六世班的禅宝玺 玺文以满、汉、蒙、藏四体文刻成，表达了清政府对西藏宗教领袖六世班禅的认定。

【9月2日】

【一日】

康熙四十二年七月二十一日(1703年9月2日)，康熙帝为热河行宫奠基，到热河汤泉(今承德县头沟镇汤泉村)沐浴，斋戒三日后，回驻热河上营。

乾隆五十五年七月二十四日(1790年9月2日)，乾隆帝自避暑山庄回銮，乘八人抬的孔雀顶朱辕舆，陈大驾卤簿于丽正门外，以骑驾卤簿上千人引导，至三岔口驻跸，俱奏乐。众呼图克图及蒙古王公等各回游牧地，在万寿亭处送驾。外八庙喇嘛上千人在此诵经，市民百姓夹道欢送，钟鼓齐鸣。三十日，还跸圆明园。

乾隆五十八年七月二十七日(1793年9月2日)，英使马戛尔尼、副使斯当东自京启程，取道古北口前往热河。同行70人，其中40人为卫队。穿越长城时，使团巴瑞施上尉对长城及附属军事设施、军队配置做了测量和记录。

嘉庆二十五年七月二十五日(1820年9月2日)，戌时嘉庆帝颙琰在避暑山庄烟波致爽殿去世，终年61岁。是日上午，嘉庆帝还照常理事，皇二子绵宁、皇四子绵忻侍侧，午后，病情加重。戌时去世，仅仅几个小时。因事出仓猝,从官张慌失措，藏有皇位继承人密诏的匣子找不到，遂决定由和世泰偕首领太监加急驰驿，直奔圆明园，奏明皇后。

【一诗】

晓 行

◎乾 隆

滴穷玉漏夜阑干，习习金风拂晓鞍。
野马出山凉气肃，阳乌隐树曙光寒。
孤村犬吠门犹掩，古驿人行路未干。
一幅河阳秋旅意，不须重展画图看。

【一解】

这首诗写于乾隆六年(1741年)。诗中所描述的是秋日山间河畔行旅图，展现的是承德当年风光。诗的中间两联对仗工整，描摹生动形象。山谷中飘出的雾气在田野里浮动，太阳隐在树梢，孤村犬吠，驿道行人，诗人晓行赶路,急切而又从容，行路趟起露水，惬意在心中悠然而生，风度翩翩。全诗韵律和谐，语言流畅，意境清新自然。玉漏，装饰着玉的漏壶。漏壶，古代以滴水计时的器具。夜阑(lán)干，夜色纵横散乱，引伸为夜将尽了，或天快亮了。《庄子・逍遥游》:“野马也，尘埃也，生物之以气相吹也。”《注》:“野马者，游气也。”阳乌，太阳。《山海经・大荒东经》:“一日方至，一日方出。皆载于乌。”是说，天有10个太阳，每个太阳由一只金色的三足神乌负载。河阳，河的北岸称阳。

马戛尔尼前往热河途中

【9月3日】

一日

康熙二十九年八月初一日(1690年9月3日)，乌兰布通之战。福全率军于黎明迫近乌兰布通(木兰围场北，今内蒙古克什克腾境内的红山)，噶尔丹率兵二万余，用众多骆驼“卧于地，背后夹箱垛，毡渍水盖其上，排列如栅以自蔽”，号称“驼城”。噶尔丹率叛军躲在驼城后顽抗。清军先用火器攻击，自午后至傍晚，摧毁驼城，清军攻入噶尔丹营垒，噶尔丹乘夜色率余部逃走。佟国纲阵亡。

乾隆四十五年八月初五日(1780年9月3日)，朝鲜为乾隆帝祝寿使团由北京出发来热河，五天后抵达热河。

嘉庆二十五年七月二十六日(1820年9月3日)，嘉庆帝近侍出示小金匣，却找不到钥匙，托津情急，当众王大臣将锁拧断，开启金匣，取出嘉庆帝亲笔御书．所有王公大臣文武官员跪伏，托津宣读：嘉庆四年初十日卯初立皇二子绵宁为皇太子。绵宁号恸扑地，良久方起，众遵遗诏绵宁继承大统，由托津、戴均元拟《遗诏》。绵宁剪发成服，举哀。

一诗

古北口中秋

◎曹　寅

山苍水白卧牛城，
三尺黄旗万马鸣。
半夜檀州看秋月，
河山表里更分明。

一解

这是作者曹寅在古北口中秋赏月时写的诗，诗中洋溢着对大好河山的赞美之情。

诗的大意是，古北口这座城傍青山临白水像一条牛躺在那儿似的。这里军旗招展，有万马嘶鸣的骑兵把守。在中秋夜晚去赏檀州月景，古城内外的月色就更加明媚了。黄旗，军中用旗。檀州，行政区划，辖境相当今密云县一带。河山表里，古北口内外的河流与山岳。

曹寅(1658—1712)，字子清，号荔轩。《红楼梦》作者曹雪芹之祖父。祖籍辽宁辽阳，一说唐山丰润。属满洲正白旗包衣，官至通政使，管理江宁织造，兼巡视两淮盐政。

乌兰布通古战场遗址，雕像为佟国纲

【9月4日】

一日

康熙三十六年七月十九日(1697年9月4日)，康熙帝在太和殿，王以下文武各官以平定朔漠，并太和殿告成,上表庆贺。康熙帝颁诏天下，申明用兵剿灭噶尔丹的缘由，指出(噶尔丹)“包藏祸心，倘不即行扑灭，则异日必缘边设防，重滋民困。何如及时声讨，立靖根除”。同时申明不得已之情:“朕为民除害，不得已而用兵之意，亦可晓然，共喻于天下臣民矣。”

康熙四十二年七月二十三日(1703年9月4日),热河行宫奠基开工。

乾隆四十五年八月初六日(1780年9月4日),在须弥福寿之庙举行盛大的祈祷法会，乾隆帝与六世班禅、三世章嘉国师一起出席。六世班禅在法会上高声诵唱了祈愿太平、佛法昌盛的祝词。三世章嘉国师奉命请示六世班禅，任命堪布、领经师、掌堂师，并留喇嘛20人长期住寺诵经。

嘉庆元年八月初四日(1796年9月4日)，以热河哨内雨多，泥泞难行为由，停止本年秋狝。

嘉庆二十五年七月二十七日(1820年9月4日)，晨，和世泰等抵达圆明园，急奏皇后钮祜禄氏。皇后懿旨“传谕留京王大臣驰寄皇次子，即正尊位”。本日，道光帝绵宁于避暑山庄谕内阁：朕缵承大统，母后应尊位皇太后。

一诗

赋得澹泊敬诚

◎乾　隆

处处瞻奎藻，殷殷仰圣情。标言澹以泊，继曰敬兮诚。
明志由斯要，持心在合并。居存守良矱，烦扰去私营。
无欲函三契，有为得一贞。尧茨垂永焕，虞典溯惟精。

一解

这首诗写于乾隆二十九年(1764年)。澹泊敬诚殿，是避暑山庄正宫区的主殿，为上朝和举行庆典活动的场所。初建于1713年，1754年用楠木改建，所以又称楠木殿。殿内正中墙上悬挂康熙帝手书“澹泊敬诚”匾额。澹泊：恬淡寡欢，来自《易·正义·序》：“不烦不扰，澹泊不失。”诸葛亮《诫子书》中云：“非澹泊无以明志，非宁静无以致远。”曹植《蝉赋》句：“实澹泊而寡欢兮，独哈乐而长吟。”康熙帝题“澹泊敬诚”四个字，含蓄地表达了他“居安思危，崇尚节俭”的思想。

诗的前四句意思是，到处能瞻仰到圣祖的超凡文采，时时敬慕祖父对我的深切情意。匾上标明“澹”和“泊”，接着又写上“敬”和“诚”。奎藻，指皇帝的手笔、御书。藻，文采。殷，深厚，丰盛。仰，敬慕。澹，安静，不热心。泊，恬静。敬，谨慎，不怠慢。

诗的中间四句意思是，祖父表明志向的原因是重要的，核心在于把这四个字联系在一起去理解。进退要掌握一个合适的尺度，遇事不要只考虑一己的私利。乾隆原注:“《易正义·序》：不烦不扰，澹泊不失。”

诗最后四句意思是，无所求就可以包容各种人和事，有所作为才能保持自己的节操。(祖父)像尧那样简朴的生活永远焕发光彩，以舜为典范追根溯源只有学习他的精神。函：包容。三契，多种的结果，“三”泛指多数。契，刻，雕刻的印记。贞，坚定，有节操。茨(cí)，用茅苇盖房子。垂，传下去，传流后世。焕，光彩外现。

避暑山庄澹泊敬诚殿

【9月5日】

一日

康熙五十年七月(1711年8月)，浙闽总督范世崇随驾热河，在康熙帝赐食的御用食物里，有一种红色大米饭。传旨云：此本无种，其先特产上苑，只一两根，苗穗迥异他禾，剖之粒如丹砂，收其种植御园，今兹广获，一岁两熟，只供御膳。此谓御稻米。

乾隆六年七月二十六日(1741年9月5日)，乾隆帝自圆明园启程，首次举行“木兰秋狝”大典。此次“木兰秋狝”前后共55天。(九月二十日回銮)

乾隆四十五年八月初七日(1780年9月5日)，六世班禅为乾隆帝七十寿辰献礼，章嘉国师陪同六世班禅前往乾隆帝住所，乾隆帝特许六世班禅乘轿至寝宫殿内，章嘉国师乘轿至寝宫殿门外。六世班禅向乾隆帝致祝寿词，乾隆帝致答谢词。

咸丰十一年八月一日(1861年9月5日)，恭亲王奕䜣抵达热河，适赶上殿奠礼，奕䜣伏地大恸，声彻殿陛。祭后，太后召见，会晤良久。

是日，卯刻，日月合璧，五星连珠。

一诗

阿穆呼朗图行宫作

◎乾 隆

一宿围场近，构斋此憩停。
天然足山水，成趣得轩庭。
率省牵驮力，堪颐情性灵。
顾名每思义，寰宇愿康宁。

一解

这首诗写于乾隆二十七年七月(1762年8月)。阿穆呼朗图行宫(今隆化县步古沟)，济尔哈朗图行宫北43里，乾隆二十七年(1762年)建，在伊玛口外，离猎场最近。这首诗表明了建立行宫的用意：一是喜爱这里的自然风光，二是为了秋狝去围场方便，三是为了节省物力财力，四是借此地名好，希望天下康宁和乐。阿穆呼朗图，原注：蒙古语“阿穆呼朗图”汉语为“康宁”。

全诗的大意是，在西入围场近旁，建造一座行宫，驻跸小憩。这里自然风光，有山有水，得趣天然，建造行宫是最好不过了。(在此建行宫)既能省却大量的人力物力，避免了长途运输之费，又能怡情悦性，一举多得。行宫取名康宁，顾名思义，就是希望普天下都能康宁呀。率，大抵，大概。寰宇，普天下。《北齐书·文宣帝纪》载：“功浃寰宇，威稜海外。”

阿穆呼朗图行宫

【9月6日】

一日

康熙二十四年八月初六日(1685年9月6日)，康熙帝巡视塞外，驻伊玛图(今围场满族蒙古族自治县半截塔镇一带)地方，传谕察哈尔部官兵："今朕巡行边外，讲习武备，见尔等人材壮健，颇谙礼制，与京师八旗无异，朕所以奖励尔等，不分内外，一视同仁。嗣后各宜善为畜牧，为勤农事，谨守成法。"

乾隆六年七月二十七日(1741年9月6日)，乾隆帝谕旨：朕初次行围，所有经过州县，将地方本年应征赋额蠲免十分之三。

乾隆四十五年八月初八日(1780年9月6日)，朝鲜为乾隆帝祝寿使团热河之行第四日，在滦平县两间房三道梁途中，看到"渐进热河，四方贡献辐辏并集，车马橐驼昼夜不绝。殷殷轰轰，势如风雨"。

乾隆六十年七月二十三日(1795年9月6日)，哲布尊丹巴呼图克图及章嘉呼图克图之呼毕勒罕入觐。乾隆帝在避暑山庄依清旷殿召见，赐茶、赏赉有差。八月初十(9月22日)，又在万树园赐扈从王公大臣、蒙古王公及哲布尊丹巴呼图克图、章嘉呼图克图之呼毕勒罕等宴。

嘉庆二十五年七月二十九日(1820年9月6日)，和世泰抵热河，奉钮祜禄氏皇后懿旨，绵宁即恭拆复奏，即正尊位，并将藏有嘉庆朱谕的鐍匣，送圆明园懿览。

一诗

上兰杂咏

◎嘉 庆

玉塞境清澄，行围典有恒。

于昭自祖考，克绍及云仍。

绥远常存念，司劳永服膺。

非躭游豫乐，旧则敬依凭。

一解

这首诗写于嘉庆十八年八月(1813年9月)中旬木兰行围之时。上兰为木兰别名。

诗前四句意思是，塞外坝上地方十分清静，上兰行围是遵循旧典，已形成常规。这是从皇祖康熙帝开始昭示的，现在仍然在继承这番功业。

诗的后四句意思是，安定远方实为国家大纲，要经常关注省察，用心力去治理朝政，要存之于胸中永不忘记。来上兰行围并非沉溺于游乐，而是按照从前旧制法则去遵守。

“玉塞境清澄”——今围场塞罕坝

【9月7日】

一日

康熙二十八年七月二十四日(1689年9月7日)，康熙帝派领侍卫内大臣索额图为钦差、首席代表与俄国沙皇首席代表戈洛文在尼布楚(今俄罗斯涅尔琴斯克)签订《中俄尼布楚条约》，划定了中俄东段边界。条约规定：格尔毕齐河、额尔古纳河以东至海，外兴安岭以南，整个黑龙江流域、乌苏里江流域包括库页岛归中国所有。

[评]《中俄尼布楚条约》是一个平等条约。双方代表在政府事先指示可以接受的范围内做出一定的让步，达成协议，明确划分了中俄东段边界。条约签订后，东段边界相对平静，贸易有较大发展。

乾隆四十五年八月初九日(1780年9月7日)，朝鲜使团来热河祝贺乾隆帝七旬万寿，渡滦河，经双塔山到达热河，住在热河太学。使团随员、著名学者、实学派代表朴趾源记述了刚到热河情景：“既入热河，宫阙壮丽，左右市廛连亘十里，塞北一大都会也。”又记述文庙的情形：“新创太学，制如皇京。大成殿及大成门皆重檐，黄琉璃瓦。穷极奢丽。”

嘉庆二十五年八月初一日(1820年9月7日)，辰时，嘉庆帝于烟波致爽殿大殓完毕，奉安梓宫于澹泊敬诚殿。

一诗

大学士阿桂八十寿辰诗以赐之

◎乾　隆

黄发未曾更鲐背，廿年于是掌丝纶。
试看信史今兮古，幸我斯时君与臣。
耳重目明政何碍，前功后业福犹申。
相期矻矻慢言老，七字促成赉寿辰。

一解

诗写于嘉庆元年(1796年)，逢大学士阿桂八十寿辰，乾隆帝赐诗表彰阿桂功绩，勉励其继续为清廷服务。阿桂(1717—1797)，字广庭，姓章佳氏，正白旗满洲人。乾隆朝举人，乾隆二十年(1775年)授参赞大臣。平定准噶尔后驻守伊犁，于当地兴办屯田以供军需，筑绥定、安远二城。历官伊犁将军、兵部尚书、吏部尚书，官至武英殿大学士兼军机大臣。定伊犁、讨缅甸、平两金川，皆有功。

诗的大意是，大学士阿桂以年长而掌管皇帝的诏书先后长达二十多年，看看古今历史记载，多亏逢时才有这样的君臣之义呀。阿桂自丙申入阁至今已二十年，虽两耳重听而目力尚能阅小字奏章、部牍，无碍佐理几政。我还期待阿桂勤奋不懈怠，不要说自己年纪大了，我写成这首诗来为他八十寿辰祝贺。黄发，指老人。老人发白,久则黄，为高寿之像。故以黄发指老人。鲐(tāi)背，背皮如鲐鱼，指老人。鲐，通“台”，台背，驼背。丝纶，帝王诏书。此处指阿桂为武英殿大学士，掌管皇帝诏书事宜。信史，纪事详实的史籍。矻矻(kū kū)，勤奋不懈的样子。慢言，随意说。促成，急促而成。赉，赏赐，此处指赐诗于阿桂贺寿辰。

《尼布楚条约》划定中俄边界示意图

尼布楚教堂

尼布楚城

【9月8日】

一日

乾隆三十三年八月(1768年9月)，乾隆帝驻跸避暑山庄，敕儒臣辑《热河志》，因考察热河水源，特派遣喀喇沁郡王拉特纳锡第、内大臣努三往寻热河之源。考察得知源于察罕陀罗海，其地距热河二百里而赢，流经固都尔呼达巴罕麓(固都尔河)。乾隆帝将调查结果写入《热河考》，并订正了郦道元《水经注》里的错误。其后，将武列河与热河统一称谓正式列入史志。

乾隆四十五年八月十日(1780年9月8日)，朝鲜使团在抵达热河的第二天开始在热河正式活动。使团在热河逗留五日，八月十一日(9月9日)觐见了乾隆帝。当日前往须弥福寿之庙拜见了六世班禅，班禅赏朝鲜使臣礼品数件。

乾隆五十八年八月初四日(1793年9月8日)，英使马戛尔尼一行抵达热河。受到中国军队列队欢迎，有许多僧俗人众夹道参观。副使斯当东当即拜访大学士和珅，和珅对英王表文相当满意，但对马戛尔尼事先准备的有关觐见礼仪的备忘录“做出毫不知情的样子”，要提出反对意见，又说容他考虑之后回答特使。

一诗

诣普宁寺途中晓望

◎永　瑢

东望锤峰接翠微，鞭丝遥引路依依。
一天秋色青枫老，隔渚晴波白鹭飞。
日气初生开晓雾，钟声未断到岩扉。
萧疏我欲穷幽境，目送闲云向岫归。

一解

永瑢是乾隆、嘉庆朝宗室诗人中诗名最著的亲王，古乐府、歌行体排律、七言律写得都很好。《诣普宁寺途中晓望》是写承德风光的佳作，语言清新，但带富贵之气。诣，至。

诗的首联意思是，向东望去磬锤峰那边山光水色，青翠缥缈，往普宁寺的途中，马鞭指引，美好的景色让人依恋不舍。鞭丝，借指出游。依依，依恋不舍的样子。

诗的颔联意思是，满天的秋色，苍翠的老枫树，隔着陆洲，见到武列河在阳光下泛着粼粼的水波，青天上飞翔着一行行白鹭鸟。白鹭，鹭的一种，羽毛白色，腿很长，能涉水捕食鱼、虾等。

诗的颈联意思是，日光初生拨开清晨的雾气，远处寺庙的晨钟声音不断，都传到山岩的洞门里。岩扉，岩洞的门。

诗的尾联意思是，避暑山庄外山川清丽的景色，我真想去推求这里幽境所在。亲眼看见悠然漂浮的云彩回到峰峦的山洞中。萧疏，清丽的。岫(xiù)，有洞穴的山。

乾隆皇六子永瑢画　故宫博物院提供

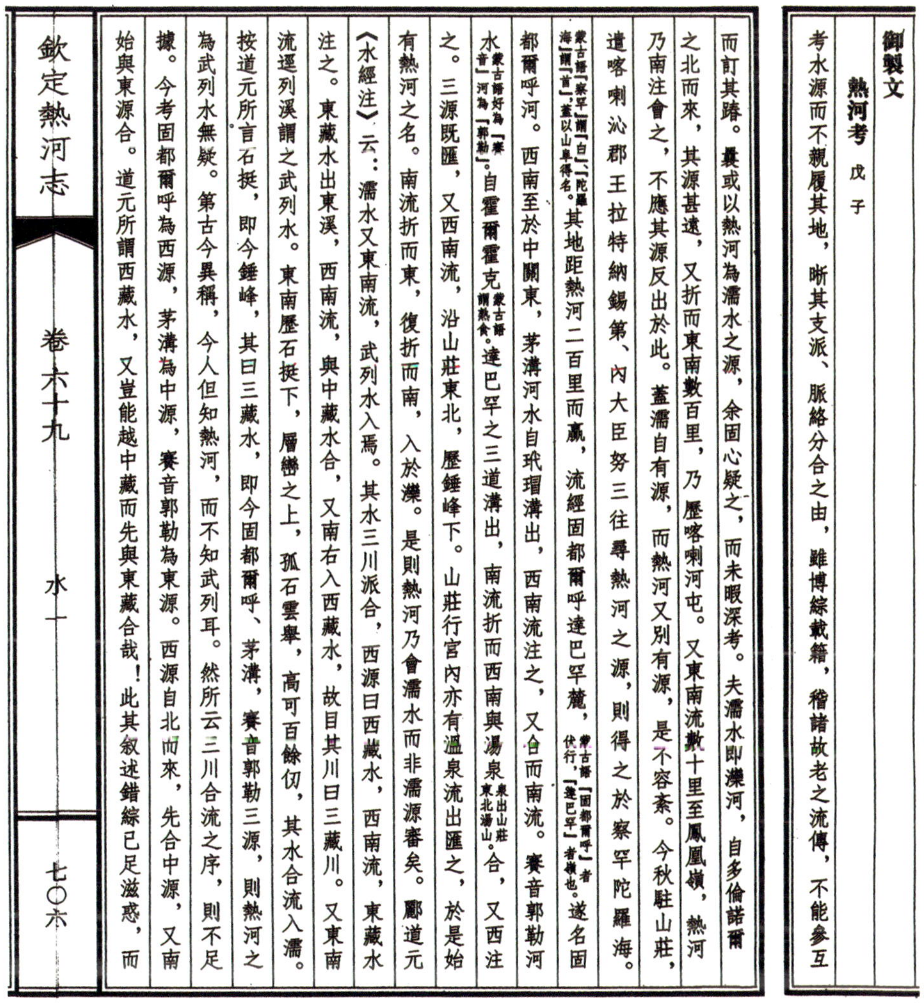

御製文

熱河考　戊子

考水源而不親履其地，晰其支派、脈絡分合之由，雖博綜載籍，稽諸故老之流傳，不能參互而訂其蹐。曩或以熱河為濡水之源，余固心疑之，而未暇深考。夫濡水即灤河，自多倫諾爾之北而來，其源甚遠，又折而東南數百里，乃歷喀喇河屯。又東南流數十里至鳳凰嶺，熱河乃南注會之，不應其源反出於此。蓋濡自有源，而熱河又別有源，是不容紊。今秋駐山莊，遣喀喇沁郡王拉特納錫第、內大臣努三往尋熱河之源，則得之於察罕陀羅海（蒙古語「察罕」謂「白」，「陀羅海」謂「首」，蓋以山阜得名。）。其地距熱河二百里而贏，流經固都爾呼達巴罕麓（蒙古語「固都爾呼」者伏行，「達巴罕」者嶺也。），遂名固都爾呼河。西南至於中關東，茅溝河水自玳瑁溝出，西南流注之，又合而南流。賽音郭勒河水（蒙古語好為「賽音」，河為「郭勒」。）自霍爾霍克（蒙古語謂熱食。）達巴罕之三道溝出，南流折而西南與湯泉（泉出山莊東北湯山。）合，又西注之。三源既匯，又西南流，沿山莊東北，歷錘峰下。山莊行宮內亦有溫泉流出匯之，於是始有熱河之名。南流折而東，復折而南，入於灤。是則熱河乃會濡水而非濡源審矣。酈道元《水經注》云：濡水又東南流，武列水入焉。其水三川派合，西源曰西藏水，西南流，東藏水注之。東藏水出東溪，西南流，與中藏水合，又南右入西藏水，故目其川曰三藏川。又東南流逕列溪謂之武列水。東南歷石挺下，層巒之上，孤石雲舉，高可百餘仞，其水合流入濡。按道元所言石挺，即今錘峰，其曰三藏水，即今固都爾呼、茅溝，賽音郭勒三源，則熱河之為武列水無疑。第古今異稱，今人但知熱河，而不知武列耳。然所云三川合流之序，則不足據。今考固都爾呼為西源，茅溝為中源，賽音郭勒為東源。西源自北而來，先合中源，又南始與東源合。道元所謂西藏水，又豈能越中藏而先與東藏合哉！此其敘述錯綜已足滋惑，而

欽定熱河志　卷六十九　水一　七〇六

乾隆帝《热河考》

“东望锤峰接翠微”

【9月9日】

一日

乾隆六年七月三十日(1741年9月9日)，乾隆帝至古北口阅兵。

乾隆四十年八月十五日(1775年9月9日)，平定金川官兵合围勒乌围官寨。

本日，晚膳，遵例八月十五日上赏小饼，乾隆帝在避暑山庄烟波致爽院内设供，酉初三刻，乾隆帝在供前拈香行礼，后至云山胜地用膳。

乾隆五十六年八月十二日(1791年9月9日)，乾隆帝在避暑山庄宫门观射。皇孙赞郡王绵庆，年十三，五发三中，皇元孙载锡，年八岁，中三矢，赐黄马褂，双眼花翎。乾隆帝曰:“朕心甚为嘉悦，因忆昔年朕随侍皇祖避暑山庄阅射，连中五矢。”“其时年十有二，现八旬开秩，元孙业已长成。”

乾隆五十八年八月初五日(1793年9月9日)，钦差徵瑞再次前来劝说马戛尔尼，按照中国礼仪觐见乾隆帝，不应固执，如再拒绝，可能有所不便。马戛尔尼坚持前仪，或者双方行对等礼，或使独立国使节和属国使节代表在谒见礼上加以区别。他还指出，中国把英王礼品写成“贡品”，已经混淆了二者界限。

一诗

古北口阅提标兵士

◎乾 隆

鸣驺出天府，停辔驻雄关。
雁避弯弓士，熊罗执戟班。
堂堂阵方劲，赳赳技皆娴。
讵驰忘危念，犹思守德艰。

一解

乾隆六年七月三十日(1741年9月9日)，乾隆帝在古北口阅兵。提标是清代军制的绿营汉兵，是为直省提督统辖的军队，其防务汇总于清政府兵部。古北口为直隶陆路提督，提标有中、左、右、前四营，兵额五六千人，所属有总兵、副将、参将、游击、都司、守备、千总、把总、外委等官。

诗的大意是，北巡出行骑卒传呼喝道，走出京城，停车驻跸在形势险要的古北口。南飞的大雁躲避这里弯弓射箭的勇士，持戟的宫廷侍卫像熊罴一样威猛。战士们阵容强盛，武艺娴熟，不能松弛武备，忘掉居安思危的理念呀，要知道遵循道德规范不是一件容易的事呀。鸣驺，显贵出行传呼喝道的骑卒。

乾隆帝戎装像

故宫博物院提供

【9月10日】

一日

康熙二十三年八月初二日(1684年9月10日)，康熙帝北巡至木兰围场乌拉岱地方，赐科尔沁端敏公主(顺治帝养女、康熙九年下嫁科尔沁部班第)、苏尼特和硕郡王、翁牛特和硕郡王缎匹、鞍辔。赐巴林王、固山贝子袍帽、金带、弓箭、撒袋、鞍辔。赐多罗额驸阿拉布坦、一品台吉格勒尔图以下护卫典仪以上及随围都统以下兵丁袍帽、带、靴、弓箭、撒袋、细缎布匹，银两有差。

乾隆十六年七月，乾隆帝行围木兰，驻跸奇木鲁成昂阿，蒙古诸王公台吉等恭进御宴。蒙古台吉必力滚达献狍，其色纯白如雪，目睛如丹砂。是年正值皇太后六旬万寿，乾隆帝遂命为“瑞狍”，并写诗记之。

乾隆四十五年八月十二日(1780年9月10日)，朝鲜使团于热河参加万寿节活动，朴趾源《热河日记》记载观赏宫廷戏剧，在清音阁演出的盛况:“千官五更赴阙候驾，卯正入班听戏，未正罢出(晨七时至午后三时)。戏本皆朝臣献颂诗赋若词。”这次演出剧目达81部之多。

乾隆五十八年八月初六日(1793年9月10日)，钦差徵瑞向英使马戛尔尼提出叩见礼问题。马戛尔尼再次拒绝。据英方记载，乾隆帝特使准“特使可以觐见英王陛下同样的礼节来觐见中国皇帝”，特使马戛尔尼如释重负,十分满意。此时距事先安排的英使觐见乾隆帝日期不过三天而已。

一诗

自咎

◎乾　隆

自咎用人差，用人真匪易。昨岁平攒拉，颇屡建勋帜。
而何剿促浸，持久遇险地。遇险未能进，我岂过责备。
仓卒贼遮御，周防合深计。乃竟闭营门，不顾夫役辈。
若辈群奔散，绿营遂逃弃。因致贼大逞，祸延多将吏。
挫跌似此无，愤赧刻难置。旗兵悔未用，事后休称智。

一解

这首诗写于乾隆三十八年七月七日(1773年8月24日)避暑山庄。乾隆帝以大小金川接近成都、远连卫藏，其蚕食邻邦、不安住牧，并威胁内地安全，为求得永靖边疆，遂兴师进剿。但是此地易守难攻，清军兵分三路进攻，连连受挫。木果木大营溃败，将军温福遇害，损失空前严重，计失米15500余石，银56600余两，乾隆帝说，国家百余年，用兵多岁，从无此事。为此，乾隆帝先后写下“自愧”、“自咎”、“悔过”等诗，引咎自责，把过失归在自己身上。为自己听说温福、阿桂只用绿营兵而“旗兵未用”痛心疾首。随后即选派健锐、火器营各一千，黑龙江、吉林军各一千，即日分拨启程前往征讨。愤赧，愤恨羞惭而面红。

[评]作为一代英主，乾隆帝敢于阵前承担责任，自我检讨，实属难能可贵。

晚年时的朴趾源

承德刻碑纪念朴趾源

瑞狍图　郎世宁绘

【9月11日】

一日

乾隆四十五年八月十三日(1780年9月11日)，乾隆帝七旬万寿典礼在避暑山庄隆重举行。乾隆帝在澹泊敬诚殿接见扈从王公大臣、蒙古王公、杜尔伯特汗玛克苏尔扎布、土尔扈特汗策凌纳木扎勒、回部郡王霍集斯及朝鲜正使朴明源等行贺礼。六世班禅率众呼图克图在烟波致爽殿内佛堂为乾隆帝诵念万寿经。所诵经文为四世班禅所著《怙主无量寿慧念诵仪轨》、《白度母颂》等，祝愿乾隆帝万寿无疆。

本日，六世班禅代八世达赖转呈恭庆万寿递丹书克，进哈达一个，银曼达一座，利玛无量寿佛一尊，利玛弥勒佛一尊，利玛菩萨一尊，利玛观世音菩萨一尊，罗汉画像24轴，金字无量寿经一本，银塔一座，镀金银杵一个，珊瑚数珠一串(114颗)，琥珀数珠一串(100颗)，以及藏红花、各色氆氇等。

乾隆五十八年八月初七日(1793年9月11日)，马戛尔尼等前往拜访和珅。据英文记载，由于礼节争端已圆满解决，中堂(和珅)接见特使时，虽保持了他的尊严身份，但态度十分坦白和蔼。双方对会谈情况俱感满意。特使回到住所之后，皇帝与中堂都遣人送来水果和蜜饯等食物。

嘉庆二十五年八月初五日(1820年9月11日)，颁发嘉庆帝遗诏。

一诗

八月十三日于避暑山庄行七旬庆典即事成什

◎乾　隆

御殿庚寅礼未仍，山庄聊听庆冈陵。七旬屈指数今古，六帝因心验法惩。
北塞骈田朝众部，西天欢喜祝神僧。宜言吉日弗言戚，东望松斋戚不胜。

一解

这首诗写于乾隆四十五年(1780年)。是年八月十三日(9月1日)，乾隆帝七十寿辰在澹泊敬诚殿举行盛大庆典，各少数民族首领都到避暑山庄朝觐，六世班禅居显要位置，这是中华民族团结史上的一件大事，诗纪其事。

诗的首联说，每岁诞辰率在避暑山庄逢大庆，始于京师御殿受贺，故庚寅有“十年一庆一临轩”之句。今岁不能似庚寅率群臣于慈宁宫行礼，故不忍御殿受贺，只在避暑山庄照常例举行。

诗的颔联说，三代以后，帝王享国年逾七旬者六帝：汉武帝、梁高祖、唐明皇、宋高宗、元世祖、明太祖，其中可法者惟元世祖、明太祖耳，然亦不能无遗憾焉，其余皆予所鄙，以为戒者。因心，凭借内心的想法。验，检验。法，效法。惩，警戒。

诗的颈联说，班禅额尔德尼自后藏远来庆祝，喀尔喀、卫拉特等各蒙古王公、台吉一闻其来，无不欢忭踊跃，实为我国家吉祥盛事。骈田，连续。神僧，指班禅。

诗的尾联说，正值大喜的日子，只说吉祥而不讲悲伤，但是东望母亲孝圣宪皇太后曾住过的松鹤斋，不禁让人产生无限的悲伤。戚，忧愁，悲伤。松斋，即松鹤斋，乾隆帝避暑山庄三十六景第三景，是乾隆帝母亲孝圣宪皇太后居住的地方。位于澹泊敬诚殿东，故言东望。孝圣宪皇太后于乾隆四十二年(1777年)崩，故诗言“戚不胜”。

達賴喇嘛恭慶
萬壽進
丹書克
進哈達一箇
銀曼達一座 鑲五色哈達
利瑪無量壽佛一尊
利瑪彌勒佛一尊
利瑪菩薩一尊
利瑪觀世音菩薩一尊
羅漢畫像二十四軸
金字無量壽經一本
銀塔一座
銀瓶一箇
銀鈴一箇
銀七珍一分 連銅盤
銀八寶一分 連銅盤
銀八吉祥一分 連銅盤
鍍金銀杵一箇 鑲五色哈達
素背坐褥一分
藏紅花一匣
珊瑚數珠一串 計一百十四顆
琥珀數珠一串 計一百顆
白芸香二匣
黑芸香二匣
黃紅粗香二百束
各色氆氇二百箇
藏棗二匣
藏核桃二匣
藏葡萄二匣
糖果二匣

四五三

六世班禅代八世达赖转呈恭庆万寿递丹书克

八世达赖塑像

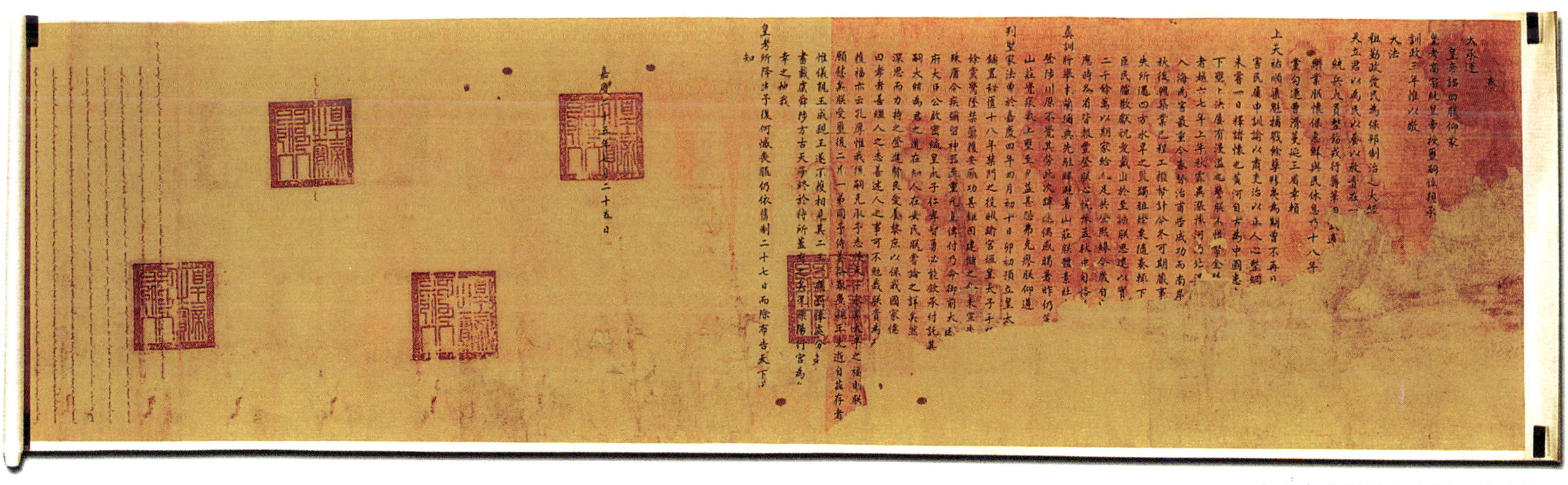

嘉庆帝在避暑山庄留下的遗诏

【9月12日】

一日

康熙二十四年八月十四日(1685年9月12日)，康熙帝“木兰秋狝”驻跸格尔齐拉坤(今围场棋盘山镇甘沟子)地方，受到喀尔喀土谢图汗遣使进献的九白年贡，即白骆驼一头，白马八匹。

乾隆五十四年七月二十三日(1789年9月12日)，安南国正使阮光显等入觐，赏赐优渥，为此颁发《御制再书安南始末事》。

一诗

阮惠遣侄阮光显入觐赐宴之图

◎乾 隆

谁能不战屈人兵，战后畏威怀乃诚。
黎民可怜受天厌，阮家应与锡朝祯。
今秋已自亲侄遣，明岁还称躬已行。
似此输诚外邦鲜，嘉哉那忍靳恩荣。

一解

这首诗写于乾隆五十四年八月(1789年9月)，纳降安南，册封阮光平为安南国王，其侄阮光显入觐。乾隆五十三年，清政府针对安南内乱，决定发兵讨之。安南国与清王朝宗藩关系久已存在，乾隆帝命广西总督孙士毅宣诏封黎维祁为安南国王。乾隆五十四年正月，阮惠(广南土著酋长)乘机袭击孙士毅，一时取胜，但怕清军再次征讨，便叩关谢罪乞降，改名阮光平，派他的侄子阮光显奉表入贡，请求清帝恩赐封号。乾隆帝认为黎维祁两次失败，说明上天抛弃了他，阮光平已降，答应其请求，下诏封阮光平为安南国王。

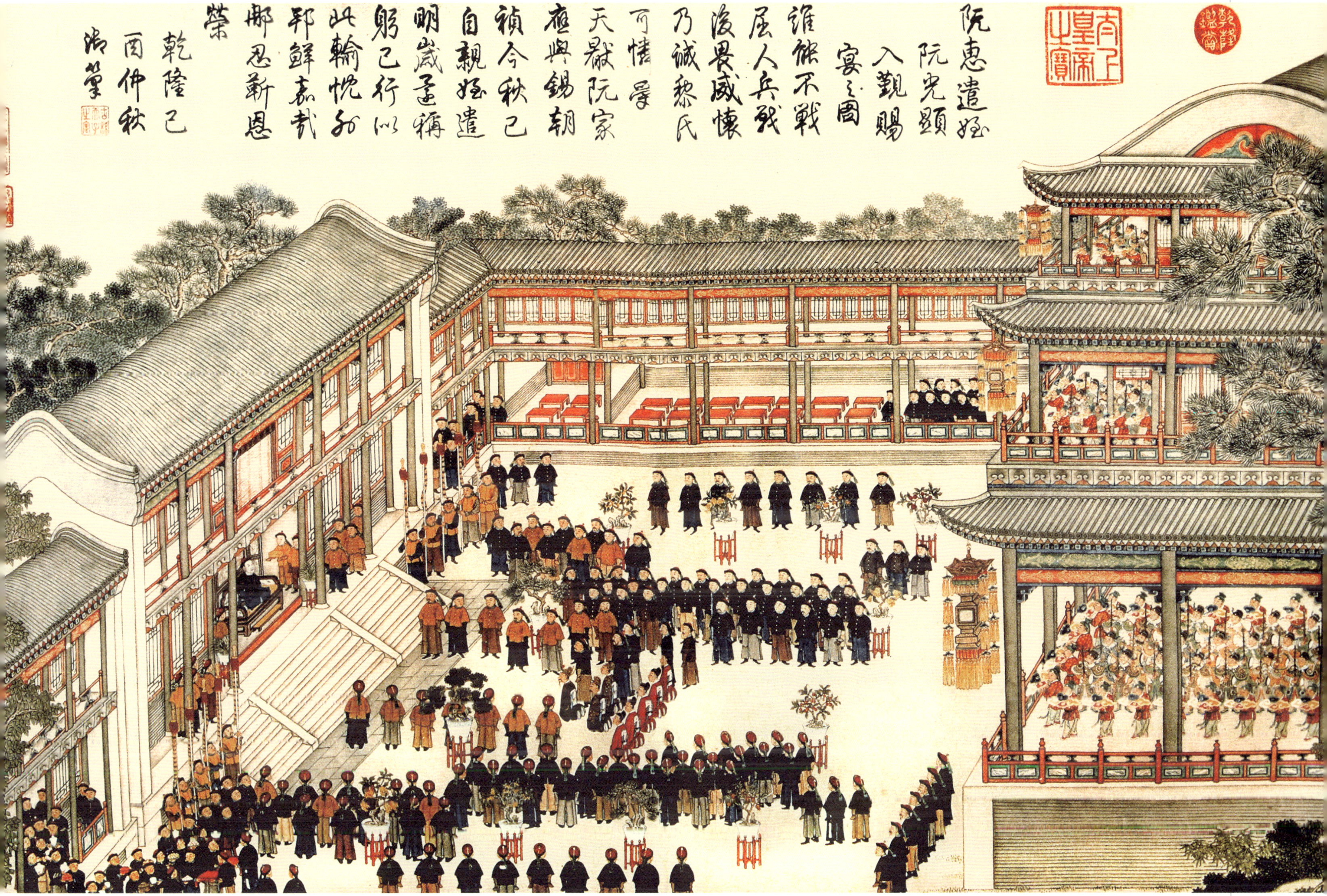

阮惠遣侄阮光显入觐赐宴图

【9月13日】

一日

乾隆四十五年八月十五日（1780年9月13日），朝鲜学者朴趾源应邀在热河文庙与江苏举人王民皞共进早餐，继前一天两人谈论古今乐律及中朝乐律异同、儒家礼乐的意趣后，两人畅谈天文历法、宇宙知识，关于地球之说，两人都认为地球是转动的，这在当时，确属新知识。

乾隆五十二年八月初二日（1789年9月13日），明发谕旨，即授协办大学士、陕甘总督福康安为将军，携带钦差关防驰赴台湾，更换常青督办军务，并声言调兵10万。福康安驰赴热河，乾隆帝于四知书屋七次召见，面授机宜。命内大臣海兰察为参赞大臣，护军统领舒亮为领队各带侍卫、章京等20名驰驿赴台。

嘉庆元年八月十三日（1796年9月13日），太上皇乾隆八十五岁寿辰，嘉庆帝率扈从皇子及王公大臣、蒙古诸王、贝勒、贝子、公、额驸、台吉等到避暑山庄澹泊敬诚殿行庆贺礼。

嘉庆七年八月十七日（1802年9月13日），嘉庆帝一行自避暑山庄出发赴木兰围场行围。这是嘉庆首次秋狝，为此，嘉庆帝专为制《启跸幸木兰作》，以志纪念。嘉庆帝在位25年，举行“木兰秋狝”大典11次，行围136次，进出163天。

一诗

于万树园宴班禅额尔德尼成什纪事

◎乾　隆

圣僧永佑小栖迟，神御巍临欲观宜。今佛云当拜古佛，古时希有见今时。
旧藩新部益生敬，社席承筐共受釐。中外一家逮葱岭，大清万载巩天禧。

一解

这首诗写于乾隆四十五年八月十五(1780年9月13日)。乾隆帝七旬万寿盛典，为班禅在万树园举行三次大型野宴。宴会伴有杂技、歌舞、音乐，并燃放烟火。

诗的首联说，永佑寺在万树园张幕赐宴之东，内有神御。是日班禅因候宴寺中小憩。班禅与达赖喇嘛本西藏宗喀巴二大弟子转世，众蒙古尊之为佛，此间世俗呼为佛云。圣僧，指六世班禅。永佑，即永佑寺。神御，永佑寺舍利塔西北有御容楼，面阔三楹，两层，当时供奉康熙、雍正画像。

诗的颔联说，我朝家法：凡喇嘛入觐惟令跪，不受其拜。班禅云：“此古佛，宜行拜礼。”遂听之，益见喇嘛之敬诚，为可嘉也。

诗的颈联说，朝鲜与新归附的杜尔伯特、土尔扈特及回部首领参加万寿盛典，共同接受馈赠的珍贵礼品，更加对大清王朝产生崇敬之意。社席，出席国宴。承筐，指祭祀。承，托着，捧着。筐，方形盛物竹器，常用来盛祭品。后来常用欢迎贵宾，又指馈赠礼品。

诗的尾联说，今日大清江山巩固，中外一家，疆域达到了极远的帕米尔、昆仑山和天山一带，大家来共同庆祝大清王国千秋万代吉祥幸福吧！葱岭，古代对今帕米尔高原和昆仑山、天山西段的统名。禧(xī)，福，吉祥，喜庆。

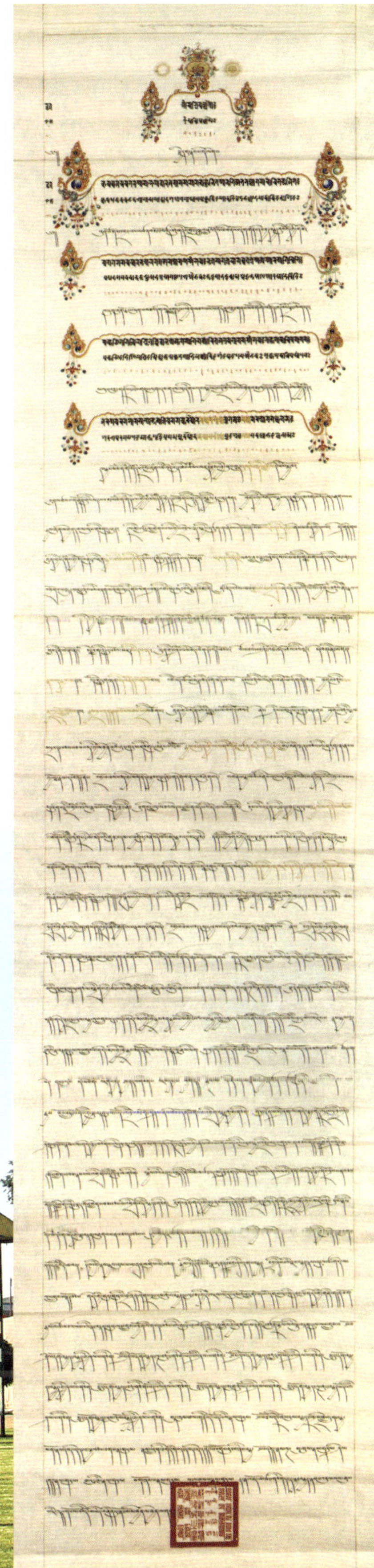

六世班禅对乾隆帝的赞颂和祝愿奏书　奏书表达了六世班禅对乾隆帝的赞颂和祝愿，衷心感谢乾隆帝对黄教的扶植、弘扬，也表达了他拥戴中央政府的心情。六世班禅不幸于北京圆寂后，乾隆帝特命将奏书与六世班禅银镀金镶一起，供于宫内佛堂，以示纪念。　选自《避暑山庄300年特展图录》

【9月14日】

一日

康熙四十五年八月初八日(1706年9月14日)，康熙帝巡幸至巴颜额尔追地方，亲自陪送和硕温恪公主下嫁翁牛特蒙古郡王苍津。翁牛特台吉及蒙古男妇列跪道左，奏言："臣等翁牛特地方向来谋生甚艰，蒙皇上差遣官员，教以谋生之道，禁止盗贼，加以养育，又赐之牛羊，使之孳息，臣等翁牛特蒙古，俱已各得其所矣！今又下嫁公主于吾王，圣驾亲临，翁牛特蒙古光荣多矣！"合词迎驾，欢声动地。

[评]清帝在"木兰秋狝"过程中，采取结好蒙古的政策，在蒙古及各少数民族中产生了深远的影响，进一步加强了蒙古王公对清朝的向心力。

乾隆五十八年八月初十日(1793年9月14日)，英使马戛尔尼、副使斯当东等在避暑山庄万树园大幄次觐见乾隆帝。呈递英国王书，乾隆帝亲手接过，向英使温语慰问，并向英王致意，祝愿两国臣民永远和好。随后宴请扈从王公大臣、蒙古王公及英国、缅甸使臣。

一诗

进伊玛图口行围即事

◎乾　隆

今岁应西进，溯源伊玛图。
虽云小猎试，既是大蒐模。
骏马天山换，苍鹰旷野呼。
驰麀麅一矢，差不负弯弧。

一解

这首诗写于乾隆二十九年(1764年)。这年农历七月，乾隆帝自避暑山庄经伊玛图赴木兰围场行围。伊玛图哨口，今隆化县与围场县交界处；清代这里是进入木兰围场的哨口之一。

诗的前两句意思是，今年决定从西边的哨口进入围场；顺着滦河逆流而上来到伊玛图河边。大多数时间，皇帝都是走避暑山庄正北的唐三营行宫进入木兰围场，而伊玛图哨口在唐三营正西，因此诗中说"西进"。溯(sù)，逆着水流的方向走，避暑山庄在滦河边，伊玛图河是滦河上游的支流，因此说"溯"。

诗的中间四句意思是，"初进围场交界，与其就道闲行，遂命小试猎骑"。其实就是大规模军事演习("木兰秋狝")的预演。骑着从新疆购买交换的宝马，呼唤着猎鹰在旷野里助我狩猎。蒐(sōu)，春天打猎，代指"木兰秋狝"。乾隆原注："于乌梁海买骏马至，即于园中试射。"乌梁海，也称兀良哈，突厥族，明朝时居住在今河北省长城外，后辗转迁徙到外蒙古西北部和阿尔泰山东部地区。其语言风俗颇似蒙古族人，1655年开始归清朝政府管辖。

诗的最后两句意思是，一箭就射死一只奔跑着的狍子，总算没有辜负了我的这把弓箭。麅(páo)，今写作"狍"，鹿一类动物，毛色夏栗红冬棕褐，雄的头上有分枝状的角，肉可食，毛皮可做褥垫或制革。差(chā)，大致还算可以；原注："是地尚近村庄，兽殊少，适有一驰至，发矢毙之。"

乾隆帝在避暑山庄万树园接见英国使者并赐宴

【9月15日】

一日

康熙二十二年七月二十五日(1683年9月15日)，康熙帝奉太皇太后出古北口至兴安(今围场塞罕坝)，历时62天。

康熙三十七年七月二十九日(1698年9月15日)，康熙帝以荡平噶尔丹诣盛京谒祖。八月九日驻克勒沟，十一日驻孟克唐图交界地方，十二日、十三日驻跸喀喇沁和硕端静公主(皇五女，三十一年下嫁喀喇沁部多罗杜陵郡王扎什之子噶尔臧)府第。和硕端静公主、和硕额驸噶尔臧进宴。此为皇家私宴，迎接奏《将军令》，进桌张奏《普天乐》，撤宴仍奏《将军令》。次日，赐和硕端静公主与额驸噶尔臧白金、彩缎。同日，喀尔喀哲布尊丹巴呼图克图来朝。

乾隆五十五年八月初七日(1790年9月15日)，乾隆帝八旬万寿庆典，八世达赖等派遣使递丹书进哈达、红黄藏香、银曼达、佛画像、佛塔、银塔瓶、轮杵、金字经、珊瑚琥珀、各色氆氇、白芸香、藏枣、藏葡萄等。

咸丰十一年八月十一日(1861年9月15日)，两宫皇太后召见赞襄政务王大臣，命照董元醇所奏实行。赞襄政务王大臣载垣等勃然抗争，以为不可，乃拂袖而出，并以本朝无太后垂帘故事，令军机处拟旨驳还董元醇奏折。

一诗

经喀尔沁

◎康　熙

古木苍山路不穷，
霜林飒沓响秋风。
临流驻跸归营晚，
坐看旌门落照红。

一解

康熙三十七年七月(1698年8月)，康熙帝奉皇太后自唐三营经喀尔沁前往盛京祭陵，并驻跸于和硕端静公主的府第。这首七言绝句诗就是写于此时，诗中描写了当地初秋的绚丽景色。喀尔沁，又称喀喇沁，蒙古四十九旗之一。康熙七年(1668年)，康熙帝封班达尔沙为郡王。康熙十一年(1672年)，班达尔沙的哥哥扎什袭爵，其子噶勒藏为端静公主额驸。

全诗的大意是，古树苍山间的道路走不到尽头，霜林中时时刮起强劲的秋风。今天外出从西尔哈河巡察回来晚了，驻跸在锡伯河水旁的公主的府第。坐在旌门当中，远望落日及晚霞的美景。飒沓，强盛的风声。旌门，帝王行营幄幕前树立的旗帜，其状似门，故称旌门。

喀喇沁王府承庆楼

喀喇沁王府内的生活用具

和硕端静公主墓　中国清代蒙古王府博物馆提供

【9月16日】

一日

雍正元年八月十七日(1723年9月16日)，雍正帝将亲笔书写立皇四子弘历为皇太子之纸条密封于锦匣之中，召诸大臣至乾清宫西暖阁，谕："我圣祖仁皇帝为宗社臣民计，慎选于诸子之中，命朕缵承统绪，于去年十一月十三日，仓促之间，一言而定大计，薄海内外，莫不倾心悦服，共享安全之福。""今朕特将此事亲写密封，藏于匣内，置于乾清宫正中世祖章皇帝御书'正大光明'匾额之后，乃宫中最高之处，以备不虞，诸王大臣咸宜知之。"

乾隆六年八月初七日(1741年9月16日)，乾隆帝首次"木兰秋狝"驻跸波罗河屯(今隆化县城)，蒙古诸王公等前来迎驾。

乾隆二十一年八月二十二日(1756年9月16日)，乾隆帝驻跸避暑山庄避暑，派章嘉呼图克图前往鄂尔坤、塔密尔等地，召集喀尔喀蒙古王公会盟。

乾隆四十五年八月十八日(1780年9月16日)，乾隆帝听六世班禅讲"白胜乐长寿灌顶法"，章嘉国师将其教言和仪轨程序等译成满语，并向乾隆帝讲解。此后，六世班禅在乾隆帝的劝说下，答应到北京。故决定章嘉国师先期返京。

乾隆五十一年七月二十四日(1786年9月16日)，命和珅补授文华殿大学士，管理户部事务；福康安补授吏部尚书，协办大学士，仍兼陕甘总督之职，其吏部尚书事务由和珅兼管。

一诗

蒙古王公例于波罗河屯晋接即事得句

◎ 乾 隆

塞上秋蒐又隔年，碧空爽气正澄鲜。仰流左谷右贤后，就旦车尘马足前。

望去围场欣咫尺，携来猎卒例盈千。一家中外非容易，驭远鸿猷勉继旃。

一解

这首诗写于乾隆十六年(1751年)。乾隆帝在波罗河屯行宫接见恭迎他去木兰围场秋狝的蒙古王公，交谈中发现他们之中有些人是左、右谷(yù)蠡王，左、右贤王的后人，心中非常高兴。他们的先祖与中央不睦，而今他们臣服中央。多么难得的中外一家的大好局面！因而表示坚持继承皇祖父开创的民族团结的事业，勤恳谨慎，永不懈怠。

诗的首联意思是，从乾隆十四年(1749年)于塞上行围到今年又隔了一年，这里依然晴空万里，气象澄明。

诗的颔联意思是，像回游的鱼儿聚集逆流而来，按惯例朝觐皇帝的蒙古王公中有的人是左、右谷蠡王，左、右贤王的后人。他们迎着东升的太阳，迎着车马前扬起的尘土恭敬地迎接我。左、右谷蠡王，左、右贤王，古代单于设置的重要官职。

诗的颈联意思是，远远望去，围场近在咫尺，跟着皇帝来的行围的军士照例是一千多人。

诗的尾联意思是，多么难得中外一家，控制驾驭远方，谋划边防，勉励自己继承皇祖父的事业。

乾清宫内景

【9月17日】

一日

康熙二十三年七月二十七日(1683年9月17日)，郑克塽复差向施琅递降表缴印，台湾与大陆归复统一。

康熙二十五年七月二十九日(1686年9月17日)，康熙帝巡幸塞外，皇太子胤礽、皇长子胤禔、皇三子胤祉、皇四子胤禛随驾。

本年七月十四日(1686年9月2日)，黑龙江将军萨尔素率军攻俄重新侵据的雅克萨，予以重创，直至第二年七月二十三日，撤离该城，第二次雅克萨自卫反击战结束。

康熙五十四年八月二十日(1715年9月17日)，先是，苏州织造李煦在京时，康熙帝将亲自培育的稻种一石给予，令其回江南试种，并转告督抚。李煦遵旨，发给河督赵世显五升、两江总督赫寿、江宁织造曹頫各一斗，乡绅慕绅等三人各五升，其余六斗，李煦选田六亩五分种植。四月初十插秧，七月十三日收获，得谷十八石二斗五升。收获新谷后，又于七月二十八日插秧，其余新谷散给官民。以后，江南稻田由一熟变为两熟。是日，奏闻，并进新谷、新米各一石。

乾隆五十八年八月十五日(1793年9月17日)，乾隆帝在澹泊敬诚殿接受扈从王公大臣及蒙古王公并缅甸、英吉利使臣等行庆贺礼，随后在卷阿胜境赐宴。

嘉庆八年八月初二日(1803年9月17日)，嘉庆帝重申秋狝并非前代游猎可比，再次宣示雍正帝遗谕：后世子孙习武木兰，勿忘家法。

光绪三十一年八月十九日(1905年9月17日)，清廷以“开垦围场各地，藉筹军食，实为寓兵于农之善策”为由，著袁世凯督办开垦围场。袁将木兰围场划分为东、南、西、北、中五庄，称“五庄屯垦”，总计开垦16252顷。此次全围放垦，把森林、草原破坏殆尽。

一诗

英吉利国王差使臣马戛尔尼等奉表贡至诗以志事

◎乾隆

博都雅昔修职贡，英吉利今效荩诚。竖亥横章输近步，祖功宗德逮遥瀛。

视如常却心嘉笃，不贵异听物诩精。怀远薄来而厚往，衷深保泰以持盈。

一解

这首诗写于乾隆五十八年(1793年)。乾隆五十七年(1792年)，英国国王乔治三世以给乾隆帝補祝八旬万寿，特地派马戛尔尼勋爵率领数百人的使团来华。使团来华的真正目的是要打开与中国的通商大门，扩展对华贸易。乾隆帝此时自以是天朝上国，唯我独尊，把英吉利国视为前来朝贡的蛮夷之邦。为了能在承德避暑山庄接见英国使团，乾隆帝特意取消了每年一次的“木兰秋狝”，专门在避暑山庄等待朝觐。这首诗即记述早期中英关系史上的这一重大政治事件。

诗的前两句意思是，昔日葡萄牙国曾经向我大清献纳贡品，今天英吉利国也归服大清尽忠爱之笃。原注：西洋博尔都噶里雅国曾于雍正五年(1727年)，乾隆十八年(1753年)遣使臣二次奉表修职贡。按，博尔都噶里雅(portugal)葡萄牙的译音。职贡，古称藩属与外国对于朝廷按时的贡纳。又注：去岁，据广东抚臣郭世勋奏，英吉利国遣正、副贡使马戛尔尼、斯当东等奉表进贡祝万寿，并称所赉贡品有精巧之物，架座高大，若于粤东停舶进京，道里遥远，运送匪易，祈于天津海口登岸等候。朕嘉其远来，特允所请。该使臣去岁八月旬，自彼国开舟，于今岁八月初旬抵避暑山庄，向化之忱，可谓诚荩。向化，归服。荩诚，忠爱之笃。

诗的中间四句意思是，《淮南子》记载禹帝时使臣太章与竖亥曾用过天文，历法测量计算过东极至西极、北极至南极的距离。此次英国使臣也夸大其词说该国通晓天文的人多年推想用一座至大的名叫“布蜡尼大利翁之器”(即：天文地理音乐大表)效法天地转运，测量日月星辰度数。现在内府所制的精巧高大仪器就有此类之物。所以，我以英吉利国能派遣使臣远涉重洋慕往归顺前来祝寿，这全仰仗我大清祖上的功德、累世升平所致。他们带着几分敬畏之心效贡前来，十分可嘉。之于其自夸的奇异之器，我认为不过是很平常的一种东西罢了，不足为怪。

诗的最后两句意思是，安抚边远之区的人，要采取“薄来厚往”的原则，一定要保持大清安定兴盛的局面。

施琅塑像

英国马戛尔尼使团成员在避暑山庄万树园觐见乾隆帝

雅克萨之战

【9月18日】

一日

康熙四十三年七月二十八日(1704年9月18日)，康熙帝驻跸喀喇河屯行宫，写字数十纸，诸臣聚观，康熙帝谓诸臣曰："朕自幼好临池，每日写字千余，从无间断。凡古人之墨迹石刻，无不细心临摹。积今三十余年，实亦性之所好。"又言："凡批答督抚折子及朱笔上谕，皆朕亲书，并不起稿。其事稍有关系者，虽岁月经久，亦不遗忘。"

乾隆六年八月初九日(1741年9与18日)，乾隆帝从伊逊崖口入围，经拜布巴哈(今围场县四合永镇境内)、乌拉岱、准乌拉岱(今围场育太和乡)等地。

乾隆四十年八月二十四日(1775年9月18日)，平定金川将军阿桂驰奏红旗捷报至乾隆帝行围驻地穆达乌拉岱大营(今围场广发永乡)。乾隆帝命将捷报晓谕扈从王公大臣，并派御前侍卫春宁驰诣山庄向皇太后称贺。

嘉庆十四年八月初九日(1809年9月18日)，嘉庆帝在万树园赐扈从王公大臣、蒙古王公台吉及哲布尊丹巴呼图克图、噶勒丹锡呼图克图、哈萨克多索里苏勒坦、回部伯克和卓木呼里等宴，并赏赉有差。

嘉庆二十四年七月二十九日(1819年9月18日)，嘉庆帝"木兰秋狝"，过古北口，看到被水冲击过的村庄，灾情很重，遂命加倍抚恤，命广储司拨库银3000两，即行散给滦平灾民。

嘉庆二十五年八月十二日(1820年9月18日)，嘉庆帝梓宫由避暑山庄启程返回京师。

一诗

将军阿桂奏攻克勒乌围红旗捷报喜成七言十首以当凯歌

◎乾　隆

廿四中秋夜丑时，木兰营里递红旗。本来不寐问军报，孰谓今宵宛见之。
七千里外路迢遥，向十余朝兹八朝。可识众心同一志，嘉哉行赏自宜昭。
行营半夜那来喧，却是红旗到叙门。五载勤劳同上下，鸿勋集总沐天恩。
红灯一点引红旗，顷刻行营人尽知。旧部新番同贺喜，古来捷报可如斯。
成言原有付儿行，一见红旗即奏将。虽是慈心早知喜，更驰侍卫报山庄。

一解

这首诗写于乾隆四十年八月二十四日(1775年9月18日)。平定金川将军阿桂驰奏红旗至乾隆行营驻地穆达乌拉岱(今围场广发永)。乾隆帝获悉攻克勒乌围官寨后，令阿桂之子阿密达赍红宝石帽顶赏给阿桂，并在其报捷奏折上批"嘉悦之外，几欲垂泪"，并令侍卫春宁驰诣避暑山庄向皇太后称贺。

诗歌以纪实的手法，记述了红旗报捷时大营中的喧腾、热烈、喜悦的场面。木兰营，指行围所驻地穆达乌拉岱大营。八朝，八日。乾隆帝原注："向来六百里加紧军报，此达木兰行在在途中仅行八日。"叙门，即和门，军门，行营旗门。最后一首诗原注：皇太后驻避暑山庄，帝谕以红旗必由山庄经过，一至即奏闻圣母。太后已闻捷音，仍遣御前侍卫奏书驰诣山庄贺喜。自此更要勤勉不懈，加倍努力工作。

平定两金川战图 阿桂驰奏红旗至木兰围场行营驻地 故宫博物院提供

嘉庆帝做皇子习作 其中红色是师傅批改的痕迹，皇子做作业，既作文、又吟诗，既写景、又言志，以表达对国事和人生的感慨。

嘉庆帝御览之宝

【9月19日】

一日

乾隆二十四年七月二十八日(1759年9月19日)，拔达山(为葱岭西南部之回教国，距叶尔羌千余里)素勒坦沙汗执拘两和卓木布拉呢敦、霍占集，为免后患，将其斩首，将霍占集首级函送京师。

乾隆五十六年八月二十二日(1791年9月19日)，乾隆帝行围威逊格尔(今围场县朝阳湾镇马镫沟)，皇孙绵宁年十岁，射中一鹿，赐黄马褂，双眼花翎。绵宁，皇十五子嘉亲王永琰第二子，后继嘉庆位，更名旻宁。

嘉庆十四年八月十日(1809年9月19日)，四世哲布尊丹巴因管理五万僧徒事项赴热河觐见嘉庆帝。在万树园大幄次，赐扈从王公大臣、蒙古王公、贝勒、公、额驸及哲布尊丹巴呼图克图、哈萨克多索里苏勒坦、回部伯克和卓木呼里等宴并赏赉有加。

一诗

万树园大宴蒙古王公哈萨克来使及哲布尊丹巴胡图克图众喇嘛等诗以之志事

◎嘉　庆

毳幕高张塞苑间，远番远部礼义娴。
国恩久结嘉宾洽，考泽永怀奕叶颁。
为翰从星拱北斗，称觞献寿祝南山。
可汗起舞沿成例，益凛君临抚驭艰。

一解

这首诗写于嘉庆十四年八月初十日(1809年9月19日)。四世哲布尊丹巴胡图克图，因管理五万僧徒事项，曾在嘉庆七年(1802年)于避暑山庄觐见嘉庆帝，今又赴承德谒见嘉庆帝，与之磋商善后，嘉庆帝御万树园大幄，赐扈从王公大臣、蒙古王、贝勒、公、额驸台吉及哲布尊丹巴等六人及噶勒丹锡呼图胡图克图六人宴并赏赉有加，之后又在卷阿胜境赐宴于同一批人。

诗的前四句意思是，在塞外的离宫高张毡帐，用高雅的礼仪来宴请蒙古王公大臣和胡图克图众喇嘛。王朝所赐予的恩惠，长久地结好他们，关系十分融洽，父皇的恩德使人永远地怀念这累世的颁赏。

诗的后四句意思是，诸蒙古部族得到润泽之恩而内附拱卫君王，特地来此举觞以祝皇帝万寿无疆。蒙古王公们在盛宴上十分欢乐地起身舞蹈，这是以往的惯例，由此我更感到为君安抚他们主宰时世的艰辛。君临，为君而主宰。

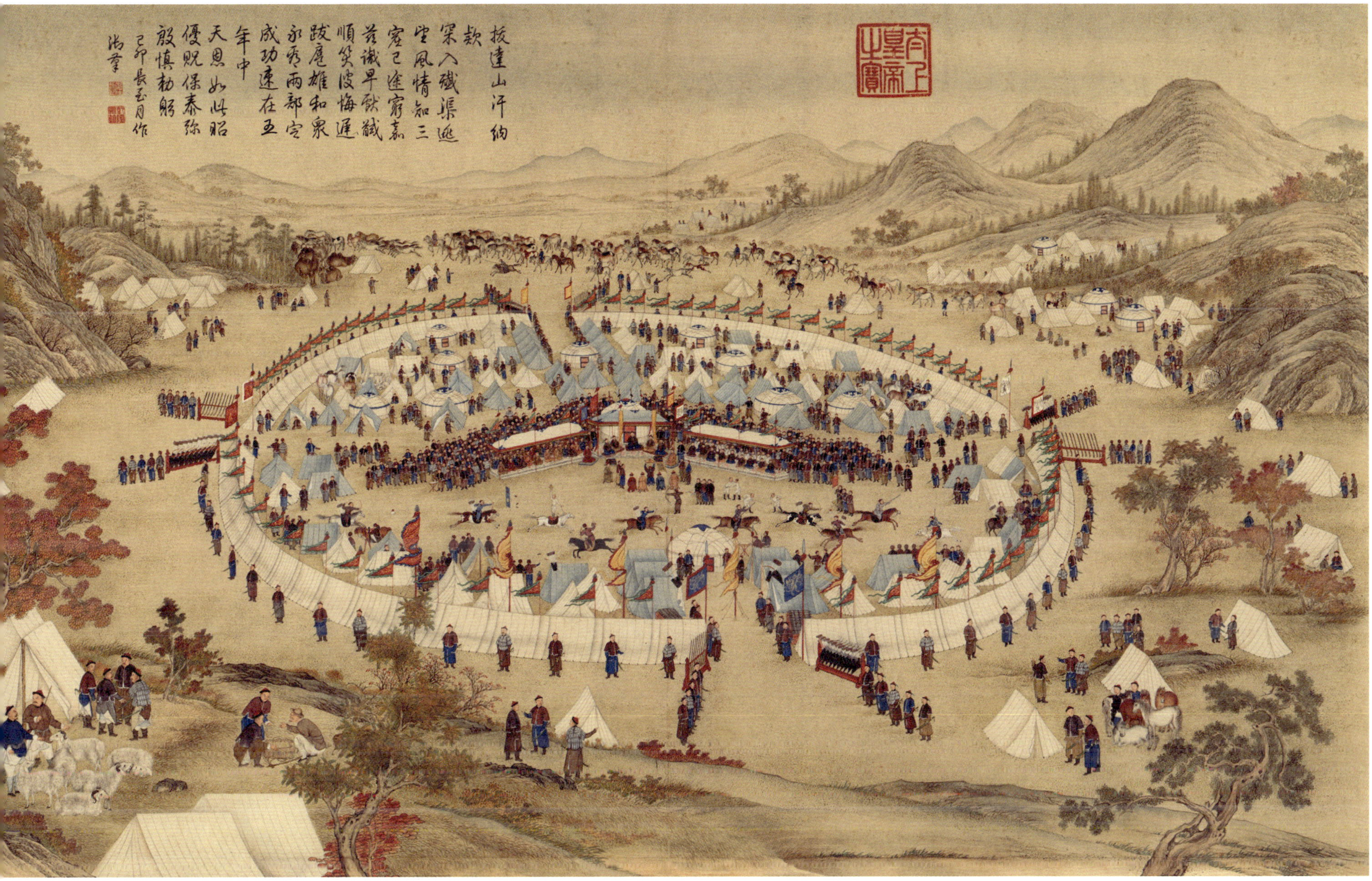

平定西域战图　拔达山汗纳款　故宫博物院提供

【9月20日】

一日

乾隆二十四年七月二十九日(1759年9月20日)，普宁寺落成。乾隆帝与三世章嘉国师亲临其地，举行落成典礼，并从蒙古各旗征集僧人入寺学经。此后，来自准噶尔蒙古的僧人也被安排在普宁寺。该寺分为显宗札仓和密宗札仓，总堪布和各札仓喇嘛的选任与北京雍和宫的规则基本相同。

乾隆五十五年八月十二日(1790年9月20日)，乾隆帝八旬万寿盛典在北京举行。乾隆帝进宫，乘礼舆，陈大驾卤簿，自西华门内至隆宗门。圆明园至西华门沿路备景亭，竞献歌舞欢迎，夹道溢巷阗衢。

一诗

普宁寺

◎乾　隆

厄鲁胥平定，因之建普宁。
敢云识耆武，惟是借苍灵。
新户迁来卫，名经转处听。
八年事已过，赑屃永亭亭。

一解

这首诗写于乾隆二十八年(1763年)。乾隆二十年(1755年)清政府平定了以达瓦齐为首的准噶尔叛乱后，同年十月在避暑山庄举行了盛大的庆功会，并依照往例，在避暑山庄西北面的山下修建了普宁寺。八年后，乾隆帝写下了这首诗，表达了对其怀柔政策成功的喜悦之情。

诗的前四句意思是，厄鲁特叛乱都平定了，于是就建造了这座普宁寺。不能说是依靠武力取得成功的，这是借助上苍神灵的庇佑才取胜的。耆(shì)，同“嗜”，特别爱好。

诗的后四句意思是，达什达瓦部下余众迁此寺旁，授室给食，休养日久，遂成一大聚落。平叛已经过去八年了，高高耸立的普宁寺碑就是这段历史的永久见证啊。八年，原注：是寺建于乙亥年(1755年)。赑屃(bì xī)，传说中的一种动物，像龟。旧时大石碑的底座多雕刻成赑屃形状。

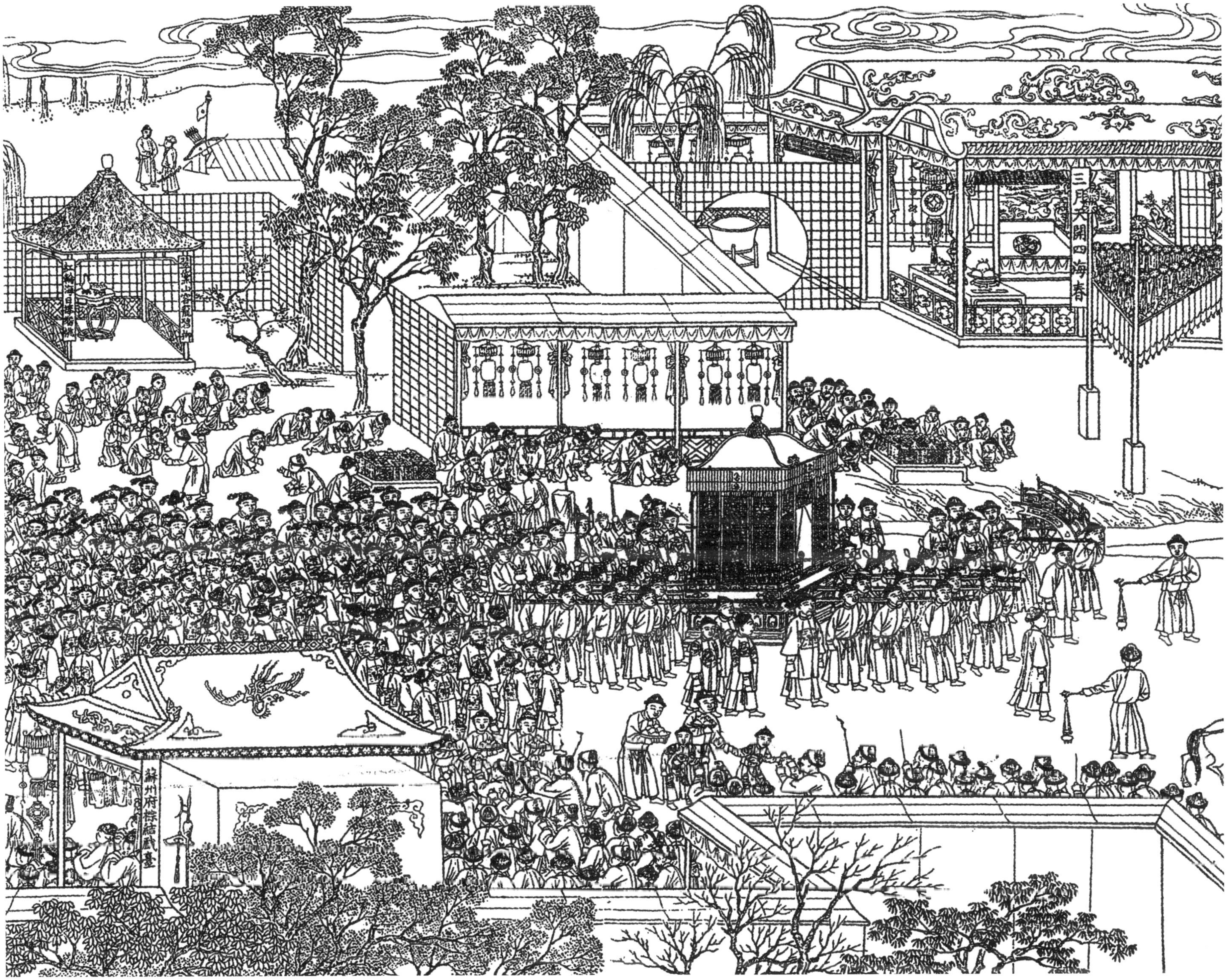

乾隆帝八旬万寿盛典图(局部)

【9月21日】

一日

乾隆五十五年八月十三日(1790年9月21日)，乾隆帝八旬万寿节。御太和殿，受贺礼成。幸宁寿宫，赐王公大臣、外藩使臣等宴，演大庆戏。庆典极于顶峰。

乾隆五十七年八月初六日(1792年9月21日)，以今岁值有闰月，围场内已降霜雪，停止行围。

乾隆五十八年八月十七日(1793年9月21日)，英使马戛尔尼一行离开热河，启程返京。

一诗

蒙古王公献宴即席得句

◎乾 隆

资生四种既繁稠，更喜谷间稼稔收。

朋酒称觥遵往岁，霁云复幕燕中秋。

千山锦绣高低叠，一水笙簧宛转流。

绰尔齐终观洒马，古风偏爱以时修。

一解

这首诗写于乾隆二十九年(1764年)。原诗题为《八月廿六日蒙古王公等献宴即席得句》。诗中表达了乾隆帝看到各民族团结和睦、共同发展时的欣喜心情。

诗的首联意思是，供养蒙族百姓的马、驼、牛、羊得到了迅速的发展。更高兴的是看到牧民也在种庄稼获丰收(步入农耕社会)。乾隆原注:“蒙古以马驼牛羊四种为资生工具。” 稔(rěn)，庄稼成熟。乾隆原注:“内扎萨克今亦大半种艺并招致农民收田租之利矣。”内扎萨克，“扎萨克”蒙语意为“执政”，原为官名，蒙古各旗旗长称扎萨克;后以扎萨克指代蒙古，“内扎萨克”即内蒙古。

诗的颔联意思是，满蒙之间遵从往年的习惯相互宴请频频举杯。塞北坝上中秋时节天气是雨雪阴晴变幻莫测。霁(jì)，雨雪过后天放晴。觥(gōng)，古代用兽角做的一种饮酒器皿。幕，覆盖在上面的帐，指天空中的云层像帐幕。“霁云复幕”，形容天气一会儿多云一会儿阴，一会儿雨雪一会儿晴。

诗的颈联意思是，美丽的燕山高低错落层峦叠嶂，身边的流水声似音乐婉转悠扬。叠(dié)，重复，这里指山的重叠。笙簧，代指音乐。

诗的尾联意思是，伴宴的乐队停止了演奏，我们观赏了洒马盛会。乾隆帝原注:“蒙古弹火不思、吹笳奏而谓之绰尔齐。”火不思，古波斯、阿拉伯一代的弹拨乐器，元代开始流行于我国西北。笳(jiā)，即胡笳，古代管乐器，汉代流行于塞北及西域地区。“洒马”的原注:“即诈马，俗谓之骑达。”这是自元代开始流行于蒙古人中间最为重要的宫廷宴享大会，其内容包括宴饮、歌舞、各种杂技、竞技与游戏等，是一种大型的狂欢盛会。

乾隆帝宴请蒙古王公

【9月22日】

一日

康熙四十二年八月十二日(1703年9月22日)，康熙帝在额勒苏台(今围场境内拜布哈岭以西)围猎，扈从文臣汪灏在《随銮纪恩》中对此次围猎做了详尽描绘："午刻，天雨雪，旋止。见远山人行如蚁，渐出林间如黑线然。又见近山人马飞空下坂，点点如麻姑撒米。而连觉移动者为兵为骑，红白飘扬星光不定者为旗为帜，往来若飞，时出时没者为麋鹿麕麚麖麀。须臾，风荡云卷，围势已成，鹿纷驰四奔，突围欲出，则所至扬鞭呵止之，俄而黄麢从中来，皇上自山顶从辔直穿场中，天威所临，矢无虚发，有应矢即毙者，有带箭仍奔者，所获不计其数。"

乾隆六年八月十三日(1741年9月22日)，乾隆帝首次在塞外准乌拉岱举行万寿节。是日，乾隆帝到皇太后的行殿，扈从王公大臣文武官员及蒙古王公台吉等到此行礼。

咸丰十年八月初八日(1860年9月22日)，因英法联军进逼北京，咸丰帝接受僧格林沁建议，以"秋狝木兰"的名义，率后妃、皇子及部分王公大臣自圆明园北走热河。命其弟恭亲王奕䜣留守北京，督办和局。

一诗

关山月

◎乾　隆

关山月，秋倍明，塞枫碛草凉飔生。
皎皎悬空漠海白，沙蛩霜雁寒声并。

关山月，今异昔，烽烟久靖田畴辟。
不似当年戍卒忆家乡，亦或战场覆没孤魂魄。

关山月，今异昔，即今秋蒐乘兴惟闲吟。
前车堪作后车鉴，持盈保泰惕予心。

一解

这组诗写于乾隆六年(1741年)。诗人采用乐府旧题，使用反复吟唱和对比的方法表达一种对太平社会的珍爱以及居安思危的可贵精神。

第一首诗的大意是，关山月，在秋天更加明亮。塞外的枫树和沙石浅滩中的野草在凉爽中生长着。明月当空，浩瀚的沙漠白茫茫一片，沙地草丛中的蟋蟀与秋雁一起发出凄凉的声音。

第二首诗的大意是，关山月，今日与过去不同，战火很久以前就平息了，到处看到的是已开垦的农田。不像当年戍守的士兵那样想念家乡了，或者军队全部溃败只剩下无依无靠的自己。

第三首诗的大意是，关山月，今日与过去不同，现在秋天打猎乘着兴头随意地吟咏。前车可做后车的鉴戒，引为教训，富贵极盛之时，一定要谨慎作为，以免招来灾祸。

恭亲王奕訢像

英法联军攻占大沽

英法联军入侵北京 在画家笔下，英法联军军官得意洋洋骑在马上，指挥着联军，而旁边的老百姓面对这种情景，只能恨清政府无能。

僧格林沁像

【9月23日】

一日

康熙三十八年八月初一日(1699年9月23日)，康熙帝驻跸土城(今围场兴巨德村)地方，和硕端敏公主来请安，科尔沁和硕达尔汗亲王额驸班第来朝。

乾隆三十二年八月初一日(1767年9月23日)，乾隆帝为新落成的普乐寺庙门题写名字，并撰写《普乐寺碑记》，以纪念新疆南北两路的杜尔伯特、左右哈萨克、东西布鲁特等归顺。由于回部、布鲁特等民族信仰、风俗各异，乾隆帝听从章嘉国师建议，依《大藏经》记载有“上乐王佛，是持轮王的化身，常向东讲经，普渡众生，这座建筑应外辟几道山门，建三条三道，中建广殿，后营闍城，由石梯而上，量佛龛与磬锤峰相对，这样，所有人都会因此而皈依佛法”之法而行，碑记里阐释了这一做法是因西部蒙古各族，一贯信奉喇嘛教，“因其教，不易其俗”，达到“人天皈依”的政治目的。碑记用满、汉、蒙、藏四种文字镌刻。

一诗

科尔沁固伦和敬公主额驸达尔汉亲王色布腾巴尔珠尔侍宴因成是什

◎乾　隆

世笃姻盟拟晋秦，宫中教养喜成人。
诗书大义能明要，妫汭丛祥遂降嫔。
此日真堪呼半子，当年欲笑议和亲。
同来侍宴承欢处，为忆前弦转鼻辛。

一解

这首诗写于乾隆十九年(1754年)春夏之交。当时乾隆帝第二次东巡盛京(今沈阳)，行至科尔沁，受到额驸(驸马)色布腾巴尔珠尔的隆重接待，翁婿相见，其乐融融，乾隆帝于是写下了这首充满浓郁家庭亲情的诗篇。科尔沁，指蒙古科尔沁部，地处今天内蒙古东北部，与吉林省接壤。

诗的首联意思是，大清朝与蒙古部落世代联姻，而额驸色布腾巴尔珠尔从小就在皇宫里长大成人。此句诗中原有注为:“色布腾巴尔珠尔九岁时即命随诸皇子读书。”秦晋，春秋时，秦晋两国世为婚姻，后称两姓联姻为秦晋之好。此处因用韵之故称晋秦。

诗的颔联意思是，色布腾巴尔珠尔知书达理，聪明睿智，于是就把公主嫁给他。丛祥，瑞祥纷呈的样子。降嫔(pín)，公主下嫁，这里指固伦和敬公主。妫汭(guī ruì)，妫水弯曲的地方。妫水在今天山西永济县南，相传舜就居住在妫水弯曲之处。《书·尧典》载:“降二女于妫汭，嫔于虞。”

诗的颈联意思是，今天真可以称呼他为半个儿子，相比之下想要讥笑汉代君臣议论和亲的政策。半子，满族民间有“一个女婿半拉儿”之俗语。议和亲，议论和亲之策。和亲，与政敌议和，结为姻亲。《史记·匈奴传》载:“汉亦引兵而罢，使刘敬结和亲之约。”乾隆帝认为汉代与匈奴和亲实为下策，与满蒙联姻不可同日而语。

诗的尾联意思是，额驸前来承欢膝下，不禁使人想起了已故的孝贤皇后，转而鼻酸。前弦，前妻，指孝贤皇后，乾隆十三年(1748年)随乾隆帝东巡猝死于山东德州。为忆句原有注曰:“固伦和敬公主乃孝贤皇后生，乾隆帝第三女，故云。”

普乐寺

和敬公主府（今北京市东城区铁狮子胡同）

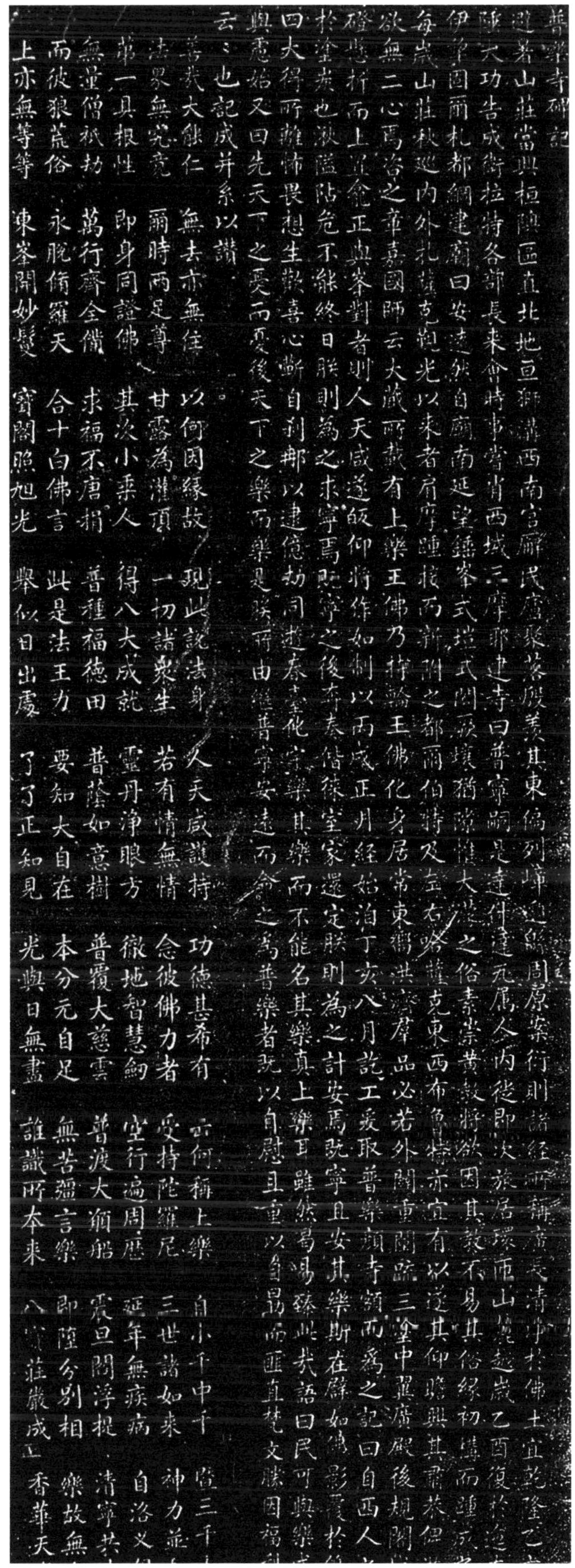

普樂寺碑記

避暑山莊當興桓隙區直北地亘獅溝西南宮廨民廬聚落殷羨其東偏列嶂邃谿周原案行則諸經所稱清淨於佛土宜乾隆乙

時大功告成衛拉特各部長來會時事嘗肯西域三摩耶建寺曰普寧嗣是達什達瓦屬人內徙即次於居環匝山麓越歲乙酉復於迤

伊犁圖爾扎都綱建廟曰安遠然自廟南延望鍾峯式瞻式岡丞擴猶隙惟大漠之俗素崇黃教將欲因其教不易其俗緣初構而踵成

每歲山莊秋巡內外札薩克覲光以來者肩摩踵接而新附之都爾伯特及左右哈薩克東西布魯特亦宜有以遂其仰瞻興其肅恭俾

欲無二心焉咨之章嘉國師云大藏所載有上樂王佛乃持輪王佛化身居常東嚮洪濟群品必若外闢重閣踞三塗中翼廣殿後規閣

磴崇析而上正龕正與峯對者則人天咸遂皈仰將作如制以丙戌正月經始洎丁亥八月訖工爰取普樂顏寺額而為之記曰自西人

於塗炭也救溺拯危不滌終日朕則為之求寧焉既寧之後亦泰階穆室家還定朕則為之計安焉既寧且安其樂斯在辟如佛影覆於

四大得所離怖畏想生歡喜心斷自利郵以建德劫同遊春臺化宇樂其樂而不能名其樂真上樂耳雖然曷陽臻此哉語曰民可與樂

與慮始又曰先天下之憂而憂後天下之樂而樂是朕所由繼普寧安遠而命之為普樂者既以自慰且重以自勗而匪直梵文勝因福

云云也記成并系以讚

普哉大能仁　無去亦無住　以何因緣故　現此說法身　人天咸護持　功德甚希有　云何稱上樂　自小千中千　暨三千

法界無究竟　爾時兩足尊　甘露為灌頂　一切諸眾生　若有情無情　念彼佛力者　受持陀羅尼　三世諸如來　神力並

第一具根性　即身同證佛　其次小乘人　得八大成就　靈丹淨眼方　徹地智慧劍　空行遍周歷　延年無疾病　自洛叉

無量僧祇劫　萬行齊全備　求福不唐捐　普種福德田　普蔭如意樹　普覆大慈雲　普渡大願船　震旦閻浮提　清寧共

而彼狼荒俗　永脫脩羅天　合十白佛言　此是法王力　要知大自在　本分元自足　無苦還言樂　即隨分別相　樂故無

上亦無等等　陳峯開妙鬘　寶閣照旭光　舉似日出處　了了正知見　光與日無盡　誰識所本來　八寶莊嚴成　香華天

普乐寺碑文　选自《避暑山庄及周围寺庙》

【9月24日】

一日

康熙三十六年八月初十日(1697年9月24日)，康熙帝遣大学士李天馥祭先师孔子。

康熙三十八年八月初二日(1699年9月24日)，和硕端静公主、和硕纯禧公主(皇帝养女，康熙二十九年下嫁内蒙古科尔沁台吉般迪)于土城请安。喀尔喀和硕亲王车妄扎卜、敖汉多罗郡王扎木苏等来朝。

乾隆三十六年八月十六日(1771年9月24日)，内务府总管三和等奏销拆修避暑山庄清音阁砖坍塌地井用工银两称，清音阁戏台地井(里口径六尺，深一丈七尺五寸)修理安生铁木角一个(上下两截)，添安红砂石十七层等用工料银一千十一两一钱五分。

乾隆四十六年八月初七日(1781年9月24日)，四世哲布尊丹巴呼图克图在避暑山庄依清旷觐见乾隆。

乾隆五十五年八月十六日(1790年9月24日)，乾隆帝自宫中还圆明园，阅看沿途景点陈设。连日筵宴演戏，至二十一日同乐园演大庆戏，从热河避暑山庄至北京持续一个半月之久的八旬万寿庆典活动落下帷幕。

一诗

万寿节赐宴王公藩王及廷臣，因成近体

◎乾　隆

晴光荡漾瑞烟浮，介寿龙堆胜十洲。
白雪调歌白雪塞，鹿鸣诗赋鹿鸣秋。
侍臣群献南山颂，嘉宾来添海屋寿。
我有敛时深祝愿，慈宁福履永悠悠。

一解

乾隆十四年八月十三日(1749年9月24日)，乾隆帝万寿节。乾隆帝奉皇太后在木兰行围，正逢驻跸巴颜沟(今围场新拨白云皋一带)，在行殿接受扈从王公大臣及蒙古王公台吉行贺礼，并赐宴。

诗的首联意思是，晴朗的日光荡漾着，贺寿焚香的烟气漂浮着，在塞外祝寿情景胜过名山仙境。十洲，道教称大海中神仙居住的十处名山胜境。

诗的颔联意思是，中有妙曲《白雪》琴韵，正适合塞外白雪皑皑之时。白雪，古琴曲名，传为春秋晋师旷所作。鹿鸣，古代宴群臣嘉宾所用的乐歌，源于《诗经·小雅·鹿鸣》。

诗的颈联意思是，随侍的大臣同聚献上祝寿的颂词，嘉宾亦来增添长寿的贺词。海屋寿，即海屋添寿，原谓长寿，后为祝寿考之词。本于《太平御览》“海水复桑田，吾辄下一寿，今满十寿矣。”

诗的尾联意思是，我得收敛哀痛之情，在此深深祝愿皇太后，慈祥安宁，福禄永久长远。敛时，指乾隆于十三年(1748年)故去的孝贤皇后心中之哀。

乾隆帝八旬万寿盛典图(局部)

【9月25日】

一日

康熙二十八年八月十三日(1689年9月25日),康熙帝驻跸鞍匠屯(今滦平县滦平镇境内),皇三子胤祉、皇四子胤禛随驾。赏驿马站男妇及幼童179口,人各银二两。鞍匠屯驿站为通向漠南蒙古翁牛特、科尔沁等地的重要一站。

康熙三十八年八月初三日(1699年9月25日),康熙帝驻跸乌拉岱昂阿(今围场县邢家营西城子)地方,固伦淑慧长公主(太宗皇太极五女,顺治五年下嫁巴林部扎萨克辅国公色布腾)、和硕宪公主(皇三女二公主,康熙三十年下嫁内蒙古巴林部扎萨克多罗郡王色布腾之孙乌尔兖)来请安。巴林和硕额驸乌尔衮、苏尼特多罗郡王垂基恭苏隆等来觐见。

康熙五十年八月十三日(1711年9月25日),胤禛第四子弘历出生于雍亲王府,其母乃钮祜禄氏(四品典仪凌柱之女)。

一诗

于永安莽喀作·入崖口第一围场

◎乾 隆

沙冈初猎众军屯,讵是永安征吉言。
千二百人仍旧旅,别三四队乃新藩。
孙曾示度期无射,家国诘戎矢弗谖。
五十三年事重忆,射熊于此始承恩。

一解

这首诗写于乾隆四十年(1775年)。永安莽喀围在今天河北省围场满族蒙古族自治县腰站乡。“永安莽喀”为满语,汉译“永安”为“沙”,“莽喀”为“冈”。

诗的前四句意思是,今年首次围猎大军已经在沙冈周围结集,叫“永安”哪有永远的平安,不过是吉祥话语。加入围猎的1200人是蒙古四十八旗。另有三四队西部少数民族人马新来学习。原注:列围者一千二百人,皆旧四十八旗蒙古。土尔扈特、都尔伯特、青海、乌梁海别有四队,令乾清门侍卫领之,随围学习。

诗的后四句意思是,9岁的曾孙随队体验射猎行动没有参与。本朝家法射猎习武要常提醒,发誓不忘记。53年前随皇祖父来木兰之事又在回忆,射熊事件中我得到了关爱就发生在这里。原注:“壬寅秋,予随皇祖幸木兰至永安莽喀围中,有一熊,皇祖御火枪中之,熊伏不动,久之,皇祖谓其已毙,命御前侍卫引予去射之,予甫欲上马而熊突起奔前,皇祖御虎枪殪之,事毕入武帐,皇祖指予顾温惠皇太妃曰:‘伊命贵重。’乃以射熊事告之,语详《避暑山庄纪恩堂记》。”甫(fǔ),刚刚,开始。殪(yì),射死。乾隆三十八年(1773年),为纪念皇祖父康熙帝对他的眷顾养育之恩,写下《避暑山庄纪恩堂记》,对射熊事件有详细记载。

雍和宫匾额

乾隆帝出生时使用的木盆

雍和宫

【9月26日】

一日

康熙三十八年八月初四日(1699年9月26日)，康熙帝驻跸乌拉岱昂阿地方，因巴林人等饥荒，又该地系公主所居，故命护军统领会同扎萨克将巴林存米一千石赈之。并要求，不要仅仅给公主人员，如若人多米少，再将波赖村(今隆化县张三营南)米粮速行运輓。

乾隆五十七年八月十一日(1792年9月26日)，英使马戛尔尼使团启程来华。

[评]随着英国工业革命的发展和中英贸易额的上升，英国东印度公司商人迫切要求打破广东粤海关行商体制的束缚，英国新兴工业资产阶级亦欲扩大对华贸易。乾隆五十二年(1787年)英政府派遣使团来华，由于特使中途病故而夭折，随后又积极筹组新的访华使团。本年初，英政府组成的以马戛尔尼勋爵为特使的近百名组成访华团。英海军部特派装备64门炮的皇家船“狮子号”护送，离开朴茨蒂斯。中英首次通使正式揭开序幕。

嘉庆七年八月三十日(1802年9月26日)，命添设副都统一员，驻扎唐三营(今隆化县东北唐三营镇)，专管木兰围场事务。

一诗

中秋日侍皇太后宴

◎乾　隆

中秋节自好，上塞景尤清。咫尺广寒界，依微仙乐声。
雪开千嶂秀，风祝一天晴。邀得慈颜喜，山灵与有荣。

翠几堆花饼，鲜盘侑野麋。千秋最圆月，五字又成时。
北斗悬金幕，南山献桂卮。吴刚修不到，轮外一枝枝。

一解

乾隆十四年八月十五日(1749年9月26日)中秋节，乾隆帝奉皇太后驻跸巴颜沟(今围场新拨白云皋一带)，乾隆帝在行殿与皇太后侍宴，赐扈从王公大臣蒙古王公台吉等宴。此次行围，乾隆帝曾殪熊殪虎。

第一首诗的意思是，中秋节自是美好的佳节，塞上景致更加清幽。此处距离月宫很近了，隐隐约约可以听到仙乐的响声。大雪使得千山万峰更加秀美，秋风更祝愿一天晴好。迎候母亲，慈祥和蔼心中幸福，连这里的山神都感到荣光。广寒宫，传说唐玄宗于八月望日游月中，见一大宫府，榜曰“广寒清虚之府”，后来称月中仙宫为“广寒宫”。

第二首诗的大意是，青绿色的茶几上堆放着花糕，鱼鸭菜肴伴着麋鹿野味进餐。时逢中秋月圆之夜，侍皇太后之宴的诗正好写成。金色的营帐之上举起酒杯，为庆贺皇太后长寿捧出桂花酒。只有吴刚还在月宫里不停地劳作，砍伐桂树，月光底下是枝叶繁茂的桂树。北斗，北斗星排列成斗杓形，因此以北斗比喻酒器。明代王陵《春光记庆寿》载:“乐奏《南熏》为倾北斗宴升平。”卮，古代一种酒器。吴刚，道家传说中的神仙。学仙有过，谪令伐桂，月桂高五百丈，长斫之，树创随合。

“中秋节自好，上塞景尤清。”

【9月27日】

一日

康熙二十八年八月十五日(1681年9月27日)，康熙帝驻跸波罗河屯，赐西巴尔台(今隆化县十八里汰)965人银各二两，米一斗。

康熙四十五年八月二十一日(1706年9月27日)，命大学士马齐会同内务府总管议建喀喇河屯官兵营房。

乾隆四十四年八月十八日(1779年9月27日)，通行晓谕明年七旬万寿庆典仍照常年之例在避暑山庄举行。并谕旨："至于西藏班禅额尔德尼预请觐祝，实属吉祥盛事，是以胤其前来，即令于避暑山庄瞻谒，稗从其便，朕并非因其称祝，先期往就也。"

乾隆四十六年八月初十日(1781年9月27日)，乾隆帝在避暑山庄依清旷(四知书屋)召见四世哲布尊丹巴呼图克图、罗卜藏图巴坦旺舒克。同日，在万树园黄幄，赐宴哲布尊丹巴胡图克图等15人。

一诗

夜静读书

◎乾　隆

日暮促归鞍，龙堆夜气寒。
银檠辉幔屋，玉魄上枪竿。
把卷光明映，忘言仔细看。
边笳忽吹动，几处落梅残。

一解

这首诗写于辛酉年即乾隆六年(1741年)。诗用有声衬无声的方法，写出深秋夜的宁静。帝王北巡途中，在此宁静之夜忘情于书卷中，说明乾隆帝在富有天下的时候，还有更高的精神追求。

诗的前两句意思是，日落之时赶快策马回营，夜间从沙漠那边一阵阵寒气袭来。龙堆，此处借指北巡途中塞外之地。

诗的中间四句意思是，银灯照耀帐幕里，半个月爬上山岗。手把着书卷在明亮的灯下阅读，读书精神专注，思想融入文章所议论或描绘的事物中。枪竿，原诗注：岑也。忘言，《庄子·外物》："言者在意，得意而忘言。"庄子认为语言有局限，只要能领会文章的意思，语言就可以忘掉。再者人们在阅读文字流畅的文章时，往往忘了语言的存在。

诗的最后两句意思是，在宁静的寒夜里，忽然传来嘹亮悠扬的笳声，余音缭绕之际仿佛听到梅花飘落的声音，真是静极了。边笳，即胡笳，古代的一种管乐器。称边笳是强调在边塞听到的胡笳。也有回避"胡"的意思，历史上汉人泛称北方少数民族为胡人，人家自己并不称胡人。

乾隆帝读书图　故宫博物院提供

【9月28日】

一日

康熙二十八年八月十六日(1681年9月28日)，康熙帝到达唐三营(今隆化县唐三营)，见其地田禾不收，居任内共1720人，赏各银二两，米一斗。

嘉庆二十五年八月二十二日(1820年9月28日)，嘉庆帝梓宫自清河(今北京北)大营启程，运抵紫禁城乾清宫。

一诗

过蒙古诸部落(七首选三)

◎乾　隆

(其一)

识路牛羊不用牵，下来群饮碧溪泉。
儿童骑马寻亡牯，只在东沟西谷边。

(其二)

小儿五岁会骑驼，乳饼为粮乐则那。
忽落轻莎翻得意，揶揄学父舞天魔。

(其三)

猎罢归来父子围，露沾秋草鹿初肥。
折柳共炙倾浑脱，醉趁孤鸿马上飞。

一解

乾隆八年八月(1743年9月)，乾隆帝离开避暑山庄往东北行至蒙古地区，写下这组诗。乾隆帝的诗常常采取写实白描的手法，这几首诗体现了“眼前景象俗家语，便是诗人绝妙辞”的法则。简单、朴实、豪气冲天的生活展示在人们眼前。如同清新活泼的民族风情画卷，令人欣然神往。亡牯(gǔ)，走失了的牛。牯，阉割过的牛，泛指牛。莎(suō)，草地。莎，莎草。块茎称香附子，可入药。亦泛指草。揶揄(yé yú)，戏弄。这里指戏耍。顽皮的样子。天魔舞，又称《十六天魔舞》，元代宫廷乐舞，用于佛赞、宴享。舞者为宫女16人，头垂发辫，戴象牙佛冠，身披缨络，扮成菩萨形象而舞。共炙(zhì)，一起烧烤野味。倾浑脱，倾倒酒囊，浑脱：用动物皮制成的酒囊。趁，追赶，追逐。

“木兰秋狝”行营图 郎世宁与中国画家合作 法国吉美博物馆藏

【9月29日】

一日

乾隆三十二年八月初七日(1767年9月29日)，三世章嘉国师主持修建的普乐寺竣工。本日章嘉国师主持了开光典礼，乾隆帝也亲临庆贺，并参加了规模盛大的胜乐会供轮等法事活动。

乾隆四十年九月初五日(1775年9月29日)，容妃随乾隆帝“木兰秋狝”先后驻跸中关、波罗河屯、本日至张三营行宫。张家口固斯昂邦常清进黄羊九只，乾隆帝差六阿哥恭进皇太后二只，赐容妃等四妃一嫔各一只。

乾隆四十五年九月初二日(1780年9月29日)，六世班禅抵达北京，驻锡五世达赖曾住过的黄寺。在京期间，皇六子永瑢陪同班禅赴圆明园、香山昭庙、南苑德寿寺等处观瞻，后又到雍和宫等各大佛寺讲经说法。

一诗

秉烛待章奏未至

◎乾　隆

不为巡游懈敕几，离宫独坐廑民依。
银檠犹待封章至，乌路应迟驿骑飞。
风袅炉香移夜漏，月明虎帐正宵衣。
今秋稍解祈年虑，遍野黄云拥六騑。

一解

这首诗写于乾隆六年(1741年)。内容表达很平直，只是说，深夜掌着银灯等奏章，但却迟迟没来。事虽简单，但却反映乾隆帝的勤政精神。

诗的首联说，并不因为是出京巡视打猎就闲置了书写诏令的小桌子。自己独坐在离宫里是为民而勤劳。懈，松弛怠惰，此处是闲置的意思。敕(chì)，告诫，上对下的命令，亦指皇帝的诏令。廑(qín)，通勤，勤劳，勤勉。

诗的颔联说，点着银灯等待奏折，道路险绝阻碍通过驿站的快马不能驰骋，故而奏章迟迟未到。银檠(qíng)，灯，银灯。檠，灯盏的柱，泛指灯。

诗的颈联说，当一轮明月还挂在天空的时候，我(乾隆)就穿衣起身在勤政殿开始办公了。虎帐，原指军中主帅或主将密谋军机的营帐，这里指皇帝办公的房间。宵衣，天不亮就穿衣(起身办公)。

诗的尾联说，今年秋天边地金黄的庄稼，簇拥着天子的车驾，减轻了祈祷丰年的忧虑。六騑(fēi)，驾车的六匹马。騑，驾在车辕两旁的马，泛指马。古代天子之车驾六马。

普乐寺旭光阁正面图

三世章嘉国师画像

章嘉国师印

普乐寺全景

【9月30日】

一日

康熙三十一年八月二十日(1692年9月30日)，喀尔喀蒙古哲布尊丹巴、土谢图汗等于舒虎尔郭尔地方朝见康熙帝。

乾隆二十三年八月二十九日(1758年9月30日)，平定回部乌什城。乌什回人五千户，二万余口。

乾隆四十一年八月十八日(1776年9月30日)，采纳随驾礼部尚书曹秀先建议，命直隶总督周元理、学政罗源汉在热河城隍庙之东建热河文庙，以培育热河人才。当年十月，礼部议准热河建立学宫，建制仿照内地规制进行，工程大臣英廉总揽其事。热河文庙龛案陈设均照北京太学款式建造。乾隆帝为热河太学御书匾额“广大中和”。

乾隆四十六年八月十三日(1781年9月30日)，万寿节，午正，在澹泊敬殿安排宴桌，用热河收贮金龙大宴桌一张，黄缎绣金龙镶宝石桌刷一分。宴桌共八路，一至四路为果品、点心、替苏糕、鲍螺玉露霜，其余为膳品，分别以“万寿无疆”摆放奶子、小点心、炉食、小菜等。东边颖妃、惇妃头宴一桌，明贵人、诚嫔、林贵人二桌宴一桌，西边容妃、十公主头桌宴一桌，顺妃、循嫔、禄贵人二桌宴一桌。

道光十二年九月初七日(1860年9月30日)，道光帝降旨命热河都统保昌、热河总管松龄、庆琛到畅远楼将暂行供奉的圣祖、世宗、高宗御容，命惇亲王绵恺将云山胜地仁宗的御容一同送往绥成殿供奉，至此，御容楼供奉礼成。

咸丰十年八月十六日(1860年9月30日)，咸丰帝抵达热河避暑山庄，接阅恭亲王办理夷务紧急情形，命恭亲王相机处理，总期抚局速成，及早回銮。

一诗

乌什酋长献城降

◎乾　隆

执渠早是被恩荣，畏逼迁随当近情。识顺料伊将倒戟，剪凶匪我愿佳兵。
申明昧雉霜严令，叠见牵羊肉袒迎。天佑人归逮底绩，越因兢业凛亏盈。

一解

这首诗写于乾隆二十三年八月二十九日(1758年9月30日)。上年，前投诚后叛乱的大头目阿睦尔撒纳走死，准噶尔平。乾隆帝曾明发谕旨，重申西师不可中止，回部必须诛讨。本年正月，谕旨进剿叶尔羌、喀什噶尔大小和卓木，专任雅尔哈善为靖逆将军，并向回部宣示霍占集倡乱罪状，“戕害使臣，僭称巴图尔汗”。将军兆惠所部招服布鲁特。五月初六雅尔哈率部于次日抵回人所居库车近郊，进剿回部之役正式开始。八月初六，库车粮尽城主出城投降。霍占集闻库车被困，聚兵抵抗被歼，霍占集由戈壁逃走。八月二十日，阿克苏回人头目投降。二十九日，乌什城降。兆惠领兵至乌什，霍集斯率众来迎。

执渠，指被统御的布鲁特头目。倒戟，倒戈。剪凶，铲除罪恶之人。昧雉，盲山鸡，代指盲从之人。底绩，获得成功。

象牙雕人物玲珑提食盒

万寿节宴桌

平定西域战图 乌什酋长献城降 故宫博物院提供

【10月1日】

一日

康熙二十二年八月十一日(1683年10月1日)，施琅率领清军前往台湾受降。郑克塽率领官员列队恭迎，双方在“天妃宫”会见，施琅“握手开诚，矢不宿怨”，事后，施琅亲自前往郑成功庙进行祭奠。

[评]施琅亲自前往郑成功庙祭奠，表现出了一位杰出政治家、军事家的博大胸怀。康熙帝重用施琅，是经过慎重调查研究的，他力排众议，“断自朕衷，特加擢用”，善于用人。

康熙二十七年九月初八日(1688年10月1日)，内蒙古巴林、乌朱穆秦、蒿齐特、克什克腾、科尔沁阿坝哈纳、苏尼特、阿坝垓、扎鲁特、土默特等部及归化城曾先后奏报，喀尔喀蒙古台吉28人率所属入边请降。有旨准予汛界之内游牧。

康熙三十七年八月二十八日(1698年10月1日)，康熙帝往盛京谒祖，驻跸喀喇沁和硕端静公主府第，科尔沁和硕端敏公主、和硕达尔汉亲王额驸班第等进宴。赐白金彩缎。

乾隆三十八年八月十六日(1773年10月1日)，乾隆帝自避暑山庄启銮，进哨木兰行围。乾隆御制《避暑山庄纪恩堂记》，追述皇祖康熙的深恩。

一诗

题纪恩堂

◎乾　隆

堂额虽由御园述，御园恩纪此叨骈。赐居书屋今斯在，教侍山庄昔有缘。
敢不绳承励初志，亦惟宵旰佛仔肩。松风万壑还依旧，瞥眼流光五十年。

一解

这首诗写于乾隆三十七年(1772年)。乾隆时期有两座纪恩堂：北京圆明园纪恩堂和承德避暑山庄纪恩堂。在避暑山庄宫殿区的东北部有一组建筑，主体大殿叫“万壑松风”，据岗临湖，苍松环立。当年康熙帝喜欢这里的优雅环境，常在此批阅奏章、读书、处理朝政。康熙六十一年四月(1722年5月)，令12岁的弘历(乾隆帝)来这里居住，陪伴祖父，朝夕聆听康熙帝的教诲。弘历即位后，为纪念皇祖父对他的眷顾养育之恩，将万壑松风殿改名为纪恩堂。

诗的前四句意思是，纪恩堂的中堂匾额虽然是遵循圆明园纪恩堂题写的，我把这里定名为“纪恩堂”，加上圆明园纪恩堂就有了两座纪恩堂。(皇祖父)赐给(我)居住的书房现在还在这里，当年能在避暑山庄接受(皇祖父的)教育是(我们祖孙的)缘分。堂额，指纪恩堂的匾额。御园，指圆明园。叨(dāo)，承受，叨教。骈(pián)，并列成双，对偶。万壑松风南面有三间平房，是乾隆帝当年居住读书的地方，弘历即位后为这里题字“鉴始斋”。

诗的后四句意思是，哪敢不继承(皇祖父的)功业，时刻勉励自己完成当初的志向，为了不忘自己肩上的责任也只有通宵达旦地工作。万壑松风依旧是以前的那个样子，时光流逝，转眼50年已经过去了。绳承，继承。佛，通“弗”，不忘。仔肩(zī jiān)，所担负的职务、责任。瞥(piē)，很快地大略看一下。从小弘历来这里陪伴祖父，到写这首诗时，整整50年。

施琅水师指挥台　康熙二十年(1651年)，施琅被授为福建水师提督，一到厦门立即整顿水师，制造军器，全力以赴准备进攻台湾。图为福建东山县九仙山下明清两朝的水寨，施琅曾经在这里亲自指挥水师训练。

“康熙三十六景”之万壑松风

纪恩堂青玉质印

【10月2日】

一日

康熙五十八年八月十九日(1719年10月2日)，康熙帝在土城(今围场满族蒙古族自治县棋盘山镇富城子村)，对侍卫讲述自己行围打猎成果："朕自幼至今，凡用鸟枪、弓矢获虎一百三十五、熊二十，豹二十五、猞猁狲十，麋鹿十四，狼九十六，野猪一百三十二，哨获之鹿凡数百，其余围场内随便射获诸兽不胜计矣，朕曾一日射兔三百一十八。朕所以屡谕尔等，以尔等年少，亦加勤学，凡事未有学而不能者。朕亦不过由学而能，岂生而能者乎？"康熙帝在其亲政的55年中，到木兰围场41次，其中举行"木兰秋狝"大典38次，累计进出1079天。

乾隆五十三年九月初四日(1788年10月2日)，乾隆帝在避暑山庄卷阿胜境接授缅甸国使臣细哈觉控等四人觐见。翌日，敕谕缅甸国王孟陨，并赐孟陨佛像、福字、文绮、珍玩、器皿等物。

一诗

习字

◎乾隆

毡室就窗晖，经笺趁手挥。

力应嗤木强，妍复戒丰肥。

消此清闲宴，澄来绎思微。

曾闻得争道，聊亦悟行围。

一解

这首诗写于乾隆十七年八月十五日(1752年10月2日)驻跸乌拉岱时。乾隆帝一生热衷汉文化，对书法很感兴趣，也颇有心得。他最喜爱黄庭坚、米芾、赵孟頫、董其昌等人的笔势，书风以馆阁体为主，笔墨圆润秀媚，风格流畅，但少有变化。这首诗反映了他对书法的爱好与见解，同时也表达了他由对书法的感悟而悟出来"木兰秋狝"、行围塞外的政治意义。

诗的大意是，毡帐靠近窗子透过阳光，铺好经笺，随手挥毫。写字要有骨力但不能僵硬，字体要优美但不能丰腴无骨。消磨这个清闲的夜晚，写字能使心情洁净，精妙的思绪连绵不绝。由写字我悟出了行围的意义。晖，阳光。笺(jiān)，精美的小幅纸张。

乾隆帝写字图

【10月3日】

一日

康熙三十四年八月二十六日(1695年10月3日)，康熙帝在木兰围场噶海图(今围场杨家湾境内)，赐喀尔喀哲布尊丹巴呼图克图、土谢图汗、多罗郡王敦多布多尔济等衣帽缎匹等物。喀尔喀车臣汗遣使进九白年贡，宴赉如例。

乾隆四十六年八月(1781年9月)中旬，乾隆帝在避暑山庄抑斋(烟波致爽殿西暖阁)著《知过论》，对吏治日渐败坏之源有所反省。

乾隆五十八年八月二十九日(1793年10月3日)，马戛尔尼应召前往大内太和门接受乾隆帝颁发给英王的敕书。《赐英吉利国王敕书》对英王提出的要求进行了驳复。有关派使臣驻北京，认为“与天朝体制不合”；要求开口贸易，认为“向宁波、珠山及直隶天津地方泊货贸易之处，不可行；在北京设立洋行，认为从无外人在京城开设；在珠山(舟山群岛)存货，不准使行；在广州居住英商转驻澳门；有关税收，照例分平抽税，与别国一体办理”。

嘉庆七年九月初七日(1802年10月3日)，裁热河围场总管缺，以其衔署为新设副都统衔署。

一诗

塞上行

◎乾　隆

绿含眉黛远山斜，点缀枫林衬彩霞。莫遣寒笳吹玉塞，更裁新句咏龙沙。

野田积土有人耕，荞麦收时秋麦生。漫道贰师能辟地，当年空筑受降城。

塞上中秋月似霜，牧群歌起叠伊凉。归驼都载新蒐鹿，绝少征人夜望乡。

荒山时见有城闉，旧话翻惊入听新。自是太平无战伐，莫教欢乐忘艰辛。

一解

这首诗写于乾隆六年(1741年)。这一组四首诗表达了一个完整的意思。首先是描绘出塞外旧战场现在是枫林映衬着彩霞，到处是收了荞麦种冬小麦、牧歌悠扬的和平景象。更重要的是讲了一条历史经验：不要像汉武帝那样派李广利率雄兵开疆拓土。今天我们不用战争就实现了国家统一、民族团结。但是我们不能忘记历史教训，不能忘记眼前的和平繁荣是经历了艰难与辛苦才得来的。

第一首诗的大意是，远山斜横天际像娥眉隐含在万绿丛中。不用教人在玉门关外吹寒(胡)笳，那里没有征人盼回家乡。现在都改换为推敲词句吟唱广袤的塞外了。眉黛，古代女子用黛画眉，此处状远山之美好。

第二首诗的大意是，广阔的田野里有人在耕种，荞麦收获了，还要种上秋小麦。不要说贰师将军李广利能开疆拓土，当年虽然筑了受降城，并没能使人臣服，达到民族团结的目的。贰师：指贰师将军李广利。汉武帝曾派李广利远征贰师城(今吉尔吉斯斯坦境内)，争夺大宛汗血宝马。所以称李广利为贰师将军。受降城，西汉太初元年，为应接北方匈奴上层人物投降，汉武帝令公孙敖筑受降城。故址在今内蒙古乌拉特中后联合旗东阳山北。

第三首诗的大意是，塞外中秋月光似霜雪，放牧群中响起一阵阵歌声，反复演唱伊州曲、凉州曲。回家的骆驼都驮着秋狝猎获的鹿，没有什么人在怀念故乡。

第四首诗的大意是，在荒山里时不时就看新建的城镇，在书场茶馆里陈年往事被演绎成情节惊险的故事说唱，听起来很新鲜。现在是太平盛世，但也不能忘记了往日艰难的时刻。

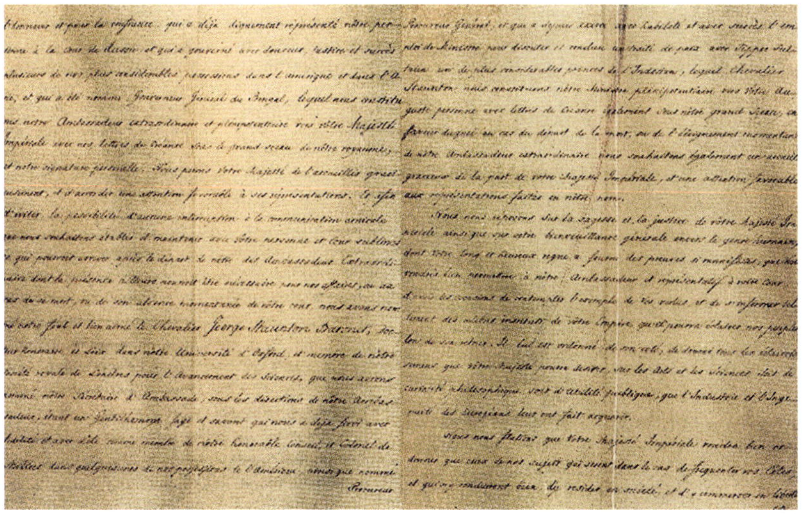

英国国王致乾隆帝表文

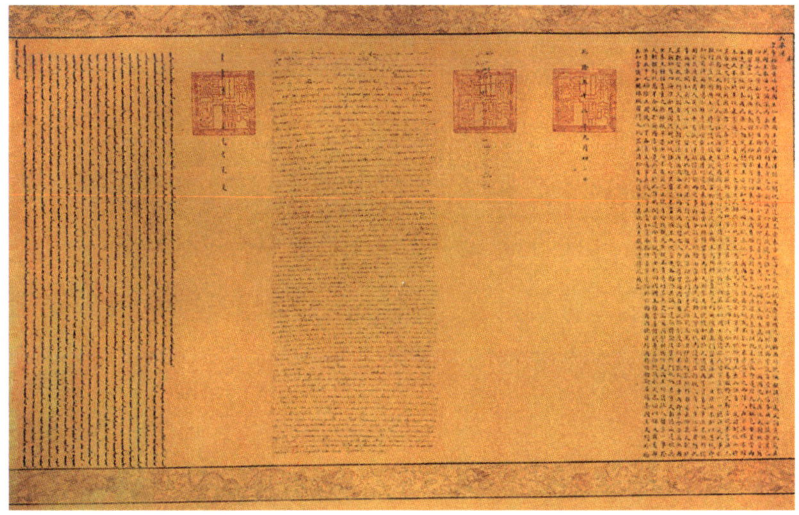

乾隆帝给英国国王的敕谕

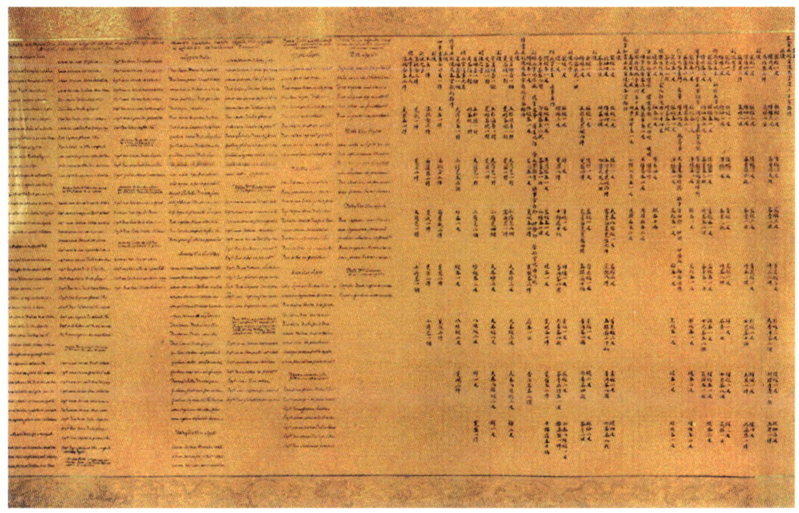

乾隆帝赏赐英国使团的礼品清单　选自《乾隆皇帝与马戛尔尼》

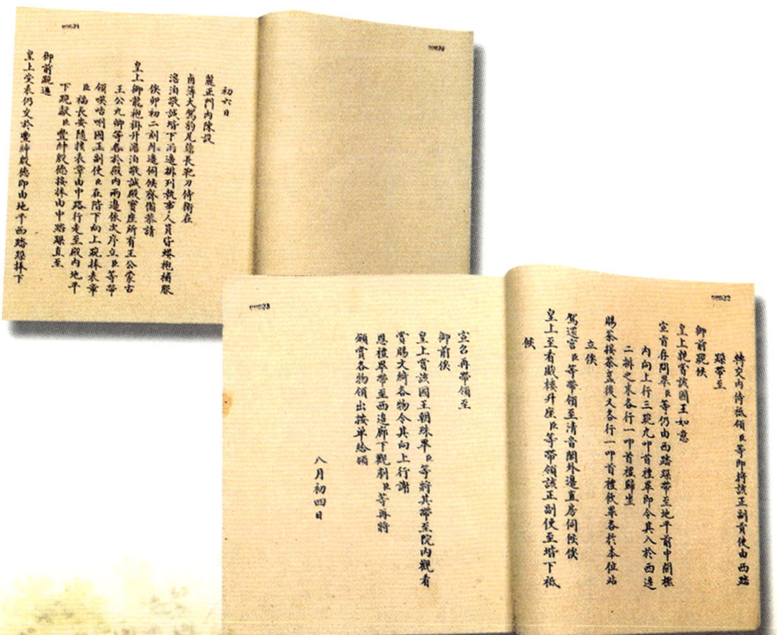

马戛尔尼在避暑山庄澹泊敬诚殿觐见乾隆帝的礼仪单

【10月4日】

一日

康熙三十年八月十三日(1691年10月4日)，康熙帝巡幸塞外，驻跸围场乌拉岱，谕扈从诸臣："昔秦兴土石之工，修筑长城。我朝施恩于喀尔喀，使之防备朔方，较长城更为坚固也。"

咸丰十一年九月初一日(1861年10月4日)，大学士桂良、贾桢、官文、周祖培等遵旨恭拟崇上两宫皇太后徽号：母后皇太后徽号曰"慈安皇太后"，圣母皇太后徽号曰"慈禧皇太后"。

一诗

汲伊逊水烹茶

◎乾　隆

所遇名泉必试品，扬子第一故籍甚。庐山瀑帘虽未悉，以此知彼岂虚审。
玉泉伊逊真巨擘，难为伯仲均天禀。标明趵突泽皇都，涧瀍利永阜丰廪。
塞蒐此地每经过，可无表德垂终稔。是时秋烟正霁川，驾鹅翔集鱼鲔淰。
毡庐绠汲煮行铛，清赏作歌乃自朕。蟹鱼懒举火候常，肘掖慢道风生凛。
八功德水宛在盂，浮玉涌金尽敛衽。讵惟摛藻供浇书，一时万幕资烹饪。

一解

这首诗写于乾隆十八年(1753年)。写乾隆帝在塞外围场品尝用伊逊河水烹茶时的感受，诗人用对比、联想的手法，赞美了伊逊河水的甘甜醇美以及伊逊河流域物产丰富、民风淳朴。

诗的大意是，我所遇到的名泉一定要试着品尝，扬子江堪称天下第一，因此名声盛大。庐山瀑布虽然未能详细了解，但由此及彼，难道还用细究吗？玉泉水、伊逊河水真正是名品，堪称第一，两者不相上下，都是天生的好水。伊逊河靠近北京城，它滋润了大地，使得沿岸地区粮食丰收，人烟稠密。每次"木兰秋狝"都经过伊逊河畔，怎么能让它没有名字传之长久呢？现在正是塞外伊逊河畔秋高气爽的时节，空中野鹅在一起飞翔，水里鲟鱼快速游动。毡庐中一边用行军用的平底锅煮汲上来的伊逊河水，一边清赏作歌，这样清雅的事情是从朕开始的。懒得用平常火候烹鱼煮蟹，为盛馔就用茶铛，很方便。仿佛须弥山下大海中的八功德水盛在茶碗中，水面闪着光芒，人们心中产生一种恭敬之情。难道这水只供我一人晨饮写诗吗？一时之间，万顶帐幕都可以用它来烹茶共饮。擘(bò)，大拇指。伯仲，兄弟的次第，比喻事物不相上下。天禀，天资。驾鹅，野鹅。鲔(wěi)，即鲟鱼。淰(shěn)，鱼水中惊走，故译为快速游动。肘掖，胳膊肘与胳肢窝，比喻密切接近。此言离烹茶行铛甚近。绠(gěng)，汲水用的绳子。铛(chēng)，平底锅。籍甚，名声盛大。八功德水：佛经谓须弥山下大海中有八功德水。八功德，指一甘、二冷、三软、四轻、五清净、六不臭、七不损喉、八不伤腹。见《俱舍论》、《称赞净土佛摄受经》。敛衽，整理衣襟，表示恭敬。浇书，晨饮。

慈安皇太后画像

慈禧皇太后画像

【10月5日】

一日

康熙二十二年八月十五日(1683年10月5日)，郑克塽以台湾降，施琅的捷报传到康熙帝御前，正好是八月十五中秋之夜，康熙帝闻报，不胜欣慰，作《中秋日闻海上捷音》七律一首，表达了统一台湾的兴奋之情。台湾统一后，清政府在台湾设立府县，为台湾开发及同大陆的联系，创造了有利条件。

嘉庆十二年九月初五日(1826年10月5日)，嘉庆帝第三次赴"木兰秋狝"，出阿贵图(今围场县横河子锥山沟)，写下《木兰记》。

[评]嘉庆御制《木兰记》，记述了清初开辟木兰围场的缘由，以及木兰围场的重要意义，指出了木兰围场在国家统一、民族团结的历史进程中所起到的特殊作用。这篇碑文为我们研究清朝初期的历史和木兰围场的发展，提供了珍贵的历史资料。

一诗

中秋日闻海上捷音

◎康　熙

万里扶桑早挂弓，水犀军指岛门空。
来庭岂为修文德，柔远初非黩武功。
牙帐受降秋色外，羽林奏捷月明中。
海隅久念苍生困，耕凿从今九壤同。

一解

这首诗写于康熙二十二年八月十五日(1683年10月5日)中秋之夜。全诗大意是，披着水犀牛皮铠甲的水军收复了台湾岛，万里之外的台湾消弭了战争。要使边徼的人来庭朝见，并不专为修饰文德而忘记武功；同时要招抚远方的臣民并不单凭炫耀武力而忘记文德。恰当的办法是恩威并重，先是招抚，不从则用武，对方在武力威慑下请降时，则又继之以安抚。主帅在一片秋色中接受了台湾郑军的投降，宫中在皎洁的明月里得到近侍的报捷。从今天下将在同一的环境里耕作生息。

木兰记碑文　“木兰者，我朝习猎地也。旧为蒙古喀尔喀、翁牛特游牧之处，周环千余里。北峙兴安大岭，万灵萃集，高接上穹，众壑朝宗，物产富饶，牲畜蕃育，诚诘戎讲武之奥区也。洪惟圣祖岁幸行围，诸部云集，神武聿宣，德化深洽，遂献斯地，开亿万年之灵囿焉。”《木兰记》碑立于今围场满族蒙古族自治县四道沟乡庙宫村伊逊河西岸、东崖口的山脚下，高五米，以满汉两种文字镌刻。

嘉庆御制《木兰记》碑

【10月6日】

一日

康熙十六年九月初十日(1677年10月6日)，康熙帝往遵化谒陵，十四日起巡视长城内外。沿途，蒙古科尔沁、喀喇沁、敖汉、秦曼部王、贝勒朝见，喀喇沁郡王扎什等率该部1500名为向导，十月初十日返京。

康熙三十一年八月二十六日(1692年10月6日)，康熙帝巡幸塞外，驻跸永安湃达巴汉(今围场县燕格栢天桥梁)，赐宴来朝的一世哲布尊丹巴胡图克图、土谢图汗、亲王策旺扎布、贝勒锡第希里、台吉多尔济额尔德尼等人，并赐予冠服、蟒缎、弓矢等。

康熙三十七年九月初三日(1689年10月6日)，康熙帝奉皇太后前往盛京谒陵，驻跸科尔沁和硕纯禧公主(康熙二十九年下嫁科尔沁台吉般迪)府第。和硕纯禧公主与额驸般迪进宴。

咸丰十年八月二十二日(1860年10月6日)，英法联军火烧圆明园。在此大肆抢劫稀世珍宝。宫门外朝房及铺户大半亦被焚毁。

一诗

射虎行

◎乾 隆

虞人来报虎负嵎，羽林亲率往虓诸。
度冈绝壑不数里，榛丛早见藏於菟。
铦枪如雪周遭布，眈眈有猛无逃处。
忽然挺走众辟易，欲往前山据深树。
安吉骢如阚虎骝，籋云一策飞鸟愁。
追奔肯使牛哀逸，夏服在右乌号柔。
馥然中要只一矢，炳文高架驼峰紫。
厄鲁咋舌颂威稜。笑谓今朝偶然耳。

一解

这首诗写于乾隆二十年(1755年)。写乾隆帝于秋狝行围中亲身射虎的情形。诗中说，掌管围场的蒙古官员前来报告说有一只老虎依仗山弯险阻之处，躲在不远处绝壑里的榛树林中。大家四周围拢，枪支锋利如雪，虎视眈眈再凶猛也没有可逃之地。忽然老虎挺立身躯要逃，众人惊退，想去前山的深林。这天皇上所乘的安吉骢宝马如当年的阚虎骝，鞭马飞驰如登云。追奔起来弯弓射箭呼啸而过。一箭就射中了老虎的腰部。新归附的厄鲁特台吉正赶上这个场合，感到特别惊奇以至于说不出话来。最后都笑着说今天是亲眼目睹了神灵般的威力。虞人，掌管围猎场所禽兽的官。於菟(wūtū)，虎的别名。籋(niè)云，登云。夏服，箭。威稜(léng)，威严。

乾隆十七年(1752年)秋殪虎处石刻

乾隆帝殪虎碑　位于今围场新拨乡

岳乐围场　木兰围场七十二围之一，乾隆帝虎神枪殪虎处。

【10月7日】

一日

康熙二十九年九月初六日(1690年10月7日)，内大臣、一等公佟国纲在乌兰布通之役中殉国。康熙帝遣额驸尚之隆等前往迎接佟国纲灵柩。次日，康熙帝亲书碑文，谥号“忠勇”。

雍正十三年八月二十二日(1735年10月7日)，戌刻，雍正帝病危，召庄亲王胤禄、果亲王胤礼、大学士鄂尔泰、张廷玉等至圆明园寝宫拟密旨，命皇四子宝亲王弘历为皇太子，继皇帝位。弘历时年24岁。

乾隆六年八月二十八日(1741年10月7日)，乾隆帝在围场训饬随围京兵及部分驻防兵丁，行围不耐劳苦，衣服多用绸缎，不司马匹调膘之法，训斥其贪图安逸，精神萎靡。

乾隆五十三年九月初九日(1788年10月7日)，缅甸使臣陪宴避暑山庄万树园，以其国乐器五种演奏。后每逢筵宴，备陈准部、回部、安南、廓尔喀音乐。

一诗

赐宴缅甸陪臣即席六韵

◎乾　隆

滇南金叶缅文呈，来者徕之嘉至诚。
昔日归降此归顺，不惟无战并无征。
闭关未可学光武，驰谕原非遣陆生。
方伯犹搜遮去吏，外臣兼献未回兵。
山庄宴赉逢佳节，海国车书遵大清。
惇史漫称增此创，皇图惟慎奉其盈。

一解

这首诗写于乾隆五十三年。该年九月壬戌(1788年10月2日)，“上御卷阿胜境，缅甸国使臣细哈觉控委卢撒亚及小头目便机位南等入觐，命同扈从王公大臣、蒙古王公、台吉等赐食。翼日，如之”，“丁卯(10月7日)，上御万树园大幄次，赐扈从王公大臣、蒙古王公、台吉等及缅甸国使臣等宴”。诗即纪其事。此诗诗味淡薄，但有很强的史料价值。

诗的大意是，云南南部的缅甸陪臣进贡奉送金叶表文，表文表达了至诚之心。过去傅恒征缅甸因乞降班师，未臣服其心，后获罪天朝。今乞恕前罪，永作域外之臣。现在归顺之心出于至诚，深堪嘉悦，不是没有战争就等于没有征讨。此番不可学后汉光武帝刘秀闭塞关门，也并非驰马惊行传令谕告汉朝的陆贾。地方长官富纲在缅甸贡使不立即命令前来瞻觐，以后又追究杨重英下落。杨重英仅仅是一巡抚的属官按察使，随军办理粮务，被其遮留，并非奉使之臣可比。已传旨严行申饬。兼献来回兵。让奏缅甸将杨重英送出，已于七月二日抵内地。并带出从前迷失的兵丁及广东民人。由此可见国长倾心向化。现在这个头目到避暑山庄拜行该国长之表，所以厚加宴赉，以示殊恩。山庄这次宴赉正逢重阳节，近海之国按大清制度推行一统。有德行的人的言行记录，使众人的法则，不要说增加了这个前所未有的事，大清王朝惟有谨慎警惕，保守成业。

乌兰布通古战场遗址

【10月8日】

—日—

雍正十三年八月二十三日(1735年10月8日)，子刻，雍正帝逝世。雍正帝在位13年，终年58岁。本日，皇太子弘历奉雍正遗体帝自圆明园回京。弘历等进宫后，从乾清宫“正大光明”匾后取下雍正元年缄藏的封函，待胤禄、胤礼、张廷玉、鄂尔泰等皆至，启封，宣读函中雍正亲笔谕旨。

乾隆二十年九月初三日(1755年10月8日)，乾隆帝巡幸塞外驻跸扎克丹鄂佛罗，准噶尔绰罗斯台吉噶尔藏多尔济、辉特台吉巴雅尔、和硕特台吉沙克都尔曼济等新归顺的蒙古王台吉觐见。

嘉庆十八年九月十五日(1813年10月8日)，天理教进攻紫禁城，攻打东华门、西华门，史称“癸酉之变”。

—诗—

驻跸兴安绰罗斯台吉噶尔藏多尔济等来谒诗以纪事

◎乾 隆

定远非劳一矢加，仰流鳞集不辞遐。

乌孙归去新蒙号，觻得频来共拜嘉。

开宴旋当赉黼黻，扈围先此赐骃騢。

朝家狝狩应教预，慢拟长杨事大夸。

—解—

这首诗写于乾隆二十年九月初三日(1755年10月8日)，是乾隆帝驻跸扎克丹鄂佛罗(今围场县棋盘山镇惠汉村小城子)，于此接见新至的蒙古王、台吉时所作。乾隆二十年五月，清政府平定准噶尔叛乱，冬十月，又在承德避暑山庄宴赉四卫拉特部众，“内外一家，遐迩同风”，谱写了一曲民族团结的颂歌。准噶尔，清代厄鲁特部蒙古四部之一，因其首领姓绰罗斯，故名绰罗斯部。台吉，满语译音，蒙语借词，源于汉语“太子”。主要用于赐封蒙古、西藏上层首领，成为清代爵位名。

诗的首联意思是，平定并没有兴师动武，而仰慕归顺的各部纷纷不辞遥远，前来归附。乾隆曾言：“我皇祖俯从其愿，岁避暑于此，鳞集仰流者无不满志以归。”

诗的颔联意思是，厄鲁特蒙古各部朝谒归去的蒙受了封赏，接连来朝贺的也共同给予恩惠。乌孙，古族名。汉代居今伊犁河和伊塞克湖一带，都赤古城，从事游牧。北魏后渐与邻族融合。此处借指厄鲁特蒙古各部。觻(lù)得，西域县名。即张掖郡所属县。此处借指厄鲁特蒙古各部。

诗的颈联意思是，开宴不久就赏赐各部王、台吉冠服，来围场扈从的此前赏赐鞍马。赉(lài)，赏赐。黼黻(fǔfú)，古代礼服上的花纹。黼，半白半黑的花纹；黻，半青半黑的花纹。骃騢(yīnxiá)，骏马。骃，浅黑带白的马。騢，赤白色的杂毛马。原注：俟至热河，合新、旧蒙古王、台吉普加宴赉，赐新至者冠服，是日先赐鞍马。

诗的尾联意思是，举行“木兰秋狝”应该让蒙古各部参加，而不能像汉成帝那样，在长杨宫射猎，只是为了向匈奴炫耀禽兽多。预，参加。长杨，长杨宫，汉帝王游猎之所，因长满长杨树而得名。事大夸，扬雄《长杨赋》中有“上将大夸胡人以多禽兽”之语。

雍正帝画像

紫禁城乾清宫

雍正帝楹联

【10月9日】

一日

嘉庆十八年九月十六日(1813年10月9日)，嘉庆帝“木兰秋狝”返京途中抵达白涧行宫(今天津市蓟县盘山附近)，接到皇二子绵宁、皇三子绵恺六百里加急奏折，得悉天理教于十五日攻打紫禁城之事，嘉庆帝阅毕，泪流满面，极为震惊，决定立即进京。

咸丰十年八月二十五日(1860年10月9日)，英法联军退出圆明园，屯集于德胜门。在短短几天之内，闻名于世的圆明园被洗劫一空，焚烧殆尽。

一诗

九月朔日作

◎乾　隆

秋季惟朔旦，塞围第一场。
千山敛云气，万树绚晴光。
迥岩鸿絧合，深溪鱼贯长。
咸宾逮回部，执役有名王。
柔远绳先初，诘戎寓意良。
宁当懈几务，猎罢阅封章。

一解

这首诗写于乾隆二十五年(1760年)。诗中描写了各部王公随从乾隆帝围猎的情景，抒发了不能因围猎而松懈政务的情怀。

诗的大意是，乾隆二十五年，第一场塞围是在农历九月初一(10月9日)早上。山高路远，连绵不断，溪水清深，游鱼畅远。千山万壑收敛云雾，各种树木映照在绚丽晴朗的日光下。入觐之杜尔伯特亲王策凌乌巴什等向曾预观塞围，其回部酋长霍集斯伯克、霍什克伯尧等，以赐爵留居京邸，盖属櫜鞬从猎，则自今岁始云。旧扎萨克王公、台吉等率所部蒙古随围执役，岁以为常。继承先祖怀柔政策，但也不能忘记整治武备。怎能松懈政务呢？围猎归来马上就看奏章，处理事务。朔旦，初一早晨。鸿絧(hòngdòng)，此处作连绵解。绳，继承。诘戎，整治武备。几(jī)务，事务，特指国家的政务。封章,犹封事，即奏章。

圆明园被毁坏的精美石雕

圆明园长春园海晏堂（铜版画） 故宫博物院提供

咸丰十年(1860年)，英法联军焚毁了圆明园，宏伟的欧式建筑海晏堂亦难幸免，变成一片废墟，仅剩下堂前一些巨大石雕，似乎还在向人们诉说着痛苦的历史。

圆明园海晏堂遗址

【10月10日】

一日

康熙六十年八月二十日(1721年10月10日)，康熙帝巡幸塞外至波罗河屯(今隆化县隆化镇)，赐来朝科尔沁、喀喇沁、喀尔喀、阿霸垓、鄂尔多斯、四子部落、厄鲁特、翁牛特、郭尔罗斯、敖汉、土默特、蒿齐忒、阿鲁科尔沁、阿霸哈纳王、贝勒、贝子、公、台吉银币、鞍马等物，赏赐随围蒙古官兵银两、布匹等。

雍正十三年八月二十五日(1735年10月10日)，清朝廷驱逐宫内僧道。

嘉庆十七年九月初六日(1812年10月10日)，正当嘉庆帝行围木兰期间，发现有正红旗马甲恭纳春率贼偷伐围场树木，嘉庆帝下令处分总管以下官员，并派热河道旺山亲赴围场捉拿逃犯。

嘉庆十八年九月十七日(1813年10月10日)，嘉庆帝抵达燕郊行宫，颁朱笔《遇变罪己诏》，称“朕虽未能仰绍爱民之实政，也无害民之虐事，突遭此变，实不可解。总缘德凉愆积，惟自责耳。然变起一时，积祸有日，当今大弊，在因循怠玩四字。实中外之所同。”

一诗

八月廿三日皇考忌辰题写心精舍

◎乾 隆

去岁围前驻，今年围后来。
永思叹时迅，回忆辄神摧。
祖德贻游豫，宗功仰扩恢。
并当奉神御，恒此写新哀。

一解

这首诗写于乾隆二十七年。本年八月二十三日(1762年10月10日)是雍正皇帝的忌日，乾隆帝此日住在避暑山庄永佑寺写心经舍，触景伤怀，写下了怀念父亲的诗歌。

诗的大意是，去岁此日亦驻此，曾有诗。对父皇的思念是永久的，时光过得真快啊，每每回忆起往事，就不禁黯然神伤。祖宗的功业，不是让我坐享其成的，而是需要我发扬光大。要像供奉神明那样来供奉父皇，就命绘制父皇的御容，供奉在永佑寺皇祖御容旁边。这种悲痛是永恒的。

避暑山庄永佑寺　选自《钦定热河志》

永佑寺陆合塔

【10月11日】

一日

康熙三十二年八月十二日(1693年10月11日)，康熙帝“木兰秋狝”驻跸僧机图哈达昂阿(今围场道坝子乡境内)，赐喀尔喀哲布尊丹巴胡图克图、土谢图汗、诸王、贝勒、台吉等冠服、蟒缎、弓矢、鞍、刀等物。

康熙四十七年八月二十八日(1708年10月11日)，康熙帝“木兰秋狝”到达森吉图哈达(今围场道坝子乡境内)驻地，命侍卫吴什等传谕随从诸大臣曰：“近日闻诸阿哥常挞辱诸大臣、侍卫，又每寻衅端荼毒诸王贝勒等，国家惟有一主，诸阿哥擅辱大小官员，伤国家大体，此风断不可长。”

康熙六十年八月二十一日(1721年10月11日)，浙闽总督满保疏报台湾朱一贵谋反原因，请将有关官员发审定罪。得旨：“台湾府文职官员平日并不爱民，但知图利苛索，及盗贼一发，又首先带领家口弃城退回澎湖，殊属可恶。”将道员、同知、知县押赴台湾，斩于市，知府剖棺枭尸。

一诗

咏古二首

◎乾　隆

口外东自八沟西至土城子一带，皆良田。直隶、山东无业贫民出口垦种者，不啻亿万，此汉唐宋明所无也。居今之世，尚或有愁谷不是之时，则彼季之民将何以谋食？其驱之戍边者，更无论矣。竭尔成章，匪自夸实自惕也。

遐想汉唐及宋明，图安只固守长城。
良田亿万顷荒弃，足食将何庇兆氓。

燕北齐东无业民，岩关以外辟耕畇。
晏眠妇子常欢聚，却是前朝戍守人。

一解

这两首诗写于乾隆三十年八月(1765年9月)，是乾隆帝从避暑山庄启跸行围木兰途中所作。这两首七言绝句有很强的史料价值，诗序简要地说明了写诗的缘由。说明康熙、乾隆二帝不主修长城而主张多民族团结统一的意义。

这两首诗的大意是，遐想汉代、唐代以及宋代、明代，那是为了安定，固守长城，致使万里良田荒弃，用什么办法去庇护老百姓丰衣足食呢？今日，燕国北部齐国东部的无业之民，来到关外，开垦土地耕种，他们能安睡并与妻子儿女常欢聚在一起。可谁知道，他们都是前朝戍守边疆的后代呀。

木兰围场三道沟古村落

【10月12日】

一日

康熙十六年九月十六日(1677年10月12日)，康熙帝首次出塞北巡，出喜峰口，驻宽城东，这是康熙帝第一次驻跸热河境内，接见来朝的科尔沁、喀喇沁王公、贝勒、额驸等。

康熙三十三年八月二十四日(1694年10月12日)，康熙帝在拜巴哈昂阿(今围场腰站乡清泉沟门)赐喀尔喀宗教首领哲布尊丹巴大活佛冠服、蟒缎等。

康熙六十一年九月初三日(1722年10月12日)，康熙帝在避暑山庄谓议政大臣等："从前曾有以朕每年行围劳苦军士条奏者，不知国家承平虽久，岂可遂忘武备。""因言从前三次亲征噶尔丹，现今两路进兵准噶尔，又出兵收复西藏，皆因平时不忘武备，勤于训练所至。"

乾隆十二年九月初九(1747年10月12日)，重阳节，乾隆帝奉皇太后幸锤峰落照，登高，侍膳，赐扈从王公大臣宴，乾隆帝作诗《重九日侍皇太后宴》。

一诗

九月初三日热河见荷花

◎乾　隆

霞衣犹耐九秋寒，翠盖敲风绿未残。
应是香红久寂寞，故留冷艳待人看。

前朝见菊黄兼绿，今日看荷紫带红。
夏卉秋葩浑不辨，一齐摇曳晚风中。

一解

这两首诗写于乾隆六年(1741年)。第一首用拟人化的手法写出避暑山庄荷花的一个特点：在塞外在群山环抱中一池碧水荷花静穆开放，似乎是等待情人欣赏，直到深秋仍忘情地开放。第二首诗用对比的方法写出荷花的另一个特点：山庄的荷花与夏天的花卉一样的热烈火红，晚风中依旧显出对人的依恋之情。

《四库全书》总纂官纪昀在《阅微草堂笔记·滦阳续录》中道出了避暑山庄荷花香红耐寒晚谢之故："塞外地寒，春来较晚，故夏亦花迟。至秋早寒而不凋，则莫名其理，今岁恭读圣制诗注，乃知苑中池沼汇武烈河之三源头，又引温泉注之，暖气内涵，故花能耐冷也。"冷艳，形容耐寒的花，这里指避暑山庄的荷花。

“今日看荷紫带红”

【10月13日】

一日

康熙三十一年九月初四日(1692年10月13日)，康熙帝出巡塞外，首次驻跸热河汤泉(今承德县头沟镇汤泉村)，以喀喇沁行围效力，赐郡王扎什以下官兵等冠服、蟒缎、弓矢、银两，颁赏后，康熙帝盛赞汤泉自然天成，“其泉涌出山腹，自然而温，裕之蠲烦除疴，导和怡性”。“朕始经其地，乃宜于体。”

康熙三十八年八月二十一日(1699年10月13日)，康熙帝在海拉苏台昂阿地方(今围场腰站附近)，接见来朝的喀尔喀一世哲布尊丹巴。

康熙五十九年九月十二日(1720年10月13日)，康熙帝驻跸波罗河屯(今隆化县隆化镇)，赐来朝科尔沁、喀喇沁、巴林、喀尔喀、阿霸垓、鄂尔多斯、四子部落、厄鲁特、翁牛特、郭尔罗斯、敖汉、土默特、蒿齐忒、阿鲁科尔沁、阿霸哈纳王、贝勒、贝子、公、台吉银币、鞍马等物，赏赐随围蒙古官兵银两、布匹等。

嘉庆二十五年九月初七日(1820年10月13日)，道光帝下诏书，申明乾隆帝出生地是北京雍和宫，而不是避暑山庄。“朕恭读之下，未有皇祖降生避暑山庄之语，因请皇祖实录跪读，始知皇祖于康熙辛卯八月十三日子时诞生于雍和宫邸。复遍览皇祖御制诗集，三见集中。朕敬译皇考诗内语意，系泛言山庄为都福之庭，并无诞生避暑山庄之句。当日拟注臣工，误会诗意。遗诏布告天下，为万世征信，岂容稍有舛错，故不得不将原委明白宣示中外。”

一诗

蝶恋花·出塞

◎ 纳兰性德

古今山河无定据。画角声中，牧马频来去。
满月荒凉谁可语？西风吹老丹枫树。
从前幽怨应无数。铁马金戈，青冢黄昏路。
一往情深深几许，深山夕照深秋雨。

一解

清代著名词人、康熙帝一等侍卫纳兰性德四次扈从康熙帝到热河一带，写有塞北词数十首。《蝶恋花·出塞》即为其中之一。康熙十六年九月十六日(1677年10月13日)，纳兰性德等扈从康熙帝出喜峰口，进入宽城境内，这首诗即为此时所作。自古以来塞外山河变化不定，民族交替统治，时战时和。不定据，无准则。画角，古乐器，用于军中，发声呜呜然，令人闻之兴奋。牧马，谓北方民族曾多次南下进入中原。青冢，此泛指边地。

纳兰性德画像 纳兰性德(1655—1685)，满洲正黄旗人。大学士明珠之子。天资聪颖，擅诗文，尤工词，善书法，娴于骑射。康熙朝进士，由侍卫三等晋至一等。他多次随康熙帝出巡近畿之地及东北、热河、五台、江南等地。纳兰性德是清代著名词人，其词直追五代词风，尤为可贵的是铸造出个人的独特词风。他的词悲凉感人，充满激情。加上他英年早逝，使人将他比之为唐代诗人李贺与英国诗人济慈，还有人将“纳兰词”与《红楼梦》共推为清代文学两座高峰。他四次扈从康熙皇帝到承德一带，其中两次到木兰围场。写有塞北诗词数十首。有《通志堂集》、《渌水亭杂识》等传世。

头沟热河汤泉

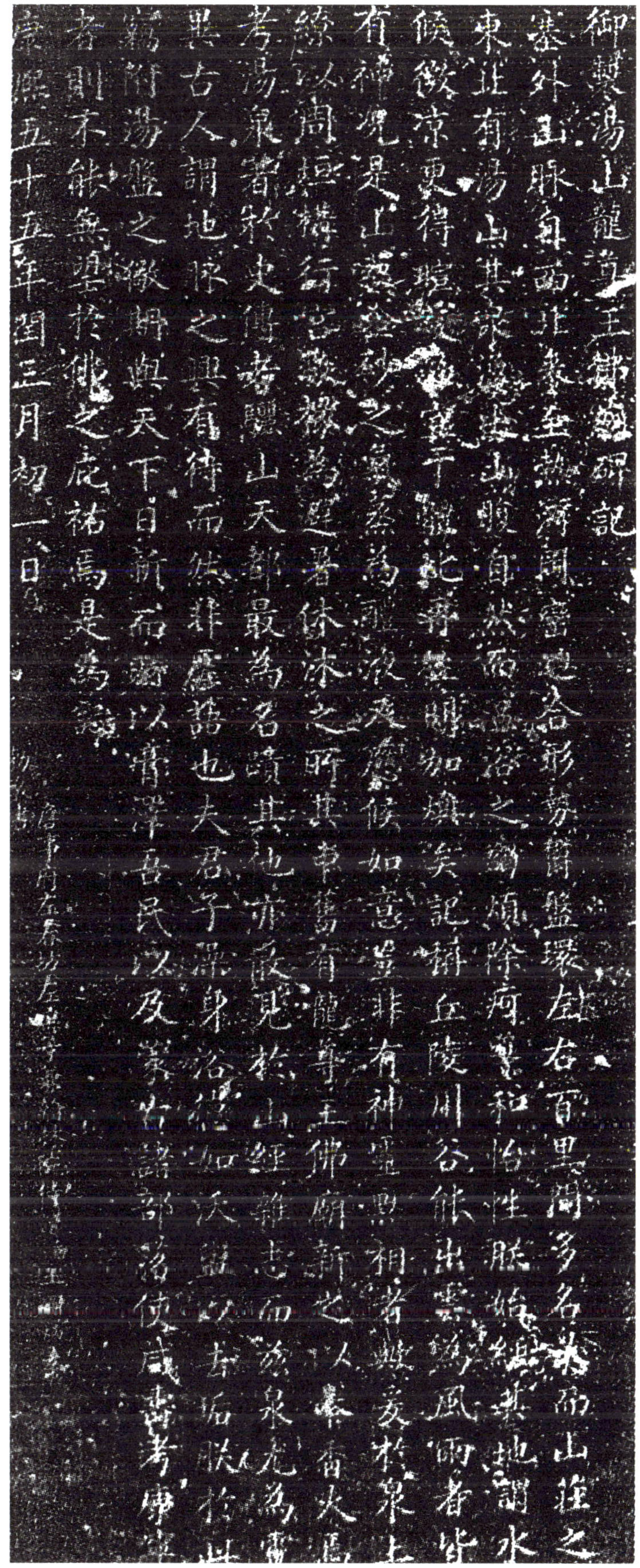

御製湯山龍尊王佛廟碑記
塞外山脈自西北來至熱河開[illegible]地合形勢循盤環左右百里間多名勝而山莊之
東北有湯山其泉湧出山腹自然而溫浴之[illegible]除[illegible]和怡性脈始[illegible]其地謂水
候微涼更得暖[illegible]于[illegible]比尋常加煥矣記稱丘陵川谷能出雲為風雨者皆
有神況是山[illegible]之[illegible]蒸為雨液之應候如意豈非有神靈思相者與爰於泉上
繚以周垣構行宮數楹為避暑休沐之所其東舊有龍尊王佛廟新之以奉香火焉
考湯泉著於史傳者驪山天都最為名蹟其他亦嘗見於山經雜志而湯泉尤為靈
異古人謂地脈之理有待而然非虛語也夫君子澤身浴德如沃盥以去垢[illegible]於[illegible]
竊附湯盤之儆冀與天下日新而[illegible]以膏澤吾民以及蒙古諸部落使咸壽考[illegible]
者則不能無望於佛之庇祐焉是為記
康熙五十五年閏三月初二日

御制汤山龙尊王佛庙碑记 选自《承德寺庙与佛像》

【10月14日】

一日

嘉庆二十四年八月二十六日(1849年10月14日)，因水灾与河患，嘉庆帝停止本年木兰行围，自避暑山庄回銮北京。为此，嘉庆帝专门写了《停狝纪事》诗，云："初秋霖雨繁，湿云总难卷。塞北千万山，奔流下层巘。灌注潮白滦，怒涛互旋转。浮梁属倾斜，冲没物料鲜。兵役倍艰辛，程期已三展。实无可奈何，申命罢行狝。"

本日，宫中节日，盖太祖未入关时，转战甚苦，一日粮绝，太祖及军士皆以树皮充饥，即是日也，故满人以为纪念日，屏除豪华，宫中尤重视，皆不食肉，以生菜裹饭而食，亦不用箸，以手代之。

一诗

张三营行宫即事

◎乾 隆

夜雨晓来晴，山蹊历坦平。
当秋看纳稼，未午驻行旌。
执役迎猎骑，献新来射生。
不同往年事，戚戚若为情。

一解

这首诗写于乾隆四十四年(1779年)。张三营行宫位于波罗河屯北六十二里，康熙四十二年(1703年)建。行宫有乾隆帝题额曰"云山寥廓"。《钦定热河志》记载："地近崖口，山势雄奇峭拔。积翠霏兰，送爽迎秋，云烟万状。岁行秋狝，东道由波罗河屯驻跸于此。过此则御行营。逮木兰迴跸，宴赏从猎诸蒙古，亦多于此举行。"此诗追思向乾隆帝母后射生献新往事，不禁戚然，表达了母子情深的浓浓亲情。纳稼，收庄稼。纳，收藏，藏入。午，午时。相当于今上午十一时至下午一时。行旌，巡狩的旌旗，此处指木兰围场的队伍。

执役句原注：喀尔喀随来布围蒙古，例于此接驾。新献，进献新猎的猎物，射生，射杀禽兽。戚戚，忧愁、忧伤的样子。慈闱，慈祥的母亲。原注：向年入崖之前，先遣射生者于围场外捕得麅虎即遣侍卫驰进慈闱以献新味。追思往事，不禁戚然。

张三营行宫　选自《钦定热河志》

【10月15日】

一日

乾隆三十六年九月初八日(1771年10月15日)，乾隆帝在木兰围场伊绵峪(一说今围场棋盘山镇富城子村，一说今围场杨家湾乡)召见从新疆来朝谒的渥巴锡等土尔扈特部首领。乾隆帝与之行抱见礼，并用蒙古语垂询渥巴锡，赏赐顶戴冠服。翌日，乾隆帝在伊绵峪设盛宴欢迎渥巴锡一行，扈从王公大臣及蒙古王公大臣与宴。渥巴锡等随围观猎。

乾隆六十年九月初三日(1795年10月15日)，立皇十五子颙琰为皇太子。乾隆帝即位之初，曾焚香告天，谓若得在位60年，即当禅位嗣子，不敢上同圣祖61年之数。本日，乾隆帝在圆明园勤政殿召见皇子、皇孙、王公大臣等，将三十八年(1733)所定密缄，展开公同阅看，立皇十五子嘉亲王永琰为皇太子，以明年丙辰为嗣皇帝嘉庆元年，即于元旦举行授受之礼。并改“永”为“颙”。乾隆帝自称“太上皇”，生日称为“万万寿节”。规定军国大事及用人行政大端，太上皇“仍当躬亲指教，嗣皇帝朝夕敬聆训谕”。

嘉庆二十五年九月初九日(1820年10月15日)，道光帝颁发谕旨：所有颁发琉球、越南、缅甸等国的嘉庆帝遗诏，暂且存留，俟更正以后，再行转发，并将原遗诏交回。

一诗

渥巴锡至伊绵峪朝谒

◎乾　隆

通使曾经丙子年，兹徕统部不期然。
名编典属非招致，礼肄鸿胪合惠宣。
类已全归众蒙古，　峪征嘉兆信伊绵。
无心蜀望犹初志，天与钦承益巩虔。

一解

这首诗写于乾隆三十六年(1771年)，原诗题为《土尔扈特汗渥巴锡等至伊绵峪朝谒诗以纪事》。乾隆三十六年九月(1771年10月)，乾隆帝在木兰围场的伊绵峪召见从新疆前来朝谒的渥巴锡等土尔扈特部首领，当时心情十分激动，写下了这首七律来记载这一重大的历史事件。

诗的首联说，丙子年土尔扈特部曾派使臣回祖国觐见大清皇帝。这次能带领全族百姓回归，(是我)没有想到的。原注：“土尔扈特汗敦噜布喇什曾于乾隆丙子秋遣使入贡，今其子渥巴锡率全部归顺，更为不期而至者。”丙子：乾隆二十一年(1756年)。徕(lái)，招徕，使……来。

诗的颔联说，记入名册并非是理藩院招之使来。应当(对他们施以)恩惠，敬重和宣扬他们矢志回归的精神。典属，此处借指清代的理藩院。

诗的颈联说，(到现在)蒙古各部大体上已经全部归顺大清王朝。相信伊绵峪的好征兆应验了。原注：“是地旧名布祜(hù)图昂阿。乙酉秋噶尔藏多尔济来朝于此，丁丑、戊寅，哈萨克布鲁特归化，其使臣并于此朝谒，因名斯峪曰伊绵。今土尔扈特全部归顺，又适瞻觐于此。伊绵者汉语会归之意也。”类，大体，大致。征，应验。兆，预兆。乙酉，乾隆三十年(1765年)；丁丑，乾隆二十二年(1757年)；戊寅，乾隆二十三年(1758年)。

诗的尾联说，一直没有想到土尔扈特蒙古会全部归附。上天赐予的权益要诚惶诚恐恭恭敬敬地接受。原注：丙子，宴土尔扈特使臣诗有“无心蜀望更勤遐”之句。盖彼时土尔扈特犹远阻俄罗斯，虽有向化之心，无由极远服，并未尝犹存奢望，即今渥巴锡等弃俄罗斯举属内附，亦非有借招致而徕，且准噶尔四卫拉特从此无不隶我臣仆，尤始念所不及耳。蜀望，典自成语“得陇望蜀”。卫拉特，清代对西部地区蒙古各部的总称，也写做厄鲁特。

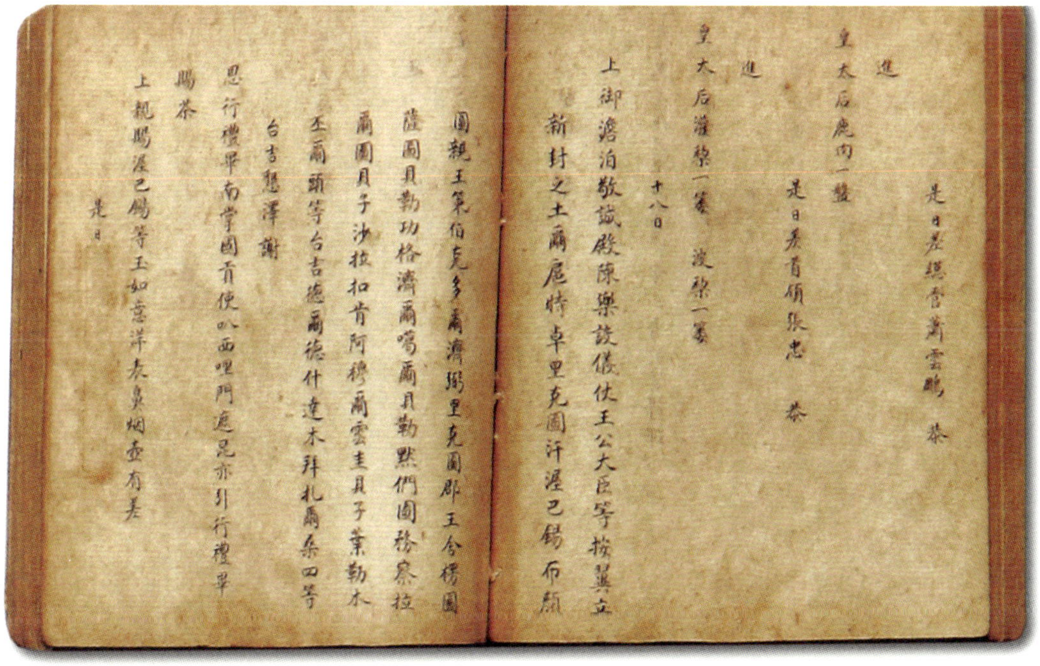
是日差[illegible]雲鵬　茶
進
皇太后鹿肉一盤
是日差首領張忠　茶
進
皇太后[illegible]梨一箋　波梨一箋
十八日
上御澹泊敬誠殿陳樂設儀仗王公大臣等按翼立
新封之土爾扈特卓里克圖汗渥巴錫布顏
圖親王策伯克多爾濟弼里克圖郡王舍楞圖
薩圖貝勒功格濟爾噶爾貝勒默們圖務察拉
爾圖貝子沙拉扣肯阿穆爾雲圭貝子葉勒木
丕爾頭等台吉德爾德什達木拜札爾[illegible]四等
台吉懇澤謝
恩行禮畢南掌國貢使以西哩門庭見亦引行禮畢
賜茶
上親賜渥巴錫等玉如意洋表鼻烟壺有差
是日

土尔扈特部渥巴锡等首领在受到乾隆帝册封后向乾隆皇帝谢恩，乾隆帝又赐给渥巴锡等人玉如意、洋表和鼻烟壶等物品。

渥巴锡画像

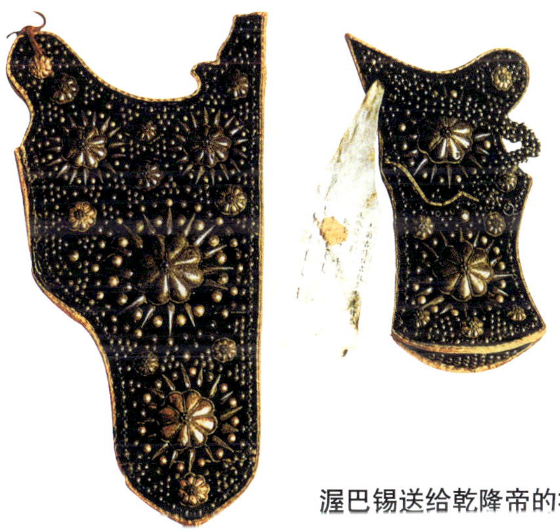
渥巴锡送给乾隆帝的礼物

伊绵峪　乾隆帝召见从新疆来朝谒的渥巴锡等土尔扈特部首领之地，今围场棋盘山镇富坡子村。

【10月16日】

一日

乾隆二十三年九月十五日(1758年10月16日)，乾隆帝在避暑山庄指示，回部平定后，由驻防伊犁大臣总理回部事务。

嘉庆二十四年八月二十八日(1819年10月16日)，嘉庆帝在木兰行围返京途中，于滦平巴克什营地方，兵部大印丢失，即发生所谓“兵部遗失行印案”。

一诗

览热河井邑之盛成诗三首

◎乾 隆

万家烟火较前增，井邑纷填有卖蒸。
可识圣人弘爱育，山庄小试有明征。

避赋避灾离里闬，垦原垦隰艺桑麻。
惭无为养因无禁，中外由来久一家。

蚩眩喧闻列肆声，高楼纵目玉旻清。
有秋市物翻增价，近利人言却至情。

一解

诗写于乾隆十四年(1749年)。诗题是编者加的。原诗题为《览热河井邑之盛知皇祖父煦妪之深即目九秋断章三首》意思是，游览热河街市，一片兴旺景象。深切感到皇祖父爱民育民恩情深远，就所见有感于此秋天成诗三首。井邑，街市。井，泛指人口聚集地。邑，城市，村镇。煦妪(xùyú)，覆育、抚育。即目，就所见。九秋，秋季九十天故称九秋。断章，断取诗文的一篇一章。此处指绝句。

第一首诗的大意是，先前说热河有万家灯火，现如今已超过万家。街市上挤满做生意的人。这可以看做皇祖父爱育百姓宏大之心的标志，你只要到热河(山庄)来稍微考察一下，就会发现明显的特征。纷填，充满。原诗注：皇祖诗云“聚民至万家”，今则不止于万，俨成大邑矣。

第二首诗的大意是，热河本无土著，山东、山西之民徙来者，总不出此二事(指避赋避灾)。我惭愧不能使百姓在家乡有富裕的生活，因此他们来热河开垦荒地，也不禁他们。汉族与少数民族杂居一家，也由来已久了。原诗注：迁徙而来者岂非惰民？然内地户口日增，今有塞外可垦之地，则亦听之而已，故不事丈量督察也。

第三首诗的大意是，街市上欺诈之术令人迷惑，叫卖声、讨价还价声从那里传出来。但是，站在高楼上放眼望去，秋季的天空玉洁光润一片清朗。到了秋天集市上除粮食外，所有物品价格都翻番。但你听生意人所说的理由，也确实是人之常情。原诗注：此间惟米价最平，他物无不增价者，询之市人，则云隔岁来巡，吾侪趁此获利。此虽无厌之谈，而实人情所有。

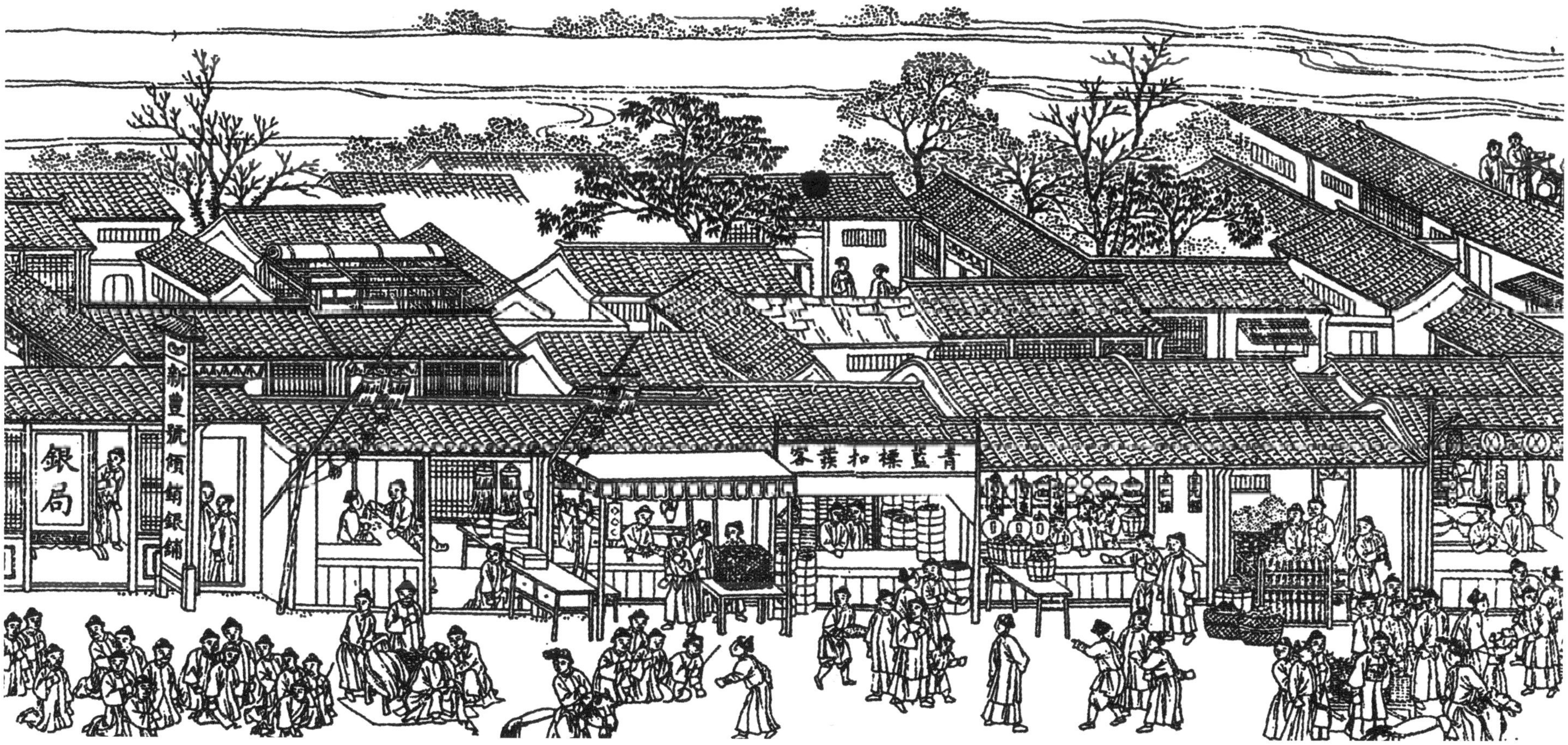

“万家烟火较前增，井邑纷填有卖蒸。”

【10月17日】

一日

康熙二十八年九月初五日(1689年10月17日)，康熙帝驻跸拜察谷(今白岔河)行宫，理藩院奏报喀尔喀饥荒，康熙诏谕："今闻喀尔喀国内饥荒，互相杀掳，朕欲普天万国皆得其所，一体加恩，何忍喀尔喀流离至此？故特遣大臣收集流亡，使喀尔喀等安得其所。"

康熙四十七年九月初四日(1708年10月17日)，康熙帝在木兰行围途中，于布尔哈苏台(今围场县大素汰梁南)驻地，召诸大臣、侍卫及文武官员等齐集行宫前，命皇太子跪地，历数皇太子胤礽之罪，宣布废黜皇太子之位，康熙帝言罢痛哭扑地。命将胤礽即行拘执，其党羽六人正法，四人发充盛京。回京后，胤礽被幽禁在咸安宫。

乾隆二十年九月十二日(1755年10月17日)，乾隆帝在避暑山庄澹泊敬诚殿受绰罗斯台吉噶尔藏多尔济等朝拜。封噶尔藏多尔济为绰罗斯汗，策凌为都尔伯特汗，沙克都尔曼为和硕特汗，巴雅尔为辉特汗。

乾隆二十五年九月初九日(1760年10月17日)，重阳节，乾隆帝在木兰行围途中，亲诣皇太后行殿侍膳，蒙古王公恭进御宴。乾隆帝陪皇太后阅马戏。乾隆帝作《塞宴四事》诗，描绘了在"木兰秋狝"结束后举行庆祝娱乐活动的热烈场面。

咸丰四年八月二十六日(1854年10月17日)，承德新设官钱局——宝德局，开炉试铸。炉座设在西大街西段南半街。

一诗

蒙古王公等进宴即席得句

◎乾 隆

木兰岁岁秋围举，东道名藩许献芹。
幕设崇冈菊节度，席联新部雁行分。
汤羊美胜八珍膳，诈马催来千锦群。
诸伎毕陈行赏罢，一家和乐万方闻。

一解

这首诗写于乾隆二十五年九月初九日(1760年10月17日)重阳节。是日，乾隆帝在行殿向皇太后行礼并侍宴。其后，蒙古王公设宴招待乾隆皇帝，乾隆皇帝即席赋句。诗歌描写了热烈的宴会氛围，表达了中外一家亲的和美之情。

诗的首联说，原注：旧例木兰行围，扎萨克盟长等进公宴、家宴凡数次。朕命合数宴为一，所贡之马、驼、牛、羊并却不纳，既以联中外一家之情，兼寓体恤之意云。献芹，谦称赠人的礼物菲薄。

诗的颔联说，重阳佳节，帐幕设在高岗上，宴席上新归顺的各部首领排列成行。节度，指节序度数。重阳节菊花盛开，故称菊节度。原注：是日重九，即重阳节。随围之都尔伯特亲王策凌乌巴什等，回部郡王霍集斯伯克等并命预宴列坐。

诗的颈联说，虽然是汤羊之类的家宴，却胜过八珍御宴；在宴席中又表演了诈马之戏，声势很大，聚集了千百骏马竞赛。八珍：珍贵的食品。《三国志·魏·卫觊传》："饮食之肴必有八珍之味。"诈马，元代蒙古习俗，于赛马后举行盛宴，称诈马宴。清代举行"木兰秋狝"时，亦有此举。

诗的尾联说，诸伎表演完毕，进行赏赐，以表答谢之意。本来嘛，各族民众就是一家人，和乐相处，天下皆知道。

塞宴四事图

【10月18日】

一日

康熙十六年九月二十二日(1677年10月18日)，漠南、漠北西蒙古发生布尔尼反叛、噶尔丹袭杀车臣汗等事件，康熙帝开始把注意力转向北部蒙古，出巡塞外，康熙帝今日驻跸喀喇城南(喀喇河屯，今承德市双滦区滦河镇)，赐喀喇沁郡王扎什暨镇国公乌特巴拉等弓矢。

乾隆六年九月初九日(1741年10月18日)，重阳节，乾隆帝奉皇太后驻跸喀喇河屯行宫，在逍遥楼登高。

咸丰十年九月初五日(1860年10月18日)，英军马步兵数千人奉额尔金之命，赴海淀焚烧圆明园，大火三日不熄。历时一百五十余年修建、耗银上亿两的东方名园、艺术宝库在侵略者的暴行之下，化为灰烬。

[评]“我们欧洲人总认为自己是文明的人，在我们眼里，中国人是野蛮人，然而，文明竟是这样对待野蛮的！在将来交付历史审判的时候，有一个强盗就会被人们叫做法兰西，另一个叫做英吉利！”(雨果语)圆明园是中华民族文明智慧的结晶，是人类艺术宝库中的一颗璀璨明珠，英法联军火烧圆明园，不仅给中华民族造成了永久的伤痛，更是对人类文明犯下的不可饶恕的罪行。英法联军的暴行，把它们永远地钉在了历史的耻辱柱上。

一诗

万树园灯词八首(选五)

◎乾　隆

举首锤峰月正圆，莲花万树焖辉鲜。乍教秋夕成春夕，共道今年胜去年。

觻得钧耆昔受盟，赐观灯事沐光荣。绰罗斯氏彼中贵，共拜新恩奉大清。

底须节物玉粱糕，菊酒才过兴尚豪。四面云山绝顶处，胜地元胄共登高。

黄幕穹庐向远开，灯光月色共徘徊。紫霞满酌亲分赐，毳服儒冠杂来。

烟火三番万树园，银花高下玉蛾繁。今宵未弛金吾禁，都道居然度上元。

一解

这组诗写于乾隆二十年九月(1755年10月)。平定准噶尔后，准噶尔绰罗斯台吉噶尔藏多尔济、辉特部台吉巴雅尔、和硕特台吉沙克多尔漫济率所部投诚，先后抵达热河朝谒，以示臣服大清。受到乾隆帝赐宴、封汗待遇。乾隆多次在万树园赐宴、赏观火戏。这组诗形象地描绘了这种场面。

第一首诗描写了月夜放灯、秋夜如同一刻千金的春宵一样美好。

第二首诗描写了各部前来投诚，中外一家的豪迈之情。

第三首诗描写了在四面云山登高畅饮的场面。

第四首诗描写了各民族首领欢聚一堂的热烈场面。

第五首诗描绘了万民同庆、普天共度佳节的喜庆场面。

圆明园大水法遗址

大水法复原图 上图内圆为大水法复原图，外圆为“铺首”，是英法联军抢劫后残存的圆明园长春园画玲珑馆陶嘉书屋门上的遗物。

【10月19日】

一事

乾隆二十三年九月十八日(1758年10月19日)，乾隆帝奉皇太后自避暑山庄回京，至两间房行宫(今滦平县两间房)，开始对情实官犯、服制情实人犯及各省情实人犯逐一进行最后一次复核，分别予以勾决或缓决。本年秋审共计处决458人，停决19人。

嘉庆二十三年九月二十日(1818年10月19日)，热河承德府属烟筒山聚众盗挖铅沙，发生争矿穴械斗，热河都统伊冲阿派员查拿，仅抓获六人，其余首要犯二十余人多数逃逸。本日嘉庆帝责派委都司等，以其延玩，革去顶戴，勒限缉拿。

一诗

重阳节侍皇太后登高览胜之作

◎乾 隆

遥峰近岭罨烟光，高处琼楼了不凉。
为要重阳酬令节，暂教十日驻山庄。
綵丝结佩仙萸紫，玉座称觞寿菊黄。
稍异宫中行乐处，稔秋俯眺遍仓箱。

一解

乾隆十四年九月初九日(1749年10月19日)重阳节，乾隆帝奉皇太后幸避暑山庄磬锤落照，登高侍膳。赐扈从王公大臣蒙古王公等宴。

这首诗的大意是，从锤峰落照望四周远山近岭，被一片云霭雾气遮盖着，仙境一般的宫殿一片寒凉。为了应对重阳节，今年自热河回銮比往年暂缓十天。侍宴时按重九登高饮酒习俗佩戴着彩色丝线，连着紫萸囊，于御座上向皇太后行礼举杯祝福长寿。这里与宫中消遣稍微不同的地方，就是丰收的秋天，在此高处览胜，往下可以看到远处遍地丰收的景象。

"康熙三十六景"之锤峰落照　选自《避暑山庄图咏》

"遥峰近岭罨烟光"

【10月20日】

一日

康熙三十六年九月初六日(1697年10月20日)，阿南达副都统报称，厄鲁特丹济拉率家属79人来降，康熙帝谕授丹济拉为散佚大臣，其子多尔济塞卜腾为一等侍卫，俱安插张家口外，编入察哈尔旗。

雍正元年九月二十二日(1723年10月20日)，直隶摊丁入亩，从户部议，准直隶巡抚李维钧之请，将该省丁银摊入田粮之内，于雍正二年为始，造册征收。计每地银一两，摊入丁银二钱二厘。

乾隆三十年九月初六日(1765年10月20日)，承德普宁寺为汉藏建筑形式相结合的典型寺院之一。主体建筑大乘阁供奉着世界上最大的木雕佛像——千手千眼观世音。三世章嘉活佛在普宁寺讲经堂为漠北蒙古宗教领袖哲布尊丹巴活佛传授经典。

嘉庆十六年九月初四日(1811年10月20日)，嘉庆帝驻跸阿贵图(今围场庙宫东横河子锥山沟)。命在木兰东哨门内建兴安大岭神祠，定每年秋狝经行，亲诣拈香。由西崖口进哨之年，则由礼部奏派官员致祭。

一诗

行围四咏

◎乾　隆

撒围

塞山万壑纠，猎士五更行。
撒阵常冲黑，成行始质明。
蚕丛度衽席，鱼丽辨徽旌。
曾不言劳苦，嘉哉奉上情。

一解

这首诗写于乾隆十七年(1752年)。行围又称打围或围猎。清入关前即已盛行，后渐成制度。康熙二十年(1681年)，康熙皇帝设置木兰围场，岁行秋狝。行围是秋狝方式之一种。康熙、乾隆朝多次进行，这既是军事活动，也是重大政治活动，对维护多民族国家统一和巩固皇权起到了积极作用。乾隆帝每次出塞行围都写有诗篇。这些诗歌描绘了途中所见、所闻、所感，现实性很强，同时还具有一定的史料价值。撒围是行围的第一步，八旗将士突破障碍，向预定的目标突进，往往在天未明时开始。

诗的大意是，塞上千山万壑纠集在一起，撒围的猎士天刚亮就开始行动了。撒围时常冒着黑夜而行动，天才亮就已经成行了。崎岖的山路上排满了宿营帐殿，按照一定的方式形成阵法。不要说撒围的劳苦，侍奉皇太后的亲情是多么美好呀。原注：蒙古管围诸王公每以五更率猎士先往撒围。纠，聚集。质明，天刚刚亮。蚕丛，蜀地，此指山路难行。衽(rěn)席，卧席，引申为寝处之所，借指宿营帐殿；鱼丽，古军阵名。此处喻指撒围如布阵，以黄旗为核心，分两翼以红旗和白旗延伸围拢，蓝旗为两翼前哨，前哨进，后队依次进发，逐渐形成包围圈；徽旌，用作标识的旗子。

大乘之阁千手千眼观世音

三世章嘉国师坐像

普宁寺(老照片)

【10月21日】

一日

康熙三十六年九月初七日(1697年10月21日)，康熙帝驻跸汗特木尔达巴汉(今围场县四道沟乡骆驼梁古城)地方，厄鲁特名族丹济拉至御营朝见。为免其疑惑，康熙帝屏退侍从，与之独语良久。丹济拉出，惊谓诸大臣曰："我乃叛逆罪人，穷困始来归命，乃皇上略不致疑，尽屏左右召我入见，且蒙恩授我显爵，乃知圣主至勇至仁如此，令我诚心感戴，永不敢有异心矣。"

康熙四十二年九月十一日(1703年10月21日)，口外第八处行宫——一百家子行宫(即后来的隆化张三营行宫)开始修建，监察御史永泰承建。康熙帝于本日颁谕旨给永泰称："尔所建房屋，居八处之首。"此行宫总计建房410间，用银57413两。

乾隆二十二年九月初九日(1757年10月21日)，重阳节，乾隆帝驻跸张三营(今隆化县张三营)行宫，审阅本年秋审官犯册，发现拟斩原任湖南蕃司杨灏一案定拟缓决，大为震怒，手颤愤慄，命将原拟之湖南巡抚蒋炳革职拿解来京，贪赃之杨灏即行正法。

咸丰十一年九月十八日(1861年10月21日)，两宫皇太后以载淳名义于热河行宫命醇郡王奕環缮就谕旨，将载垣等三人解任。

一诗

行围四咏

◎乾　隆

待围

两旗合帐殿，千骑列云涯。
试看止齐势，端称左右宜。
弥缝休欲速，磬控尚需时。
勒马平冈待，斐然立就诗。

一解

待围是行围的第二步，军队到达指定地域后，布好阵势，等待命令。

诗的大意是，设布城为看围所，奉皇太后观览，两翼首旗各驰至此为始合，则众骑以次徐进云。请看军士们列队的整齐肃然，真可以说是左右两翼完全适宜。不要很快合围，需要等待命令。勒住马的缰绳，在平冈上待围，不由得诗兴大发，立马就吟出了富有文采的诗句。云涯，天边；涯(yá)，边际。斐(fěi)然，有文采的样子。

木兰秋狝图（局部） 兴隆阿绘

【10月22日】

一日

康熙十六年九月二十六日(1677年10月22日)，康熙帝驻跸达希喀布齐尔口(今平泉县大吉口)，赐巡狩边外所调喀喇沁多罗杜陵郡王扎锡、镇国公吴忒巴喇等所属塔布囊等蒙古官兵1500人衣、帽、带、靴、白金、缎布，并在黄幄召王公等入内赐食。

康熙四十一年九月初二日(1702年10月22日)，内务府奏请修建出塞第一站两间房行宫(今滦平县两间房)，康熙帝钦定派遣广储司郎中尚知杰前往两间房监工，由吏部郎中穆丹承建(即作为皇帝钦定的出资人)。两间房行宫于第二年完工，总计建房417间，用银48998两。帝赏承建者。

雍正十一年九月十五日(1733年10月22日)，雍正帝为《当今法会》撰写序文。是年，在宫中举行法会，召集全国有学行的僧人参加。雍正帝亲自光临法会，并收庄亲王胤禄(号爱月居士)、果亲王允礼(号自得居士)、宝亲王弘历(号长春居士)、大学士鄂尔泰(号坦然居士)、大学士张廷玉(号澄怀居士)等14人为门徒。

一诗

行围四咏

◎乾　隆

合围

周阹笑繁重，善御信何称。
岂有车从兽，何殊屠命僧。
诡驰我所戒，连中众多能。
佗藉无须亟，留资岁岁仍。

一解

合围是行围的第三步，军队形成包围圈，猎取禽兽。

诗的大意是，包围起来的禽兽太多了，善于支配才确实值得称道。不要把包围起来的禽兽都猎取完了，如果那样，与和尚杀人有什么区别呢？偷袭的行为应该禁止，光明正大地连发连中才能展示大家的才能。逃脱的禽兽就让它们逃掉吧，不要急急忙忙去追赶，留着明年再打猎吧。周阹(qú)，围猎禽兽的网圈。殊，差别。佗藉，逃脱掉。亟(jí)，急忙。

两间房行宫 选自《钦定热河志》

木兰图卷·合围 选自《清史图典》

木兰秋色

【10月23日】

一日

康熙四十一年九月(1702年10月)，清廷督修口外第二处鞍子岭(今滦平县长山峪鞍子岭)行宫工程，由监督御史雅思泰承建。至康熙四十三年五月二十五日(1704年6月26日)呈报建房工竣。共建大小房屋420间，用银59000千两。

康熙四十二年九月十三日(1703年10月23日)，口外第六处行宫蓝村行宫(后改称蓝旗营行宫，今滦平县小营乡)由监察御史赫硕色承建，共建房屋423间，用银53687两。

自康熙四十二年(1703年)至康熙五十九年(1720年)，又先后在口外御路上建立七处行宫。康熙四十二年建唐三营行宫(今隆化县唐三营)；康熙四十三年建王家营行宫(今滦平县王家营)；康熙四十九年建巴克什营行宫(今滦平县巴克什营)，二沟行宫(今承德县二沟乡)；康熙五十一年建黄土坎行宫(今承德县黄土坎北甸子村)；康熙五十九年建什巴尔台行宫(今隆化县十八里汰村)。

一诗

行围四咏

◎乾　隆

罢围

地不伤农事，情还联众欢。
陈牲蔽芳甸，颁获逮儒冠。
习武毋忘业，畅游亦戒盘。
控弦教憩息，西日在枪竿。

一解

罢围是行围的第四步，围猎结束后举行庆祝活动。

诗的大意是，打猎不妨碍农业生产，还能因此联络众人的感情。安放的猎物遮住了芳草甸，赏赐猎物直到汉族的大臣。汉大臣围者颁获每及之。习武劳身不能忘记祖宗大业，塞外畅游要注意不能耽于玩乐。太阳还未落山，让弓箭手早点休息吧。颁获，赐予猎物。儒冠，儒生，读书人，这里指随围的汉族大臣。盘，通槃，取乐，玩乐。枪竿，岭名。

清帝北巡行宫之一敕建协义昭灵神祠即西庙宫

【10月24日】

一日

康熙十六年九月二十四日(1677年10月24日)，康熙帝首次塞外巡猎还京途中，行至宽城冰窖(今仍其名)附近达兰苏墨地方，见一人卧道旁，随即遣侍卫往视，知为民人王四海，从边外打工还家，因食尽饥馁，卧不能起。康熙帝说："谁非朕赤子者，此人饥馁僵卧，深为可怜。"命喂粥抢救，后命大学士索额图详问其情，并命喜峰口驻防官员善养并送还原籍。

乾隆二十六年九月二十七日(1761年10月24日)，命总督方观承酌定章程，开采热河煤矿。

咸丰十年九月十一日(1860年10月24日)，奕䜣和额尔金签订《中英北京条约》，并互换《天津条约》。次日又同葛罗金签订《中法北京条约》，互换了《天津条约》。

一诗

至避暑山庄即事

◎ 裘曰修

山庄到处秋如画，胜日来时境是仙。
壮士扈从亲较射，名王入觐岁开筵。
谋深帷幄皆长算，吟到禽鱼有夙缘。
此地只有房闼内，年年清跸与周旋。

一解

工部尚书裘曰修的这首诗以避暑山庄宫内的见闻为题材吟咏当前大事，语句简洁、凝练。

诗的大意是，秋日的避暑山庄处处风景如画，美好时节相聚之日如在仙境一般。扈从的勇猛将士亲自参加射技比赛，来山庄朝觐的少数民族王公首领，每年都摆设酒席招待他们。皇帝在避暑山庄为国家谋划长远大计，亦在万几余暇圣制吟诵有缘分的鹤鹿之游、鸢鱼之乐。此地因有宫闱，所以每年出行到这里，都要清道戒严，并接见来热河行宫的少数民族王公首领。胜日，美好相聚之日。较射，射技比赛。名王，指少数民族声名显赫的王。这里指来避暑山庄朝觐的少数民族王公贵族首领。帷幄，指天子决策之处。长算，长远之计，指国策。夙愿，前生的因缘。房闼(tà)，宫闱。此指宫内。清跸，皇帝出行，清道戒严。周旋，古代行礼时进退揖让的动作，引申为交往、应酬之意。

“山庄到处秋如画，胜日来时境是仙。”

【10月25日】

一日

乾隆三十六年九月十八日(1771年10月25日)，乾隆帝在避暑山庄澹泊敬诚殿册封渥巴锡为旧土尔扈特部卓里克图汗，策凌伯克多尔济为旧土尔扈特部布延图亲王，舍楞为新土尔扈特部弼里克图郡王，巴木巴尔为毕锡呼勒图郡王，以上土尔扈特各有牧地，统由清政府伊犁将军总理其事。接见封爵后，按夜宴三车凌规格，多次在万树园、溥仁寺等地为渥巴锡一行举行盛大宴会，观火戏，时间长达14天之久。

乾隆三十六年九月十七日至二十日(1771年10月24日至27日)，普陀宗乘之庙唪念开光经，章嘉胡图克图、哲布尊丹巴二位大活佛主持。乾隆帝赏赐二位活佛：绣金龙袍料一件，妆缎一匹，蟒缎一匹，大卷八丝缎一匹，小卷八丝缎三匹，大荷包一对，小荷包十个。其他胡图克图三名，赏绣金龙袍料、蟒缎、八丝缎各一匹。

一诗

安远庙普度殿楹联

◎乾　隆

竺乾云护三摩峙

朔漠风同万里绥

一解

此楹联于乾隆二十九年(1764年)悬于安远庙主殿普度殿楹柱上。楹联的大意是，西方极乐世界的祥云护持着承德安远庙与武列河对岸的普宁寺，巍峨壮观，耸入云天；西北边疆地区的风尚与中原内地一样，和平安定。竺乾，印度的别称，这里指庙宇。三摩，指安远庙对面仿西藏三摩耶庙而建的普宁寺。这副楹联表达了利用佛教来团结边疆蒙藏民族、安定边疆、维护国家统一的胸怀。

安远庙普度殿楹联

【10月26日】

一日

康熙四十二年九月十六日(1703年10月26日)，康熙帝驻跸鞍子岭行宫，康熙帝向扈从人员讲解塞外山果乌沙尔器。康熙帝颁赐山果给众人品尝，并说："此果之木，大者可为弓，小者可为箭。木虽偶裂，亦坚固不可断，塞外名木也。"乌沙尔器果实如樱桃，微酸，其核如小瓜子。

咸丰十一年九月二十三日(1861年10月26日)，咸丰帝梓宫由热河避暑山庄启驾，两宫皇太后偕载淳由间道还京，命载垣、端华随驾，肃顺护梓宫行。

一诗

乌沙尔器

◎乾　隆

树名，生塞外，秋结红果一枝，累累千百颗，见《广群方谱》。

红子垂垂绿叶飘，岩关一线限春翘。
女姨赋物饶神解，塞外奇蕤映绮寮。
是果皆花自作林，珠囊错落翠阴森。
笑他移植郭驼拙，只许行宫伴倚吟。
珊瑚为宝玉为叶，艳发秋风也自豪。
不向广群芳谱检，只疑天竺与樱桃。

一解

这首诗写于乾隆二十年(1755年)秋。乾隆帝在长山峪行宫沟谷间所见，乌沙尔器是满语"沙棘"的称呼。诗中说，自然造化万物真是令人难解，在塞外居然有如此奇特的树木。常命移植御园，虽成活而不茂，地气之限有如此者。女姨，传说中掌春夏万物生长之神。奇蕤(ruí)，美丽下垂的花。郭驼，此处借指种树之人。

“红子垂垂绿叶飘，岩关一线限春翘。”

【10月27日】

一日

乾隆三十六年九月二十日(1771年10月27日)，渥巴锡一行与喀尔喀蒙古、内蒙古、青海、新疆等少数民族王公贵族云集热河，参加普陀宗乘之庙(俗称小布达拉庙)落成典礼。三世章嘉国师与三世哲布尊丹巴共同主持，举行了有千余名僧人参加的竣工典礼和祈愿法会。乾隆帝亲自参加。本日，乾隆帝亲撰《土尔扈特全部归顺记》、《优恤土尔扈特部众记》碑文，以满、汉、藏、蒙四种文字镌刻于两通巨大石碑上，立于庙内，以资纪念。

[评]土尔扈特部万里回归，付出了巨大牺牲，这一壮举，轰动了全国乃至世界，产生了巨大影响。这是土尔扈特部对维护国家统一民族团结作出的巨大贡献。清政府对土尔扈特部的优恤，表现了民族政策的感召力和向心力，谱写了中华民族团结、国家统一的史诗。

一诗

普陀宗乘庙落成拈香得句

◎乾　隆

递肖何妨屡普陀，金刚四句括无多。
层楼金瓦辉香象，偏袒黄衣演法螺。
虔为祝厘开八秩，会逢归极仰三摩。
撰良庆落欣瞻礼，曰罪曰知且付他！

一解

这首诗写于乾隆三十六年(1771年)。这年是乾隆帝六十大寿，次年又是他母亲(皇太后)的八十大寿。为此，在乾隆三十二年(1767年)就下令在避暑山庄宫墙外的北部山岗上动工修建普陀宗乘之庙，占地22万平方米。普陀宗乘之庙是仿照西藏拉萨的布达拉宫而建，有浓厚的藏式风格。乾隆三十六年(1771年)秋该庙落成时，各少数民族首领齐聚避暑山庄祈福，并为皇太后祝寿。九月，刚刚回归的土尔扈特首领渥巴锡也从西北赶来朝见。新庙落成典礼喜庆气氛浓烈。拈香(niānxiāng)，焚香，指燃香礼佛的宗教仪式。

诗的首联说，接二连三地仿建普陀山观世音寺庙并不多余，《金刚经》中的四句佛语概括地说其实很简单。递，顺着次序。肖(xiào)，相似，模仿。普陀，指普陀山，在浙江省舟山群岛东南的普陀岛上。因佛教《华严经》有善财童子参拜观音菩萨于普陀洛伽之说，使普陀山成为观世音的道场，"普陀宗乘"就是这个意思，是藏语"布达拉"的意译。金刚四句，指《金刚经》中的四句偈语："一切有为法，如梦幻泡影，如露亦如电，应作如是观。"主要讲的是"有既是无，无既是有"的唯心认识论。

诗的颔联说，层层高楼金瓦辉煌庙宇宏伟青石巨象立门前，高僧喇嘛黄色袈裟右臂袒露法螺高奏诵佛经。香象，佛经中提到的巨象，青色，有香味。普陀宗乘庙内五塔门前左右塑有一对青石大象，是佛教大乘派的象征。黄教的喇嘛僧念经时，身穿黄色袈裟露出右肩膀。法螺是佛教法事中使用的乐器。

诗的颈联说，敬祝皇太后八十大寿君臣贺喜祝福；正逢渥巴锡万里归来共同仰拜佛祖。祝厘(xī)，祝福。八秩：十年为一秩，八秩为八十岁。三摩，佛教《法华经》云：释迦牟尼三摩菩萨之顶，而后向他们传授法华经，这里用作佛祖如来的代称。

诗的尾联说，在庆祝寺庙落成典礼的时候选好日子欣然前往瞻拜，说我犯罪还是了解我建庙的初衷就随后人去评说吧！撰(xuǎn)：选择良辰吉日。撰，通"选"，选择。

万法归一图 乾隆帝偕土尔扈特首领渥巴锡出席由三世章嘉与三世哲布尊丹巴共同主持的普陀宗乘之庙落成典礼

【10月28日】

一日

乾隆二十三年九月二十七日(1758年10月28日)，乾隆帝以霍集斯昔日擒献达瓦齐有功，今又以乌什归诚，特封其为公爵，赏戴双眼孔雀翎、宝石帽顶、天马褂。霍集斯之父原为吐鲁番头目阿济斯和卓，康熙年间辗转迁徙乌什。

咸丰十年九月十五日(1860年10月28日)，咸丰帝在避暑山庄烟波致爽殿西暖阁批准了《北京条约》。

[评]通过《天津条约》和《北京条约》，外国侵略者摄取了比第一次鸦片战争更多的特权，他们的政治、经济、文化势力扩大到整个中国沿海和广大内地。此后，他们逐步控制了清朝中央政权，控制了中国海关和对外贸易，扩至了中国沿海和内地交通事业，中国半殖民地的程度大大加深了一步。

一诗

秋狝扈驾

◎雍　正

玉帐秋风劲，朱旗霜野开。
千屯瞻凤葆，万骑待龙媒。
犬疾追狐窜，弓鸣逐鹿回。
天颜微一笑，欢动震如雷。

一解

这首诗描绘了作者随从父皇康熙秋猎时的盛大场面，充满了豪迈之情。

诗的大意是，在强劲的秋风中布下一座座营帐，旌旗在布满寒霜的野地里迎风招展。成千上万的人聚集在那里，等着皇帝的到来。猎犬飞快地追逐着四处乱窜的狐狸，弓箭声里，野鹿被追得来回乱窜。皇帝微微一笑，引来众人欢呼之声，就像是雷响。凤葆，皇帝的仪仗，即凤盖。龙媒，骏马的名字。

烟波致爽殿西暖阁是咸丰帝批准《北京条约》的地方

咸丰帝曾励志“戒急用忍”悬挂烟波致爽殿东室墙上

咸丰帝朝服像

【10月29日】

一日

康熙五十一年九月三十日(1712年10月29日)，皇太子胤礽再次被废。

[评]皇太子的两立两废，一方面是圣祖康熙帝宽容仁爱和姑息的结果，没有处理好皇帝与储君的矛盾，也预示着立储制度尝试的失败。清代立储制，为康熙帝所创，虽思之久远，却事与愿违。这是皇位继承制结下的苦果。

康熙二十七年十月初六日(1688年10月29日)，经议政王大臣会议，准许土谢图汗、哲布尊丹巴等率众内附，并发归化城米粮赈济。不久，喀尔喀蒙古车臣汗乌默客率众十余万人亦来归顺，清廷将其安置在各个牧场。

乾隆六年八月二十日(1741年10月29日)，乾隆帝结束首次巡幸“木兰秋狝”大典，奉皇太后回銮。此后每年除特殊情况外，例于六、七月之交自圆明园启程，先到避暑山庄，八、九月进哨木兰行围，然后再回避暑山庄，九、十月还驻圆明园。乾隆帝临御六十年又太上皇训政三年，举行“木兰秋狝”39次。行围592场，进出728天。

乾隆三十六年九月二十二日(1771年10月29日)，商人王起凤闻土尔扈特归顺入觐，即携带货物来热河贸易，以供远人之需。乾隆帝以其颇晓事体，加恩赏给王起凤五品职衔，赏数珠一盘。

一诗

射熊行

◎乾　隆

虞人来报熊咆林，佽飞亲率崇树寻。
倏眒群逐出丛樾，一箭要害洞中深。
馥焉肆地目精散，封豨有力驮难任。
復报翠微出其子，驻马掩搏观勇士。
须臾子路入槛笼，手罴足麢宁虚揣。
畜之虎圈暂贷生，平原不射非所拟。

一解

乾隆三十二年八月(1767年9月)中秋节后，乾隆帝行围木兰，驻跸海拉苏台(今围场腰站附近)、都木达乌拉岱(今围场广发永)、鄂尔楚克哈达(今围场哈里哈)、张三营等地，其间猎熊一只。

诗的大意是，掌管山泽苑囿的官吏报告有一只大熊在山林里咆哮，随猎武官亲自率领到崇山树林里去搜寻。众人急速地将熊驱赶出密阴的丛林，发射一箭就击中要害打出个深洞。熊被箭射中倒地眼珠子散开，这只熊因为太大，有力气的背起也难以上肩。又有人来报山旁险要之处出现了熊仔，停下来不走藏掩看着勇士们。片刻之间这只熊仔便纳入有阑槛装禽兽的笼子。抓回来养在虎圈里，这是在平原地方不射归宿的禽兽所不能比拟的。

乾隆帝射熊图　故宫博物院提供

【10月30日】

一日

道光十八年正月到七月(1838年2月至8月)间，热河都统耆英、钦差大臣文庆，要求热河总管福泰、那扬阿，清点山庄芳园居、烟波致爽、如意洲、乐寿堂、月色江声、松鹤斋、清音阁等处陈设器物，计有各种陈设22800余种，另有玉玩陈设3188件，各种自鸣钟164个，怀表31件，铜瓷漆竹木石镶嵌陈设手卷、册页等19400余件，共计45583件，后俱送北京。同年，山庄芳园居所存银两43946两8分4厘、散存银两102000两、银牌一两重500个、一两重银锞15697个、五钱重银锞7360个一并运送北京内务府。

一诗

济尔哈朗图行宫作

◎乾 隆

济尔哈朗图者，蒙古语谓“安乐所”也。凡水草佳处则名之以居。波罗河屯卜克打坂之中，命发内务府储建行宫数宇，以省行营驼载之劳。工既落成，跸适旋驻。赋以七字诗，得二章。

北来按顿有行宫，卜克今年路再通。致远欲休群畜力，发储匪借庶民攻。
溪山不尽足真趣，藻绘毋施爱朴风。容膝已佳此多矣，禹无间处企难同。

纳稼田余秉穗多，富秋历阅喜无过。一溪流水村前绕，四面晴山户外罗。
便犒诸藩歌湛露，兼宣翰苑咏卷阿。苏门审势差相似，不约而同安乐窝。

一解

这两首诗写于乾隆二十四年(1759年)。济尔哈朗图行宫在丰宁县东波罗河屯(今河北隆化县)西北58里。入围场有两条道路：东道由张三营入崖口，西道由济尔哈朗图入伊玛图口。乾隆二十四年建。诗歌表现了乾隆帝爱民从俭和不敢乐以忘忧的思想。卜克达坂，地名。乾隆帝《过卜克达坂》诗原注：“卜克达坂居木兰之西界，每岁行围自崖口出入，辛未秋曾一过此地。”

第一首诗的大意是，自热河至崖口，沿路行宫皆皇祖时所建。木兰中以有猎场，日行不过数里，自卜克至此十余里，驼载为劳，故建行宫以息物力。动用宫中的财物储备，不借老百姓的东西。自然山水，很有情趣，在此建造行宫，不加修饰，简朴最好。屋子能够容膝，虽然小点，但也很好了，想想当日治水的大禹，连一间屋子都没有，和他比起来，我难以企及呀。庶民攻，百姓做。

第二首诗的大意是，各种作物收入粮仓，收获极多，真让人高兴啊。是日罢围，宴赉诸外藩及行围众蒙古。在这景色优美之地，宴请诸藩，宣来翰林院士们吟咏歌诗，但不能乐而忘忧。事先大家没有商量，看了以后都说这里和苏门差不多，确实是个安乐窝。秉(bing)：通“秉”，持。湛露，歌名。《诗・小雅》中的一篇，是周王宴乐诸侯的歌。苏门，山名，属太行山支脉，在河南省辉县西北。又名苏岭、百门山。晋代孙坚、宋代邵雍、元代姚枢都曾在此山隐居过。

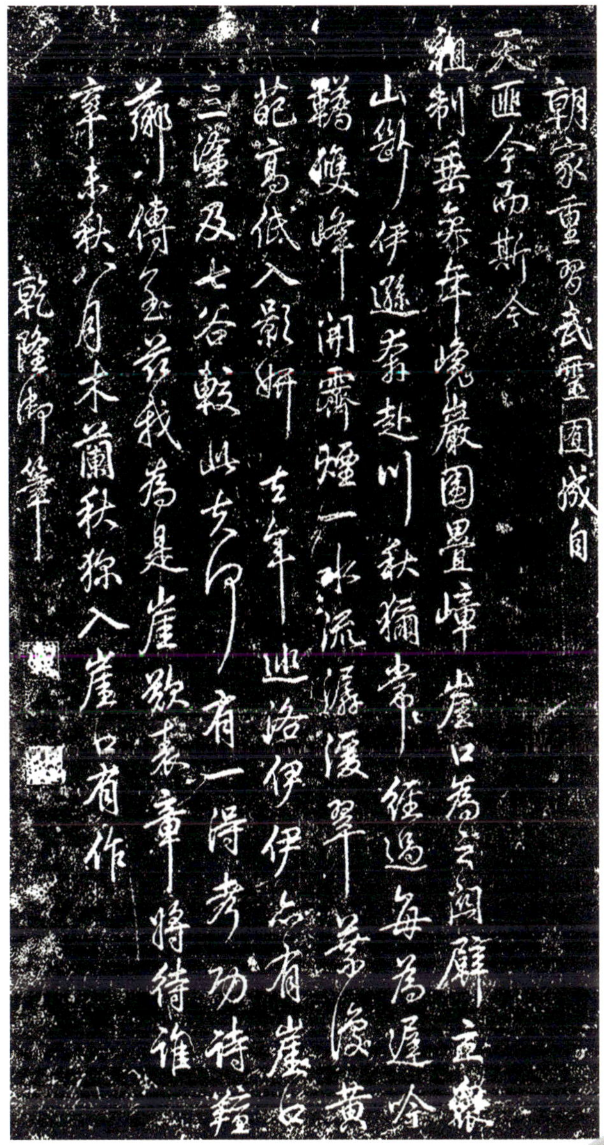

入崖口碑与御笔碑文

入崖口碑前是一片良田，画面正中远处山脚下石碑为嘉庆御笔木兰记

【10月31日】

一日

雍正十二年十月初五日(1734年10月31日)，直隶总督李卫奏请，承德已设知州，应专管民人事务；原设之同知、通判专管旗人之事。其前，雍正十一年(1733年)改热河厅为承德州。"承德"一名始见，是由官方来命名的。

咸丰十一年九月二十八日(1861年10月31日)，胜保奏请皇太后亲理大政。

光绪二十八年十月初一日(1902年10月31日)，贡桑诺尔布于喀喇沁亲王府西院开办崇正学堂，公布训令，招收旗民青少年及适龄儿童入学，一切免费，贡桑诺尔布自任校长。是年春，经日本驻华公使内田康哉介绍，贡桑诺尔布等人，秘密从天津搭邮轮东渡日本，参观大阪博览会，考察了日本的政治、经济、教育、军备等情况，是年冬，改修王府燕贻堂，创办女子学堂。

一诗

威逊格尔

◎乾　隆

威逊之言谓桦皮，格尔乃室憩居宜。
东朝奉养康熙代，西苑较赢宣德时。
夏凊常思孝恩永，秋蒐每抚圣踪遗。
即今家法遵天斅，岁岁观围侍祖慈。

一解

这首诗写于乾隆二十四年(1759年)。是年九月(1759年10月)乾隆帝奉皇太后到围场威逊格尔(今围场县六家乡马镫沟)行猎，在那里看到当年皇祖康熙帝陪伴他的祖母避暑消夏在山野间修建的一处桦皮室，即皇上与皇太后临时行宫。桦皮室蒙古语为威逊格尔，是参差错落、延续很长建在茂密松林稀疏之处的简易行幄。乾隆帝见桦皮室遗迹尚在，肃然起敬，表达他对皇祖康熙帝与太皇太后恩孝敬仰之情以及对皇太后的孝敬之意。

贡桑诺尔布参加外事活动　中国清代蒙古王府博物馆提供

崇正学堂旧址

毓正女学堂师生合影

守正武学堂学生合影

【11月1日】

一日

咸丰十年九月十九日(1860年11月1日)，咸丰帝于避暑山庄批准《北京条约》后，英法联军开始从北京撤军。

咸丰十一年九月二十九日(1861年11月1日)，两宫太后、载淳抵京，还宫。

一诗

塞上晚眺

◎雍　正

倒影余霞丽，晴沙入望平。

千峰含暮霭，万幕起秋声。

度垄牛羊下，归鞍雉兔盈。

割鲜将进酒，边月照高旌。

一解

这首诗是雍正帝作皇子时，随父皇秋狝所作。诗中描写了边塞秋天傍晚的景色，展示了一派和平生活的图画，具有田园牧歌特色。

诗的大意是，晚霞残留在天边，广漠的边地一望无垠。连绵的山峰笼罩在沉沉的暮霭之中，行营的帐篷伫立在秋日里，西风劲吹，草木零落，响起一片肃杀之声。放牧的人把牛羊赶回来，打猎的人满载而归。切割鲜肉烧烤，举起酒杯畅饮吧，帐外一轮明月挂在高高的旌旗上面。秋声，秋时西风作，草木零落，多肃杀之声，曰秋声。雉，通称野鸡，有的地方叫山鸡，善走，不能久飞。将(qiāng)进酒，请喝酒。将，请。

“千峰含暮霭，万幕起秋声。”

【11月2日】

一日

雍正七年九月十二日(1729年11月2日)，雍正帝命将有关曾静案之谕旨及曾静等口供汇编，刊刻《大义觉迷录》(全四卷)一书，并颁发全国。

[评]在这部书里，雍正帝驳斥了吕留良等人的反满言论，驳斥了外界对其“谋父、逼母、屠弟、贪财、好杀、酗酒、淫色、怀疑诛忠、好谀任佞”等指控。“普天率土之众，莫不知大一统之载我朝，悉子悉臣，罔敢越志。”“中国之疆土开拓之广远，内中国臣民之大幸，何得尚有华夷中外之分论哉。”这些主张，充分展示了雍正帝作为一位有魄力的君主的开阔胸怀。

乾隆三十六年九月二十六日(1771年11月2日)，乾隆帝在万树园再一次赏赐渥巴锡，并写诗以志其事。

咸丰十一年九月三十日(1861年11月2日)，慈禧、慈安两宫太后召见恭亲王奕䜣，商量处置载垣、端华、肃顺等人。

一诗

万树园赐宴渥巴锡成什

◎乾　隆

汗仍其旧号新绥，余各优封五等施。契苾讵徒四百帐，招摇那借九夷旗。
宁倾珍膳饱以德，马湩蚁醪醉不辞。千古为稀今厚幸，天恩祖烈奉惟寅。

一解

乾隆三十六年九月初八日(1771年10月15日)，渥巴锡一行至热河木兰围场的伊绵峪觐见乾隆帝。九月九日乾隆帝在伊绵峪围猎营地举行盛大宴会欢迎他们。九月十七日渥巴锡等随乾隆帝抵达避暑山庄。十八日在澹泊敬诚殿册封渥巴锡。从二十一日开始，连续在万树园等地赐宴、观烟火。

诗的首联意思是，让渥巴锡承袭父亲的汗位并给以新封号以示安抚，其余的属下按照五个等级分别都给以优厚的爵位。绥(suí)，安，安抚。原注：渥巴锡乃其旧汗敦噜布喇什之子，本应袭汗号者，兹于封号曰卓里克图汗，其荣伯克多尔济封为亲王，舍得班巴尔封为郡王，余则贝勒、贝子各四，公二，封爵有差。

诗的颔联意思是，土尔扈特部(的回归)哪里只是四百顶蒙古包(的收获)，借着这恩惠我向各民族昭示了抚远政策。契苾(bì)，古代民族名，敕勒(即铁勒)诸部之一，此处借指土尔扈特部。讵(jù)，难道，哪里。徒，仅仅，只是。招摇，这里是彰显、显示的意思。

诗的颈联意思是，宁愿将珍奇食品都端上来充分展示(我的)德政，准备了马奶和浊酒(让大家)喝醉了也不想离去。膳(shàn)，饭食。饱，饱满，充分。湩(dòng)，乳汁。蚁，酒面上的浮沫。醪(láo)，用酒汁与渣滓混合成的浊酒。辞，告别，离去。

诗的尾联意思是，我对他们这样深切的关怀从古至今实在少见，(源于)上天的恩惠和祖宗的功业必须恭敬对待。幸，宠爱。烈，功业。西汉刘向《战国策序》：“然其余业遗烈，流而未灭。”奉，接受。寅，敬。

雍正帝半身西服像

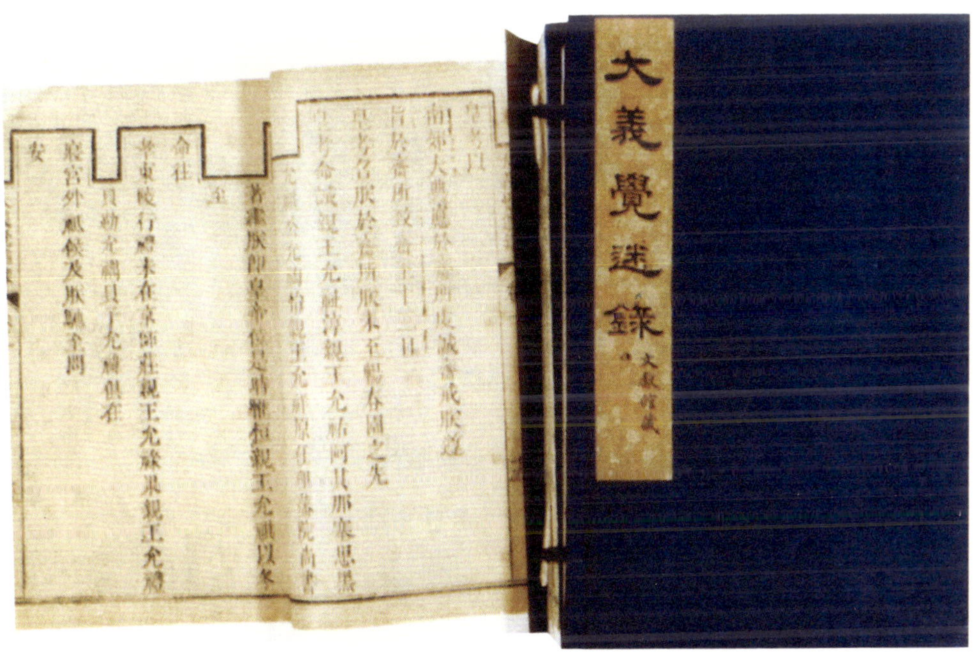

《大义觉迷录》书影 选自《清史通鉴》

土尔扈特部首领渥巴锡使用的印

【11月3日】

一日

咸丰十一年十月初一日(1861年11月3日)，两宫太后下谕旨查抄肃顺在热河家产，谕旨称肃顺“咆哮狂肆，目无君上，悖逆情形实堪发指!”“所有肃顺家产，除热河私寓，令春佑严密查抄外，其在京家产，著即派西拉布前往查抄，毋令有所隐匿。”同日，任命恭亲王奕䜣为议政王，让其在军机处行走。

一诗

膳酒自述

◎康 熙

盈余休说帝王家，俭朴身先务戒奢。
盛馔醇醪应有损，野蔬风味亦堪嘉。
罇中旨酒无能饮，案上珍馐勿过加。
淡泊宁心和五味，养身得正胜丹砂。

一解

这首七言律诗，写于康熙六十一年(1722年)立秋以后。作者面对旨酒珍馐而抒发情怀，表现出一位帝王戒奢、淡泊的思想品德。

诗的首联意思是，对于帝王家来说，用不着说多么富裕了，关键是首先要俭朴和戒除奢华。盈余，财物的富足。戒，警戒、戒除。

诗的颔联意思是，丰盛的菜肴和香浓的美酒对身体是有害的，田园的蔬菜具有特殊的风味，也是上好的佳品。盛馔(zhuàn)，丰盛的食物。醇醪(láo)，或为醇 ，味厚的美酒。风味，美味，一地特有之味。

诗的颈联意思是，杯中的美酒不能饮用，桌案上的美食也不能过量食用。罇，也作樽，盛酒器。旨酒，美酒。珍馐(xiū)，精美的食物。

诗的尾联意思是，恬淡的生活能使五味调和，可以使身心安然舒适，这才是正确的健身之道，它胜过所谓的灵丹妙药。

康熙帝写字像
故宫博物院提供

【11月4日】

一日

咸丰十一年十月初二日(1861年11月4日)，命恭亲王奕䜣兼管内务府大臣并管宗人府银库。本日及翌日，开始查抄肃顺在热河及北京家产。

一诗

回銮

◎康 熙

猎罢回銮寒冷时，旻天今岁落霜迟。
围人兢带甘肥脯，田叟争收高下穈。
谷贱共知欣有食，物多须记守长规。
西成盈野仓箱满，关内依然是所思。

一解

康熙于康熙六十一年(1722年)秋到木兰围场狩猎完毕，于九月甲申回驻热河行宫，九月戊戌启驾回京。这首诗写于回京途中，诗人见到塞外丰收，心中非常宽慰，同时关心着关内是否也是丰收年景。这是康熙巡幸塞外的最后一首诗，表现出他关心百姓疾苦的深厚情怀。

诗的首联意思是，天气寒冷了，狩猎结束回到行宫，可是今年秋天寒霜来得晚了些。旻(mín)天，秋天。

诗的颔联意思是，围猎的士兵小心谨慎地带上肥美的肉脯；老年农夫忙忙碌碌地收割着庄稼。脯，肉脯。高下，高的矮的；好的次的。穈，也作“糜”，黍类而不黏。高下穈，泛指各处种的谷物。

诗的颈联意思是，丰收了粮价一定会便宜，心中高兴，百姓不会缺吃的了。粮仓里粮食多了，还要牢记，应有长远打算不要浪费。

诗的尾联意思是，塞外秋季大丰收了，家家户户粮满仓，可是我仍然思虑着关内能否有好的收成。

肃顺府遗址　肃顺府坐落在避暑山庄东南，南营子大街头条胡同，面积4600平方米，后院及南西围房八十余间，是肃顺在承德的府第，肃顺被处死之后，肃顺府被没收

【11月5日】

一日

咸丰十一年十月初三日(1861年11月5日)，咸丰帝梓宫抵京。载淳率百官在德胜门跪迎。王宫百官均跪迎举哀。两宫皇太后率宫眷跪迎梓宫入乾清宫。载淳诣几筵前供奠三次，自是日至丁卯皆如之。

一诗

喀喇河屯行宫对雪 闰九月十三日

◎乾 隆

施庆柔遐蒇事旋，滦阳驻顿忽经年。
吉行五十较犹近，冬令三朝报在前。
玉积峰峦迎座秀，花粘林木胜春妍。
山容水态由来惯，点缀寒霙特地鲜。

一解

这首诗写于乾隆二十一年闰九月十三日(1756年11月5日)。喀喇河屯行宫距避暑山庄30里，此次乾隆驻跸于此，恰逢大雪纷飞。诗歌描写了塞外奇异的雪景，抒发了对大自然的热爱。

这首诗的大意是，办完了八月十三日的万寿节庆典和怀柔远人这两件大事，来到喀喇河屯行宫，离上次在喀喇河屯行宫驻跸已经度过了将近一年的时光。喀喇河屯行宫去避暑山庄才三十多里，赶在这里正好是立冬的前三天。雪满山峦，如玉堆积，千峰竞秀，正好对着我的座位；而那林木恰似梨花开满枝头，比春天还要美丽呀！看惯了山水的本来容貌，而今，漫山遍野，点缀了密密的雪花，这个别样的鲜灵呀！柔遐，怀柔远人。蒇(chǎn)，完成。霙(yīng)，雪花。

“花粘林木胜春妍”

【11月6日】

一日

康熙六十一年九月二十八日(1722年11月6日)，康熙帝由热河回銮，抵达畅春园。本年，康熙帝于四月十三日启跸巡幸塞外，二十七日至避暑山庄，八月三日启銮行围。

乾隆六年九月二十八日(1741年11月6日)，乾隆帝谕：朕本年首次行围回京之后，慕读太宗皇帝实录记载太祖时出猎，昔时无论长幼，争相奋励，皆以行兵出猎为喜，……今子弟遇行兵出猎，不思勇往奋发……。特谕著嗣后行围，诸王大臣不准眈恋室家，托故不愿随往。传谕诸王大臣及官兵人等知之。

一诗

塞外示同行者

◎ 纳兰性德

西风千万骑，飒沓向阴山。
为问传书雁，孤飞几日还。
负霜怜戍卒，乘月望乡关。
王事兼程促，休嗟客鬓斑。

一解

这首诗作于康熙二十二年(1683年)或二十三年，纳兰性德随驾扈跸出古北口秋狝，地在塞罕坝(即诗中阴山)或其以北一带。这首诗在描写北巡千里征程时，直抒怜爱士卒和士卒思乡心怀，是同类诗篇中难得之作。

诗的大意是，千军万马，马蹄沓沓，在西风中疾行，奔向阴山，跟南飞的鸿雁问信，你孤身远飞何时才能回还？身受塞外霜寒的人更怜悯士卒的疾苦，趁着月光眺望着想念的故乡。为了皇帝北巡出狩的大事，催促着日夜兼程，就不要为作客他乡而伤叹，劳苦日久两鬓斑白了。飒沓，飞跑的样子。王事，指康熙帝北巡塞外秋狝之事。

纳兰性德画像　选自《饮水词笺校》

“西风千万骑，飒沓向阴山。”

【11月7日】

一日

乾隆二十年十月初四日(1755年11月7日)，冬十月，乾隆帝在避暑山庄宴赉厄鲁特蒙古四部贵族，并分别封以汗王、贝勒、贝子、公等爵位。为纪念平息达瓦齐之乱和此次盛大集会，乾隆帝仿效康熙帝在多伦会盟后在多伦诺尔建汇宗寺之例，决定在热河修建普宁寺。本日，乾隆帝撰写《普宁寺碑文》。文曰“蒙古向敬佛，兴黄教，故寺之式，即依西藏三摩耶庙之式为之。名之曰‘普宁’者，盖自是而雪山葱岭，以逮西海，恒河沙数，臣庶咸愿安其居，乐其业，永永普宁云尔。”

咸丰十一年十月初五日(1861年11月7日)，改“祺祥”年号为“同治”。

一诗

普宁寺观佛事

◎ 乾　隆

蒙古等皆敬宗喀巴黄教，故于山庄之北建此梵刹，聚黄衣者流，而奉梵呗。且达什达瓦余众归降者向风慕化，咸使安居乐业。兹令演步踏法事，俾众观之，并成是什。

塞垣筏宝焕林珠，大聚衣黄偏袒徒。宗喀巴传慧灯耀，三摩耶式梵宫图。

象龙步踏惟天力，老幼骈观与众娱。神道何妨权设教，若论佛法本来无。

一解

这首诗写于乾隆二十四年(1759年)。普宁寺，俗称大佛寺，始建于乾隆二十年(1755年)，乾隆二十四年(1759年)落成。该寺位于承德市北部武列河畔，坐北朝南。寺分前后两部分。前半部分为汉式佛寺迦蓝七堂式，后半部分仿西藏桑鸢寺，为藏式三摩耶庙式。寺内大乘之阁中供奉千手千眼观音菩萨。乾隆二十年，清政府取得平定厄鲁特准噶尔首领达瓦齐叛乱的胜利，当年十月，乾隆帝来避暑山庄宴赉厄鲁特四部首领，为纪念平叛胜利，决定建此庙宇。乾隆二十二年(1757年)，清廷又取得了平定准噶尔阿睦尔撒纳叛乱的胜利，巩固了国家的统一。达什达瓦部是准噶尔属下的一个分支，在清廷平息阿睦尔撒纳叛乱中，毅然投顺朝廷，配合清军平叛，立下了战功。乾隆二十四年五月，达什达瓦部众到达承德定居。乾隆帝把达什达瓦部编为九个佐领，归入驻防八旗，在普宁寺西南为其建造房舍，并调集大量牲畜、粮食，使他们得到妥善安置。

诗的前四句意思是，塞外佛教圣地承德庙宇焕发出光彩，这里聚集着众多的身着袈裟的僧众。大乘之阁仿照西藏三摩耶庙的样式，雄伟壮观，宗喀巴佛的宝座前灯火辉煌。宗喀巴(1375—1419)，西藏黄教的创始人。

诗的后四句意思是，借助上天的力量，上演步踏法事，围观的人很多，男女老幼一齐观看，与众同娱乐。修建寺庙以弘扬佛法来施行教化，假托鬼神来治理人民，这是有利于统治的手段，至于说佛法本身，那是没有的事。步踏，俗称“打鬼”。为了纪念铲除毁佛教的朗德玛而沿袭下来祛妖驱邪的佛事活动。神道设教，假托鬼神之道以治人。此处指乾隆利用喇嘛教治理边疆少数民族。

僧众在普宁寺前广场表演“打鬼”

普宁寺大雄宝殿佛教活动 选自《热河》

普宁寺全景

【11月8日】

一日

康熙五十八年九月二十七日(1719年11月8日)，陕西临洮知府王景灏嘱算命人孙瞎子至西宁为皇十四子、抚远大将军胤禵算命，称“文武当权，贵不可言，将来定有九五之尊运气”。胤禵赏银20两。

咸丰十一年十月初六日(1861年11月8日)，谕旨将载垣、端华、肃顺凌迟处死。“载垣、端华均著恩赐令自尽。”“肃顺著恩改为斩立决。”

一诗

避暑山庄纪事(九首)

◎成书

(其一)

十里长街驰道通，
遥闻仙乐入离宫。
内臣传旨千官散，
丽正门前日正中。

一解

侍郎成书的《避暑山庄纪事》诗篇，比较详尽地描写了滦阳胜水、避暑山庄景物和宫廷四时诸多活动以及热河风土民俗，读之犹如身临其境，历历在目，栩栩如生，俨然一幅精致写真的风俗画卷。这首诗的大意是，热河的十里御路很畅通，远处就听到皇帝出行的导迎乐声传进离宫。宫禁的宦官传达皇帝的谕旨，群臣百官便散开而去。此时丽正门前的太阳正照在头顶上。驰道，御路。仙乐，皇家及宫中所奏的音乐。

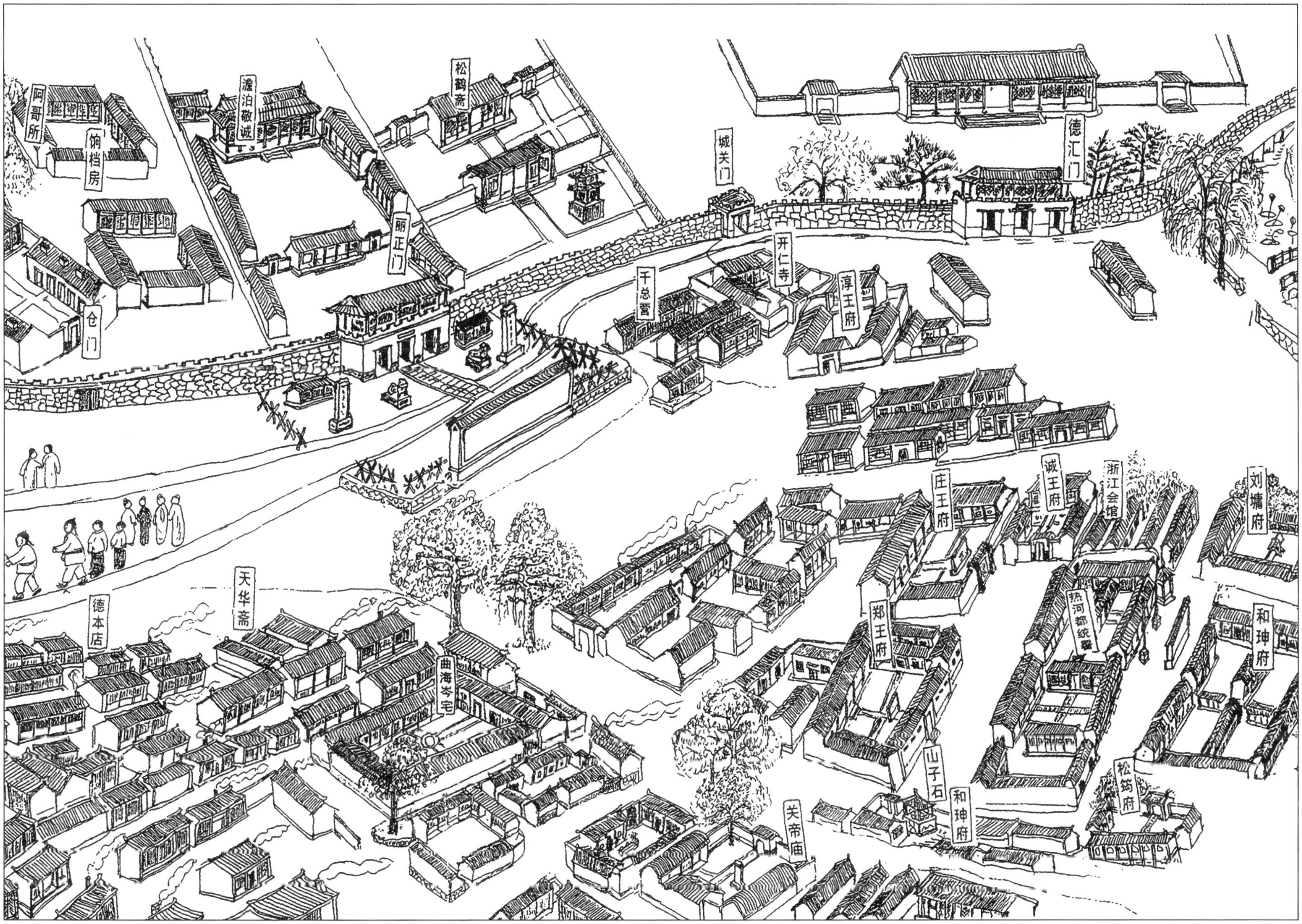

避暑山庄前景象图 *尹忠绘*

【11月9日】

一日

康熙二十五年九月二十四日(1686年11月9日)，喀尔喀蒙古哲布尊丹巴胡图克图遣员进贡。赏赐如例。

咸丰十一年十月初七日(1861年11月9日)，谕内阁，嗣后各省及各路军营折报，应行降旨各件，于呈递两宫皇太后慈览，发交议政王军机大臣后，该王大臣悉心详议，于当日召见时恭请谕旨，再行缮拟，于次日恭呈两宫皇太后阅定颁发。

一诗

避暑山庄纪事(其二)

◎成 书

梵宇浮图高出霞，
下瞰城市如尘沙。
撞钟吹螺迎大驾，
辇前无数金莲花。

一解

这首诗的大意是，避暑山庄万树园里永佑寺舍利塔高高耸立于云霞之上，俯视城市如尘世。迎接皇帝仪卫的大驾卤簿乐撞钟吹螺，皇帝的车驾之前开满无数的金莲花。梵宇，佛塔。浮屠，佛塔。尘沙，尘世。金莲花，又名旱金莲、金芙蓉。初夏开花。

“梵宇浮图高出霞”

【11月10日】

一日

咸丰十一年十月初八日(1861年11月10日)，法使布尔布隆照会恭亲王奕䜣，法国将撤回留守天津的士兵。十四日，天津法军全部撤回。

一诗

避暑山庄纪事(其三)

◎成　书

巴林盟长已华颠，
拜跪依然礼数虔。
圣主非常赐颜色，
念他侍从几多年。

一解

这首诗的大意是，巴林盟长年迈古稀已白头了，瞻觐时依然跪拜知礼，无衰迟之态。仰征圣人久道仕成，故一时寿寓同登，蔚为世瑞如此。巴林，即漠南蒙古之巴林部，为成吉思汗后裔所领之部，其驻地在今内蒙古巴林市左、右二旗。华颠，白头。

恭亲王奕䜣像　奕䜣(1833—1898)，道光帝六子，咸丰帝异母弟。咸丰帝即位时封其为恭亲王。他是咸丰、同治、光绪三朝的名王重臣，洋务运动的领导者，为中国近代工业创始和中国教育的进步作出了贡献。他是晚清新式外交的开拓者，建议并创办了中国第一个正式外交机关，使清朝外交开始步入正轨并打开新局面。他积极出谋献策镇压太平天国起义，挽救清朝的危局，迎来同治中兴。然而他命运坎坷，他支持慈禧太后北京政变，得到了委以重任的报答，但随即而至的是慈禧太后的不安和打击。后期他在统治集团内部浮浮沉沉，意志消沉，无所建树。

1860年英法联军入侵京师，咸丰帝逃往热河(承德)避暑山庄，封奕䜣为钦差便宜行事全权大臣，留京向英法求和，并代表清政府同英法俄签订了《北京条约》。

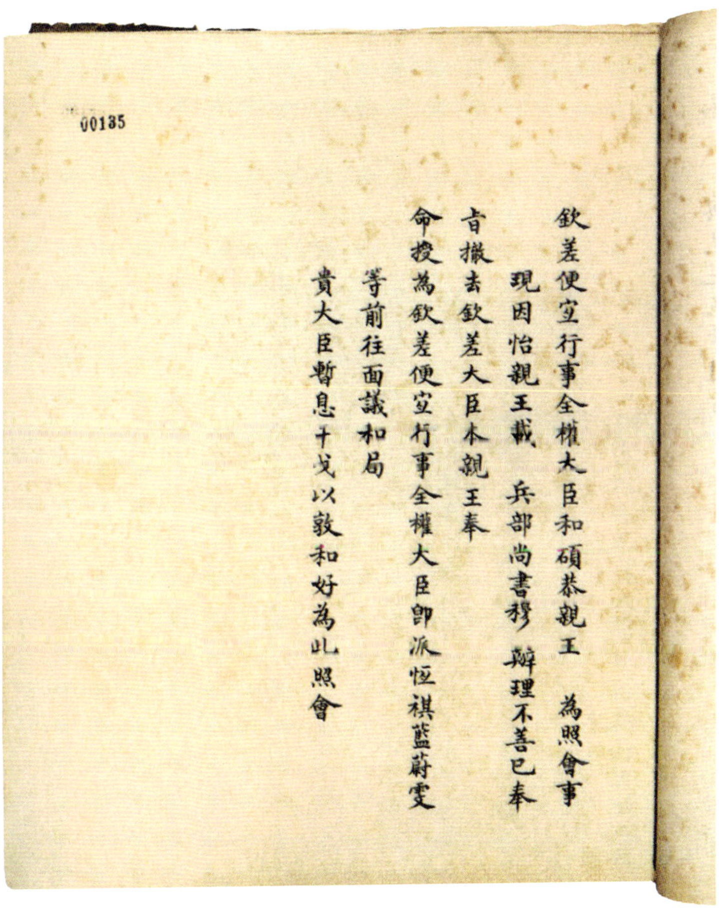

00135

欽差便宜行事全權大臣和碩恭親王　為照會事
現因怡親王載　兵部尚書穆　辦理不善已奉
旨撤去欽差大臣本親王奉
命授為欽差便宜行事全權大臣即派恒祺藍蔚雯
等前往面議和局
貴大臣暫息干戈以敦和好為此照會

奕䜣奉命授为钦差便宜行事大臣致英法照会书影

【11月11日】

一日

乾隆二十五年十月初四日(1760年11月11日)，乾隆帝在避暑山庄依清旷依次对本年秋审罪犯进行最后一次勾决，此次共处决犯人486人，停决32人。

咸丰十一年十月初九日(1861年11月11日)，载淳御太和殿，即皇帝位，颁昭天下，以明年为同治元年。

[评]辛酉政变后改元同治，慈安、慈禧两宫皇太后在六岁的同治帝载淳身后垂帘听政。从此以后，慈禧一步步攫取了清王朝的最高统治权，开始了她长达近半个世纪的统治。密谋于避暑山庄的政变，对晚清中国的历史产生了巨大深远的影响。

光绪十七年十月十日(1891年11月11日)，热河朝阳农民起义。金丹教于本日午夜正式起义，打出“替天行道，扫胡灭清”的口号，起义队伍在首领杨悦春带领下，攻占敖汉贝子府，数月之间人数即达数万人。随后分兵攻占平泉、建昌、朝阳、赤峰等州县，给清政府造成极大恐慌。

一诗

避暑山庄纪事(其四)

◎成 书

无数明驼卧近郊，
殊方贡使面頫顤。
沙堤十里平如掌，
一例排支蒙古包。

一解

这首诗的大意是，无数成群善走的骆驼躺卧在热河近郊，西域一带进贡的使臣一个个鼻高深目，他们来到承德。避暑山庄德汇门迤东的沙堤十里平如手掌，同等排列支撑成行的蒙古包。明驼，善走的骆驼。殊方，异域，他乡。頫顤(yáo áo)，鼻高深目貌。沙堤，位于山庄德汇门外迤东。今称武列河坝。

同治帝朝服像

慈禧太后像

【11月12日】

一日

咸丰十一年十月初十日(1861年11月12日)，同治帝以僧格林沁受三朝知遇之恩，命赏还博多勒噶台亲王衔，以示优异荩臣之意。

一诗

避暑山庄纪事(其五)

◎成书

罗汉山头羊骨灰，
回官作法召风雷。
传闻札鞑生牛腹，
能致蛟龙送雨来。

一解

这首诗的大意是，遇到天大旱时，承德的回人便在武列河东岸的罗汉山上烧炙生羊，诵回咒、祈雨，据说很灵验。有传闻“札鞑”似石卵，生于牛腹之中，回人祈雨所用，能招致蛟龙送雨解除大旱。罗汉山，形如罗汉面西趺坐，故名。回人，盖指维吾尔族人。

僧格林沁像 僧格林沁，蒙古贵族出身的清军大将。科尔沁旗(今属内蒙古自治区通辽市科左后旗双胜镇)人，博尔济吉特氏。他是道光皇帝姐姐的过继儿子，道光五年(1825年)袭科尔沁郡王爵，历任御前大臣、都统等职。第二次鸦片战争期间，僧格林沁为钦差大臣，加强大沽口海防工事。咸丰九年五月(1859年6月)，挫败来犯的英法舰队，毁伤敌艇10艘，歼敌500余名。翌年夏，英法联军17000人入侵。他不守北塘，敌乘隙由此登陆，迎战不利，大沽和天津失守。八月，又败于京东张家湾、八里桥，北京失陷。

罗汉山

【11月13日】

一日

清代，京旗驻防热河满族画家兴隆阿绘制大型历史画卷《木兰秋狝图》，表现了乾隆朝“木兰秋狝”大典的盛况。图长351厘米，高135厘米，绘有人物830人，马469匹，舆12乘。表现了木兰行围时行营规制、看围、布围、合围场景及围场街市繁闹的场面，艺术地再现了木兰习武的历史画卷，具有很高的史料价值和艺术价值。

一诗

避暑山庄纪事(其六)

◎成 书

箫鼓喧天达禁宸，
土风祈雨走比邻。
柳圈帕首胡旋舞，
寡妇童男笑煞人。

一解

这首诗的大意是，喧闹的音乐和锣鼓声传到了避暑山庄，热河当地固有的风俗祈雨邻里之间相走动。祈雨时，多折柳枝成圈戴在头上，然后跳起以各种旋转动作为主的民族舞蹈，寡妇与男孩笑到极点。禁宸，宫城，此指避暑山庄。比邻，邻居，乡邻。胡旋舞，以各种旋转动作为主的古西北民族舞蹈，出自中亚康国，唐时传入我国。

木兰秋狝图(局部)　兴隆阿绘

【11月14日】

一日

康熙十六年十月二十日(1677年11月14日)，始设南书房。

咸丰元年九月二十二日(1851年11月14日)，户部议准都统赓福报承德府属垦种荒地50顷30亩。

咸丰十年十月初二日(1860年11月14日)，咸丰帝在避暑山庄烟波致爽殿西暖阁批准《北京条约》后，沙俄公使伊格切夫迫使中俄签订《北京条约》，要求清政府承认《瑷珲条约》中关于黑龙江以北六十多万平方公里的土地割让给沙皇俄国，同时，把乌苏里以东约四十万平方公里的土地也割给俄国。为霸占中国东北、西北大片领土，提供条件。

光绪三十三年十月初九日(1907年11月14日)，光绪帝允准热河都统廷杰于热河“设立速成法政学堂兼拟定章程”，自此热河法政学堂正式创办。校址设在承德南营子头条胡同肃顺府。热河法政学堂隶属清政府学部。

一诗

避暑山庄纪事(其七)

◎成　书

中元法食集群僧，
迎水堤前梵唱兴。
十里长渠通禁苑，
御沟墙外看河灯。

一解

这首诗的大意是，农历七月十五中元节，僧侣依法制所用之食，道观作斋醮，僧寺作盂兰盆会，在避暑山庄德汇门迤东迎水坝前作法事时，一片诵经之声。十里长堤通向宫苑，中元节施食，作佛事，在流经宫苑的河道墙外观看放河灯，就好像在京都。法食，佛教语，谓僧侣依法制所用之食。梵唱，梵呗。佛教谓法事时的歌咏赞颂之声。御沟，流经宫苑的河道。此处指小热河。

《瑷珲条约》等不平等条约签订后立的界碑

海蓝泡事件 1858年，沙俄强迫中国签订《瑷珲条约》，将位于中国黑龙江北岸的海蓝泡割占，更名为布拉戈维申斯克(俄语为报喜城)。1900年义和团运动期间，沙俄参加了八国联军进攻北京、天津，还单独向中国东北地区侵犯。1900年7月16日至17日，沙俄出动军队，封锁黑龙江，洗劫中国居民住宅和商店，迫使中国居民大批逃离，又将数千名中国居民赶到江边，刀劈斧砍，血腥屠杀，制造了海蓝泡事件。这是咸丰帝批准《北京条约》、承认《瑷珲条约》后，发生的一起惨案。 黑龙江省黑河市接待办提供

俄罗斯界碑 吉林省珲春市接待办提供

【11月15日】

一日

康熙五十五年十月初二日(1716年11月15日)，苏州织造李煦奏报康熙帝亲自培育的“御稻”种植情况，云：“今年种五十亩，第一季每亩收三石七斗，第二季每亩收一石五斗。”此后，逐步推广到包括台湾在内的各地。

一诗

避暑山庄纪事(其八)

◎成 书

广场回望静无尘，
走索跳丸百戏陈。
侲子仙倡排两列，
御前先唤撂交人。

一解

这首诗的大意是，转过脸回头一望，避暑山庄万树园广场安静，一点尘土都没有，广场上正表演杂技踩软索，古杂技抛弄弹丸以及古代乐舞杂技。幼童和乐舞中扮神仙的老人排成两列，开宴时，百戏具陈，然后宣示那些高等的善扑之人，命令他们在御前相扑，角斗决定胜负。走索，古百戏之一，即今杂技中的踩软索。跳丸，古杂戏之一，抛弄弹丸。百戏，古代乐舞杂技的总称。侲子，幼童。仙倡，古乐舞扮神仙的老人。

清宫中杂技表演　选自《追寻逝去的音乐》

【11月16日】

一日

康熙十七年十月初三日(1678年11月16日)，康熙帝赴遵化温泉太皇太后处问安，并巡视长城以北地区。

康熙六十年九月二十七日(1721年11月16日)，康熙帝结束巡幸，自避暑山庄返回京城畅春园。

乾隆五十七年十月初三日(1792年11月16日)，乾隆帝颁《御制十全记》。谓“十全武功”：平准噶尔二，定回部一，扫金川二，靖台湾一，降缅甸、安南各一，廓尔喀二。

一诗

避暑山庄纪事(其九)

◎成　书

名是吴歈及越吟，
踏歌连袂走相寻。
熙朝乐舞声容备，
不废兜离僸休音。

一解

这首诗的大意是，唱着江浙一带的吴歈和浙东越地的歌曲，以脚踏地为节拍，拉手而歌，歌声不断。在当今盛世，乐舞声势之盛大可见。大乐奏时，亦有回部乐舞，用乡语联臂顿歌，其乐器形制绝奇古老，非所常见，所以我朝声教讫远，乐备万方，凤仪兽舞，是以前朝代不能相比的。踏歌，拉手而歌，以脚踏地为节拍。相寻，相继。熙朝，谓盛世，多用为称颂本朝之辞。声容，声调，这里指声势之盛。兜离僸休(jìnmài)，古代回部少数民族音乐名。

清代宫廷乐队

宫中蒙古乐队 左起前排为：胡笳、六弦筝、琵琶、火不思、拍板。后排为：月琴提琴、胡琴、云锣、口琴、双清 选自《避暑山庄宫廷音乐》

避暑山庄万树园

【11月17日】

一日

咸丰十一年十月十五日(1861年11月17日)，同治帝命南书房、上书房、翰林院，将历代帝王政治及前史垂帘事迹，汇纂成书进呈。

一诗

普陀宗乘之庙万法归一殿楹联

◎乾　隆

总持初地法轮资福胜因延上塞

广演恒沙梵乘能仁宏愿洽新藩

一解

此楹联乾隆三十六年(1771年)悬于普陀宗乘之庙万法归一殿楹柱上。楹联的意思是，以菩萨修念、定、慧教化众生，众生向善，功德延及塞北地区。广布大乘佛法，以佛普度众生的宏大誓愿结好新归顺的土尔扈特部蒙古。通过楹联表达了乾隆帝在承德修建寺庙“兴黄教，以安抚众蒙古”的意愿和取得的良好的效果。初地，指菩萨修行。胜因，佛教语，殊胜之善因。梵乘，佛教大小乘之称谓。能仁，释迦牟尼名号，译为能仁。新藩，指万里归来的土尔扈特部。

万法归一殿　选自《盛京风物》

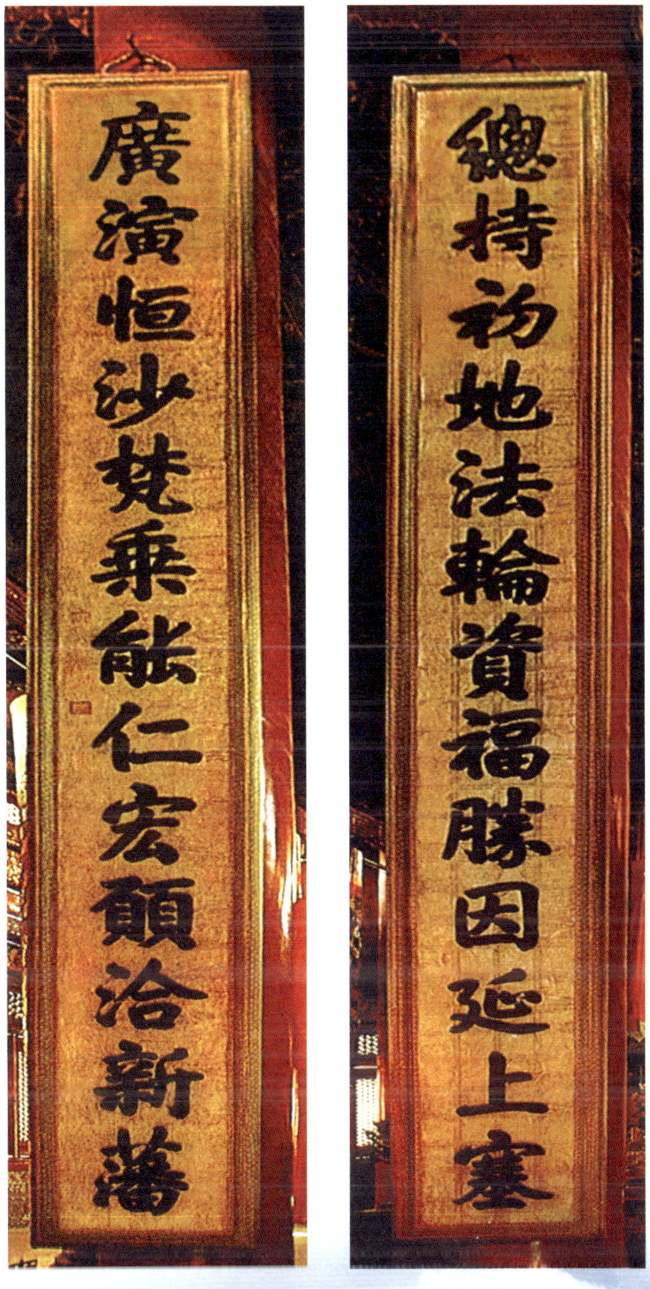

万法归一殿楹联

普陀宗乘之庙

【11月18日】

一日

乾隆二十五年(1760年)，适逢乾隆帝五十寿辰，皇太后七十寿辰，又值平定大小和卓叛乱，结束了西北边疆近九十年的割据局面，乾隆帝命修建“普佑寺”，这是一座融汉藏风格于一体的寺庙。普佑寺是外八庙喇嘛庙的“经学院”。所学内容为显宗、密宗、医学、历算四大部分。这里除培养外八庙喇嘛外，还接受蒙古各部的喇嘛来这里学经。寺中法轮殿中央木雕须弥座上供奉一尊鎏金释迦牟尼铜像，是蒙古达什达瓦部于乾隆二十四年(1759年)，将战火毁坏的新疆固尔扎庙铜像献给乾隆帝，重新融化铸造的。这尊佛像背后有铭文记述了佛像的来历。

一诗

浣溪沙·古北口

◎ 纳兰性德

杨柳千条送马蹄，
北来征雁旧南飞。
客中谁与换春衣。
终古闲情归落照，
一春幽梦逐游丝。
信回刚道别多时。

一解

这首词写于康熙二十三年(1684年)夏，纳兰性德扈从康熙帝出古北口避暑，八月十三日(秋分前一天)返回又经过古北口时，大雁南飞。词的意思是，春天向北方来的大雁现在依旧像过去那样向南飞了。这出古北口外避暑的队伍中，有谁会换掉春天的衣服？今年五月出京师时一直穿着春衣，如今已是秋季，就更不必换了。自古以来，清闲是到了晚年才能实现的事。自己的理想难以实现，青春时光都消磨在扈从奔波中。前不久给家里写信还说这次扈从离家的时间太长了，如今到了古北口，就快到京师了。

普佑寺(老照片)

【11月19日】

一日

康熙四十五年十月十五日(1706年11月19日)，以杭州、江宁、西安三处驻防满洲官兵闲居日久，恐今后不耐劳苦，命每年各选年少善射者24人(每旗三人)，于四月到京，随至热河行围，事后各回本处。

乾隆二十五年十月十二日(1760年11月19日)，乾隆帝在避暑山庄万树园宴请杜尔伯特亲王策凌乌巴什、回部郡王霍集斯伯克及哈萨克使臣等，并以作诗纪念。

一诗

万树园赐宴即席得句

◎乾　隆

小阳春旭暖温暾，今日筵开万树园。
屈膝捧觞逮盐泽，缠头式礼厕花门。
敢云一已承先烈，或可千秋示后昆。
坐有镶锔如旧仆，偏称两度沐深恩。

一解

这首诗写于乾隆二十五年十月十二日(1760年11月19日)。诗中描写了乾隆帝在避暑山庄宴请西北少数民族首领的情形，主旨是颂扬民族团结与友好。

诗的首联意思是，农历十月，天气尚暖，在避暑山庄万树园宴请各少数民族首领。小阳春，农历十月。明代谢肇淛《五杂俎·天》载："即天地之气，四月多寒，而十月多暖，有桃李生华(花)者，谓之小阳春。"温暾(tūn)，暖意。暾，刚出来的太阳。

诗的颔联意思是，回部郡王霍集斯伯克等及哈萨克陪臣咸预宴。盐泽，今日罗布泊。厕：夹杂在……里。花门，花门山堡，在甘肃，唐王朝与回纥交往必经之地，唐诗里经常用花门堡来代指回纥。这里用花门指代回部。

诗的颈联意思是不敢说我已经继承先烈的愿望，完成了统一大业，但我现在的做法或许可以为千秋后世树立榜样。昆，子孙，后嗣。

诗的尾联意思是，策凌乌巴什等以甲戌夏入觐，宴赉于此，今入旧扎萨克之列赐坐。镶锔(jù yú)，代少数民族的耳饰。此处指代与宴的蒙古族首领策凌乌巴什等。

乾隆帝朝服像 故宫博物院提供

【11月20日】

一日

乾隆二十年十月十七日(1755年11月20日)，达瓦齐解送至京，行献俘礼。乾隆帝免治其罪，加封亲王，赐第京师，命其带来子女居住。乾隆二十四年达瓦齐卒。

一诗

定北将军班第遣人解达瓦齐至御午门受俘

◎乾　隆

鸳瓦缤纷积瑞银，受俘军礼举重新。
丹墀群辟齐肩侍，白组名王系颈陈。
天德好生还贷死，海滨多蹇又逢屯。
刑曹宪典聊迟待，指日欧刀剸叛臣。

一解

这首诗写于乾隆二十年十月十七日(1775年11月20日)。十四日乾隆帝奉皇太后自避暑山庄返京，三日后即为达瓦齐解送京师，继夏日获叛臣达郎曾御门受俘，又一次举行军礼受俘。但考虑到达瓦齐虽虐乱准噶尔，实际并未与清军交战，故此宽宥其死。而今不成想阿睦尔撒纳忘恩负义潜逃，不日将擒，早晚受法律惩处。乾隆帝遂命令免治其罪，并加封亲王，赐第京师。鸳瓦，鸳鸯瓦。丹墀，宫殿阶上地。群辟，王公大臣。名王，各少数民族声名显赫的王。好生，爱惜生灵，不嗜杀。蹇，穷困。欧刀，刑人之刀。剸，以刀插入。

格登碑亭及碑文 乾隆二十年(1755年)，清军在各族人民的支持下平定达瓦齐叛乱。乾隆帝为了纪念格登山战役，亲自撰写了《平定准格尔勒铭登山原碑》碑文，并将碑建立在格登山之战的遗址上。

准格尔首领达瓦齐画像

平定准噶尔画卷 钱维城绘 中国国家博物馆藏

【11月21日】

一日

嘉庆十六年十月初六日(1811年11月21日)，嘉庆帝万寿节，召见军机大臣，得知百龄于九月十五日得生一子，时百龄已年逾六旬，嘉庆帝以百龄办事实心实意，有裨封疆，因得上蒙天佑，老年得子，特著加恩赏伊子名“扎拉芬”，意为健壮成长。张百龄，隶正黄旗汉军，世居承德府张三营，乾隆朝进士，历任广西巡抚、两广总督。

光绪十七年十月二十日(1891年11月21日)，热河都统德福奏请速饬直隶、奉天派兵援剿金丹教起义。光绪谕旨派裕禄、李鸿章各派得力将弁统带军队速往援剿，以期一鼓歼除。

一诗

题秀起堂

◎ 张百龄

西峪烟林拥翠姿，书堂突兀更呈奇。
窗中远岫含晴态，槛外仙葩发藻思。
境到最高全滌暑，雨能延爽恰知时。
天然福地成图画，不用丹青顾恺之。

一解

秀起堂位于避暑山庄西峪，建于乾隆二十七年(1762年)，内建藏书楼、书屋等，均有乾隆帝题额。乾隆帝曾多次来此处赏景、进茶。这首诗作者见景生情，生动描写秀起堂，窗岫含晴，槛外仙葩的佳景，从而赞美此处园林是一幅不用丹青的天然图画。

诗的首联意思是，西峪烟雾笼罩拥抱着一片碧绿的山林，秀起堂高高耸立更显示景物奇特。突兀，高耸貌。

诗的颔联意思是，楼窗容纳远处一片明亮的峰峦，栏杆外生长着仙界的奇花异草，引发人做文章的才思。远岫，远处的山峦。仙葩，仙界的奇花异草。藻思，做文章的才思。

诗的颈联意思是，如此最高的佳境完全可以扫除酷暑，雨知道时候便下起来就能延长清爽。延爽，延长清爽。

诗的尾联意思是，这处天然的福地就是一幅壮丽的图画，就不必用东晋著名画家顾恺之的笔再去画了。图画，一指绘画，一比喻壮丽的河山，此处为比喻义。丹青，谓画。顾恺之，东晋著名画家，其画传神、光彩耀目，轰动一时。

秀起堂复原图

【11月22日】

一日

康熙四十八年十月二十一日(1709年11月22日)，封皇三子胤祉为和硕诚亲王，皇四子胤禛为和硕雍亲王，皇五子胤祺为和硕恒亲王，皇七子胤祐为多罗淳郡王，皇十子胤䄉为多罗敦郡王，皇九子胤禟、皇十二子胤祹、皇十四子胤禵为固山贝子。

乾隆四十四年十月十五日(1779年11月22日)，六世班禅抵达青海塔尔寺(喇嘛教格鲁派著名寺院，于明嘉靖年宗喀巴诞生地兴建)，受到3000名喇嘛热烈欢迎。乾隆帝从京师派钦差大臣苏拉、万福等同时到达塔尔寺，并赉上谕，邀请六世班禅到避暑山庄参与七旬万寿盛典。赐六世班禅珍珠念珠一串，金鞍一套，骏马一匹，以及银茶桶、茶罐、袍料等。班禅上表谢恩，由钦差大臣转奏。

一诗

万树园观灯火

◎乾　隆

岩风傍晚净鱼鳞，东望锤峰挂璧轮。
塞即京华林即上，灯原嘉夜月原春。
千枝蜡凤燃银树，百道星虹落玉津。
义寓光明辉昒爽，宁云夸示远徕人。

一解

这首诗写于乾隆二十五年(1760年)。据《承德府志·巡典》记载："二十五年癸未，御万树园，赐扈从王公、大臣及蒙古王公、台吉等观火戏。"诗描绘了观看火戏的欢快场面。

诗的大意是，傍晚，山风吹走了满天鱼鳞般的白云，向东望去，一轮明月高高地挂在东边磬锤峰上。塞外就是京华，就是上林苑，灯火通明，月夜美好，一派春光。蜡烛点燃，犹如千百只凤凰飞舞在银白色的树林里，又像是一道道的星光彩虹从天而降。这一切都象征着黎明的到来，光明的到来，不要说是向远来之人夸耀，而是对他们的到来表示慰问。璧轮，谓月润似玉圆如轮。玉津，天河。昒(hū)爽，天色未明之时。徕，招致。

青海塔尔寺　图右红色阶梯建筑为班禅行宫

【11月23日】

一日

雍正四年十月三十日(1726年11月23日)，诸王大臣以雍正帝恭届万寿节奏请庆贺，降旨停止，并申明原由。雍正帝又就巡行边塞校猎讲武一事做出表态："国家武备，关系紧要，不可一日废弛。朕之不往，乃朕不及皇考之处。朕自知之。朕则从朝至夕，殚竭心力，尚恐经理未周，实无暇及于校猎行围之事。"

一诗

大猎

◎雍　正

五校琱弓劲，三秋野兽肥。
乘时讲武事，大狝振兵威。
狡兔宁藏迹，封熊悉入围。
猎归数军实，落日照龙旗。

一解

骑射为满洲根本，本诗描绘了雍正帝作皇子时深秋随扈打猎习武时的情状，铿锵有力，格调高昂。

诗的首联意思是，多次调试过的弓箭非常有力，深秋季节野兽长得正肥，正是打猎的好时候。琱(diāo)弓，有装饰的弓。三秋，秋天的三个月，也指秋季的第三个月，即农历九月。

诗的颔联意思是，借此秋高气爽的时候来习武，进行"木兰秋狝"练兵，以此振奋士气。乘(chéng)，利用。讲武，习武。大狝，秋天打猎练兵。狝(xiǎn)，秋猎。

诗的颈联意思是，狡猾的野兔躲藏起来，肥胖的野熊全都进入了包围圈。封，野兽背部隆起的部分。

诗的尾联意思是，打猎归来查点收获成果，落日的余晖照在龙旗之上。军实，军队收获的成果。

雍正帝临雍讲学图(局部) 故宫博物院提供

【11月24日】

一日

乾隆四十二年十月(1777年11月)，确立“花儿洞”(亦称花窖、花房)管理制度。“花儿洞”建在避暑山庄西北狮子园，从康熙帝时开始在此培育南方盆栽花卉。这些花卉冬天在“花儿洞”越冬。花房自十月起至次年二月止，计五个月，培育花卉，每月柴炭银五两，共银25两。嘉庆四年对“花儿洞”扩建，再次添盖花房五间。避暑山庄的花园在万树园东南的春好轩。祭祀花神的地方在汇万总春之庙，俗称花神庙。

一诗

秋海棠

◎乾　隆

塞中野卉多而脆，
几度经霜委白沙。
还是御园饶景色，
秋风袅袅见唐花。

一解

这首咏物诗原名为《高宗御制秋海棠诗》。秋海棠即中华秋海棠，又名野秋海棠，山海棠，八月春。又俗传有女子，怀人不至，涕泪洒地，遂生此花，故色娇如女面，名断肠花。避暑山庄有关秋海棠的文字记载多见于春好轩：“每来率秋月，亦自有花红。”《钦定热河志》记载：“塞外野花种类甚繁，每有不详其名者。”文献记载了蓼、野菊、翠雀花、普秋萝、金丝桃、山丹等十几种。乾隆十一年八月在避暑山庄时曾命大臣邹一桂绘制秋海棠一幅并题诗。此诗写于乾隆十四年(1749年)。诗的大意是，边塞之中野花繁多而鲜翠，经过几次霜冻便委弃坠落于白沙之中了。说起来，避暑山庄的野花之中数秋海棠最为丰裕美艳，在秋风吹拂之下仍可以见到温室栽培的这种野花。唐花，在室内用加温法培养的花卉。

乾隆时期的“花儿洞”

乾隆时期的“花儿洞”内部　法国传教士韩国英1777年绘制

【11月25日】

一日

乾隆二十六年（1761年），于避暑山庄“长虹饮练”西山阜地近瀑源处修建“珠源寺”，为避暑山庄较大一座寺庙。仿照北京颐和园万寿山宝云阁铜亭建宗镜阁铜殿，殿内供奉释迦牟尼佛像。珠源寺每天中午撞钟，永佑寺每晚撞钟，每日各撞钟108下，两寺与碧峰寺钟声交替，清晰幽远。

一诗

伊逊河东食细鳞鱼

◎黄 钺

卓歇伊逊上，秋风落叶初。
何图木兰寒，重见菜花鱼。
在远未谙饵，忘机乃误渠。
晚餐辄停箸，不敢当园蔬。

一解

礼部尚书黄钺这首诗写扈从木兰秋狝的居留伊逊河边重见细鳞鱼时，忘机捕鱼而不肯食鲜的情形，表现出一种仁人君子之风。伊逊河为滦河支流，发源于围场县哈里哈乡。细鳞鱼，满语谓之“箬漠蘚”，乾隆帝曾以此名吟咏“状似鲈，而味鲜美过之”。

诗的前两句意思是，在秋风乍起黄叶初落的时节，我站在伊逊河边上。卓，立。卓歇，借用“卓锡”之意，喻僧人外出所持的锡杖，在某地停留为卓锡。

诗的中间四句意思是，哪里想到木兰此地这样寒冷，重见菜花鱼。来自远方，不熟悉本地钓鱼的习俗；泯灭机心，乃误引它上钩。原注：鲈鱼初出者，名菜花鱼，曾于吴江舟中食之。兹鱼巨口重唇，身有微斑，酷似其状。何图，哪里想到。忘机，谓心无机械，不存防人害人之意，与世无争。

诗的最后两句意思是，本来不想捕鱼助餐，所以举起筷子又放下，不敢将鱼当成园子里的一般蔬菜那样心安理得。

珠源寺宗镜阁

珠源寺铜质匾额

珠源寺全景　选自《热河》

【11月26日】

一日

光绪十七年十月二十五日(1891年11月26日)，户部拨银五万两作为热河用兵饷。又命直隶提督叶志超迅速进兵，“以杜纷窜”。

一诗

万壑松风

◎康 熙

在无暑清凉之南，据高阜，临深流，长松环翠，壑虚风度，如笙镛迭奏声，不数西湖万松岭也。

偃盖龙鳞万壑青，
透迤芳甸杂云汀。
白华朱萼勉人事，
爱敬南陔乐正经。

一解

万壑松风为“康熙三十六景”第六景，意为千山万壑覆青松，风卷碧浪阵阵松涛声。此景为宫殿区一组建筑，大殿朝北，地处正宫之东，背靠湖波，并以避暑山庄西岭为邻，殿前殿后长松环翠。这首七言绝句，前两句写景，后两句抒怀。

诗序叙写万壑松风的地理位置与自然环境，并以“壑虚风度，如笙镛迭奏声”点明此景命名的缘由。笙镛(yōng)，乐器名。笙，用十三根竹管制成的乐器。镛，大钟。万松岭，山名，地处浙江杭州市南凤山门外，此山因多松而得名。

诗的大意是，树冠如伞盖树皮像龙鳞，千山万壑遍布青松。曲折的堤岛平铺着绿色草坪，湖水岸边碧草繁花美如织绵。白花与红色花萼相互依存，勉励人间兄弟相亲相爱不分离。我很喜欢读《诗·小雅》中的《南陔》，因为这一类诗篇是正经篇章。芳甸，草坪。汀，指湖边低地，可理解为岸边。白华朱萼，白色的花和红色的花萼。《白华》与《南陔》两首诗，都是讲孝子事亲之道的篇章。

万壑松风 选自《清代宫廷版画》

【11月27日】

一日

乾隆四十五年十一月初二日(1780年11月27日),六世班禅因感染天花在北京黄寺圆寂。乾隆帝派皇六子及王公大臣致祭,各族各界信徒三千余人公祭。三世章嘉国师诵经祈祷,祈求大师转世灵童早日降世。翌日,乾隆帝亲到黄寺吊唁,悲痛欲绝,令北京及附近各藏传佛教寺院为六世班禅诵经49天。

一诗

扎什伦布庙

◎ 冯应榴

宗风宣播大千弥,丕耀禅灯祝佛釐。
自识应身原不住,偶来寿世验重熙。
长开梵夹三车法,先兆娑罗七叶枝。
帝为群生期普度,凭将无碍证无为。

一解

这首诗作于乾隆四十六年(1781年)。原诗题为《恭和御制扎什伦布庙叠去岁韵》。乾隆四十五年七月(1780年8月)班禅额尔德尼来觐避暑山庄,乾隆作《扎什伦布庙落成纪事》。乾隆四十六年乾隆帝又作《扎什伦布庙叠去岁韵》,追念乾隆四十五年十一月班禅圆寂于黄寺“实亦去来如一”。

诗的前两句意思是,黄教的独特风仪经过广泛传播和宣扬,充满大千世界,寺庙禅灯光亮炫目是在为佛祖祝福。宗风,原指佛教各宗系特有的风格传统,此指以宗喀巴为鼻祖的格鲁派黄教,为藏传佛教派别之一。

诗的中间四句意思是,菩萨知道为度化众生随时不断显现自己的化身,有时偶然来到世间也会显示累世圣明,延续世人寿命。经常诵读佛经深悟修行佛法,就能见佛祖涅槃征兆。应身,佛教语,指佛、菩萨为度化众生,随宜显现各种不同化身。不住,指佛法随因缘而不停变化。寿世,延长世人之寿命。重熙,称颂君主累世圣明。梵夹,佛书,佛书以贝叶作书,贝叶重叠,用板木夹两端,以绳穿结,故称。三车,佛教语,喻三乘,谓以羊车喻声闻乘(小乘)、以鹿车喻缘觉乘(中乘)、以牛车喻菩萨乘(大乘)。三者均为不同的解脱之道。亦指佛法。

诗的最后两句意思是,御制偈(jì,佛家唱词)“蠢蠢普超度,佐我无为治”。按,无为治,儒家主张任用贤人,以德化民,使国家得到治理。

冯应榴(1741—1801),浙江桐乡人。乾隆二十六年(1761年)进士,三十年(1765年)授内阁中书,乾隆三十一年(1766年)入值军机处,随迁宗人府主事。乾隆三十七年授四川学政。乾隆四十六年(1781年)随跸热河特蒙召见,擢为江西布政使,后迁吏部郎中,累复迁鸿胪寺卿。冯工诗文,于诗尤嗜好。

六世班禅僧装唐卡像

清净化城塔 乾隆四十七年(1782年)，为纪念六世班禅，乾隆帝在黄寺用白石建佛陀加耶式的“清净化城塔”，藏其经、衣、履等物，以示纪念。此塔亦称“班禅塔”

承德扎什伦布庙

【11月28日】

一事

咸丰十一年十月二十六日(1861年11月28日)，王大臣将皇太后亲理大政各事宜，呈交两宫太后慈览。两宫太后懿旨，认为所奏“援据典章，斟酌妥善”，命依议行事。

光绪十七年十月二十七日(1891年11月28日)，命直隶总督李鸿章统筹全局，将长城各处关口妥速布置，以防金丹教起义者进入京畿。是日，叶志超统领直隶各练军在建昌五官营与金丹教徒鏖战，起义军溃败。

一诗

扎什伦布庙妙高庄严殿楹联

◎乾 隆

震旦现香林人天欢喜

耆阇开宝纲龙象总持

一解

此楹联乾隆四十五年(1780年)悬于承德扎什伦布(须弥福寿之庙)妙高庄严殿内。楹联的大意是，中国出现了佛教圣地，人间地上皆大欢喜。寺庙宏伟辉煌如同佛居住的须弥山，龙象护持。震旦，古印度语音译，即中国。香林，指寺庙。宝纲，庄严地庙堂，指妙高庄严殿。龙象，梵语那加，这里指六世班禅。这副对联抒发了乾隆帝对六世班禅前来朝觐的喜悦和敬仰之情。联中以须弥福寿之庙的建立比拟佛教圣地耆阇山，称颂班禅大师在此讲经说法人天欢喜。

妙高庄严殿抱柱楹联

妙高庄严殿金顶

妙高庄严殿

【11月29日】

一日

乾隆二十年十月二十六日(1755年11月29日)，封授达什达瓦之妻车臣默尔根哈屯名号，以表达对其维护国家统一行动的褒奖。阿睦尔撒纳叛乱后，达什达瓦妻子不听伊犁众喇嘛的蛊惑，毅然率众数千人，两次冲破叛军阻截，来到巴里坤向清政府军投诚。后达什达瓦迁居承德，乾隆帝遂命仿新疆伊犁北岸的固尔扎庙样式在武列河东岸修建安远庙，供包括达什达瓦部在内的漠西蒙古各部从事宗教活动，密切了漠西蒙古各部与清政府的关系。

一诗

安远庙

◎乾 隆

东岭琳宫接，题门各有名。 匪尊不二法，缘系众藩情。
佛日迎薰朗，慧云收雨征。 金川兹武定，安远永销兵。

一解

这首诗写于乾隆四十一年(1776年)。安远庙建于乾隆二十九年(1764年)，在避暑山庄东北，武列河与磬锤峰之间的山岗上，与普乐寺隔谷相望。乾隆帝敕建安远庙的根本目的在于慰藉漠西的厄鲁特蒙古，即《安远庙瞻礼书事有序》所说："予之所以为此者，非惟阐扬黄教之谓，盖以绥靖荒服，柔怀远人，俾之长享乐利，永永无极。"使漠西厄鲁特蒙古安居乐业，永享太平之福。安远庙是一座汉藏结合式建筑，在平台上的二层院落门殿里，保存着一块长方形卧碑，碑的一面就镌刻着乾隆帝的这首《安远庙》诗。

诗的首联说，避暑山庄外的东山坡上庙宇相连，庙门上方各书其名。琳宫，道院，这里借指佛寺。

诗的颔联说，修庙并非朝廷特别提倡佛教，是尊重蒙古王公的信仰不变。匪，非，不是。不二法，不二法门，指佛教教义精深，独一无二，令人望尘莫及。藩：王公的封号、属地。乾隆原注："蒙古素奉黄教，而伊犁之固尔扎庙庄严特盛，尤其所尊礼者。仿其制建安远庙于此，每岁驻跸山庄，归藩新附，络绎鳞集，俾之瞻仰斯庙，益增欢喜，以示怀柔远人之意，非祗阐扬象教也。"

诗的颈联说，在佛光普照、和风吹拂下众生顿时醒悟，佛法能播云布雨让祈求应验。佛日，佛家用语，佛家思想如阳光，能化解众生痴迷。薰，名词，熏风，即和风。与下句的"雨"对仗。朗，明朗，清醒。慧云，智慧之云，佛家用语，形容佛法。征，迹象，应验。

诗的尾联说，大小金川叛乱刚刚武力平定，佛祖保佑远方安定永不再战。大小金川位于四川西北部金沙江上游，是两个藏族聚居部落，明代设杂谷安抚使管辖，康熙五年(1666年)当地土司内附清政府，为防止叛乱再次发生，清政府在这一地区废除土司制，改置州县，隶属四川省，加强经济文化交流，巩固和发展了雍正提出的在西南地区"改土归流"成果。兵，战争。销，化解。

安远庙全景　选自《钦定热河志》

【11月30日】

一日

咸丰十一年十月二十八日(1861年11月30日)，英国驻广州领事罗伯逊致函英国外交次长韩孟德，报告两广总督劳崇对北京政变的看法。他们认为，政变铲除了作梗的载垣、肃顺等人，很合适。但也认为，皇帝的母亲(指慈禧太后)是一个有心计而意志坚强的妇人。

一诗

山中自咏

◎ 康熙

一生何事不斟量，老至偷闲自可伤。
倦体每思依石憩，俗情且喜对山忘。
春容无计寻方便，荏苒谁能驻景光。
濯足沧浪清水在，企思归咏舞雩傍。

一解

这首七言律诗大约写于康熙六十年或六十一年康熙帝在热河行宫避暑期间。诗中描述了游览山中风光景色的感受，也抒发了心中烦闷之情。康熙帝晚年所烦恼的事情，除了年老体衰之外，就是立储的问题。

诗的首联意思是，我一生处理事务没有不斟酌考虑的，到了老年常常忙中偷闲到山中休憩，自己也觉得有些悲伤。斟量，斟酌思量。偷闲，忙中取闲。

诗的颔联意思是，身体疲倦，总想依靠石头休息，高兴的是面对幽雅的山谷会令人将世俗杂念忘掉。憩(qì)，休息。俗情，庸俗的情感。

诗的颈联意思是，处理政务不能作到雍容畅达，只好随机行事了。光阴过得很快，谁能将它留住呢！舂(chōng)容，本指钟声回荡相应，引申为雍容畅达之意，也比喻和谐。荏苒(rènrǎn)，时光的推移。景光，光阴，时间。

诗的尾联意思是，溪水清清，姑且当做沧浪之水洗一洗脚吧，又想在回去的路上经过祈雨的祭坛时吟咏《论语》的语句。濯足沧浪，出自《孟子·离娄上》："有孺子歌曰：'沧浪之水清兮，可以濯我缨；沧浪之水浊兮，可以濯我足'。"沧浪水，汉水。咏舞雩，意思是吟咏着曾点言志的语句。

慈禧太后像 慈禧太后，亦称西太后(1835—1908)，又称那拉太后。姓叶赫那拉，满洲正黄旗人。十七岁被选入宫，后生载淳，晋封为皇贵妃。第二次鸦片战争时随咸丰皇帝逃奔热河。1861年咸丰皇帝死后，其子载淳即位，慈禧和咸丰皇帝的皇后钮祜禄氏一同被尊为皇太后，后丧期间因住在热河行宫烟波致爽殿西暖阁，所以又被称为西太后。从热河回京后，慈禧发动政变，实行两太后"垂帘听政"，并改元"同治"，意思是"两宫太后临朝而治"的意思，从此开始掌握朝廷实权。1875年，同治皇帝病死，她决定策立自己五岁的侄儿载湉为帝，改元"光绪"，朝政仍控制在她的手中。慈禧攻于心计，为人狠毒，好奢华，又善于玩弄权术。1889年，她表面上"撤帘归政"，退居颐和园"颐养"，实际上仍然操纵着清政府的军政大权，一批中央和地方的高官对她依然惟命是从。她是清末同治、光绪两朝实际的最高统治者，在统治中国长达半个世纪的时间里，与西方列强签订了一系列丧权辱国的不平等条约。

慈禧之宝

【12月1日】

一日

咸丰十一年十月二十九日(1861年12月1日)，谕内阁，将查抄肃顺家产内的账目、书信各件，在军机处公所公同监视焚毁，毋庸呈览，以示宽厚和平，礼待臣工之意。

一诗

即事

◎ 查慎行

童子提壶斟马酒，
老翁曲项奏胡琴。
近前争博君王笑，
真见诸藩爱戴心。

一解

查慎行，康熙四十二年(1703年)赐进士出身，选入翰林院，并以词臣供奉内廷，多次扈从“木兰秋狝”。康熙四十四年(1705年)奉旨随驾，经热河上营，七月入围，秋后撤围后，康熙帝北巡，由兴安岭渡库勒齐河，自此抵张家口至元代上都考牧，查慎行将考牧之盛以诗书记之。这首诗简明易记，琅琅上口。抓住蒙古草原风物的特征，歌咏边疆人们在统一多民族大家庭里，崇敬皇帝，热爱国家的真挚感情。

军机处值房

军机处值房内景

蒙古大力士

奏马头琴的蒙古人　选自《热河旧影》

木兰围场庙宫入崖口

【12月2日】

一日

咸丰十一年十一月初一日(1861年12月2日)，两宫皇太后在养心殿垂帘听政，王以下大学士六部九卿在养心殿门外行礼。但同治帝亲政不及两年，就因病而死。因无子嗣位，慈禧再次玩弄政治手段，精心设计择立同治帝年幼的叔伯兄弟载湉继位，使两宫皇太后二次垂帘终又得逞。慈禧通过垂帘听政之途，操纵同治、光绪两朝皇帝，掌握清朝朝政达48年之久。

光绪三十一年(1905年)，乾隆年间各地进贡茶叶的做法保持至今。本年进贡茶叶四十余种，龙井茶仍是首选贡品。慈禧留用的茶叶有桂花人参茶、珠兰茶、蒙茶、仙茶、观音茶、陪茶、砖茶、菱角湾茶、春茗茶、锅焙茶、龙里芽茶、余庆芽茶、贵定芽茶、龙泉芽茶及各种普洱茶等二十余种。

一诗

雪猎

◎乾　隆

一夜朔风吹冻云，高峰低谷皆皴玉。虽寒不湿可三驱，连网周阹谢千轴。
供役左贤还右贤，是皆惯马且耐寒。习劳示矩可辞冷，我欲因之试玉鞯。
六霙时止复时洒，磬控疑骤兰田野。丹黄青绿绘银崚，塞景清都入吟写。
丽龟释弸真快哉，紫狐轻点祥花皑。陡忆伊犁大于掌，官军尚待歌归来。

一解

这首诗写于乾隆二十二年(1757年)。诗歌描绘了在大雪中狩猎的情景，场面壮观。

诗的前四句意思是，一夜北风，吹落淡淡雪花，高峰低谷，都呈现出像图画中的皴痕一般。天虽然寒冷，但还干爽，正适合狩猎；张网围猎，网张三面，留下一面。冻云，将要下雪时的阴云。皴(cūn)，绘中国画山石时，勾勒出轮廓后，为了显示山石的纹理和阴阳面，再用淡干墨侧笔而画，叫做皴。三驱，网三面，留一面。阹(qū)，围猎形成的圈子。

中间八句意思是，随从狩猎的蒙古王公都是骑马高手，不惧寒冷。按部署狩猎，虽然辛苦，但却可以抵御严寒，故而我也要骑上马追赶猎物。尽管雪花时而飘洒时而停顿，我骑在骏马上操纵自如；尽管地势不平坦，天寒地冻，但我仍然像奔跑在原野上一样。五彩缤纷的围猎人马在雪山之间飞奔，塞外雪猎的如画美景，不禁让我为之吟咏。左贤、右贤，汉时匈奴封其贵族的封号。此处代指蒙古各部王公。玉鞯(jiān)，装饰有玉石的马鞍垫子。磬(qìng)控，骋马曰磬，止马曰控，意为操纵自如。骤，奔驰。崚(léng)，形容山高。清都，清爽优美。

后四句意思是，一箭射中猎物背部隆起之处，岂不快哉，策马追过去，马蹄趟起皑皑白雪。突然想起来伊犁已经控制在手，尚等待大军凯旋归来。丽龟，兽类背部隆起的地方。释弸(péng)，放箭。弸，强劲的弓。陡，突然。

养心殿垂帘听政处

垂帘听政之纱帘

乾隆帝射猎图　故宫博物院提供

【12月3日】

一日

乾隆五十七年十月二十日(1792年12月3日)，乾隆帝获悉英使马戛尔尼越海来贡，准其所请。

道光九年十一月初八日(1829年12月3日)，热河都统成格奏，热河八旗官兵生齿日繁，每兵一份钱粮，养赡亲丁八九口甚至十数口，实属不敷，兼之今年物价较昂，生计艰难。成格奏请借银三万两，交热河道发商生息，以资调剂。道光认为："如此调剂，终非长久之策。朕恩以君养人则不足，使之自养则有余。"决定热河地方如有可垦之地，俾兵丁借以自养，著热河都统查明筹办。

光绪三十二年十月十八日(1906年12月3日)，热河都统廷杰奏请开办热河官银钱号，获宫朱批，本日成立，总经理郑宝玲，筹银五万两作原本，并在赤峰、林西、乌丹各设分号兑换所一处。

一诗

喜峰口

◎英　和

万重山作郭，一片雪当门。
地迥春光浅，年深古迹存。
几朝森壁垒，此日统乾坤。
在德非关险，秦皇何足论。

一解

嘉庆朝军机大臣英和这首诗通过描写喜峰口地理形势和过去的历史，意在表达作者一种"此日统乾坤"、"在德非关险"的思想。

诗的前四句意思是，层层的山岭作城外的一道城墙，一片残雪遮挡了城门。这里地势高远，春意浅淡，年代久远，古代的遗迹依然存在。郭，古代在城的外围加筑的一道城墙。春浅，谓春意浅淡。

诗的后四句意思是，多少朝代为防备敌人的军事设施非常整齐严密，今朝一统天下。只有修明政治才能使江山巩固，而并非是凭恃天险，秦始皇虽统一中原，但很快就灭亡了，与今相比，哪里再值得人们去谈论他呢！

喜峰口长城遗址

英和画像 英和(1771—1839)，乾隆五十八年(1793年)进士，入翰林院，两年后授编修。其后擢为内阁学士，礼部侍郎，内务府大臣，军机大臣，嘉庆七年(1802年)，在南书房任侍读、工部尚书。后因事被贬，任热河都统。又为一大案所控，充军到黑龙江。英和在诗文及绘画方面均有成就，其著作八种，总名《恩福堂全集》。

水下长城 昔日的长城喜峰口如今已成为潘家口水库中的一道风景

【12月4日】

一日

康熙四十一年七月(1702年8月)，命工部在热河上营选地采石，修建窑场，以便为热河上营行宫施工做准备。选址定在武列河东岸、磬锤峰下，后称五窑沟。这是承德皇家琉璃窑场，共开砖瓦窑厂23座，拱窑三座烧制琉璃饰件。避暑山庄及外八庙所需琉璃饰件、青砖、布瓦皆由其提供。

[评]承德五窑沟是承德皇家园林的摇篮，是承德城市文明、昌盛、繁荣、辉煌的奠基石，是研究避暑山庄和外八庙历史文化的宝贵遗产。

一诗

题钱维城雪景

◎乾　隆

生面塞山雪景披，侍臣扈跸写神姿。
朱楼白屋浑无借，玉岭银峰别有奇。
布帐邀途鬻酒暖，毡庐到宿带冰支。
四宜居独饶清致，收瀹三清又一时。

一解

这首诗写于乾隆三十三年(1768年)。钱维城(1720—1772)，乾隆年间供奉内廷的书画大家。乾隆十年(1745年)会试状元，授翰林院修撰，命供南书房，任日讲起居注官，累升至工部左侍郎、刑部左侍郎。

诗的首联意思是，覆盖着大雪的塞外群山面貌别样新奇，画中的扈从大臣们神态鲜活姿势各异。生面，别开生面，换新颜。披，披盖。

诗的颔联意思是，白色的大地难分红楼与白屋浑然一体，妙笔生花描绘出的群山峻岭似银似玉。借，通“藉”，靠，凭借。

诗的颈联意思是，路边的布帐饭铺卖酒给旅途之人取暖，来到宿营地将带冰的毛毡帐篷支起。原注:“哨内许市民随行，每有于路旁设小布帐，搘其前幅，温酒以鬻，仆从过者或沽酒御寒。”搘(zhī)，支，拄。鬻(yù)，卖。

诗的尾联意思是，画中出现“四宜居”的匾额令人饶有情趣，恰似喝着煮好的三清茶度过寒冷的冬季！原注：“毡庐三楹，中室颜曰‘四宜居’，为视事延见臣工之所。”颜，门框上的横匾。清致，清新，有情调。瀹(yuè)，煮，烹茶。三清，原注：茶名。

热河五窑沟皇家琉璃窑厂遗址

大立窑厂全景

有五窑字样的窑印

大立窑侧面图　选自《承德皇家古窑考》［日］山根朝四郎摄影　兰义和提供

【12月5日】

一日

康熙四十二年十月二十七日(1703年12月5日),喀尔喀车臣汗、哲布尊丹巴胡图克图、土谢图汗各遣员进献九白年供。

一诗

古长城

◎乾　隆

延袤古长城，东西数万里。其说出蒙古，克勒木迤逦。
汉书称龙堆，仿佛疑即此。蜿蜒走山川，见田岂谬拟？
向曾为之记，浅言抉深理。田地自然生，南北限以是？
设云人力为，早应就颓圮。然令果限谁？内外一家矣。

一解

这首诗写于乾隆二十九年(1764年)。乾隆帝在这首诗中,通过对长城的感怀,抒发了自己渴望各民族大团结的中华大一统思想。

诗的前四句意思是,延续无尽头的古长城,从东到西有几万里。人说这段长城出自蒙古,用蒙古语说就是“克勒木”(曲折连绵)。袤(mào),长、长度,这里表示很长的意思。乾隆帝原注:“蒙古语谓城墙为‘克勒木’。”迤逦(yǐlǐ),曲折连绵。

诗中间八句意思是,从汉书说的龙堆,仿佛比拟的就是这段长城。它弯弯曲曲,像龙一样出现在大地上的长城难道比喻错了吗?过去因为这个,我曾写了一篇《古长城说》,记下这个事情。浅近之言挖掘出深刻的道理,天地是自然形成的,(长城)南北的百姓怎么能被它限制住了呢?龙堆,白龙堆的简称。《汉书·匈奴传》杨雄谏书:“岂为康居,乌孙能踰白龙堆而寇西边哉。”《注》:“孟康曰:‘龙堆形如土龙,身无头有尾,高大者二三丈,崥者丈余,皆东北向,相似也,在西域中。’”见(xiàn)田,“见龙在田”简称,《易经》:“九二,见龙在田,利见大人。”抉(jué),剔出,找寻。

诗最后两句意思是,假如建个长城就能把南北两地分开,(那么)早就应该让这个长城断裂倒塌。然而果真让(长城)限制住谁了吗?(如今长城)内外已经是一家人了。设云,假设说。人力,人工的力量,指建长城。颓(tuí),崩坏,倒塌。圮(pǐ),坍塌。

位于河北省围场满族蒙古族自治县境内的古长城说碑

古长城说碑（局部）

内蒙古自治区多伦县境内的金长城遗址

【12月6日】

一日

康熙五十年(1711年)，避暑山庄初具规模，康熙帝选取园中景观三十六处，以四字命名，题写避暑山庄三十六景，命内阁学士沈喻绘制，康熙帝赋诗入画，定名为《避暑山庄图咏》，并亲自作序。分上下两册，上册十六景，下册二十景，次年刊印成书。雍正四年(1726年)收入《古今图书集成》。乾隆六年(1741年)重新刊印。乾隆四十六年(1781年)辑入《钦定热河志》。

一诗

耆民赵可立一百二岁

◎乾　隆

庞眉皓发扶鸠杖，
道左携儿望翠华。
为说平生无外慕，
村居勤朴课桑麻。

一解

这首诗写于乾隆六年(1741年)，乾隆帝第一次出塞北巡，来到热河。102岁的赵可立老人让儿子陪伴来到御道旁，和热河街的老百姓一起迎谒皇帝。乾隆帝特意停辇，与这位比他年长七十多岁的老者交谈。赵可立身经崇祯、顺治、康熙、雍正、乾隆五个朝代，见多识广，面对皇帝的询问，他还能说起以前各朝代的事情。乾隆帝与百岁老人交谈甚欢，成为热河街当时一段佳话(见《承德府志·人物》)。

诗的大意是，长长的眉毛雪白的头发，扶着拐杖，带着儿子在御道北侧迎候銮驾，他对我说起平生没什么过高的要求，就是在村子里勤俭地度日，种好庄稼。

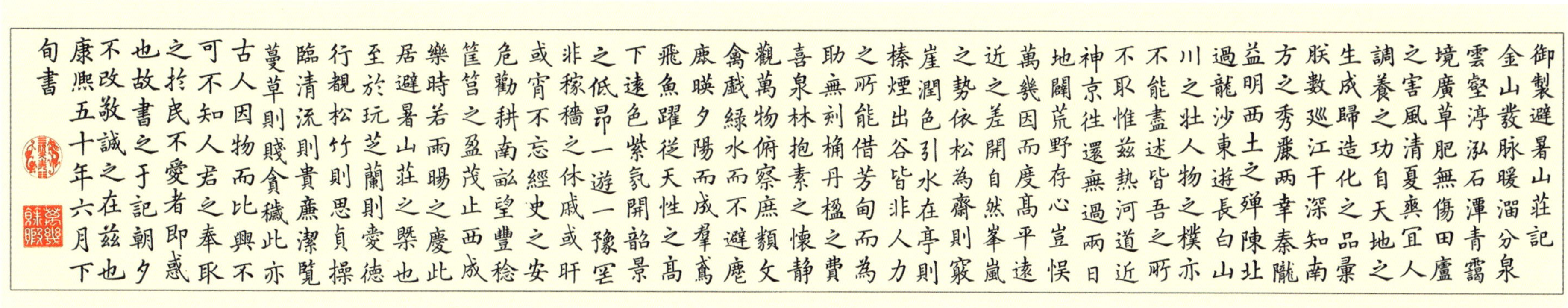
御製避暑山莊記
金山發脉暖溜分泉
雲壑渟泓石潭青靄
境廣草肥無傷田廬
之害風清夏爽宜人
調養之功自天地之
生成歸造化之品彙
朕數巡江干深知南
方之秀麗兩幸秦隴
益明西土之殫陳北
過龍沙東遊長白山
川之壯人物之樸亦
不能盡述皆吾之所
不取惟茲熱河道近
神京往還無過兩日
地闢荒野存心豈悞
萬幾因而度高平遠
近之差開自然峯嵐
之勢依松為齋則竅
崖潤色引水在亭則
榛煙出谷皆非人力
之所能借芳甸而為
助無刻桷丹楹之費
喜泉林抱素之懷靜
觀萬物俯察庶類文
禽戲綠水而不避麀
鹿暎夕陽而成羣鳶
飛魚躍從天性之高
下遠色紫氛開韶景
之低昂一遊一豫罔
非稼穡之休戚或旰
或宵不忘經史之安
危勸耕南畝望豐稔
筐筥之盈茂止西成
樂時若雨暘之慶此
居避暑山莊之槩也
至於玩芝蘭則愛德
行覩松竹則思貞操
臨清流則貴廉潔覽
蔓草則賤貪穢此亦
古人因物而比興不
可不知人君之奉取
之於民不愛者即惑
也故書之于記朝夕
不改敬誠之在茲也
康熙五十年六月下
旬書

康熙御制《避暑山庄记》

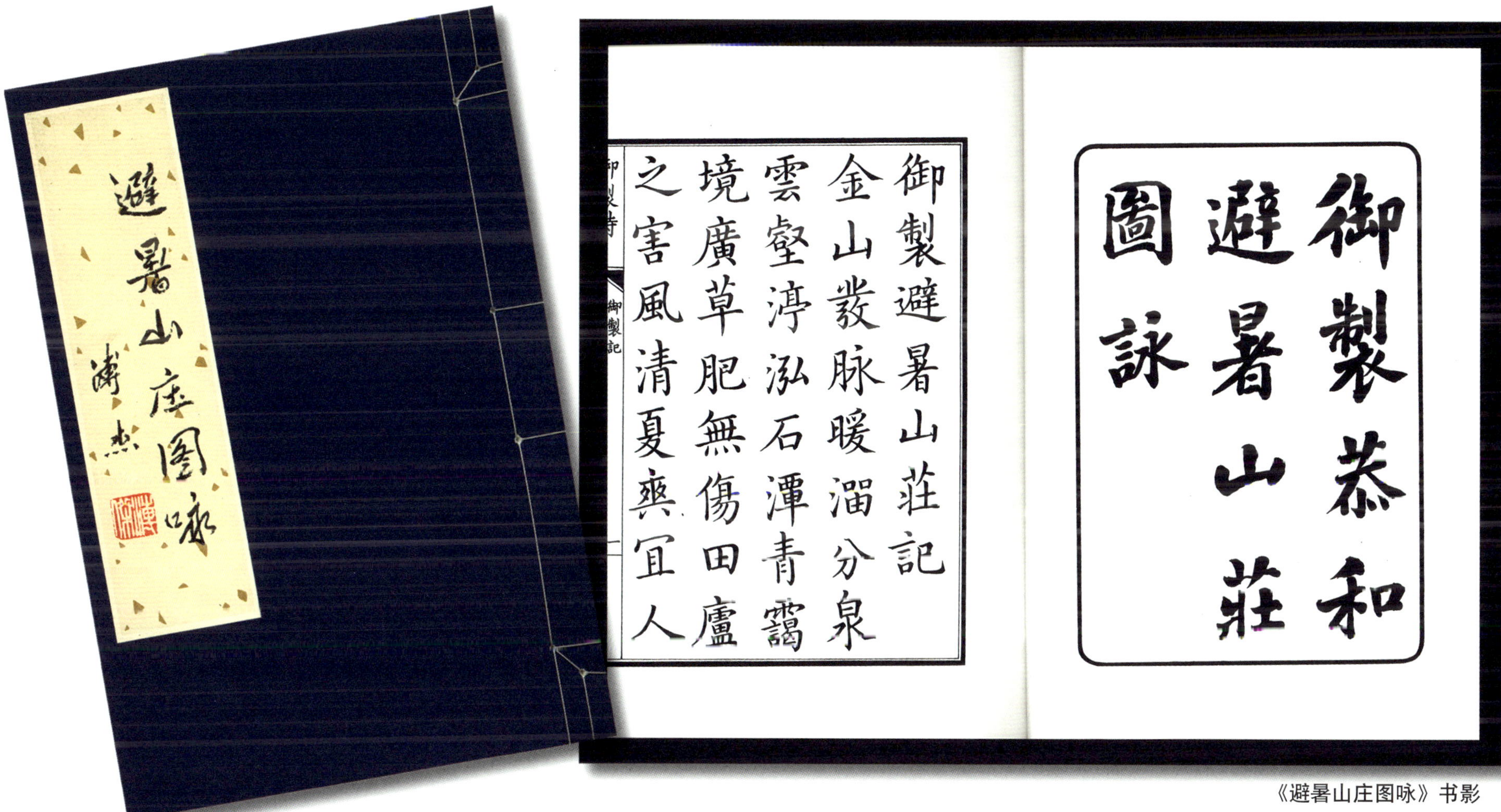

《避暑山庄图咏》书影

【12月7日】

一日

乾隆五年(1740年)，始设热河道署，署址西大街东临府学(今热河文庙西侧)。下辖热河、八沟四旗三厅，后设塔子沟、喀喇河屯、乌兰哈达、三座塔四厅，共七厅。为热河都统辖下管理民政、财政、司法及武举人考取事宜，兼辖武备的专门机构。首任热河道台陶用中，系江苏金匮人。自乾隆五年至光绪十年(1740年至1884年)，共有热河道台70任。

一诗

野 店

◎乾 隆

野店山村接远冈，夏田秋种总登穰。
昔原蒙古游牧地，今作齐民耕凿场。
郡矣县之新创建，庶乎富也更应商。
本来内地贫乏辈，开垦胥知土物臧。

一解

这首诗写于乾隆四十八年(1783年)，乾隆帝自避暑山庄启跸东巡，途径今日之承德、平泉境内，见到当地野店山村、夏田秋种，平民百姓耕田凿井，辛勤劳动，生活安定。昔日蒙古牧场，雍正年间因喀喇沁蒙古将围场三旗地方赏还耕牧，并设立八沟厅管理旗民事务，迄今休养生息，井庐相望，禾黍盈畴与内地无异。乾隆四十一年(1776年)升热河厅为承德府，统辖六属并改八沟厅为平泉州。热河等七厅本无土著民户，自康熙帝每年驻跸热河，肇建山庄以来，内地贫民觅食谋生，渐次间垦。现在百年生聚，村落阜繁，且有读书应试的人，益见国家培养的深泽。胥，皆，都。

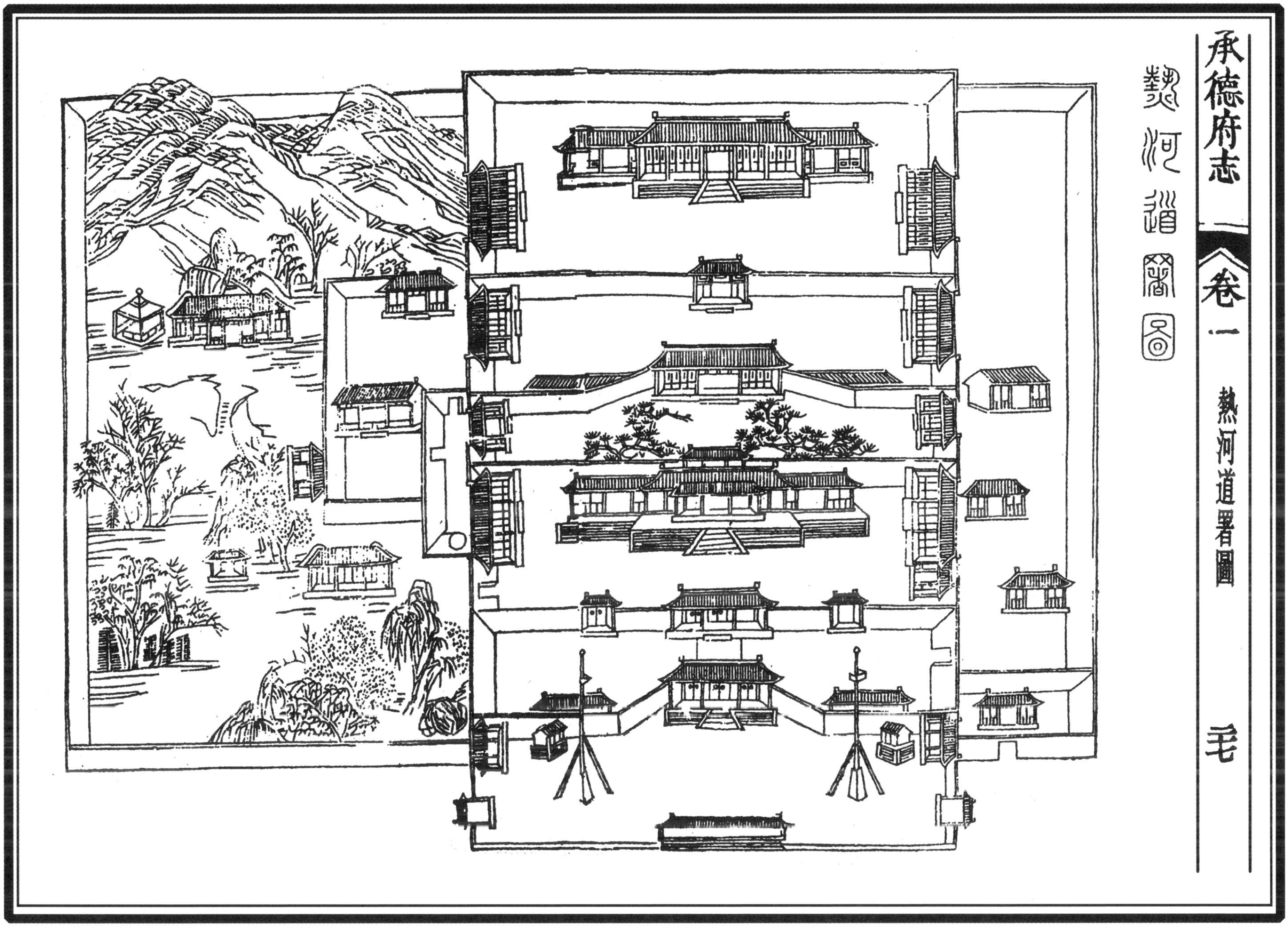

热河道署图

【12月8日】

一日

康熙二十一年十一月初十日(1682年12月8日)，谕理藩院，京城痘疹盛行，朝贺元旦之蒙古王、贝勒、贝子、公、台吉等，凡已出痘者许其来朝，未出痘者俱令停止，其他护卫人员也同此规定。清政府为此规定蒙古王公定期朝见的“年班”和“围班”制度。每年岁末已出痘(熟身)的蒙古王宫轮流进京朝见，即“年班”；没出痘(生身)的，不能进京，他们被分配在塞外轮流陪皇帝打猎，即“围班”。除行围时扈从外，还到行宫觐见。

一诗

宗畅寺

◎乾　隆

停跸值村寺，锡名宗畅崇。
欲因阐黄教，兼以奖丹衷。
内外一家信，觐瞻万姓同。
致予心喜者，满谷稼登丰。

一解

这首诗写于乾隆四十八年(1783年)，乾隆帝自避暑山庄启程东巡途径八沟厅治(今平泉县城)东北七家村一寺。此寺为康熙年间喀喇沁蒙古部众所建。乾隆四十八年秋，喀喇沁王拉特纳锡第略为整饬，以备巡幸逗留驻屯，所以乾隆帝将此寺赐名为“宗畅寺”，以记载宣扬黄教中外一家之盛。

诗的大意是，停跸正好到七家村寺，赐名为“宗畅寺”。理由是想要阐扬黄教，同时也为奖勉喀喇沁王的赤诚之心。如今内外一家共同信仰，万姓共同觐见。更引来我心里高兴的事是，到处是一派五谷丰登的景象。

蒙古喇嘛诵经图　选自《热河旧影》

【12月9日】

一日

乾隆五十二年十一月初一日(1789年12月9日)，钦差协办大臣福康安率兵抵台。此际渡台援兵含之台湾原额设官兵六万，福康安道照乾隆帝所援方略，以诸罗控扼南北。

一诗

乐成阁

◎乾　隆

塞田早播晚收，届白露即已铚艾登场，正秋巡行狝期也。阁踞城墙，垅亩参差，黄云弥望。三时忧悯，于斯稍慰。

近远山田一望弥，
秋巡恒值乐成时。
璇题宝篆垂明训，
稼穑艰难尚可知。

一解

乐成阁为“乾隆三十六景”第二十三景。始建于乾隆十九年(1754年)。位于永佑寺舍利塔东侧，嘉树轩附近，临近宫墙。阁踞城墙，是一座方形并四面出厦的五楹双层楼阁。一重额曰：“开襟霄汉”，再重额曰：“乐成阁”，皆乾隆帝题。乐成阁不仅是乾隆帝观赏丰收景象、体味农事艰难之所，它还被当做农事祭祀之场所。夏至、秋分由皇帝亲自祭祀，冬至、春分由承德总管代为祭祀。乐成，语出《史记・商君列传》：“夫民不可与虑始，而可与乐成。”乾隆帝取其后一句表达他与农民共享丰收乐趣的喜悦之情。

诗序叙写在“木兰秋狝”期间塞外农田收割庄稼的情形，表现出乾隆帝眼望丰收景象的喜悦之情，是乐成阁得名的缘由。铚艾(zhìyì)，用镰刀割谷物，指收割。铚，短的镰刀。收割，引申为收获。艾，通刈，略似现在的剪刀，割庄稼用的。黄云，比喻成熟的稻麦。此处指粱、谷。三时，指春、夏、秋三个季节。忧悯，指忧虑，担心发生自然灾害。

诗的大意是，近处远处的田野尽收眼底，每年秋狝期间，正值喜看丰收景象的时候。皇祖为避暑山庄所题写的珍贵的额联与诗文，内含有明确的训教，将永远流传。关于“先知稼穑之艰难”的教诲，我至今还铭记在心中。值，逢；遇。璇题，美玉装饰的椽头。此处借指珍贵的题额。宝篆，用篆书写的宝贵的文辞，泛指写作的楹联、诗文。垂，流传。明训，明确的训诫。稼穑艰难，语出《尚书・无逸》。意为先了解耕种收获的艰难，然后处在逸乐的境地，就会知道老百姓的痛苦。

避暑山庄永佑寺内陆合塔及乐成阁（老照片）

【12月10日】

一日

康熙四十二年(1703年)，肇建避暑山庄，在热河设立内务府总管大臣，下设钱粮房、示谕处、承发房、户科、清折房、汉折房及仓科七个办事机构，掌管宫廷事务，属官有行宫总管，专管热河行宫事务，同时兼理地方军政长官，总管衙门先在南营子，后移至今都统署大街，为中央派出机构。乾隆三年(1736年)设副都统，热河总管就专管行宫事务。首任总管赫奕，满洲正黄旗人，尚书衔。热河总管前后计11任。专管行宫事务的总管、副总管83人。首任热河副都统那苏泰，满洲正黄旗人。至嘉庆十五年升为都统，热河副都统共计33任。

一诗

古栎歌

◎乾　隆

古栎不知其岁月，盘空绿云蓊栉栉。不火宁同枫柏焚，非材更逭斧斤伐。
尘世匠石且弗顾，而况玉塞邻仙阙。与云霞护鹿豕游，凤为羽仪龙作骨。
我每筍舆憩其下，飒沓清籁爽毛发。无用居然成有用，质之南华语应讷。
将军大树彼何为？莫拟重台至唐突。

一解

此碑在避暑山庄碧峰寺的北边，坐北朝南，面南额首和碑趺上都刻着人物，达19人之多。碑身刻着乾隆帝诗七首，嘉庆诗一首。

诗写于乾隆四十六年(1781年)。刻在避暑山庄与碧峰门相对的榛子峪北侧一座高2.5米的卧碑正面。栎，树名，俗称柞(zuò)树，果实称橡子，落叶乔木。因栎树长得年久粗大，故称古栎。乾隆在山中游览时，曾于树下小憩。联想到庄子关于柞、栎、大椿虽然不被工匠看成有用之材而弃之不用，但却另有其用的论述，从而抒怀，发出自己的感慨。乾隆认为不论是将军大树或是栎、椿等树都各有其用，进而告诫人们不要将人或物分成高低贵贱，而应该使人尽其才，物尽其用。

诗的前八句意思是，这棵古栎树不知有多少年了，它的枝叶像盘旋在空中的绿云，长得高大而且郁郁葱葱。不人为生火，古栎怎能像枫树、乌柏那样自身生火自焚呢？因为它是无用之材而逃避了斧斤的砍伐。尘世著名的工匠见它尚且不顾而离去，更何况它生长在塞北与神仙相邻的地方呢？树的上面有云霞遮盖着，树下有麋鹿野猪跑来跑去。树的枝叶像凤尾作成的仪仗，斑驳的树干像蛟龙。盘空，回绕盘曲于空中，形容栎树枝繁叶茂。蓊栉栉，形容树木长得茂盛。栉栉(zhìzhì)，密而整齐的样子。原注：山中之木历岁久，或生火而自焚，于木兰每见之。惟栎不生火。逭(huàn)，逃避。匠石，古代著名的工匠、名石。羽仪，仪仗中以羽毛装饰的旌旗之类。

诗的后六句意思是，我每次乘肩舆来树下休息，山风吹来，奏起清纯的音乐，使人身爽神怡。世俗称它无用，现在居然成了有用之树，就正于《南华经》，世俗之人就会无话可说。汉武帝封嵩山嵩阳书院的一棵柏树为大将军，它又做了些什么呢？请不要把栎树视为奴隶的奴隶而任意亵渎它。筍(sùn)舆，竹舆。一种编舆。质，就正，请评定。南华，《庄子》一书别称《南华经》。讷(nè)，语言迟钝。将军大树，汉柏。汉武帝在嵩山嵩阳书院见到一棵乌柏树，封它为大将军。重台，奴婢的奴婢。唐突，冒犯、亵渎。

避暑山庄内古栎歌碑 选自《盛京风物》

【12月11日】

一日

乾隆五十二年十一月初三日(1787年12月11日)，改台湾诸罗县为嘉义县，以表彰义民捐粮饷资助清政府平乱之举。

乾隆五十七年十月二十八日(1792年12月11日)，乾隆帝撰写《喇嘛说》，阐明对喇嘛教的政策，同时确定“金瓶掣签”制。主要内容包括：兴黄教以安众蒙古；防范转世呼必勒罕之弊，确定用金奔巴瓶掣签决定活佛转世；对煽乱之喇嘛对众剥黄正法；修其教不易其俗，齐其政不移其宜等。

咸丰十一年十二月十一日(1862年12月11日)，清政府宣布：热河避暑山庄停止巡幸已四十余年，所有殿亭各工日久未修，多就倾圮。上年因我皇考大行皇帝举行秋狝驻跸山庄，不得已于各处紧要工程稍加葺治，现在梓宫已恭奉回京，朕奉两宫皇太后亦已旋跸，所有热河一切未竟工程著即停止。

一诗

鹧鸪天·谁道阴山行路难

◎ 纳兰性德

谁道阴山行路难？风毛雨血万人欢。
松梢露点沾鹰绁，芦叶溪深没马鞍。
依树歇，映林看。黄羊高宴簇金盘。
萧萧一夕霜风紧，却拥貂裘怨早寒。

一解

这首词是作者于康熙二十二年(1683年)随康熙帝到木兰围场所作，写的是“木兰秋狝”盛大壮观的场面。词的上片写大规模围猎的情景；下片写猎后赐宴、宿营的情景。鹧鸪天，词牌名。

诗的大意是，谁说在阴山行路很艰难呢？看那大规模的围猎万人欢腾的场面。松树梢上点点露水沾湿了拴猎鹰的绳子，芦叶掩映的深溪没过了骑士们的马鞍。围猎的将士们依着树木歇息，看着夕阳映照的树林。皇帝赐的宴席上，簇拥着盛满黄羊美味的金盘。清冷的夜晚加上紧切的刺骨寒风，只好裹紧身上貂皮衣裳，埋怨着塞上早来的寒冷。风毛雨血，形容大规模围猎中禽兽毛血纷飞的情状。鹰绁(xiè)，拴着猎鹰的绳子。黄羊，塞罕坝上的野生动物，宴席上的美味。

金奔巴瓶 乾隆确定金瓶掣签制度，完善了藏传佛教活佛转世制度。金瓶掣签后，驻藏大臣、寻访灵童负责人要将掣签所得灵童的情况报告中央政府，经中央政府批准后，才能举行坐床典礼。清政府于乾隆五十七年(1792年)特制两个掣签金瓶，一个用于达赖、班禅转世灵童的认定，存放于西藏大昭寺，另一个用于确认蒙藏大活佛、呼图克图的转世灵童，存放于北京雍和宫。 选自《清史图典》

西藏大昭寺金顶

西藏大昭寺全景

【12月12日】

一日

乾隆二十四年十月二十三日(1759年12月12日)，富德红旗捷报到京，历时五年，耗资三千三百余万两的平定西北回部之役结束。

[评]清廷与准噶尔分裂势力的斗争，历时半个世纪，这场战争关系到西北、西南、北部边疆地区的统一和安定。乾隆帝继承祖、父基业，力排众议，最终完成了对天山南北广大区域的统一管辖，稳固了边疆，稳定了西藏，保障了青海和内外蒙古的安定。为多民族国家的最终形成和中华民族的团结进步打下了基础。特别是在帝国主义即将侵入中国前夕，乾隆及时地完成了国家的统一，其功绩应充分肯定。

一诗

村行三首

◎乾 隆

崇墉已积圃场边，刈未完犹栖坂田。
始觉秋成语近信，为民额手庆欣然。

柴耆墙顶缘防虎，草蔚山腰好牧牛。
火种刀耕勤垦辟，丈量何用事深求。

赋租纳少收常富，无怪村民岁岁添。
乌鲁木齐闻略似，一家中外正何嫌？

一解

这三首七言绝句写于乾隆二十八年(1763年)秋，乾隆帝的诗真实地反映了太平盛世的农村面貌。第一首诗的大意是，庄稼已经收割，开始筑造打场的场地，把像高墙一般的庄稼堆积在场圃边，未收完的庄稼还在山坡地里。看到此情景我才相信直隶总督所奏“秋田九分收成”。第二首诗的大意是，用柴火支撑墙顶是缘于防备老虎的侵袭，草木茂密好放牛。这里农村还保持着古代山地刀耕火种的耕作方法，勤劳开垦出大片荒田，何必去仔细探求丈量田亩的多少呢！第三首诗的大意是，塞外的农村赋租少，收获多而常常富足起来，无怪乎村民岁岁增加收入。西陲平定后，垦地通容，又值年岁屡丰，乌鲁木齐和这里近似，内地和边陲是一家，不应有什么疑忌。

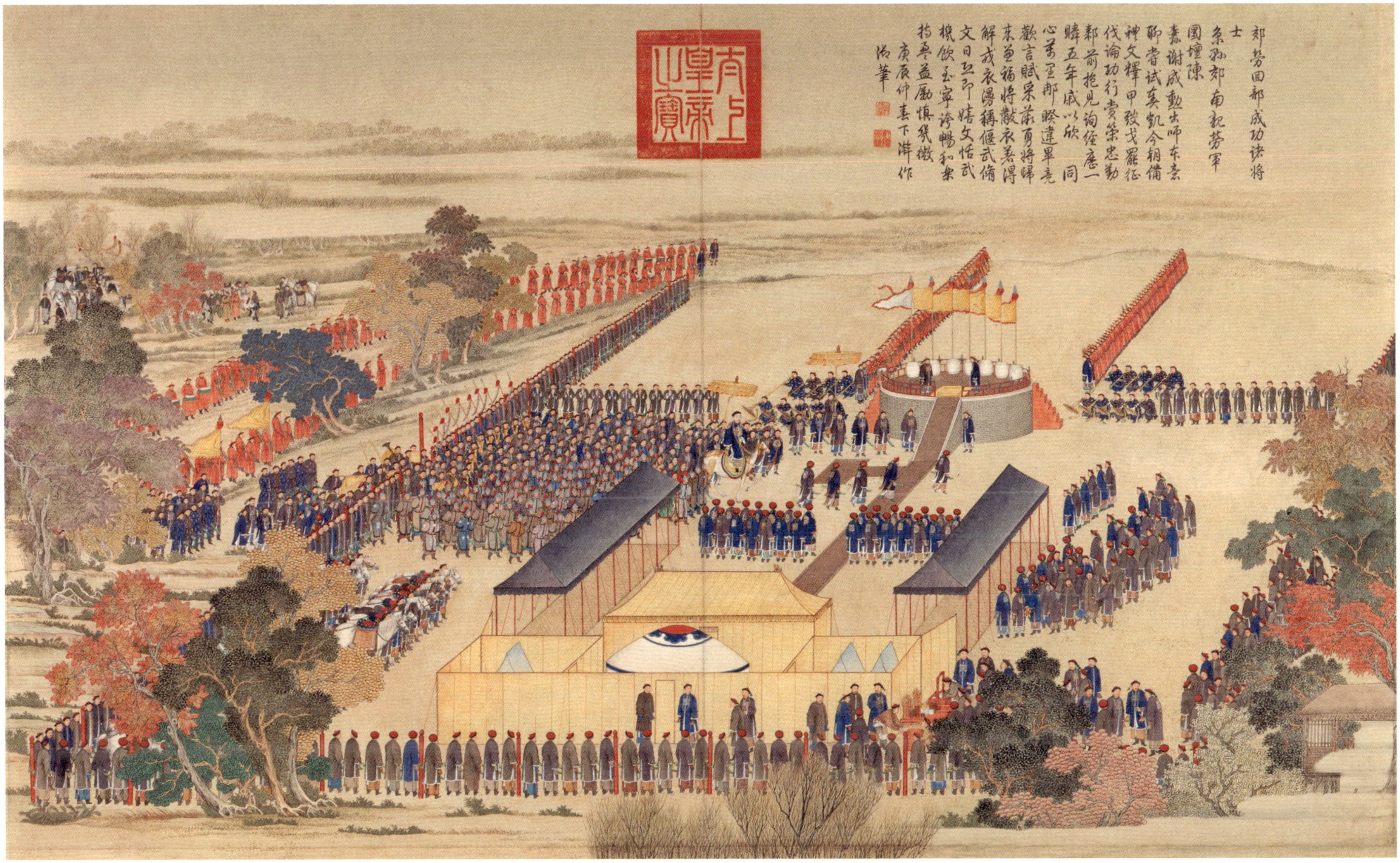

平定伊犁回部战图册 郊劳将士 故宫博物院提供

“火种刀耕勤垦辟，丈量何用事深求。”

【12月13日】

一日

康熙十七年十月三十日(1678年12月13日)，皇四子胤禛出生，母乌雅氏(原任护军参领加封一等功威武之女)，时年19岁。

一诗

秋日随猎纪事

◎ 张廷玉

(其一)

穿林跨壑骑如飞，健卒连冈正布围。
龙驭远从山顶过，丹枫高映柘黄旗。

(其二)

霜林浓处兽成群，待合围时日半曛，
一骑直追奔鹿去，控弦深入数重云。

一解

康熙朝军机大臣张廷玉的这组七绝，一事一咏，移情入景，形象鲜明。随猎记述布围、合围、杀虎、猎归、迎銮、归营、入贡，声、色、味均美，俨然一幅秋狝连环画。

这两首诗的大意是，穿过幽深的山林，车骑快如飞，健壮的士卒正在连绵的山冈上布置围猎。此时，皇帝的马正从山顶上骑过，经秋变红的枫叶映着赤红色的皇帝仪仗队。枫树稠密之处有成群的野兽，快到四面包围成功时已近日色黄昏之时，其中有一骑士直接朝逃奔的麋鹿，持弓追捕到重叠的云层深处去了。龙驭，皇帝所骑的马，亦称龙媒、天马。柘(zhè)黄旗，皇帝仪仗队的旗色。日半曛(xūn)，太阳快落山时。控弦，拉弓，持弓，这里借指士兵。

胤禛生母乌雅氏孝恭仁皇后朝服像

胤禛画像

紫禁城养心殿西暖阁　雍正至咸丰时，皇帝在此商谈机要大事批阅奏章处

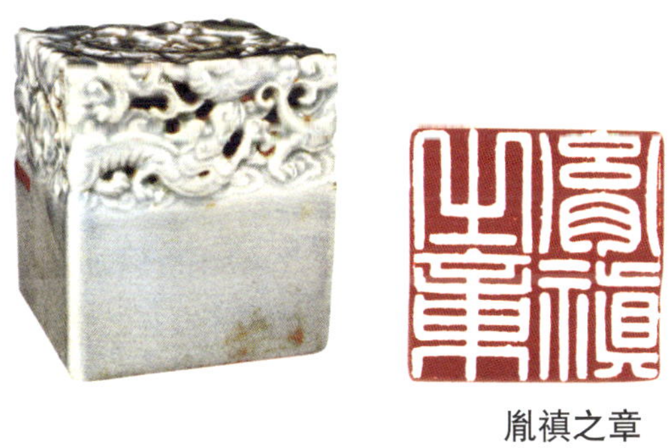

胤禛之章

【12月14日】

一日

康熙六十一年十一月初七日(1722年12月14日)，康熙帝病，自南苑回驻畅春园。

乾隆五年(1740年)，热河总管衙门迁至避暑山庄城关门内。其属员在总管、副总管下，设有苑丞、苑副、千总、副千总。前二者为文职，后二者为武职，衔为五、六品。其总管衙门所属钱粮房等七个科房长官为员外郎品级。对避暑山庄的管理采取划分十处分区管理的方法，其系统为：前宫、钱粮处、月色江声、如意洲、茅园居、殊源寺、永佑寺、旷观、含青斋、西峪等。于每处下又分辖若干小处，由总管衙门管辖。

一诗

秋日随猎纪事

◎ 张廷玉

（其三）

万灶炊烟暮色催，终朝登陟试龙媒。
忽闻铁骑欢声动，又向前山杀虎来。

（其四）

几务偶闲披万卷，健行不息爱三余。
秋原射猎归来晚，帐殿悬灯尚校书。

一解

这两首诗的大意是，暮色中，军营里升起缕缕炊烟，皇帝终日骑着骏马试呈马上功夫，奔赴猎场正要收场。忽然听到远处披挂铁甲的战马欢声雷动，他们又一次杀向前山捕虎去了。皇帝在治理国家政务偶有空闲的时候翻阅书籍，犹如古代圣贤一样抓紧空闲时间努力学习。虽然从秋日的原野打猎归来天色已晚，但是帐殿御幄里依然悬挂灯笼，仍在校勘书籍。三余，泛指空闲时间。有“冬者岁之余，夜者日之余，阴雨者时之余”之说。帐登陟(zhi)，登上。殿，“木兰秋狝”御营制度，以帐幕为行宫，中建帐殿御幄，休息时用。

正在议事的清代官员　选自《古代官职漫话》

【12月15日】

一日

光绪十七年十一月十五日(1891年12月15日)，直隶练军潘万才部追击60里，六战六捷，攻破热河乌丹城(今内蒙翁牛特旗治)，擒拿金丹教首领李国珍，将其枭首示众。

一诗

秋日随猎纪事

◎ 张廷玉

(其五)

诸蕃部长远迎銮，膜拜呼嵩夹道欢。
布幕居中车四绕，傍山新立小营盘。

(其六)

猎罢归营月未升，四山如雾晚烟凝。
马前错落流星影，万帐齐明万点灯。

一解

这两首诗的大意是，各少数民族王公首领从远处便来迎接皇帝，合掌加额，长跪而拜，他们夹道欢迎，高呼着祝颂皇帝万寿无疆。皇帝的御幄居于御营中间，四面围绕着车辆，靠山是新建立起来的军营。停止打猎回到营房时，月亮还未升起，四周的山峦被夜晚浓密的雾气包围着。夜幕中马队前面流动着参差不齐的光亮，绵延的营帐里万盏灯光齐明。迎銮，迎接皇帝。銮，銮驾，皇帝的车驾。呼嵩(sōng)，指对皇帝的祝颂。

张廷玉(1672—1755)，康熙三十九年(1700年)进士，选翰林院庶吉士，习读满文，四年后入值南书房，几度升迁后，擢刑部左侍郎。雍正元年(1723年)命为皇子师傅，擢礼部尚书，又户部尚书，为编纂《明史》总纂官之一。雍正三年(1725年)署理大学士，雍正朝的多数诏谕都拟自他手，雍正七年(1729年)特设军机处，张廷玉与允祥、蒋廷锡为第一批充任此职的大臣。张氏深得雍正帝与乾隆帝的恩宠，致仕后仍入值南书房和上书房，并受命参与重大国事。

乾隆帝秋狝聚餐图

故宫博物院提供

【12月16日】

一日

康熙六十一年十一月初九日(1722年12月16日)，因康熙帝生病皇四子胤禛代康熙帝主持南郊大祀。

乾隆五十二年十一月初八日(1787年12月16日)，台湾嘉义围解。福康安一日夜间解五月有余不解之围，官兵义民无不欷歔啜泣。

一诗

富良江之战

◎乾　隆

门户黎城曰富良，彼虽固垒众仓皇。
数舟独入真称壮，既勇知方深惜臧。
復国一王仍弃守，立祠三将永流芳。
酬忠抚顺遵王道，无事佳兵兆吉祥。

一解

本诗描写的是乾隆五十三年十一月十九日(1788年12月16日)富良江之战，诗作于乾隆五十四年八月(1789年9月)，系《补咏安南战图六律有序》中的一首。富良江为黎城门户，当时安南(越南)南北纷争，清政府应黎氏之邀，出兵安南。黎城士卒，摄于清军威严，没有固守决心，清军2000人马夜里过江，分头袭击对方营垒，攻破防线，册封黎维祁为安南国王。清军提督总兵战死。阮惠乞降，并为清军死难将士筑坛建庙，祭祀亡灵。

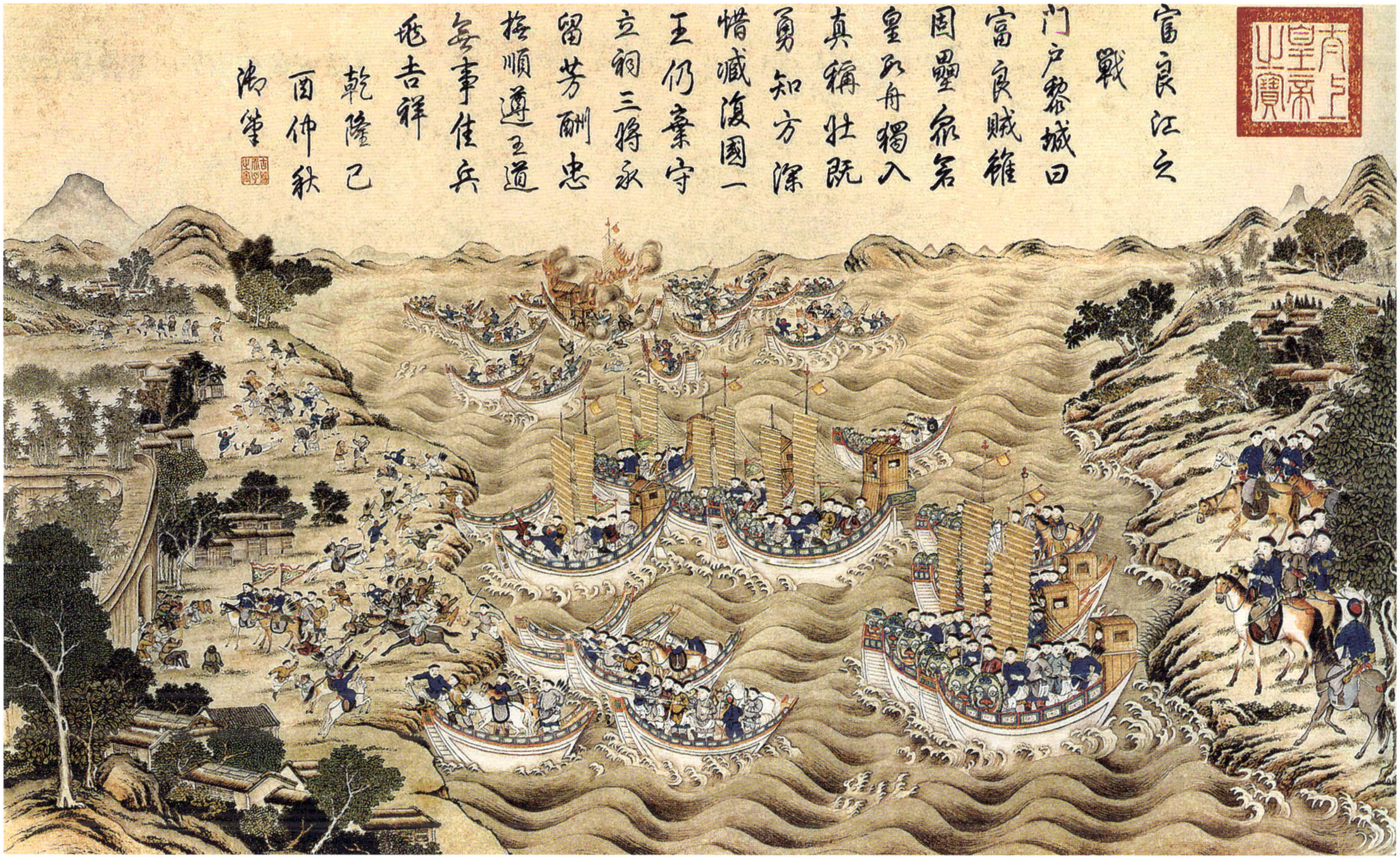

平定安南得胜图　富连江之战　选自《清代宫廷版画》

《御制书安南始末事记》玉册

【12月17日】

一日

乾隆二十三年十一月十七日(1758年12月17日)，乾隆帝降旨准许准噶尔部所属达什达瓦部迁至热河居住。达什达瓦之妻率众先后参加了平定达瓦齐、阿睦尔撒纳、厄鲁特反叛的斗争，他们辗转迁移，离开水草丰茂的伊犁故土，为维护国家统一作出了巨大牺牲。乾隆帝采纳军机大臣建议，同意达什达瓦部请求，全部迁入热河。转年正月十五日(1759年2月12日)，在理藩院官员带领下，行程万余里，历时四个月，于五月五日(1759年5月30日)抵达承德。

一诗

嘉树轩

◎乾 隆

万树园之东，桧栝蔚葱，老干樛枝，童童垂阴。构轩其下，取无忘封殖之义。

就树构轩阴易得，
轩前种树待阴迟。
因知事半功惟倍，
契理皆然讵止斯。

一解

嘉树轩为“乾隆三十六景”第二十二景。嘉树轩建于乾隆十八年(1753年)，位于万树园东，靠近宫墙，南与春好轩为邻。这里有许多百年老树，垂荫数十亩，依树为轩，凡三楹，敞亭，南向。乾隆帝题额“嘉树轩”。从乾隆二十五年(1760年)《嘉树轩》诗不难了解，为感念祖父圣祖皇帝培育之恩，乾隆帝借《左传·昭公二年》中记载的韩宣子赞嘉树和季武子赋《甘棠》的典故，表达其对祖父康熙帝的感恩之心。乾隆帝十八年赋《嘉树轩》诗，也是这种心情的真实写照，诗曰:“就树开轩荫绿云，尧年宝露叶间纷。设方武子甘棠赋，我亦宁忘封殖勤。”诗序叙写嘉树轩环境，突出描绘桧柏林的蔚蔚葱葱及老树形态，并说明依树构轩的用意。 栝，木名。柏科，常绿乔木。

诗的大意是，靠近大树构筑亭轩很容易得树荫的庇护；如果先建成亭轩，然后在轩前种树，得到树荫就太迟了。由此我体会到“就树构轩”能收到事半功倍的效果，符合事物规律的作法。这件事是这样，难道只有“就树构轩”这件事吗？就，就近；靠近；凑近。阴，指树荫。惟，只；是。事半功倍，用力小而功效大。契理，符合规律、道理。

达什达瓦部迁居热河狮子沟一带　选自《热河》

【12月18日】

一日

康熙四十一年十月(1702年11月)，雷金玉随工部来热河上营勘察、设计、制样。雷金玉参加了避暑山庄、溥仁寺、溥善寺的工程设计、建造工作。据《样式雷建筑世家·谱系》记载，样式雷家族第四代雷家玮、雷家玺、雷家瑞于乾隆十四年(1749年)后，通力合作，参加了山庄及周围寺庙的设计工作。其中雷家玺是佼佼者。

[评]样式雷家族是清代建筑世家杰出代表，雷家四代为避暑山庄及周围寺庙的设计建造作出了极大贡献。他们的智慧，凝结成了辉煌灿烂的历史文化遗产——避暑山庄及外八庙，今天，作为世界文化遗产，已经为全人类所瞩目。虽然样式雷的名字没有镌刻在山庄、外庙的石碑上，但是，他们活在历史中，写在了人们的心里。

一诗

罨画窗

◎乾　隆

横岭如曲屏，霞标一室据其胜。前为平台，牕列远岫，题曰："罨画"，董、巨、荆、关，谁能辨此？

霞标云阁小延停，异草仙葩扑鼻馨。
凉峭塞天初过雨，近峰远岭总来青。

一解

罨画窗为"乾隆三十六景"第二十七景。罨画窗约建于康熙四十二年至康熙四十七年(1703—1708年)。此景位于山庄之北山，是地处"康熙三十六景"之"北枕双峰"、"南山积雪"两个景点之间的"青枫绿屿"门外的一幢别殿，规制曲殿三楹。康熙题额"霞标"，意为彩霞是这里竖起的标识，语本东晋孙绰《游天台山赋并序》："赤城霞起而建标，瀑布飞流以界道。"楹联为："疏幕几重当昼卷，遥山三面送青来。"开窗远眺，山岭像屏风一样，一重又一重，犹如一幅幅优美的画卷，于是乾隆帝取唐代诗人秦韬玉《送友人罢举除南陵人令》"花明驿路胭脂煖，山入江亭罨画开"句意，将此景定名为"罨画窗"。

诗序叙写横亘北枕双峰和南山积雪之间的山岭，像一架曲曲折折的屏风，"霞标"这座殿堂占据了山岭风景优美的地方。堂前有一平台，窗前排列着远处群山，像一幅幅彩色的画卷。古代著名画家董源、巨然、荆浩、关仝谁又能绘制出可与此处美景相比的画卷呢？

诗歌的大意是，在霞标室短暂停留，异草仙花的香气扑鼻而来。凉爽的塞北天空，刚刚下过雨，近峰远岭被雨水冲洗后，全都送来了青色。凉爽的塞北天空，刚刚下过雨，近峰远岭被雨水冲洗后，全都送来了青色。凉峭，较冷峭程度轻。云阁，阁名。秦二世胡亥所建。欲与南山齐，故名。此处借指罨画窗。仙葩，仙界的奇花异草。馨，泛指香。凉峭，较冷峭程度轻。冷峭，寒气逼人。

避暑山庄梨花伴月烫样

圆明园“万方安和”烫样　故宫博物院提供

【12月19日】

一日

康熙五十一年(1712年)准许喀喇沁部杨树沟、雅图沟(今平泉县小寺沟镇境内)、大波罗树等处开采铅矿。属内地者由民人开采，属蒙古者由蒙古人开采。户部及理藩院各委派官员监视。其税课每年纳铅交钱局。不许在当地造屋种地，以免事端。

一诗

罨画窗即目远眺

◎道　光

高标岭顶起云霞，爽气迎窗透碧纱。
入画山林深转秀，登场黍谷稔维嘉。
经风涧树微飘叶，过雨岩阶细积沙。
梵宇天西移震旦，拱宸真喜接津涯。

一解

这首诗是道光帝作皇子时的作品。罨画窗为“乾隆三十六景”第二十七景，是避暑山庄山上赏景、赏月的绝佳处。

诗的前两句意思是，避暑山庄“北枕双峰”与“南山积雪”之间的“青枫绿屿”门外的叫“霞标”别殿上升起片片云霞，清朗之气正对着窗户透进装有绿色薄纱吹拂进来。高标，指康熙帝题额的“霞标”。

诗的中间四句意思是，即目远眺，可以进入画境，茂密的山林更加秀美了，丰收的庄稼上了农家的场院，真让人美乐。经过秋风的山谷溪涧边的树叶微微地飘动着，雨后的岩石阶上积满了细沙。

诗的最后两句意思是，此处山庄佳景真是使人欢悦无比，犹如转入中华的西方净土的佛的居所，周围美景像是拱卫着北极星似地浩大无边。梵宇，佛寺。震旦，印度古时对中国的称呼。拱宸，拱卫北极星，比喻拱卫君王。

"乾隆三十六景"之罨画窗

【12月20日】

一日

康熙六十一年十一月十三日(1722年12月20日)，康熙帝病危，召皇四子胤禛速至斋所。巳刻，胤禛进宫，康熙帝解下自己项下所挂念珠授予胤禛，曰:“此乃顺治皇帝临终时赐朕之物，今我赐尔，有意存焉，尔其知之。”戌刻，康熙帝逝世，终年69岁。

一诗

避暑山庄感恩纪事(其一)

◎ 尹继善

塞上峰青霁景鲜，
重来正值早秋天。
山庄记得曾陪宴，
弹指光阴十二年。

一解

十六首感恩纪事诗是大学士尹继善以臣属身份陪宴、侍御舟、瞻木兰图之中见闻感受，记述了清帝勤民意、同民乐、讲武承平、赐宴诸藩群臣等诸事，体恤恩深，颂扬清廷“中外于今总一家”的治国方略。诗用白描手法，语句简练传神，而有真趣。本书选其中五首。

诗的意思是，塞上雨后山峰青翠天空晴朗，此次重来秋猎正值早秋的天气。记得在避暑山庄陪同参加宴会，弹指间时光已经过去了12年了。霁(jì)景，雨后晴朗的景色。

康熙帝朝服像

【12月21日】

一日

康熙三十三年十一月初五日(1694年12月21日)，喀尔喀蒙古哲布尊丹巴遣员进九白年贡。

康熙四十一年十一月初三日(1702年12月21日)，康熙帝颁发谕旨，说明建造热河行宫的缘由："我皇定鼎开元，万象启运，宏业更新。朕仰俯天意，雨旸时若，农事兹繁，黎民安生，万邦国祝，今习武木兰已历二十载，柔远抚民，朕所惟念，然尚无从容驻跸之所。今从臣工之请，宜于热河肇建行宫，俾得北疆之安绥，著工部、内务府参酌南北名园，供奉画稿，构设烫样，以呈御览。"

咸丰三年十一月二十一日(1853年12月21日)，户部奏议巡防大臣奏请推广铸造当五百、当千大钱。

一诗

避暑山庄感恩纪事(其二)

◎ 尹继善

避暑时闻帝作歌，
新题旧咏揭嵯峨。
皇心总在同心乐，
得句攸关稼穑多。

一解

诗的意思是，来此避暑时曾听过皇帝赋诗，不论是新题的还是以前发表的旧歌，都不是一般可比附的。皇上的心意总是愿意与大家一起欢乐，所以诗中觅得的佳句多半是关心民生的。嵯峨(cuó é)，不平貌，此处形容诗作不同平常。稼穑，耕种和收获。泛指农业劳动，亦指民生。

咸丰时期制模钱

【12月22日】

一日

康熙五十一年十一月二十五日(1712年12月22日)，康熙帝恭谒孝陵，再幸热河。十七日至避暑山庄，十二月十九日回銮。

一诗

避暑山庄感恩纪事(其三)

◎ 尹继善

一片澄泓映碧空，
窗明水殿引凉风。
鸳行列坐筵开处，
四面云山在眼中。

一解

诗的意思是，水清而深的一片湖水映照蓝天，避暑山庄里临水的殿堂窗明几净，室内凉风习习。延薰山馆是接见大臣和少数民族王公、首领的地方，皇帝在此赐宴，朝官列坐，眼望西岭四面云山，想起重阳节时，圣祖康熙皇帝登亭远眺避暑山庄内外佳景宴请蒙古王公大臣的情景。鸳行，比喻朝官行列。

清孝陵石像生 选自《走进清东陵》

【12月23日】

一日

康熙五十三年十一月十七日(1714年12月23日)，诚亲王胤祉以《律吕正义》进呈。康熙帝把律吕、历法、算法三书合为一部，名曰《律历渊源》。包括:《律吕正义》五卷、《历象考成》42卷、《数理精蕴》53卷。

康熙五十六年十一月二十一日(1717年12月23日)，康熙帝在乾清宫召见诸皇子、满汉大学士、学士、九卿、詹事、科道等，就其一生事业作长篇谕旨，称“若有遗诏，无非此言”。

康熙六十一年十一月十六日(1722年12月23日)，以康熙帝遗诏颁行全国(见下页)。

乾隆十九年十一月初十日(1754年12月23日)，乾隆帝启銮并兼行赴避暑山庄，接见辉特部台吉阿睦尔撒纳。

一诗

避暑山庄感恩纪事(其四)

◎ 尹继善

柔远频看礼数加，
诸藩列侍雁行斜。
分尝赐馔欢声动，
中外于今总一家。

一解

诗的意思是，为安定边疆少数民族王公首领，设施礼节皇帝多次接见，藩部王公首领像飞行的大雁整齐而有序地排列在侧面。等到封赏或摆设酒席赐宴之时，大家一片欢腾，欢声雷动，于今看来，中国和边疆总归是一家人。雁行，形容排列整齐而有次序。

康熙帝遗诏 从来帝王之治天下，未尝不以敬天法祖为首务。敬天法祖之实在柔远能迩、休养苍生，共四海之利为利、一天下之心为心，保邦于未危、致治于未乱，夙夜孜孜，寤寐不遑，为久远之国计，庶乎近之。今朕年届七旬，在位六十一年，实赖天地宗社之默佑，非朕凉德之所至也。历观史册，自黄帝甲子迄今四千三百五十余年共三百一帝，如朕在位之久者甚少。朕临御至二十年时，不敢逆料至三十年，三十年时不敢逆料至四十年，今已六十一年矣。《尚书·洪范》所载：一曰寿、二曰富、三曰康宁、四曰攸好德、五曰考终命，五福以考终命列于第五者，诚以其难得故也。今朕年已登耆，富有四海，子孙百五十余人，天下安乐，朕之福亦云厚矣，即或有不虞心亦泰然。念自御极以来，虽不敢自谓能移风易俗、家给人足，上拟三代明圣之主，而欲致海宇升平，人民乐业，孜孜汲汲、小心敬慎，夙夜不遑，未尝少懈。数十年来殚心竭力，有如一日，此岂“劳苦”二字所能概括耶？前代帝王或享年不永，史论概以为酒色所致也，皆书生好为讥评，虽纯全净美之君，亦必抉摘瑕疵。朕今为前代帝王剖白言之，盖由天下事繁，不胜劳惫之所致也。诸葛亮云：“鞠躬尽瘁，死而后已”，为人臣者惟诸葛亮能如此耳。若帝王仔肩甚重，无可旁诿，岂臣下所可以比拟？臣下可仕则仕，可止则止，年老致政而归，抱子弄孙，犹得优游自适。为君者勤劬一生了无休息之日，如舜虽称无为而治，然身殁于苍梧，禹乘四载，胼手胝足，终于会稽，此皆勤劳政事、巡行周历，不遑宁处，岂可谓之崇尚无为、清静自持乎。《易》遯卦六爻，未尝言及人主之事，可见人主原无宴息之地可以退藏，鞠躬尽瘁，诚谓此也。

自古得天下之正莫如我朝。太祖、太宗初无取天下之心，尝兵及京城，诸大臣咸云当取，太宗皇帝曰：明与我朝素非和好，今欲取之甚易，但念系中国之主，不忍取也。后流贼李自成攻破京城，崇祯自缢，臣民相率来迎，乃剪灭闯寇入承大统，稽查典礼，安葬崇祯。昔汉高祖系泗上亭长，明太祖一皇觉寺僧，项羽起兵攻秦而天下卒归于汉；元末陈友谅等蜂起，而天下卒归于明。我朝承袭先烈，应天顺人，抚有区宇，以此见乱臣贼子无非为真主驱除也。凡帝王自有天命，应享寿考者不能使之不享寿考，应享太平者不能使之不享太平，朕自幼读书于古今，道理粗能通晓，又年力盛时，能弯十五力弓，发十三握箭，用兵临戎之事，皆所优为。然平生未尝妄杀一人，平定三藩，扫清汉北，皆出一心运筹。户部帑金，非用师、赈饥未敢妄费，谓皆小民膏脂故也，所有巡狩行宫不施采缋，每处所费不过一二万金，较之河工岁费三百余万尚及百分之一。昔梁武帝亦创业英雄，后至耄年，为侯景所逼，遂有台城之祸；隋文帝亦开创之主，不能预知其子炀帝之恶，卒致不克令终，皆由辨之不早也。朕之子孙百有余人，朕年已七十，诸王大臣官员军民与蒙古人等无不爱惜。朕年迈之人，今虽以寿终，朕亦愉悦至。太祖皇帝之子礼亲王王之子孙，现今俱各安全，朕身后尔等若能惕心保全，朕亦欣然安逝。雍亲王皇四子胤禛，人品贵重，深肖朕躬，必能克承大统。着继朕登基，即皇帝位，即遵舆制，持服二十七日，释服布告中外，咸使闻知。

康熙六十一年十一月十三日

康熙帝半身像 选自《紫禁城》

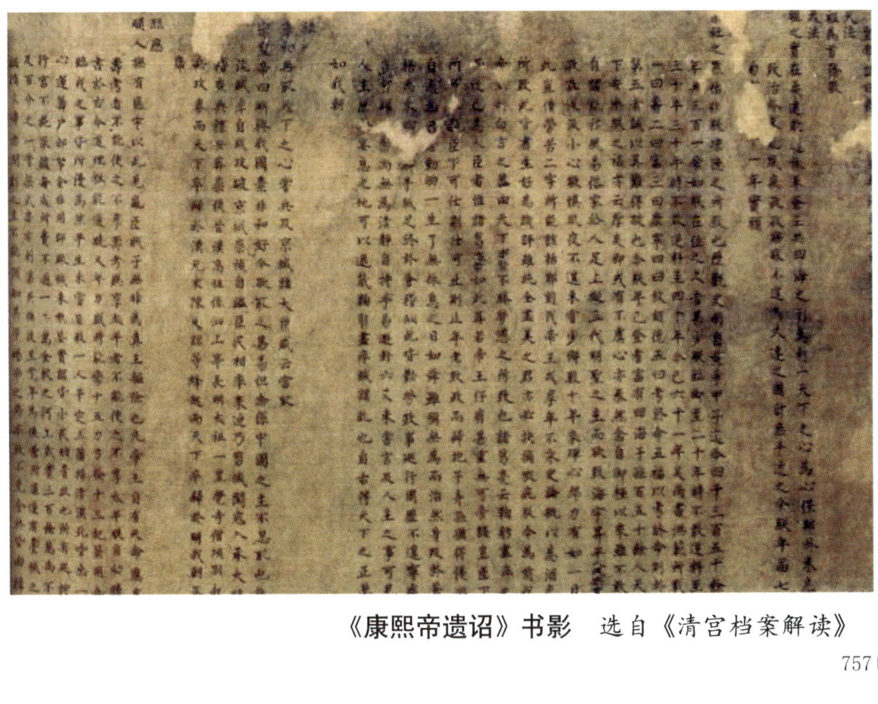

《康熙帝遗诏》书影 选自《清宫档案解读》

【12月24日】

一日

康熙五十三年十一月十八日(1714年12月24日)，康熙帝往热河巡视，皇子五人随行。

乾隆五十四年十月初八日(1789年12月24日)，册封诸皇子。乾隆帝共17子，长子永璜、二子永琏、三子永璋、四子永珹、五子永琪、七子永琮、十二子永璂、十三子永璟、十四子永璐，九子、十子、十六子均未命名，这十二子先后亡故。皇六子永瑢、皇八子永璇，分别封质郡王、仪郡王，以八旬万寿大庆，封皇六子永瑢为质亲王、皇十一子永瑆为成亲王、皇十五子永琰为嘉亲王(即后来的嘉庆帝)、皇十七子庆郡王永璘为贝勒。

一诗

避暑山庄感恩纪事(其五)

◎ 尹继善

公余退食正风凉，
荔子瓶开满院香。
岭峤一年来一度，
白头能得几回尝。

一解

诗的大意是，公务余暇或退朝就食于家，正纳凉在有风的地方，满院充满装在瓶子里荔枝果实的香味。江南五岭地区一年进贡一次新鲜的荔枝，承蒙皇帝赐食荔枝，细细想，到头发白了，还能再尝上几回呢？退食，退朝就食于家或公余休息。岭峤，泛指位于江南的五岭地区。

尹继善(1696—1771)，满洲镶黄旗人。雍正元年(1723年)进士，选翰林院庶吉士，后任编修。雍正六年(1728年)署江苏巡抚，雍正九年(1731年)署江南安徽总督，十一年(1733年)调云贵、广西总督。乾隆二年(1737年)授刑部尚书。乾隆二十九年(1764年)擢升文华殿大学士，兼任上书房总师傅及翰林院掌院学士。乾隆帝赞扬他政事既明练，性情复温厚。其家三代宰辅，江苏百姓对尹之公正仁慈深为爱戴。

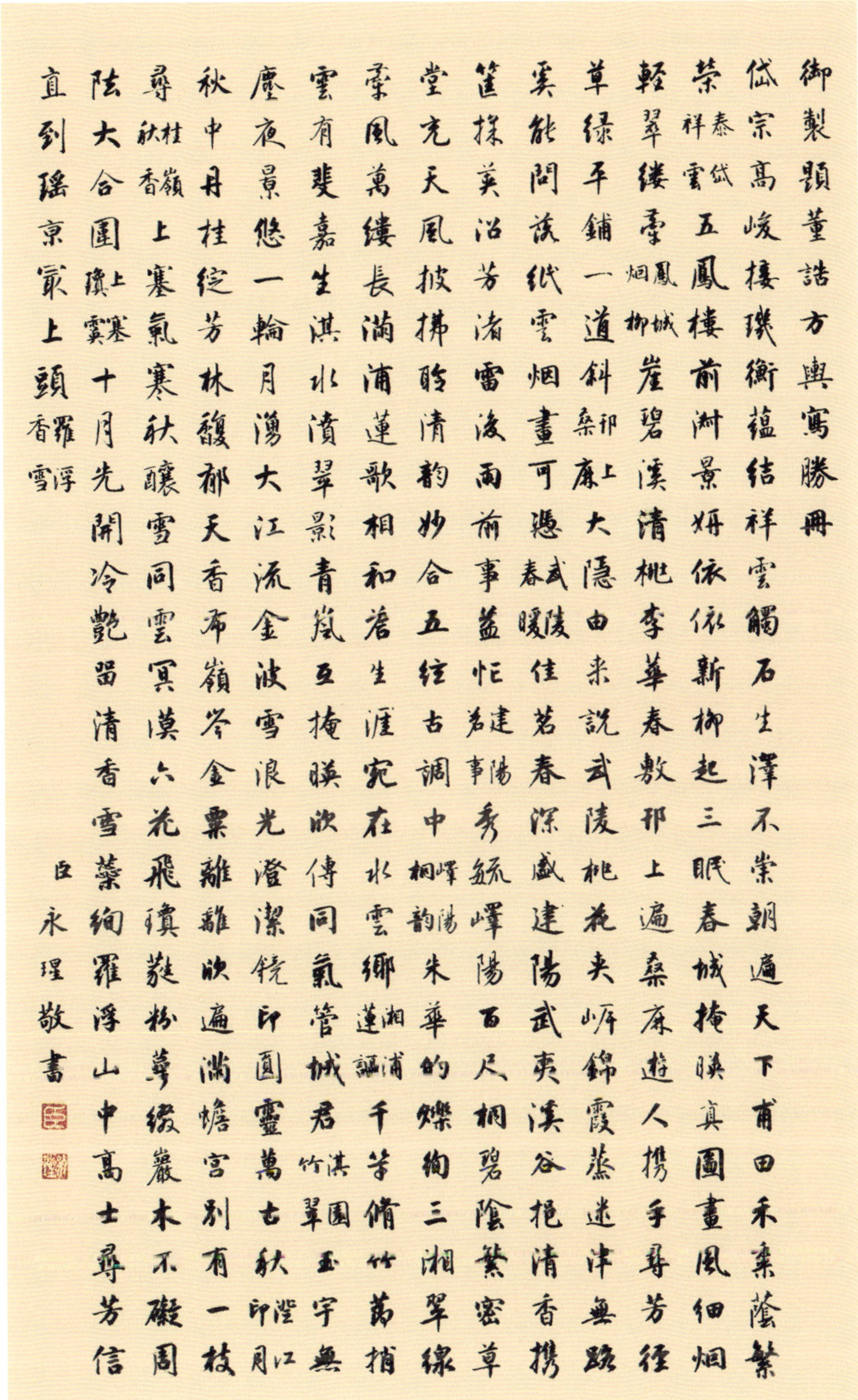

乾隆皇十一子永瑆作

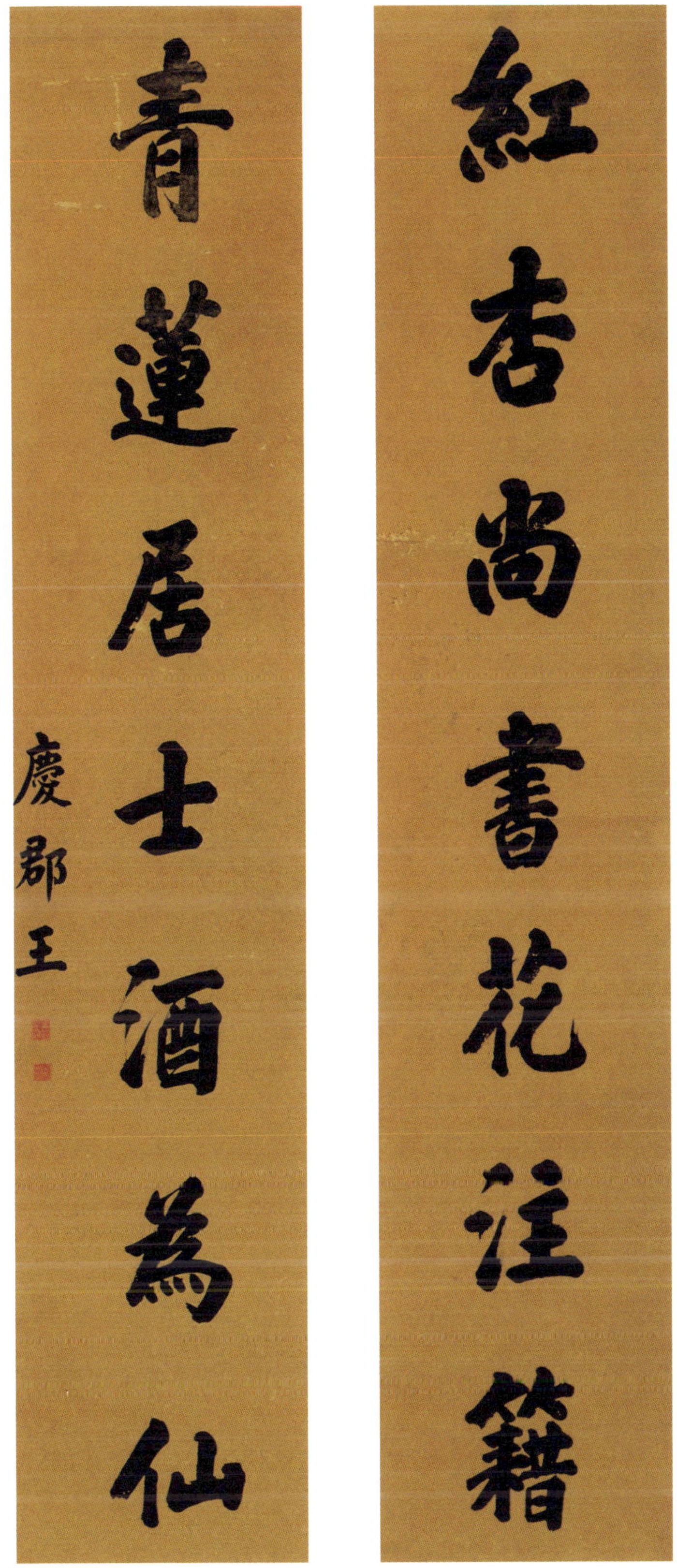

乾隆皇十七子永璘作

【12月25日】

一日

康熙五十年十一月十六日(1711年12月25日)，康熙帝谒孝陵，再幸热河。

乾隆十九年十一月十二日(1754年12月25日)，辉特部台吉阿睦尔撒纳、纳墨库等二十余人至广仁岭恭迎三日驰抵避暑山庄的乾隆帝车驾。

咸丰十年十一月十四日(1860年12月25日)，咸丰帝北巡热河，下令将宫中升平署(原南府)分三拨共214人调往避暑山庄，承应演戏奏乐。本日即在烟波致爽殿演奏《玉殿云开》、《海青》等。

一诗

至避暑山庄日辉特台吉阿睦尔撒纳等接见

◎乾 隆

冬节山庄此重寻，冲寒为慰远藩心。
开疆扩土非吾志，机辏人归借帝临。
迎跸翘瞻犹卉服，诘朝宠锡易华簪。
熏风五月员渠宴，壁上诗笺一再吟。

一解

这首诗写于乾隆十九年十一月十二日(1754年12月25日)，乾隆帝自北京驰抵避暑山庄。辉特台吉阿睦尔撒纳等觐见。

诗的前两句意思是，冬至时节重温再赴避暑山庄，冒着寒冷为了抚慰西北边远地区的辉特部首领的一片心意。

诗的中间四句意思是，我自登基以来，初无用兵意。迩年准夷内乱，篡夺相仍，杜尔伯特和硕台吉率众来归，先后接踵，既当为降人筹长远计，且实有可乘之机，皆借上苍默眷云。此番辉特台吉人等接皇帝的到来，明日清晨将会恩宠赐给他们显贵的官职。卉服，借指穿着粗布衣服的少数民族人，此处指辉特部首领。诘朝，明朝翌晨。华簪，华贵的冠簪，常指显贵的官职。

诗的最后两句意思是，夏天五月曾举办杜尔伯特策凌的首领宴会，此番仍然一再把诗写在纸上挂在墙壁上。熏风，指夏天。

戏剧图册　柴桑口

宫中演出戏装和道具

清廷升平署承应演戏

戏剧图册　取荥阳　故宫博物院提供

【12月26日】

一日

康熙五十年(1711年)，在热河等处建立仓廒，预备赈济平粜、借粜蒙古旗民之用。至雍正二年(1724年)设立八旗驻防满洲官兵支放俸饷。热河仓、喀喇河屯仓、化育沟仓三处米石支放八旗驻防兵，三沟仓、雅图沟仓、中关仓、波罗河屯仓、张三营仓、唐三营仓六处米石预备赈济平粜蒙古旗民之用。康熙年间、雍正年间、乾隆初年历久遵行。热河、喀喇河屯两处仓廒，每年贮米六万六千石，以北两处八旗驻防官兵及厄鲁特官兵俸饷并各寺庙喇嘛月粮之用。此项米石，系由口外庄头及承德官地蒙古旗人赴仓缴纳。不敷支放之米，由地方官员照数采买交仓。

一诗

锡封辉特亲王阿睦尔撒纳等谢恩朝见诗以纪事

◎乾　隆

初秋款塞柏冬杈，山馆来迎表寸丹。
中国怀柔宁过厚，远人礼数且从宽。
乍瞻大典身犹踧，得厕亲藩意倍欢。
宠示诸侯王上位，汉家终是畏呼韩。

一解

这首诗写于乾隆十九年十一月十三日(1754年12月26日)。辉特亲王阿睦尔撒纳七月来归，并请入觐。乾隆帝因其未出痘，故让他们等东巡后回跸热河时再迎谒。

诗的前两句意思是，初秋时节辉特首领即率部前来请求入觐，直到冬天来避暑山庄迎谒以表示他们的一片赤诚之心。

诗的中间四句意思是，清朝以厚往薄来的方针对待国内的少数民族，施以安抚的政策，边远地区的来人且以宽厚的礼数待之。阿睦尔撒纳同来归附的首领二十余人，各锡郡王、贝勒、公，封爵均命为扎萨克(旗长)等，在锡封的大殿上，他们恭敬不安的样子，深感是亲族一样的，心里倍感欢欣。

诗的最后两句意思是，将他们加恩特宠提到诸侯王的上位，终究还是西北地区这些少数民族的首领们敬服内地的汉族。呼韩，汉时匈奴单于呼韩邪的省称。古代指我国北方和西北地区的少数民族首领。

“初秋款塞柏冬杈，山馆来迎表寸丹。”

【12月27日】

一日

康熙六十一年十一月二十日(1722年12月27日)，胤禛即皇帝位，时年42岁，本日在太和殿行朝贺礼。

康熙四十七年十一月十六日(1708年12月27日)，释放废太子胤礽。

一诗

戒得堂额联

◎乾 隆

祖德绍稀龄戒垂务广

圣言明要道矩仰从心

一解

戒得堂是避暑山庄七十二景以外的第三处景观，建于乾隆四十五年(1780年)，位于清舒山馆以东镜湖的小岛上。乾隆帝建戒得堂，并作《戒得堂记》，以昭示帝王的法戒。

楹联的意思是，继承先祖的功德，如今我已是古稀之年，也应从多方面给后人留下训诫。古代圣贤的名言，阐明了治国的道理，我决心遵循他们所说的“戒得”法则。孔子三戒之论，朱子注谓“以理胜之，则不为血气所使”。孔子说:“君子有三戒：少之时，血气未定，戒之在色；及其壮也，血气方刚，戒之在斗；及其老也，血气既衰，戒之在得”。戒得是乾隆帝自己的座右铭，也是对后代子孙的训诫。

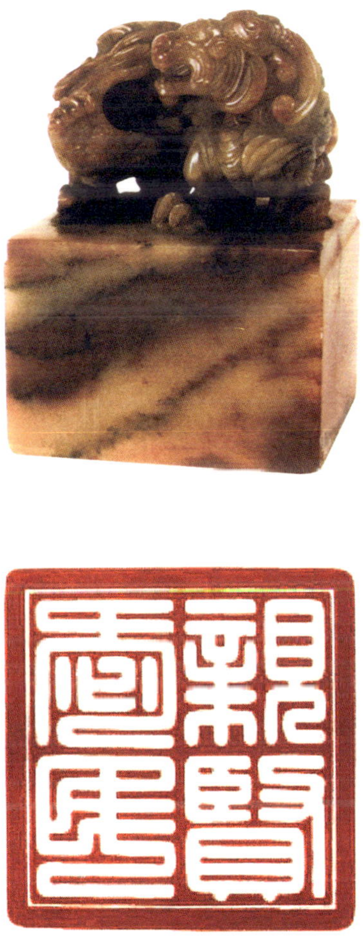

亲贤爱民玺及拓印

雍正帝像　故宫博物院提供

【12月28日】

一日

康熙四十七年十一月十七日(1708年12月28日)，科尔沁达尔汗亲王额驸班第及文武官员诸臣具疏上奏，请复皇太子事。

乾隆十九年十一月十五日(1754年12月28日)，乾隆帝在避暑山庄万树园幄次赐亲王阿睦尔撒纳等宴，与宴者有宗室、王公、蒙古王公、文武大臣等。

一诗

赐宴辉特亲王阿睦尔撒纳等诗以纪事

◎乾　隆

黄幄高张宴析支，怀音内面后先随。
敷文底事称干羽，施惠何难与解推。
疆埸都欣效奔走，衣冠已觉习威仪。
晚来灯景还教预，恰值冰轮正满时。

一解

这首诗写于乾隆十九年十一月十五日(1754年12月28日)。这是辉特部阿睦尔撒纳入觐热河，乾隆帝继在书房接见、锡封后赐宴的第三首诗。

诗的前两句意思是，在避暑山庄万树园高张皇帝专用的黄色帐幕，心怀恩惠而臣服于清朝的辉特首领先后来到山庄。文德教化之事，普施恩惠于人有何难处。

诗的中间四句意思是，命阿睦尔撒纳赴北路军营，以来年出师甚踊跃。来归诸台吉皆赐冠服入宴时，拜跪如礼。敷文，铺叙文章，指作文。干羽，指文德教化。解推，谓施恩惠于人。疆埸(yì)，边界，边境。

诗的最后两句意思是，宴会一直到傍晚，还教左右的人预备夜晚看灯景，这天正是十一月十五日仲冬之望。冰轮，月亮。

马术图 故宫博物院提供

【12月29日】

一日

嘉庆二十五年十一月二十四日(1820年12月29日)，内阁学士顾莼奏，反对任命松筠为热河都统，遭到皇帝的严词申饬。

光绪十七年十一月二十九日(1891年12月29日)，直隶总督李鸿章奏报，记名提督聂士成率部由建昌进攻朝阳，二十余日进兵300里，于本月二十五日拿获金丹教起义首领杨悦春。

一诗

准噶尔辉特部台吉阿睦尔撒纳归诚信至诗以识事

◎乾　隆

惠逮条枝宴赉陪，乌孙又报挈群来。
敢云德化俾苗格，信是天恩致宇恢。
重赏崇封吾岂靳，推心置腹彼何猜。
山庄计日应重到，深意当年万载培。

一解

这首诗写于乾隆十九年十一月(1754年12月)。是年冬月，准噶尔辉特部台吉阿睦尔撒纳率部归诚，乾隆帝接到阿睦尔撒纳的信件后，决定当年冬十月再赴热河行宫，专门接见。阿睦尔撒纳，厄鲁特蒙古辉特部台吉，他先是通过支持准噶尔部达瓦齐夺取汗位，后又与达瓦齐冲突，于乾隆十九年冬“款关内附”，乾隆帝于二十年春，出兵平叛，阿睦尔撒纳为北路左副将军，平定达瓦齐叛乱后，阿睦尔撒纳分裂割据野心暴露，当年九月，发动叛乱。乾隆二十二年，乾隆帝命成衮扎布、兆惠平叛，叛军溃败，阿睦尔撒纳只带七个人仓皇逃往沙皇俄国，后病死于俄国。

诗的首联意思是，恩惠达于杜尔伯特部首领，让他们在避暑山庄陪宴，并封以王公等爵位，如今辉特部台吉阿睦尔撒纳归诚的书信又到了。原注：驻避暑山庄赐宴杜尔伯特台吉策凌等，封以王公等爵，命返游牧。条枝，西域地名，在今吉尔吉斯斯坦和哈萨克一带。乌孙，汉代西域城国名，在今新疆伊犁河流域。这里借指准噶尔辉特部。

诗的颔联意思是，不敢说是我的恩德使远方之人前来归顺，这确实是上天的恩赐，才使得国家一统。俾(bǐ)，使(达到某种效果)。苗，指准噶尔辉特部。格，来，至。《书・舜典》：“光被四表，格于上下。”这里指准噶尔辉特部归诚。

诗的颈联意思是，我并不吝惜对他们的重重封赏，要推心置腹地交流，使他们打消疑虑。靳(jìn)，吝惜。

诗的尾联意思是，今年冬天我还要再到避暑山庄接见他并给予恩惠，深感当年皇祖怀柔远人方略对巩固万年基业的深刻意义。原注：将以冬月复临热河，晋见施恩。

马术图(局部)

【12月30日】

一日

雍正五年十一月十八日(1727年12月30日)，雍正帝下令拨库银10万两在蒙古库伦地方建庆宁寺，供二世哲布尊丹巴胡图克图居住，命其集众喇嘛讲习经典、宣扬黄教。又拨库银10万两将多伦瑙儿(多伦诺尔)庙修理宽广，供章嘉胡图克图居住，雍正赐名善因寺，亦集众喇嘛讲习经典。

咸丰五年十一月二十二日(1855年12月30日)，清廷批准热河都统柏葰所请，允许蒙古开采红花沟(今平泉县平泉镇)等五处金矿，征课每金一两，作十成计算，五成归商人成本，三成六分为正课，三分为耗金，一分为解费，余一成为阿拉巴图当差工资。

一诗

永恬居

◎乾　隆

山中境爽气和，致足怡神悦性。既佳风景，且乐阜安。引养引恬，慎修思永。皇祖御题斋额，意在斯乎？

壶中琼岛郁悬居，景物欢恬气象舒。
已是洞天传玉简，得教福地续琅书。

一解

永恬居为“乾隆三十六景”第三十六景。此景约建于康熙四十八年至康熙五十年(1709—1711年)。永恬居位于“梨花伴月”之后，“素尚斋”之前。殿三楹，面南，康熙帝题额曰“永恬居”，表示希望自己心神安适，百姓安居乐业，以到永远。乾隆将此居定为三十六景最后一景，其用意正在于此。永恬：永久安静、平静。

诗序叙写避暑山庄深山之中环境清爽，气候温和，能使人精神愉快，心情开朗。这种精神境界，既来自秀美风光，也来自国强民富。做国君的就要长久地养民安民，还要慎修其身和思考长久治国之道。皇祖将此斋命名为“永恬居”，他的用意难道不是在此吗？诗序点明了命名“永恬居”的用意。

诗的前两句意思是，避暑山庄似同仙境的琼岛，梨树峪中山腰上建有一座“永恬居”，这里的景物使人快乐舒适，气象让人心情舒畅。壶中，犹壶天，道家所称仙境。琼岛，琼华岛。在今北京北海公园内，也称琼岛。本为金元遗址。清顺治八年建白塔，又名白塔山。燕京八景中有“琼岛春云”或“琼岛春阴”。此处借指永恬居所处之地。郁，蕴结。或解为“郁郁葱葱”。悬居，如悬挂在空中的居所。喻指仙境。此处指永恬居。

诗的后两句意思是，皇祖已经选定的三十六景合于道家“三十六洞天”之数，其体额、诗文像道家的玉简一样流传于世。我又选了三十六景，补足七十二福地之数，也写了题额和诗文，也让它们作为续写的琅书吧！洞天，道教所说的神仙居住的名山胜境和洞府，有“三十六洞天”之称。玉简，玉制的简，上刻文书，以祭告名山大川之神。道家也用玉简。福地，《云笈七签》中载有道教所称的“七十二福地”。此处喻指避暑山庄“康熙三十六景”，加上“乾隆三十六景”，共为七十二景，合乎“七十二福地”之数。琅书，道书。此处指乾隆帝为“乾隆三十六景”所写的题额和诗文像道家的琅书一样弥足珍贵，希望后世子孙研读和体会其中真谛。

蒙古国庆宁寺乾隆帝敕额

蒙古国庆宁寺大殿　选自《多伦文史资料》

“乾隆三十六景”之永恬居

【12月31日】

一日

顺治七年十二月初九日(1650年12月31日)，摄政王多尔衮出猎塞外，驻喀喇河屯，薨于喀喇城，时年39岁。顺治八年二月(1651年3月)，顺治帝谕户部将“避暑城”工程着即停止。

一诗

天桥山歌

◎乾 隆

亭子四面云山顶，东瞻案衍拖横岭。
岭上天桥对我亭，舆梁谁驾虚无境。
仙人来往扶栏游，彼岸奚借一苇浮。
祖龙鞭石空费力，何如天造非人谋。
武夷长虹事乃幻，谢傅永安桑海变。
恰似嵩山玉女窗，中秋月每从中见。

一解

这首诗作于乾隆十九年(1754年)。诗描写了诗人在四面云山顶上的亭子里，远眺东边山岭上的天桥山时所见所想。

诗的前四句意思是，四面云山亭子矗立在山顶，向东望，山势曲折好像牵引着一条横山。天桥正对着我所坐的亭子，不知道是谁搭建起来，它把人间与仙境连接起来了。舆梁，可以通车的桥。

诗的中间四句意思是，仙人来来往往，扶着桥栏杆游玩，到达彼岸哪里用得着小船摆渡呢！传说秦始皇做石桥，仙人鞭打石头，流血，只是空费力气，怎么能比得上天然形成的石桥呢？奚，何，哪里。一苇，捆苇草当筏，后用作小船的代称。祖龙，秦始皇。

诗的最后四句意思是，武夷仙人驾云骑马化作长虹之事是虚幻的，谢傅淝水之战至今已经是沧海桑田了。就像是汉武帝在嵩山玉女窗看到玉女一样，中秋时节，我从天桥石洞里也见到月亮出来了。嵩山玉女窗，传说嵩山有玉女窗，汉武帝曾于窗中见玉女。谢傅，即谢安，晋阳夏人，淝水之战中，与侄大破苻坚，卒赐太傅。

霞光天桥山

主要参考书目

1. 〔清〕和珅、梁国治纂《钦定热河志》,《四库全书》乾隆四十六年文渊阁本,上海古籍出版社1987年版。
2. 〔清〕海忠纂《承德府志》,道光十三年热河文庙尊经阁刻本。
3. 〔清〕马齐等《清实录(圣祖实录、高宗实录)》,中华书局1986年版。
4. 《康熙起居注》,中国第一历史档案馆,中华书局1984年版。
5. 林铁钧等:《清史编年》,中国人民大学出版社1988年版。
6. 〔清〕 康熙撰:《圣祖仁皇帝御制文集》,《四库全书》乾隆四十六年文渊阁本,上海古籍出版社1987年版。
7. 〔清〕雍正撰:《世宗宪皇帝御制文集》,《四库全书》乾隆四十六年文渊阁本,上海古籍出版社1987年版。
8. 〔清〕乾隆撰:《御制乐善堂全集定本》,《四库全书》乾隆四十六年文渊阁本,上海古籍出版社1987年版。
9. 〔清〕乾隆撰:《御制诗集》,《四库全书》乾隆四十六年文渊阁本,上海古籍出版社1987年版。
10. 《清宫热河档案》,中国第一历史档案馆,中国档案出版社2003年版。
11. 万依等:《清代宫廷生活》,生活·读书·新知三联出版社2006年版。
12. 彭仲麟等:《清史通鉴》,光明日报出版社2002年版。
13. 聂崇正:《清代宫廷绘画》,上海科学技术出版社,商务印书馆(香港)1999年版。
14. 翁连溪:《清代宫廷版画》,文物出版社2001年版。
15. 支运亭:《清代宫廷匾额》,文物出版社2001年版。
16. 〔清〕阿桂等:《乾隆八旬万寿盛典》,《四库全书》乾隆五十七年文渊阁本,上海古籍出版社1987年版。
17. 《紫禁城》(期刊),故宫博物院主办,紫禁城出版社。
18. 《避暑山庄研究》,承德市文物局避暑山庄研究所,辽宁民族出版社。
19. 《围场文史资料》,政协围场满族蒙古族自治县文史资料委员会印制。
20. 《避暑山庄图咏》,乾隆辛酉内府重刊,中华民国三十二年武进陶氏涉园影印本,河北美术出版社1984年版。
21. 《避暑山庄三十六景》,人民美术出版社1983年版。
22. 钱树信:《避暑山庄宫廷音乐》,中国戏剧出版社2004年版。
23. 《承德满族》,承德满族经济文化促进会,吉林大学出版社2009年版。
24. 钱树信、李文浦:《康乾盛世避暑山庄诗选》,内蒙古人民出版社2010年版。
25. 陈东等:《避暑山庄园林景观》,河北科学技术出版社2011年版。
26. 《清帝与避暑山庄》,承德市文物局编,中国旅游出版社2003年版。
27. 师力武等:《避暑山庄300年特展图录》,中国旅游出版社2003年版。
28. 叶衍兰、叶恭绰:《清代学者像传》,上海书店出版社2001年版。
29. 段会杰、樊淑媛:《避暑山庄名景额联漫谈》,远方出版社2003年版。
30. 河岩:《清代皇帝北巡御道与行宫》,新疆人民出版社2001年版。
31. 冯春江、冯树林:《乾隆御制石鼓文赏析》,中国戏剧出版社1999年版。
32. 张淑敏:《乾隆御笔避暑山庄碑诗》,新华出版社1998年版。
33. 冯树林:《承德寺庙与佛像》,中国戏剧出版社2001年版。
34. 刘潞、吴芳思:《帝国掠影》,中国人民大学出版社2006年版。
35. 《盛京风物》,辽宁图书馆编,中国人民大学出版社2007年版。
36. 杨国钧、杜江:《避暑山庄七十二景》,地质出版社1993年版。
37. [日]关野贞、竹岛卓一:《热河》,东方文化学院东京研究所1934年版。
38. [日]黑田源次:《热河宝物馆·避暑山庄·尊经阁》,满日文化协会1941年版。

39. 徐广源：《大清皇陵秘史》，学苑出版社2010年版。
40. 安然：《施琅大将军》，新华出版社2006年版。
41. 《耆献写真》，苏州大学图书馆编，中国人民大学出版社2008年版。
42. 赵建成、孔照普：《河北木兰围场植物志》，科学出版社2008年版。
43. 秦永章：《章嘉国师与乾隆皇帝》，青海人民出版社2008年版。
44. 任月海：《多伦文史资料》，内蒙古大学出版社2008、2009年版。
45. 冯佐哲：《和珅评传》，中国青年出版社1998年版。
46. 杜奎生：《中华宝玺探秘》，百花出版社2004年版。
47. 陈涌：《旧中国掠影》，中国画报出版社2006年版。
48. 张佳生：《中国满族通论》，辽宁民族出版社2005年版。
49. 钱树信：《热河旧影》，中国戏剧出版社2007年版。
50. 罗文华：《雍正皇帝画传》，紫禁城出版社2005年版。
51. 马思存：《世界历史图鉴》，外文出版社2006年版。
52. 李治亭：《爱新觉罗家族全书》，吉林人民出版社1997年版。
53. 李景屏、康怡：《乾隆君临天下六丨年》，农村读物出版社2007年版。
54. 任文田、安忠和：《热河文庙》，内蒙古文化出版社2000年版。
55. 冯春江：《康熙御制避暑山庄碑文》，中国戏剧出版社2003年版。
56. 秦国经等：《乾隆皇帝与马戛尔尼》，紫禁城出版社1998年版。
57. 华少庠、隋舟：《冲突与融合》，四川人民出版社2004年版。
58. 林育德：《记忆版图》，岳麓出版社2002年版。
59. 赵秀庭、冯统一：《饮水词笺校》，中华书局2006年版。
60. 兰义和等：《承德皇家古窑考》，辽宁民族出版社2010年版。
61. 袁丽萍、韩利：《木兰围场碑文释译》，天津大学出版社1998年版。
62. 袁庭栋：《古代官职漫谈》，山东画报出版社2007年版。
63. 郑鹤声：《近世中西史日对照表》，中华书局1981年版。
64. 陆运高：《看版图学中国历史》，星球地图出版社2007年版。
65. 黄崇文：《历代班禅与雍和宫》，民族出版社2006年版。
66. 蔡玫芬：《精彩一百　国宝总动员》，国立故宫博物院2011年版。
67. 高景生：《走进清东陵》，中国文联出版社2008年版。
68. 彭书淮：《二十四节气》，中国纺织出版社2007年版。
69. 同波瓦·土登坚参：《雪域圣殿布达拉宫》，中国旅游出版社1996年版。
70. 朱诚如：《清史图典》，故宫博物院编，紫禁城出版社2002年版。
71. 《承德古建筑》，天津大学建筑系、承德市文物局编，中国建筑工业出版社1982年版。

河北民族师范学院参加编著《康乾盛世避暑山庄诗选》的教授、学者：前排坐者左起：段会杰、罗星明、樊淑媛、钱树信、陈子彬、李文浦，后排站立者左起：王颖、王明娟、段钟嵘、陈毅勤、张德锤、毕国忠。

后　记

2010年7月，中共中央政治局常委李长春视察承德时指出："看来，这个地方与朝廷的政治活动很密切，清朝中央政府在这里以很轻松而休闲的方式从事着许多政治活动。""过去很多人对避暑山庄及周围寺庙的作用理解不够，要深入挖掘其政治、历史和文化内涵，充分发挥其在促进民族团结事业中的历史作用，开展好爱国主义教育。"2011年7月，全国政协副主席郑万通率全国政协《加强文化遗产保护利用、建设承德国际旅游城市》调研组到承德进行视察调研后，向中央提出《建议》，并希望宣传、统战、教育、民族、宗教等部门深入挖掘承德在民族团结、宗教和谐、祖国统一等方面的历史内涵。本书，正是在这样的背景下编纂完成的。

（一）

本书从承德入手谈清史，旨在以独特的视角和翔实的史料，进一步阐明承德这座城市在"康乾盛世"时期的历史地位和作用。

承德是清王朝为团结边疆少数民族、巩固国家统一而建立起来的城市。木兰围场、避暑山庄及周围寺庙是康熙和乾隆两位皇帝接见蒙古、新疆、青海少数民族首领和西藏政教领袖，处理边疆民族问题的筹幄决策指挥之地，也是接受朝鲜、缅甸、安南、琉球、暹罗等藩属国国王使臣朝贡的重要场所，许多事关民族团结、中华大统一的大事要事都曾发生在这里或与之有着紧密关联。如，雅克萨之战和《中俄尼布楚条约》、乌兰布通之役、昭莫多之役、剿灭噶尔丹、多伦会盟、两废太子、出兵安藏、平定青海、经营西藏、京旗移垦、平定金川、平定西藏叛乱、用兵准噶尔、纂修《四库全书》、编辑《律吕渊源》、翻译《满文大藏经》、土尔扈特东归、征缅之役、用兵安南、统一台湾、班禅入觐、廓尔喀入侵西藏、西藏善后等等。还有，乾隆晚期与英国使臣马戛尔尼来访的礼仪之争，发生于避暑山庄；咸丰死后"辛酉政变"两宫太后垂帘听政，发端于避暑山庄。这些都能在这部书中得到见证和注述。

读者从本书的书名中可以看出，《清史诗画·清帝承德三百六十五天》是采用"历史上的今天"及"同月同日不同年"的排列编写方式，辑录了上起顺治七年十二月初九日（1650年12月31日）摄政王多尔衮在喀喇河屯坠伤不治身亡，到宣统二年（1910年）热河都统廷杰病逝止，260年间发生在承德的"大事、要事、细事"，全景式地展示了清朝皇帝在热河承德的所作所为和清王朝的民族政策、宗教政策、边疆政策、外交政策、文化政策、治国方略，读者可以从中看到，在中国（除首都北京外），一个规模不大的城市与一个大一统封建王朝的几位皇帝在一百多年的时间里有着如此密切的联系，至今仍然有着极其重要的现实意义，承德堪称惟一。

（二）

以诗证史，以图辅文，纪事咏史，图文并茂，力图全景式地展示清朝皇帝在热河（承德）的所作所为，再现清代承德的历史风貌、文化积淀、风土人情和独特魅力，是本书把握的主要方向。

本书除了辑录了清朝发生在热河（承德）的694件"大事、要事、细事"外，还以文学的手法艺术地再现了"康乾盛世"那段辉煌历史。全书共辑录康熙帝等5位皇帝及皇子文臣40多人的诗词楹联396首（副）。其中有康熙、雍正、乾隆等5位清帝的诗联296首（副），42位扈从文臣的诗100首；其中，有97首诗联涉及避暑山庄及周围寺庙，152首涉及山川关隘、木兰围场和行宫，25首涉及平定噶尔丹、平定金川、统一台湾，19首诗有关民生、农业生产和市井风物等。这些诗词（楹联），或写景、或抒情、或叙事、或纪事、或自勉，从语言艺术的角度，记述了清帝在热河（承德）的所见所闻，所感所悟，所作所为，所得所失；抚今追昔，抒发了帝王的家国情怀和马上民族的豪放气概；诗以言志，表达了清帝治国理政的思想理念；歌功颂德，抒发了王公大臣们对清帝的顶礼膜拜和对大好河山的赞美。

康熙帝在《塞外省览风俗》一诗中借景抒情，记述了北巡途中见到的和平安宁，物华天宝的盛世景象："戍楼无鼓角，战垒是桑麻。野静知民乐，时清见物华"；康熙帝在《古北口》一诗中咏物言志，追述了"守国之道，惟在修得民心。民心悦则邦本得，而边境自固，所谓众志成城者是也"的执政理念。乾隆帝在《勤政殿》一诗中触景生情，告诫自己"不息自强励勤政，永钦家法咏卷阿"，不仅要勤政，还要"求贤用吉士"；《耆民赵可立一百二岁》一诗则融情于事，回述了自己首次出塞北巡，在热河街与赵可立老人亲切交谈时的情景，抒发了对102岁的老人仍要"村居勤朴课桑麻"的赞慕和欣喜之情；钱载的《木兰诗十五首》融情于理，作者随扈偕行木兰进哨，通过对塞外山川、行围大幄、围猎场景、罢猎筵宴等场景的记述，饱含深情地流露和阐释了"万里净尘埸"，在于"我皇神武德"，"示以怀柔心"的治国方略。查慎行的《山庄杂咏（组诗）》直抒胸臆，"臣以草茅新进，在尘扈从"避暑山庄和木兰围场，记述了"其间山川风土之美、草木禽鱼之状"，倾吐了对康熙帝"圣德如尧为尚俭"的崇敬之情；吴锡麒的《热河杂咏（组诗）》咏物寓情，对热河承德的奇峰雪山、地方特产、商贾街巷以及避暑山庄"丽正门开初日照，五云端里现蓬莱"的景象进行都邑风情画般的描写，抒发了作者的真实感受。由于辑选的诗文以叙事、纪事为主，不仅弥补了“大事”之不足，还从文学的角度，真切地表达了清帝以及扈从大臣们在热河（承德）的心路历程和人文思索，也展现了“一代政治家在精神上的强健”（著名学者余秋雨语）。

此外，从本书中还可以看到“康乾盛世”时的热河（承德）经济社会发展情况：乡村“孤店酒帘飘柳外，几家溪水绕门前”（雍正诗句），“山田骋望可卜丰，北省率然西成亶”（乾隆诗句）；市区“岩城埤垷固金汤，詄荡门开向午阳”（乾隆诗句），“万家灯火昔成聚，千里幅员今辟疆”（乾隆诗句），“内臣传旨千官散，丽正门前日正中”（成书：《避暑山庄纪事》）。无怪朝鲜使者朴趾源面对如此情景，深感清朝国势强盛，不由得感叹道：“天下孰敢婴之哉？！”

（三）

为了适合当下“读图时代”大众审美情趣和阅读习惯，本书以大事、诗词楹联、图片“三位一体”的结构和以日历的编写方式纪事咏史，倾全力把“图”与“大事”、“诗联”融为一体，使得本书“图文一体，以图证史”的特点更加突出。在这本书里，共收录图片913幅，其中宫廷画作238幅，档案照片418幅，现代摄影作品185幅。

这些图片，或作为“大事”的延展，或作为“诗联”的解读，或作为由“大事”和诗联同体的诠释。有的“图”破天惊，震撼心灵；有的雍容闲雅，进止可观；有的饱含沧桑，深沉凝重；有的今昔对比，令人唏嘘；有的色彩鲜艳，亮丽唯美；有的境幽意远，画如诗境。透过这些图，既展示了“康乾盛世”清帝的政治抱负和治国方略，也再现了避暑山庄在清帝心中的“影像”和地位；乌兰布通之战、多伦会盟、平叛噶尔丹、土尔扈特东归、六世班禅入觐、英使马戛尔尼觐见、辛酉政变……这些发生在热河（承德）或与热河（承德）有关联的重大事件，编者都采取组图的方式，进行今昔对比和全景式解读。既向读者再现“康乾盛世”辉煌的历史画卷，也展现新时期承德避暑山庄及周围寺庙的精彩璀璨和美轮美奂。

我们把清朝发生在热河（承德）的大事要事集中起来，采取大事、诗词楹联、图片“三位一体”的形式，将大清王朝的辉煌与衰败、华丽与沧桑呈献给读者，目的就在于力图回答“承德，你在告诉人们什么”这个历史性课题。国家于2002年12月启动的《清史》编纂工程即将完成。我们相信，承德（含热河）这个名字一定会以其应有的重要地位、丰富的内涵被载入新出版的《清史》。我们也希望本书能成为阅读《清史》的有益补充和诠释。

（四）

从本书的内容上看，康熙、乾隆二帝的足迹遍及承德八县三区。康熙帝第二次北巡（康熙二十年，1681年），曾在平泉县大吉口筵宴蒙古王公及随从，并作有《塞上宴诸藩》诗；当年位于双滦区的喀喇河屯行宫，无论从规制还是从功用上看，都是塞外御道上最大的一座行宫，备受清帝青睐；乾隆帝当年接见万里东归的土尔扈特首领渥巴锡，就在木兰围场伊绵峪（一说是今围场满族蒙古族自治县杨家湾乡，一说是该县棋盘山镇富城子村）；“秋狝大典”收兵罢围后，清帝曾在隆化的张三营多次举行盛大庆功宴会，赏赐蒙古王公贵族；宽城境内长城喜峰口，是清帝往来于东陵和避暑山庄之间的重要通道。等等。统计表明，本书在文字表述上，有108处提到围场满族蒙古族自治县、28处提到隆化县、25处提到滦平县、25处提到双滦区、14处提到平泉县、11处提到承德县、7处提到宽城满族自治县、5处提到丰宁满族自治县、1处提到鹰手营子区。除兴隆县外，清帝的足迹遍及承德的七县三区。因此，从一定意义上讲，本书也是一部展示历史，昭示后人的乡土教材。

然而，我们所追求的不仅仅是一部“乡土教材”，而是站在“国家意义”的高度展现一代强健的统治者在中华民族大团结，中华大一统上的雄才大略，从宏观意义上说明承德在中国历史上的地位和作用。通过这部书，读者可以看到木兰围场、避暑山庄及周围寺庙是清王朝抵抗沙俄侵略、平定民族叛乱、实现国家统一的历史见证（中国首席清史专家戴逸语），是“一个王朝的背影”（著名学者余秋雨语），是“一个最具象征意义的地方”（中央文史研究馆馆员舒乙语），“承德避暑山庄与北京故宫、颐和园等文化遗产一脉相承、相映成辉，具有天然的历史和文化联系”（全国政协副主席郑万通语）。本书涵盖清王朝政治、经济、文化、军事、法律、科技、艺术、宗教和民俗等各领域，再现清王朝的民族、宗教、边疆、外交、文化政策及治国方略，全视角反映热河承德的历史风貌、文化习俗和风土人情，力求多角度多侧面诠释“历史见证”、“王朝背影”、“最具象征意义”和“一脉相承”的重要论断。

中共中央政治局常委、中央军委副主席、国家副主席习近平同志在中央党校2011年秋季学期开学典礼讲话时要求“领导干部要读点历史。”他指出，领导干部要把提高历史文化素养，落实在提高领导工作水平上。“最重要的是要具有历史意识和文化自觉，即想问题、作决策要有历史眼光，能够从以往的历史中汲取经验和智慧，自觉按照历史规律和历史发展的辩证法办事。”这段话，具有很强的现实针对性。如今，承德已成为认识封建王朝的模板，感悟历史的窗口，解读清朝的辞书。对于承德人来讲，在当今倡导全党增强历史意识和文化自觉的形势下，读一读《清史诗画·清帝承德三百六十五天》，走进历史遗存，多些文化体验和理性思考，对于深度审视承德历史，借鉴王朝兴衰经验，端正治国理政理念，把握文化建设发展的内在规律，承担推动承德文化大发展大繁荣和建设国际旅游城市的历史责任，定会大有裨益。

（五）

在一百多年的时间里，清王朝在热河（承德）这个地方发生了许多重大历史事件。对于这些，虽已经融入多种版本的史书中，但是有些版本或囿于题材和历史眼界、或囿于资料不足、或囿于研究不足，对热河（承德）的记述多是一带而过。《清史诗画·清帝承德三百六十五天》突出资料性、可读性和鉴赏性，把历史事件化作"日历"，把历史文化"撕成碎片"，使读者换一种方式读历史，在轻松自如的情境下，翻一翻"日历"，收拢起"碎片"，从多角度重新构架和深化自己对那段历史的认识，这对编者和读者来说都是一种全新的尝试，在编辑过程中，释义和认识舛错难免，敬请读者方家品评指正。

本书从立意启动，到编辑成书历时三年。在三年多的编纂过程中，得到了承德市各级党委、政府的大力支持，得到了友好同仁的密切配合和鼎力相助。可以说，本书是集体劳动的结果和智慧的结晶。李文浦参与了文字部分的编写工作，为本书提供了重要支持；毕国忠、孔令春为本书文稿编辑付出了辛勤劳动；著名摄影家衣志坚为本书提供了摄影作品并提出了建议；岳广仁为本书题写了书名，徐海洋为本书设计了封面，王洪亮为本书绘制了部分地图。

参加本书编辑和为本书提供资料图片的还有（以姓氏音序排列）：安忠和、暴洪颖、陈恩惠、陈克寅、陈东、董建新、冯春江、冯树林、高思义、高敏、郭庆丰、龚立君、侯平、郝振平、赫志伟、兰义和、刘显章、河岩、韩莉、郎俊山、李煊、李贵、李咏咏、李建红、刘全力、卢曼杰、马虹、牛伯忱、彭怀、苏志友、孙继新、孙景新、孙大庆、孙秀军、史海亮、宋志坚、宋焕启、王强、王颖、王凤才、王小刚、王海琦、吴宝泉、尹忠、尹志杰、于新华、张斌翀、张迎春、张勇、张阳华、张淑敏、张喜峰、周晓梅、赵凤强、祝万才、郑伊何、项阳、夏超。

为本书提供资料图片和支持的单位有：中共承德市委办公室、中共承德市委研究室、承德市政协办公室、承德市政协文史委、承德市接待办公室、承德市文物局、承德市避暑山庄管理处、承德市普宁寺管理处、河北民族师范学院图书馆、承德市新华书店、黑龙江大兴安岭地区行政公署接待办公室、黑龙江省黑河市接待办公室、吉林省长春市接待办公室、吉林省吉林市接待办公室、吉林省吉林市满族博物馆、吉林省延边朝鲜族自治州接待办公室，吉林省珲春市接待办公室、内蒙古自治区多伦县政协、内蒙古自治区赤峰市政协文史委、内蒙古自治锦县政协文史委、内蒙自治区古赤峰市中国清代蒙古王府博物馆、围场满族蒙古族自治县政协等。

至此本书出版之际，向所有参与本书编辑和给予积极支持和帮助的单位和个人表示真诚的谢意！向人民出版社和故宫博物院给予的大力支持表示衷心的感谢！向人民出版社的李春生、吴慧杰、杨美艳、赵圣涛、辛春来、高寅等同志和故宫博物院的（以姓氏音序排列）冯辉、关剑波、胡锤、刘志岗、刘明杰、李凡、孙志远、孙跃、田明洁、王琎、余宁川、周耀卿、邹一伟、赵山等同志表示衷心感谢！

编 者

2012年6月18日

西
南
東
普樂寺
普善寺
溥仁寺
五火神廟
大石橋
流盃亭
舍利塔
熱河
現在武烈河
通水壩
自二道河南山嘴起至下游五火神廟止共上下挑挖一千五百三十二丈挑寬十丈底寬四丈深三尺在十丈以外出土
武烈河老河身

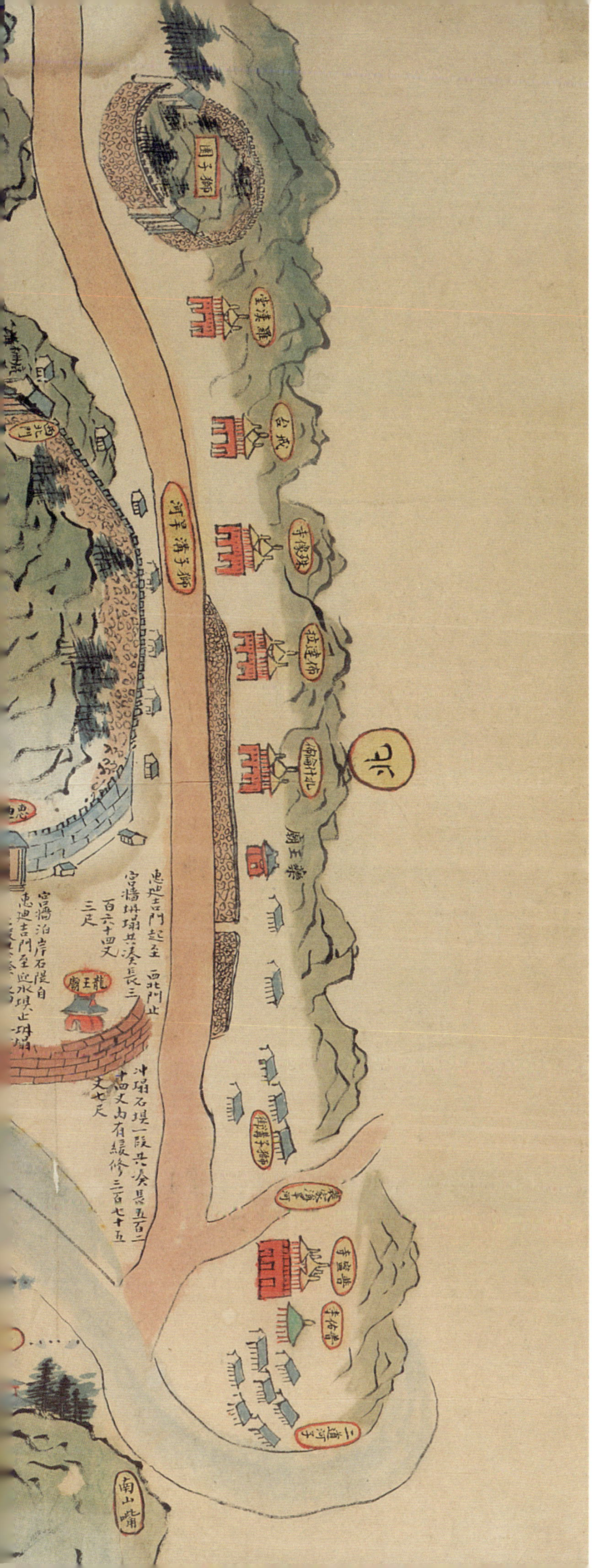

热河城外河山图　故宫博物院提供

启　示

由于年代久远，书中有些图片和资料无法查其原作者，望作者和其家人及时和我们联系，以便支付稿酬。

本书特邀义务法律顾问为河北山庄律师事务所洪继瑞律师、王一洁律师，电话：13831471666

策划编辑：吴惠杰
责任编辑：赵圣涛

图书在版编目（CIP）数据

清史诗画·清帝承德三百六十五天（1650-1910）/ 郑晓东，钱树信，闫春生主编. - 北京：人民出版社，2012.10
ISBN 978-7-01-011129-2

Ⅰ. ①清… Ⅱ. ①郑… ②钱… ③闫… Ⅲ. ①中国历史－大事记－1650～1910 ②承德市－地方史－大事记－1650～1910 Ⅳ. ①K249.05 ②K292.23

中国版本图书馆CIP数据核字(2012)第195320号

清史诗画·清帝承德三百六十五天（1650-1910）

郑晓东　钱树信　闫春生　主编

人民出版社 出版发行
（100706 北京朝阳门内大街166号）
北京雅昌彩色印刷有限公司　新华书店经销
2012年10月第1版　2012年10月北京第1次印刷
开本：889毫米×1194毫米　1/12　印张：65
字数：1040千字　印数：0,001-4,000册
ISBN 978-7-01-011129-2　定价：498.00元（上下两册）
邮购地址：100706 北京东城区隆福寺街99号
人民东方图书销售中心　电话　（010）65250042　65289539

清史诗画
清帝承德三百六十五天
诠释清朝第二个政治中心
揭示康乾盛世治国理念
演绎帝王之都宫廷文化
荟萃避暑山庄诗书画品

002

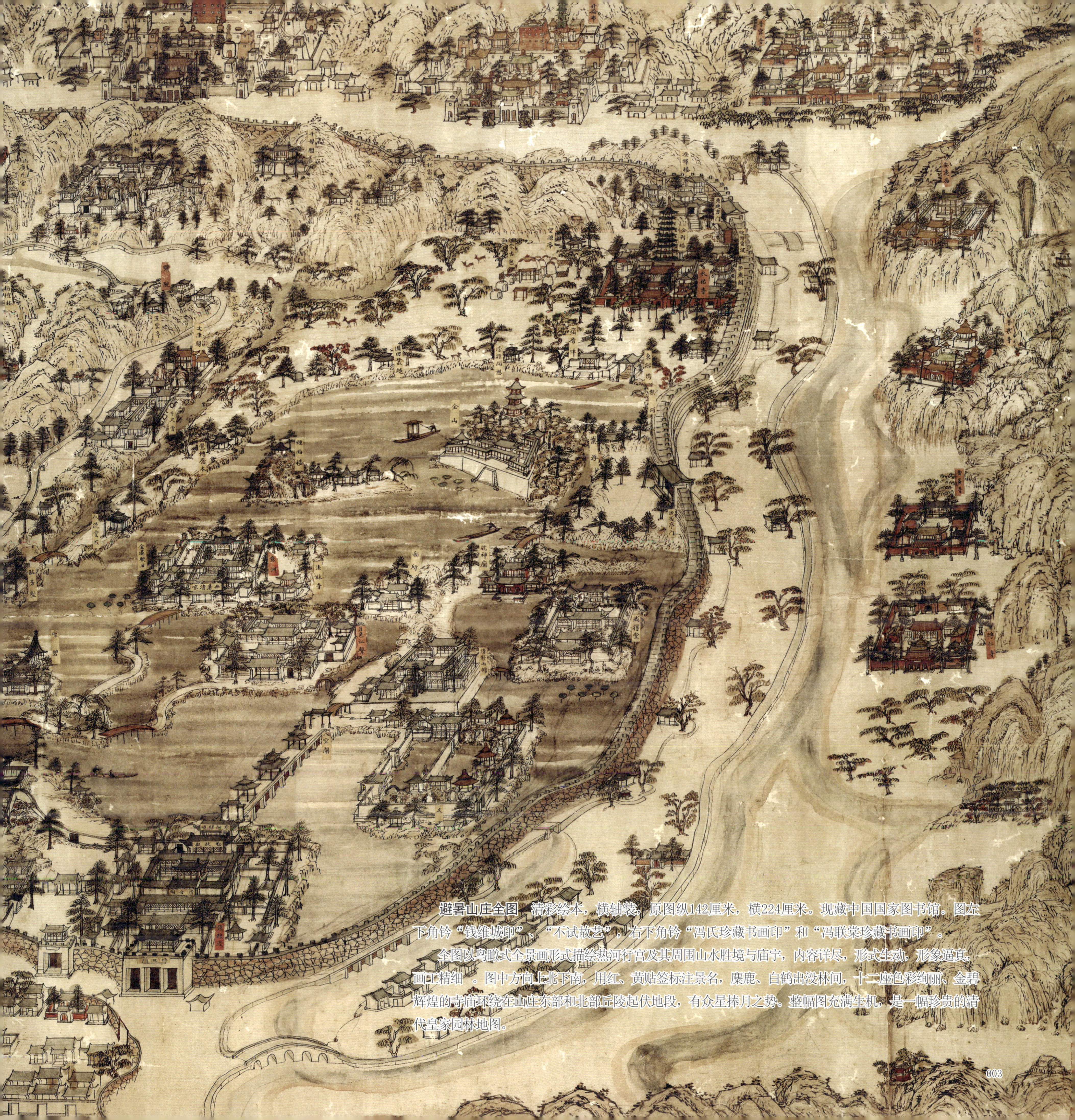

避暑山庄全图　清彩绘本，横轴装，原图纵142厘米，横224厘米。现藏中国国家图书馆。图左下角钤“钱维城印”、“不试故艺”，右下角钤“冯氏珍藏书画印”和“冯联棠珍藏书画印”。

全图以鸟瞰式全景画形式描绘热河行宫及其周围山水胜境与庙宇，内容详尽，形式生动，形象逼真，画工精细 。图中方向上北下南，用红、黄贴签标注景名，麋鹿、白鹤出没林间，十二座色彩绚丽、金碧辉煌的寺庙环绕在山庄东部和北部丘陵起伏地段，有众星捧月之势。整幅图充满生机，是一幅珍贵的清代皇家园林地图。

承德，你告诉人们什么？(序一)

翻开中国两千多年的封建史册，
如果你想知道：
哪个民族曾以几十万之众一统华夏而让毛泽东问过为什么？[1]
哪个盛世超过百年融合汉满蒙藏疆谱写了民族团结的颂歌？[2]
哪个帝王来自长城之外却认识到“民心即是长城”？[3]
哪个王朝把由盛到衰的一串串历史足迹留在了塞北热河？
那么，请你来到承德吧，
这里的避暑山庄及其周围寺庙、木兰围场、金山岭长城……
将把当年的历史向你细细解说。

从赫图阿拉飞起的雄鹰引领着八旗从草莽走向文明，
拖着长辫的铁骑以血与火的洪流从关外进京雄踞龙庭。[4]
这固然是中国封建社会周期性的又一次改朝换代，
但放眼十七世纪的世界你会看到风生云起的旋涡：
资本主义的曙光已经将欧洲封建领主的黑夜冲破，[5]
工业革命开始让英国迅速增长着经济和战争的实力，[6]
不安于内陆的沙俄正在兴奋地拥抱着波罗的海的碧波。[7]
你可曾问过，
当年的康熙皇帝在平定三藩收复台湾之后，
是怎样面对雅克萨战后签订的《尼布楚条约》，[8]
又怎样决意岁行木兰秋狝北巡塞外指点大漠？[9]
你可曾知道，就在1703年，
中国、英国和俄国同时兴建避暑山庄、白金汉宫和圣彼得堡，[10]
这种时间上的巧合恰恰说明，
三个帝国无论在东方在西方，都在奋笔书写各自的壮歌。
你在感叹“一座山庄，半部清史”时再想一想，[11]
“康乾盛世”、英国工业革命、彼得大帝执政时代的重合，
带给世界在守旧与变革、封闭与开放中的种种盛衰演变，
这其中的道理又怎能不让人深沉地思索？[12]

承德，有着中国“四大名园”之一的避暑山庄，[13]
芝径云堤澄波叠翠曲水荷香宛如烟雨中的江南，[14]
四面云山万壑松风青枫绿屿展示着壮美的峰峦，[15]
蒙古包前试马埭边依稀听得见骏马嘶鸣在草原；[16]
但它绝不仅仅是融南化北的园林经典之作，

帝国强盛，澹泊敬诚殿尽显康熙帝的雄才伟略，
闭关自大，乾隆帝与英使在万树园曾发生过两种文明的碰撞，[17]
积弱丧权，咸丰帝不得不在病榻上签署《北京条约》，[18]
辛酉政变，二十七岁的慈禧从这里走向垂帘听政的朝堂。[19]

你站在避暑山庄的高处由北向东展开目光：
一座座寺庙融合藏蒙维汉各族宗教建筑艺术金碧辉煌，
似众星捧月每座寺庙都演绎过一段令人难忘的历史华章，
普宁寺的钟声远去了平定准噶尔部叛乱的征尘，[20]
伊犁河畔的固尔扎庙被毁后又重建在武列河旁，[21]
普佑寺供奉的佛像融入了达什达瓦部内迁的忠诚，[22]
普陀宗乘之庙镌刻着土尔扈特部万里东归的意志何等坚强，[23]
六世班禅在须弥福寿之庙讲经传道的盛举传至十世、十一世，[24]
当辽阔的版图稳固地铸成一方中华宝鉴时，
你会在这里的寺庙中凝视着四种文字写成的碑记，
更加深切地体会到“崇教绥远”怀柔八方的政治含量。

承德，这是雍正帝为热河这块土地起的名字，[25]
他是想让后人记住“一人临塞北、万里息边烽”。[26]
往昔的条条御路座座行宫虽已湮灭在风雨之中，[27]
但历史绝不会抹去上百次甲兵旌旗簇拥着帝骑皇辇出巡的情景。
余秋雨先生从一片园林一座座寺庙中读懂了军事和政治，
他以睿智的目光在承德看到了“一个王朝的背影”。[28]

为使更多的朋友身临其境了解承德的过去，
我们尝试着在原地重温“历史上的今天”，[29]
用这本《清史诗画·清帝承德三百六十五天》把你带回当年，
因其短，可以供人们闲暇一阅，
因其真，可以成为继续探究的指南，
因配诗，能够引发人们的文思遐想，
因有情，期望唤起人们古为今用，以史为鉴，
游承德，看中国，看世界，
咀嚼一座中国历史文化名城、一份世界文化遗产的丰富内涵！

郑晓东

（政协承德市第十二届委员会主席）

从一个侧面谈清诗（序二）

由于采取“一日一诗”的编纂方式，本书自然辑选了365首清诗(含楹联)奉献给读者，所以也就有了如下的一些话要说。

我曾读过湖南岳麓书社出版发行的《清诗三百首》，由钱仲联先生选、钱学增先生注的300首清诗，包括了整个清朝(1644—1911年)时期的诗，包括鸦片战争以前的封建社会末期和鸦片战争以后的半封建半殖民地社会的一段时期的诗，一百四十余名诗作者中除一人外均为汉族官员、文人。钱仲联先生在1983年11月为此书写的前言中，对清诗总体上做了一个评价，在纵的方面，他认为清诗继唐、宋、元、明以后有它独具的特色，总的倾向是学古而非复古，并对清朝初年、“康乾盛世”、嘉庆道光年间、鸦片战争以后等不同时期清诗的艺术风格做了细致分析；在横的方面，又讲到了不同时期清诗流派之间的相互影响与融合。他还认为，清朝一代诗人人数之众多，也可以算是空前的。仅是收录在《晚晴簃诗记》中的作者便有六千一百多人，与《全唐诗》所收录的二千三百多人相比，几乎接近三倍。这一庞大诗人群体的存在，决定了清诗在中国诗歌史上的地位，是无法抹煞的。我不懂诗，中国诗歌史的知识极为有限，也不敢妄评长短，但在拜读了钱仲联先生的大作后，因其学识对他油然而生敬意。

《清史诗画·清帝承德三百六十五天》一书中辑选的清诗(含楹联)，与《清诗三百首》不同之处有三。一是历史时期稍短且都与发生在承德的事情和人物有关，即从康熙皇帝1683年(康熙二十二年)开始“木兰秋狝”到慈禧太后1861年(咸丰十一年)发动辛酉政变前后约180年；二是诗作者主要是满族皇帝、王公大臣和扈从文臣，汉族官员和文人较少；三是所选诗的内容，主要围绕能够体现承德曾作为清朝“康乾盛世”时期第二个政治中心的政治、军事、历史、文化内涵的标准来选择，而非传统诗选那样必然包括有揭露当时封建统治黑暗面的作品。

诗词文化是中华民族最鲜明的特色之一。但许多朋友也许不了解，清代不仅有康熙、雍正、乾隆这样有才华的皇帝诗人，其他皇帝也都有很高的汉文化修养，这与清代皇室教育子女从小学习使用汉语、汲取汉族文化素养、培养勤奋写作的传统有关，更重要的是，体现了满族在历史上曾经是一个充满朝气、善于学习、勇于创新的民族，在一定意义上讲，满族是以开明的学习态度造就了一统天下的政治局面的。满族在入主中原以前，文化、经济等方面都比汉族落后，但与同是少数民族执政的元朝不一样，他们肯于学习、善于学习汉族的先进文化、先进制度，尊儒崇学，弘扬传统文化，他们在接受先进文明的过程中不仅提高了自己，也得到了广大汉族知识分子的拥护。清朝统治者这种身体力行地带领整个民族学习、传承汉族文化传统的明智做法，使中华文化得以延续和发展，可以说，“康乾盛世”也造就了一个封建文化的高潮期。

康熙、雍正、乾隆三位皇帝及其扈从文臣，在避暑山庄及周围寺庙、木兰围场、沿途行宫等地写下了大量诗词文赋，总的看，有相当的艺术价值，但史证价值明显高于艺术价值，很多诗取材现实，“缘事而发”，如实记录了清朝当时的一些重大政治活动和朝廷的政治态度。

例如，康熙帝在北巡途中看了古北口长城以后，不仅对古北口总兵蔡元请求重修长城的奏折予以批驳，还以赋诗《古戌三绝》的形式抒发了一代雄主对长城的政治思考，其中两首如下：

其一

隐隐山头皆古戍，中原民力尽边城。

曾闻父老经年战，回首生灵血泪盈。

其二

金瓯永固识人和，万里烽烟发兴多。

设使山林有暗晓，更须太息论如何！

他在陪太皇太后往塞外避暑途经古北口驻跸时，曾作过一首五言绝句《古北口》，表达出江山的巩固在于施行仁政而不在关山险固的鲜明观点：

断山踰古北，石壁开峻远。

形胜固难凭，在德不在险。

乾隆帝每次经过古北口时都留下诗作，昭示自己不忘祖训，其中一首是：

部复蔡元修塞疏，钦观实录圣漠贻。

安民修德垂昭训，绳武铭心切永思。

又如，康熙、乾隆两帝在长达百年的“木兰秋狝”过程中留下了上千首诗篇，也从一个侧面说明了“木兰秋狝”是清政府组织的联合军事演习，是国家强盛、民族团结、怀柔绥远的政治活动。举康熙所作《六十一年秋出哨》为例，诗中不仅描绘了出哨行围的过程，还表达了安抚蒙古各部首领的真情：

岁岁经行处，山川照旧时。

峰峦不改色，鬓发已如丝。

胜地清凉适，衰年水土宜。

非因躭逸豫，实借憩神思。

隔岭疑围阔，闻声呼鹿随。

归营常早歇，抚景自堪怡。

行伍原齐备，屏藩任指麾。

薄来厚往义，远近普恩施。

乾隆帝所作《塞上晓行》，则用对比的方法表达了自己冒着塞外凉风，带领大臣们、皇子们北巡秋狝，不忘武备，不忘尚武精神的情怀：

马踏霜华怯晓寒，声声传警列材官。

潺湲溪水行行渡，罨画山峰面面看。

壮士试开弓五石，高人犹卧日三竿。

升平阅武兼巡狩，触目吟怀兴未阑。

又如，康熙、乾隆两帝曾在热河接待过前来朝觐的我国西北、西部蒙古、哈萨克、土尔扈特、西藏等地少数民族的王公贵族和宗教首领，为此写下了不少纪实性的诗篇，也从一个侧面反映出中华民族团结统一的历史。如康熙帝所作《塞上宴诸藩》，既表现出北方边境安定、民族团结的欢乐气氛，也表达出诗人无私地对待各民族的信念和决心：

龙沙张宴塞云收，帐外连营散酒筹。

万里车书皆属国，一时剑佩列通侯。

天高大漠围青嶂，日午微风动彩斿。

声教无私疆域远，省方随处示怀柔。

乾隆帝所作《万树园赐宴即席得句》，则以颂扬民族团结友好的主旨，描写了宴请西北少数民族首领时的情形：

小阳春旭暖温暾，今日筵开万树园。

屈膝捧觞逮盐泽，缠头式礼厕花门。

敢云一已承先烈，或可千秋示后昆。

坐有鎌鍻如旧仆，偏称两度沐深恩。

再如，清朝统治者是重农轻商的，但由于重视农业，皇帝就要关心农业收成，考虑下雨没有，粮食贵不贵？所以要经常了解这方面的情况，写诗中很多的是与各地方下雨情况有关。如康熙帝在出巡途中遇雨时所作的《塞外对雨》，表达出诗人关心农业生产及农民生活的心情：

春雷殷殷鸣大泽，飞雨千山万山白。

草色花香濯更新，荒岗处处流泉脉。

回望神京接塞云，雨声应得四郊闻。

黍苗翼翼平畴远，多少农人话夜分。

雍正帝所作《观雨》则表达了看到下雨时的喜悦心情，流露出了以农为本，注重稼穑的思想：

密雨如膏洒碧丝，稻花漠漠绕长陂。

虚斋睡起推窗看，私喜甘霖正及时。

他们这种以诗记事、以诗记史、言志抒情的诗风比起只会写轻靡浮丽诗词的前代帝王陈后主、隋炀帝、宋徽宗来，不知要强过多少倍。从这个角度上讲，再去评论乾隆帝诗作中有多少是文人捉刀代笔的是非，也就没什么意思了。

主持选编《清史诗画·清帝承德三百六十五天》中清诗（含楹联）的是河北民族师范学院（原承德民族师专）中文系教授钱树信先生。钱教授几十年来一直致力于研究清代文化，在承德因整理和组织演奏清朝宫廷音乐而倍受称道。2008年7月，国家清史编纂委员会、中国人民大学清史研究所、河北师范大学历史文化学院和承德市文物局共同在承德举办了“避暑山庄学”专题研讨会，在这次会上，钱教授以承德避暑山庄特约研究员的身份提出，作为清朝的第二个政治中心，在避暑山庄文化区域（包括外八庙、木兰围场、古北口和沿途其他行宫）所形成的有关康乾政治思想、社会内容的大量诗作，是避暑山庄文化的重要内容，康熙、乾隆以及清室成员感兴创作的揭示避暑山庄意义及清帝心迹的诗歌，是避暑山庄的精华所在，在政治、民族、宗教、园林、文物、艺术等方面都有很高的研究价值。钱教授认为，这是一笔丰富的文化窖藏，应当深入挖掘，整理研究。为此，他和李文浦特约研究员、段会杰教授以及樊淑媛、段钟嵘、齐熙品、陈毅勤、张德锺、毕国忠、陈子彬、王明娟、罗星明、王颖等老师们，一起翻阅了《四库全书》中的《御制文集》、《御制诗集》以及诸多诗词文集，从康熙、雍正、乾隆三位帝王以及扈从文臣在避暑山庄写下的一万多首诗（含楹联）中精选了506首，于2010年9月出版了《康乾盛世避暑山庄诗选》，著名诗人刘章为之作序。在此基础上，钱教授又把康熙、雍正、乾隆等几位帝王及扈从文臣在避暑山庄周围的寺庙、木兰围场、古北口长城以及沿途行宫等地写下的诗作（含楹联）纳入视野，从中又精选出200余首（含楹联）编入本书，全书共选出396首，供读者赏析。

2010年7月，在承德发生了两件很有意义的事情。一是，中共中央政治局常委李长春同志来承德视察时指出，看来，承德这个地方与朝廷的政治活动很密切，清朝中央政府在这里以很轻松休闲的方式从事着许多政治活动。避暑山庄及外八庙不仅是中华民族宝贵的历史文化遗产，也是民族团结、中华大统一的主要标志和政治场所。根据李长春同志的指示，国家相关部委对避暑山庄及周围寺庙文物本体的保护、维修、抢救工作给予了重大支持。二是，中央文史研究馆馆员舒乙先生在专门考察后认为，承德是中华民族团结的象征，并据此向中央提出了有关建议，被国务院总理温家宝批示给国家相关部委和河北省研究。我认为，钱树信教授和他的同事们近几年来在研究避暑山庄文化方面所作出的辛勤努力，完全符合李长春同志“要深入挖掘承德政治、历史、文化内涵”的指示精神，他们的研究成果必将有助于世人进一步理解承德这座历史文化名城在中华民族发展史上的重要地位和作用，对此，我表示深深的敬意。

2011年9月初，中共中央政治局常委、国家副主席、中央军委副主席习近平同志在中央党校秋季学期开学典礼上以“领导干部要读点历史”为题发表重要讲话，他说，领导干部要具有历史意识和文化自觉，即想问题、做决策要有历史眼光，能够从以往的历史中汲取经验和智慧，自觉按照历史规律和历史发展的辩证法办事。联想起历史留给承德这片热土的宝贵财富，习近平同志这段话对承德各级领导干部来说，更具有现实的指导意义。

以上这些话权作序二，如有不当之处，恳望读者指教。

郑晓东

《序一》注释

〔1〕

毛泽东主席在20世纪60年代一次与范文澜同志谈话时说，清朝入关的时候六十万人口，怎么能够征服七千万人的明朝？我想研究一下这个问题，但是我现在没有时间，将来空闲一点再研究吧。

——引自国家图书馆编《部级领导干部历史文化讲座》中戴逸《论康雍乾盛世》一文

〔2〕

按照史学家的观点，"盛世"通常被认为是指一国历史上的最好的时期，其主要标志是在盛世期间基本上都会呈现出国家统一、经济繁荣、社会安定、政治稳固、国力强大、文化昌盛等明显特点。按照这个标准来观察，在中国封建社会发展阶段，史学家们普遍认同的"盛世"，大致包括西汉"文景之治"、唐朝"贞观之治"、"开元之治"和清朝前期"康(雍)乾盛世"、"文景之治"：西汉文、景两帝(公元前179—前141年)为稳定和巩固其封建统治，在汉初经济衰敝的情况下，采取"与民休息"、"轻徭薄赋"的政策，使生产逐渐得到恢复和发展。当时土地开辟，人口增加，国家从农民身上征收到的资财也积蓄较多，出现了多年未有的富裕景象。封建史家称："京师之钱累百巨万，贯朽而不可校。太仓之粟陈陈相因，充溢露积于外，腐败不可食。"被誉为"文景之治"。

"贞观之治"：中国历史上对唐太宗贞观年间(627—649年)政绩的美称。由于隋末农民起义打击了封建统治，唐太宗及其大臣房玄龄、杜如晦、魏徵等，常以隋亡为鉴，"夙夜孜孜，惟欲清净"，"俭以息人"，使"百姓安乐"，注意休养生息。魏徵引荀子语告太宗，谓君似舟，民如水，"水能载舟，亦能覆舟"；又劝太宗注意纳谏，谓"兼听则明，偏信则暗"，为太宗采纳，对剥削较有节制，继续推行均田制，选拔统治人才，发展科举制度。贞观年间，人口增加，封建经济得到较快恢复，史称"贞观之治"。

"开元之治"：中国历史上对唐玄宗开元年间(713—741年)政绩的美称。开元年间，先后由姚崇、宋璟、张说、张九龄等为相，革除武周后期的弊政，形成了政治安定清明的局面。加以兴修水利，生产有所发展。开元末户口数较唐初增加了四倍，公私仓廪，无不丰实，唐代经济达到繁荣的顶点。其时，"丝绸之路"畅通，海上航行亦渐有发展，中亚、西亚以及日本、新罗等国访唐者络绎不绝，唐成为亚洲经济文化交流的中心。

"康乾盛世"：一般认为，"康乾盛世"起于康熙二十年(1681年)平定三藩之乱，止于嘉庆元年(1796年)，持续时间长达116年，在此期间，中国经济、政治、文化有很大的发展，综合国力强大，社会秩序安定、国家统一得到巩固和加强，组成了一个统一的多民族国家，形成了现在中国的版图。到乾隆中期，中国的工业产量占世界工业总产量将近三分之一；到乾隆末期，全国人口达到三亿人。由此可见，康雍乾时期在中国封建历史上发展到了最高峰，没有哪一个朝代能够比得上。

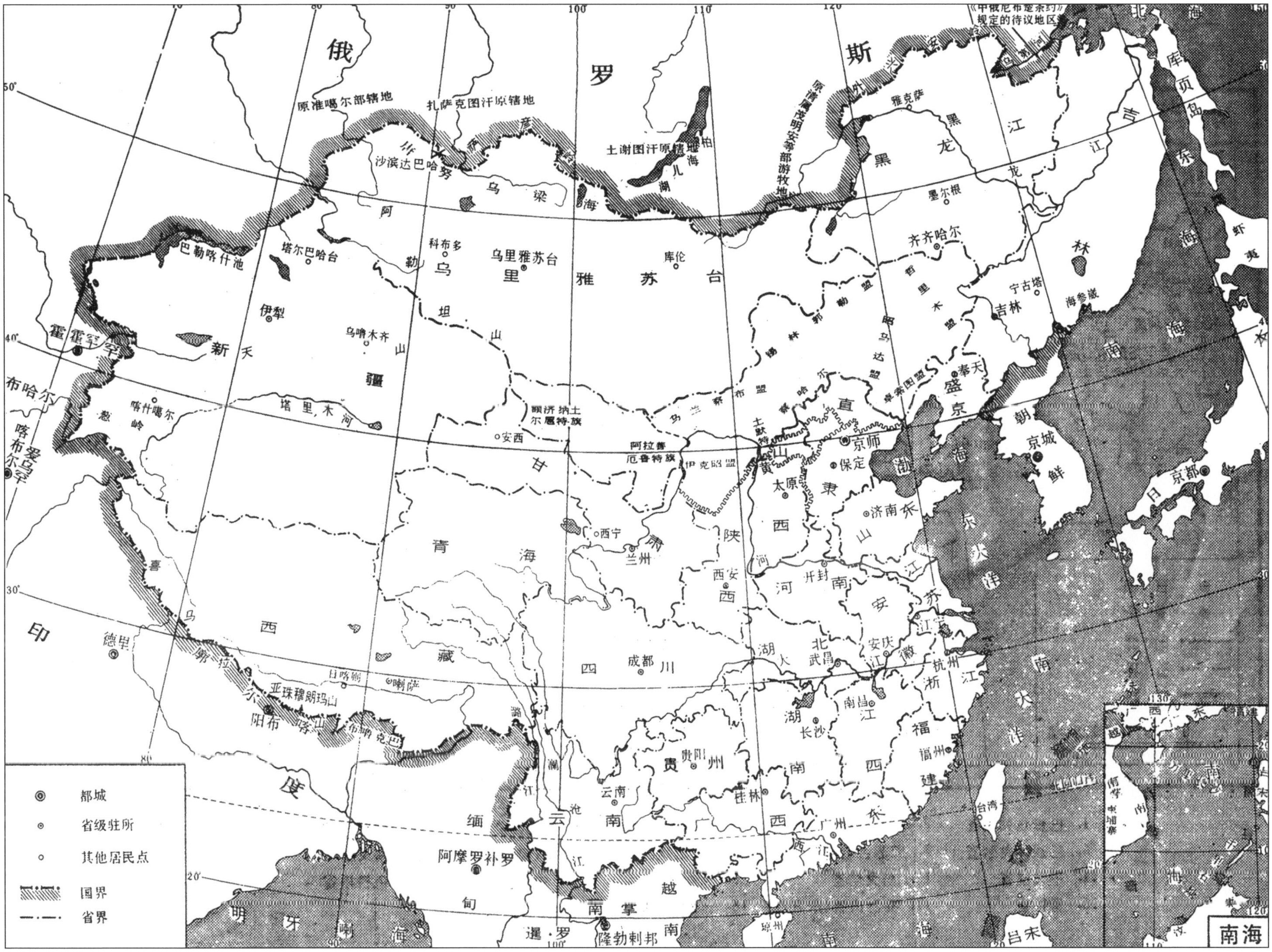
俄
罗
斯
原准噶尔部辖地
扎萨克图汗原辖地
土谢图汗原辖地
《中俄尼布楚条约》规定的待议地区
原清属茂明安等部游牧地
沙滨达巴哈努
乌梁海
阿
勒
坦
山
乌里雅苏台
科布多
库伦
巴勒喀什池
塔尔巴哈台
伊犁
乌噜木齐
新
疆
天
山
塔里木河
喀什噶尔
葱岭
霍罕
布哈尔
爱乌罕
喀布尔
安西
额济纳土尔扈特旗
阿拉善厄鲁特旗
伊克昭盟
乌兰察布盟
锡林郭勒盟
昭乌达盟
哲里木盟
卓索图盟
土默特
甘
肃
青
海
西宁
兰州
陕
西
西安
山
西
太原
直
隶
京师
保定
山
东
济南
河
南
开封
江
苏
安
徽
安庆
湖
北
武昌
湖
南
长沙
江
西
南昌
浙
江
杭州
福
建
福州
台湾
广
东
广州
广
西
桂林
贵
州
贵阳
云
南
四
川
成都
西
藏
日喀则
喇萨
亚珠穆朗玛山
喜
马
拉
雅
山
德里
印
度
阳布
尔
缅
甸
阿摩罗补罗
暹罗
南掌
隆勃剌邦
越
南
琼州
吕宋
黑
龙
江
雅克萨
墨尔根
齐齐哈尔
吉
林
宁古塔
海参崴
盛
京
奉天
朝
鲜
京城
日
本
京都
库页岛
鄂霍次克海
北
海
东
海
黄
海
渤
海
南
海
太
平
洋
南海
都城
省级驻所
其他居民点
国界
省界

“康乾盛世”时期清朝全图

〔3〕

康熙三十年五月(1691年6月)，康熙帝在主持多伦会盟后回京不久，古北口总兵蔡元上折奏请修筑倾塌长城。康熙御批：“蔡元所奏，未谙事宜。帝王治天下自有本原，不专恃险阴。秦筑长城以来，汉、唐、宋亦常修理，其时岂无边患？明末我太祖统大兵长驱直入，诸路瓦解，皆莫敢当。可见守国之道，唯在修德安民。民心悦则邦本得，而边境自固，所谓众志成城者是也。如古北、喜峰口一带，朕皆巡阅，概多损坏，今欲修之，兴工劳役，岂能无害百姓？且长城延袤数千里，养兵几何方能分守？蔡元见未及此，其言甚属无益。”

著名学者余秋雨先生曾经说过这样一段耐人寻味的话：“避暑山庄其实就是康熙的‘长城’，与蜿蜒千里的秦始皇长城相比，哪个更高明些呢？”(引自余秋雨《一个王朝的背影》)

〔4〕

这两句大体概述了满族及清朝的发展过程。明万历四十四年(1616年)，努尔哈赤在赫图阿拉(兴京)建国称汗，建立“后金”政权，第一次公开打出反抗明朝的旗帜。其前，努尔哈赤创立八旗制度，完成了对女真人的统一，并在此基础上产生了一个新的民族——满族。天命十年(1625年)，努尔哈赤从辽阳(东京)将都城迁往沈阳(盛京)。沈阳故宫由此成为满族从草莽走向文明的重要象征，成为清朝得以开疆辟土，建国有成的发祥地。明崇祯九年(1636年)四月十一日，皇太极正式称帝、改元崇德，国号大清。在此前后他率领八旗军驰骋在东北，摧毁了腐朽的明王朝在关外的有生力量。崇德八年(1643年)八月二十六日，年仅六岁的福临登基，改元顺治。顺治元年(1644年)五月初二，多尔衮挥师入关占领北京。十月初一日，顺治皇帝由盛京迁都北京，重新进行祭天告地的登基典礼，第二次即皇帝位。满族人实行“剃发留辫”，所以说清朝军队是拖着长辫子进京的。

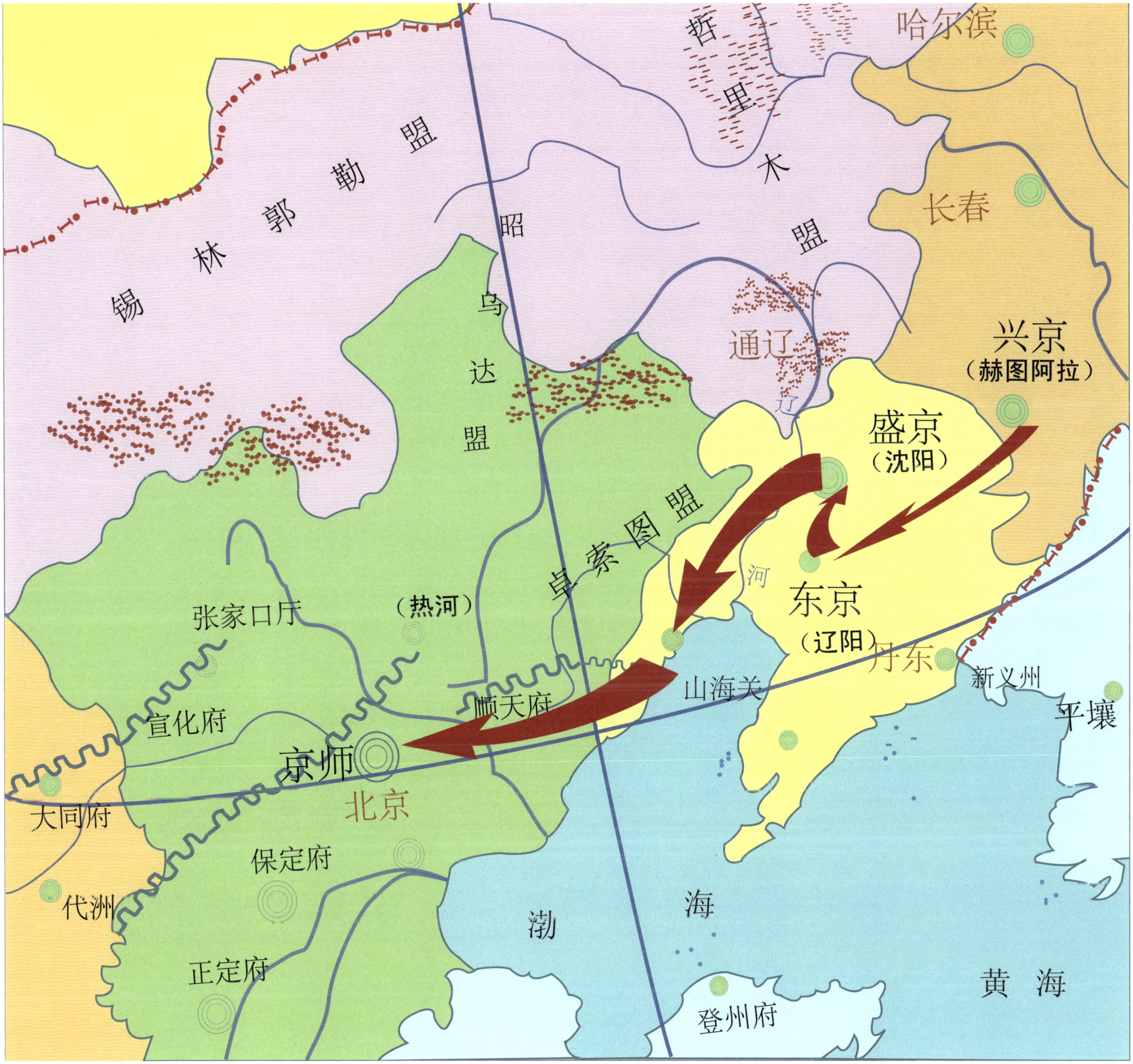

清朝从兴京赫图阿拉到东京辽阳再到盛京沈阳最后占领北京的发展壮大图

〔5〕

14—15世纪欧洲地中海沿岸若干城市已有资本主义生产关系的萌芽，16世纪下半叶的尼德兰革命是人类历史上第一次成功的资产阶级革命。1640—1648年英国资产阶级革命的胜利，开辟了资产阶级世界革命的时代。1789年法国资产阶级革命更为彻底和深刻。在英法资产阶级革命影响下，到19世纪中叶，欧美各主要国家基本上都完成了资产阶级革命。

〔6〕

工业革命又称产业革命，是指在工业化的早期过程中，生产从工场手工业向机器大工业过渡的阶段。工业革命在18世纪六十年代起源于英国。它首先从棉纺织业开始，然后扩展到其他工业部门。它以机器生产取代手工劳动，大规模工厂化生产取代个体工场手工生产为标志，从技术革命开始，最终引起社会革命，是世界近代史上继资产阶级政治革命之后的又一次世界性变革。工业革命使人类跨入了机器时代，带来了生产力的巨大发展，以及社会阶级结构的变化，形成了近代工业资产阶级和无产阶级两大对立的阶级。

到19世纪初，英国已经生产蒸汽机325台，分别在纺织、矿工、钢铁等工业部门投入使用。 蒸汽机的制造和使用，使英国的工业生产力成倍增长。

史蒂芬逊设计制造出“火箭”号蒸汽机车性能优良，被用来行驶在1830年完工的利物浦曼彻斯特铁路上。

在欧洲，工业革命中的德国开始了工业化进程，到19世纪初，以煤钢、军火、机械制造为基础的德国重工业大有赶超英国之势。

〔7〕

1702年，沙皇俄国彼得一世趁瑞典军队主力远征波兰，波罗的海沿岸防务空虚之机，率领大军直奔涅瓦河口，先后攻克了瑞军坚守的诺特堡和宁尚茨堡，整个涅瓦河流域全部落入俄军手中，彼得一世在波罗的海开辟出海口的梦想终于成为现实。1721年，俄国和瑞典签订《尼什塔特合约》，结束了持续了21年的北方战争，俄国获得了波罗的海东岸广大地区，取代瑞典成为波罗的海的海上霸主，从此由内陆国变成了临海国。

〔8〕

16世纪初，沙皇俄国开始崛起，积极推行对外扩张策略，不断派遣军队入侵我国的黑龙江流域。康熙二十四年(1685年)，康熙帝命都统彭春赴瑷珲，收复雅克萨，掀起了著名的雅克萨之战，最后沙俄大败。康熙二十八年(1689年)，沙俄代表戈洛文前往尼布楚与清政府代表进行谈判，仍想通过谈判的方式达到侵略我国的目的。经过多次交涉后，沙俄代表终于同意放弃无理要求，于当年九月七日，中俄双方代表签订了《尼布楚条约》。《尼布楚条约》是一个平等的条约，条约明确划分了中俄两国的东段边界，从法律上肯定了黑龙江流域和乌苏里江流域的广大地区都是中国的领土。《尼布楚条约》的签订，使得沙皇俄国继续侵略中国的野心遭到了沉重的打击，康熙皇帝在反抗沙俄侵略，维护中国独立和领土完整的斗争中，作出了巨大贡献。

雅克萨之战　黑龙江省黑河市接待办提供

〔9〕

中国古代对不同季节打猎有不同的称呼，春称春蒐，夏称夏苗，秋称秋狝，冬称冬狩。“木兰秋狝”始于清初，“木兰”为满语，意为“哨鹿”。

康熙皇帝于康熙十六年(1677年)平定三藩之乱期间开始北巡。出于“绥远习武”的需要，康熙二十年四月(1681年5月)，康熙帝带领满汉大臣、八旗禁军，再次出巡口外，会合蒙古各盟旗王公贵族及喀喇沁的三千蒙古骑兵，一边射猎习武，一边勘测围场。喀喇沁、翁牛特蒙古诸部“敬献牧场，肇开灵囿，岁行秋狝”。于是在昭乌达盟、卓索图盟、锡林郭勒盟和察哈尔蒙古东四旗接壤地建立了木兰围场。木兰围场北控蒙古，南卫京师，具有重要战略地位。这里林深草茂，野兽出没，狩猎者“往来沙塞，风尘有所不避，冒风雪以习劳”。木兰围场既是清军的狩猎场、练兵场，又是绥远的禁苑。清帝借秋狝之机，出关会见蒙古各部王公贵族，密切中央政府与蒙古地方政权的关系，即乾隆帝所说“怀柔属国”。

自康熙二十年(1681年)设置木兰围场至嘉庆二十五年(1820年)的140年间，康熙、乾隆、嘉庆三位皇帝共到承德巡幸塞外124次，其中，驻跸避暑山庄89次、“木兰秋狝”91次。

康熙、乾隆二帝重视北巡的原因，还可以从乾隆帝自我矜夸的“十全武功”中得到证明，“十全武功”有七次与新疆、西藏、蒙古有关，分别是两次金川之役、两次平准之役、回部之役和两次廓尔喀之役。

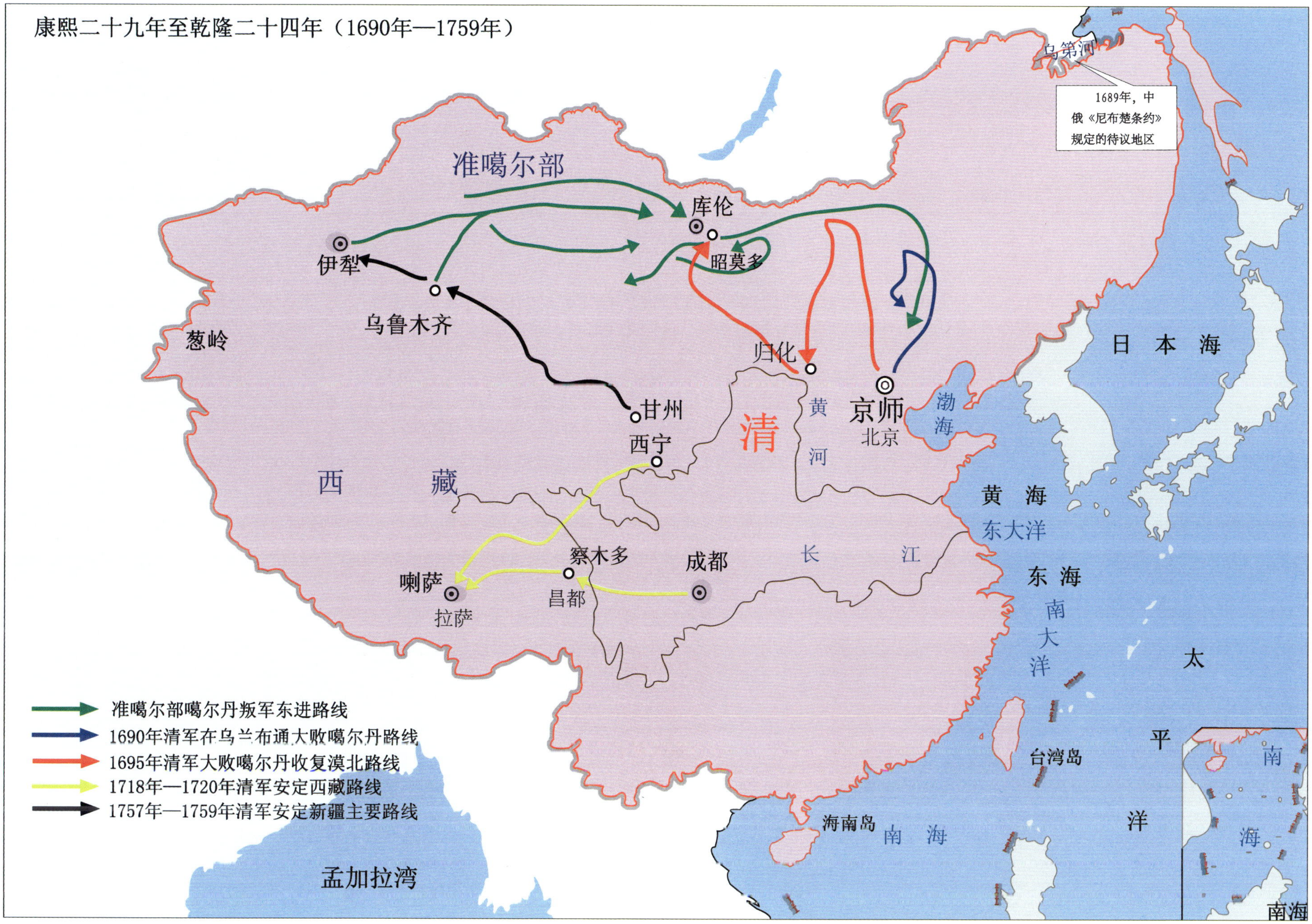

平定噶尔丹叛乱和平定西藏示意图 选自《看版图 学中国历史》

〔10〕

与避暑山庄同年开工建设的还有英国的“白金汉宫”和俄国的“圣彼得堡”。

白金汉宫：英国王宫，位于伦敦圣詹姆士公园西端。1703年为英国白金汉公爵所建。1761年英王乔治三世购下扩建。1825年，乔治四世将它作为王宫予以重建。维多利亚女王是居住在这里的第一位英国君主，以后历代君主均居于此。英国在维多利亚女王时代完成了工业革命，成为世界上工业最发达的国家，其殖民军队的足迹踏遍了世界的每一个角落。1840年，在维多利亚女王即位三年之后即发生了第一次鸦片战争，给中国人民带来了巨大灾难。

圣彼得堡：1703年5月6日，沙俄彼得一世在涅瓦河入海口的三角地带选中一个叫卢斯特·艾兰特的岛屿，决定在这里建堡，并命名为圣彼得堡，这一天便成为未来俄罗斯首都的奠基日。1912年俄国首都从莫斯科迁到这里。当时圣彼得堡远离俄国经济富庶地区，所有建设的原材料供应都必须通过荒无人烟的广大地区运输而至。经过二十多年的建设，到1725年，圣彼得堡已建设成为设施完备的城市，在许多地方可以与西欧的城市相媲美。彼得一世自豪地说：“新首都是通向欧洲的门户，是插在波罗的海岸边的一把双刃利剑，是开辟俄国与欧洲各国经济文化交流的捷径。”

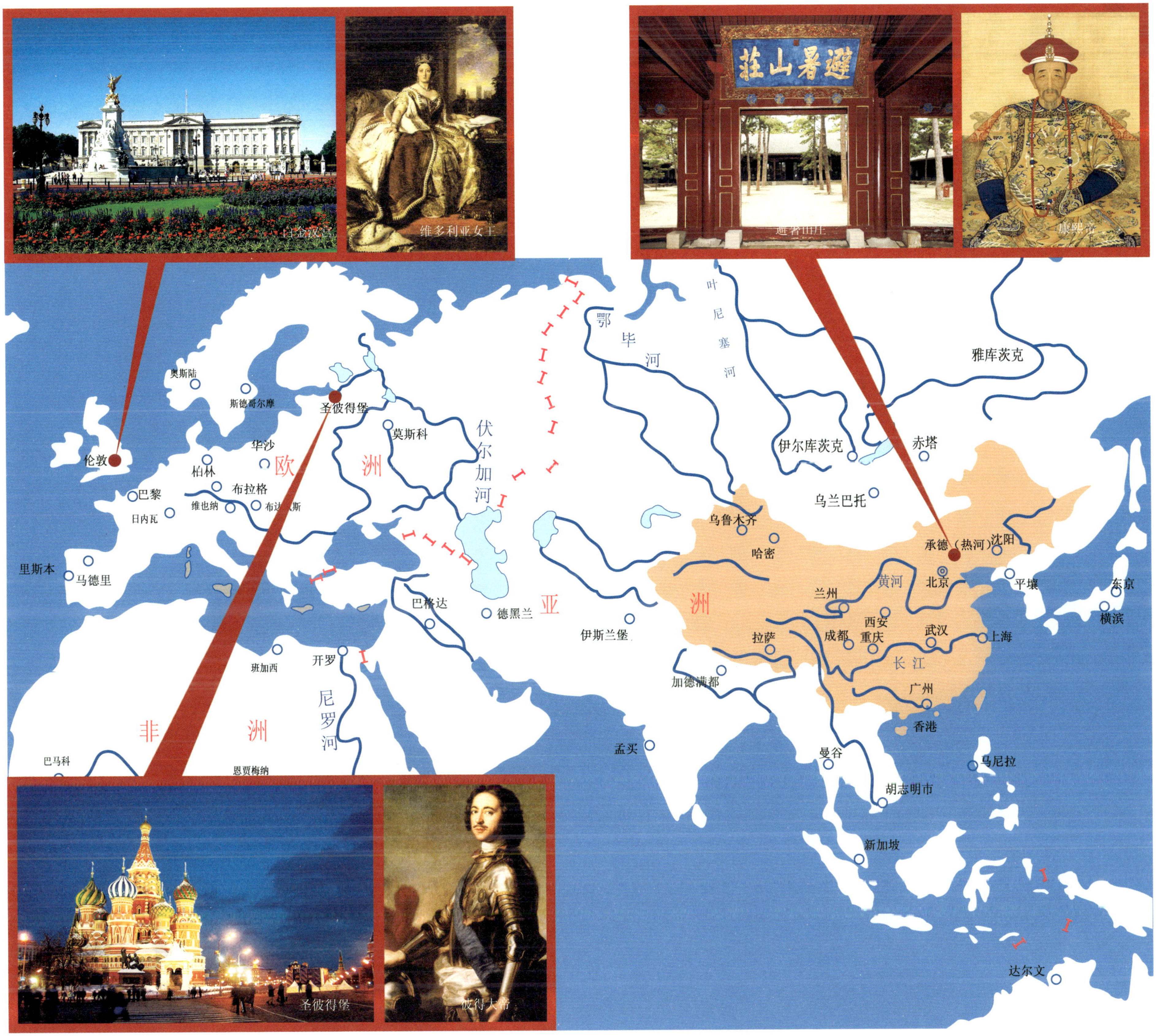

与承德避暑山庄同时开工的英国的白金汉宫和俄国的圣彼得堡

〔11〕

见新华社记者屈维英与阚兴武为避暑山庄肇建300周年共同撰写的《一座山庄，半部清史》一文，载于《瞭望新闻周刊》2003年8月25日第34期。

〔12〕

在九届全国政协副主席陈锦华等著的《开放与国家盛衰》一书中是这样评价的："把康乾盛世放在世界历史环境来考察，西方主要国家在经历了产业革命、启蒙运动和资产阶级革命等系列社会变革和技术革新之后，综合国力显著增强，踏上了比东方古国更为快速的发展时期。相对于西方列强政治经济社会驶入快车道，积极对外扩张包括向东方殖民扩展而言，处于康乾盛世的中国不断面临日益严峻的挑战，汉唐以来一直保有的位处世界前列的大国地位日渐衰落，中国在辉煌的盛世之中开始明显落后于世界发展步伐。在此挑战下，积极有为且不失为英明君主的康、雍、乾均秉持封闭治国理念，推行内向性闭关锁国政策，在从开放转向封闭的道路上比明朝走得更远，清朝与世界先进国家的差距日益拉大，失去了在世界经济社会发生重大突破时同步迈上快速发展道路的可能。当康乾盛世结束后不到半个世纪，西方列强便用坚船利炮轰开中国国门，并强迫清朝政府签订一系列丧权辱国条约，中国随之开始了屈辱的被动开放国门的历史，陷入丧权辱国的苦难深渊。从这个意义上来看，康乾盛世确实呈现出落日辉煌、残阳夕照的景象，在盛世辉煌的表象中错失了开放强国兴国的重大机会。"

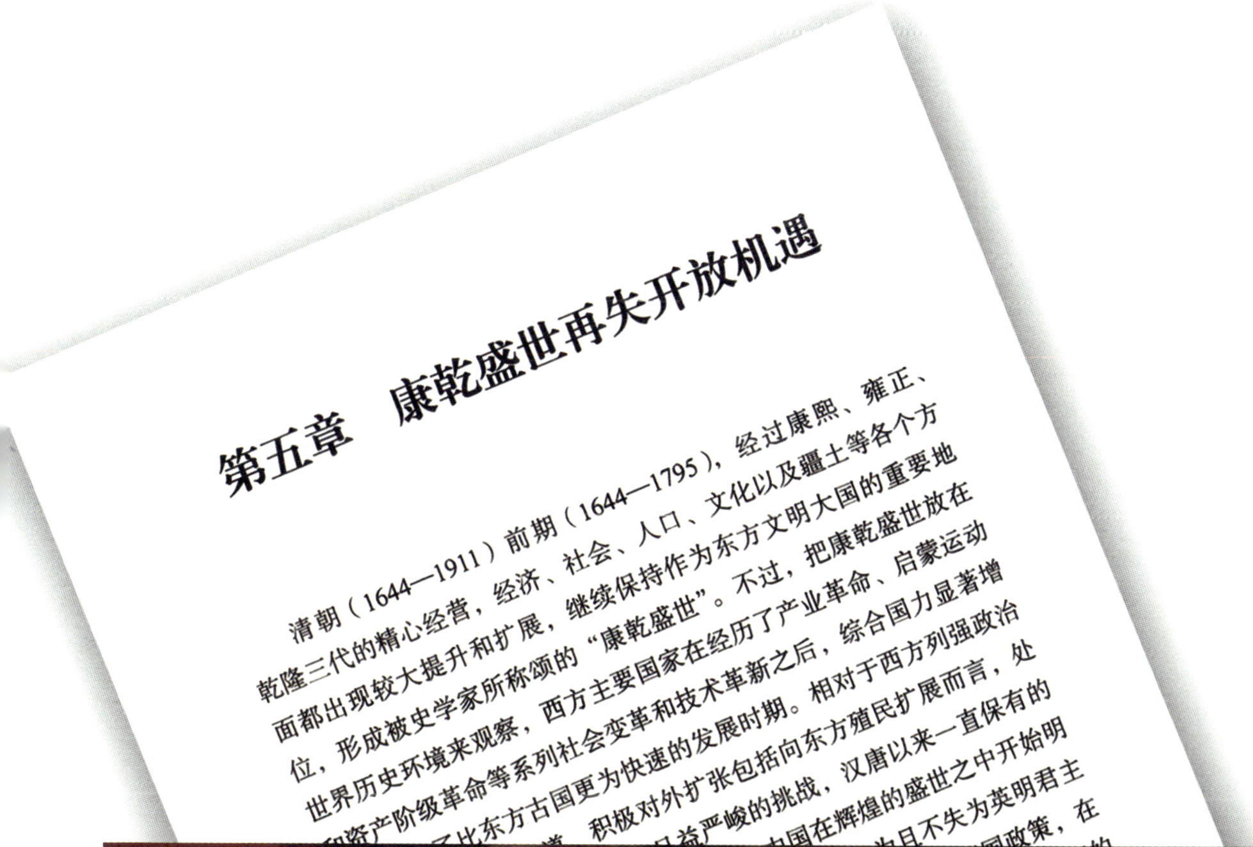
第五章　康乾盛世再失开放机遇

清朝（1644—1911）前期（1644—1795），经过康熙、雍正、乾隆三代的精心经营，经济、社会、人口、文化以及疆土等各个方面都出现较大提升和扩展，继续保持作为东方文明大国的重要地位，形成被史学家所称颂的“康乾盛世”。不过，把康乾盛世放在世界历史环境来观察，西方主要国家在经历了产业革命、启蒙运动和资产阶级革命等系列社会变革和技术革新之后，综合国力显著增
了比东方古国更为快速的发展时期。相对于西方列强政治
积极对外扩张包括向东方殖民扩展而言，处
日益严峻的挑战，汉唐以来一直保有的
中国在辉煌的盛世之中开始明
且不失为英明君主
国政策，在

《开放与国家盛衰》书影

2009年6月，九届全国政协副主席陈锦华在承德避暑山庄视察

〔13〕

中国四大名园：1961年3月4日国务院颁布的第一批全国重点文物保护单位名单中，属于园林方面的有四处，这四个园林因此而被称为中国四大名园。分别为：拙政园（江苏省苏州市）、颐和园（北京市海淀区）、避暑山庄（河北省承德市）、留园（江苏省苏州市）。

〔14〕

康熙皇帝在避暑山庄内，曾以四字题额钦定“康熙三十六景”，其中，芝径云堤为第二景，澄波叠翠为第三十景，曲水荷香为第十五景。

〔15〕

在钦定“康熙三十六景”中，四面云山为第九景，万壑松风为第六景，青枫绿屿为第二十一景。

〔16〕

试马埭为“乾隆三十六景”中的第二十一景，在避暑山庄万树园的西南部，立有石碑一块，乾隆帝题写“试马埭”，是清代皇帝赴木兰围场举行“秋狝大典”之前精选良马的地方。试马埭的驰马道，是按蒙古草原风貌和西北少数民族的习俗开辟的。《热河志》载：“进柔地旷，驰道如弦，云锦成群，腾骧沛艾。大驾巡幸，于兹考牧。”皇帝考牧后，随围的皇子和蒙古诸王公进行试马、骑射，按射中者的优劣，皇帝给予赏赐。另外，皇帝还在此观看火戏、灯戏、马戏、摔跤比赛等。

“避暑山庄七十二景”分布示意图

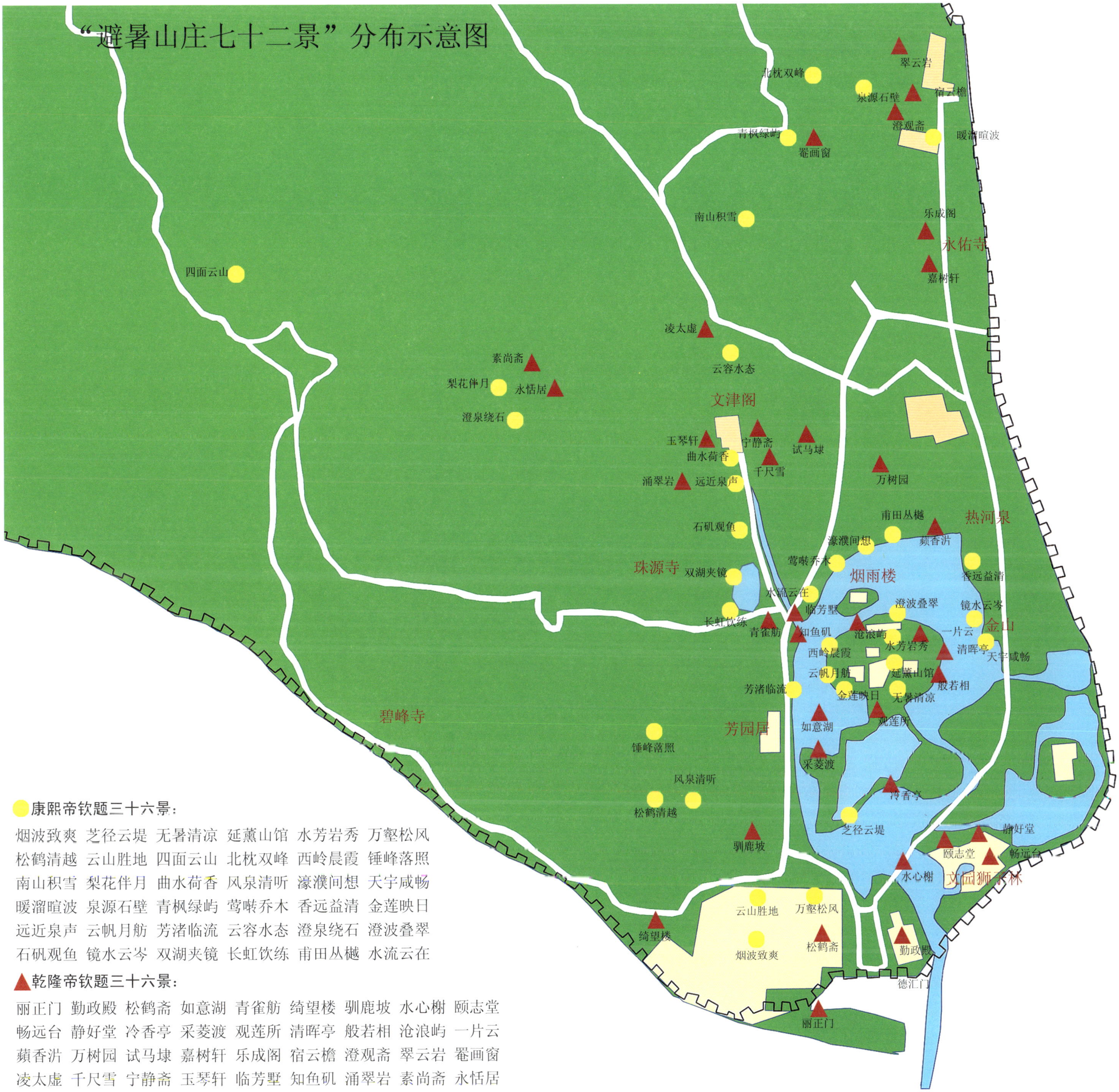

● 康熙帝钦题三十六景：

烟波致爽　芝径云堤　无暑清凉　延薰山馆　水芳岩秀　万壑松风
松鹤清越　云山胜地　四面云山　北枕双峰　西岭晨霞　锤峰落照
南山积雪　梨花伴月　曲水荷香　风泉清听　濠濮间想　天宇咸畅
暖溜暄波　泉源石壁　青枫绿屿　莺啭乔木　香远益清　金莲映日
远近泉声　云帆月舫　芳渚临流　云容水态　澄泉绕石　澄波叠翠
石矾观鱼　镜水云岑　双湖夹镜　长虹饮练　甫田丛樾　水流云在

▲ 乾隆帝钦题三十六景：

丽正门　勤政殿　松鹤斋　如意湖　青雀舫　绮望楼　驯鹿坡　水心榭　颐志堂
畅远台　静好堂　冷香亭　采菱渡　观莲所　清晖亭　般若相　沧浪屿　一片云
蘋香沜　万树园　试马埭　嘉树轩　乐成阁　宿云檐　澄观斋　翠云岩　罨画窗
凌太虚　千尺雪　宁静斋　玉琴轩　临芳墅　知鱼矶　涌翠岩　素尚斋　永恬居

〔17〕

乾隆五十八年(1793年)，大英帝国派遣以马戛尔尼为首的庞大代表团，以给乾隆帝祝寿的名义出使中国，要求与中国通商。这是古老的中国与近代化的英国一次重要的接触，它为中国提供了认识世界、改变封闭状态的良好机遇。但是，清朝统治者从一开始就把英使来访视为周边国家的“朝贡”，把英国看成是“诚心效顺”天朝的夷邦。在这种观念的指导下，双方在朝见礼仪问题上发生了严重分歧，几经争执后双方商定：在八月初六日万树园礼节性的欢迎宴会上，英国使节行英国式礼节；而到八月十三日，在澹泊敬诚殿正式举行乾隆万寿典礼时，他们要行中国的三跪九叩礼。“礼仪之争”的实质，是两种完全不同制度和文化的冲撞。清政府无视世界范围的贸易已经展开和发展对外贸易对本国经济发展所起的促进作用，以“天朝大国，物产丰富”自居，没有同意英使的七项要求，拒开国门通商；乾隆帝对英国“贡品”中体现的工业和科技水平毫不介意，以为是英国使臣在“居奇自炫”，统统送入圆明园封存。直到67年后，英法联军抢劫焚毁圆明园时，见到英王送给乾隆帝的马车和榴弹炮，仍然完整无缺地堆在库房里。

英国马戛尔尼使团在避暑山庄万树园觐见乾隆帝

〔18〕

《北京条约》是1860年英法联军攻进北京后，英、法、俄强迫清政府分别签订的结束第二次鸦片战争的不平等条约。咸丰十年七月二十四日(1860年9月9日)，大沽失守，英法联军逼近北京。八月初八(9月22日)咸丰皇帝及其眷属随从从圆明园后门出发，逃往热河，十六日(9月30日)驻跸避暑山庄。八月二十二日(10月6日)，联军闯入圆明园并开始进行抢、砸、烧。九月初四日(10月17日)，英法公使送给恭亲王奕䜣一份照会，要求初九付给英国白银30万两，法国20万两；九月初十日签字换约。九月初五日(10月18日)，英法联军再次开赴圆明园，抢劫一空，放火灭迹，圆明园变成一片灰烬。九月十一日、十二日(10月24日、25日)，恭亲王奕䜣与额尔金、葛罗分别签订《中英北京条约》和《中法北京条约》。九月十五日(10月28日)，咸丰皇帝在避暑山庄批准了这个条约。九月二十七日(11月9日)，英法联军先后撤离北京。咸丰十一年七月十七日(8月22日)，咸丰皇帝病死在避暑山庄的烟波致爽殿西间寝室，终年31岁。

〔19〕

北京政变又称祺祥政变或辛酉政变，是慈禧太后在咸丰皇帝死后，发动的夺取最高权力的政变。这次政变发端于避暑山庄，最后以肃顺斩立决，载垣、端华赐自尽，慈禧太后在紫禁城养心殿举行垂帘大典而告终。通过这次政变，慈禧确立了长达47年的统治地位。称北京政变是以事件发生的地点命名，称祺祥政变或辛酉政变是根据时间命名，祺祥是年号，辛酉是干支纪年，指1861年。

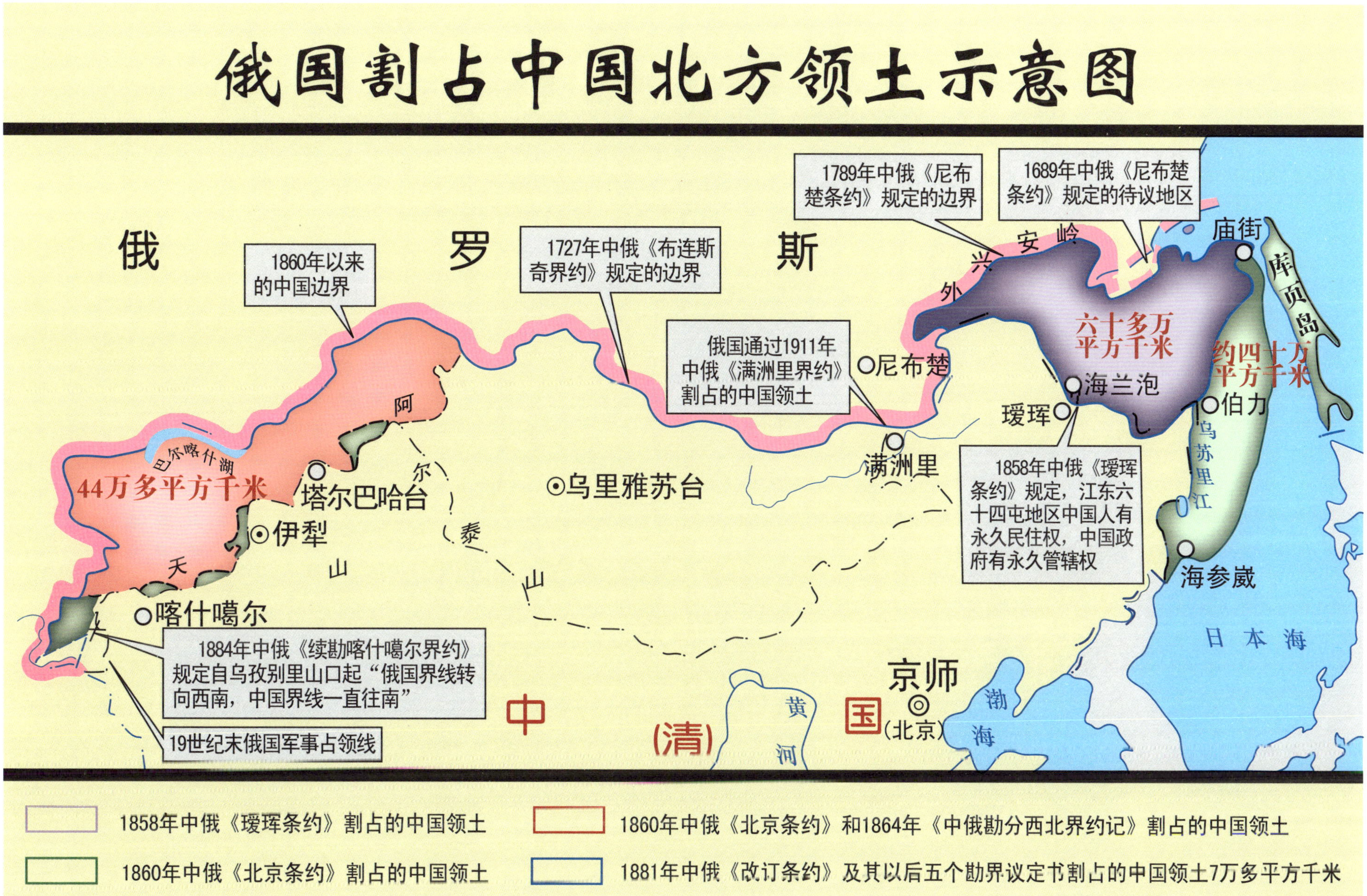

俄国割占中国北方领土示意图

〔20〕

普宁寺位于避暑山庄外东北山坡上，是清政府为纪念平定准噶尔叛乱胜利而修建的。普宁寺碑亭内矗立着三座石碑：乾隆二十年(1755年)《普宁寺碑记》和《平定准噶尔勒铭伊犁之碑》，乾隆二十三年(1758年)的《平定准噶尔后勒铭伊犁之碑》，碑文对清军取得平定准噶尔叛乱战争彻底胜利做了详细记述。

清代对西北蒙古各部总称为“厄鲁特”，分为四部，其中准噶尔部自噶尔丹称汗以后，兼并其他三部，吞并天山南路，依靠沙俄支持，不断进行分裂活动。当时的准噶尔雄跨西北，武力强劲，其兵锋所向，一是南向西藏挟持达赖和班禅两个大喇嘛以号令众蒙古，二是东向喀尔喀蒙古和漠南蒙古以统一蒙古，对清政府造成极大威胁。康熙二十九年(1690年)，噶尔丹以追击喀尔喀为名举兵南犯，深入漠南蒙古(今内蒙古)乌珠穆沁一带，康熙帝派兵在乌兰布通(今内蒙古赤峰市克什克腾旗南境)与叛军激战，噶尔丹大败而逃。清政府从此掀开了与准噶尔长达七十余年的战争序幕。雍正帝也认为“准噶尔一日不靖，西藏事一日不妥；西藏料理不能妥协，众蒙古心生疑贰。此实为国家隐忧，社稷生民忧戚系焉。所以圣祖(指康熙帝)明见事之始末利害，立意灭取准噶尔、安定西藏者，圣知灼见，不得已，必应举者也”。他在位13年始终处于对准噶尔的备战与开战之中。乾隆帝继承父祖的治国方略和遗志，最终完成了平准大业，并为此在承德修建了普宁寺。

平定准噶尔叛乱是一次维护国家统一、反对民族分裂的正义战争。这次战争，起于清康熙二十九年(1690年)，迄于清乾隆二十二年(1757年)，迭经三朝，历时近70年，清政府最终弭叛息乱，取得了完全胜利，不仅解决了中国历史上游牧民族和农耕民族之间旷日持久的冲突，而且通过采取一系列政策发展了边疆地区的经济文化和交通，巩固了中国多民族国家的统一，奠定了现代中国的版图，增强了中华民族的凝聚力。

普宁寺大乘之阁（侧影）

〔21〕

安远庙位于武列河东岸磬锤峰下的山坡台地上，建于乾隆二十九年(1764年)，因仿毁于战火的厄鲁特蒙古的宗教圣地新疆伊犁河畔的固尔扎庙而建，又称伊犁庙。它是为迁居热河的蒙古族达什达瓦部举行宗教活动，并为每年夏季接待蒙古王公贵族朝觐和瞻礼而兴建的。达什达瓦部原为准噶尔部中的一支。在长达八年的准噶尔上层争权斗争中，达什达瓦及其子图鲁巴图先后被杀。乾隆二十年(1755年)，清军兴师平定达瓦奇和阿睦尔撒纳的叛乱，早有切肤之痛的达什达瓦之妻立即率部响应，积极参加平叛战争。乾隆二十一年(1756年)，达什达瓦之妻病故，总管布林要求内迁，乾隆帝应允。不久，他们迁来热河，在普宁寺南修建房舍定居下来。乾隆帝考虑到给达什达瓦部众提供佛事场所，遂命“仿伊犁固尔扎庙式”，在武列河东兴建此庙。

〔22〕

普佑寺位于普宁寺东侧，建于乾隆二十五年(1760年)，普佑寺的建筑突破了传统“伽蓝七堂”的汉式手法，前后两层院落，天王殿居中，前建佛堂，后设经楼，院落布局十分严谨。殿内供奉的佛像，也与其他寺庙不同，既有汉式的，也有藏式的。乾隆二十四年五月(1759年6月)，达什达瓦部众不畏艰险，历经千辛万苦，先后分两批内迁热河。特别是达什达瓦部将被阿睦尔撒纳烧毁的固尔扎庙中残留的铜佛像及残片，不远万里，从新疆伊犁河畔带到热河献给乾隆帝，以表示佛教徒的忠诚。乾隆帝命将残缺的铜佛像和残片重新熔化，铸造了一尊释迦摩尼像，供奉在普佑寺主体建筑法轮殿内，佛像背后刻有铭文记述了这段历史事实。

晨曦中的安远庙

〔23〕

普陀宗乘之庙位于避暑山庄外北面坡地，建于乾隆三十二年(1767年)，乾隆三十六年(1771年)竣工，是承德寺庙群中规模最大的一座。普陀宗乘，是藏语“布达拉”的音译。普陀，是指普陀山，它是观世音菩萨的道场，也是佛教圣地。乾隆三十五年(1770年)是乾隆帝六十大寿，次年又值皇太后钮钴禄氏八十寿诞。乾隆帝为使前来庆贺的少数民族政教首领在承德看到南海大师的普陀道场，借以炫耀自己，笼络少数民族上层人物，便仿照西藏布达拉宫修建了这座庙宇。因此，它又被称作小布达拉宫。普陀宗乘之庙前部自山门、碑亭、五塔门、琉璃牌坊、东西山门，以汉族样式为主，往后是藏族样式。碑亭内有石碑三座，中间是《御制普陀宗乘之庙碑》，两侧为《御制土尔扈特全部归顺记碑》和《优恤土尔扈特部众记碑》。碑文记述了“土尔扈特携全部舍异域，投诚向化，跋涉万里而来，是归顺，非归降也”的原委以及清朝政府对土尔扈特部众的优恤。土尔扈特部是新疆厄鲁特蒙古的一个部族，明末因厄鲁特部上层不和而迁徙到伏尔加河下游地区游牧，饱受沙俄的压榨欺凌。康熙五十一年(1712年)，清政府曾派使团前往探望。乾隆三十五年(1770年)，土尔扈特部首领渥巴锡因不堪沙俄日甚一日的压迫，率部众17万人东归，一路上忍受着疾病、饥饿的折磨，与沙俄追兵浴血奋战，行程万余里，历时八个月，终于回到祖国。此庙完工时，土尔扈特部首领渥巴锡前来避暑山庄朝觐祝贺，乾隆帝非常高兴，特立此碑以作纪念。

普陀宗乘之庙

〔24〕

须弥福寿之庙位于避暑山庄外北面坡地，建于乾隆四十五年(1780年)，是外八庙中建造最晚的一座喇嘛寺庙。这年是乾隆皇帝的七十寿辰，西藏政教首领六世班禅长途跋涉两万余里，从后藏日喀则来到避暑山庄为其祝寿，乾隆帝下令“遵我世祖章皇帝(指顺治)建西黄寺于京师以居第五世达赖喇嘛之例”，仿照六世班禅在日喀则的住所扎什伦布寺建造此庙，供六世班禅讲经和居住。所以，此庙又称班禅“行宫”。“须弥福寿”即是“扎什伦布”的汉译，“须弥”即“须弥山”，藏语名“扎什”，是佛居住的吉祥之地；“福寿”，藏语名“伦布”，须弥福寿的意思是，像吉祥的须弥山那样多福多寿。须弥福寿之庙的修建，是西藏与清中央政府关系日益紧密的历史见证，它反映了清政府对西藏地方管理和统治的加强。乾隆三十九年(1774年)，英国殖民主义者以狡诈的手段侵入日喀则，要求与西藏订立商约。班禅六世以未经清朝皇帝批准而予以拒绝。对六世班禅的这一举动，乾隆帝极为赞赏，他非常重视六世班禅的到来，不惜大兴土木，仅用一年时间，就将此寺庙建成。为了迎接六世班禅的到来，已经70岁高龄的乾隆帝学习藏语、研究藏史。在六世班禅于乾隆四十五年七月廿一日(1780年8月20日)抵达热河时，乾隆帝举行了隆重的欢迎仪式。第二天，乾隆帝亲自去行宫看望班禅，将自己身着袈裟的画像送予六世班禅，并在妙高庄严殿举行盛大法会，由六世班禅讲经，章嘉国师翻译。八月十三日(1780年9月11日)，为乾隆帝的七旬万寿，六世班禅及众高僧向乾隆帝祝诵无量寿经，并献七珍八宝及长寿画卷，还亲自给乾隆帝施无量寿佛大灌顶。在筵宴上，乾隆帝向班禅颁发了金册金印，称为“圣僧”。六世班禅在热河的40天时间里，每天率领众僧为乾隆皇帝诵经祝福；乾隆帝也经常率太子及公主到行宫看望班禅；为他在避暑山庄清音阁连续演戏十天，设大型野宴四次，多次单独召见，致使“恩益深而情益联”，达到了“施惠笼络”的目的。为了接待班禅，乾隆帝特地下令停止了当年的“木兰秋狝”活动。六世班禅来热河觐见乾隆帝，大大加强了班禅在蒙藏地区的影响，清政府利用班禅的影响，密切了与各少数民族上层人物的联系，进一步加强了中央政府在蒙藏地区的统治。

1980年7月2日至9日，十世班禅额尔德尼·确吉坚赞在中国佛教协会赵朴初会长、嘉雅经师、叶雄活佛等陪同下驻锡巡视承德，恰逢须弥福寿之庙修建200周年纪念日，大师在须弥福寿之庙举行了佛事活动。

2007年7月26日至30日，17岁的十一世班禅额尔德尼·确吉杰布到承德参观学习，在礼拜须弥福寿之庙后，到普宁寺诵经、礼佛。他表示，将继承和弘扬历世班禅爱国爱教的光荣传统，为祖国统一、民族团结和构建和谐社会、和谐世界作出自己的贡献。

〔25〕

康熙二十年(1681年)，清王朝出于“绥远习武”的政治需要，在塞外设立了皇家猎场——木兰围场之后，出于“合内外之心，成巩固之业”的政治目的，于康熙四十二年(1703年)，在“名号不掌于职方”的塞外小山村——热河上营，开始修建热河行宫(即避暑山庄)。雍正元年(1723年)取“承受先祖德泽”之义，设承德直隶州，始称“承德”。

〔26〕

“一人临塞北，万里息边烽”，雍正诗句。见本书8月4日《热河杂咏七首》。

1780年8月20日，六世班禅罗桑·贝丹益希在避暑山庄澹泊敬诚殿觐见乾隆帝。

1980年7月2日至9日，十世班禅额尔德尼·确吉坚赞驻锡承德。

2007年7月26日至30日，17岁的十一世班禅额尔德尼·确吉杰布到承德参观学习。

须弥福寿之庙(六世班禅行宫)

〔27〕

康熙、乾隆、嘉庆三帝驻跸避暑山庄，或举行“木兰秋狝”时，皇帝、大臣们日常生活所需要的各类物品等，从京师主要经过古北口、两间房、青石梁、常山峪、喀喇河屯、广仁岭的一条御道，源源不断地运到热河和木兰围场等地。从康熙五十七年(1718年)广仁岭御道开通到嘉庆二十五年(1820年)的一百多年间，这条御道一直迎送着清王朝的几代皇帝往返于京师、承德避暑山庄和木兰围场之间，甚至咸丰十年(1860年)被英法联军吓得逃出北京的咸丰帝，也是沿着这条御道跑到承德避暑山庄的。

这条御道全长五百多华里。法国作家佩雷菲特在1989年出版的《停滞的帝国——两个世界的撞击》一书引用马戛尔尼率英国使团走御道到避暑山庄觐见乾隆帝的情景时写道：“从北京至热河的大路中央为御道，十尺宽、一尺高，由沙土和黏土混合而成，经浇水、夯实后具有磨光大理石的硬度。”佩雷菲特引用赫脱南(汉斯·克里斯蒂安)的话说：“这条路像客厅地板那样干净。”“皇帝经过时，当时世界上或许没有一条比这更美丽的路面了。”据记载，“这条御道自京城至热河有三米多宽，三十厘米高，全由沙石和高岭土夯成，其中还掺杂着坚硬的小石子，以防水冲和抵御冲压。干净的和客厅地板一样。荫翼蔽日的林荫道，每两百步就有一个水池。无疑，皇帝的御道是世界上最漂亮的马路。”

御道从京师出发到密云有两条路线，一条是从东直门出京城向北，经汤山、南石槽、三家店、河漕、密云，康熙四十二年以前多走此条路线到密云；另一条到是出圆明园往东北，经顺义、牛栏山、怀柔至密云；从密云启程往北两条路线合一。经罗家桥、石匣城、遥亭、南天门、古北口，至巴克什营行宫。再往北依次是两间房、青石梁、东营子、鞍子岭、王家营、红石梁、喀喇河屯。乾隆、嘉庆二帝北巡始终是走这条路线。但在康熙时期，除走此路外，更多的是从王家营往东，经红石砬、付营子、桦榆沟，再向西北到喀喇河屯，然后再从这里启程折返桦榆沟，经陈栅子、大栅子、大梁底下、王八盖子山、牛圈子沟、南营子，再到热河行宫。由喀喇河屯到避暑山庄还有一条路，即由喀喇河屯出发向东北渡河，经西平台、双塔山、大三岔口、广仁岭、高庙、上下营房、三座牌楼，到热河行宫。

由承德到木兰围场的陆路御道路线是：出丽正门过迎水坝桥北行，从大龙王庙转往东北普宁寺东南沿武列河西岸北行至三道河，东行至双峰寺(钓鱼台行宫)渡河到东岸，之后依次为黄土坎行宫、中关行宫(今隆化县中关镇)、什巴尔台行宫、波罗河屯行宫(今隆化)。由波罗河屯行宫进入木兰围场有东西两条御道：东道出波罗河屯行宫，沿伊逊河北行至张三营行宫，至唐三营沿伊逊河北行至东崖口，再至河西岸的东庙宫(敕建敦仁镇远神祠)。西道从波罗和屯向西北行进，沿伊马吐河东岸经济尔哈朗图(今隆化县八达营蒙古族乡上牛录村)至白虎沟，过河沿西岸至阿穆呼朗图(今隆化县步古沟镇)，再沿伊马吐河前行至西庙宫(敕建协义昭灵神祠)，即进西崖口。至此即为御道终点。

康熙、乾隆二帝于京师通往木兰围场的途中，先后建行宫几十处，从康熙四十年(1701年)至乾隆年间就建有20座，它们自南往北依次为：巴克什营、两间房、常山峪、鞍子岭、王家营、桦榆沟、喀喇河屯、热河、蓝旗营、二沟、钓鱼台、黄土坎、中关、汤山、什巴尔台、波罗和屯、张三营、唐三营、济尔哈朗图、阿穆呼朗图。如果说，这条御道像一条长长的异彩纷呈的彩练，那么，这些行宫就像镶嵌在彩练上的一颗颗璀璨耀眼的珍珠，散落在塞北大地，它们不仅为清朝皇帝北巡狩猎“绥远习武”提供了便捷的交通条件和栖息场所，也充分展现了“康乾盛世”时期帝王积极进取的精神面貌，以及对山林野趣生活的向往和追求。

御道路线和口外行宫示意图

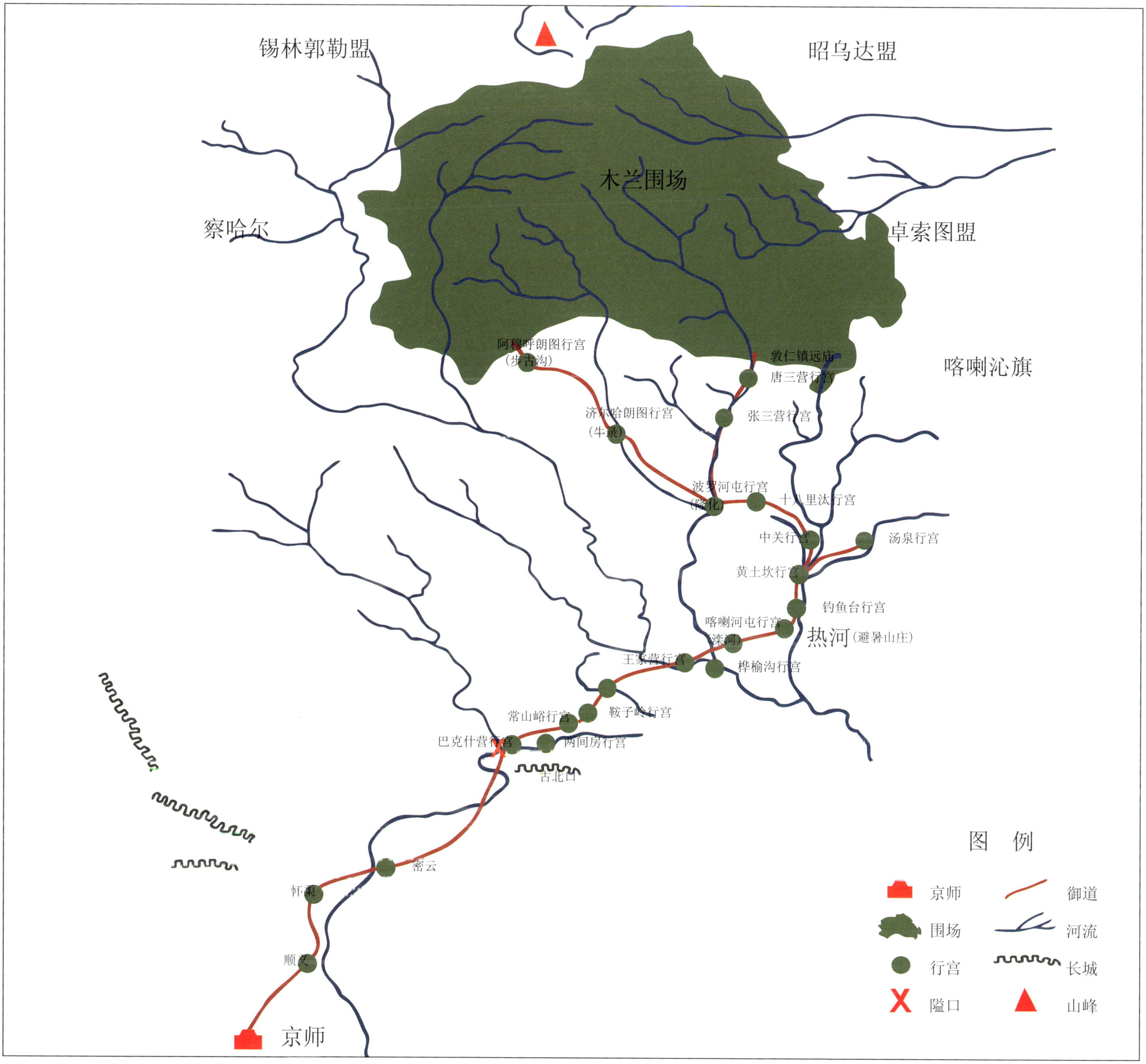

〔28〕

《一个王朝的背影》是余秋雨先生以避暑山庄为题材而写的长篇散文，以一个学者的睿智对康熙皇帝以来的有清一代发生在避暑山庄的大事做了深刻的描绘和解析。他说：“把复杂的政治目的和军事意义转化为一片幽静闲适的园林，一圈香火缭绕的寺庙，这不得不说是康熙的大本事。”“北京的故宫把几个不同的朝代混杂在一起，谁的形象也看不清楚，而在这里，远远的，静静的，纯纯的，悄悄的躲开了中原王气，藏下了一个不孱杂的清代。”可以说，余秋雨先生这篇散文比较深刻地诠释了“一座山庄，半部清史”的论断。

〔29〕

据钱树信教授统计，本书按历史上的农历折算成公历而排入365天顺序的诗(含事)为396首，且多集中在清帝来热河(承德)避暑和在围场“木兰秋狝”期间，为弥补冬春期间清帝很少来热河(承德)之空档，作者特选了一些相关内容的诗(含事)排列其中，所以不是完全意义上的“历史上的今天”，请读者见谅。

作者自白：我写的这首诗代序，格律及炼字炼句功夫都很不够，严格地说不够诗，但我相信读者的理解力，这种形式可以用简洁的文字表现比较丰富深刻的内容，也能唤起读者的想象力，所以大胆地做了初次尝试，请读者不吝赐教。

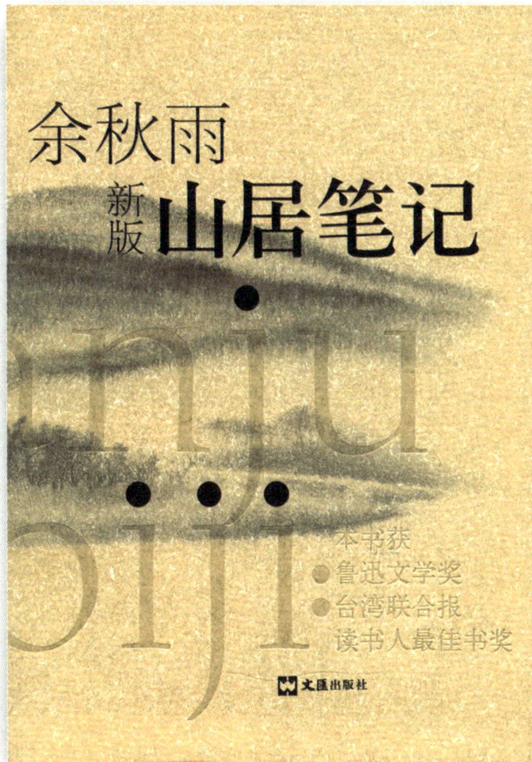

余秋雨像　余秋雨，1946年生，艺术理论家，中国文化史学者，散文作家。现任上海戏剧学院教授，上海写作学会会长。在大陆和台湾出版中外艺术史论专著多部，曾赴海内外许多大学和文化机构讲学。1987年被授予“国家级突出贡献专家”荣誉称号。入载英国剑桥《世界名人录》、《国际著名学者录》、《杰出贡献者名录》以及美国传记协会的《五千世界名人录》等。

避暑山庄烟雨楼

【1月1日】

一日

乾隆十九年五月和十月(1754年7月和12月)，乾隆帝两次幸巡热河。五月中旬准噶尔部都尔伯特台吉策凌等入觐，加恩宴赉赐爵；准噶尔部辉特台吉阿睦尔撒纳继至，冬至后乾隆帝驻跸山庄，受朝锡赉如初。乾隆帝御万树园，赐扈从王公大臣及准噶尔部台吉等宴。十一月十九日(1755年1月1日)，乾隆帝作《即事》诗一首，以记其事：“松坞云庄往复还，新藩三接洽余闲。归心底限穷边外，继踵频来数月间。”

一诗

丽正门

◎乾　隆

行宫因山高下，缭以石城，正南一门曰丽正，朝臣启事、外藩入觐，皆由于此。

岩城埤堄固金汤，
詄荡门开向午阳。
两字新题标丽正，
车书恒此会遐方。

一解

这首诗写于乾隆十九年(1754年)。丽正门为避暑山庄“乾隆三十六景”第一景。“丽正”，语出《易·离》：“日月丽乎天，百谷草木丽乎土，重明以丽乎正，乃化成天下。”乾隆帝取“丽正”二字为避暑山庄正门命名，意在表示大清王朝日月光辉附着于中正之道，教化成功，天下太平，人民安宁。

[评]避暑山庄丽正门正门门额用汉、满、蒙、藏、维五种文字镌刻，这是我国唯一一块皇帝用五种文字书写的石匾，特别凸显了民族团结、国家统一的重要意义。

诗序叙写热河行宫(避暑山庄)宫墙的建筑特色，点明了丽正门的位置，交代了丽正门的功用，它是朝臣奏事和外藩首领觐见皇帝的必经之门，说明避暑山庄是清朝的第二个政治中心。

诗的前两句意思是，避暑山庄的城墙建有女儿墙，高峻而险要，固若金汤，敞开大门，正面向南方，眼前的天空广阔而清朗。岩城，高大的石块筑成的墙垣。埤堄，城上呈凹凸形而有射孔的矮墙，又称雉堞，俗称女儿墙。金汤，金城汤池的简称，形容城池坚固。詄荡，形容天体广阔而清朗。午阳，古人以十二地支支配方位，午为正南，因以为南方的代称。午时日正中，因亦称日正中为午。午阳，即太阳升至最高，照射最炽之时。意为大清国的人民都沐浴在正午的阳光之下。

诗的后两句意思是，重新题写的门额标明“丽正”二字，如今国家统一，经常在这里与觐见的外藩首领会见，他们都来自远方。车书，《礼记·中庸》：“今天下，车同轨，书同文。”表示天下一统，国家政令统一规范，文字书法划一。遐方，远方，边远之地。此处指来自远方的少数民族首领。

“乾隆三十六景”之丽正门

乾隆帝用汉、满、蒙、藏、维五种文字书写的丽正门石匾

门额诗匾

【1月2日】

一日

乾隆五十二年十一月二十五日(1788年1月2日)，福康安攻陷大里杙(yì)，林爽文逃入内山。解嘉义之围后，福康安、海兰察率军在斗六门、庵古坑与林爽文军展开激战，林爽文不敌，退守大里杙，此处极为坚密。二十四日，福康安指挥海兰察等涉溪先渡，会党军万余人乘官军布阵未整，拥出城外，三面围裹。福康安以日暮收兵。本日清晨，官军分路进攻，破大里杙两门，林爽文已于前一日夜带家眷进入大山。

一诗

福康安奏报攻克大里杙诗以志事

◎乾隆

斗六门既取，直前捣穴巢。
跃溪飞马渡，扫穴短兵交。
背垒犯雄阵，乘宵挥遁鞘。
蕖魁犹待获，盼切捷旌捎。

一解

这首诗写于乾隆五十二年十一月二十五日(1788年1月2日)。乾隆五十一年十一月二十七日(1787年1月16日)，台湾林爽文起兵反清。十二月初六破诸罗(嘉义)，南北会党蜂起响应，全台震动。五十二年八月(1788年9月)，以福康安为将军、海兰察为参赞大臣，驰赴台湾，代浙闽总督常青督办军务，十一月初一(12月9日)钦差协办大臣福康安抵台，遵照乾隆帝在避暑山庄所授方略，以诸罗控扼南北要路，拟偏师进取林爽文军根据地大里杙，实则以大军援救诸罗。初八日，嘉义解围。后分路剿洗。二十五日(1月2日)攻陷大里杙。

大里杙，林爽文根据地，此处东倚大山，南绕西河，砌筑土城，密排大炮，内设竹栅两重，城外沟壑重叠，防守极为严密。蕖魁，称敌寇中的大头目，指林爽文。捷旌，军中报捷的红旗。

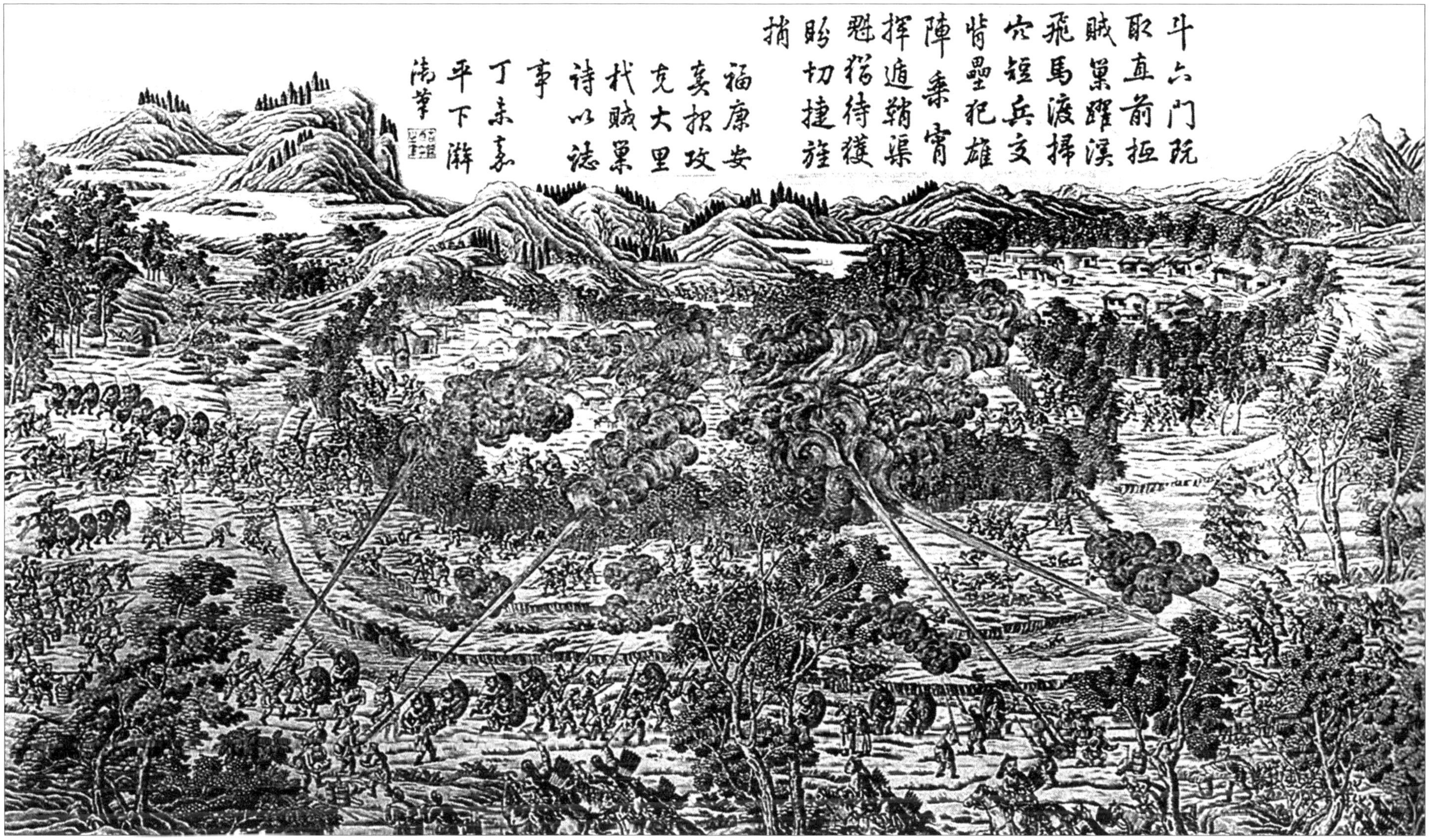

平定台湾得胜图 福康安奏报攻克大里杙 选自《清代宫廷版画》

【1月3日】

一日

康熙四十五年十一月三十日(1706年1月3日)，康熙帝恭谒孝陵(遵化世祖陵)后再次巡幸热河，出喜峰口。十二月四日行围殪虎，驻跸三道河；五日行围殪虎，驻跸中六沟；六日行围殪虎，驻跸二沟；八日，行围殪虎，驻跸黄土坎；九日行围殪豹，驻跸热河上营；十日行围殪虎，驻跸喀喇河屯行宫；十三日行围殪豹二，驻跸恩格穆噶山(今滦平县滦平镇后营子)。十四日行围殪虎一、豹一，驻跸三岔口。十五日，入古北口，十八日回京。

康熙四十九年十一月十五日(1710年1月3日)，康熙帝恭谒孝陵，再幸热河。二十八日(1月16日)出喜峰口。十二月十日(1月28日)到热河行宫。赐随围蒙古官兵银布有差，十二日(1月30日)自热河回銮。

一诗

烟波致爽

◎康 熙

热河地既高敞，气亦清朗，无蒙雾霾氛，柳宗元记所谓旷如也。四围秀岭，十里澄湖，致有爽气。云山胜地之南，有屋七楹，遂以烟波致爽颜其额焉。

山庄频避暑，静默少喧哗。北控远烟息，南临近壑嘉。
春归鱼出浪，秋敛雁横沙。触目皆仙草，迎窗遍药花。
炎风昼致爽，绵雨夜方赊。土厚登双谷，泉甘剖翠瓜。
古人戍武备，今卒断鸣笳。生理农商事，聚民至万家。

一解

烟波致爽是“康熙三十六景”第一景。此景地处高岗，北临湖水，位居正宫院内，是清帝的寝宫。这首五言排律，叙写避暑山庄的气候、环境、景色，并通过叙事与描写，反映避暑山庄创建的历史背景。诗的基调，清新明朗。诗序赞美热河地势高敞，空气清新，并说明“烟波致爽”得名的缘由：“十里澄湖，致有爽气。”

诗的前四句意思是，屡次来避暑山庄避暑，这里十分宁静，遥远的北部边疆，战争停息了。临近避暑山庄之南，紧挨着佳美的沟壑。

诗的中间八句意思是，春回大地，游鱼跃出碧波浪花。秋收季节，大雁横越沙漠在蓝天下飞行。映入眼帘的避暑山庄原野，遍布佳美的芳草。庭院里药花摇曳，迎窗开放。白日里能感受到清风送爽，夜晚可聆听连绵细雨的声音。避暑山庄土质肥美，禾壮穗多预示稻谷丰收。用甘泉浇园，瓜果翠绿香甜。

诗的最后四句由此及彼，抚今追昔：前朝古人靠武力镇守边疆，烽烟不息。如今兵卒不吹军号，战争停息了。百姓各有或农或商的谋生之道，聚居此地的民众已达万家。

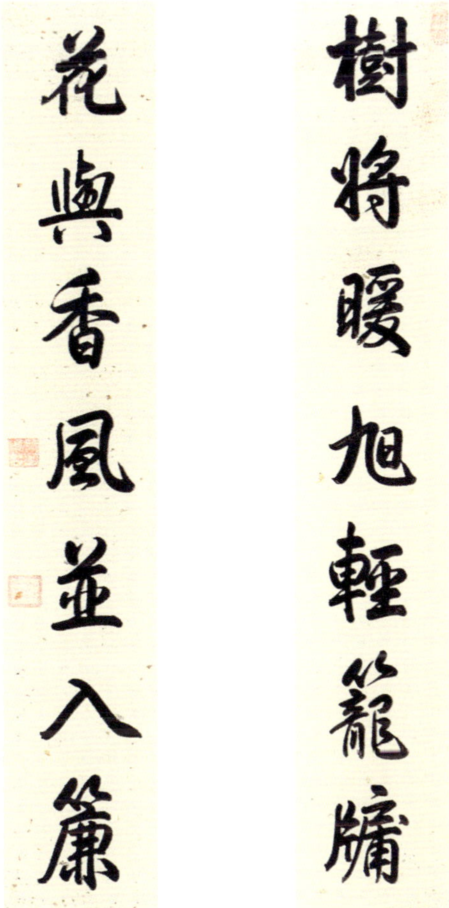

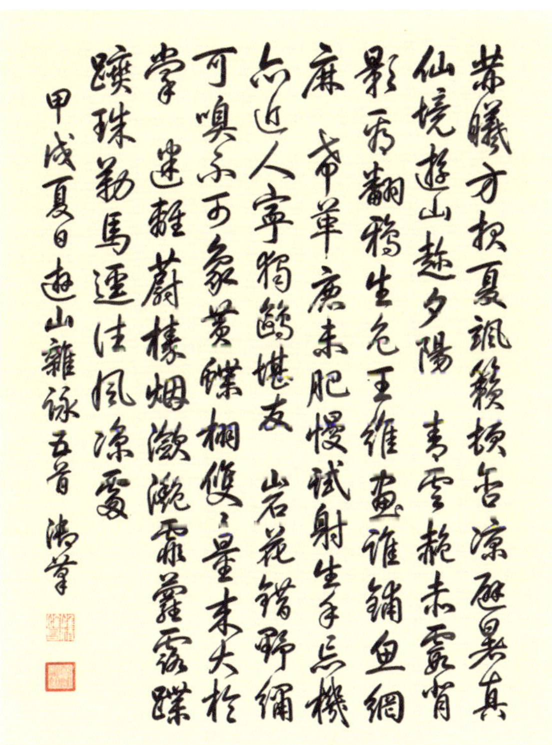

“烟波致爽”殿

【1月4日】

一日

乾隆四十七年十二月初二日(1783年1月4日)，乾隆皇帝再次申谕禁止贡献金器。谕称："前因班禅额尔德尼来京庆祝，于热河建造扎什伦布庙有需金两及金如意等件，以备颁赏，其时各督抚即有呈进备赏金器者，以作加赏班禅之用，因量为赏收。此系朕失检点处，或督抚等即借此名色，向属员勒索，亦未可定。现在此事已过，不可不严行饬禁。"

一诗

石城

◎乾隆

高下石城将廿里，
曾无七十里延长。
文王台沼犹民力，
鸠筑山庄发帑偿。

力役之征古所不废，惟本朝则无其事。凡河工、城郭、郊庙、宫殿偶有修饰工作，皆动正帑，雇夫匠。至于园亭，并不用正帑，率以内府余帑给价，或贪官污吏罚其出资助值。山庄石城即康熙年间令噶里修筑者即事纪实，亦家法万年所宜守也。

一解

此诗写于乾隆三十九年(1774年)。"石城"指承德避暑山庄城墙。

诗的前两句意思是，高高低低将近二十里的避暑山庄石筑城墙，不曾像传说的那样称这石墙有七十多里长。原注："山庄石城周回计十七里半。"避暑山庄的宫墙都用石头砌成。

诗的后两句意思是，周文王时代建灵台的差役都要动用民力，(如今)招集工匠建筑山庄城墙要出国库银两抵偿。文王，指周文王(姬昌)，商朝末年周族的领袖，被誉为中国古代贤明的君主。台沼，指周文王所建的灵台。《诗·大雅·灵台》："经始灵台，经之营之。"鸠筑，招聚工匠。力役之征，征集劳力服劳役。古代的国家或地方工程都是由百姓各家出人无偿役使。康熙年间，为惩罚贪官噶里，令其用贪污款及私家银两修筑避暑山庄城墙。

避暑山庄宫墙

【1月5日】

一日

康熙四十年十二月初八日(1702年1月5日)，康熙帝赴遵化马兰峪恭谒孝陵。

此前十二月初三日(12月31日)出喜峰口到塞外，途经六沟、七沟，经热河(哈伦告鲁)至喀喇河屯，发现热河上营“山林郁叠，河陬环抱，热泉涌流，水面无冰”。康熙帝一行观览热河上营的山水地貌，对其热河行宫选址做了一次重要的踏勘，且以热河上营为初选之地。

乾隆三十八年十一月二十三日(1774年1月5日)，平定两金川(为蜀西之地)定西将军阿桂统兵进剿连克小金川官寨，乾隆帝把胜利原因归结于“满洲劲旅奋勇绝伦，绿营兵皆得有所效法”。士气奋兴，军威大振。一反木果木大溃状态。阿桂奏小金川全境荡平，及处置小金川降番事宜。奉旨：所办甚要。

一诗

将军阿桂奏报官军收复小金川全境诗以志事

◎乾　隆

事之难将上峻山，事之将易下顺水。
旬日全定小金川，幅员五百有余里。
回思六月偾事时，猖獗贼亦迅若此。
一朝失亦一朝得，天道好还原定理。
整兵直进讨促浸，雪岭险滑仍如彼。
拟欲持以久困之，复虑师老致萎靡。
贾勇及锋而用壮，一日三捷心焉企。
我非黩武愿佳兵，挞伐由来不得已。

一解

这首诗写于乾隆三十八年十一月二十三日(1774年1月5日)。诗叙述了自三十六年(1772年)十月一日，乾隆帝在避暑山庄明发上谕，宣示对小金川用兵以来战局的变化，至乾隆三十八年十一月，阿桂官军已全部收复小金川。乾隆闻讯，诗以志事，并表明不愿穷兵黩武的态度。

偾(fèn)事，覆败其事，指乾隆三十八年六月木果木大营溃败之事。贾(gǔ)勇，鼓足勇气的意思，语出《左传·成公二年》，言已勇有余，欲卖之。

平定两金川战图 官军收复小金川 故宫博物院提供

【1月6日】

一日

乾隆四十九年十一月二十六日(1785年1月6日)，《四库全书》第二、三、四部俱缮写完竣，每部36000册。其中，第四部热河避暑山庄文津阁本即于本年完成。

一诗

文津阁楹联

◎乾 隆

析木之次丽乎天

龙门之名标乎地

一解

文津，意思是为文必须知津。这副楹联是乾隆帝《文津阁记》中的两句。乾隆帝特意写作楹联，用来阐明文津阁的重要意义。楹联的意思是，析木是天河的渡口，它附丽于天空。龙门是黄河的渡口，它标志在地上。析木，是十二星次之一。古代天文学以日月相会之处为星次，日月一年有12次相会，故有十二星次。太阳运行到析木之次正好是太阳过天河的渡口，所以又称为析木之津。丽，含附着之意。龙门，又名河津，是黄河上著名的渡口。这副楹联用过河要找准渡口作比喻，说明学习知识一定要有正确的途径。

紫禁城文渊阁

盛京文溯阁

避暑山庄文津阁

《钦定四库全书简明目录》盒　故宫博物院提供

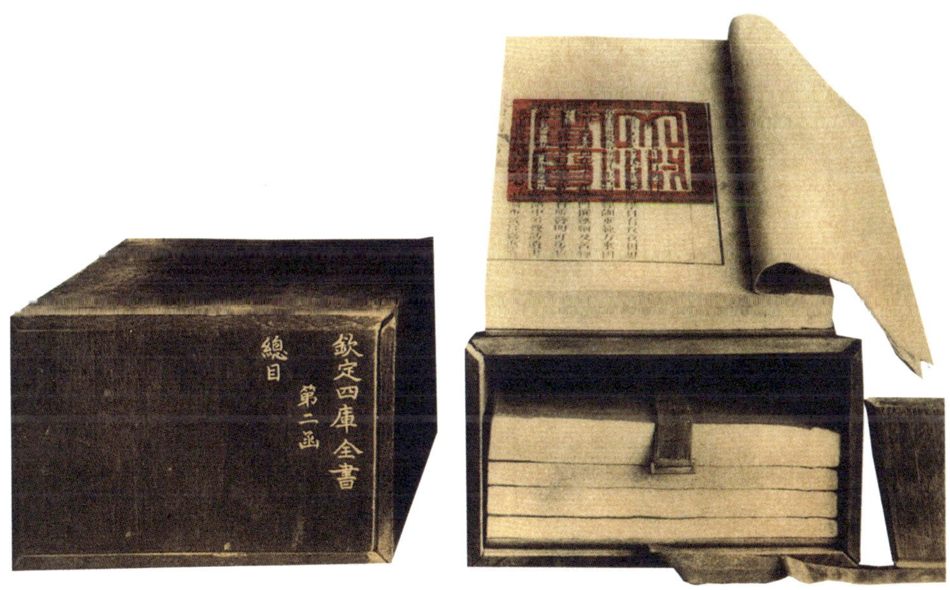

《四库全书》楠木匣　选自《清史图典》

【1月7日】

一日

光绪十七年十二月初八日(1891年1月7日)，热河朝阳起兵，东北练兵大臣定安、盛京将军裕禄奏，奉天官兵由左宝贵、丰升阿督率，于上月初九至二十三日进击朝阳，“叠获胜仗”，谕称：此次奉天派出各军，与直隶各军同奏肤功，深堪嘉尚，出力人员着开单保奖。

一诗

澄观斋六韵

◎乾　隆

潇落书堂迥，山庄东北隅。
背峰标巀嶭，面水带萦纡。
缅想憩仁圣，于斯集宿儒。
天文亲考验，数理晰精粗。
敬授万方典，宏恢百世模。
政常犹竭蹶，景仰只瞠乎。

一解

这首诗写于乾隆三十七年(1772年)。诗注：“皇祖(康熙帝)昔驻避暑山庄时，尝集儒臣等通习算法者，于此编辑《数理精蕴》一书，亲为指授，釐定镂版，颁行天下，万世得永奉程尺。”澄观斋在避暑山庄平原区东北端，康熙年间所建，康熙帝曾于此召集知识高深的学者在这里编辑《数理精蕴》。此书系一部融汇中西数学的初等数学知识(包括代数、几何、三角)大全。

诗的前四句意思是，澄观斋书房地处避暑山庄东北端清静幽远的地方，背靠着高峻的山峰，面对着萦绕的水溪。巀嶭(jiénie)，形容高峻。

诗的中间四句意思是，遥想仁德圣明的皇祖曾在避暑山庄行宫澄观斋召集知识高深的学者。亲自稽考检验日月星辰天体在宇宙里的分布运行现象。编辑融合中西数学的《数理精蕴》汇集。

诗的最后四句意思是，再次集儒臣通习算法的，编辑《数理精蕴》，亲为指授多种方法，整理订正刻版，颁行天下，万世永奉为法则。政常如同颠倒那样，我只有直视瞠乎其后，望尘莫及了。

“乾隆三十六景”之澄观斋

【1月8日】

一日

康熙五十六年十二月初六日(1717年1月8日)，皇太后博尔济吉特氏(孝惠章皇后)逝世。终年77岁。五十七年四月(1718年5月)，葬孝陵之东，为“孝东陵”。

一诗

热河纪事六首(其一)

◎ 励廷仪

蜿蜒环岭坞，睥睨建宫垣。
拱极千山脉，朝宗万壑源。
边风多璞厚，土物日孳蕃。
总被阳和泽，冬泉气自温。

一解

励廷仪是康熙朝进士，后入值南书房，曾为《圣祖皇帝实录》副总裁，雍正时为吏部尚书。这组五律，善写山水难状之景，对史实掌故运用自如，很像康熙时代钱塘举人厉鹗的风格。

诗的首联说，(热河)处在四面环绕蜿蜒的山岭而中间低的地方，热河行宫的围墙上有锯齿形的短墙。坞，四面高而中间低的地方。

诗的颔联说，群山像众星拱卫北极星一样拱卫着(帝王之都)，臣子与诸藩像千山万壑的水流汇聚到这里。拱极，拱卫北极星，此处喻拱卫君王，四裔归附。朝宗，这里指臣下朝见皇帝，春见曰朝，夏见曰宗。

诗的颈联说，边地之风尚多淳朴厚道，土地所生万物每日得以滋生繁衍。

诗的尾联说，这里总能享受到太阳的温暖和恩泽的滋润，即便是冬天里的泉水也是温暖冒着热气。

孝惠章皇后朝服像

清孝东陵图

“睥睨建宫垣”

【1月9日】

一日

康熙五十九年十二月十一日(1721年1月9日)，诸王大臣以皇帝在位60年，请行庆贺礼，康熙帝不许，谕曰："正月初七日世祖章皇帝忌辰，二月十一日孝康章皇后忌辰，朕何敢于正月初七、二月二十一日以前行庆贺礼。又现在西陲用兵，地方官民运米送饷甚属劳苦。山陕二年歉收，民有流离者。去岁陕省地，兵民受伤，今岁沙城地震，即京师亦微震。正当君臣忧勤求治之时，何喜之有？此所奏不准行。"

道光九年十二月十五日(1830年1月9日)，热河都统成格奏陈承德知府海忠创修郡志(承德府志)告成，缮写正本恭呈御览，内称"海忠捐廉三千余两创修郡志，独力承办完竣"。

一诗

热河纪事六首(其二)

◎ 励廷仪

地占佳山水，离宫辟一隅。
花繁知溜暖，榖稔喜田腴。
耨获民依切，阴晴睿念纡。
争看文囿里，稼穑绘豳图。

一解

诗的首联说，这里的地形、地势占着好山水，离宫正好辟建在一隅。

诗的颔联说，盛开的花木明知依靠非常暖和的气候，成熟的庄稼依靠肥沃的田地。

诗的颈联说，皇上十分关切百姓农业生产，深深思虑天气的阴晴变化。耨(nòu)，锄草。纡，谓心之郁结。

诗的尾联说，争相观看学问大家所绘表现农事的图画。文囿，文学之士会聚的地方。萧统《文选·序》："历观文囿，泛览辞林。"豳图，即豳风图，为元朝赵孟頫所看之图。后泛指有关农事的图画。

康熙耕织图屏风（局部） 避暑山庄澹泊敬诚殿内陈设，为紫檀雕刻的耕织图屏风，屏风正反面均刻有农耕图像。画面刻画一幅远处山峦起伏，近处片片水田，人们忙忙碌碌从事各种农田劳作的田园风貌，从一个侧面反映出清代帝王时刻不忘重农之意。

康熙五彩耕织图纹棒槌瓶图

避暑山庄金山亭之晨

【1月10日】

一日

康熙四十五年十二月初七日（1706年1月10日），康熙帝驻跸热河汤泉行宫，并于此处封下嫁喀尔喀台吉策楞的公主为和硕纯慧公主，授策楞为和硕额驸。

康熙四十五年（1706年），本年设围场总管大臣一员，秩（职）四品，六品章京八员。总管衙门设于唐三营（今隆化县北仍其名）。乾隆十八年（1753年）改总管为二品，并增设四品翼长两员等。嘉庆七年（1802年）裁总管，设副都统。嘉庆九年（1804年）由热河副都统兼任围场总管。

乾隆五十八年十二月初九日（1794年1月10日），英使马戛尔尼一行乘“狮子号”启碇离开广州，前往澳门。在澳门小住后即返回英国。中英首次通使结束。

光绪十七年十二月十一日（1891年1月10日），晓发上谕，宣示热河金丹教起事已平。同日，以剿平热河金丹教，诏予直隶提督叶志超赏穿黄马褂，并赏给云骑尉世职。

一诗

热河纪事六首（其三）

◎ 励廷仪

风土敦庞地，天教界两京。
诗篇酬胜景，图画锡嘉名。
雨后衔芝鹿，风前选树莺。
几回登岛屿，不复羡崑瀛。

一解

诗的首联说，热河的风俗习惯和地理环境是个厚实的地方，因受上天的示意正处于盛京和京师间的地理位置。天教，上天示意。

诗的颔联说，这里优美的山水古迹用美好的诗篇作酬和唱答，这里优美的山水古迹绘画的美名得到皇上的赐予。

诗的颈联说，离宫每逢雨后风前总能见到衔着香草的麋鹿，可以听到树林中婉转善鸣的黄鹂的歌声。按，康熙《莺啭乔木》诗中有“昨日闻莺鸣柳树”句，乾隆帝有“山深悦鸟性，乔木早迁莺”诗句。

诗的尾联说，几次登临避暑山庄人间仙境的岛屿，就不再羡慕昆仑山的瑶池、阆苑和东海中有仙人居住的神山了。崑瀛，昆仑和瀛洲。古代神话传说，昆仑山上有瑶池、阆苑等仙境。瀛洲，传说东海中的神山，有仙人居住。

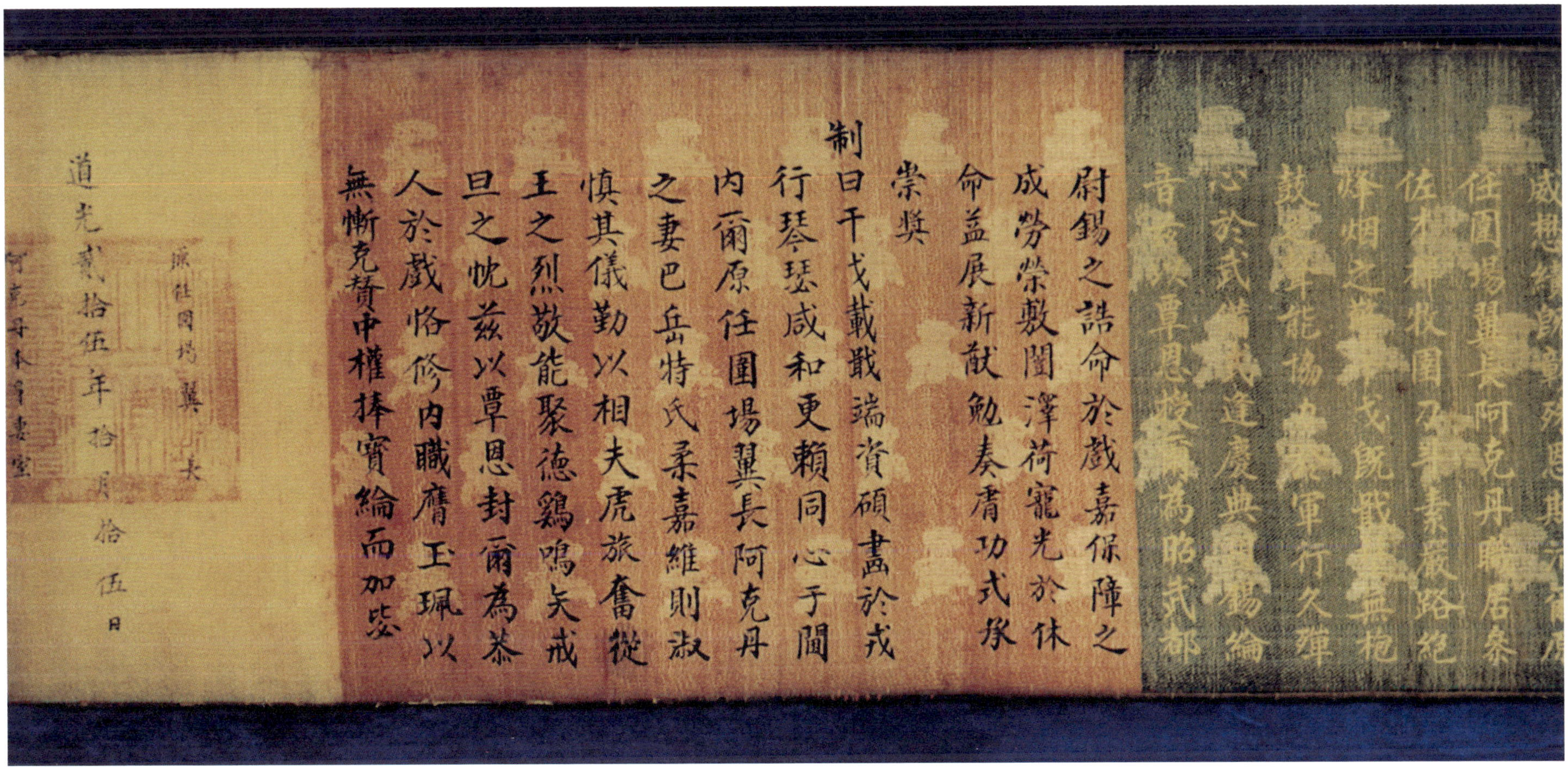

清道光二十五年十月十五日(1845年11月14日)，道光帝赐给原任围场翼长(正四品)阿克丹及其妻室之诰命：授阿克丹为昭武都尉，封其妻巴岳特氏为恭人(诰命夫人)。

黄鹂

山画眉

山喜鹊　选自清代《鸟谱》

【1月11日】

一日

康熙四十五年(1706年)，围场驻防官兵随围场总管大臣设立，首次派驻满蒙八旗兵110名。乾隆十八年(1753年)增兵609名。八旗兵每旗设一营房，每营房下属五个卡伦(哨所)，卡伦附近又设临时驻地“拨”。八旗兵共有40个巡逻卡伦，按八旗兵方位驻扎，保护皇室禁区。

道光十七年十二月十六日(1838年1月11日)，谕军机大臣：“我朝木兰秋狝，原以习劳肄武，嘉惠蒙古，朕临御以来，尚未举行。敬念成规，未尝一日敢忘，即我后世子孙亦当教谨率由，遵守勿替。惟热河为驻跸之所，一切殿宇房间，规模宏敞。阅年既久，修理不易。”着文庆、耆英亲赴勘查。至裁减之看管兵丁，“嗣后如何安置，或拨给闲田耕种，俾资糊口。庙宇年久倾圮者，旧有佛像，自应归并供奉。各庙喇嘛陆续裁撤”。

光绪三十三年十二月初八日(1907年1月11日)，喀喇沁右旗扎萨克多罗郡王、多罗额驸贡桑诺尔布等去乾清宫朝觐光绪皇帝。

一诗

热河纪事六首(其四)

◎ 励廷仪

好景帝开先，从游逾十年。
鹤鸣莎迳软，鱼跃藻纹圆。
曲岸回兰棹，繁阴覆锦鞯。
迎恩邀一盼，万汇俨登仙。

一解

诗的首联说，避暑山庄的美好景象首先是皇帝亲自开创的，我随从来这里出游已超过十年。

诗的颔联说，在长满柔软莎草的小路上有声声鸣叫的白鹤，湖中跳跃的鱼儿在水面上形成圆圆的华丽水纹。莎(suō)，草名，产于原野沙地，叶细长，质硬，深绿色，夏开黄褐色小花。迳，通“径”。

诗的颈联说，曲折的湖岸停有返回的小舟，浓密的树荫里隐伏着装饰华美的马匹。兰棹，兰舟，小船。锦鞯(jiān)，锦制的衬托马鞍的坐垫。(唐)岑参《卫节度赤骠马歌》：“红缨紫鞚珊瑚鞭，玉鞍锦鞯黄金勒。”因代指装饰华美的马匹。

诗歌的尾联说，为一心顾盼奉迎皇帝的招请，众心有如羽化成仙一样的感受。万汇，犹众人。登仙，成仙。

避暑山庄之金山

避暑山庄景色(老照片) 〔法国〕玛姆等拍摄于1900—1902年间

【1月12日】

一日

乾隆四十七年十二月初十日(1783年1月12日)，四库馆检查各省原进呈书籍全部完毕，以各地奏缴的违碍书籍“大约重本居多，续获者渐少”。军机大臣福隆安奏称“似于查办违碍各书已可得十之八九”。嗣后查办禁书虽未明令结束，但自乾隆三十九年(1774年)开始的厉行查办禁书之事业已过去。

乾隆五十四年十一月二十七日(1790年1月12日)，皇十女固伦和孝公主与和珅之子丰绅殷德奉旨完婚，礼仪之隆、奁妆之豪奢，轰动九城。

同治十三年十二月初五日(1874年1月12日)，酉刻，同治帝在紫禁城养心殿东暖阁病逝。年19岁。

一诗

热河纪事六首(其五)

◎ 励廷仪

屋斜无定向，随意筑林邱。
爽气千峰逼，浓烟万井稠。
含毫增逸思，振辔足清游。
伏暑崇朝雨，迎凉敌九秋。

一解

诗的首联说，热河这里的房舍随着地势方向而建，附近的山林随着土丘而造。林邱，树木与土丘。

诗的颔联说，周围重叠的山峦布满清朗之气，而稠密的千家万户却炊烟缭绕。万井，千家万户。

诗的颈联说，作文写诗时吮笔沉思，增添许多超然物外的思想。骑马出行完全可以清雅游赏。

诗的尾联说，炎热的夏天一个早晨下起雨来，每逢这种凉天就有秋天般的凉爽。崇朝(zhāo)，终朝。从天亮到早饭时，犹言一个早晨。

紫禁城养心殿东暖阁

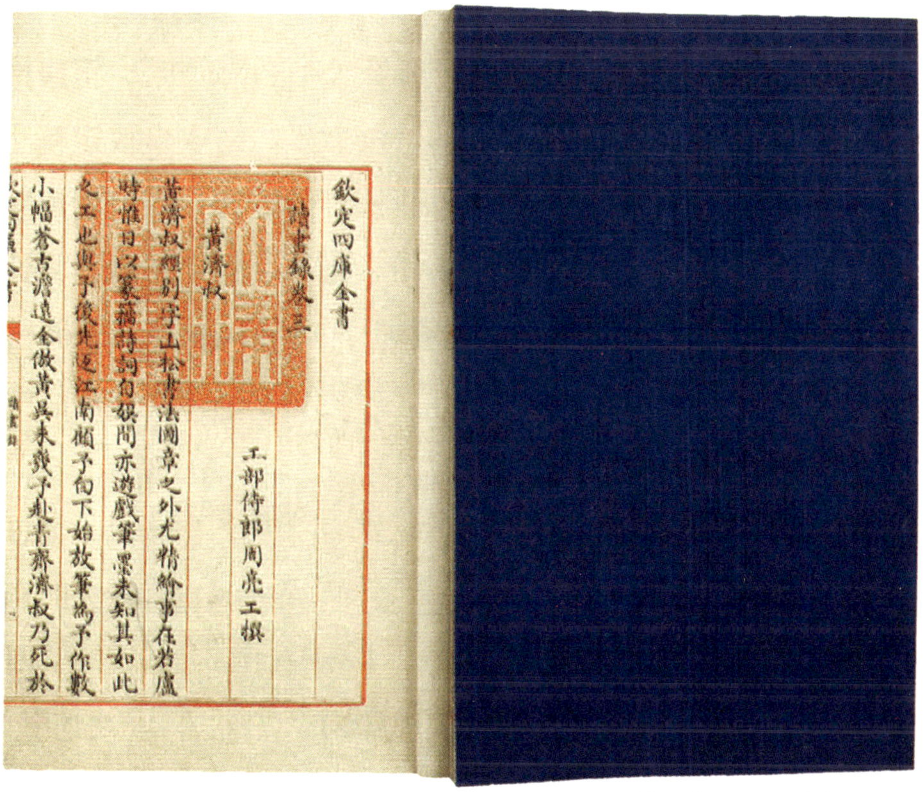

欽定四庫全書

讀書錄卷三

工部侍郎周亮工撰

黃濟叔

黃濟叔經別字山松書法圖章之外尤精繪事在若盧

時惟日以篆籀詩詞自娛間亦遊戲筆墨未知其如此

之工也與予後先返江南顧予甸下始放筆為予作數

小幅蒼古澹遠全倣黃吳米襄子赴青齋濟叔乃死於

文津阁抽毁书——《读书录》

热河周围山峦

【1月13日】

一日

同治四年十一月二十日(1866年1月13日)，避暑山庄芳园居“备赏玉器”，由热河总管锡奎、忠广清查造册后，由避暑山庄苑副率兵弁运送到北京内务府。此次共计送出玉器812件。

光绪三十年十二月初八日(1904年1月13日)，热河卓索图盟喀喇沁右旗第十四任扎萨克、多罗杜陵郡王、多罗额驸贡桑诺尔布到紫禁城勤政殿瞻觐慈禧太后。是年春，日本农商省专家经贡桑诺尔布介绍，到喀喇沁右旗开展“改良农业调查”，并在旗内组织了“农作物增产实验”。

一诗

热河纪事六首(其六)

◎ 励廷仪

清切趋仙直，宏文启别庐。
溪云沾砚席，岩翠滴衣裾。
性与烟霞惬，身依霄汉居。
自惭还自喜，故归得应徐。

一解

诗的首联说，秋天来临时前往值班，离宫这个地方也开设了宏文(翰林)院。宏文，院名，即弘文院。避乾隆讳而作宏文。天聪十年(1636年)由文馆更名为内三院，宏文为其一。康熙九年(1670年)，别置翰林院，改三院为内阁。此处沿袭旧称，实即翰林院。别庐，另外居处，指帝京外的行宫。

诗的颔联说，溪谷中的云彩浸润摆着的砚台和坐席读书的地方，青翠的山岩上的水珠滴在人的衣襟上。

诗的颈联说，个人的性情是满足于游览山水之乐，然而却不料身处京都，在皇帝左右高居显要地位。烟霞，云霞，泛指山水、山林。霄汉，本指天河，这里喻指京都附近或皇帝左右，高居显要地位。

诗的尾联说，(我)仍感到惭愧而自乐欣赏，还像先前一样归去，仍能得到像曹丕、曹植对有才华的文人应旸、徐幹那样高贵的礼遇。应徐，汉代的应旸、徐幹的并称。二人以诗文著名，为曹丕、曹植所礼遇。

贡桑诺尔布的米粮仓

贡桑诺尔布派遣的留日学生与日本老师合影　中国清代蒙古王府博物馆提供

避暑山庄松云峡

【1月14日】

一日

乾隆三十九年十二月十三日(1775年1月14日)，热河总管永和奏请添设堆拨房修理城垣折中言及“皇上乃万圣之尊，恭逢皇太后驻跸禁地，关系非轻……请将墙身增高，城堞修理整齐，城上四面八方建盖堆房，添派兵丁，昼则看守，夜则巡逻走筹”。

一诗

勤政殿

◎乾 隆

离宫视事之所，颜以“勤政”，皇祖、皇考旧章也。山庄前殿亦以是名之。

漫施藻棁长阶莎，
具足云山四面罗。
不息自强励勤政，
永钦家法咏卷阿。

一解

勤政殿为避暑山庄“乾隆三十六景”第二景。《承德府志·山庄一》引《大清一统志》说：“勤政殿，丽正门之左，南向，殿二重。前五楹，为视事之所。”勤政殿于乾隆十九年(1754年)建成，正殿是皇帝处理政务的地方。勤政，勤劳于政治。

诗序叙写勤政殿的功用是皇帝在离宫处理政务的地方。其题额之来源，是遵循康熙、雍正二帝圆明园之例，避暑山庄前殿题名“勤政殿”，殿内面南题额“正大光明”，面北题额“高明博厚”。后殿前题额“卷阿胜境”，后题额“云牖松扉”。 离宫，正宫之外供帝王出巡时居住的宫室。颜，匾额。

诗的前两句意思是，殿堂的梁柱只随意地彩绘，殿前台阶两旁长满了莎草，烟云笼罩的群山罗列环绕。漫，随意。藻(zhuó)，梁上有彩画的短柱。莎，植物名，香附子。具足，具备；完备。罗，罗列。

诗的后两句意思是，我要以“君子以自强不息”的名言勉励自己勤于政务；永远敬仰遵循皇祖、皇考的家法，举贤任能，治理好国家。励，通厉，劝勉。永钦，永远敬仰。家法，封建士大夫治家之法，此处指清代统治者爱新觉罗家族的治国之法。卷阿，《诗·大雅》篇名。《诗序》谓召康公作以戒成王，要“求贤用吉士”。

“乾隆三十六景”之勤政殿

自强不息印

避暑山庄勤政殿宝

【1月15日】

一日

康熙四十年十二月十八日(1701年1月15日)，内务府郎中佛保将喀喇河屯建房地盘图恭呈御览。康熙帝降旨："照此在喀喇河屯建房一处，内房均加游廊，墙外建堆房一处，其河边修共圃一处，着复绘图呈览。建此房时，派原侍郎托岱、原巡抚喀拜、曾赴两淮盐差御史赫硕色修建。着将彼等召至，会同内务府大臣宣旨。俟上元过后，即去勘察地方，备办所用木石、砖瓦、石灰等物。过年从速修建。"清廷督修口外行宫第四处喀喇河屯行宫由原侍郎托岱承建，康熙四十三年五月初四竣工。共建房414间，用银61152两。赏赐托岱御用帽、褂、御笔墨宝，并赏其母匾额。

道光九年十二月二十一日(1830年1月15日)，内阁奉上谕：热河都统"成格奏知府创修郡志告成，请鼓励一折，热河承德知府海忠捐廉创修郡志，独力承办，加恩着交部议"。按，历经五年承德知府海忠纂修《承德府志》始竣。缮写正本，恭呈御览，皇上嘉之。承德府志依《钦定热河志》之例，分门别类80卷，首列诏谕、天章、巡典、山庄、行宫、围场26卷，其余60卷沿革、建置、物产、杂志等。本志于光绪十三年(1887年)由承德知府廷杰、教授李世寅重订雕版刊行。

同治十三年十二月初八日(1874年1月15日)，慈安、慈禧皇太后再度垂帘听政。

一诗

勤政殿楹联

◎乾　隆

中外同风持盈长保泰

山川竞秀弥性并怡情

一解

楹联的意思是，如今天下文化风俗相同，要守住祖先开创的基业，使天下长治久安；这里山川争雄竞秀，经常来到此处，可陶冶情操，精神愉快。持盈，保守已成的基业。保泰，维护安宁。同风，风俗相同，意为国家统一。上联用《汉书》"春秋所以大一统者，六合同风，九州共贯"和《宋史》"持盈守成，慎终如始，以固丕业"之典。下联取义《诗经》"岂弟君子，俾尔弥尔性"。

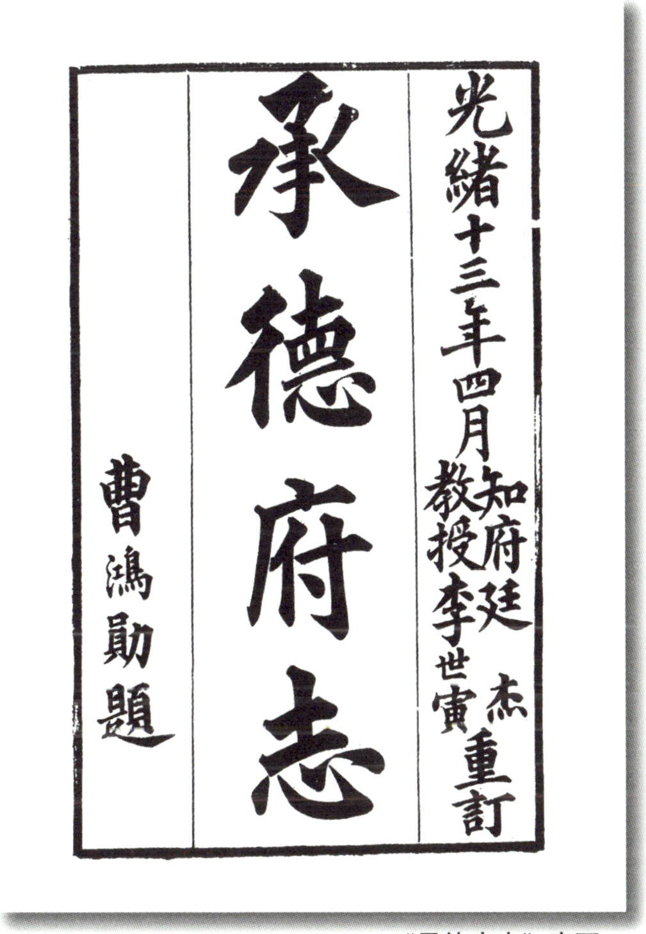
光緒十三年四月知府廷杰教授李世寅重訂
承德府志
曹鴻勛題

《承德府志》扉页

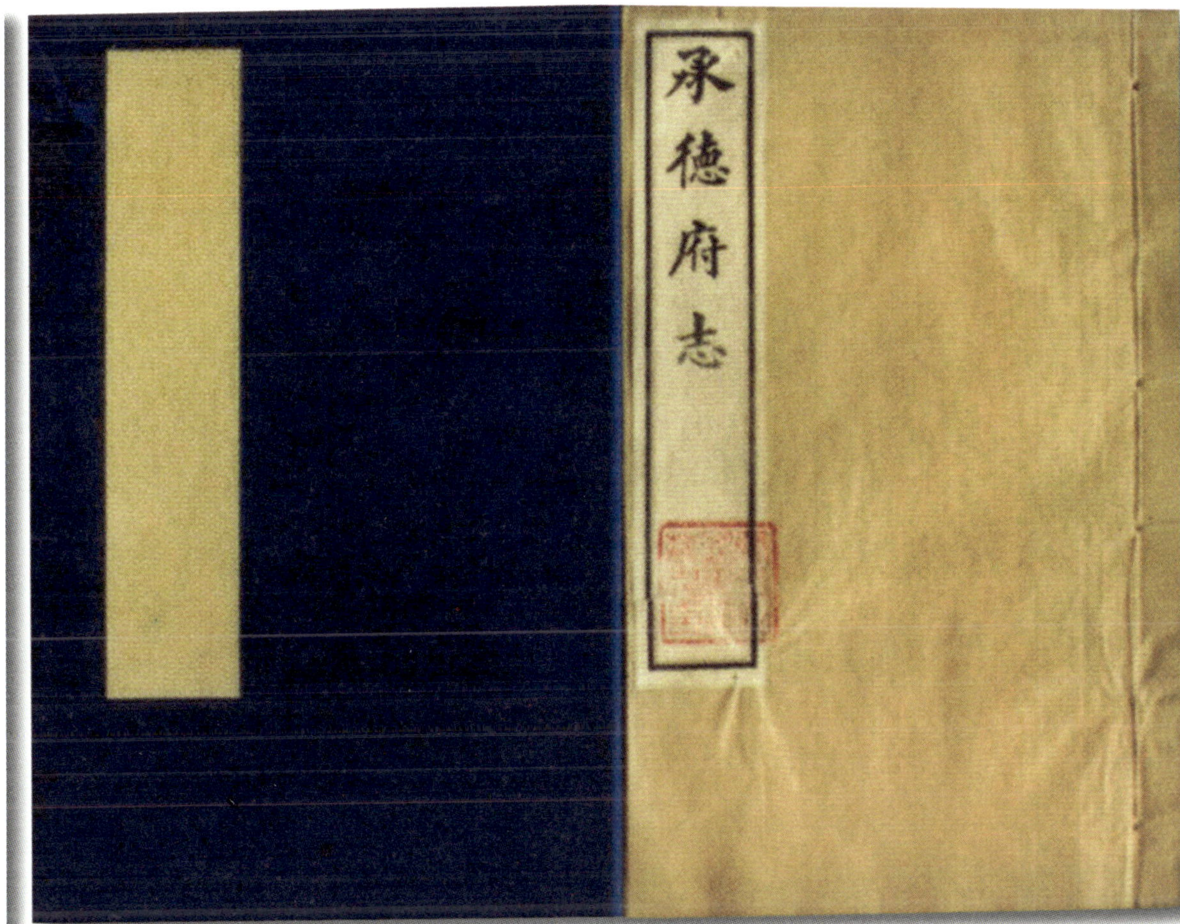

《承德府志》书影

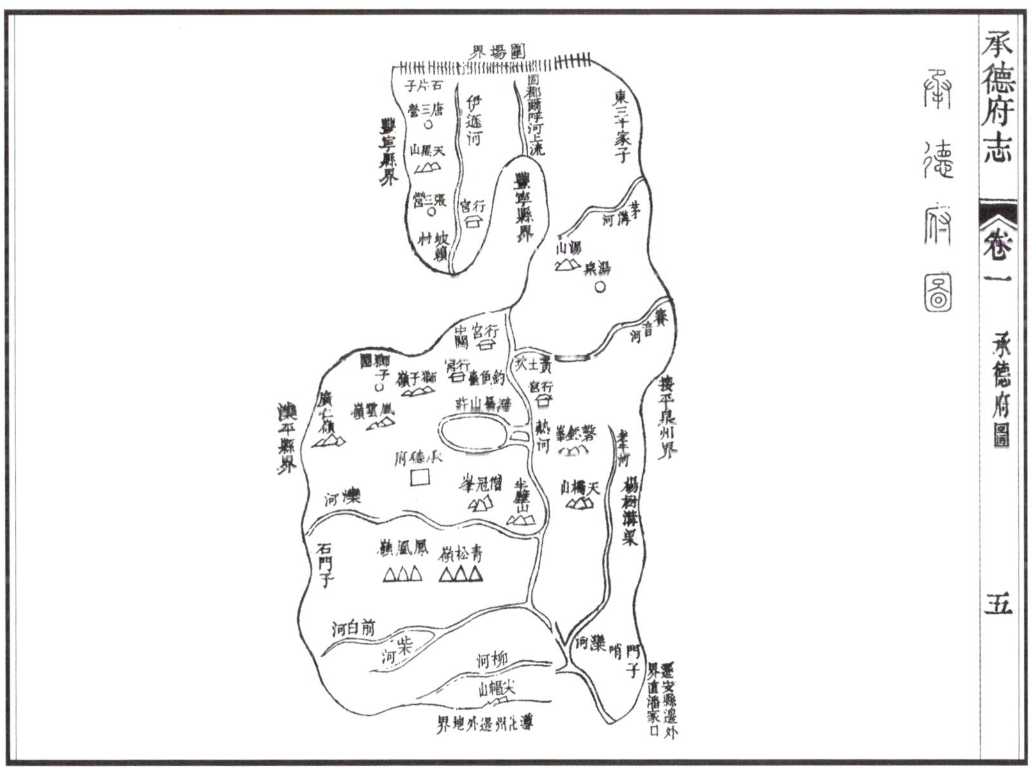

承德府图

《承德府志》是继乾隆年间编撰《钦定热河志》之后又一部热河地方志，填补了乾隆四十七年(1782年)至道光初年承德地方史志空白，是研究清史、满族史尤其是研究“康乾盛世”避暑山庄及其周围寺庙的重要原始资料，也是研究承德地域历史、地理、政治、经济、军事、资源和人文等的第一手资料，具有很高的历史文化价值。

【1月16日】

一日

乾隆五十一年十一月二十七日(1787年1月16日)，台湾林爽文起兵反清。林自称“盟主大元帅”，初书“天运”年号，后改“顺天”，并出榜安民。全台震动。

嘉庆二十二年十二月初十日(1817年1月16日)，原热河都统庆溥等奏，厄鲁特官兵从前共有六百七十余名，现只剩下108名，牲畜无多，无须多用牧场，广占地亩，亦不过私招民人开垦。且狮子园一带牧场，环近园庭，自应撤回，不许厄鲁特在彼处侵扰。本日帝谕，庆溥所言甚是，着新任署热河都统熙昌，传谕该总管呢玛等撤回，即行交出，立界安插。

一诗

暖溜暄波

◎康 熙

曲水之南，过小阜，有水自宫墙外流入，盖汤泉余波也。喷薄直下，层石齿齿，如漱玉液，飞珠溅沫，犹带云蒸霞蔚之势。

水源暖溜辄蠲疴，
涌出阴阳涤荡多。
怀保分流无近远，
穷檐尽颂自然歌。

一解

暖溜暄波为避暑山庄“康熙三十六景”第十九景，意为水溜含汤山温泉余热，碧波似乎也是温暖的。此景以避暑山庄惠迪吉南侧宫墙上的重层楼阁为标志，阁下有水闸。站在暖溜暄波层楼上，可观赏武列河以及水自宫墙折入避暑山庄的情景。这首七言绝句，赞美含有汤山温泉余热的水溜，可除烦祛病，荡涤污秽，为民造福。暖溜，温暖的水溜，用在此处，意为山庄宫墙外的武列河，内含汤山温泉的余热。汤山温泉，也叫汤山汤泉。避暑山庄东北80里处有汤山(今承德县头沟镇汤泉村)，那里有一处出自山腹的泉水，自然温热。暄，太阳的温暖，此处就是指温暖。

诗序叙写暖溜暄波的地理位置，并说明由宫墙外引来的水内含汤泉余热。然后，形象而又具体地描绘水溜喷涌、冲击的气势，并通过具体的描写反映暖溜暄波景名得来的缘由。曲水，指“康熙三十六景”第十五景曲水荷香，该景地处山庄北山山麓。喷薄，形容水流淌喷涌的样子。层石齿齿，形容被水流冲洗的石头，一层层好像排列的牙齿。云蒸霞蔚，形容水流奔涌冒着热气，犹如云霞兴起蒸腾聚集的样子，气势盛大。

诗的前两句意思是，源于汤山汤泉的暖溜，能除烦祛病。这条喷涌流淌的水，其阴阳之气可涤荡污物。辄，总是(总能)。蠲疴(juān kē)，免除疾病。

诗的后两句意思是，似乎对百姓怀有爱护之情的泉水分流，它没有远近之分。各地的穷苦百姓，都尽情地歌颂施恩于他们的大自然。怀保，胸怀爱护之意。

“康熙三十六景”之暖溜暄波

【1月17日】

一日

乾隆三十五年十二月初二日(1771年1月17日)，远居俄国伏尔加河流域的土尔扈特蒙古，在渥巴锡领导下起兵，开始东返祖国。土尔扈特蒙古始终保持原有社会组织和宗教信仰，对沙俄的控制和奴役进行了有效抵制，面临民族危机，渥巴锡等以“大圣皇帝甚为仁慈，广兴黄教”为号召，率领男女老幼三万三千余户，十六万九千余人，辗转万里，踏上回归祖国的悲壮征程。

一诗

赤子心

◎乾 隆

皇祖避暑山庄诗，辛卯同我七十二。
而我十二扈跸来，即今花甲正周暨。
其间优乐实纷哉，绿水青山本无事。
虽然圣日照万年，谷陵岂共光阴逝。
愿言不失赤子心，羹墙恒见亹绳继。

一解

这首诗写于乾隆四十七年(1782年)，表现了乾隆帝对皇祖康熙的无比怀念和继承遗志的赤子之心。赤子心，比喻纯洁善良的心地。全诗的大意是，皇祖康熙帝于辛卯年(康熙五十年,1711年)写成避暑山庄三十六景时，至今，我已经72岁了。当时我才12岁，即今已满60周年。在这60年间，忧乐的事情实在纷繁，绿水青山本没有什么事情(意为国家安定)。圣祖如日，光照万年，世事变化，随着时间的流逝，也一去不复返了。谷陵，喻世事变化。时时追念皇祖，好像经常看见他的尊容，听见他的声音，我以皇祖为榜样，光大皇祖的伟业。羹墙，表示对死者的追念之意。亹(wěi)，勤勉。

土尔扈特东归

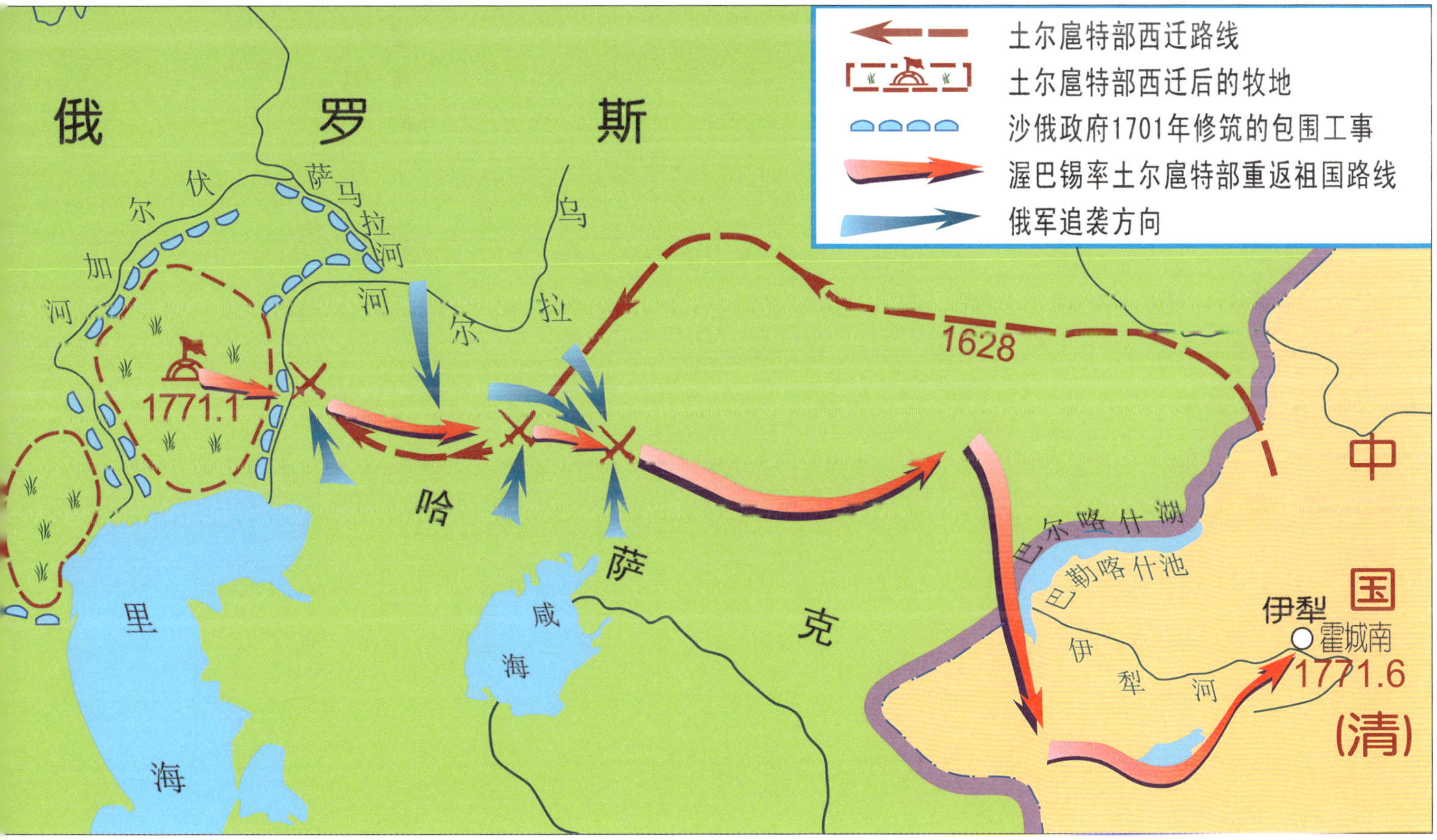

土尔扈特部东归路线图

【1月18日】

一日

光绪二十九年(1903年)，热河宫廷文物虽撤向北京，但仍有外八庙古建附属文物留存。须弥福寿之庙陈设如佛像、唐卡、法器、供器、经卷仍原样陈设。妙高庄严殿南楼两侧各有佛像2811尊，西三间两侧各1275尊。南三间三侧，一侧1725尊，另两侧各1156尊。东西护法平台两侧各2880尊，总计17519尊。

一诗

常山峪行宫

◎ 董邦达

睿略驰方远，宸游迹忆前。
行宫重驻跸，诸将近收边。
秋色迎鸾辂，山光拱御筵。
凭轩增胜概，观稼乐丰年。
旧墨龙蛇劲，新题藻采妍。
计程山馆迩，蕃部集骈肩。

一解

常山峪行宫(今滦平县长山峪村)建于康熙五十九年(1720年)，此为驻宫。康熙六十一年(1722年)康熙帝携十二岁皇孙弘历陪侍，乾隆六年(1741年)即位后第一次北巡“木兰秋狝”，驻跸常山峪行宫。礼部尚书董邦达的这首诗以纪实的手法，描述了常山峪行宫的胜景与见闻，赞美皇帝北巡武备、抚绥蒙古的雄略。

诗的前四句意思是，我朝皇上的北巡武备的谋略驰名远播，来到此地让人回忆起康熙帝巡游驻跸的往事。这次皇帝重新止宿在常山峪行宫，正赶上最近诸位将军领兵收复边疆之时。睿略，圣明的谋略。宸游，皇帝的巡游。

诗的中间四句意思是，美好的秋日景色正迎接经过这里的皇帝与大臣的车乘，浓郁的山色围绕在御筵的四周。倚着栏槛在胜景之中使思想增添美好境界，看着丰收的年景，是大家欢乐的事情。鸾辂(lù)，天子王侯所乘的车。轩，楼板，栏槛。

诗的最后四句意思是，昔日圣祖挥毫，苍劲飞动的墨迹，加上皇帝近题行宫摛藻赞美的御书诗句，使这里清秀的风光更加妍丽。计算一下这里离喀喇河屯行宫路程很近了，众多的少数民族贵族首领将集会避暑山庄。龙蛇，指草书飞动圆转的气势，亦借指书法作品。藻采，文采，辞采。骈肩，肩相比接，形容人多。

常山峪行宫　选自《承德府志》

常山峪行宫遗址(老照片)

【1月19日】

一日

乾隆四十六年十二月初六日(1781年1月19日)，《四库全书》第一部紫禁城文渊阁本抄缮告成。翌年正月，《四库全书》告成，总裁、质郡王永瑢带领总纂纪昀、陆锡熊等觐见。第二部盛京文溯阁本于四十七年完成，第三部圆明园文渊阁本于四十八年完成，第四部避暑山庄文津阁本于四十九年十一月告成。此为内四阁全书。南三阁完成于五十二年四月。

光绪二十四年十二月初八日(1899年1月19日)，贡桑诺尔布被任命为喀喇沁右旗第十四任扎萨克、第十二代多罗杜陵郡王、卓索图盟协理盟长。

一诗

出古北口咏古

◎纪　昀

翠辇临边塞，檀州有故关。
南来通一线，北顾见群山。
连弩思前代，偏枪近此间。
飞猱行尚怯，高鸟度应艰。
苏辙题诗出，王曾奉使还。
何如今一统，秋晓戍楼闲。

一解

这是一首思古幽情，意在阐释“何如今一统，秋晓戍楼闲”的咏史诗。时为侍读学士的纪昀站在历史的高度直抒国家大一统胸臆，是清代文臣扈从诗歌中的佳作。

诗的前两句意思是，饰有翠羽的皇帝的车驾幸临边塞，到达古代的关隘古北口。檀州，州名，隋朝置，唐治密州，辖今北京市密云县一带。五代入契丹，后入金，明代改为密云县。

诗的中间六句的意思是，从南而来连通一线交通，朝北望去是茫茫的群山。思想以前时代使用过连弩，如今此间为偏枪岭。此处山势险峻就是善于攀援腾跃的猿猴动作起来都胆怯，高空的飞鸟度起来也觉得艰难。连弩，装有机栝(guā)，可以连续发射的弓。《墨子・备事临》及《汉书・李陵传》中都有连弩的记载。

诗的最后四句联想过去，抒发一统感想，北宋奉命出使的苏辙在古北口题诗多篇，以知制诰使辽的王曾也曾路经古北口。如何像今日国家统一，到了秋天早晨，那守边的军士在望远的楼上都闲暇无事可做。苏辙，北宋政治家、散文家，奉命使辽，时为翰林学士、吏部尚书右丞、遣为贺辽主生辰使。王曾，北宋政治家，累官至右仆射兼门下侍郎、平章事、集贤殿大学士，封沂国公。宋大中祥符六年、辽圣宗开泰二年(1013年)，以知制诰充使辽，曾路经古北口。

喀喇沁王府门额

世守漠南寿山石印

喀喇沁王之宝寿山石印

贡桑诺尔布朝服像(1873—1931)

喀喇沁王府议事厅

【1月20日】

一日

同治四年十二月初四日(1866年1月20日)，热河总管衙门接内务府“十一月十九日敬事房”文，遵命将“云山胜地”楼上咸丰十一年(1861年)留存黄色藏香420支，红色藏香432支，按数点齐，敬谨装箱撤垫，造具清册，派委苑副锡元等运送北京。十二月初十启程，三天后到京。

一诗

兴州揽古言怀

◎乾 隆

兴州于古为遐荒，长城筑守防秦亡。
辽金元渐开版章，惜哉宅中未久长。
纵有墨客怯塞凉，挂一漏万名空偿。
建置今亦不可详，大清一统抚万方。
皇祖于斯辟山庄，
山川增色田野穰，垂法示后深意藏。
文臣扈跸翰墨香，马迁青云譬不妨。
虽然所重在觐扬，绍廷善继百世昌。

一解

这首诗写于乾隆三十一年(1766年)。金代承安(金章宗年号)五年(1200年)，改辽北安州为兴州，辖境相当于今河北省承德市区与隆化县、滦平县范围，明初永乐年间并卫到关内，兴州遂废弃。这首诗颇似游览中随意拈来，有对兴州兴废的感怀，也有对大清江山的颂扬，更有与群臣闲聊时的感受，似诗非诗似词非词，表达了作者对历朝历代兴亡更迭的感慨。

诗的前六句意思是，兴州这个地方在古代是偏远之地，秦曾在此修筑过长城以防国家灭亡。到了辽、金、元时期才渐渐地开始(设州)，有了户籍管理和行政法规；可惜作为有人定居的城镇时间不长。纵有文人墨客由于对塞外的荒凉心有余悸(对这里有所描述)，为数稀少(的介绍)实在与它在历史上的名气无法相抵。版章，名册、户籍和规章。宅，住所，住处。自辽代建州到明初废弃，大约四百年的时间。挂一漏万，记述了一件事却漏掉了很多的史实。

诗的中间五句意思是，今日对它的建制不甚详细，大清统一了中国，皇祖在此建造了避暑山庄，山川增色，庄稼丰收，垂示法则，警示后人，深藏厚意。

诗的最后四句意思是，文臣们跟着我，一路上(谈古论今，吟诗对句)散发着书卷般的香气，不妨天马行空地领会(这些谈论与诗句的内涵)。虽然(你们的这些话)主要都是在奉承(我)，(但是我应该)善于继承(祖上的品德)使王朝传下去昌盛百世。马迁青云，天马行空，放开思想任其自由驰骋。譬(pi)，了解，领会。扬，称颂，褒扬。绍，继续，接续。

云山胜地(老照片) 选自〔日〕关野贞 竹島卓一编著《热河》

【1月21日】

一日

康熙三十年(1691年)起，每年冬至三九以后，内务府和工部馆员开始伐冰和藏冰。承德府喇嘛寺原设冰窖八座。喇嘛寺的冰块采自武列河，藏冰每块见方一尺五寸，热河藏冰最多时有3万块。冰窖一半地上一半地下，可保藏冰终年不化。窖藏冰块主要用来盛夏降温之用，也可用来冰镇饮料或水果。有时皇帝还把藏冰赐予王公大臣和外国使臣，称为“赐冰”。

一诗

试马埭

◎乾　隆

我朝马政，超越往代。每当秋狝出塞，考牧别群，相其驽骏，而调试之。故金埒编钱，直是儿戏。

试马榆阴锦埭平，
流珠歕玉祇虚名。
骊黄牝牡皆形相，
骐骥惟当识性情。

一解

试马埭在万树园西南部，地势空阔，有柔软的草地和调试马匹的跑道。作为自然景观，康熙时已具备，乾隆题碣定为“三十六景”第二十一景。此景是清代皇帝赴木兰围场举行“秋狝大典”前精选良马“考牧”的地方，就是通过赛马对马进行考核。清帝每年去木兰围场之前，都需在此“考牧”，将御马圈养的御马，各地聚养的圈马，哈萨克、拔达克诸部进献的贡马都集中于此，通过赛马，选出良马，参加“木兰秋狝”。埭(dài)，堵水的土坝。为防止山洪暴发冲淹草场，康熙帝在此景西侧筑起拦水土坝，这是此景得名的缘由。

诗序叙写清代马政，即对战马入牧、挑选、调试、管理的规定，严谨、周密程度超过以往各个朝代。每当“木兰秋狝”之前，都要考察放牧情况，将马分类管理，然后视其优劣，再在试马埭严格调教。与王济在“金埒编钱”的场地中骑射相比，王济的做法如同儿戏。

诗的前两句意思是，我常在树荫下绿草似锦的场地调试马匹，过去传说“流珠”、“歕玉”都是宝马良驹，我看是徒有虚名。流珠，语出《李兰刻漏法》：“以玉壶玉管流珠马上，奔驰行漏。”后为良马之名。歕玉，良马名。《穆天子传·黄译谣》：“黄之译，其马歕玉，皇人寿穀。”虚名，与实际不相符的名、名声、名义。

诗的后两句意思是，察看马的毛色与雌雄都属于表面现象，分不清优劣。只有从马的精神、性格、气质上识别，才能找到骐骥等千里马。相马如此，用人也如此。骊黄，指马的毛色。骊，纯黑色。黄，黄色。牝牡，这里指马的性别。牝，雌性。牡，雄性。形相，形貌；形状。意为从马的外貌形态上相马。骐骥，骏马。

哈萨克向乾隆帝献马图

“乾隆三十六景”之试马埭

图中所绘的马为少数民族部落首领进献给乾隆帝的坐骑　〔法国〕王致诚绘

【1月22日】

一日

乾隆六年(1741年)，四朝为宦的皂保，其父时任中军都司兼左营事，随銮保驾，移驻热河。皂保生于嘉庆初年，在道光、咸丰、同治、光绪朝历任文渊阁直阁事、兵部右侍郎、吏部尚书、刑部尚书、礼部尚书，兼正黄旗汉军都统、吉林将军等。皂保被热河街人誉为“一代乡贤，四朝名宦”。皂保一生功绩卓著，屡获嘉勉，在热河筑有府邸。

一诗

普宁寺大雄宝殿楹联

◎乾 隆

福溥人天阿耨耆阇开紫塞

妙涵空有栴檀薝葡拥金绳

一解

普宁寺建于乾隆二十年(1755年)。这一年，清政府出兵平定了准噶尔蒙古部达瓦齐割据势力的叛乱，同年十月，乾隆帝在避暑山庄大宴厄鲁特蒙古四部王公贵族，为纪念这次盛会和平定准噶尔叛乱的胜利，依照惯例，下令仿西藏桑耶寺修建了普宁寺。大雄宝殿为寺中正殿，此联悬挂于殿内三世佛的楹柱上。楹联的大意是，佛的福德遍及人间天界，如同阿耨达池、耆阇崛山一样的佛教圣地在塞外承德创建起来了；佛法的美妙包涵佛教各宗派的教义，佛相是檀香木雕刻，用华美的香花和金色丝绳拥持着。阿耨达池，在南瞻部洲中心，位于香山之南，大雪山之北，周环八万里，是清凉圣地。耆阇(shé)崛山，又译为“鹫峰山”，在古印度摩揭陀王舍城东北，是释迦牟尼说法处。紫塞，这里指长城北的承德地区。空有，即佛教中的空宗和有宗。栴檀，香木名，产自印度牛头山，即印度所谓牛头之香。薝葡，香花名，梵语，郁金香，产自西域。金绳，用金丝制成的绳子，佛教传说离垢国以黄金为绳子，界道其侧。

大雄宝殿楹联

普宁寺大雄宝殿外景（老照片）　选自《热河》

普宁寺广场

【1月23日】

一日

乾隆四十三年十二月初六日(1778年1月23日)，乾隆帝邀请六世班禅前往北京。六世班禅曾向入藏的章嘉活佛表达要去北京朝觐，并为乾隆帝祝贺七十万寿的愿望，乾隆帝随即命在热河度地建庙，以备举行七旬万寿庆典时为六世班禅居所。

一诗

普宁寺大乘之阁楹联

◎乾　隆

具大神通完十行

是真清净现三身

一解

此联在大乘之阁观世音菩萨像前。联的意思是，千手观音菩萨具备了深不可测的广大神通，圆满完成了能利度他人的十种行为。修得真正清净的境界而显现法身、报身、应身。神通，佛教认为无往不至、通达无疑、妙不可言的神力为神通。佛有六种神通：身通、天眼通、天耳通、他心通、宿命通、漏尽通。清净，远离罪恶、脱离烦恼的束缚。三身，法身、报身、应身。佛教认为代表绝对真理是佛的法身；保证真如(绝对智慧)的智慧是佛的报身；教化世界不同众生所呈现的尊胜仪容是佛的应身(化身)。

大乘之阁外景及楹联

【1月24日】

一日

光绪三十四年（1908年），由围场同知查美荫监修，西围裁判黎景煊协修，谢霖溥编修的《围场厅志》修成。该志记载了从康熙二十二年到光绪三十四年（1683—1908年）间266年的历史。全志共计20卷，卷首6卷，包括巡典、诏谕、天章四，其他14卷，考述围场疆域、建置、山水、田赋、人物、文艺、沿革、古迹等。考证精辟，纠正旧籍之误，纲目清晰，体裁创新，资料丰富，包含了大量实证资料。

一诗

题罗汉堂

◎乾 隆

洁治山堂据漫坡，应真写像各婆娑。
江南彼岂塞北此，十六少非五百多。
色见声求总邪道，水流云住契禅那。
知然是复何为者？狮子峰高借问他！

一解

此诗写于乾隆三十八年(1773年)。罗汉堂位于避暑山庄宫墙外西北部，狮子峰下，西临狮子园。乾隆二十九年、三十年(1764年、1765年)，乾隆帝两下江南，都到过浙江海宁的安国寺，对寺内五百罗汉的雕塑艺术十分欣赏。回銮后便决定在承德仿照修建罗汉堂，乾隆三十九年(1774年)竣工。罗汉是佛教名词，指修炼成正果的僧侣和学者。乾隆帝的这首《题罗汉堂》写于承德罗汉堂竣工的前一年，主要谈的是建罗汉堂的意义。

诗的首联意思是，和尚管理的山堂占据山脚下的向阳漫坡，五百罗汉塑像人物各个鲜活。洁，元代民间称和尚为“洁郎”，简称“洁”。应真，佛家罗汉的别称，以其能上应乎真道，故名。婆娑(pósuō)，盘旋舞蹈的样子。

诗的颔联意思是，江南的五百罗汉岂不是搬到了塞北承德。原注：是间应真肖海宁安国寺为之。其他寺院十六罗汉不如罗汉堂的罗汉多。“十六”，佛教创始人释迦牟尼共有16位亲传弟子，称为十六罗汉。自东汉永平十年(公元67年)佛教传入中国后，按照我国民间以“九”为大的习俗，又为佛祖增加了两个弟子，形成了今天的“十八罗汉”，一般排列在大殿的两侧，各九尊罗汉塑像。

诗的颈联意思是，要是总追求物质的色与声就会产生邪念，无论水流云住千变万化要记住静思心安。“色”，佛教名词，同“心”相对。佛教把有形的能使人感触到的东西称为“色”，把属于精神领域的称为“心”。契，用刀刻，这里是“牢记”的意思。禅那，佛教用语，指静思。

诗的尾联意思是，知道这样做正确还不去做的人该怎么办？到罗汉堂边去问高高的狮子峰吧！何为，为何，怎么办。

罗汉堂全景

罗汉堂侧景

罗汉大殿内塑像

大殿内中央供三世佛(老照片) 选自《热河》

【1月25日】

一日

乾隆三十一年十二月二十五日(1766年1月25日)，《大清会典》及附于《会典》的《大清会典则例》告成。这是记载清代典章制度的权威性文件。

一诗

塞外杂咏进呈(之一)

◎ 钱陈群

毡庐

过眼川原一刹那，亭名择胜付轻驼。
窗开北牖迎风远，幔卷西偏得月多。
雪重乍融连雨点，草长缘隙入晴萝。
无穷烟景随时领，不羡尧夫安乐窝。

一解

这是诗人刑部左侍郎钱陈群进献皇帝记述塞外从猎的组诗，一事一咏，洞达事理，叙事深悉，咏物深微。毡庐，即毡帐，毡制的帐篷，古代北方游牧民族以为居室，今称“蒙古包”。

诗的前四句意思是，骑着轻捷的骆驼，一眨眼的功夫就经过了眼前原野上的择胜亭。毡制的帐篷窗户开在北面，正迎着远来的风，遮蔽门窗的帘子靠在西边，正好得到月光的照临。过眼，经过眼前。喻迅速短暂。亭，驿亭。牖(yǒu)，窗户。

诗的后四句意思是，雪下得太厚，天晴开始融化，雪水连成雨滴，青草乘隙入侵到阳光照耀下的缘松柏而生枝体下垂如丝的松萝上。在这里可以随时领略无穷的云烟缭绕的景色，为此不必去羡慕隐居苏门山的尧夫所住的舒适安乐窝了。缘隙，乘隙；乘机。尧夫，指宋代邵雍，号安乐先生，字尧夫，隐居苏门山，自况“所居之室谓之安乐窝，不求过美，惟求冬暖夏凉”。后泛指安静舒适的住处。

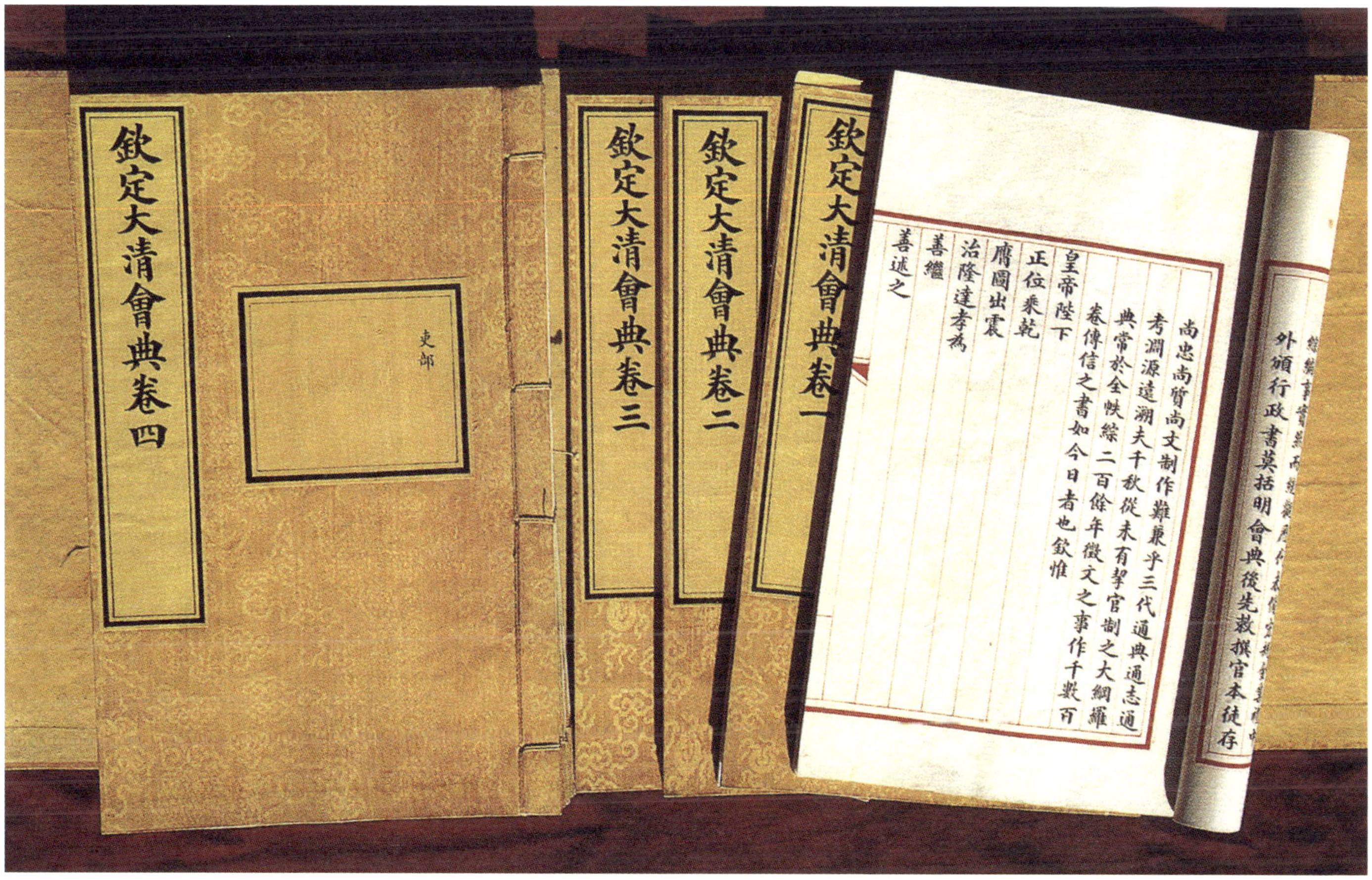

《钦定大清会典》书影

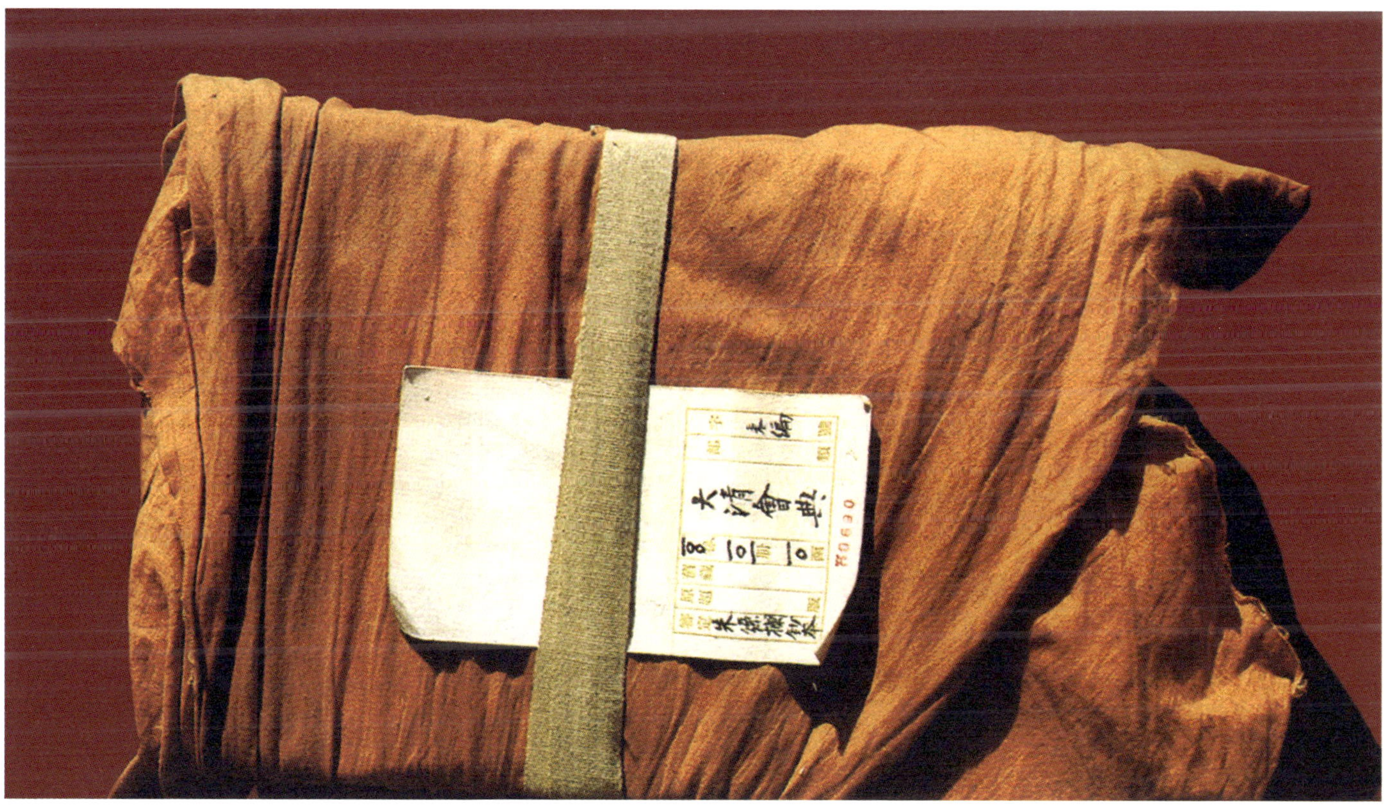

钦定《大清会典》包袱

【1月26日】

一日

雍正十二年十二月(1734年1月)，热河厅之八沟(平泉)厅理事同知张镠撰《八沟厅备志》。上卷为《舆地志》，包括沿革、疆域、公署、坛庙、市集、里墟、山岭、川渎、桥梁、关隘、故卫、故城、古迹、冢墓等；下卷为《蒙旗志》，包括本支、旁支、牧地、旗址、贡道、佐领、风俗、物产等，是研究清代历史及平泉历史的珍贵资料。

乾隆六十年正月初六(1795年1月26日)，礼亲王永恩、大学士阿桂、和珅、吏部尚书刘墉、户部尚书董诰、工部尚书福长安、《四库全书》总纂官纪昀、《八旗通志》总裁铁保、内阁学士那彦成等52位大臣奏谢赏赐《御制热河考》墨刻。其后山东巡抚毕沅、山西巡抚蒋兆奎、江苏巡抚奇风额、浙江巡抚吉庆、广东巡抚朱珪等12位巡抚、学政均受赏赐《御制热河考》墨刻。

一诗

塞外杂咏进呈(之二)

◎ 钱陈群

设卡

皇居往往覆祥云，四面貔貅净远氛。
豁闬千林连野阔，绵延两翼引绳分。
星罗直似长杨道，壁立宁同细柳军。
遥指射雕烟靄靄，更传殪兕早书勋。

一解

设卡，此处指为行宫而设兵守卫的处所。

诗的前四句意思是，皇帝居住之所的上空往往覆盖着吉祥的云彩，周围守卫军士设警戒严清除闲杂人等，使这里保持清净。虚空的树林连着开阔的山野，扈卫绵延在军营两侧而用牵拉绳索将其分开。貔貅(píxiū)，猛兽名，豹属，喻勇猛的军队。豁闬(xiǎ)，亦作豁闲，犹虚室。闬，开阔。引绳，牵拉绳子。

诗的后四句意思是，军营布列就如同秦汉时的长杨宫，军纪严明的就像石壁耸立的细柳营。再往远看，那烟云之处正是练箭射艺的靶场，其早就传来勇士杀死猛兽而建立功劳的事迹。长杨，亦作“长扬”，长杨宫的省称。秦汉宫名，故址在陕西省周至县东南。宫中有垂杨数亩，秦汉游猎之所。细柳军，犹“细柳营”。称军营严明者为细柳营。源自汉文帝时，周亚夫屯军细柳营，帝自劳军，因无军令不得入的故事。射雕，善射者。殪兕(sì)，杀死猛兽。殪，杀死。兕,古代兽名。皮厚，可以制甲。

八溝廳圖

雍正八溝廳備志

八溝廳備志敘

我
皇清
聖主首出奄有四海
聲教廣被
德澤遠播率土之濱咸沐
皇化熱河諸部歸附最先
太宗文皇帝錫之藩封優其爵秩百年來濡沐
仁慈羣情歡戴腹地商民移殖頻繁雞犬桑麻千里
同風猗歟盛矣亘古所未有也八溝居熱河中部為
喀喇沁右翼翁牛特左右翼及巴林旗地喀喇沁翁
牛特巴林三部於
國初天聰年間先後率衆內附廳治距熱河
行宮百八十里地當孔要轄域遼濶今
上御極紀元之歲癸卯先設熱河廳越七載己酉復設
八溝廳昨歲癸丑始置八溝廳理事同知掌理旗
民事務 鍔荷蒙
聖恩恭膺
簡命時際承平政簡人和規制漸備殷庶可期惟史冊
闕如文獻無徵金元舊迹考證已艱漢晉隋唐尤
難稽索倘不及時紀載何以信今傳後鍔忝司民
牧不敢不勉案牘之餘輒為博采民情兼及風土
積時半載筆之成冊經始非易訛謬難免伏念草
莽下士待罪邊塞未奉
上憲功令詎敢妄意著述謹秘行笥非欲示人爰
命鈔胥錄此副本藏之衙齋聊備瀏覽後任君
子倘有奉檄纂修志乘則覆瓿之作或亦不無
土壤細流之助耳
雍正十二年甲寅嘉平月八溝廳理事同知遼東張鍔識

八沟厅备志叙　选自《八沟厅备志译注》

【1月27日】

一日

康熙二十六年十二月二十五日(1688年1月27日)，太皇太后博尔济吉特氏去世，终年75岁。康熙帝在孝陵附近修建“暂安奉殿”。

乾隆二十一年十二月初八(1757年1月27日)，二世哲布尊丹巴胡图克图(1724—1757)集喀尔喀部众王公，晓以大义，阐明利害，安抚了喀尔喀众蒙古部落。后被加以“敷教安众喇嘛”名号。

咸丰七年正月初二日(1857年1月27日)，懿妃那拉氏被封为懿贵妃。

一诗

塞外杂咏进呈(之三)

◎ 钱陈群

安市

趁市随行若子来，日中逐逐复豗豗。
芦帘苇席排偏密，马后车前拥不开。
一夕所需无剩物，千家资用有余材。
塞垣老幼歌休助，共说皇程去即回。

一解

安市，集市。

诗的前四句意思是，随着众人一道去赶集的人，如同子女趋事父母般，不召自来。中午时分，市场上买卖人匆忙着，一片喧闹之声。密密的芦帘苇席摆满了集市，车前马后的人群像潮水一样拥来拥去。子来，谓民心归附，如子女趋事父母，不召自来。趁市，赶集。逐逐，奔忙，匆忙。豗豗(huī)，喧闹。

诗的后四句意思是，短期内所需要的物品供应在市上没有剩下的，而千家万户钱财费用是有富余的。北方边境地带的男女老幼欢歌笑语齐声称赞，大家都说皇帝来此离开不久，立即就会返回。休，赞美，称赞。程，指以驿站、邮亭或其他停顿止宿地点，为起讫的行程段落。

塞垣集市

【1月28日】

一日

康熙四十九年十二月十日(1711年1月28日)，康熙帝恭谒孝陵后到热河行宫，赐随围蒙古官兵银布有差。十二月十二日(1月30日)，自热河回銮。

康熙六十年正月初一(1721年1月28日)，康熙帝举行新年庆贺礼。是年，康熙帝68岁，朝廷大臣亦高年。大学士马齐等14人同赴内廷献寿。

一诗

塞外杂咏进呈(之四)

◎ 钱陈群

征衣

豹尾班中逐队趋，家家装束事长途。
博宽最笑蹒跚步，短小偏宜精悍躯。
浣处袖中丹禁笔，香痕襟上塞垣芜。
归来好付闺人手，更待明年扈从俱。

一解

征衣，出征将士之衣，亦泛指军服。(宋)司马光《出塞》："霜重征衣薄，风高战鼓鸣。"

诗的前四句意思是，随驾出行的一班近侍官员随众而行，家家整理行装侍奉长途扈从。军服宽大，走起路来，腿脚不灵便，缓慢而摇摆的样子最可笑，短小的军服精悍身躯的人穿着倒最合适。豹尾班，指随驾出行的一班近侍官员。因皇帝乘舆有豹尾车而得名。

诗的后四句意思是，军衣袖里被皇廷的笔侵染着，衣襟上留下塞外繁茂的花草香痕。扈从归来之后，交到妻子手里，更等待第二年再有机会陪同皇帝一起去木兰围场秋猎。浣处，浸渍，染上。丹禁，指帝王所住的紫禁城。芜，茂盛的草。俱，偕。

穿常服的士兵

弓箭部队的官员

钱陈群画像

八旗子弟演练图

【1月29日】

一日

雍正三年十二月二十七日(1725年1月29日)，《古今图书集成》编成。该书系康熙四十年(1701年)由皇三子诚郡王胤祉主持，陈梦雷主编。雍正帝继位后，陈梦雷获罪遭遣戍，改由大学士蒋廷锡主持，重加编校。雍正帝亲自撰写序言，命以铜活字排印，共印65部。该书是我国现存最大一部类书，共一万卷，一亿六千万字。乾隆四十年避暑山庄文津阁建成，乾隆帝命人仿《四库全书》函式，装潢《古今图书集成》，32典，凡一万卷，皮架排列，藏于文津阁。

乾隆五十八年十二月二十九日(1793年1月29日)，是年，洪亮吉于贵州学政任上著《意言》20篇，在《治平篇》中对人口剧增表示极大担忧："户口则视三十年以前增五倍焉，视六十年以前增十倍焉，视百年以前不啻增二十倍焉。"

一诗

塞外杂咏进呈(之五)

◎ 钱陈群

颁鹿

按簿如陵颂或群，颁来右膘自天申。
拖全下拜趋君长，割肉归遗属小人。
贯串随车纷馈岁，炙燔促坐洽比邻。
余波早沐投醪赐，厮养衔恩孰敢嗔。

一解

颁鹿，皇帝将行猎所获得的鹿肉分赐给群臣。

诗的前四句意思是，按典籍记载在大土山上颁鹿给所有的大臣，这种行赏分赐群臣的活动源自纪念皇帝的生辰日。这样拖带俯身而拜，朝着皇帝的方向而去，分得鹿肉后，回到家中便赠予妻子。如陵，大土山。右膘，畜兽肥壮之处。古代崇右，以右为上，为尊，为贵，为高，故称最好的鹿肉为右膘。天申，天子的生辰。君长，国君。归遗(wèi)，回家赐予细君，古称诸侯之妻，后为妻的通称。属，归属。小人，小君，其妻。

诗的后四句意思是，连连相通跟随的车辆都是岁末在相互馈赠，大家迫近而坐如同近邻一样，一起烧烤享用皇帝颁给的鹿肉。吃着烧烤的鹿肉想起还未做的事，应当感谢皇恩，与臣民共享欢乐，自己本身位卑竟能受到如此大恩大德，谁还敢不满意呢！馈岁，岁末相互馈赠。余波，未尽之事。沐，润泽，蒙恩。投醪(láo)，指国君与军民同甘苦。据《吕氏春秋·顺民》记述越王的故事。醪，浊酒。厮善，贱役，此为自贱。衔恩，受恩。

《古今图书集成》书影

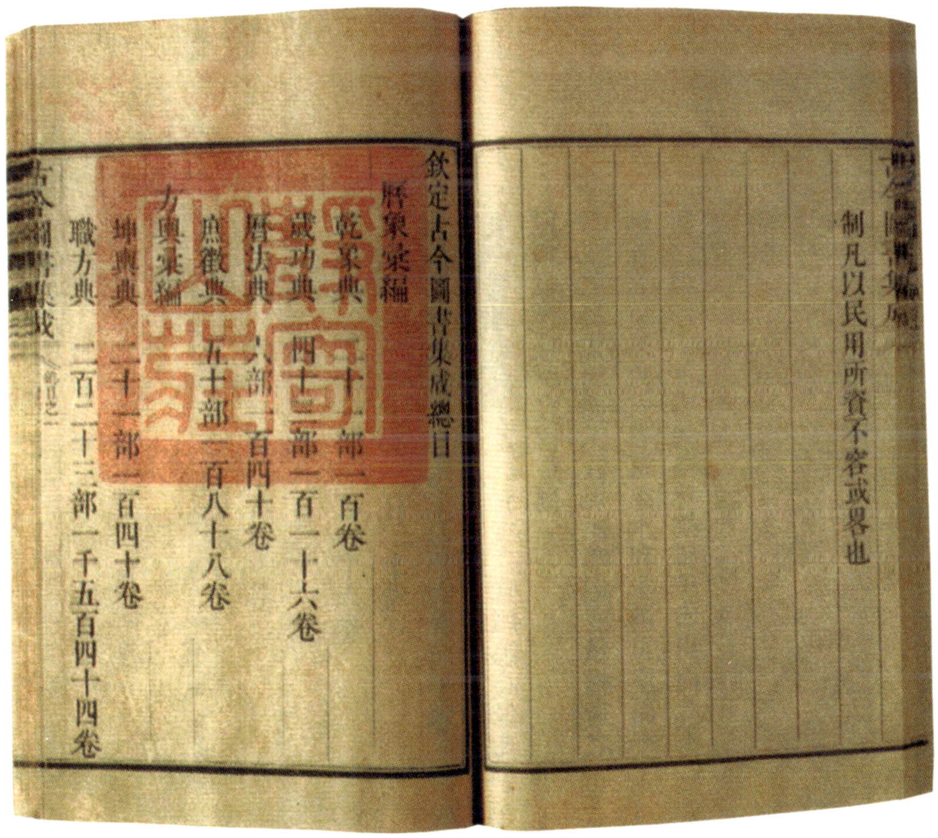

蒋廷锡画像 蒋廷锡(1669—1732),清代画家。字南沙、扬孙,号西谷,又号青桐居士。江苏常熟人。官至大学士。《古今图书集成》主持,中国清代画家。擅长花鸟,以逸笔写生,奇正率工,敷色晕墨,兼有一幅,能自然洽和,风神生动,得恽寿平韵味。点缀坡石,偶作兰竹,亦具雅致。曾画过《塞外花卉》七十种,被视为珍宝收藏于宫廷。康熙六十一年(1722年)康熙帝逝世,雍正(1723年)下令经筵讲官、户部尚书蒋廷锡重新编校《古今图书集成》。蒋廷锡把陈梦雷的名字涂掉,写上自己的名字,他重编的《古今图书集成·医部》共收医书520卷,采集历代名医著作,为中医学类书之冠。著有《青桐轩秋风》、《片云诸集》。卒年64岁。康熙五十七年(1718年)作《牡丹扇面》,康熙五十九年(1720年)作《岁岁久安图》、《桃花鹦鹉图》。传世作品有《竹石图》(轴),现藏中国美术馆;《花卉图》(卷),现藏南京博物院。

【1月30日】

一日

康熙六十一年十二月二十日(1722年1月30日)，哲布尊丹巴胡图克图得知康熙帝过世极为悲痛，不顾年老体衰，奔赴北京吊康熙帝之丧。康熙三十二年(1693年)，清政府册封一世哲布尊丹巴为“大喇嘛”，此后他常常冬住北京，夏住热河，随侍康熙帝左右。他有时到喀尔喀各部讲经说法，为清王朝统一新疆奔走效力。

乾隆五十一年十二月十二日(1787年1月30日)，台南天地会首领庄大田起事，数日内聚集两三千人，庄大田自称“洪号辅国大元帅”，率众攻打凤山县城。

一诗

磬锤峰

◎黄　钺

由狮子园望锤峰，始知水经注“孤石云举，临崖危峻”形容之妙，为赋一绝。

千山合沓白云封，
云里芙蓉露几重。
不向狮园西南望，
那知石挺是孤峰。

一解

礼部尚书黄钺感叹北魏郦道元《水经注》关于磬锤峰的考察记述绝妙而赋诗一首，将塞北绝无仅有的自然景色诗化，避暑山庄的亭台楼阁、金碧辉煌的外八庙与奇峰异景遥相辉映，更显示出承德的神奇与壮美。合沓，重叠，攒聚。狮子园，在避暑山庄宫墙外西北，康熙帝赐予皇四子胤禛居住。石挺，《水经注》所记：“濡水……东南历石挺下，挺在层峦之上，孤石云举，临崖危峻，可高百余仞。”这是郦道元为磬锤峰起的第一个名字。

磬锤峰雪景

【1月31日】

一日

道光十五年(1835年)，两任热河都统松筠病逝，享年84岁。松筠是乾隆、嘉庆、道光三朝元老，多次扈从乾隆帝、嘉庆帝巡幸木兰和避暑山庄。松筠在承德的府邸位于东车市街北，人称“松公府”。

一诗

登半壁山

◎海　忠

群峰来蜿蜒，至此限半壁。得无开山时，独惜五丁力。
镌铲出鬼斧，垠堮积铁色。雾重险崖肥，云蟠石根之。
悬溜渟空凹，时作梅雨滴。长松虬干撑，细路蛇行仄。
陡上穷其巅，天形若戴笠。俯视万井烟，胜概快登历。
有楼翼然起，星斗高可摘。远疑帝所通，近或风雨逼。
文明被徼外，福地拱宸极。伟哉摩崖书，苔皴墨痕湿。

一解

道光年间承德知府海忠在半壁山上主持修建了魁星楼，热河都统英和新题了“文明福地”四个字，并镌刻在半壁山摩崖之上，成为承德市南部一大景观。诗从开山传说写起，由远及近，状山之形态，写景之奇观。高度赞扬承德是塞外护卫京师的文明福地。蜿蜒，曲折延伸的样子。五丁，神话传说中的五个力士。垠堮，在物体上雕刻出凹凸线条。悬溜，倾泻的小股水流。胜概，美丽的风景。徼外，塞外。拱宸极，环卫北极星，此处指护卫帝王。

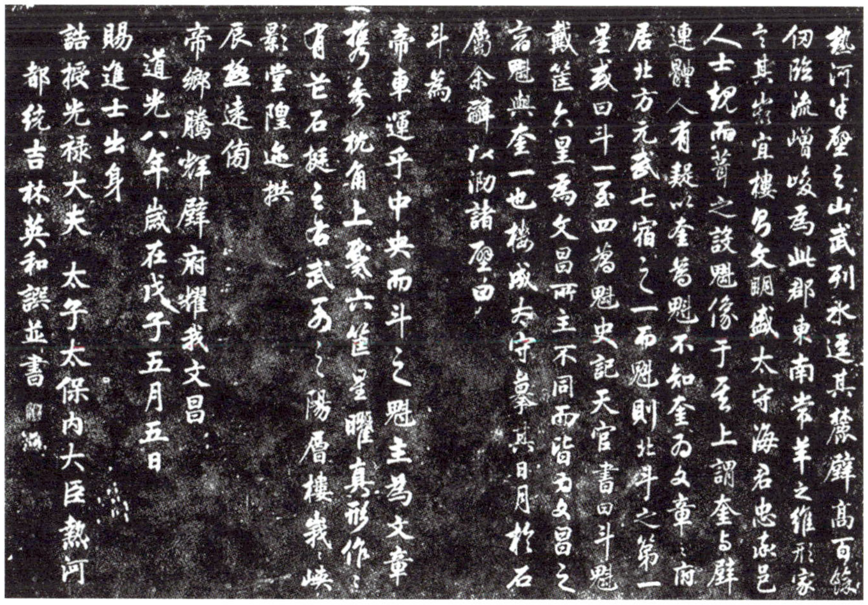

热河半壁山《魁星楼碑记》

“文明福地” 热河都统英和题写

“有楼翼然起”

【2月1日】

一日

康熙四十一年正月初五日(1702年2月1日)，康熙帝决定从速修建喀喇河屯行宫(今承德市滦河镇)，本日开始动工。四十二年八月十六日(1703年9月26日)基本竣工，四十三年五月初四日(1704年6月5日)落成。行宫分宫殿、苑景两区。宫殿区分东、西、中宫。宫殿区西面、北面为广阔的苑景区，四周近二十华里。扈从文臣张玉书《扈从赐游记》有苑景记述。康熙帝五十寿辰就是在这里度过的。

一诗

驻喀喇河屯

◎乾 隆

建置伊谁此黑城，兴桓旧蹟究难明。
即今埤堄无从觅，便是冈峦已遍耕。
绿蔚良苗滋沃雨，黄蒸实粟喜新晴。
山庄近矣明朝到，行馆依然且驻旌。

一解

此诗写于乾隆三十三年(1768年)。康熙四十一年(1702年)，先于避暑山庄在此建行宫。喀喇河屯行宫是清代在塞外建设的第一个颇具规模的行宫，皇帝到避暑山庄，到围场都要经过这里。这首诗表现了乾隆帝对喀喇河屯的悠悠情思，以及快要到达避暑山庄时油然而生的喜悦心情。

诗的首联意思是，是谁在此兴建了这座黑城;(金元时期这里属于)兴州、桓州地面，古迹(在哪里)已经很难探究明白。建置，建设，设置。伊(yī)，指示代词，此。黑城，原注:“蒙古语喀喇谓‘黑’，河屯谓‘城’，喀喇河屯，黑城也，又训为旧城云。”兴，兴州。桓(huán)，桓州，金朝设置，治所在兴州北部，即今内蒙古自治区正蓝旗西北，因这里原是乌桓族的居住地而得名。明代降为桓州驿，但仍很有名，号称“开平西南第一驿”，后渐废弃。

诗的中间两联意思是，到如今连城墙的痕迹都无从找到了，即使是小山包也都成了耕种的土地。这里旺盛的草木与禾苗都得到大雨的滋润，能吃到小米面做的馒头和饼，人们都喜盼天气放晴。埤堄(bìnì)，城上呈凹凸形有射孔的短墙。黄蒸，北方用黍或小米面制的馒头或饼之类的食物。

诗的最后一联意思是，(喀喇河屯距离)避暑山庄已经很近了，明天就能到达;(今天我们)驻扎的(喀喇河屯)行宫依然还是旌旗飘扬。行馆，喀喇河屯行宫东距避暑山庄15公里。旌(jīng)，旗子。

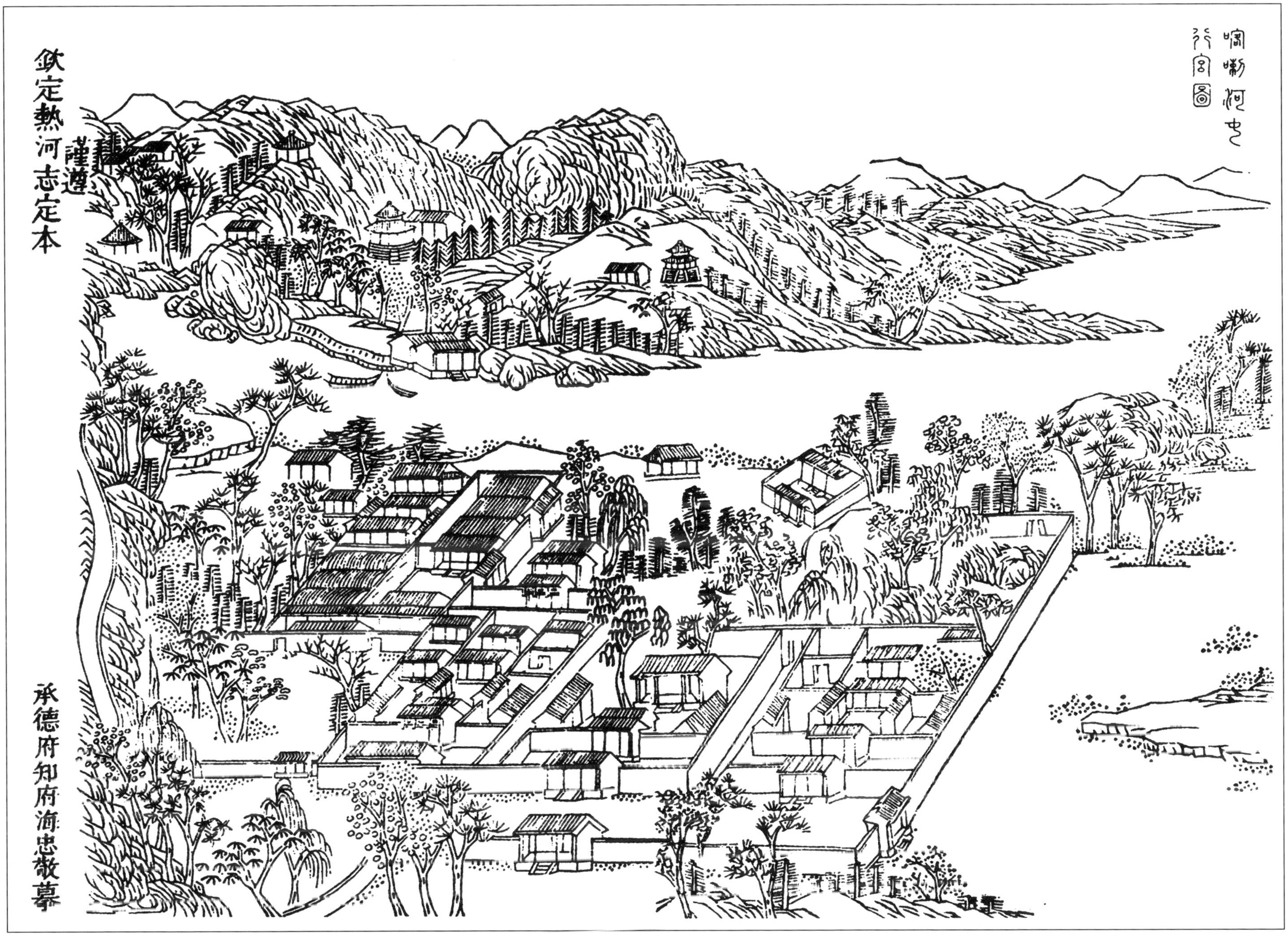

喀喇河屯行宫图

【2月2日】

一日

乾隆三十七年(1772年),内务府总管英廉及三和奏闻热河年例,存贮盒子烟火并万树园应行预备盒子烟火奏销档记载,避暑山庄遇有重大节庆及欢宴外国使节、蒙古王公等,除上演大戏外,另又于夜晚在万树园“观火戏”,燃放烟火盒子。一架盒子灯要分七八层,在万树园中搭有大小不同,高低不等的烟火架子,一架可燃放一个多小时,放出如“天女散花”、“鲤鱼跳龙门”、“万箭齐发”及古代故事“刘海戏金蟾”、“白蛇传”、“西游记”等样式各异、花形生动的烟火达几百种。花炮和爆竹种类繁多,避暑山庄成了不夜城。避暑山庄存放的花炮先在万壑松风殿收存,后移至花房安存。

一诗

绮望楼

◎乾　隆

楼在城西南隅，下视缘隄庐舍阛阓，历历可数。山环水抱，俨在画图中。

埤堄岑楼耸翠林，
每因眺远一登临。
万家烟火随民便，
圣度原如天地心。

一解

绮望楼为“乾隆三十六景”第六景。绮望楼约建于康熙四十八年至五十二年(1709—1713年)间。在碧峰门之东，倚城为楼，凡九楹，北向，乾隆帝题额“绮望楼”。后楼三楹，南向，康熙帝题额“坦坦荡荡”。登此楼，正如《承德府志·山庄二》所记“水木云峦，组分绣错”，故以“绮望”名之。

诗序叙写绮望楼的具体位置，并从登楼俯视的角度，写出所见“俨在画图中”，亦为其得名缘由。缘隄，沿着堤坝。隄，同堤，挡水的堤坝。阛阓，市肆。阛，市垣；阓，市外门。古代市道在垣与门之间，故称市肆为阛阓。

诗的前两句意思是，城上的女儿墙和高楼耸立在碧绿的丛林中，我常常为了眺望远方而登临其上。

诗的后两句的意思是，看到家家户户炊烟袅袅，各谋其事，安居乐业，感到祖父的气度胸怀包容天地，令人敬仰。“万家烟火随民便”，是康熙皇帝题绮望楼后楼楹联之上联，下联是“千亩山田待岁丰”，体现了他关注民生的思想。圣度，圣人的气度、胸襟。此处指康熙帝。

“乾隆三十六景”之绮望楼

【2月3日】

一日

乾隆二十四年正月初六日(1759年2月3日)，平定回部副将军富海于呼尔瑞大胜霍占集。

一诗

绮望楼前楼楹联

◎乾 隆

汲泉矶畔鱼知乐
试墨松边鹤喜陪

一庭缥缈云霞气
四壁清凉水石心

闲寻绮思千花丽
静想高吟六义清

一解

这三副楹联描绘了绮望楼汲泉试墨、鱼乐鹤陪的生活图景，表现了乾隆帝追求野致、超脱凡俗的生活情趣，同时也写出了此处像仙山洞府一般，真乃避暑胜地。

第一副楹联的意思是，到石矶畔汲水，鱼儿在那里欢快地游来游去；在松树下挥毫泼墨，白鹤高兴地在一旁陪伴着我。

第二副楹联的意思是，庭院里笼罩着烟云霞光，室内如清水和玉石一般清新凉爽。水石心，指水和石的清凉之意。

第三副楹联的意思是，繁华似锦的景色引起我奇妙的文思；静静地思索着《诗经》六义的要旨，歌颂这美丽的风光。六义，指《诗经》风、雅、颂三种体裁和赋、比、兴三种艺术手法。

避暑山庄绮望楼

【2月4日】

一日

乾隆八年(1743年)，始有鹰手营子村名。清初，鹰手营子一带(今营子区)为清东陵(河北遵化马兰峪)的风水禁地。本年有派拨庄田的四户鹰手住于此地(按丁分地，按亩秋冬交纳活山鸡、野兔等山珍，呈内务府都虞司御膳房)，鹰手营子因而得名。

一诗

松鹤斋

◎乾隆

皇太后所御内殿，斋名“松鹤”，祝颐寿也。兹奉圣慈于山庄之东，亦以名斋，随时随地，长乐春晖，用以志庆。

常见青松蟠户外，
更欣白鹤舞庭前。
西池自在山庄内，
慈豫长承亿万年。

一解

松鹤斋为“乾隆三十六景”第三景。约建成于康熙四十八年至五十年(1709—1711年)间的“康熙三十六景”之第七景“松鹤清越”是康熙帝母亲皇太后居住的处所。松鹤斋则是乾隆十四年(1749年)乾隆帝为其母后钮祜禄氏所建。《承德府志·山庄二》载：“澹泊敬诚殿之东，构大殿七楹，是地为昔年高宗恭奉孝圣宪皇后颐养之所。岫列乔松，庭翔雪羽。循圣祖‘松鹤清越’之义，高宗御题曰‘松鹤斋’。”

诗序叙写建松鹤斋的缘由，是为了随时随地侍奉慈母孝圣宪皇后，祝愿她长寿长乐，并交代了松鹤斋的位置，表明了诗人的意愿。颐寿，颐养而长寿。颐，保养，休养。圣慈，封建社会皇帝对母亲的尊称，此处指乾隆帝之母后钮祜禄氏。春晖，春天的阳光，比喻慈母的恩情。志，通识、诘，记识事物。庆，福泽。

诗的前两句意思是，常看见青松如蛟龙盘结在户外，更喜欢白鹤在庭前翩翩起舞。蟠，盘伏，屈曲。

诗的后两句意思是，西王母的瑶池就在避暑山庄里面，长久地继承让慈母安适快乐的家法，直到亿万年。西池，相传为西王母所居瑶池的异称。既表现出避暑山庄就像传说中西王母所居的仙境，又将其母后喻为西王母一样的神仙。慈豫，让母亲安适快乐。豫，安适，安乐。

"乾隆三十六景"之松鹤斋

慈宁燕喜图（局部） 乾隆帝为其母崇庆太后亲自捧觞上寿

松鹤斋正门

【2月5日】

一日

乾隆四十五年正月初一日(1780年2月5日)，因本年系乾隆帝七旬万寿，为此特颁恩诏，加惠万民，普免天下漕粮(田赋一种)。

松鹤斋殿楹联

◎乾 隆

一诗

岫列乔松云屏开翠巘
庭间驯鹿雪羽舞瑶阶

一解

此联的意思是，在避暑山庄和周围的山岭上排列着高大的古松，像是展开的云屏；松鹤斋前温顺的梅花鹿悠闲地走动，白鹤在石阶前舞动着翅膀，翩翩起舞。翠巘，苍翠的山岩。雪羽，洁白的仙鹤。瑶阶，美玉般的石阶。此联展现的古松、梅花鹿、瑶阶，不仅有吉祥、祝寿之意，而且表明松鹤斋美如仙境，可以和周文王灵台相媲美。

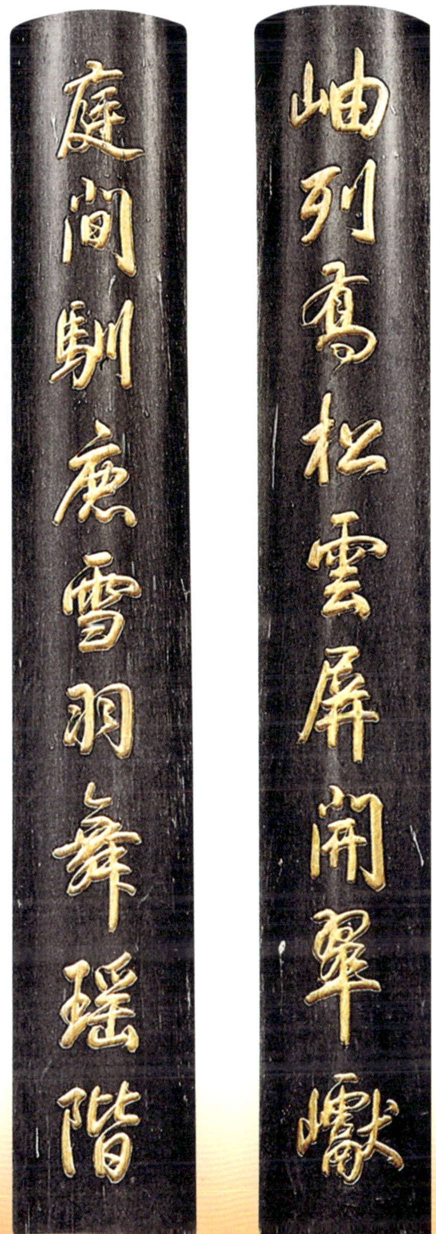

松鹤斋楹联 选自《清代宫廷匾联》

避暑山庄及周围的古松

【2月6日】

一日

乾隆四十三年正月初十日(1778年2月6日)，命追复睿亲王多尔衮封爵，其爵号由多尔衮王世孙淳颖承袭。又复开国有功诸王原号，并予配享。先是，乾隆三十八年(1773年)，乾隆帝以其当定鼎之初，统众入关，肃清京辇，檄定中原，功劳不可尽泯，降旨修葺多尔衮茔墓，准其近支王公祭扫。

一诗

题花准神枪

◎嘉　庆

花准神枪祖考贻，发而皆中实灵奇。
得心应手号娴习，审度决机在速迟。
作记拈题仰巍焕，依星见斗定高卑。
武功良具新联句，法守珍藏永敬持。

一解

清朝立国以来尤为强调武事，康熙帝与乾隆帝皆精于骑射，嘉庆帝尚能继承祖先余烈，讲习骑射。花准神枪，有准星的火枪。祖考，逝去的祖父和父亲。巍焕，高大光明，指祖先的神武。依星见斗，依照准星对准目标。法守，以法度自守，即遵守先朝法度，遵守祖宗遗训。

乾隆帝击鹿图　故宫博物院提供

狩猎用的铅弹和火枪　故宫博物院提供

【2月7日】

一日

康熙二十二年十二月二十二日(1684年2月7日)，施琅上《台湾弃留疏》略称：“台湾一地虽属外岛，实关四省之安害。”认为“断断乎不可弃”，“弃之必酿大祸，留之诚永固边圉”。

嘉庆四年正月初三日(1799年2月7日)辰时，太上皇乾隆帝于养心殿故世，终年89岁。

光绪二十四年十二月二十七日(1899年2月7日)，光绪帝赏喀喇沁多罗杜陵额驸贡桑诺尔布黄缰。贡桑诺尔布回到喀喇沁以后，开启民智，倡导新风，推行新政，废除封建等级制度，实行税制改革，促进了喀喇沁社会的发展。

一诗

达摩过江图题诗

◎乾 隆

好风吹送大江横，
世界三千茎苇轻。
若说一花开五叶，
有人我寿者众生。

一解

这首诗写于乾隆三十四年正月初一(1769年2月7日)，是乾隆帝所绘的《达摩过江图》的题诗。诗的大意是，在这大千世界里，达摩借助好风的吹送，以芦苇编成的筏子作船，横渡长江，由建康前往北魏。如果说达摩的法偈“一花开五叶，结果自然成”的传法之道应验的话，这便是十六之见(十六神我)，其二与王阴等法和合中妄计有实之众生而生。达摩，菩提达摩的省称，天竺(今印巴次大陆)人，本名菩提多罗。于南朝梁普道元年(520年)入中国广州，游历各地，收徒说法。梁武帝萧衍迎到建康(今南京)。因帝不悟，遂渡长江往北魏，止嵩山少林寺，终日默坐凝视，面壁静修，长达九年，世称“壁观”。他提倡断绝一切想念杂思，以求悟得佛理，被奉为中华禅宗初祖。唐代宗谥为“圆觉禅师”。世界三千，亦称“三千世界”，表示所有一切世界、宇宙，泛指全世界，形容世界之广。茎苇，用芦苇编成的小筏子，引申为小舟。这里指达摩以苇为舟横渡长江之事。一花开五叶，为达摩给后魏孝明帝的法偈，原偈为：“吾本来兹土，传法救迷性。一华开五叶，结果自然成。”

乾隆御笔《达摩过江图》 选自《清帝与避暑山庄》

【2月8日】

一日

嘉庆十一年十二月二十日(1806年2月8日)，进入腊月，宫中有开笔书福之典，岁为恒例。

一诗

云山胜地

◎康 熙

万壑松风之西，高楼北向，凭窗远眺，林峦烟水一望无极，气象万千，洵登临大观也。

万顷园林达远阡，
湖光山色入诗笺。
披云见水平清理，
未识无愆守节宣。

一解

云山胜地为“康熙三十六景”第八景，意为远眺云山，景色优美。此景为正宫院内最后的一座二层楼，南以假山磴道为梯上楼，是清帝远眺湖光山色之处。这首七言绝句，赞美避暑山庄云影、山光与水色，壮丽可观。后两句从眼前美景联想到“节宣”之道，体现出诗人严于律己的精神。

诗的前两句意思是，眺望避暑山庄万顷园林，可通达远方农田大地。观赏避暑山庄水色山光，深感这里的美景都可以入画入诗。远阡，指远处的农田。阡，田间小路，此处指代农田。诗笺，写诗用的纸。

诗的后两句意思是，拨开云雾可见湖水微波涟漪，并能悟出水之所以平静与清澈的缘由。如果认真遵守“节宣”之道，不知能不能达到没有过错的境地。平清理，湖水平静清澈的道理。此语以朱熹《观书有感》中“问渠哪得清如许，为有源头活水来”句为典故，表达自己愿像朱熹那样，在读书思考过程中，理清思路，悟出事理，避免过错。无愆(qiān)，无过错。节宣，节制欲望和情感的宣泄。

“天下第一福” 康熙十二年(1673年)，康熙帝为祖母孝庄太后请福延寿写的“福”字

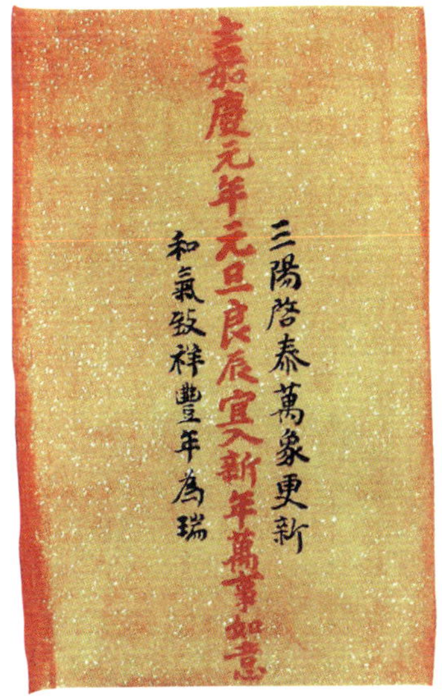

清帝元旦开笔 左图为乾隆帝元旦开笔吉祥语，右图为嘉庆帝元旦开笔吉祥语

乾隆帝和皇子在宫中欢度春节

【2月9日】

一日

嘉庆元年正月初一(1796年2月9日)，皇太子颙琰即皇帝位，改是年为嘉庆元年。尊奉乾隆帝为太上皇帝。

一诗

承德府纪事

◎乾　隆

(序)

上塞久钟，擅坤舆之胜概；神皋特辟，萃天府之奥区。造化既具此山川，分野自呈为都会。溯为热河著号，因泉温而纪地灵；追乎承德命名，初设州而今置府。缅昔经营文囿，始成避暑山庄；及余缵习武功，斯伫行秋之典。烟井万家，而递衍盈宁既叶屡丰；礼乐百年，而后兴教化亦征日盛。作庙准省垣之制，建学崇孔子之堂。文治甫彰，贤书遂荐。乃诏铨曹而集议，悉依内地之成科。首厅迁郡守之阶，既资统辖；余属分牧令之职，仍带原衔。人因旧而制则惟新，规模于焉大备；官不增而事无所废，庶政因之益修。顾两载已隔鸣銮，兹五月复临驻跸。览欢迎之士庶，愈怀祖德之培贻；抚肇锡之班联，恒凛泰符之熙洽。用吟长律，兼识大凡。

一解

这首诗写于乾隆四十四年(1779年)，原题为《热河承德府纪事八韵(有序)》。乾隆帝是承德初期城市发展的直接见证人，共同经历的岁月，亲自批准的建制，使他能详尽地叙述热河(承德)的历史沿革以及城市的形成过程。这首诗和序，实际就是在记录历史。

诗序的大意是，经过漫长的地质年代，形成了塞外的风景，武列河边良田的开辟，汇聚成了承德市区。自然界既然创造了这些美丽山川，自然应该在此呈现一座城市。追溯热河名字的来历，是因为有了温泉才给地方带来了福气。提及承德的命名，是从设承德州开始延续到今天置承德府。缅怀当年为民族团结文治天下，开始建避暑山庄；今天我继承家法加强武备，年年进行秋狝活动。烟井百姓过万家，城市逐年扩展，生活富足安宁，社会和谐，屡获丰收；礼乐之地近百年，振兴教育文化，有日渐兴盛的迹象。按照省级标准建城隍庙，尊崇儒家创办学习场所。由于文教事业的发展，要指导他们选拔人才，集思广益，完全按照内地的现成模式进行。现在原热河厅升迁为承德府，由热河同知改设管辖，领一州(平泉)五县(滦平、丰宁、建昌、朝阳、赤峰)，隶热河道考核，虽然是原班子，但是新制度、新规模已经完全具备。有两年没到承德来了，今年五月又恢复了夏季到避暑山庄和“木兰秋狝”。看到欢迎我的官民，更会念及祖父辈的培养信任，赏赐下属安抚百姓，要恩威并施，让社会更加光明和谐。现在特此铺叙吟诵，以记录承德历史概况。

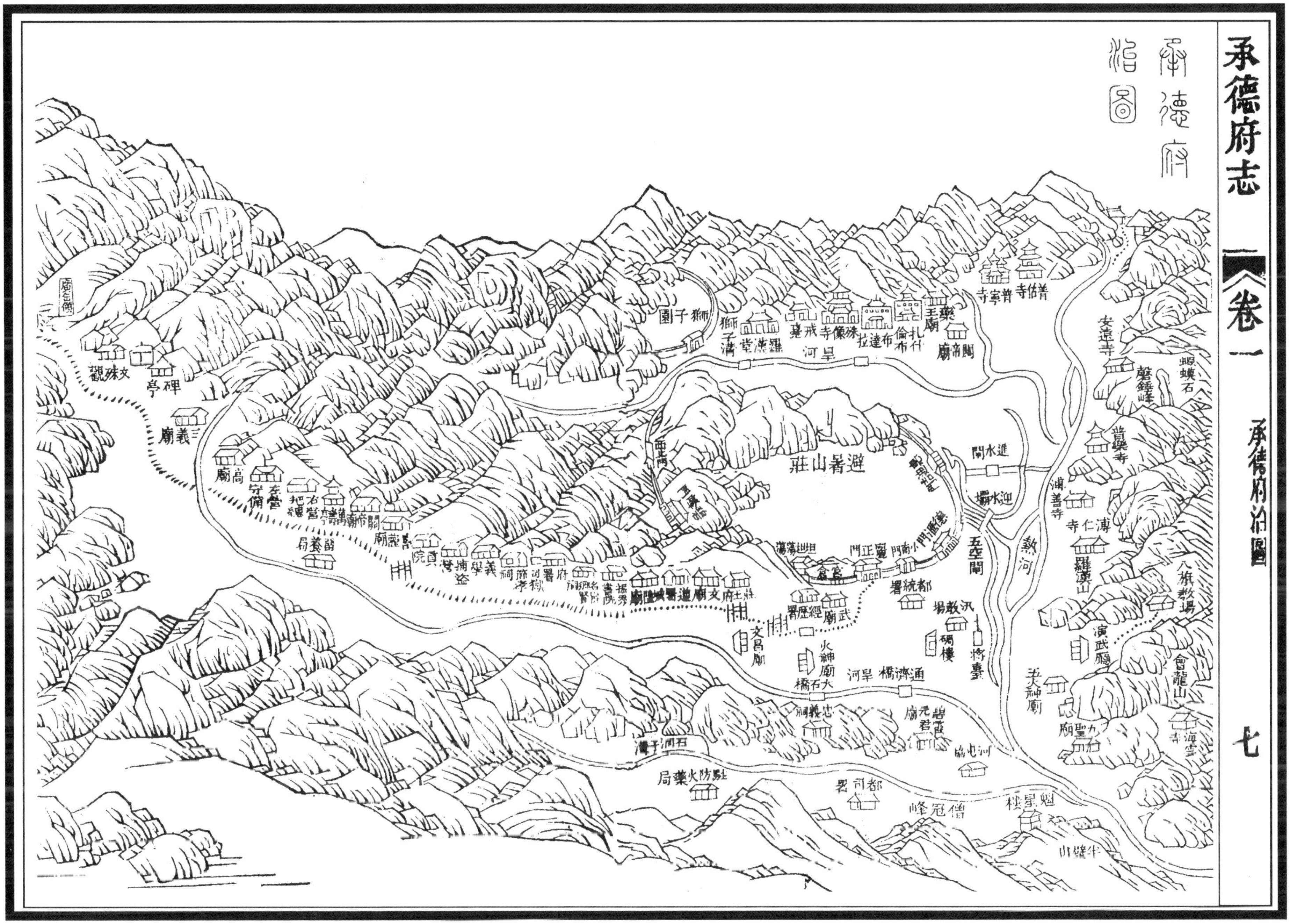

承德府治图

【2月10日】

一日

乾隆四十三年正月十四日(1778年2月10日)，内阁奉上谕：改热河厅为承德府。以热河同知改设，其余六厅如八沟较大改为知州，喀喇河屯等厅酌量改县，均隶属新设承德府，并隶热河道考核。

咸丰十一年正月初一(1861年2月10日)，咸丰帝诣避暑山庄绥成殿行礼，命内廷王御前大臣、军机大臣诣绥成殿行礼。御澹泊敬诚殿受王公大臣、蒙古王、贝勒、贝子、公、额驸、台吉、文武大小官员等行朝贺礼，礼成诣武庙拈香、御勤政殿赐近支宗藩等宴。

一诗

承德府纪事

◎ 乾　隆

皇祖初名避暑庄，热河数典那云忘。
万家烟火昔成聚，千里幅员今辟疆。
承德建州癸丑始，丙申升府继先覆。
因之择地立文庙，遂以育贤起学庠。
信是百年兴礼乐，欣其比户富农桑。
漫猜林木鹿豕薮，试看家增弦诵场。
朔定安兴军溯古，丰滦建赤县分傍。
抚兹乐利蒙庥者，保泰惟殷敬不遑。

一解

诗的前四句的意思是，承德是皇祖康熙帝在建避暑山庄才有的，谈起热河来哪能忘却这段历史呢！当初皇祖就有“聚民之万家”的诗句。今天开辟疆域有千里之广，超过那时好几倍了。

诗的中间八句意思是，承德从雍正十一年(1733年)开始建州，乾隆四十一年(1776年)升格为府。由此选择地方设立文庙，于是兴办地方学校培养人才。百年来大兴礼乐，蔚然成风。欣喜家家户户从农务桑，富足起来。且不说这里林木和湖泽适宜畜牧，放鹿养猪，且看诗礼教化，这里家家弦歌，户户吟唱。

诗的最后四句意思是，以前这里为辽代北安州兴化军，属中京大定府，金代改兴州为宁朔军，属北京路。热河升格为承德府，统辖六属并改八沟厅为平泉州，四旗厅为丰宁县，喀喇河屯厅为滦平县，三座塔厅为朝阳县，塔子沟厅为建昌县，乌兰哈达厅为赤峰县，通判原衔，咸隶属承德府。作为安抚百姓让他们乐业获利的保护者，为保证国家安定，只能殷勤敬业，不能找安逸。

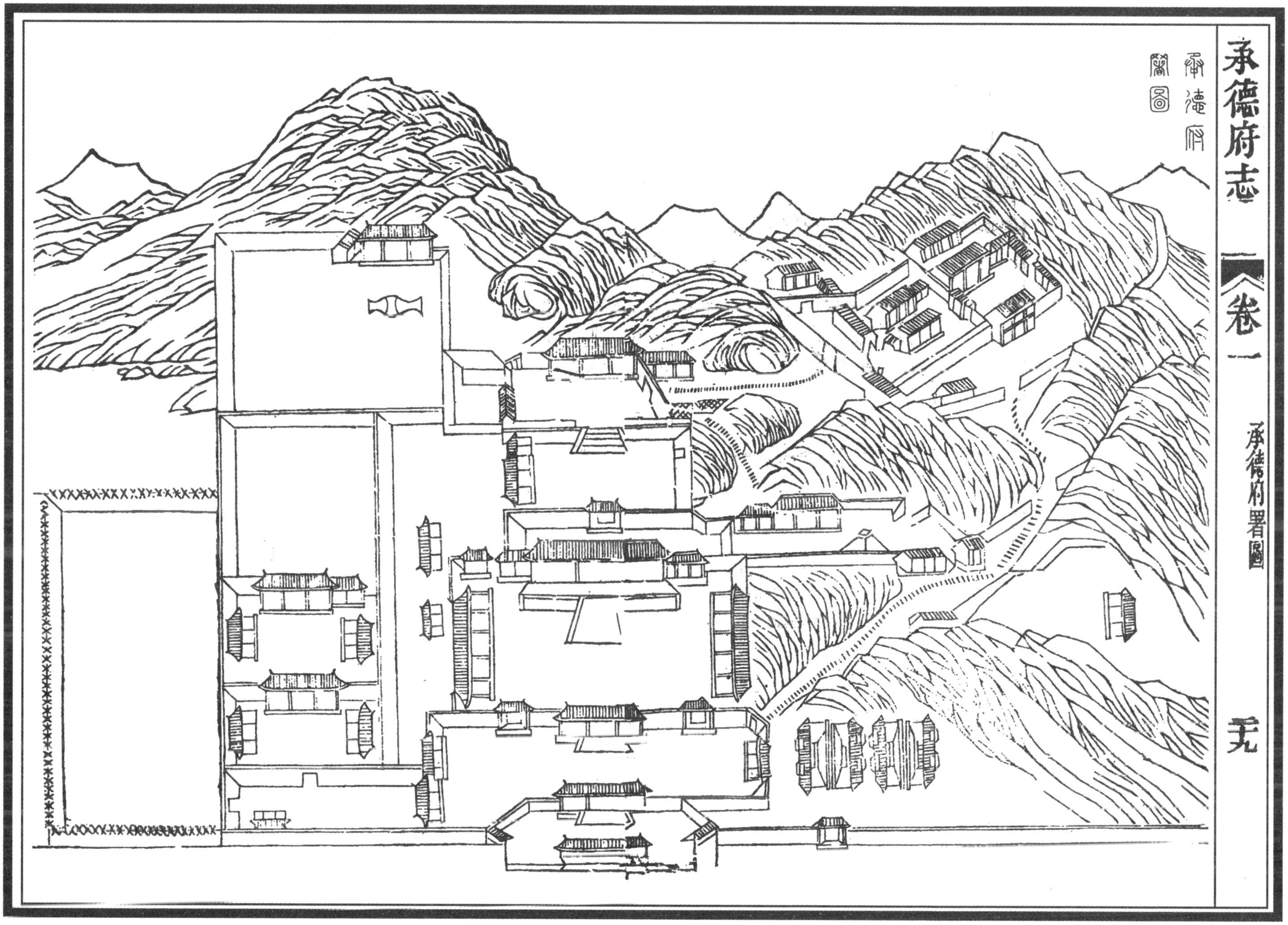

热河厅旧址 承德府署设在西大街榛子峪东麓

【2月11日】

一日

乾隆二十四年正月十四日(1759年2月11日),前此阿克苏、乌什诸城先后投诚,兆惠乃遵旨深入叶尔羌,后置辉齐阿里克,清军与霍占集回兵激战五昼夜,因寡不敌众,固守喀喇乌苏(即黑水),称黑水之围。是日,富德援军与兆惠军会合,黑水营围解。兆惠孤军陷重围达三月之久,终于盼来援兵,莫不喜极涕出,后两路军整队回阿克苏。

乾隆五十三年正月初五日(1788年2月11日),台湾林爽文被清军擒获,天地会北路起事被镇压。

一诗

福康安折奏生擒林爽文

◎乾　隆

大里灰摧破穴巢,频繁驰谕戒逍遥。
接降辑众日无暇,执讦招番井有条。
究得生擒尽美善,不教余孽便根苗。
移师南指如破竹,待捷音惟暮与朝。

一解

这首诗写于乾隆五十三年正月初五日(1788年2月11日)。上年八月初二日(9月13日),授协办大学士福康安为将军,携带钦差关防调兵10万驰赴台湾。福康安驰往热河行宫,乾隆帝七次召见,指授机宜。十一月初,改诸罗为嘉义,嘉义围解。初六日,福康安带兵五路进剿。二十五日(1月2日)福康安攻陷大里杙,生擒林爽文,将其装入木笼押解京师。

平定西域战图　黑水解围　故宫博物院提供

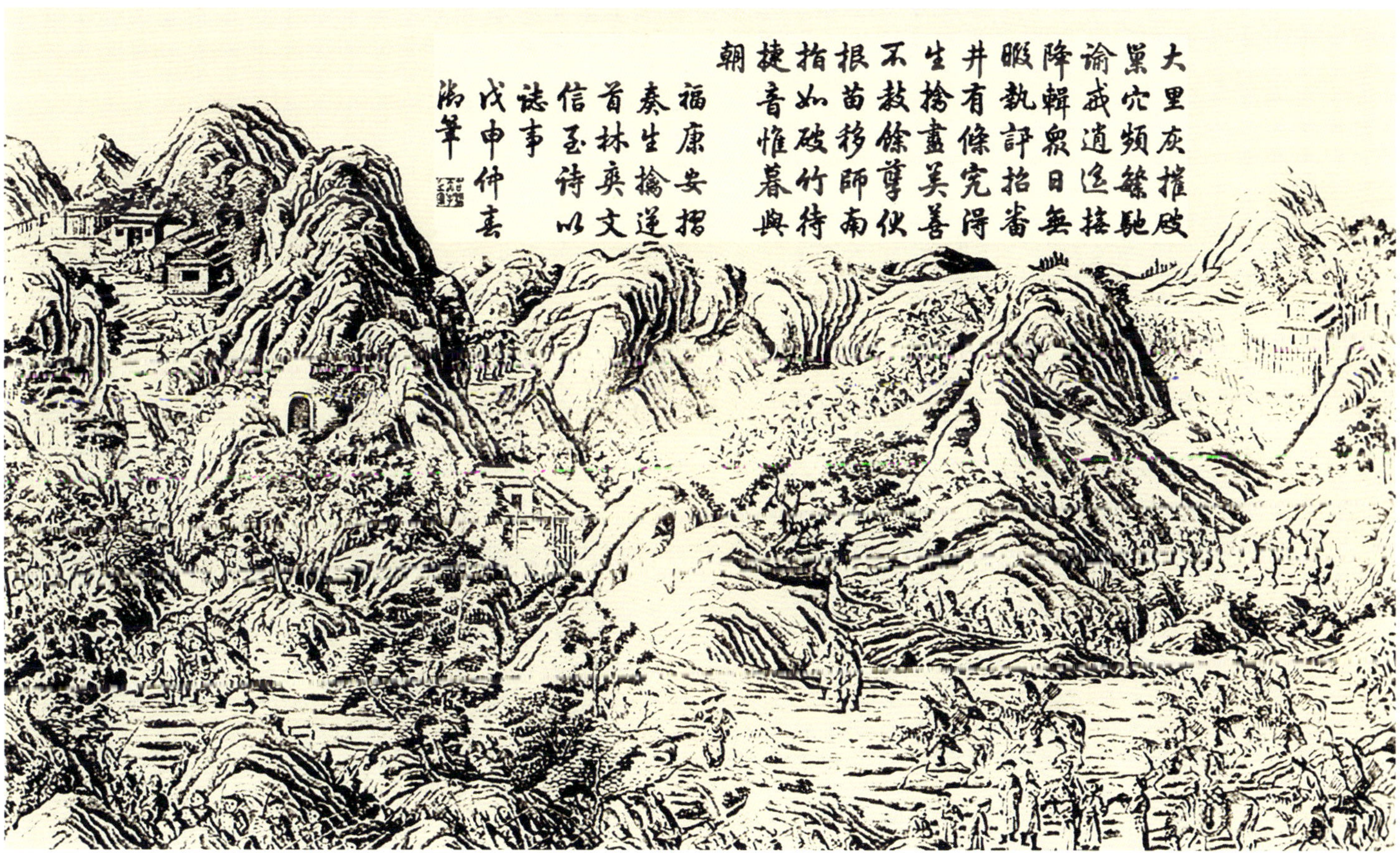

平定台湾得胜图　福安康奏折生擒林爽文

【2月12日】

一日

嘉庆四年正月初八日(1799年2月12日)，革去和珅大学士、福长安户部尚书职并将其逮捕下狱。同时查抄和珅家产。和珅在承德家产巨大。有府邸一处，房间游廊386间，闲散房三处105间，陈设器玩216件，戏剧用具875件，各种瓷器、铜器、木器、书籍、字画2001件，其他用品2443件，土地388顷59亩，自两间房到阿穆呼郎图行宫(今隆化县步古沟乡境内)寓所176间。

一诗

妙高堂

◎ 雍 正

碧峰顶上结茆庐，可擬巢由物外居。
云变白衣眼底事，风翻贝叶案头书。
性天融会无今古，心月圆明彻太虚。
睡起北窗时一啸，千山答响自如如。

一解

这首诗是雍正帝当皇子时写的，禅味极浓，流露出一种超凡脱俗、与世无争、潜心悟道的闲适情怀。妙高堂，狮子园中园林建筑，《承德府志·山庄三》载：“妙高堂，恭悬圣祖(康熙帝)题额，堂五楹，踞山峰最高处……”

诗的首联意思是，茅庐建造在山上，可以和巢父、许由隐居之地相比拟。茆(máo)庐，茅屋。茆，通“茅”，茅草。物外，世事之外。巢由，指巢父、许由，尧时的两个隐士。

诗的颔联意思是，世事变幻莫测，如同白云苍狗，风吹过来，案头的经书翻动。贝叶，写佛经的树叶。唐代柳宗元《晨诣超师院读禅经》载：“闲持贝叶书，步出东斋读。”

诗的颈联意思是，古往今来的一切都想明白了，宇宙万物了然于胸中。

诗的尾联意思是，一觉醒来，推开向北的窗子，发出一声长啸，群山回应，声音久久回荡。如如，佛教指真如常住，圆融而不凝滞，不受任何约束、控制，自然而然的境界。

和珅府宅第

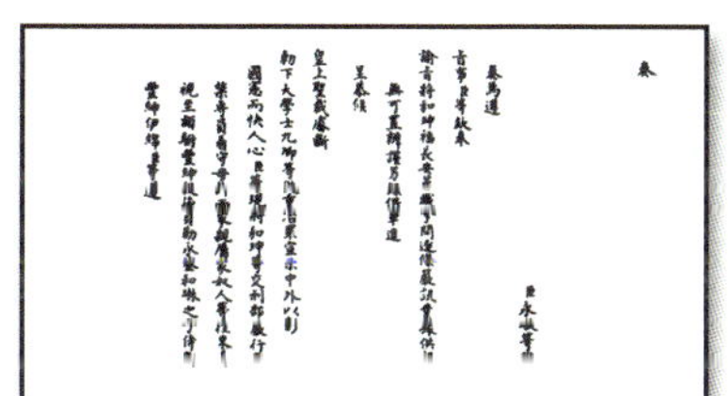

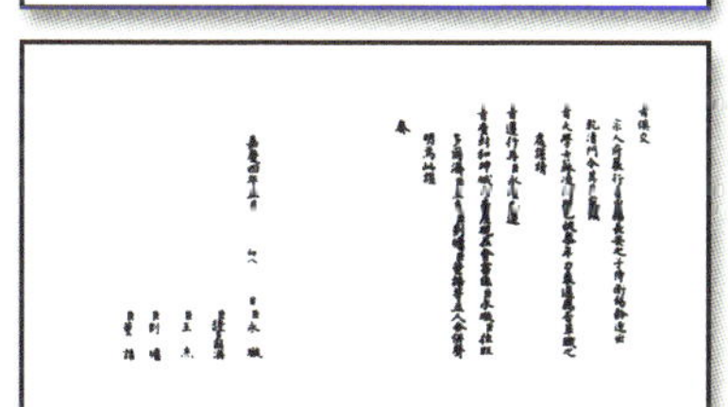

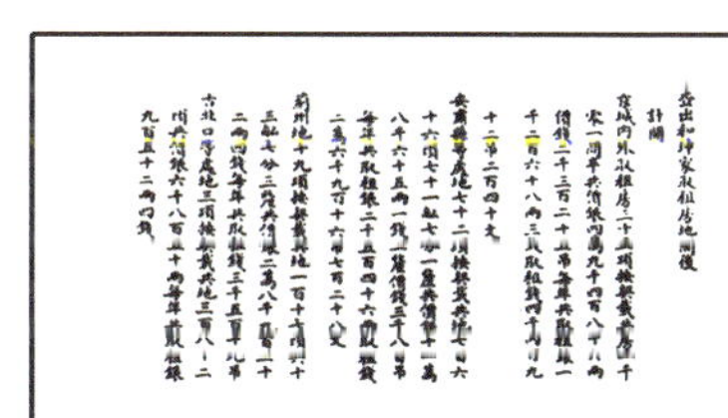

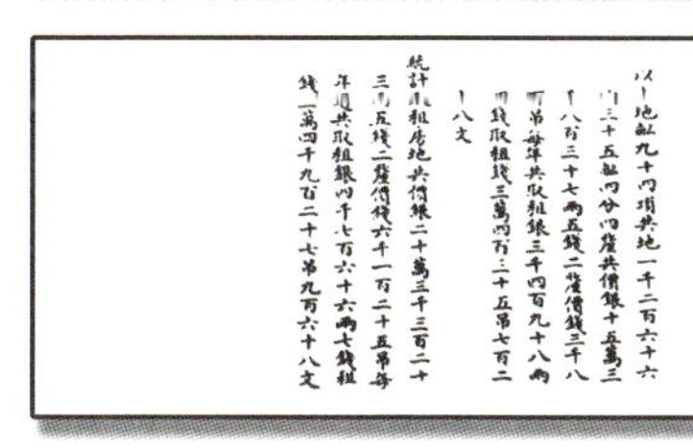

和珅犯罪全案档书影　选自《和珅评传》

【2月13日】

一日

咸丰十一年正月初四日(1861年2月13日)，咸丰帝在万树园大幄赐蒙古王、贝勒、贝子、台吉等及科尔沁扎萨克达尔亲王索特那木、彭苏克等二人，杜尔伯特亲王衮布扎布等三人，喀喇沁扎萨克多罗都楞郡王等。

一诗

广元宫六韵

◎乾 隆

元为善之长，生物主东方。因肖岱宫式，落成灵宇庆。
万家烟火庶，兆姓息孳昌。承德今升府，兴文并设庠。
祈年协旸雨，希佑富耕桑。惟以民情愿，无非祖蹟蘉。

一解

这首诗写于乾隆四十四年(1779年)。广元宫始建于乾隆四十年(1775年)，四十六年(1781年)建成。位于敞晴斋东，据冈而建，南向，是仿照泰山碧霞元君祠营建的一座道观，黄绿琉璃瓦覆顶，居高跨涧，颇有气势。道观四面设置山门，南门三楹重台，乾隆帝题额“广元宫”，石匾镶于门楼之上。进山门，左右有钟鼓楼，二门五楹，名“仁育门”，门内有馨德亭，额曰“灵昭长养”，亭北正殿五楹，名“仁育殿”，额曰“普佑资生”，殿内供奉女神碧霞元君。广元宫的修建表明乾隆帝对道教的重视与包容；同时，体现了避暑山庄园林建筑“山区仿泰岱，平原似江南”的特点。

诗的前四句意思是，广元的“元”是最大的好，它滋生万物，主管东方。于是仿泰山碧霞元君祠的样式修建，神灵的道观落成会带来福祉。元，最大的善。善，好。长(zhǎng)，首位。主，主管。肖，仿。岱宫，借指泰山(又称岱宗)碧霞元君祠。

诗的中间四句意思是，万家烟火人口众多，百姓休养生息，生活昌盛。庶，特指人多。兆姓，众百姓。承德的建置由州升为府，兴办文化教育，并且设立了学校。今升府，雍正十一年(1733年)，设承德州，乾隆七年(1742年)改承德州为热河厅，乾隆四十三年(1778年)，改热河厅为承德府。

诗的最后四句意思是，祈求丰收晴雨协和风调雨顺，希望碧霞元君护佑农家富裕。只用民情愿否为标准，百姓愿意的事就按照皇祖的法度勉励自己去做。祖蹟，皇祖制定的法度。祈年，祈祷丰年。旸，日出；雨，降雨。蘉(máng)，勉力。

避暑山庄内广元宫（老照片）仿泰山碧霞元君祠营建

如今的广元宫

【2月14日】

一日

康熙四十九年正月十六日(1710年2月14日)，以皇太后今年七旬之庆，康熙帝在皇太后宫中设宴，亲行蟒式舞(满洲筵宴大礼)，由诸王大臣舞之。

乾隆二十三年正月初七(1758年2月14日)，俄罗斯遣图勒玛齐等至中俄边界，告称阿睦尔撒纳已拿送监禁，旋因出痘病死，请清廷差人前往验看。

乾隆五十年正月初六(1785年2月14日)，乾隆帝御极五十年，爰循祖典，重开千叟宴，与会者三千九百余人，各赐鸠杖。

乾隆五十五年正月初一(1790年2月14日)，以年届八旬，普免天下钱粮。

一诗

玉琴轩

◎乾 隆

千尺雪之南，曲涧湍流，潺潺众玉，中韵合宫徵，正不必抚弦动操，已令子期神往。

玉自无言比桃李，水因不竞中宫商。
五言正是薰风节，治慕虞廷化日长。

一解

玉琴轩为“乾隆三十六景”第三十一景。此景约建于康熙四十二年至四十七年(1703—1708年)间。它位于文津阁南，与宁静斋东西并立。规制为庭院园林。南北两殿，面南，康熙时题为“图史自娱”。乾隆帝题额曰“玉琴轩”。轩侧流过之溪水，撞击在岩石上琮琤作响，清脆悦耳，如玉琴之鸣奏。玉琴，玉制的琴，或用美玉装饰的琴，是仙人所用的乐器。(唐)李白《古风》五十五载：“安识紫霞客，瑶台鸣玉琴。”乾隆帝借其意，为此景命名“玉琴轩”。

诗序叙写“千尺雪”之南，弯弯曲曲的涧水形成湍急的流水，浪花似玉一般飞溅，其声韵就像乐器弹奏，不必俞伯牙亲自抚琴，已经使钟子期心驰神往了。中韵，符合抑扬顿挫的声音。合宫徵，符合宫商等五音。子期：即钟子期。春秋时代楚国人，精于音律，与伯牙友善。伯牙鼓琴，志在高山流水，子期听而知之。子期死，伯牙绝弦破琴，终身不复鼓琴。

诗的前两句意思是，晶莹如玉的溪水不用语言夸耀自己，却像“桃李不言，下自成蹊”一样，人们都喜欢它。水顺乎自然，前后有序地流淌，其声音抑扬顿挫合乎音律，悦耳动听。

诗的后两句意思是，以五德之言治理天下，正像虞舜歌《南风》诗一样，希望和煦的南风应时而至，解除百姓的烦恼，使百姓富足安乐。我仰慕虞舜的德政，希望自己治理的国家也能像虞舜时期那样，百姓长久地过着安乐的生活。五言，指五德之言。薰风，和煦的南风，指虞舜所歌《南风》诗。节，时期。慕，羡慕、向往。虞廷亦作“虞庭”，指虞舜的朝廷。相传虞舜为古代圣明之王，故亦以“虞廷”为圣朝之代称。化日：太阳光，指白昼，引申为天下太平，人民生活安乐。

“乾隆三十六景”之玉琴轩

【2月15日】

一日

嘉庆四年正月十一日(1799年2月15日)，谕内阁：和珅情罪重大，并经科道诸臣列款参奏，即将革职拿问，胪列罪状，特谕众知之。

嘉庆十九年正月二十六日(1814年2月15日)，为加强避暑山庄防卫，嘉庆皇帝巡幸热河安全，热河都统毓秀奉谕勘估避暑山庄围墙工程及园庭内外添设拨堆及加添备差官兵，原奏及图说一并进呈。

一诗

万树园试马

◎嘉 庆

将启狝田典，花骊揽辔骎。
盘旋沿兽迹，磬控应人心。
万树枝柯茂，百年雨露深。
诘戎惠番部，圣训常念钦。

一解

万树园在避暑山庄平原区东北部，位于澄湖北，此处佳木罗植，麋鹿出没，百鸟啁啾，极富山野情趣。乾隆帝题碣“万树园”。清帝常在此行围猎、设野宴，多次宴请会见众少数民族王公贵族及外国使节。狝田，帝王秋狝。花骊，黑花色的马。骎，马疾驰貌。磬控，驭马的方法，驰马叫磬，止马叫控。诘戎，治理军队。嘉庆继位后，遵循祖制，在此设宴会见少数民族王公贵族，认为这是巩固国家的根本。

骏马图 〔意大利〕郎世宁绘 故宫博物院

【2月16日】

一日

嘉庆十九年正月二十七日(1814年2月16日)热河总管嵩年、俊山奉上谕勘察避暑山庄，后经所请，添加外堆拨(守卫用房)14处(原有39处)，避暑山庄内堆拨(山庄防卫满营官兵值班房)由21处增至23处。总计设堆拨74处，官员41名，兵丁780名。

一诗

六十一年春斋戒书

◎康 熙

性理参天地，经书辅国朝。
勿劳民力尽，莫使俗气嚣。
不误农丧失，须轻内外徭。
风高林鸟静，雨足路尘消。
视察焉能隐，行藏岂可摇。
桑榆虽景暮，松柏后霜凋。
长养春容盛，宽严君德调。
倦勤应不免，对越愧明昭。

一解

斋戒，古人祭祀前沐浴更衣，整洁身心，以示虔诚，这实际是一种反省。康熙帝写此诗是对自己一生勤奋严谨、励精图治的反省抒怀。诗中所讲都是思想和治世问题，也可谓自己一生的总结。诗的大意是，不要耗尽民力，助长浮伪庸俗的风气。视察民情，官吏无从隐瞒；体恤民情的政治措施不能动摇。虽然尽力为民众奔波，但是按照以德配天的要求来说，还是时时感到对不起英明的祖先。性理，指宋代程朱学派性理之学。国朝，古人对本朝之称。行藏，行止。长(zhǎng)养，语出《孟子・告子》：“苟得其善，无物不长。”即长进养育的意思。对越，即配称。明昭，英明的祖先。

康熙帝朝服像

“敬天勤民”宝印拓，篆书，10厘米见方。康熙帝刻制，此玉玺自康熙帝以来，历代皇帝皆宝用之，此印有专人执掌，不能随便使用　选自《中华宝玺探秘》

【2月17日】

一日

乾隆四十三年正月二十一日(1778年2月17日)，为便于承德所属士子就近应试，工部侍郎刘浩等奏报热河修建考棚之事，并上房间地址绘图。三月，热河道学教授改为承德府教授。自乾隆二年(1737年)到清末，承德府辖内共中进士22人。

一诗

青枫绿屿

◎康 熙

北岭多枫，叶茂而美荫，其色油然，不减梧桐芭蕉也。疏窗掩映，虚凉自生。萝茑交枝，垂挂崖畔。“水似青萝带，山如碧玉簪”，奇境在户牖间矣。

石蹬高盘处，青枫引物华。
闻声知树密，见景绝纷哗。
绿屿临窗牖，晴云趁绮霞。
忘言清净意，频望群生嘉。

一解

青枫绿屿为“康熙三十六景”第二十一景，意为遍植枫树的山岗，犹如绿色的小岛。此景地处“南山积雪”和“北枕双峰”之间，自然景色很美。康熙时期，在这里建造了殿堂、斋舍、回廊、小榭等一组建筑物，把人工美与自然美有机地融为一体。

诗序叙写避暑山庄北岭的枫树叶茂、荫美，还能带给人凉爽，最后借助韩愈的诗句，热情地称赞这里的自然景色，突出了青枫绿屿的诗情画意。萝茑，一称茑萝，一种爬蔓植物，

诗的前四句意思是，踏着一磴磴石级，到达最高处。青翠的枫林，引来大自然的精华；耳边听到林中的风声，便知树林极为茂密。眼前的山林景色，似乎与外界的喧哗隔绝了。物华，此处可理解为最美的景物。

诗的后四句意思是，隔窗面对的景物，犹如绿色的小岛。眼望窗外的晴空，看到白云似乎在追逐彩霞。已经领略这清幽静美之境的意趣，但不知用什么语言来表达才好。频频地向大自然望去，心中祝愿一切生物都繁茂茁壮地生长。趁，追逐。群生，一切生物。

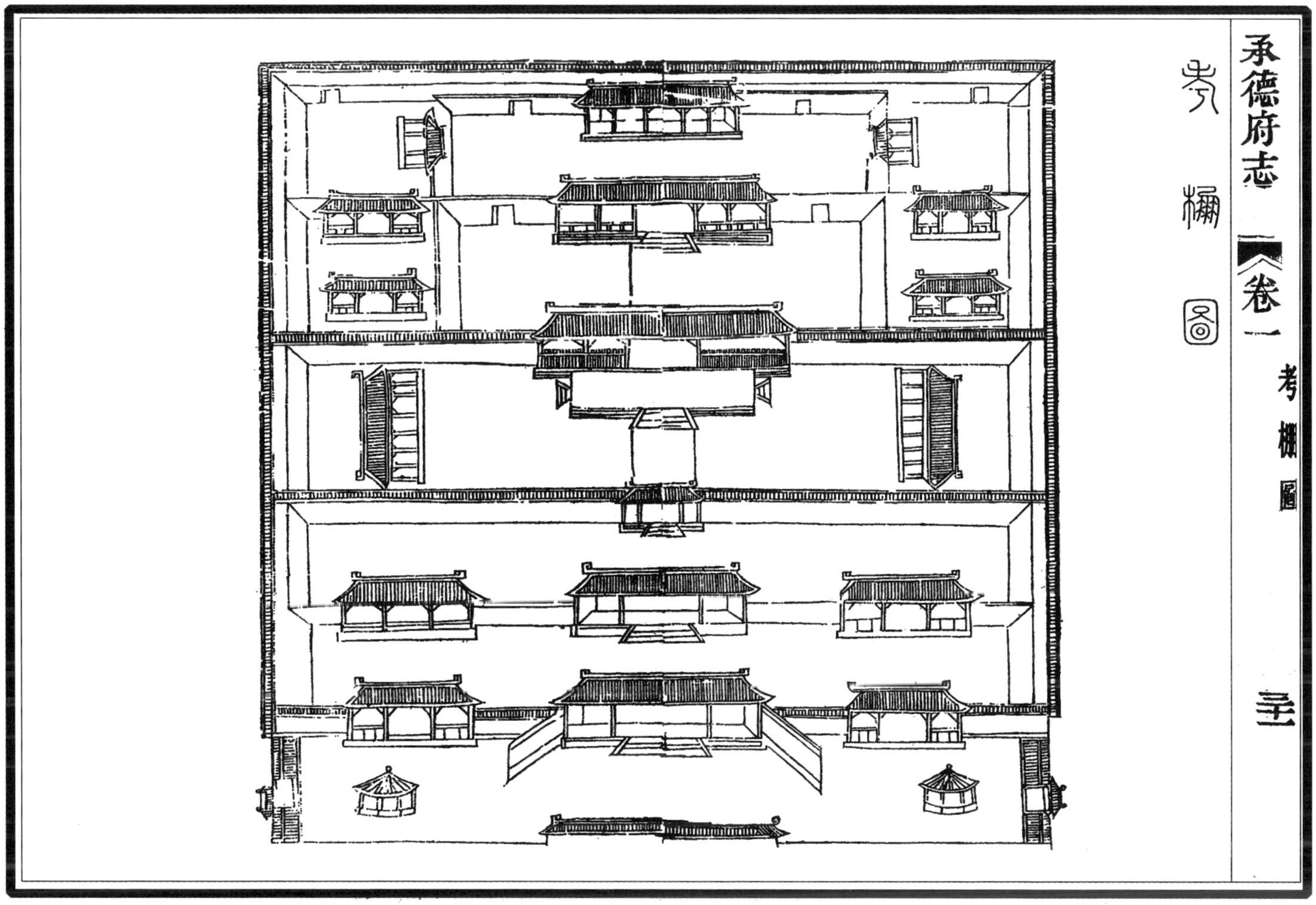

热河考棚图

清末赶考举子

私塾 旧时中国，凡是有条件者皆入私塾启蒙，为以后成就功名奠定基础，而科举亦成为教育的唯一目的

【2月18日】

一日

雍正元年正月十四日(1723年2月18日)，一世哲布尊丹巴以九十高龄来北京为康熙帝奔丧，不幸于本日圆寂于北京黄寺。雍正帝亲临灵前悬帕奠茶，以表敬慕追思之意。清政府并发帑银10万两修建庆宁寺，以为安葬。

嘉庆十九年正月二十九日(1814年2月18日)，热河都统毓秀等奉上谕加修避暑山庄东、西、南三面宫墙，计划用银48226两。

一诗

青枫绿屿殿楹联

◎康熙

笙簧响入疏松里

锦绣云从翠壁来

一解

这副楹联的大意是，风吹山泉的声响就好像优美的乐曲传入稀疏的松林里，片片彩云犹如艳丽的丝织锦绣从翠绿的山崖石壁处飘来。康熙帝把听觉和视觉所感受到的艺术品(笙簧乐曲与丝织锦绣)拿来作比，使得笔下的景色绚丽多彩。

一世哲布尊丹巴塑像

神秘的黄寺

北京黄寺正门

【2月19日】

一日

康熙三十五年正月十七日(1696年2月19日)，康熙帝决定亲征噶尔丹。

嘉庆四年正月十五日(1799年2月19日)，嘉庆帝公布和珅二十大罪状。

一诗

上元夜狱中对月

◎和　珅

夜色明如许，嗟令困不申。百年原是梦，卄载枉劳神。

室暗难挨晓，墙高不见春。星辰环冷月，缧绁泣孤臣。

对景伤前事，怀才误此身。余生料无几，空负九重仁。

今夕是何夕，元宵又一春。可怜此月夜，分外照愁人。

思与更具永，恩随节共新。圣明幽隐烛，缧绁有孤臣。

一解

嘉庆四年(1799年)正月十五日元宵节，乾隆帝宠臣大学士和珅于刑部大牢冷月清辉下，抚今追昔，感慨万千，此前何等辉煌，而今又何等凄惨。这首对月诗总结了自己的一生：正是出众的才能误了我这一辈子呀，人生就是一场大梦呀！缧绁(léi xiè)，捆绑犯人的绳索，借指牢狱。九重，谓天，此指皇帝。

北京原和珅府大门

和珅画像

北京原和珅府有夹壁墙之房

北京原和珅府嘉乐堂

北京原和珅府内路灯

北京原和珅府天香庭院

嘉庆帝朝服像

【2月20日】

一日

雍正元年正月十六日(1723年2月20日)，雍正帝遣皇十弟敦郡王胤䄉、皇三兄诚亲王胤祉之子弘晟等护送已故哲布尊丹巴胡图克图龛座回喀尔喀蒙古。

一诗

木兰诗十五首(选七)

◎钱 载

(其一)

环山度圆阯，黄布为周墙。行殿绕护军，旗门开正镶。
三驱寓九伐，田礼遵仁皇。我皇神武德，今年靖天狼。
从官肃声响，穹帐森沙冈。翠花绕红子，高下暮有光。

一解

这是可作一篇《秋狝赋》读的木兰之诗。为乾隆十四年(1749年)秋白露进哨，内阁学士钱载随扈偕行时所作。诗中摹写塞外山川之寥阔，觉别有天地；秋猎之场景清真锐刻，神景开合，题大思深；而帝王以天下为一家的一统无外景象一并写出，是清诗中卓然大家的佳作。

诗的前四句意思是，围绕着山测量环形的驻跸大营的基址，以黄缎布做四周的墙。围绕行宫大营的有八旗护军统领，率官兵宿卫，行宫内城启旌的正黄旗、正白旗和镶黄旗守卫。阯，同址。基址。行殿，行宫。旗门，行营内城设启旌门。

诗的中间四句意思是，田猎三面驱赶以示好生之德，其中也隐含着对九种罪恶的惩罚，田猎时都遵照当朝的礼仪法度。当今我皇上英明威武为政之道，于今年平定了四川大金川的作乱。三驱，古王者田猎制。谓田猎时须让开一面，三面驱赶，以示好生之德。九伐，古代指对九种罪恶的惩罚，泛指征伐。仁皇，对当朝皇帝的尊称。此处指乾隆皇帝。神武，原谓去凶祸福威服天下而不用刑杀，后沿用为英明威武之意。今年，指乾隆十四年(1749年)。天狼，星名。天空中非常明亮的恒星，属于大犬座。古以为主侵掠。后以“天狼”比喻残暴的侵略者。此处指四川大金川叛乱者。

诗的最后四句意思是，皇帝的随从近臣组织守卫清除周围的响动，行营高大的帐幕森严地矗立在沙冈上，夜幕的光环下，行营中仪仗以翠羽为饰的旗帜、车盖围绕着下棋的棋子，逗棋者相争而不分高下。翠花，犹翠华。红子，指棋子。

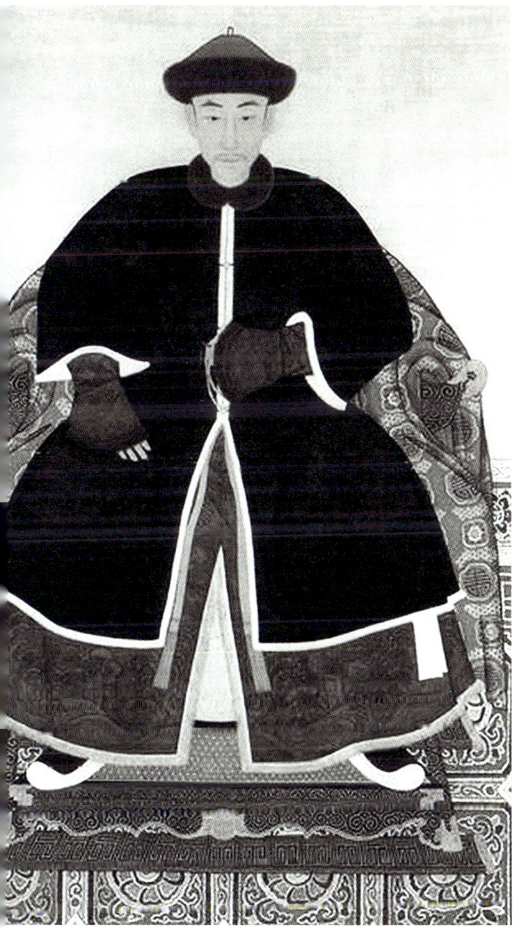

雍正皇十弟胤䄉画像

行宫大营“木兰秋狝”图(局部)

【2月21日】

一日

乾隆五十三年正月初四日(1787年2月21日)，福建水师捷报提督黄仕简率兵渡海，抵达台湾咽喉地鹿耳门，陆路提督任承恩随即率兵于鹿仔港登陆。

一诗

木兰诗十五首(选七)

◎钱 载

(其二)

白露朝已零，顺时乃进哨。
圣人驾玉虬，虎士臂黄鹞。
山绿胜江南，浓苔树阴照。
高瞻涩难上，大岭如壁峭。
穿林仄轮辕，与马争悍剽。
千峰壮九秋，万里归一眺。

一解

诗的前四句意思是，白露节气已经开始降临，于是按时进入猎场。皇上骑着饰有玉勒的马，勇猛如虎的战士臂上架着黄色羽毛的猎鹰。零，薄也。顺时，按时。进哨，进入猎场。清代吴振棫《养吉斋丛录》卷十四载："曩时，岁行秋狝，中秋后一日始，由山庄启跸进哨。"玉虬(qiú)，饰有玉勒的马。黄鹞，猛禽，似鹰而较小。

诗的中间四句意思是，这里的山色胜过江南美景，树阴之下映照着浓浓的苔衣。向高处望去，如峭壁的大岭十分险阻，难以登攀。

诗的最后四句意思是，大队人马车辆通过狭窄的丛林，与轻捷勇猛的马队争道而行。重叠的山峦使秋天更壮美，遥远的万里路途总归一眼望去就是了。仄，窄小，狭窄。轮辕，车辆。悍剽(piào)，轻捷勇悍。

乾隆帝一发双鹿图　故宫博物院提供

【2月22日】

一日

嘉庆四年正月十八日(1799年2月22日)，大学士九卿文武大员等定拟和珅、福长安罪名，拟将和珅凌迟处死，福长安拟斩。后嘉庆帝颁发上谕，加恩令和珅自尽，福长安改为斩监侯。八月十九日，加恩将福长安释放，削去侯爵。

一诗

木兰诗十五首(选七)

◎钱 载

(其六)

车攻旆悠悠，卷阿风翙翙。
一家乐恬熙，万里静尘堨。
野草亦有心，路旁荣所赖。
日觉深山深，日忘大漠大。
大坡忽以豁，高立数峰最。
深峪忽以迴，翠复数峰外。
乃知开阖间，造物方未艾。

一解

诗的前四句意思是，田猎坚固的战车旌旗飘动，蜿蜒的山陵之间的风如鸟飞的声音。皇上喜悦安乐，国家平安无事。旆(pèi)，指旌旗。悠悠，飘动。翙翙(huì)，鸟飞声。一家，指一人，谓人君。静尘堨(ài)，尘土不扬，喻国家平安。

诗的中间八句意思是，野草也有心，为的是在路边茂盛生长。田猎在深山老林更觉山之深，每日忙于田猎也就忘了沙漠之大。登上大山之坡望远，忽然见到了高高耸立的聚合的山峰。忽然又转入深深的山谷，转来转去，又发现青翠的峰峦在天之外。大漠，指我国西北一带广大沙漠地区。

诗的最后两句意思是，于是了解到皇帝的用意和策略，正如创造万物幸福的神灵在不断创新和发展。

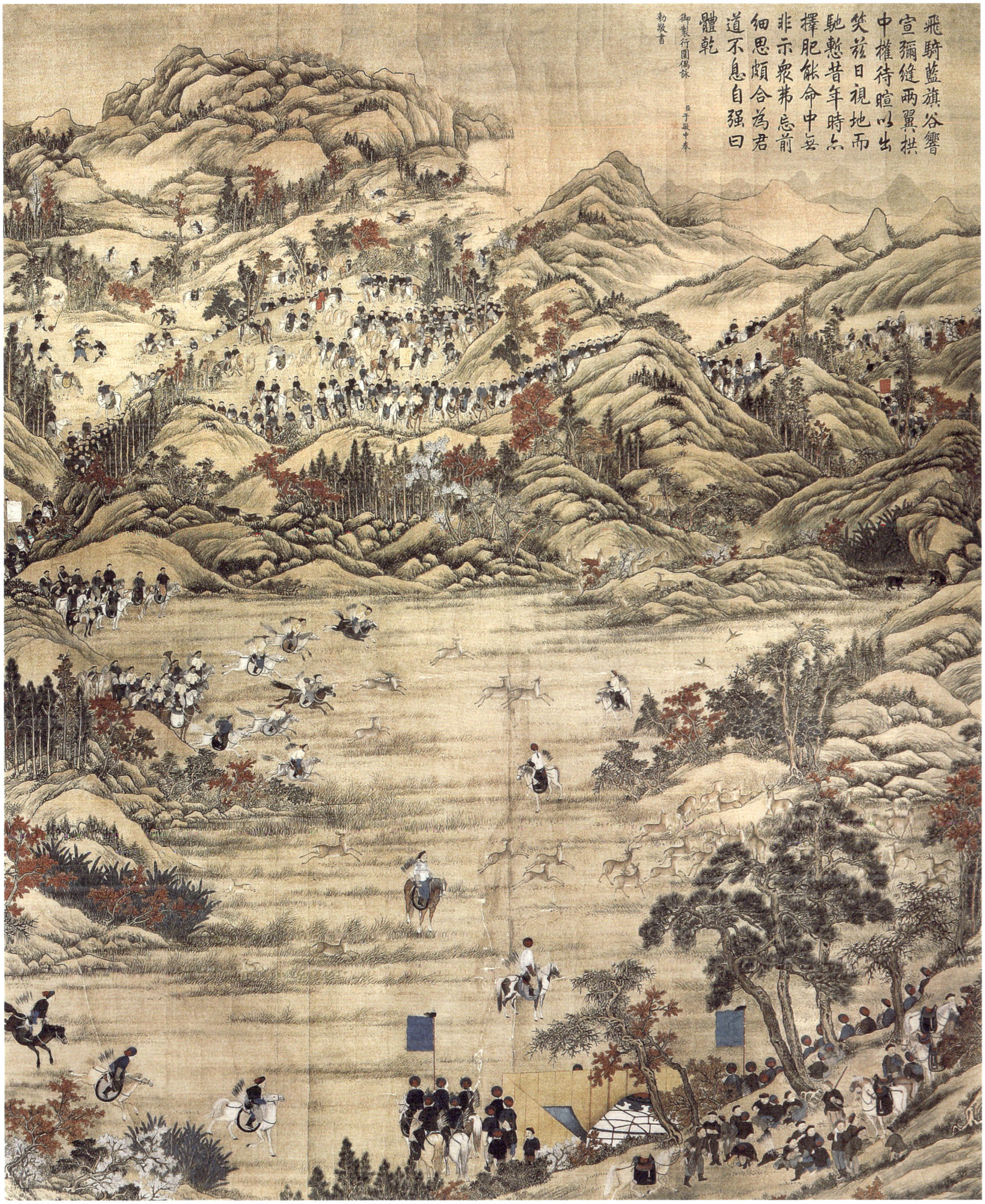

清高宗围猎图 选自《清帝与避暑山庄》

【2月23日】

一日

乾隆三十八年二月初三日(1773年2月23日)，长芦盐政西宁奏报，在浙江海宁成造罗汉五百尊、三世佛、韦陀、地藏、疯僧济颠七尊，木胎灰布及背光须弥座、山台雕凿等工并包裹装成完竣，于正月十三日启程，由水路运送通州，再由陆路运往热河。这些物品安放在狮子园附近新建的罗汉堂。

一诗

木兰诗十五首(选七)

◎钱载

(其八)

度岭始跨马，岭长步屡休。
自巅曲折下，枫夹桦林稠。
又见前翠壁，奇绝无以俦。
山秀土更肥，转坡势莫收。
气象乃尔辟，昌昌匪幽幽。
厥产富麋鹿，是为巴颜沟。

一解

诗的前四句意思是，过了大岭才开始骑马，山岭路长不断停步休息。自山巅曲折而下，沿路长满稠密的枫树和桦木林。

诗的中间四句意思是，又看见前方的青翠峭壁，奇绝无可相比。峻秀的山岭土地更肥沃，转到另一山坡，山势还是这样奇绝。俦，比，相比。

诗的最后四句意思是，此种景象是你们大家开辟出来的，这里山秀壁翠、林稠土肥，繁盛又不显得幽远。富产麋鹿，这就是著名的巴颜沟围场。气象，景色、景象。厥，代词，其。麋鹿，是一种稀有的珍贵兽类，也叫四不像。角像鹿，尾像驴，蹄像牛，颈像骆驼。性温顺，吃植物。巴颜沟，蒙古语，地名，汉译富足之沟，现今围场东北新拨乡白云大院一带。

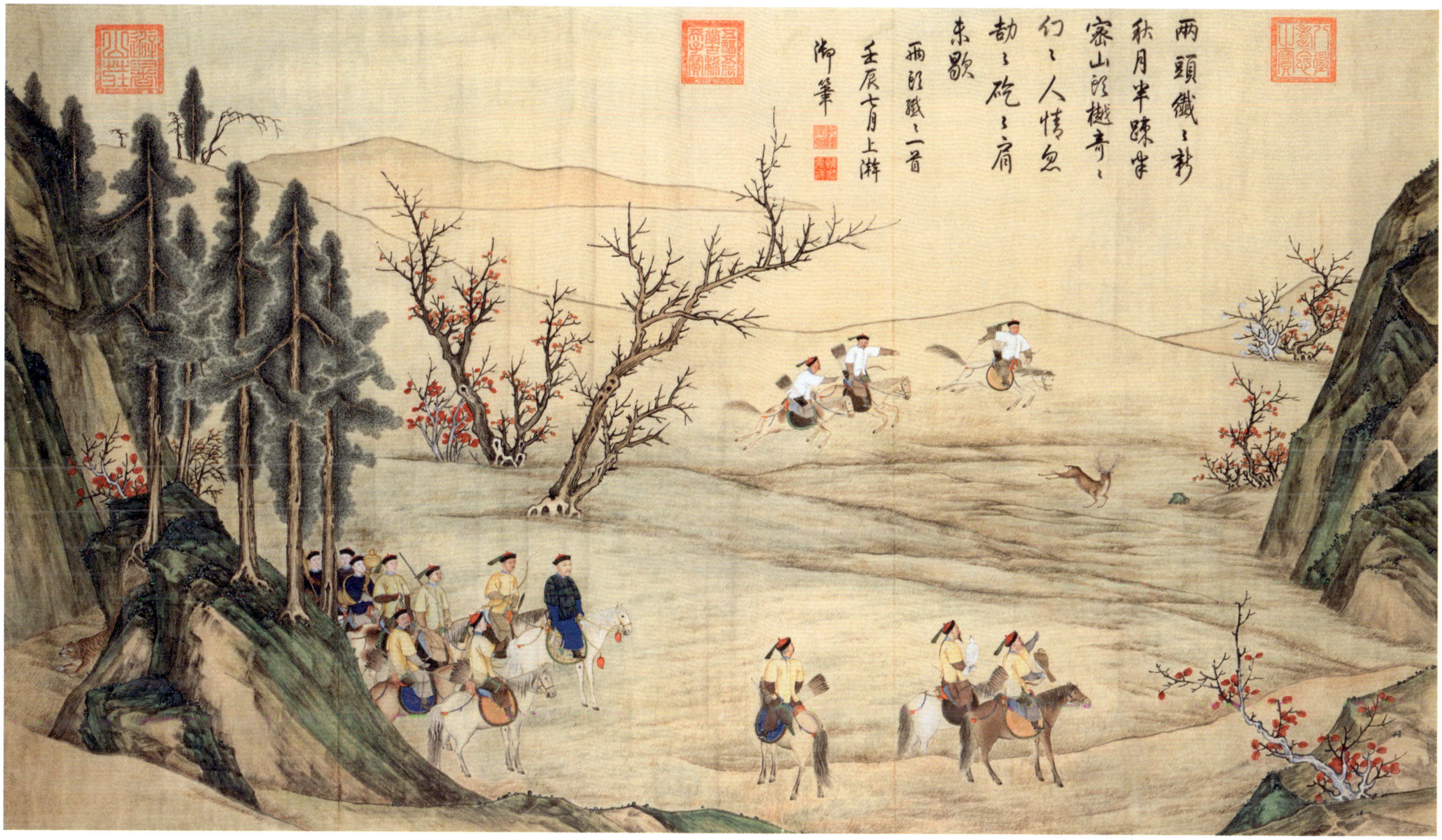

乾隆帝猎鹿图　故宫博物院提供

四不像

威弧获鹿（乾隆帝御笔）

【2月24日】

一日

康熙五十二年正月三十日(1713年2月24日)，康熙帝册封西藏喇嘛教格鲁派的两大活佛之一的班禅为“班禅额尔德尼”，并赐予金册、金印，从而正式确立了班禅在西藏的地位。此后，历代班禅转世，都必须经过中央政府的册封。

一诗

木兰诗十五首(选七)

◎钱载

(其十一)

峰秀林益茂，月高涧逾清。
出门看团圞，就枕闻琤琮。
朝来宜秋帖，奎画传宵情。
旭光并峰转，坦然蹋前程。
右峰虎踞伏，左峰龙盘行。
合沓占大势，回环蕴元精。
启予至灵境，岁邀帝歌声。

一解

诗的前四句意思是，林木茂盛更显得山峰秀美，月亮高悬更显得溪涧清澈。出门看到夜空的圆月，就寝时听到外面水石相击的清脆声响。团圞，指圆月。琤琮，象声词，多指玉声，常以形容清脆的声响。

诗的中间八句意思是，清晨起来正适宜写中秋帖子词，见到昨夜《御制中秋帖子词》墨迹诗句，传达出月夜之下皇上感怀的情意，初升的太阳合着山峰移动，心里很平静地踏上前程。右边山峰像虎蹲伏，左边山峰像龙盘绕。虎踞龙盘的左右二峰，攒聚的险要、雄伟的地理，在山势上绝对占有大位、高位。由此看来，此地循环往复凝结着一股天地的精气。秋帖，中秋的帖子词。帖子词原为宋代八节内宴时翰林院侍臣献给宫中的诗，粘贴于阁中门壁，以迎吉祥。大都为五七言绝句。奎画，指皇帝的墨迹。蹋，同踏，迈步，跨。合沓(tà)，重叠，攒聚。回环，循环往复。元精，天地的精气。

诗的最后两句意思是，每岁到木兰的名山胜境对自己真有所启发，感受到《御制中秋帖子词》诗歌中所云“启予千古塞垣山”。每年都会在此迎侯皇帝的诗作。启予，谓对自己有所启发。灵境，庄严妙土，吉祥场地，也指名山胜境。邀，迎候。

玉印图样

乾隆帝颁赐六世班禅“班禅额尔德尼”玉印

雍和宫 六世班禅曾在此讲经说法

香山昭庙 六世班禅曾在此居住 选自《历代班禅与雍和宫》

须弥福寿之庙 六世班禅在承德的行宫

【2月25日】

一日

乾隆四十一年正月初七日(1776年2月25日)，阿桂奏报，除噶拉依官寨外，金川全境荡平。乾隆帝封阿桂“头等诚谋英勇公”，其他有功将领皆得晋封。

道光三十年正月十四日(1850年2月25日)，道光帝身体屡不适，至是病危。召宗人府宗令载铨、御前大臣载垣、瑞华、僧格林沁，军机大臣穆彰阿等，公启镭匣，宣示御书。皇四子奕詝立为皇太子。午刻，道光帝病逝于圆明园。

一诗

木兰诗十五首(选七)

◎钱载

(其十二)

晓行入一弯，仰见秋树冷。半红半青黄，人曰达阴岭。
桦树十万株，密密直于针。日光照玻璃，叶叶晴不阴。
枫树或间之，叶红点我襟。越岭盼左右，亦皆枫桦林。
山黄地半青，草深霜不任。落叶松如何？根有络纬吟。

一解

诗的前四句意思是，拂晓赶路进入一山弯之处，抬头一看秋日之树的寒冷。已经一半红一半青黄的颜色，人说这里是达阴岭。

诗的中间八句意思是，达阴岭成千上万株桦树，繁密地像根根针那样。秋叶在日光映照下犹如玉石水晶。在桦树林中间或还有枫树，红叶点染我的衣襟。越过达阴岭左顾右盼，到处是枫树与桦树相杂的树林。玻璃，古为玉名，亦称水玉，或以为水晶，这里应指琉璃。

诗的最后四句意思是，山上发黄了，地上还是半青色。草长得茂盛而经霜不白。落叶松又会怎样呢？只听那松树根有络丝娘在秋夜里振羽作声。落叶松，原注：“塞外松别一种，涉寒落叶，曰落叶松。”络纬，虫名，即莎鸡，俗称络丝娘、纺织娘。夏秋夜间振羽作声，声如纺线，故名。

道光帝朝服像

道光帝御笔印拓

阿桂画像 阿桂(1717年9月7日—1797年10月10日)，清满洲正白旗人。乾隆朝举人，历任伊犁将军、兵部尚书、吏部尚书，官至武英殿大学士兼首席军机大臣，为清高宗所倚重。曾三次平定准噶尔部和大小和卓叛乱。后历任统帅，用兵大小金川，平定西北回民起义，参加征缅之役。并多次视察黄河决口、江浙海塘工程。

【2月26日】

一日

康熙三十六年二月初六日(1697年2月26日)，康熙帝第三次亲征噶尔丹。

乾隆二十三年正月十九日(1758年2月26日)，乾隆帝以阿睦尔撒纳身死异域，命通行晓谕准噶尔全局“可以告厥成功”。

一诗

木兰诗十五首(选七)

◎钱 载

(其十三)

放鹿圣之仁，哨鹿仁之勇。
大哉发元音，大笔何典重。
允惟文武德，自中及外钦。
四十有九旧，示以怀柔心。
诸旧荷燕宾，围口趋骎骎。
愿吾圣仁主，秋狝岁必临。

一解

诗的前四句意思是，释放鹿是皇帝的宽惠行德，围场捕鹿表现为圣仁的勇猛威武。皇帝御制有《放鹿诗》、《哨鹿赋》，了不得！皇帝的诗赋，这是何等的历史大手笔！仁，仁德，封建道德作为最高的道德标准。哨鹿，打猎时吹哨效仿鹿声引鹿。又因围场为哨鹿之所，后亦称围场为哨鹿。此指围场打猎捕鹿。大哉，指当代的皇帝，溢美之词，源自《论语・泰伯》：“大哉，尧之为君也。”元音，纯正而完美的声音，指皇帝的诗赋。典重，犹重典，重要的典籍。

诗的中间四句意思是，国内国外都十分信服并尊崇皇帝的文才武略，尤其是在漠北喀尔喀蒙古实行盟旗制度，与内蒙古“四十九旗一例编设，其名号亦与四十九旗同”，垂示皇帝的怀柔之心。怀柔，以恩惠招抚而来。

诗的最后四句意思是，蒙古王公贵族首领在行围路口，骑马急速奔驰，为承受皇恩而赶来赴宴。从内心祝愿英明的皇帝，每年秋天都会来木兰围场秋猎。骎骎(qīn)，马跑得很快的样子。

清高宗丛薄围猎图　故宫博物院提供

【2月27日】

一日

乾隆二十五年正月十一日(1760年2月27日)，驻新疆伊犁办事大臣、定边将军兆惠等函送小和卓霍占集首级至京。乾隆帝御紫禁城午门楼上升座，由兵部尚书李元亮主持，兆惠等行献俘礼。

一诗

平定回部献俘

◎乾　隆

函首霍占末月窆，倾心素坦欸天阊。
理官洲问宁须试，骠骑穷追实可藏。
西海永清武保定，午门三御典昭详。
从今更愿无斯事，休养吾民共乐康。

一解

这首诗写于乾隆二十五年正月十一日(1760年2月27日)，兆惠等函送新疆回部叛乱头目小和卓霍占集首级至京，行献俘礼，西陲大功告成。大兵平定准噶尔，各部悉入版图，新疆各部倾心向化，回部各部首领轮班进京觐见乾隆。窆，墓穴。欸，至。天阊，皇宫大门。藏，善，好。西海，新疆博斯腾湖别称，此处指新疆西部。三御，乾隆三次在御门受献俘礼。

平定回部献俘 故宫博物院提供

兆惠画像 兆惠(1708—1764)，清乾隆时将领，满洲正黄旗人，都统佛标之子。雍正九年(1731年)，兆惠以笔帖式授军机章京。历任兵部郎中、内阁学士，盛京刑部侍郎、刑部右侍郎、正黄旗满洲副都统、镶红旗护军统领。乾隆十三年(1748年)，赴金川军营督办粮运。雍正九年(1731年)由笔帖式入值军机处，补内阁中书。自十三年(1735年)起至乾隆十一年(1746年)，七迁至副都统、护军统领。后力兼领户部侍郎，充经筵讲官。十八年(1753年)，奉命赴西藏防准噶尔。十九年(1754年)，乾隆帝拟征准噶尔，奉命协理北路军务并总理粮饷。二十年(1755年)，奉命率军驻乌里雅苏台。以阿睦尔撒纳叛，陷伊犁，被调赴西路巴里坤。次年，讨叛，复伊犁。阿睦尔撒纳逃遁哈萨克后，他与参赞大臣富德策应北进，至额密勒，阿睦尔撒纳叛入俄罗斯，乃还师，后授定边将军，参与平定回部首领博罗尼都和霍占集叛乱，率军由乌什取喀什噶尔(今新疆喀什)，降其众。二十七年(1762年)，擢协办大学士兼领刑部尚书，同刘统勋等勘江南河运，后往勘海口，复察直隶河工，事竣还京，卒，谥文成。

【2月28日】

一日

乾隆五十五年正月十五日(1790年2月28日)，乾隆帝对先秦石鼓文字进行考订整理，重新刻两套石鼓，其中一套送到热河文庙，存放在热河文庙大成门内两侧的石鼓，共10尊。石鼓用古籀文刻着10首古诗，其内容是描绘古代天子游猎活动壮观场面的。

乾隆五十五年正月，热河文庙石鼓重刻完成，在戟门内，左右各五鼓，现存字三百一十，重文二十有一。戟门内左，竖立御制《集石鼓文十章制鼓重刻序》，碑阴上列《石鼓释文音训》，下列东阁大学士王杰等《释文音训序》。

[评]石鼓相传年久，到乾隆年间，字迹已漫漶不清。乾隆帝为振兴文化，培育贤才，重刻石鼓文，并将其中一套放于热河文庙。表达了他对热河教育文化事业的关注。时至今日，当我们目睹这些瑰宝时，仍能体会出乾隆帝倡导文明教化的良苦用心。

光绪三十一年一月二十五日(1905年2月28日)，承德邮政分柜铺开办，邮路长240公里，设驿站6处，每周邮班一次。翌年三月二十四日(1906年4月17日)改设承德邮政分局，胡家鼐为分局局长。宣统二年(1910年)，热河都统署自办邮电局。

一诗

石鼓铭文

避車既工
避車既好
君子員員
麀鹿速速

避馬既同
避馬既駘
邋邋其斿
君子之求

一解

这是第一尊(甲)石鼓铭文，大意是，狩猎之人驾着最坚实的马车，骑着同样坚实的良马。我的马车多么好使，我的马儿多么肥壮。天子在众臣簇拥之下，旌旗飞动，成群的野鹿见到猎人，在田野中狂奔，这正是巡猎所追逐的猎物。

热河文庙大成门内石鼓存放处

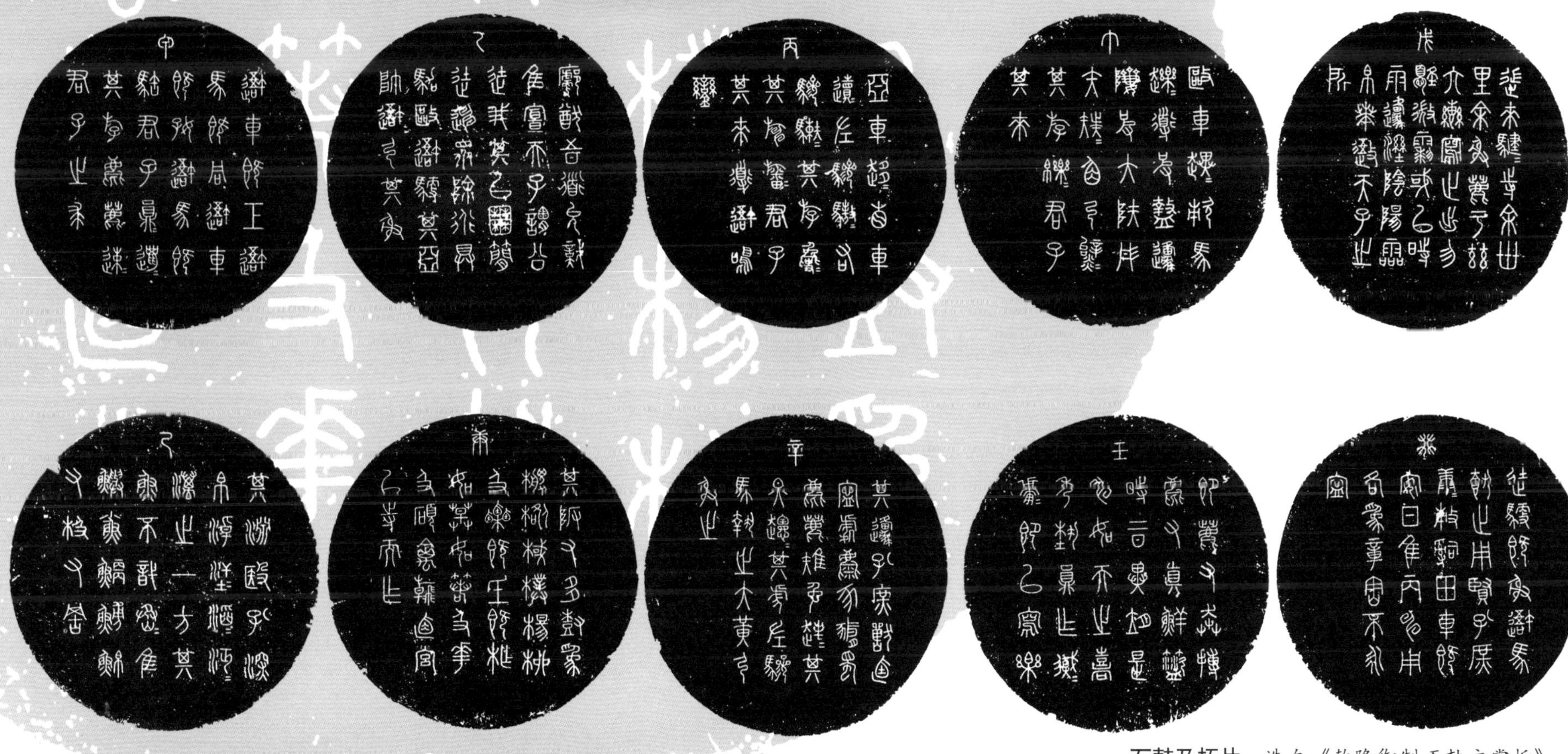

石鼓及拓片 选自《乾隆御制石鼓文赏析》

【3月1日】

一日

雍正元年三月(1723年4月)，清政府于古北口外新开发的热河首置政权热河厅，行政治所在避暑山庄棒子峪东麓，设理事同知一员，为正七品。管理旗民事务，兼理民事。首任热河理事同知是葛森，满洲正白旗人。乾隆四十三年(1778年)改热河理事同知为承德府知府，先后共17任。

一诗

水心榭牌坊题额

◎乾 隆

晴霄虹亘
远碧鲸横

圆嵩澄霞
阆风涤翠

一解

水心榭是避暑山庄著名的风景之一。水心榭两端的牌坊，其正面和背面都有题额。晴霄虹亘，意思是，水心榭像雨过天晴的彩虹一样，横跨在塞湖两岸。远碧鲸横，意思是远山近榭叠映在水面，犹如鲸鲵横卧在湖中。避暑山庄四周有连绵起伏的山峦，夕阳返照，湖波浩淼，波光闪耀，苍碧的远山和水心榭重叠起来的倒影，其形态如鲸鱼兴波。圆嵩澄霞，意思是山庄周围的群山，像佛教胜地被霞光照得澄碧辉煌。阆风涤翠，意思是高耸的山峰，如同阆风仙山青翠欲滴。题额以圆嵩(佛境嵩山)和阆风(昆仑山最高峰)作比，赞美避暑山庄秀丽风光，暗示这里是佛界仙境，是佛祖和神仙所钟爱的地方。

“乾隆三十六景”之水心榭

【3月2日】

一日

乾隆三十八年二月初十日(1773年3月2日)，乾隆帝上谕将《大藏经》按部翻作清文(满文)。前一年为翻译满文《大藏经》，在京师西华门内开设了“清字经馆”，命章嘉国师经理其事。

乾隆四十二年正月二十三日(1777年3月2日)，乾隆帝生母崇庆皇太后去世，寿86岁。

一诗

岳钟琪入觐诗以赐之

◎乾　隆

剑佩归朝矍铄翁，番巢单骑志何雄！
功志淮蔡无惭李，翼奋渑池不独冯。
早建奇勋能鼓勇，重颁上爵特褒忠。
西南保障资献略，前席敷陈每日中。

一解

这首诗写于乾隆十四年(1749年)。康熙、雍正时期，岳钟琪在讨平西藏、青海叛乱中屡立战功。乾隆十四年(1749年)，岳钟琪协助傅恒平息四川西部金川叛乱，归朝后受到乾隆的隆遇。矍铄，指老年人精神健旺，时岳钟琪已63岁。番巢，指岳钟琪曾单骑闯入敌营。淮蔡，惭李，指唐宪宗时名将李愬，曾率兵讨伐吴元济，雪夜攻克蔡州，生擒吴元济。淮西节度使吴阳袭位不遂，拥兵叛乱，割据蔡州(今河南汝阳)，兵败被俘，斩于长安。翼奋句，指东汉光武帝刘秀大将冯异，于渑池一举打败赤眉起义军。重颁，岳钟琪归朝后乾隆帝赐名号“威信”，晋太子太保，封三等公。前席，古人席地而坐，谈话投机不觉靠近坐席。此处表现了乾隆帝对岳钟琪的尊崇。敷陈，铺陈，详加论列，指重要谈话。

乾隆帝生母崇庆皇太后像 故宫博物院提供

岳钟琪画像 选自《雍正皇帝画传》

岳钟琪(1686—1754)，清初名将，四川成都人。自幼熟读经史，博览群书，习武学射。当时的清王朝虽然经营了近半个世纪，西南平三藩，东复台湾，东北收复雅克萨，通过《尼布楚条约》划定了中俄边界，西北三次派兵平定准噶尔与沙俄勾结的分裂反叛……但是，西部仍不太平。在此后的半个世纪里，不同规模的叛乱频频不断，特别是准噶尔部的首领，继噶尔丹之后，策旺阿拉布坦、噶尔丹策零，连续三代从未停止过其分裂活动，他们还同西藏少数上层反叛分子勾结，制造叛乱。青海蒙古族和硕特部首领罗卜藏丹津也图谋割据青海，以及大金川之乱等，这些都赋予了岳钟琪等镇边将士们以平定叛乱、维护安定、制止分裂、维护统一的重任，同时，也提供了建立功勋的契机。岳钟琪二十岁从军，便开始了他的戎马生涯，至68岁病逝于平乱凯旋的途中，历经近半个世纪的军旅生涯，为大清立下赫赫战功。

【3月3日】

一日

雍正二年二月初九日(1724年3月3日)，上谕切实重农务本。诏令各督抚有课农之责，要求悉访农民疾苦，鼓励开垦种植，鼓励种树，保护环境。

一诗

嘉禾双颖

◎康　熙

夜雨初晴日，素商驱暑天。
林红变绿叶，谷熟卜丰年。
勿讶嘉禾瑞，须知贵粟鲜。
秋成各地异，大有再书篇。

一解

这首五言律诗，写于康熙五十一年至五十四年(1712—1715年)间，写作时间应该是在立秋后。看到热河一带秋收在望，康熙帝感慨万分，即使如此，他还惦记着全国的收成情况。由此可见康熙帝时刻关心着农业生产和百姓生活。

诗的首联记述道，下了一夜的雨，白天刚刚放晴，秋风驱散了强烈的暑气。素商，指秋季。《礼记·月令》：孟、仲、季三秋“其音商(宫、商、角、徵、羽五音之一)”，因此称秋为商秋。又五行以金配秋，其色尚白，故称秋为素秋。

诗的颔联说道，树木的绿叶渐渐地变成了红色，谷物成熟预示着又是一个丰收的年景。卜，用占卜的方法预测未来，引申为估量。

诗的颈联说道，不要因生长茁壮的庄稼能带来祥瑞而吃惊地高兴，应首先知道粮食是贵重之物而加强田间管理。讶，惊讶，这里表示吃惊而高兴的意思。嘉禾，生长奇异(一茎多穗)的禾，泛指生长茁壮的禾稻，古人以为是吉祥的征兆。典出《书·微子之命》：“唐叔得禾，异亩同颖，献诸天子。王命唐叔，归周公于东，作《归禾》。周公既得命禾，旅天子之命，作《嘉禾》。”贵粟，意思是以粮食为贵重之物。

诗的尾联写道，秋天的收成各地都不一样，等到家家户户都丰收了，我再写一首诗。大有，丰收。

皇帝亲耕图

雍正帝耕织图　故宫博物院提供

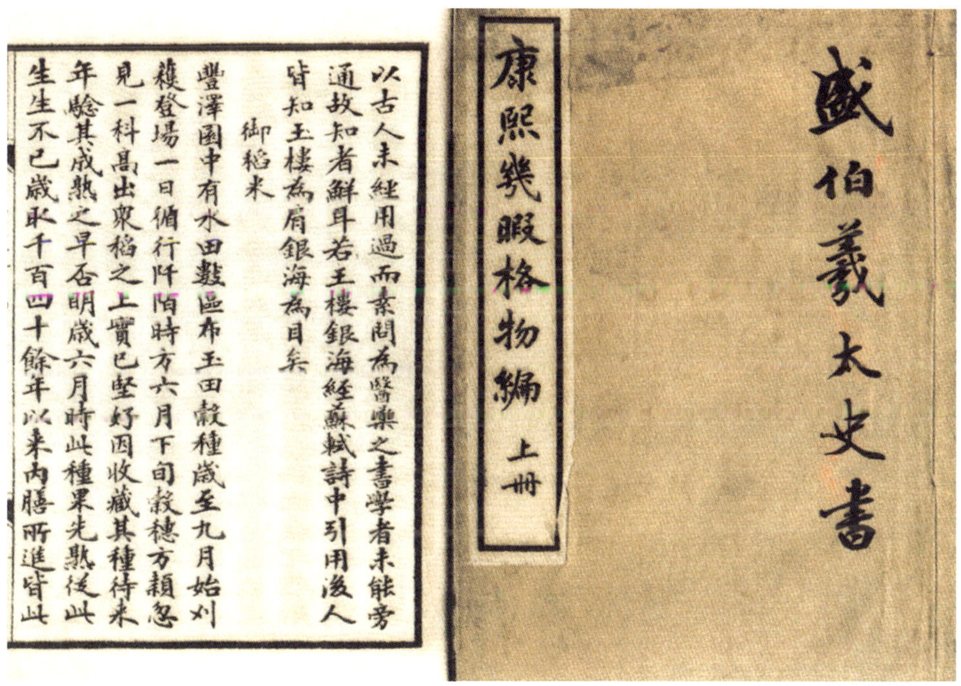

以古人未經用過而素聞為醫藥之書學者未能旁通故知者鮮耳若玉樓銀海經蘇軾詩中引用後人皆知玉樓為肩銀海為目矣

御稻米

豐澤園中有水田數區布玉田穀種歲至九月始刈穫登場一日循行阡陌時方六月下旬穀穗方穎忽見一科高出衆稻之上實已堅好因收藏其種待來年驗其成熟之早否明歲六月時此種果先熟從此生生不已歲取千百四十餘年以來內膳所進皆此

康熙幾暇格物編　上冊

盛伯羲太史書

御稻米　《康熙几暇格物编》记载，康熙帝在丰泽园发现御稻种并加以推广

【3月4日】

一日

嘉庆四年正月二十八日(1799年3月4日)，清廷为表彰参劾和珅的御史曹锡宝，追封其为副都御史，并荫封其子。

光绪十五年二月初三日(1889年3月4日)，慈禧太后归政，光绪帝亲政。

一诗

静寄山房莹心堂楹联

◎康熙

自有山川连北极
天然风景胜西湖

取欢知仁乐
寄畅山水音

一解

静寄山房后的书斋为莹心堂，莹心，出自左思《招隐》诗：“前有寒泉山，聊可莹心神。”就是让自己的心像水洗一样明净。在静寂的书斋里读书，有利于“三省吾身”，修身养性，不断地提高思想境界。

第一副楹联的意思是，避暑山庄峰峦峡谷，通达大地的北端，这里的自然风光胜于西湖的美景。

第二副楹联的意思是，取欢于自然，培养“智者乐水，仁者乐山”的情思，寄情于山水，寄托“志在高山流水”的愿望。

光绪帝朝服像

外国人为光绪帝拍摄的照片

【3月5日】

一日

康熙五十年正月(1711年3月)，位于丽正门南口，东车市及西大街十字路口的火神庙建成。此庙坐东朝西，二重院落，门前有牌楼，左右为两幢大旗杆。依次为庙门、正殿五间、东西配房及耳房、后殿。正殿门楣匾额“德炳南离”，内供火神泥塑坐像。后殿内供弥勒佛一尊。庙内种植柏树、古松、明开夜合及各种花草。每年正月十五灯节亦是火神祭日。灯会和庙会一起举办，热闹非凡。

一诗

颐志堂

◎乾　隆

河亭迤北，疏轩面爽，皇祖题曰：“颐志堂”。陆士衡有言颐情志于典坟，岂徒缮性葆真之为适。

窈窕山深水复清，虚堂夏五足怡情。
欲因致远惟宁静，匪慕嵇康自养生。

一解

颐志堂为“乾隆三十六景”第九景。建于康熙四十八年(1709年)。位于“月色江声”岛之东侧。镜湖西岸为“清舒山馆”，岛上绿树成荫，长满灌木、偃松的丘壑错落有序，湖面碧波荡漾、荷苇丛生，全岛清幽宁静，岛上有组大型古建筑，是皇帝处理国家政务之余研究学习典籍之所在。面南正殿五楹，康熙帝题额为“颐志堂”(又名“光风霁月”)。颐志堂有配殿，东向，康熙帝题额为“学古堂”，堂内藏有大量经典古籍，是皇帝读书之处。在康熙看来，读书是培养高尚情操和远大志向的重要途径。诗序叙写颐志堂的位置在河亭之北，其殿堂的轩窗面对清爽的美景。“颐志”二字语出西晋陆士衡《文赋》：“颐情志于典坟。”即通过读书陶冶自己的性情和志趣。诗序又说“颐志”难道只是像庄子那样为了保全所谓天赋本性吗？从而点明康熙题额的用意。典坟，三坟五典的省称。指各种古代典籍。缮性，涵养本性。葆真，保持纯真的本性，也作“保真”，保全天真。

诗的前两句意思是，山深水又清，厅堂高敞又通风，夏季五月在这里让人能有特别舒畅的心情。窈窕，深邃貌。夏五，指夏五月。怡情，怡悦心情。

诗的后两句意思是，想要达到远大的目标，只有心情安静，不骄不躁，学习钻研，培养道德情操，而绝不能羡慕嵇康只为自己求养生之道。致远，达到远大目标。宁静，取意于诸葛亮《诫子书》。慕，思慕，向往。嵇康(224—263)，三国时期魏国文学家、思想家、音乐家。崇尚老庄，讲求养生求食之道。“竹林七贤”之一，与阮籍齐名。在哲学上他认为“元气陶铄，众生禀焉”，肯定万物都是禀受元气而产生的，主张回到自然。《庄子・养生主》：“文惠君曰：‘善哉！吾闻庖丁之言，得养生焉。’”

油画《康熙帝读书像》屏 选自《紫禁城》

【3月6日】

一日

康熙二十三年正月二十一日(1684年3月6日)，大学士等以施琅折本请旨。施琅建议留守台湾，设兵驻防。康熙帝认为台湾弃取所关甚大，决定设兵守卫。

乾隆四十六年二月十二日(1781年3月6日)，六世班禅法体在西黄寺内“百日供养期满”，其灵柩由理藩院尚书博清额等护送，自西黄寺起程回藏，乾隆帝亲诣西黄寺拈香送之。

一诗

宁静斋

◎乾　隆

诸葛孔明“澹泊”、“宁静”二语，千古名言。皇祖所至，若御园之淡宁居、山庄之澹泊敬诚，皆取其义。兹以名斋，匪惟慕贤，实以述祖。

既深始静心堪会，
致远而宁道亦赅。
妙契神诠参不尽，
武侯岂独幹时材。

一解

宁静斋为“乾隆三十六景”第三十景。约建于康熙四十二至四十七年(1703—1708年)。此景位于千尺雪之后文津阁前的玉琴轩西侧，二者并立。这里依山傍水，环境清幽，乾隆帝题额曰“宁静”，后楼恭悬康熙帝题额曰“清敞”。诗序叙写诸葛孔明《诫子书》中“非淡泊无以明志，非宁静无以致远”两句话，乃是千古至理名言。皇祖所到之处，像御园里的“淡宁居”，避暑山庄的“澹泊敬诚”，都是取这两句话的意思命名的。我用“宁静”来命名此景，并非简单地敬慕前贤，实际上是为了陈述皇祖的遗志，希望子孙们也要像皇祖父那样具有澹泊敬诚、宁静致远的精神情操和远大抱负。御园，指北京之畅春园。“淡宁居”，畅春园内殿名。“澹泊敬诚”，避暑山庄内殿名。

诗的前两句意思是，只有深刻领会事理才能静思修身，这是我内心能够领会的。心情宁静，集中意志，思考如何实现自己的远大抱负，这道理也是完备的。既，连词，表示两种情况并存。深，深奥，深刻。堪，能够。会，领会；理解；懂得。致远，达到远大目标。宁，宁静。道，道义，道理。《荀子·子道》：“从道不从君，从义不从父。”赅，完备；具备；兼备。

诗的后两句意思是，诸葛亮所说的精妙道理，契合着博大精深的真理，让人参悟不尽，他难道只是济世之才吗？妙契神诠，精妙地契合着精深的真理。契，契合，符合的意思。神诠，意同真诠，真理。幹时材，济世治世之才。幹时，济世治世。

扎什伦布寺 位于西藏后藏日喀则，为黄教四人寺院之一，建于明正统十二年(1447年)，由一世达赖喇嘛根顿珠巴创建。现扎什伦布寺建筑总面积70万平方米，大小金顶12座、扎伦4个、大小经堂56座、殿宇236间，有喇嘛八百余人。六世班禅法体就供奉在西藏扎什伦布寺内。

【3月7日】

一日

乾隆五十三年正月十八日(1787年3月7日)，晋封十公主为固伦公主，又命固伦额驸丰绅殷德服色与贝子同。十公主是乾隆帝最小的女儿，系惇妃所生。按照清例，皇后所生皇女才能封为固伦公主，品级视亲王。

一诗

云山胜地莲花室楹联

◎乾 隆

云影澄观妙悟太空参合相
山光悦性静因常住识真如

一解

这副楹联的大意是，静观云容影像，彻底领悟到宇宙的一切，既有形色又是空无的。莲花，清洁的象征。因室内供奉佛像而名之为莲花室。澄观，静观。含相，佛家语，有色即是空，空即是色，有即无，无即有，二者合一。静因，静静的因缘，这里含有善因有善果之意。真如，佛家语，意为永恒存在的实体。此联透露出乾隆的理念：相信佛的存在，但不主张苦苦修行，赞成佛家所持心即是佛，佛即是心，心诚则灵。

烟波致爽殿西次间佛堂 清代帝后晨昏礼佛之处，桌案上摆放着佛龛、八宝五供等供器

【3月8日】

一日

康熙三十七年正月二十六日(1689年3月8日)，因朝鲜缺粮，遣侍郎陶岱运米三万石往该国。一万石赏给，两万石平粜。是年，朝鲜国因饥荒和流行病，造成二万三千余人死亡。

一诗

福寿园清音阁额联

◎乾 隆

云山韶濩

响叶钧天

一解

福寿园是祈求福寿之地。这里是举行“庆赉燕赏”的场所，即赏赐与宴请蒙古各部王公大臣的地方。后来在承德依北京圆明园的清音阁建造了大戏楼，命名为清音阁。坐南朝北，规模宏大，气势雄伟。清音，清亮的声音。左思《招隐》载：“非必丝与竹，山水有清音。”避暑山庄有山有水，高山流水之声是动听的，戏台上表演的戏剧乐曲更为迷人，所以以“清音”命名。云山韶濩，意思是云山之间传来虞舜、商汤时的古乐声。响叶钧天，意思是这里演奏的乐曲像钧天广乐那样和谐。虞舜时有韶乐，商汤时有濩乐。钧天，即天之中央，又指天上的乐曲。

清音阁组图(老照片)　选自《热河》

【3月9日】

一日

光绪二十九年二月(1903年3月)，热河都统锡良等筹拨库款创立热河中学堂。承德府学教授兼文庙奉祀官沈静任督办，校址在振秀书院。同时，还在热河贡院设立高等小学堂一所，在南营子专为清驻防子弟设立驻防两级小学堂一所。

[评]热河创办新学始于本年，三所学堂的创办，拉开了近代承德教育的帷幕，为承德日后发展埋下了种子。

一诗

素尚斋

◎ 乾 隆

梨峪清轩，不施雕缋丹雘，皇祖常所御处。崇朴素，明雅尚，备见于天笔标题两字中矣。

弃日无过静读书，读书静合是山居。

披翻却又难耽静，无过明明启迪予。

一解

素尚斋为“乾隆三十六景”第三十五景。此景约建于康熙四十八年至五十年(1707—1711年)间。此景在“康熙三十六景”之一的“梨花伴月”之后，地在山巅，因势就高，建殿五间，康熙帝题额“素尚斋”。康熙时期，“梨花伴月”为一组建筑，这组建筑布局紧凑、规整，造型非常新颖，别具一格。包括康熙题帝的门殿“梨花伴月”在内的殿宇分别置于高度落差上下不小的台地之内，一重高于一重。殿的东西两侧，有跌落式的回廊环绕，廊外又有小殿，小殿外还有回廊。在“素尚斋”殿前的院内还有清池、假山。庭院外是万树梨花。“素尚”是朴素雅尚之意，宋代陆游有诗：“功名亦余事，所勉在素尚”。诗序叙写避暑山庄梨树峪的北坡上有一座清敞的轩宇，不加雕饰和彩绘，是皇祖经常居住的地方。皇祖崇尚朴素，显示着清雅、高尚的风格。从皇祖所题写的“素尚”二字中，充分体现出来。诗序点明了“素尚斋”命名的用意。梨峪，指避暑山庄西部山区的梨树峪。清轩，清雅尚素的轩宇。雕缋，犹“雕绘”，装饰、彩画。缋，通“绘”。丹雘，油漆用的红色颜料。天笔，指康熙御笔。标题，标识于器物、书籍、文章或字画上的题记。此处指康熙题额“素尚”二字。

诗的前两句意思是，消磨时间莫过于安安静静地读书，要安安静静地读书，在山中居住最适宜了。弃日，弃为忘却，弃日，忘记时间过得快慢。此处用意译。无过，莫过于，意思是没有什么能超过的。

诗的后两句意思是，翻开书后却又很难静心入迷，只觉得书中的道理不过是启发我如何努力治理国家。披翻，翻阅，披与翻同义。耽，乐，贪乐。引申为迷恋，酷嗜。此处用引申义。明明，明察。语出《诗·鲁颂·有》：“夙夜在公，在公明明。”

热河都统锡良像 锡良(1853—1917)，镶蓝旗蒙古人，他于同治十三年(1874年)中进士到清帝退位，共为官37年。曾经分别于光绪二十八年(1902年)和宣统三年(1908年)，两次担任热河都统。锡良刚到热河任都统不久，他就发现热河这个地方官吏非常混杂，已经分不出谁是好官，谁是坏官了，如果不多树立一些标准的话，那么所属官吏也不知道怎么办才好，怎么能让热河这个地方保持平静，用来振兴各种政务呢？他特别提到了两个人，一个是赤峰县知县张锡鸿，一个是朝阳县知县王文翰，并将他二人做了对比。他建议应该对张锡鸿请旨嘉奖，以此用来鼓励，而对于王文翰应即行革职，严肃处理这样品行不正的官吏。锡良还看到热河这个地方有很多事情等着要兴办，需要很多钱财，而且非常贫困，很多事都感到束手无策。因而他提议应仿照直隶来奏定章程，试办酒税，并筹办盐碱等税及开矿垦荒，依据这些法令来登记并没收一些财产来缓解财政危机，以此用来振兴各种政务。锡良针对热河地区官吏昏浊、盗贼横行、政事废弛等情况。他又建议改制和整顿热河，并提出了选择大员的时候要谨慎，热河道员如果缺乏合适的就应考虑一下人事变动，同知、州县等官在俸禄丰满后就应当把职位空出来，添设官吏分别治理，开浚利源，讲求武备，振兴学校，增给公费等措施。

热河中学堂(原热河考棚) 选自《热河旧影》

【3月10日】

一日

乾隆五十八年正月二十八日(1793年3月10日)，大学士福康安等在西藏筹办善后事宜，议定了《钦定藏内善后章程》，明确了清政府对西藏的统治，同时，确立了达赖、班禅等大活佛转世“金瓶掣签”制度。

[评]《钦定藏内善后章程》的制定，标志着清中央政府对西藏统治权的全面确立，并以法律的形式固定化，其历史意义巨大而深远。

一诗

畅远台

◎乾 隆

清舒山馆之东，临镜湖，为崇台。绿柳遥堤，红荷近渚，墙外群山罗列、奔凑，矫首遐观，斯为最畅。

崇台湖上俯澄清，
畅远新标即景名。
渊鉴当年超物表，
静观万类入空明。

一解

畅远台为“乾隆三十六景”第十景。建于康熙四十八年(1709年)，位于清舒山馆东侧的镜湖边。台基原是避暑山庄东墙，康熙帝在扩建避暑山庄时，将一段墙基东移，并利用宫墙的地基，筑起高台、长廊，台上建亭。康熙帝题额“畅远”。诗序叙写畅远台的位置及远近优美景色。“矫首遐观，斯为最畅”点名命名的缘由。崇台，高台。崇，高。崇台即畅远台。罗列，排列。奔凑，亦作奔奏，从各方奔来，聚合在一起。《后汉书·马防传》载：“宾客奔来，四方毕至。”此处比喻指墙外群山从四面八方聚拢起来。矫首遐观，抬头远望。斯，此；这。畅，通畅；无阻碍。

诗的前两句意思是，登上畅远台可以俯视澄清的湖水和水中(景物)的倒影，它新近已被标明为“乾隆三十六景”的第十景。新标，新近标明，指乾隆十九年(1754年)。

诗的后两句意思是，皇祖当年在渊鉴斋招致栖身世外的文人学者，编辑大量书籍，开创全国统一的局面。如今静观天地万物，似乎都进入了空旷澄澈的湖水之中，呈现一种令人心性洞彻而灵明的境界。渊鉴，此处指渊鉴斋，康熙当年(康熙十七年和康熙十八年，即1678年和1679年两年)在此招致文人学者，编修《渊鉴类函》等书，书斋亦因此而得名。物表，物外，世俗之外。此处指清初栖身世外的文人。静观，仔细审察；冷静观察。乾隆诗将程诗“万物静观”颠倒其文而用之。万类，万物。空明，一是形容心性洞澈而灵明；二是空旷澄净的意思。北宋苏轼《记承天寺夜游》载：“庭下如积水空明，水中藻荇交横，盖竹相影也。”译文兼用二义。

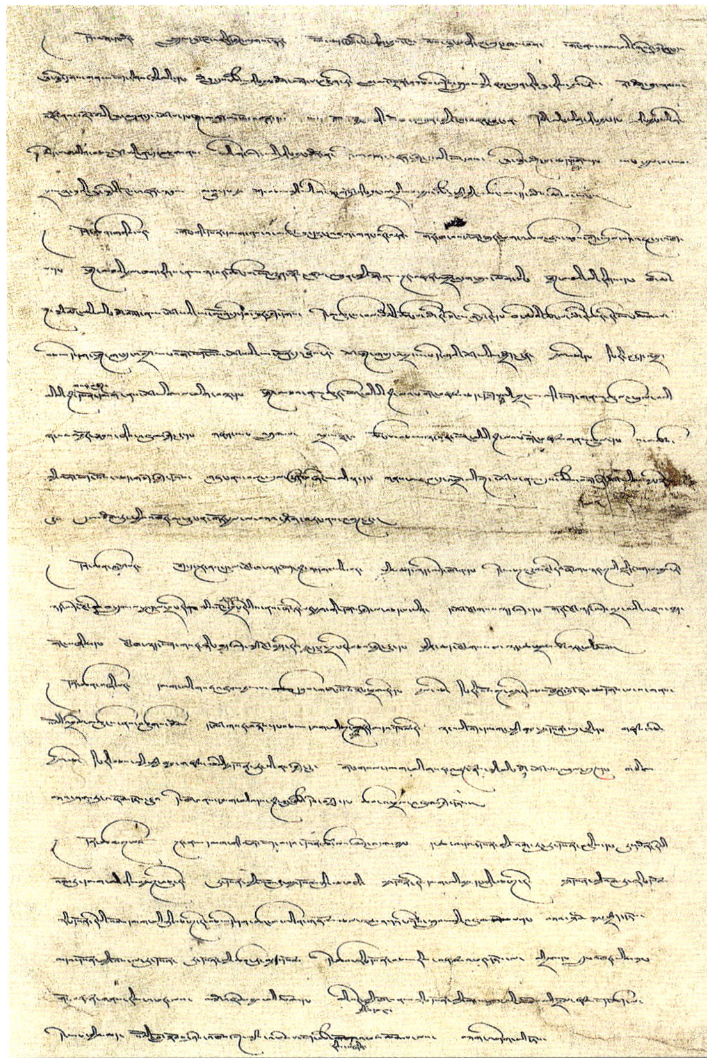

《钦定藏内善后章程》二十九条

西藏布达拉宫

【3月11日】

一日

光绪三十年(1904年)，松寿继任热河都统，在原来肃顺府邸设立警务学堂，每期一年，学生毕业后配派往各县帮同地方官审理诉讼。第二年，奏添设立热河武备学堂，培养军事人才。科举废止后，这些学堂为承德培养了大量的人才。

[评]承德创办新式学堂，用西方资本主义教育方式来开化民智，培养人才，可以说，中西兼习，虽然还没有完全摆脱科举制影响，但毕竟迈出了培养新式经世致用人才的历史性一步，这是难能可贵的。

一诗

游狮子沟

◎ 赵玉丰

层层金翠射松关，一路招提直到山。
蒙古营边旗荡漾，伊犁庙外鸟棉蛮。
鱼龙也许听经梵，鹤鹿从无入市阛。
拜罢菩提归路晚，佛桑花下月弯弯。

一解

这首诗写于咸丰九年(1859年)。赵玉丰是热河著名诗人、学者，此年作者参加顺天府乡试中举，归途中游览北京至赤峰一带山水，写下了很多诗篇。本诗是其中之一。当时大清王朝已是江河日下，但承德的山川景物、民族宗教及风俗依然保存。金翠，金色的翡翠鸟，前蜀韦庄《归国谣》载：“金翡翠，为我南飞传我意。”松关，松亭关，在今承德宽城西南，地势险要。招提，招引提携。蒙古营，乾隆二十四年(1759年)迁居热河狮子沟一带的厄鲁特蒙古达什达瓦部，驻防八旗没有移防新疆，后为居此处的部众营房驻地。伊犁庙，即安远庙。乾隆二十九年(1764年)为迁居热河的达什达瓦部所建，其样式仿照新疆伊犁固尔扎庙，俗称伊犁庙。棉蛮，鸟鸣声。经梵，从佛寺里传出的诵经之声。市阛，市肆。菩提，佛教名词，意为觉悟的智慧和觉悟的途径。佛桑，亦作扶桑，又名朱槿。

热河都统松寿像 松寿(?—1911) 满洲正白旗人，清末大臣。以荫生官工部笔帖式，累迁郎中。出为陕西督粮道。光绪二十一年(1895年)，晋山东按察使。明年，调江西，晋江宁布政使。二十四年(1898年)，擢江西巡抚。越三载，移抚江苏，历河南，加尚书衔，所莅皆称职。二十八年(1902年)，召为工部右侍郎，兼正蓝旗蒙古副都统，寻授热河都统。疏陈续修矿章四条，允行。复以地控蒙部，号难治，条上吏治、军政、兴学、理财方略甚悉。又召还，拜兵部尚书。明年，调工部。又明年，出任察哈尔都统。三十二年(1907年)，授闽浙总督。居官垂二十年，不务赫赫名，然律己以廉，临下以宽，为时论所美。宣统三年(1908年)秋，鄂、湘、江、浙新军踵变，闽军乘之，将举事，使人要挟松寿，令缴驻防营军械，斥之，遂决战，初获胜，继乃大挫，愤甚，饮金以殉。事闻，赠太子少保，予二等轻车都尉世职，谥忠节。

清末时的狮子沟

【3月12日】

一日

乾隆三十一年二月初二日(1766年3月12日)，按照宫中焚香楼北楼下供奉的上乐王佛样式，铸造一尊，放在热河普乐寺供奉。三月一日，上乐王佛蜡像(模子)安放在养心殿呈览。

乾隆五十三年二月初五日(1788年3月12日)，台湾天地会反清起事失败，南路首领庄大田被俘。天地会起事历时一年多，清政府耗费军需银米一千万。此后，清政府在台湾进行了一系列的政治经济方面的善后改革。

一诗

游文园狮子林

◎ 刘 墉

入园风景各方隅，物色分排画帧铺。
带以云烟离可合，涵来秋月一能殊。
蓬山未到知应似，倪叟如逢叹不图。
佳胜曾闻兼旷奥，试看疏豁又回迂。

一解

文园狮子林是位于避暑山庄水心榭东、清舒山馆南、三面临水的一处名景，建于乾隆三十九年(1774年)。仿元时倪云林、朱德润设计的画禅寺(旧称“狮子林”)而建。落成后，皇帝为文园十六景题额赋诗。大学士刘墉依御制游文园狮子林元韵恭和之，诗中道出“倪叟如逢叹不图”，更加衬托出文园狮子林佳胜旷奥、修建之精美。

诗前四句的意思是，进入文园见到各方位风景，景色分别铺陈为一幅幅画图。狮子林临湖，云烟时离时合，水泽之气浸沉着秋夜的月亮，显出此景色的特殊之处。画帧(zhēn)，张开的画卷。

诗后四句的意思是，虽然未到仙人所居的蓬莱山，也该知道，元朝倪云林老者如遇到山庄文园狮子林，也会惊叹没有想到啊！如此名景佳胜曾听说既开阔又幽深，请看吧，这处风景既开阔敞亮又迂回曲折。不图，不料。旷奥，形容名山胜迹的开阔和幽深。

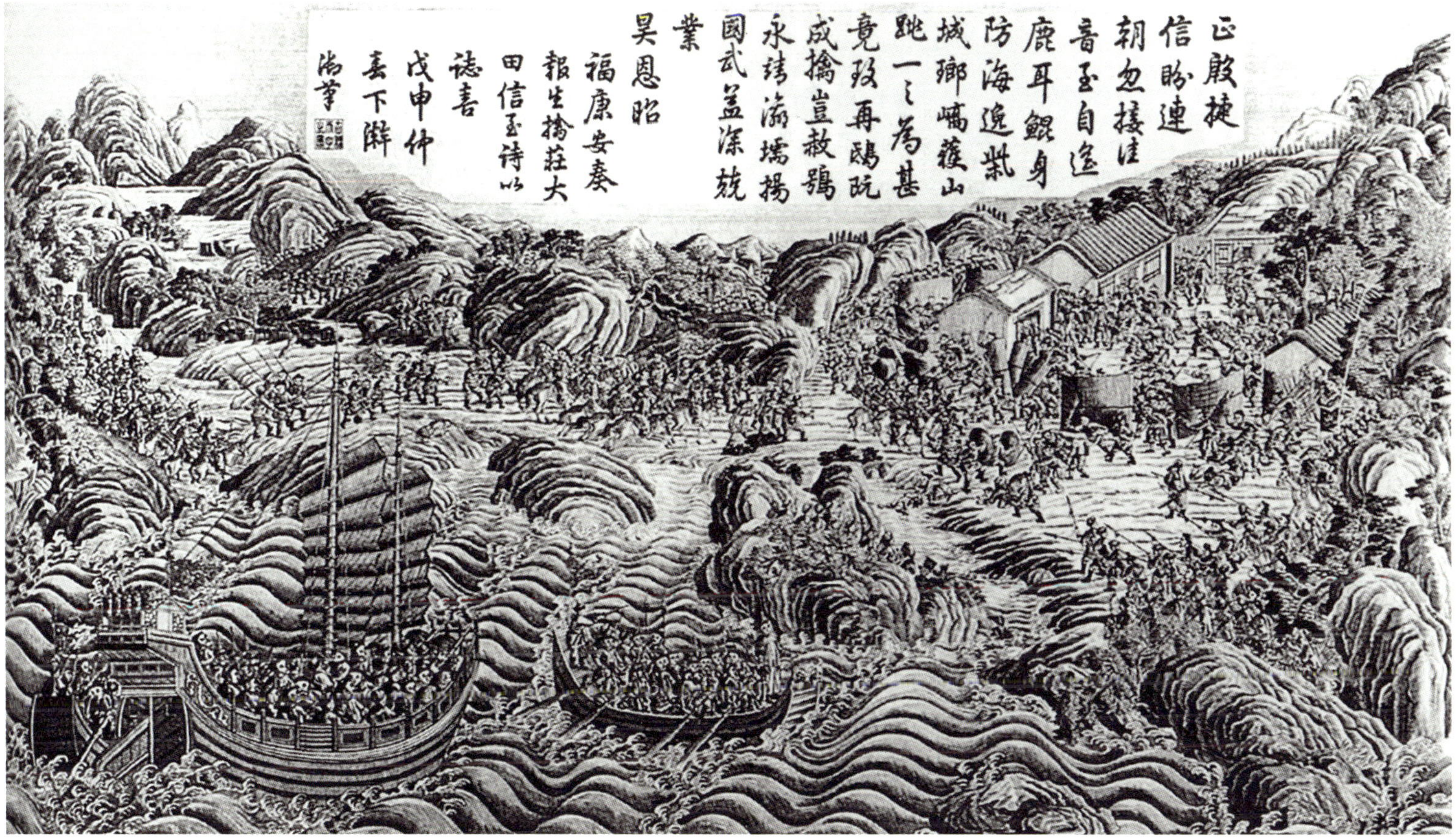

福康安奏报生擒庄大田　选自《清代宫廷版画》

普乐寺旭光阁供奉的上乐王佛

文园狮子林

【3月13日】

一日

道光元年二月初十日(1821年3月13日)，以热河闲散壮丁户口日繁，为筹划生计，令松筠于夏间查围时，会同围场总管富明，亲往汗特穆尔旧东哨门内，东至大山一带闲旷地查勘，估计可垦地亩，盖造房屋及移防闲散户的数量。奏闻。

一诗

驯鹿坡

◎ 乾 隆

静宜园有驯鹿坡，乃黑龙江将军所进，其地以使鹿为俗。山庄则濯濯麀麀，惟性所适，无异家畜，亦以名坡。

驯鹿亲人似海鸥，
丰茸丰草恣呦呦。
灵台曾被文王顾，
例视宁同塞上麀。

一解

驯鹿坡为“乾隆三十六景”第七景。驯鹿坡位于榛子峪沟口，北面坡上有乾隆御笔“驯鹿坡”石碣。避暑山庄气候适宜草生长，丰茂的草给鹿的繁衍创造了良好条件，因而驯鹿成群，悠然自得，极富天趣。为了赏鹿，乾隆在坡的对面建有“望鹿亭”。诗序叙写黑龙江有驯养鹿供役使的习俗，黑龙江将军于是就把当地所产的鹿进献给朝廷。这些鹿在北京西郊香山静宜园放养。避暑山庄所产的鹿，更为温顺，与家畜没什么区别。因此乾隆帝依照静宜园的做法将避暑山庄此景也命名为驯鹿坡。这段文字主要概括此景得名的缘由。濯濯，有光泽的样子。麀麀，鹿群聚的样子。性，事物固有的特性。

诗的前两句意思是，驯鹿像海鸥一样跟人亲近，它们吃着茂密的青草，有时尽情地呦呦鸣叫。亲人，亲近人。海鸥，水鸟名。这种水鸟有亲近人的习俗。故诗人用以与驯鹿作类比。丰茸，繁密茂盛。恣，任意。呦呦，鹿鸣声。

诗的后两句意思是，皇祖父像周文王在灵台观鹿一样，也曾到避暑山庄观鹿，我按惯例到塞外巡猎，怎能把避暑山庄的驯鹿与木兰围场的野鹿同等看待而猎杀呢？灵台，台名，周文王建。例视，帝王按惯例巡猎视察。宁，岂，难道，表反诘语气。麀，牝(母)鹿。此处泛指鹿。

“乾隆三十六景”之驯鹿坡

【3月14日】

一日

光绪二十年(1893年)，热河总管翁世纲率领苑丞点查文津阁《四库全书》，一并查避暑山庄各殿宇陈设书籍，据奏共71738卷。涉及经、史、子、集各类，以史、集两类居多。有少量宋、元、明版本，清代武英殿刻本居多，且多复本。前宫各殿，烟波致爽室内陈设极为精巧富丽，仅陈设用的文物珍奇即达二千余件，陈设书籍有《古今图书集成》一部576函；《皇舆全图》一部；《御制盛京诗》一部；(高宗)《御制避暑山庄诗》一部等。四知书屋内存《承德府志》一部四函；《金史》一部四函；《元史》一部十六函；《辽史》一部五函等。

一诗

咏新竹

◎康 熙

丛阴半亩润新篁，
花气缤纷伴竹香。
可爱霏微昨夜雨，
檐前风响趁苍莨。

一解

这首七言绝句写于康熙五十一年至五十四年(1712—1715年)间，写作时间应该是春季。春风习习、夜雨霏霏、竹叶青青、花香芬芳，一派生机。新竹，当年长出的竹子。

诗的前两句意思是，半亩的田地润育出密密丛丛的新竹，竹香伴着花香弥漫在空气中。新篁(huáng)，新生的竹子。

诗的后两句意思是，令人喜欢的是昨夜飘飘洒洒的雨，还有那屋檐前郁郁苍苍的莨草在风中舞动。霏(fēi)，细雨濛濛的样子。莨(làng)，多年生草本植物，可作牛马饲料。

“乾隆三十六景”之静好堂

【3月15日】

一日

光绪二十年(1893年)，点查文津阁《四库全书》及避暑山庄各殿宇陈设书籍，松鹤斋绥成殿包括：《熙朝雅颂集》一部32册；《大清会典则例》一部；《国朝宫史》一部24册；《十三经注疏》一部；《圣训》124函；《钦定五代史》及《御制诗文集》等。南书房存有《乐善堂全集》二部18函；《实录摘出旧清语》二函14册；《诗论》一函两册；《蒙古史》二册；《子史精华》八函64册等。

一诗

天宇咸畅 调万斯年曲

◎康 熙

湖中一山突兀，顶有平台，架屋三楹，北即上帝阁也。仰接层霄，俯临碧水，如登妙高峰上。北固烟云，海门风月，皆归一览。

通阁断霞应卜居，人烟不到丽晴虚。云叶淡巧万峰明，雁初过，宾鸿侣。鸥雨秋花遍洲屿。

一解

天宇咸畅为“康熙三十六景”第十八景，意为高耸云天的殿宇，登临其上视野开阔，心胸舒畅。此景是一座殿宇式建筑，位于澄湖东岸假山顶部的平台上。其北有三层塔式建筑，名为上帝阁。假山高大浑厚，是仿江苏镇江江心的金山堆叠而成的，所以也被称为金山。避暑山庄澄湖中的金山上，有两处名景，天宇咸畅是其中之一。以“天宇咸畅”为题的这首诗，是按“万斯年”曲调填写的。这首诗既叙写此景地势高敞与幽静，又具体地描绘它优美的自然景色。诗序先叙写天宇咸畅的地理位置及其建筑格局。然后指出登临其上，无论是仰望、俯瞰还是远眺，视觉都很通畅，从而点明此景得名的缘由。妙高峰，山峰的名称，地处江苏省镇江市金山的最高处。北固，指北固山，位于江苏省镇江市北。海门，地处镇江市东长江入海处北岸。

诗的前两句意思是，云霞绕着高阁十分壮观，真是选择定居的好地方。此处人烟不到，晴空爽朗明丽，通阁断霞，上帝阁似乎将云霞分隔开来，意为一片片云霞绕着高阁。卜居，选择定居之地。丽晴虚，晴空清旷而明丽。

诗的中间两句意思是，淡淡的云叶巧于变幻，千千万万的山峰一派通明。中秋时大雁开始飞到此处，接着鸿雁如宾相伴而来。云叶，一片片云彩，古人视五色彩云为祥云。宾鸿，鸿雁来宾。意为大雁接连不断地相伴飞来，到这里作客。

诗的最后一句意思是鸥鸟在纷纷细雨中飞跃，秋花遍布于洲岛上。

“康熙三十六景”之天宇咸畅　选自《避暑山庄图咏》

【3月16日】

一日

乾隆五十五年二月初一日(1790年3月16日)，历时19年的《满文大藏经》翻译完成。这是清王朝集结国内众多既懂佛学，又精通藏文、蒙文、满文、汉文的高级人士九十余人完成的一项伟大的文化工程。乾隆帝亲制《满文翻译全藏经序》，表达了喜悦之情。《大藏经》只印了12部，分装108函，藏贮于大内、盛京、热河皇家寺庙内，鲜为人知。殊像寺即为藏贮《满文大藏经》之所。

[评]《满文大藏经》的翻译是一项浩大的文化工程，在中外文化史上也是罕见的。它的翻译成功，不仅促进了各民族文化的融合、交流，也是研究中国佛教文化的重要文献。

一诗

殊像寺落成瞻礼

◎乾 隆

殊像全规台庙模，撰辰庆落礼曼殊。
金经蒙古犹常有，宝帙皇朝可独无？
译以国书宣白业，习之修士翊浮图。
虽然名实期相称，师利应嗤谓是乎！

一解

这首诗写于乾隆四十年(1775年)，原始题为《殊像寺落成瞻礼即事成什(有序)》。承德殊像寺是一座仿山西五台山殊像寺和北京香山宝相寺的汉式庙宇，寺内以供奉文殊菩萨为主。寺内曾摆放有乾隆帝幼年的生活用品。寺内的喇嘛全用满人，诵读的是满文经卷。据说塑造的文殊菩萨像也非常像乾隆帝本人，后人有时称殊像寺为乾隆帝的“家庙”。

首联的意思是，按计划殊像寺的全部亭台庙宇及殿堂规模齐备，选择吉祥的日子叩拜文殊菩萨举行落成典礼。原注：“‘曼殊式利’梵帙读作平声，其音近曼珠，故西藏达赖喇嘛等偕丹书借称曼殊利大皇帝，今俗讹曼珠为满洲，非也。”帙，包书的布套，这里指书籍。

颔联的意思是，用蒙古文译成的佛经都已经有了典籍，用满文译成的佛经我朝怎能没有呢？原注：“佛经本出厄纳特珂克，是为梵帙。一译而为唐古特之番，再译而为震旦之汉，其蒙古经则康熙及乾隆年陆续译成者，朕以当我朝全盛之时不可无国书之佛经，因命开馆译定。”厄纳特珂克，即古印度。唐古特，清代对青藏地区及当地藏族的称谓，今蒙古语仍沿用这个词意。番，这里指藏文，唐宋时称西藏地区为吐蕃，元明时称西番。后面的汉，即指汉文。

颈联的意思是，翻译成国家满文经典来宣传正大光明的事业，帮助佛家子弟时刻温习阐述文殊经文的意义。白业，佛教用语，善业。翊，辅佐，帮助。浮图，佛教，佛家的，也写作“浮屠”。原注：“是寺喇嘛皆令习清字经，即阐曼殊师利之义。”

尾联的意思是，虽然盼望着我的名字和功绩能与文殊相适宜，文殊菩萨听到后一定会对这种说法嗤之以鼻！期，盼望。称，原注“去声”，相当，相宜，适合。谓是，对这种说法(指上一句)。是，这。

《满文大藏经》和《四库全书》是乾隆帝晚年的两大文化事业，深受高宗的重视，全藏经采双面朱印，左右彩绘佛像各一，记载经文的经页居中，每页大小高24.5厘米，长73厘米。选自《精彩一百　国宝总动员》台湾国立故宫博物院提供

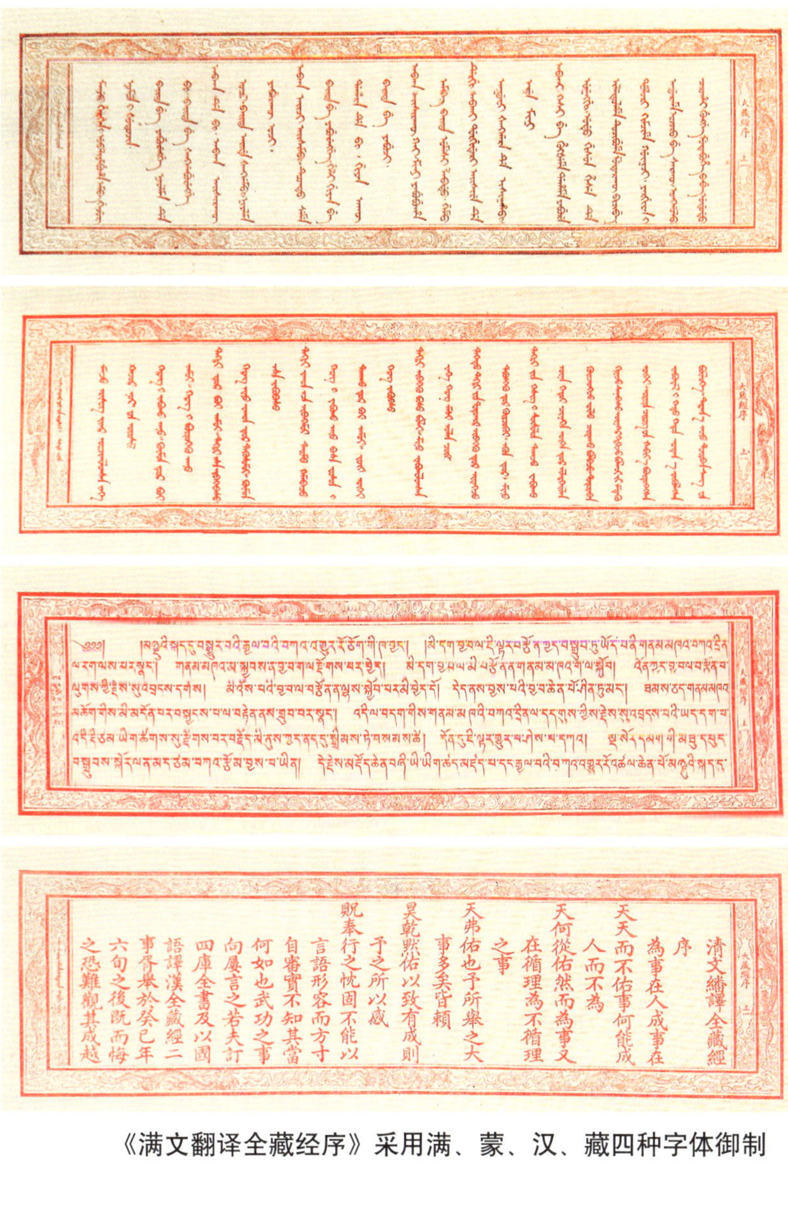

清文繙譯全藏經
序
為事在人成事在
天天而不佑事何能成
人而不為
天何從佑然而為事又
在循理為不循理
之事
天弗佑也予所舉之大
事多矣皆賴
昊乾默佑以致有成則
予之所以感
貺奉行之忱固不能以
言語形容而方寸
自審實不知其當
何如也武功之事
向屢言之若夫訂
四庫全書及以國
語譯漢全藏經二
事皆舉於癸巳年
六旬之後既而悔
之恐難覩其成越

《满文翻译全藏经序》采用满、蒙、汉、藏四种字体御制

彩绘的佛像

【3月17日】

一日

康熙五十三年二月初二日(1714年3月17日)，因甲午年为康熙帝圣诞本命年，停止秋审，罪犯中情有可矜疑者仍审理具差，现审人犯罪不至死者减等发落。

一诗

塞外省览风俗

◎ 康 熙

莫道岩关险，要荒总一家。
戍楼无鼓角，战垒是桑麻。
野静知民乐，时清见物华。
林中归径晚，旌旆满烟霞。

一解

康熙帝于康熙二十三年至三十年(1684—1691年)多次巡视塞外。这首五言律诗中描绘出康熙帝巡视途中所见的和平景象。

诗的前四句意思是，不要说山间雄关险要了，离京都极远的地方和中原已经是一家人了。防守的城楼再也没有击鼓吹号角的声音了，原来防守工事的地方已经种上了桑麻等农作物了。要荒，要服和荒服，离京都极远的地方。鼓角，战鼓和号角，无鼓角，表示没有战争了。战垒，堡垒，防守工事。

诗的后四句意思是，田野里非常平静，可知百姓非常安乐；正当清明季节之时，可以观赏这里美好的自然景色。我率领军队很晚才从林中小路归来，旌旗带着烟云霞光在前进。旌旆，旗帜的通称。

“林中归径晚，旌旆满烟霞。”

【3月18日】

一日

咸丰十一年二月初八日(1861年3月18日)，辰正二刻，咸丰帝在烟波致爽殿进早膳，未正二刻在烟波致爽殿进晚膳。晚膳有口蘑白菜一品、炖菠菜一品、酸菠菜一品、炖豆腐皮一品、溜荸荠一品、拌豆腐一品、咸肉丝炒豆芽一品、面筋酱一品、炒疙瘩缨一品、炒藕丝一品、素包子一品、千层饼一品、咸油炸果一品、匙碟小菜一品(随送粉汤)、老米膳、粳米粥。上进毕，赏用。

一诗

如意湖

◎乾隆

山庄胜处正在一湖，堤偃桥横，洲平屿矗。隐映亭榭，境别景新，此则曲岸若芝英，故以“如意”目之。

塞水恒流此处渟，
柳湖莲岛偶摩形。
烟容波态皆如画，
属意悠然在杳冥。

一解

如意湖是“乾隆三十六景”第四景，约建于康熙四十二年(1703年)。康熙帝将此亭命名为“如意湖”，规制十字形方亭。《承德府志·山庄二》引《大清一统志》：“作亭于湖隈，东向，前临如意洲。芷岸阴林，苔阶漱水，迤逦势曲，如芝英之半偃。亭之西为芳园居。”诗序叙写避暑山庄优美、美好之境，恰好表现在湖区。然后叙写周边环境，长堤偃伏，小桥横陈，沙洲平坦，岛屿矗立，亭榭掩映，境界别致，景色清新。最后叙写得名缘由，系根据芝径云堤和它连接的洲岛形似灵芝和如意而命名。偃，倒下，倒伏。

诗的前两句意思是，塞外的武列河水很久就这样流淌，它被引进避暑山庄，与山水、泉水汇合形成塞湖平静水面；柳湖莲岛相连像是随意描摹出来的如意形状。恒，长久，经常。渟，水积聚停滞而不流。柳湖，湖名，宋时在陈州城北。因沿湖多柳，故称。

诗的后两句意思是，烟云弥漫，湖光荡漾，如意湖像画一样美，我的情志悠远，像湖水一样流向遥远不能见的地方。烟容，亦作“煙容”，云雾弥漫的景色。波态，水波起伏动荡。属意，归心，归向。悠然，遥远、长久的样子。杳冥，高远不能见的地方。

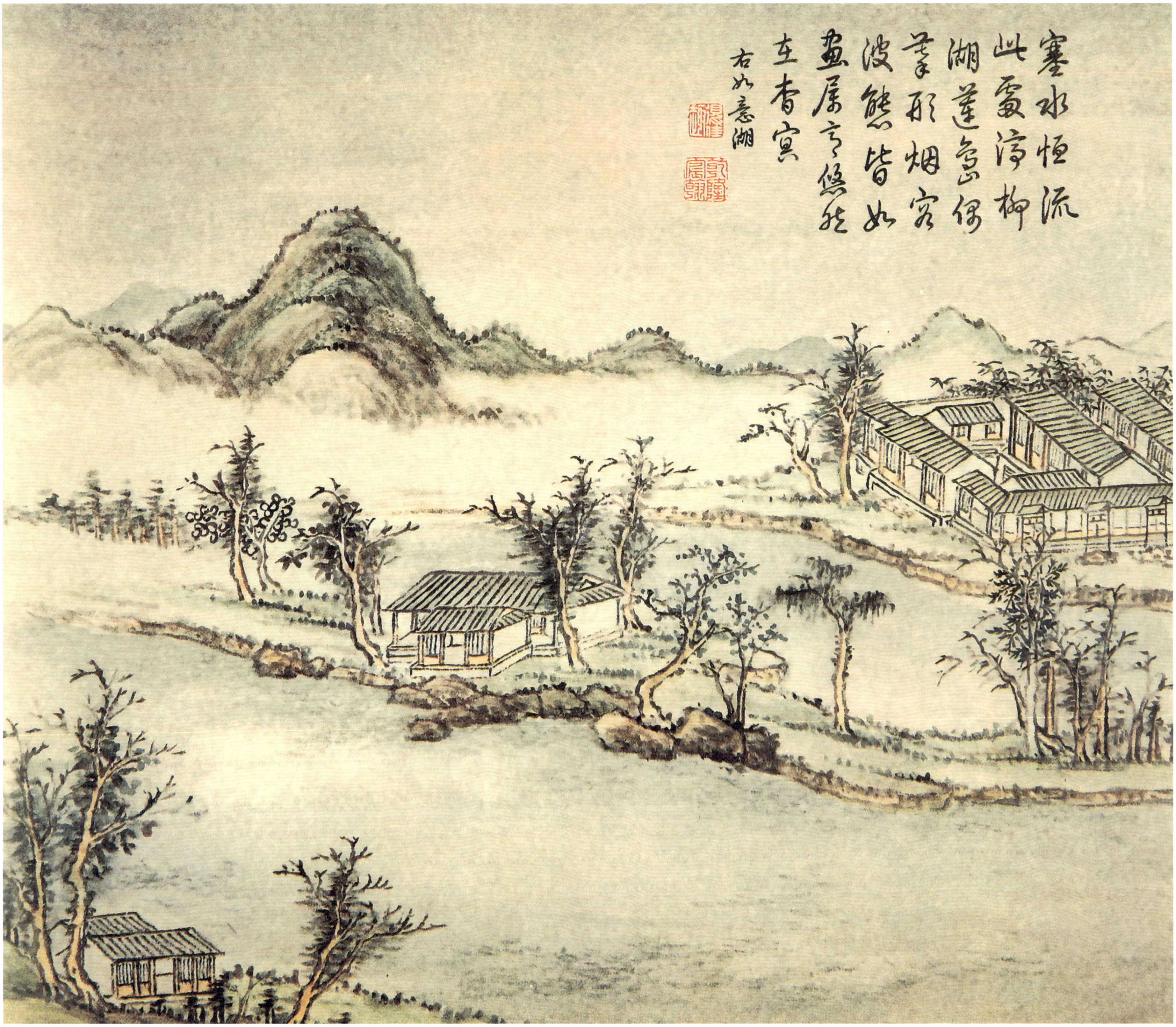

“乾隆三十六景”之如意湖

【3月19日】

一日

光绪二十年(1893年)，查点文津阁《四库全书》并查点避暑山庄各殿宇陈设书籍，梨花伴月各殿陈设书籍有：《佩文韵府》一部20函；《开国方略》一部四函；《册府元龟》一部32函；《资治通鉴》一部14函；《旧五代史》一部四函；《千叟宴诗》一部六函；《八旬万寿盛典》一部八函；《艺文类聚》一部四函及《平定台湾战图》、《平定安南战图》、《平定两金川战图》等珍贵典籍。

一诗

青雀舫

◎乾 隆

澄湖放艇，湖光摇碧，载月为宜，冲雨亦有奇致。黄龙彩鹢，无取过华。

溶溶塞水浩无涯，
桂楫兰桡向晚移。
月朗寥天驾青雀，
空明宛是泛瑶池。

一解

青雀舫是“乾隆三十六景”第五景。《承德府志·山庄二》引《大清一统志》：“山庄胜趣，实在一水。溅瀑渟泉，咸在湖中。有御舟，题曰‘青雀舫’。泛月冲雨，漾碧摇青，灵境毕献。舟有坞，在临芳墅旁。”青雀舫这座大型御舟，建造于乾隆八年(1743年)。当年的船坞即西船坞在临芳墅西侧湖边，从这里乘舟出发，可遍览湖区美景。青雀，鸟名，即鹢。古人常在船头画鹢，以厌(镇压、抑制)水神。

诗序叙写澄湖放舟情景，龙舟行驰摇动碧波，波光粼粼，载月泛舟最有情趣，冒雨游览另具风致。龙舟船头只绘饰黄龙、彩鹢，不求奢华，并以彩鹢点出景名。澄湖，承德避暑山庄八座湖中水面面积最大的一座，位于山庄湖区北端，其水源来自上游的长湖，与内湖、如意湖、上湖、镜湖相联通。青雀舫平时就停泊靠在内湖、澄湖交汇处知鱼矶西侧的西船坞。放艇，开船。艇，轻便小舟。

诗的前两句意思是，水流盛大的山庄湖水，浩渺无际，夜晚时候，轻轻划动船桨，青雀舫徐徐向前移动。溶溶，水流盛大貌。浩，水势盛大。无涯，亦作“无厓”，无穷尽；无边际。桂楫兰桡，船桨，用桂木、木兰香木为之，故称。

诗的后两句意思是，朗月高悬，天空辽阔，驾着青雀舫泛舟，水天一色，清澈透明，好像漫游于瑶池仙境一样。朗，明亮；明朗。廖天，广阔的天空。空明，空旷澄澈的天空，亦特指月光下的青波。

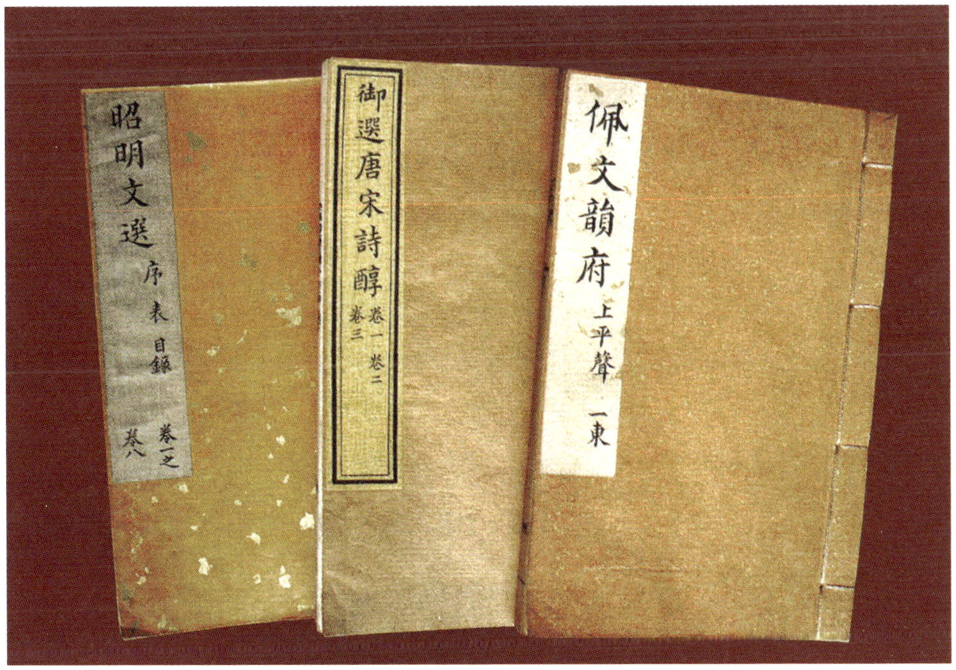

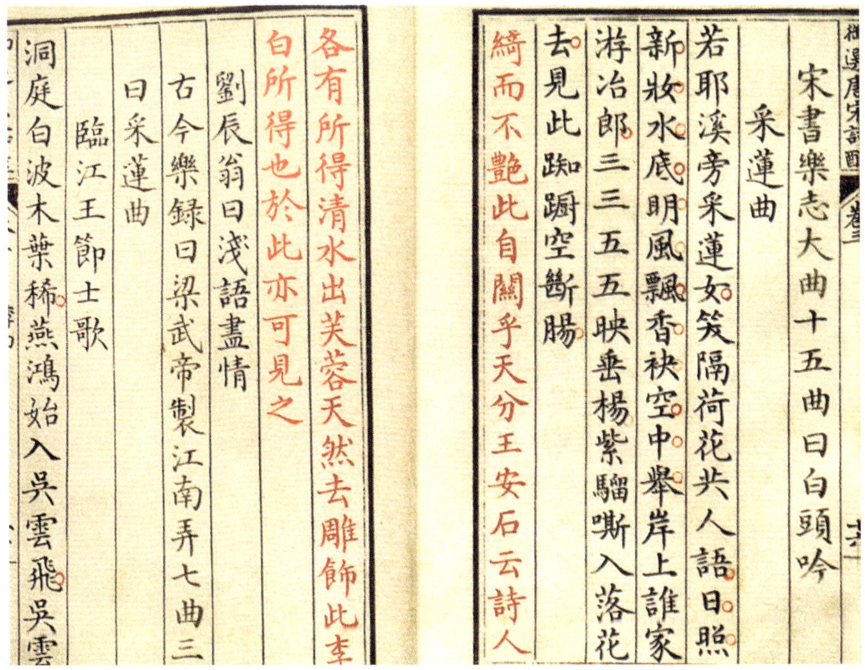

宋書樂志大曲十五曲曰白頭吟
采蓮曲
若耶溪旁采蓮女笑隔荷花共人語日照
新妝水底明風飄香袂空中舉岸上誰家
游冶郎三三五五映垂楊紫騮嘶入落花
去見此踟躕空斷腸
綺而不艷此自關乎天分王安石云詩人
各有所得清水出芙蓉天然去雕飾此李
白所得也於此亦可見之
劉辰翁曰淺語盡情
古今樂錄曰梁武帝製江南弄七曲三
曰采蓮曲
臨江王節士歌
洞庭白波木葉稀燕鴻始入吳雲飛吳雲

避暑山庄殿宇藏书书影　选自《紫禁城》

“乾隆三十六景”之青雀舫

【3月20日】

一日

光绪二十年(1893年)，查点文津阁《四库全书》并查点避暑山庄各殿宇陈设书籍。旃檀林陈设书籍有《金刚般若波罗密多心经》一册；《孝经》一部；《小学》一部；《性理大全》一部六函；《方舆揽胜》一部四函；《继通典》一部；《御选宋、金、元、明四朝诗》一部等珍贵书籍。此外还有坦坦荡荡各殿、松鹤清越各殿、含青斋各殿、霞标各殿、斗母阁各殿、山近轩、宜照斋、永佑寺、千尺雪、西峪、环碧各殿等多部珍贵典籍。

一诗

四面云山

◎康 熙

澄泉绕石迤西，过泉源，盘冈纡岭。有亭翼然，出众山之巅，诸峰罗列，若揖若拱。天气晴朗，数百里外峦光云影，皆可远瞩。亭中长风四达，伏暑时萧爽如秋。

殊状崔嵬里，兰衢入好诗。远岑如竞秀，近岭似争奇。
雨过风来紧，山寒花落迟。亭遥先得月，树密显高枝。
潮平无涌浪，雾净少多歧。脉脉金明液，溶溶积翠池。
常忧思解愠，乐志余清悲。素学臣邻老，耆年自不知。

一解

四面云山是“康熙三十六景”第九景，意为登亭环顾，四面群山起伏，犹如云海。此景是筑于高峰之上的一座敞亭，地处山庄西北隅最高处，四周环山，是登高远眺的好地方。这首五言排律，全诗八联。落笔写山，赞美争奇竞秀的远岑近岭，并对山花、密树、小路、湖水也进行了具体的描绘。最后在写景基础上抒怀，表达了忧国忧民的情思以及晚年仍自勉的心志。

诗的前八句意思是，形状各异的山崖，高耸而峻峭。弯弯曲曲的山间小路及其夹道美景，均可入诗入画。远山都很峻秀，似乎在互相比美。近岭以其独特的风姿，欲与他山争奇。秋雨过后，山风刮得很紧。塞外的天气虽然有点寒意，但这里的山花却迟迟不落。山亭居高临下，可最先看见从东方升起的月亮。林木茂密，一棵棵参天古木显得更为高大。亭遥，指亭高。先得月，后来常用“近水楼台先得月”比喻有方便条件而获得优先机会。

诗的后八句意思是，湖水平静，没有涌动的波浪。因为山林清净无雾，走在纷杂多岔的山间小路上也不会迷路。平稳流动的湖水，似同金明液。碧波丰盛的状貌，宛若积翠池。常常因为忧国忧民的心绪驱使，总是努力思索与寻求为民解愠的方略。虽有智者乐山之志，但游乐之余复又想起国事中不顺心之处而产生淡淡的哀愁。不弄权、有学识的大臣，他们都邻近老了。因为终日为国事忙碌，却不知自己也老了。脉脉(mòmò)，水缓缓流动的样子。金明液，指河南开封县的金明池，用在此处指代山庄湖水。溶溶，湖水丰盛的状貌。积翠池，指唐代长安(今陕西省西安市)的积翠池，用在这里也指代山庄湖水。解愠，解除烦恼与苦痛。素学臣，即素臣学臣，指不弄权有而学识的大臣。邻老，邻近老了。耆年，老年。

康熙刻本《周易本义》书影　故宫博物院提供

“康熙三十六景”之四面云山

“亭遥先得月，树密显高枝。”

【3月21日】

一日

嘉庆二年(1797年)，宁俊明在火神庙三道牌楼路北开设“同仁堂”药店，制中成药一百二十多种，除零售外，还供奉宫中。其后，咸丰元年(1851年)西大街二道牌楼“同春堂”开业，光绪七年(1881年)南营子“龙源堂”开业，光绪十年(1884年)二仙居“大生堂”开业，火神庙“乐仁堂”开业，宣统元年(1909年)太平桥“仁寿堂”开业。

一诗

四面云山楹联

◎康 熙

山高先得月

岭峻自来风

一解

康熙帝为四面云山题额的同时，还御书了楹联一副，楹联的大意是，站在耸立的高山之巅，可以先看到月亮东升；山峰高峻，那里自然就会有清风吹来。这副楹联借鉴了前人“野旷易度月，谷虚常带烟”及“近水楼台先得月”等名句，以此从峦光云影的变化景象中获得美的享受。

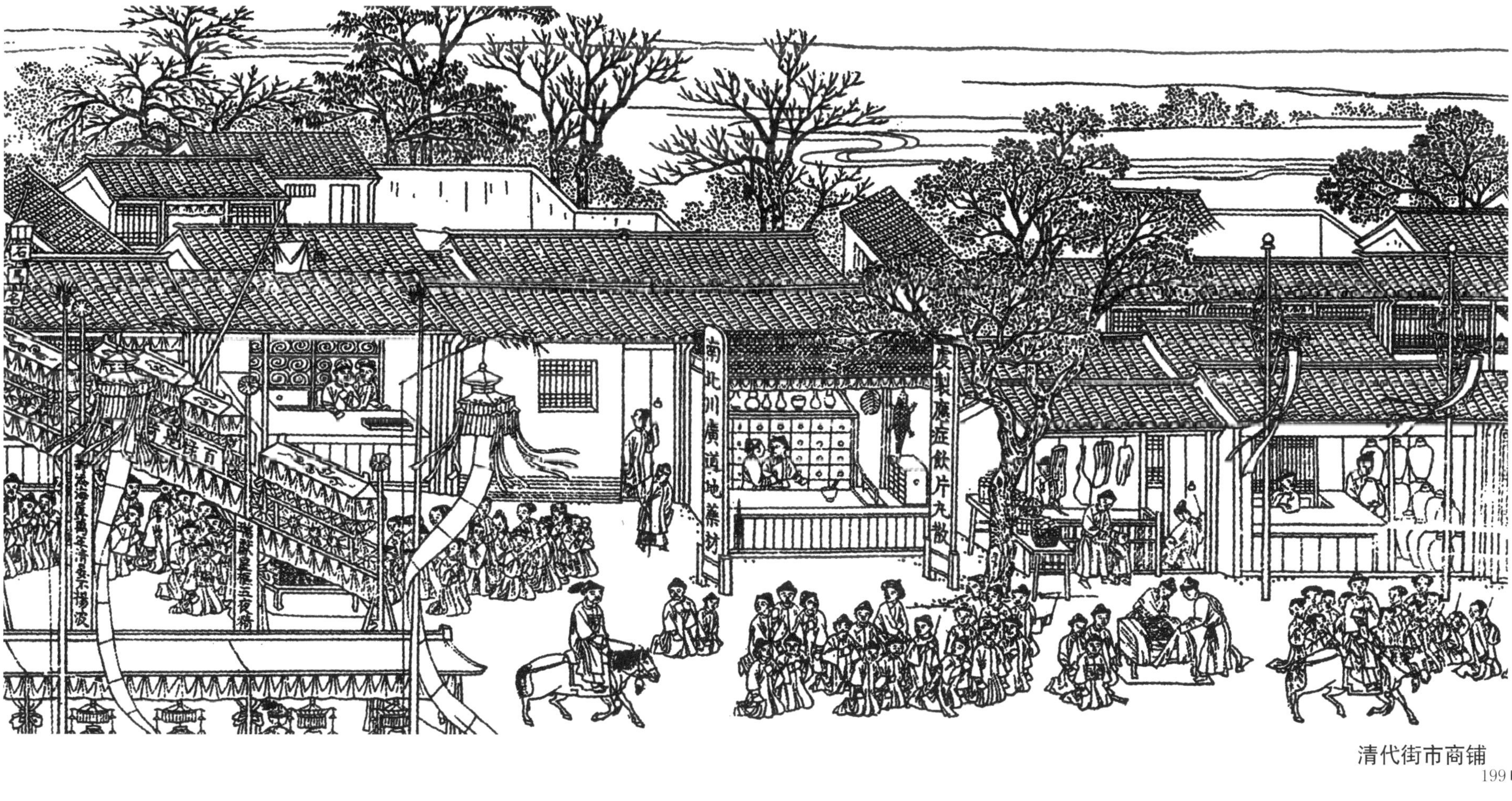

清代街市商铺

【3月22日】

一日

康熙三十五年二月二十日(1696年3月22日)，康熙帝亲征噶尔丹。皇三子胤祉(20岁)、皇四子胤禛(20岁)、皇五子胤祺(18岁)、皇七子胤祐(17岁)随军分驻八旗各营出战。

雍正十一年二月初七日(1733年3月22日)，封皇四子弘历为和硕宝亲王，是年弘历21岁。

乾隆十四年二月初五日(1749年3月22日)，经略大学士傅恒、四川提督岳钟琪在卡撒军营外接受大金川土司莎罗奔及郎卡投降，金川平定。

一诗

澄观斋

◎乾 隆

山庄林峦水石，在在仙都，岚翠波光，远近交映，炎歊为之尽涤，足令胸次洒然，岂唯骋怀游目？

背山临水构清斋，
翠荫簷端绿绕堦。
别裁不期句成迥，
闲居每致意为佳。

一解

澄观斋为“乾隆三十六景”第二十五景。约建于康熙四十二年至四十七年(1703—1708年)间。澄观斋位于永佑寺北，平原区之北顶端，是一处极为幽静的庭院。主殿五楹。西南康熙帝题额“惠迪吉”，其前檐乾隆帝题额“澄观斋”。康熙时，曾命翰林院儒臣在此编校《康熙御制诗文》、编修清代著名数学、天文著作《律历渊源》。惠迪吉，语出自《尚书·大禹谟》：“惠迪吉，从逆凶，惟影响。”大意是说：要顺应天意才有吉祥，倒行逆施必遭凶险，犹有影随形，与响声回应一样。澄观，以清新的心思观察天道。乾隆以为探讨求得天道的主要途径就是精研《易经》。诗序叙写澄观斋幽静清凉的自然环境，及诗人愉悦的心情，这种心情来自于澄心观道。点明了此景命名的缘由。在在，处处；到处。仙都，神话中仙人居住的地方。《海内十洲记·聚窟洲》：“苍海岛在北海中……岛内有紫石宫室，九老仙都所治。”此处喻指避暑山庄。岚翠，山气呈现的苍翠色。波光，水波反射出的光。炎歊(xiāo)，炎热。涤，清除。洒然，洗过的样子。洒，同“洗”，洗涤，洗濯。岂惟，亦作“岂维”，难道、只是；何止。骋怀，开畅胸怀。游目，纵目四望。

诗的前两句意思是，背靠青山面临绿水，构筑了一座清净的书斋。青翠的树荫遮掩着屋檐，石阶旁绿草如茵。堦，同“阶”，台阶。

诗的后两句意思是，写诗时应去伪存真，上承风、雅，才能出乎意料地写出蕴涵深远意义的诗句。独坐在这里，每每招致美好的意趣从脑中涌现出来。别裁，区别裁汰；辨别、剔除不期，出乎意料。闲居，避人耳目独居谓之闲居。居，居住，此处指坐。致，招引；引来。引申为招致。意，意思，本诗作意趣解。

梅报春信图 父皇雍正将折下的一枝梅递给皇子弘历 郎世宁绘 故宫博物院提供

【3月23日】

一日

同治十年二月初三日（1871年3月23日），总管内务府郎中英绶、员外郎迎格、连荫、普惠，会同敬事房总管太监苏得，中和乐总管太监等到热河“运取乐器”。此次搬运走了“中和乐器并丹陛乐器”，又从梨花伴月瓷器库拿走大小瓷器934件，月色江声瓷器盒一件，戏衣乐器236件。

一诗

将军阿桂攻克噶喇依红旗报捷喜成凯歌十首（选四首）

◎乾　隆

甲午桃花寺跸停，军书正此俯窗棂。
幸哉今日仍凭处，绿柳中飞一点红。

勒围报捷夜行营，重值上陵昼返程。
一刻万人齐色喜，光明日月永销兵。

盼捷终冬复入春，垂成偏觉意廑频。
今宵料得方安枕，明告慎哉用武人。

流离此日穴巢倾，耆定从兹可罢兵。
歌凯莫教容易听，五年功幸一朝成。

一解

这组诗写于乾隆四十一年二月初四日（1776年3月23日）。先是，乾隆四十年十一月（1775年12月），西路阿桂将西里正寨及山梁各碉卡悉行攻破，又连克舍勒固租鲁、瓦喇占、雅玛朋各碉寨，并抢占科思克木官寨，扫清沿河一带寨落。乾隆四十年十二月，将最险最高之索隆克攻占，并准备对噶喇依官寨发动最后攻势。北路明亮连连克捷，克日会师噶喇依。官兵四面合围，索诺木等所据守的噶喇依官寨已被官军严密封固。乾隆四十一年正月初三，阿桂诱擒不成，遂命用炮轰摧官寨，金川各路番人纷纷投顺。初七日（2月25日），除噶喇依官寨外，金川全境荡平。二月初四日，金川土司索诺木在官军逼围官寨墙下时，只得跪捧印信，带领其兄弟等大小头目及男妇老幼二千余人，出寨乞免诛戮，遂克噶喇依。

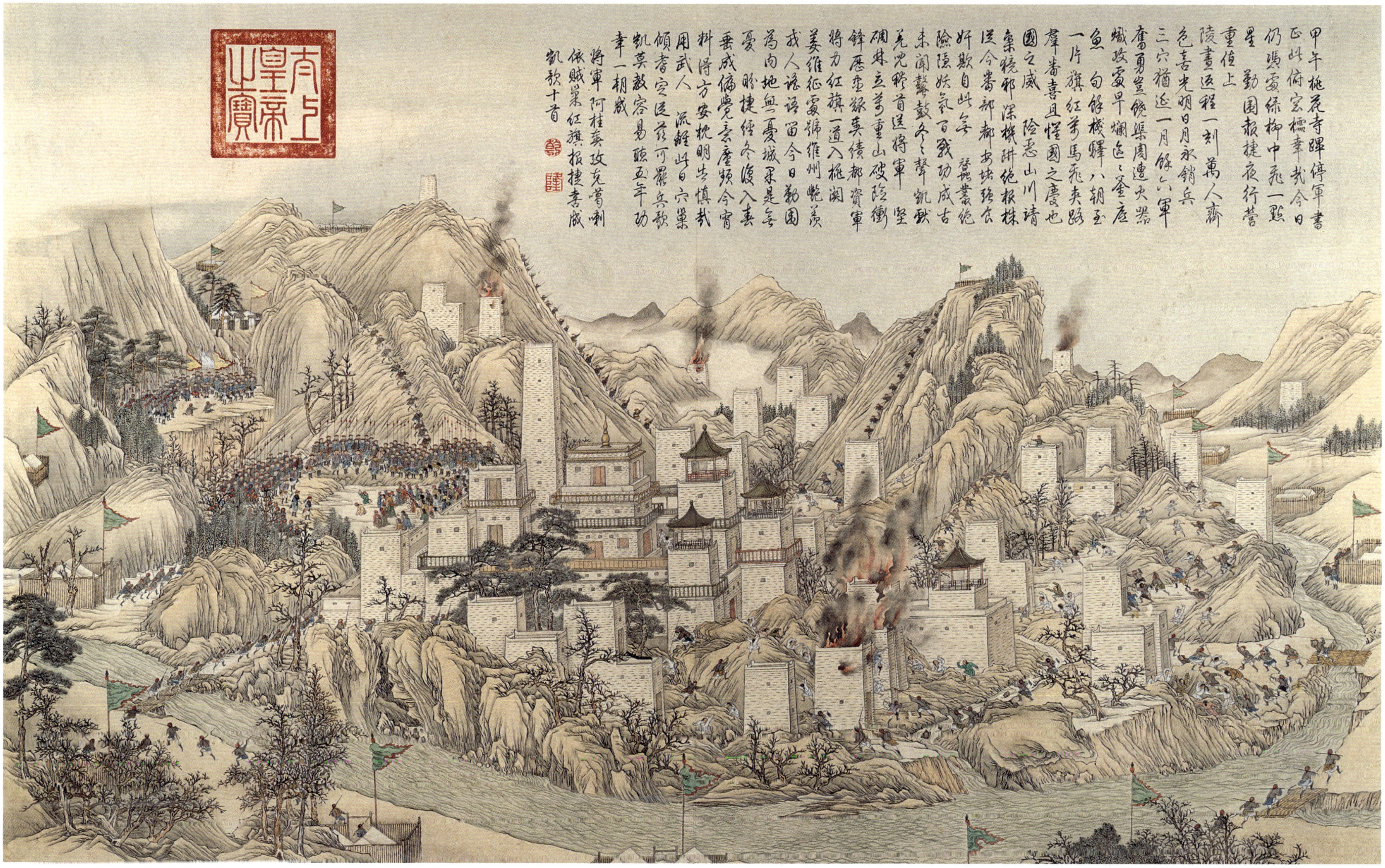

平定两金川战图　红旗报捷喜成凯歌　故宫博物院提供

【3月24日】

一日

乾隆六年二月初八日(1741年3月24日)，御史丛洞谏阻“木兰秋狝”，遭到乾隆帝申饬。

乾隆二十年二月十二日(1755年3月24日)，清军分两路讨伐达瓦齐，平定准噶尔之战拉开序幕。

咸丰十一年二月十四日(1861年3月24日)，以直隶朝阳为刘猪、李凤奎攻占，命副都统克兴额统兵自热河前往剿办。

一诗

一片云

◎乾　隆

山中云气，朝暮晴雨，变灭无端。或起树中，或浮水面，或来楼窗几榻间，以片目之，所谓一滴水知大海味也。

白云一片才生岫，
瞥眼岫云一片成。
变幻千般归静寄，
无心妙致想泉明。

一解

一片云为“乾隆三十六景”第十八景。一片云是康熙四十二年至四十七年(1703—1708年)间建的一片云楼，是如意洲岛上建筑物中一组最高的建筑，位于水芳岩秀殿东侧的跨院之内，额名为康熙帝所题。这是一座南带廊、北抱厦八楹的双层小楼，与楼相对的有戏台一座，命名为“浮片玉”，戏台连着面南背北的扮戏房。一片云是皇帝及后妃们看戏和观赏云雨变化的场所。登临一片云，可以览眺如意洲岛的风景。特别是可以观赏早晨或是中午空中云海，又可观赏环岛湖面升腾似烟非烟若云非云的迷濛变幻景象。这是一片云得名的原因。诗序叙写山中云气变幻无端，点出命名一片云的缘由。乾隆帝诗《一片云》及诗序寄情深厚，极富哲理，表明诗人对大自然中云气生成观察细致入微。

诗的前两句意思是刚从山间飘出一小片白云，转眼之间就变成了一大片白云。岫，峰峦。瞥，眼光掠过；很快地看一下。

诗的后两句意思是，云气千变万化，最终寄托于幽静的地方，“云无心以出岫”的情趣，使我想起陶渊明的诗句。静寄，幽静的寄寓，依托。无心，犹无意，没有打算。妙致，意态；指风度、情趣。泉明，指陶渊明。

浮片玉戏台

浮片玉匾额

一片云牌匾

“乾隆三十六景”之一片云

【3月25日】

一日

乾隆三十九年二月十四日(1774年3月25日)，清军三路同时进攻大金川(在四川省西北部，大渡河上游)。阿桂所率西路深入大金川百余里，明亮从南路正面进攻马奈，富德十二日攻克马奈。明亮一路攻克穆谷，抢占大小碉寨四百余间，阿桂一路分兵绕攻罗博瓦山，连克大碉八座，大小26卡，杀敌二百余人。

一诗

军邮

◎乾隆

军邮今日来，报克色淜善。罗博瓦捷后，两月余阻雨。虽定六路攻，曾未寸步举。迩来略放晴，我军勇倍贾。门户既已近，贼人防益固。山脊筑三碉，左右更夹辅。进退两维谷，决策在破釜。期得而后往，将军计非卤。分投各衔枚，一呼发万弩。人人自为战，上下力各努。踔碉如履平，炮石中鼓舞。观之心恻然，喜极泪欲堕。得战碉十一，平碉四十许。杀贼二百余，器械获无数。歼其大头人，率丑守碉者。盖自用兵来，斩获斯为巨。临逊克尔宗，勒围近堪睹。赏恤所弗惜，嘉许难形语。伫待驰红旗，崇捷耆定武。

一解

此诗写于乾隆三十九年(1774年)。这年春，阿桂攻克勒乌围的门户罗博瓦山，明亮进逼马奈，海兰察攻破色淌普寨，大金川各碉寨无不闻风而逃，官军乘胜追击，一直攻到逊克尔宗，索诺木死守之，清军胜利在望。正在避暑山庄的乾隆帝从军队邮递的函件中得到详情，以白话般的诗句描述了清军此次战斗的胜利成果，是一篇难得的战役纪实诗。

平定两金川战图 阿桂奏报攻克罗博瓦山 故宫博物院提供

【3月26日】

一日

乾隆六年二月初十日(1741年3月26日)，兵部奏，此次皇上巡幸木兰，随围官兵共派六千余名，需马一万余匹，驼七八百只。

乾隆四十四年二月初九日(1779年3月26日)，奉上谕，著准热河总管永和等奏修须弥福寿之庙所需匠役数千所必须食用，于承德府常平仓所存榖内动用二万石，粜给夫匠人等，仍于工价内扣除榖价交地方官，俟秋成平贱之际如数买榖补额。

一诗

扈从途次杂咏十四首(选五)

◎赵 翼

帐房

陆居那有屋，布幕幂荒塍。
地恰规方丈，天惟隔一层。
常分茅店月，敢拟幔亭灯。
风雪聊堪蔽，求安本未曾。

一解

内阁中书赵翼曾四次扈从乾隆帝行猎，其《扈从途次杂咏》便是颇具史料价值的吟咏“木兰秋狝”的纪事组诗。途次，停留，住宿，意为驻扎。帐房，军帐。清代“木兰秋狝”御营制度：网城门八旗护军统领率官兵宿卫，又外八旗各设帐房，专委官兵禁止喧哗。

诗的前四句意思是，在大土山上那有居住的屋子，建在荒田界上，用布幕覆盖着。占地正好按规定的一方丈，只不过与天的一角隔一层罢了。幂(mì)，以布幕覆盖。荒塍(chéng)，荒田界上。天惟，天的一角。

诗的后四句意思是，人有定分住在茅草盖成的简陋旅舍里，岂敢相比用帐幕围成的亭子呢。本来未曾想求有安身之地，住此姑且可以躲避风雨就行了。常分(fèn)，定分。茅店，用茅草盖成的旅舍，言其简陋。唐代温庭筠《商山早行》载：“鸡声茅店月，人迹板桥霜。”幔亭，用帐幕围成的亭子。聊堪，姑且可以。

须弥福寿之庙(老照片)

【3月27日】

一日

康熙五十四年二月二十二日(1715年3月27日)，康熙帝巡视畿甸，谕直隶巡抚赵弘燮：“朕思移风易俗，莫过读书，况畿辅之地乃王化所先，宜于穷乡僻壤皆立义学，延师教读，以勉励孝悌，可望成人矣。尔即遍示村庄，俾皆知朕崇文好学之深意。”

乾隆四十一年二月初八日(1776年3月27日)，内务府造办铸炉处承做黄铜大狮子一对，往避暑山庄宫门前安设，交内务府总管刘浩运往。

一诗

扈从途次杂咏十四首(选五)

◎赵 翼

分旗

危竿旗色别，即此是心旌。
不画龙蛇动，遍分赤白明。
遥知戎帐在，略似酒帘轻。
人马皆能识，于斯悟用兵。

一解

分旗，帐房所在东西南北，各旗以为识别。上三旗为，镶黄旗、正黄旗、正白旗。下五旗为，正红旗、镶白旗、镶红旗、正蓝旗、镶蓝旗。其内城启旌门大纛旗(大军旗)东镶黄旗，西门正黄旗，南门正白旗；外设宿卫帐，启旌门大纛旗，东镶白旗，西镶红旗，南正蓝旗、镶蓝旗，北正红旗。

诗的前四句意思是，用心去区别长竿上东西南北各旗的标识。不是摆的一字长蛇阵，周遍可分辨出红、白二纛的标识。心旌，心神，神思。即用心去区别旗色。龙蛇，龙和蛇，兵阵名。龙蛇阵，即一字长蛇阵。

诗的后四句意思是，远远知道军营驻扎地用长竿做标识，有点儿像是酒店所用轻动的幌子。士兵和马匹都能识别，于此领悟是用作调兵遣将之用。戎帐，军营。酒帘，酒店所用的幌子。

镶黄旗 正黄旗 正白旗

正红旗 镶白旗 镶红旗 正蓝旗 镶蓝旗

清代八旗旗帜图

避暑山庄宫门前一对铜狮子(老照片)

【3月28日】

一日

光绪二十七年(1901年)，继道光、咸丰、同治时期把热河行宫珍品运往京师后，慈禧动用海军军费重修颐和园，把热河行宫物品移入大内，总计180巨车，二万数千件。本年，在承德通往北京的御道上，开始了史无前例的避暑山庄文物大搬迁的"走皇杠"行动。

一诗

扈从途次杂咏十四首(选五)

◎赵　翼

买卖街

负担来成市，熙熙为利忙，
廛疑夫布制，货取子钱偿。
也似趁墟闹，居然列肆长。
见珍因物罕，敢怨价增昂。

一解

买卖街，原注：贾人随营设街，贸易。

诗的前四句意思是，担着担子来到市场，纷纷杂杂都是为财利所忙碌。列布帐为市廛，取完货马上就用钱抵数。廛疑句，原注为"列布帐为市廛。"

诗的后四句意思是，也像是来赶集的喧闹，没想到这里有长长的成列的摊铺。看见摊铺的物品珍奇不多，东西越少，而价钱越贵。趁墟，赶集。列肆，市镇中成列的摊铺。见珍句，原注为："入木兰久，则物益少，而价益昂。"

铜掐丝珐琅炉

铜薰炉

花鸟　钱维城绘

鹿耳花瓶

青花白底铜鼓尊

【3月29日】

一日

乾隆五十七年三月(1792年3月)，为校订《四库全书》，总纂官纪昀(时任都察院左都御史)四次来到避暑山庄。在《阅微草堂笔记·槐西杂记》中，描绘了泛舟文津阁藏书处所见湖光山色："每泛舟至文津阁，山容水意，皆出天然，树色泉声，都非尘境，阴晴朝暮，千态万状，虽一鸟一花，亦皆入画。其尤异者，细草沿坡带谷，皆茸茸如绿罽，高不数寸，齐如裁剪，无一茎参差长短者。苑丁谓之短草。出宫墙才数步，即鬖髿滋蔓矣。岂非天生嘉卉，以待宸游哉！"

一诗

扈从途次杂咏十四首(选五)

◎赵　翼

棒椎峰

峰头惊孑立，石筍忽然生。
颇似金茎状，殊惭玉杵名。
空中禅棒喝，月下捣衣声。
远状行都色，孤标接太清。

一解

棒椎峰，原注：在热河平冈上，突立一峰，如椎，俗称棒椎峰。

诗的前四句意思是，棒椎峰头孑然孤立无依，令人惊奇，天地之间忽然长出这挺直的大石，其状如笋。特别的像汉武帝时所作承露盘的铜柱，很惭愧的是还有玉制的舂杵之名。孑(jié)立，孤立无依。石筍，亦作石笋。金茎，汉武帝时所作承露盘的铜柱。班固《西都赋》："伉仙掌以承露，擢双立之金茎。"

诗的后四句意思是似闻空中有神举禅棒喝，又像浣衣女在月光下捣衣的声响。远远地看见它(棒椎山)，增添了陪都的风采；像独立标识高接云霄。棒喝(hè)，佛教禅家用语。孤标，形容山峰超出顶端。太清，天空。

磬锤峰

【3月30日】

一日

嘉庆十九年闰二月初九日(1814年3月30日)，热河总管嵩乐、俊山奏报皇帝，敬择本月十五日(4月5日)“巳刻玉堂吉时，告祭土神，先从西南方动土兴工”加高避暑山庄宫墙。

一诗

扈从途次杂咏十四首(选五)

◎赵 翼

达巴罕

蜀道难真见，青天一线通。
人行飞鸟上，马踏乱云中。
一落愁千丈，三休到半空。
更忧辎重阻，露宿满山风。

一解

达巴罕，原注：蒙古语谓高岭也。(见《满州源流考》卷十八)

诗的前四句意思是，四川道路多山难行，但是难以真正见到，达巴罕高岭的道路白天只有一线之路可通。人行之路还在飞鸟之上，马走在乱云之中。

诗的后四句意思是，在这高岭之上，惟恐跌落千丈深谷，到了半空才算登临最高处。更担忧的是辎重行难，有时就得露宿山野受到行旅之苦。三休，登临高处。汉代贾谊《新书·退让》：“上者三休而乃至其上。”以三休为登临之典。更忧句，原注：“每过岭，辎重难行，或迟数日始追及。”

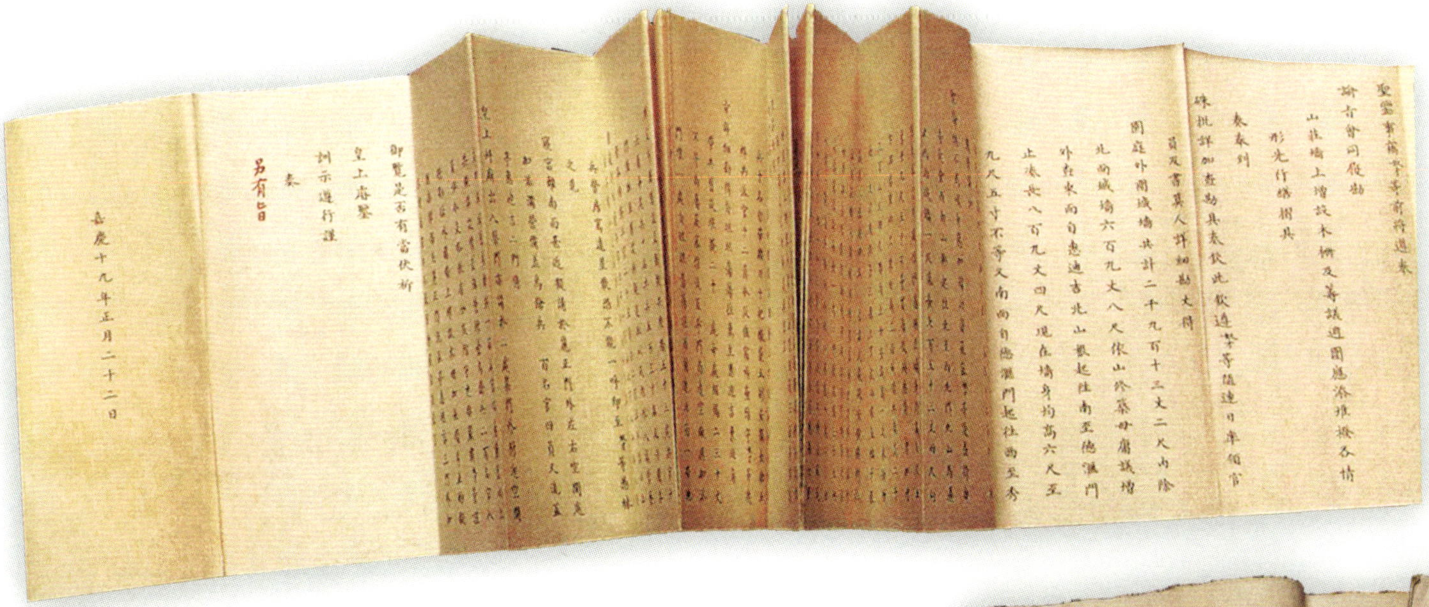

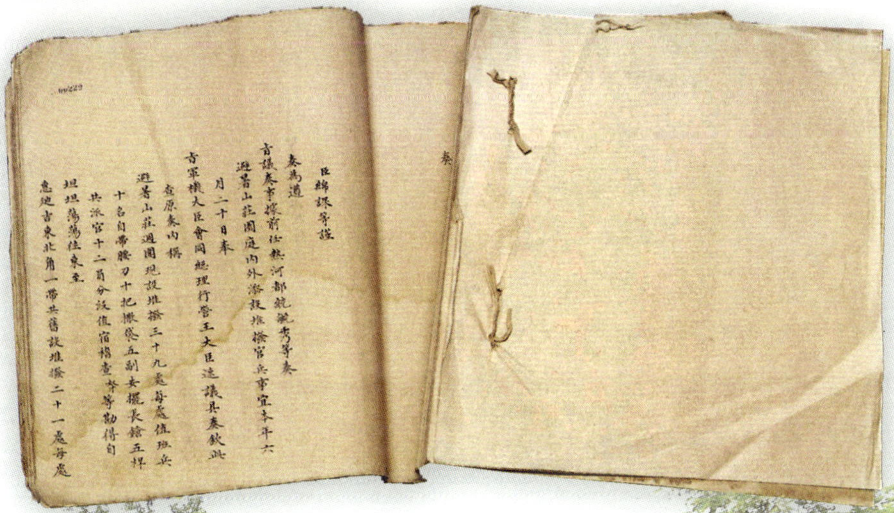

庄亲王绵课等关于遵旨议奏加强避暑山庄防卫的奏折

避暑山庄堆拨遗址

【3月31日】

一日

乾隆五十八年(1793年)，特简满大臣一人管理太医院院务。热河行宫太医院设于丽正门外太医院胡同，五间正房，厢房各三间，门前有影壁。热河太医院承应宫廷医疗外，还为出巡文武官员、外籍王公、王公府邸、军营等处服务。

一诗

千尺雪

◎ 乾 隆

吴中寒山千尺雪，明处士赵宧光所标目也。南巡过之，爱其清绝，因于近地有泉有石，若西苑、盘山及此，并仿其意而命以斯名，且为四图合贮其地，详具图卷中。

为爱寒山瀑布泉，
引流叠石俨神传。
楞严蓦地临溪写，
离即凭参属偶然。

一解

千尺雪为“乾隆三十六景”第二十九景，约建于乾隆十六年至十九年(1751—1754年)间。它位于玉琴轩之东，筑殿五楹，乾隆帝额曰“千尺雪”。乾隆十六年(1751年)，乾隆帝南巡时，来到江苏吴县，游览寒山范氏山园内的“千尺雪”，乾隆帝极其喜欢，因此依图在避暑山庄文津阁、宁静斋之南和曲水荷香之东建了同样景点。此景悬瀑喷薄，捲沫跳波，寒光四射，像雪花在晴空飞舞，故名为千尺雪。虽其名来自吴中，实则超出寒山千尺雪。

诗序叙写江苏吴县范氏山园中的千尺雪，是明代隐居寒山的处士赵宧光所题额命名的。我南巡经过寒山，喜爱此景美妙至极，于是在距京师近处有泉有石的地方，如西苑、蓟县盘山行宫及承德避暑山庄，仿照寒山千尺雪的意境，筑造了四处千尺雪。

诗的前两句意思是，因为喜爱吴中寒山千尺雪，于是在避暑山庄引流叠造也构筑了一处千尺雪。其意境同寒山千尺雪十分相似。寒山，指江苏省吴县西本支硎山支峰，明处士赵宧光曾隐居于此。此处指寒山千尺雪。俨，俨然；宛然，好像真的。神传，同传神，描绘的人或物其神情态度生动逼真。此处形容避暑山庄千尺雪与寒山千尺雪神似。

诗的后两句意思是，面临此处瀑布浪花飞溅，似雪之色，如琴之声的景象。忽然联想到《楞严经》阐明的心性与本体“不即不离”、“不一不异”的哲理，使我领悟到宇宙万物的客观存在。楞严，佛经名，全称《大佛顶如来密因修证了义诸菩萨万行首楞严经》。《楞严经》主要阐述心性与本体的关系是“若即若离”、“不即不离”、“不一不异”的关系。临溪写，面对瀑布倾泻。离即，指《楞严经》主张的心性与事物本体的关系。凭，靠着。引申为依靠，凭借；又为依据。参，此处指参悟，玄思冥想，探究真理，有所领悟。属，适值。

蟹化石　御药房药材之一

太医院称刻有经络、穴位的铜人为铜神

御药房药材白花蛇

药袋

药钵

御药房药材与药具图　故宫博物院提供

【4月1日】

一日

康熙三十五年二月三十日(1696年4月1日)，康熙帝第二次率军亲征噶尔丹，于本日率京师八旗兵及火器营，共三万余人离京。六月九日回京。三路约定日期，分进合攻。将噶尔丹诱至昭莫多，双方激战，噶尔丹军大乱，清军月下追杀30里，噶尔丹仅率二十余骑逃脱。史称“昭莫多大捷”。

康熙五十八年二月十二日(1719年4月1日)，康熙帝主持绘制《皇舆全览图》告成。谓内阁学士蒋廷锡曰：“朕费三十余年心力，始得告成。”后该图置于避暑山庄澹泊敬诚殿内。

一诗

至避暑山庄即事

◎ 钱大昕

蜿蜒环岭坞，睥睨建宫垣。
拱极千山脉，朝宗万壑源。
边风多璞厚，土物日孳蕃。
总被阳和泽，冬泉气自温。

一解

进士钱大昕与纪昀一起助修《热河志》，扈从来到避暑山庄，即以当前的事物山水、岩亭、草木、禽鱼等为题材，依御制即事元韵，性情成诗。赞美中外升平的盛世美好景象。

诗的前四句意思是，到处山林亭院都能进入画境，望远处山峦溪谷疑似仙界。这里的湖水清冽而深，展示一种空旷澄澈的佳境，高耸挺立的山可当做诗文书画的聚会之酒筵。翰墨筵，犹文席，谓诗文书画的聚会。

诗的后四句意思是，在山庄里，看到满眼的禽鱼都极为欢乐，领悟到草木会有真正缘分。中外太平，在山庄举行盛宴，到了深秋时节皇帝又回到京城去了。羽葆，皇帝仪仗中以鸟羽联缀为饰的华盖。此作为皇帝的代称。

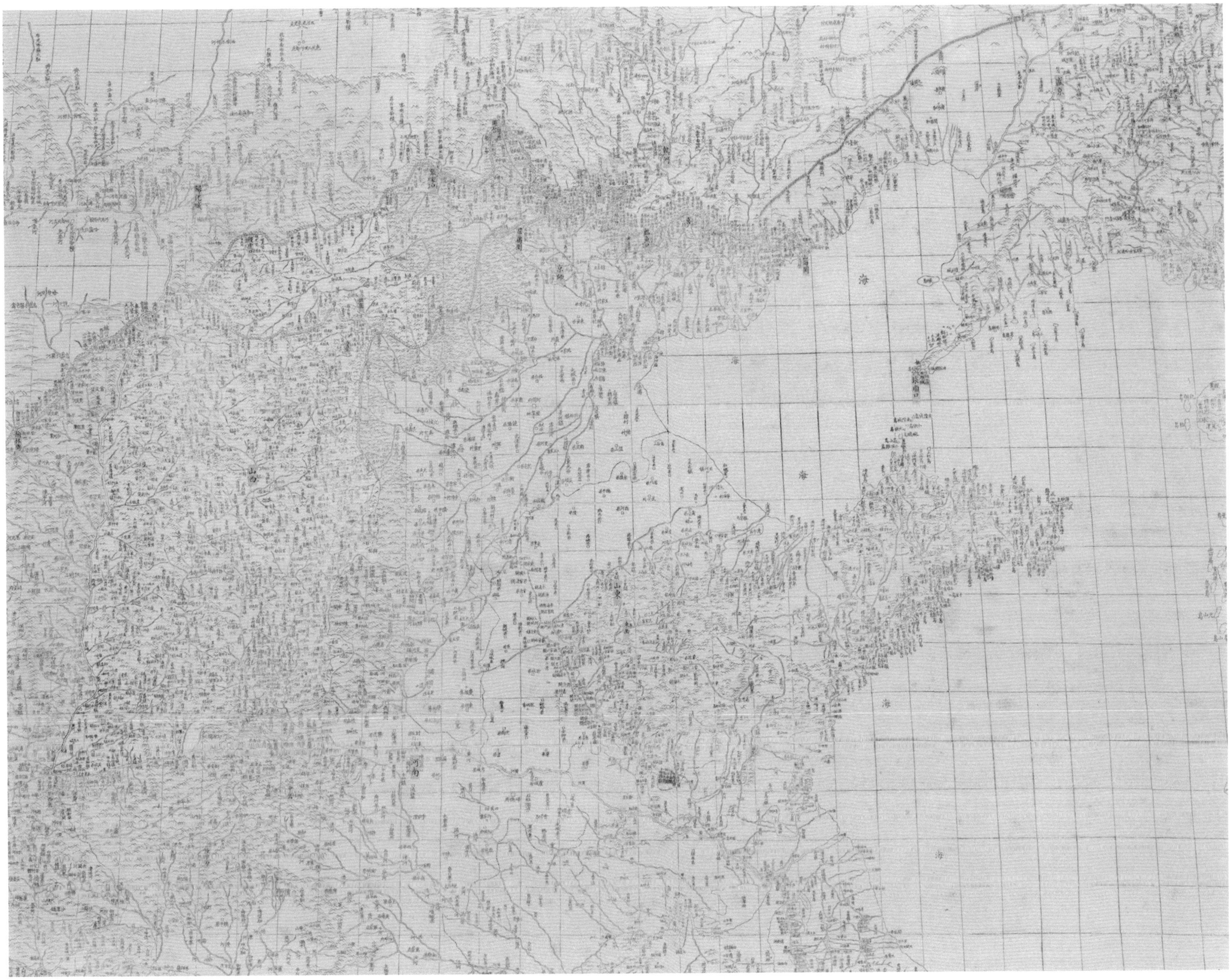

皇舆全览图 故宫博物院提供

【4月2日】

一日

光绪元年三月(1875年4月)，内务府热河总管锡祉、福长率领属员编纂的记录避暑山庄及周围寺庙等处宫殿、园苑、行宫、寺庙及办事规条和例行原则的政事档案——《热河现行园庭则例》告成。计12卷。又，内务府《热河工程则例》21卷，《热河衣服库现行则例》15卷等，亦修订刷印颁行。

［评］《热河现行园庭则例》等历史文献，是研究清史尤其是避暑山庄史最具参考价值的第一手资料，补充了《钦定热河志》和《承德府志》等史书、档案内容缺载之不足。

一诗

知鱼矶

◎ 乾 隆

湖水清甘，鱼乐国也。石矶临流，无心垂饵，相忘之适，当非濠上所知。

出水轻鯈乐意洋，
临矶欣觉会心长。
由来万物天机适，
安用劳劳辨惠庄。

一解

知鱼矶为“乾隆三十六景”第三十三景。约建于乾隆六年至十九年(1741—1754年)间。此景在临芳墅前，殿堂五楹，回廊与临芳墅相连接，形成一院两景，乾隆帝题额为“知鱼矶”，挂在临芳墅的门殿上。此景当年湖水清洁，营养丰富，鱼游水中，时潜时跃。殿前有石矶可观鱼，可知鱼之乐，因此乾隆帝将此景命名为“知鱼矶”。知鱼，语出《庄子·秋水》。

诗序叙写避暑山庄湖水清洁甘甜，是鱼游乐的好地方。此景面临内湖注入如意湖的清流，无心垂钓，似乎进入物我两忘的境界，这不是庄周、惠施在濠水观鱼之乐所能体会到的。说明此景命名的缘由。适，宜；适宜。《韩非子·难二》：“种树节四时之适。”

诗的前两句意思是，轻轻地跃出水面的小鯈鱼乐意洋洋，坐在石矶上观鱼，我感觉自己领悟到了“知鱼之乐”更深刻的意义。鯈鱼，鱼名，又叫白鲦。唐代王维《山中与裴迪秀才书》有：“轻鲦出水，白鸥矫翼。”会心，领悟；领会。

诗的后两句意思是，自古以来，世间万物都是顺应天机而存在发展的，何必像庄周和惠施那样在濠水上辩论鱼乐与不乐呢？天机，造化的奥秘。此处可理解为大自然的规律和法则。劳劳，惆怅忧伤的样子。此处与劳心(费心思)意同，一作“辛劳”。

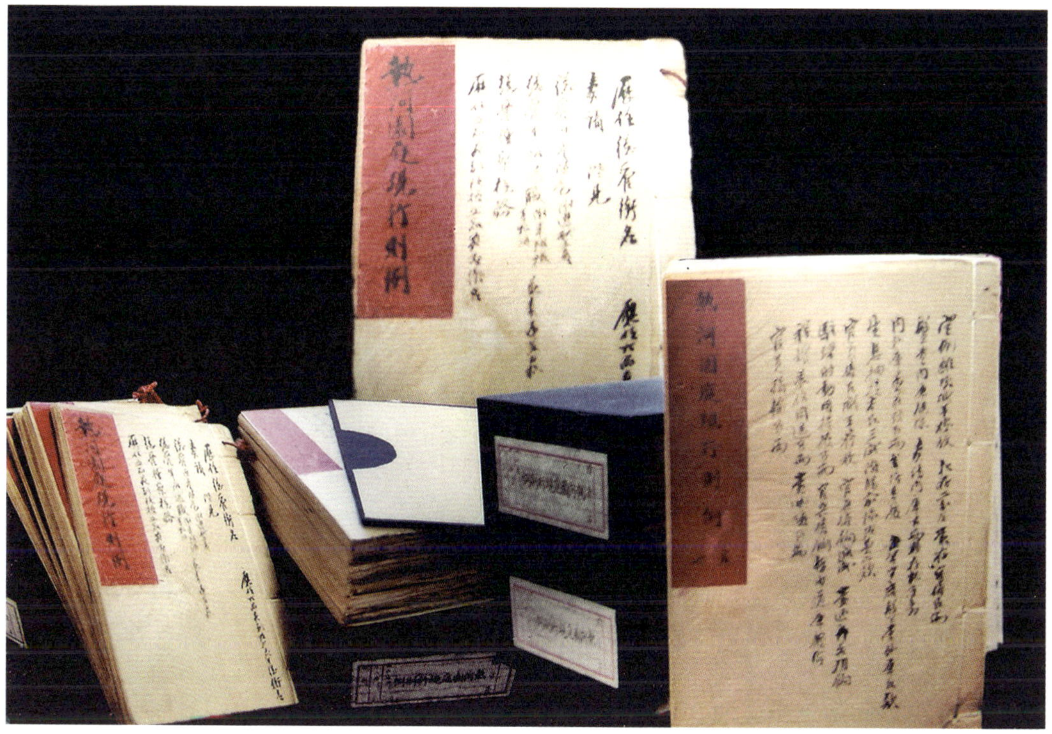

《热河现行园庭则例》书影

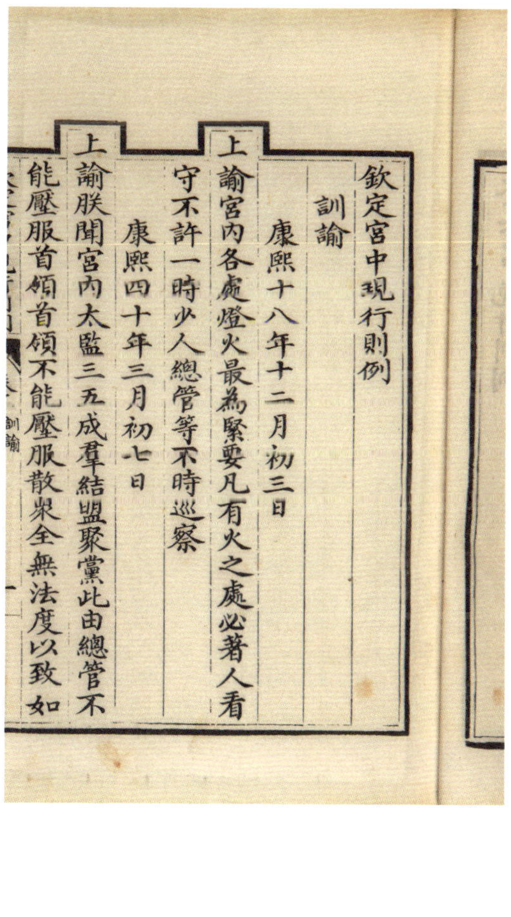

欽定宮中現行則例

訓諭

康熙十八年十二月初三日

上諭宮內各處燈火最為緊要凡有火之處必著人看守不許一時少人總管等不時巡察

康熙四十年三月初七日

上諭朕聞宮內太監三五成羣結盟聚黨此由總管不能壓服首領首領不能壓服散衆全無法度以致如

《钦定宫中现行则例》书影　故宫博物院提供

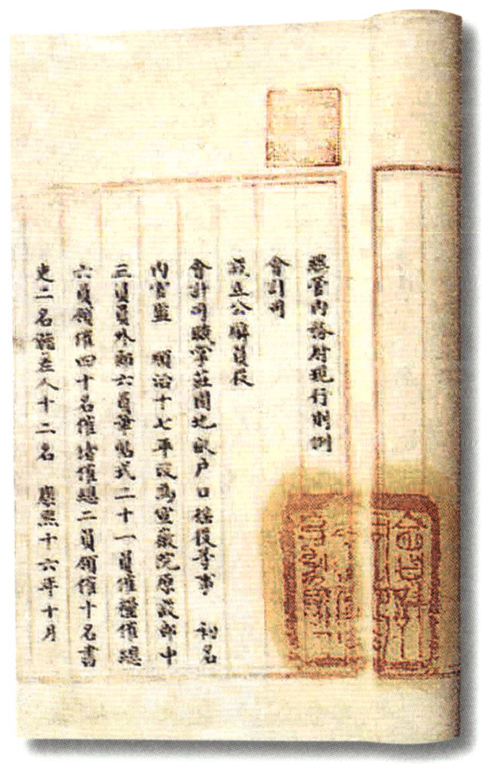

《总管内务府现行则例》书影

【4月3日】

一日

咸丰十一年二月二十四日(1861年4月3日)，咸丰帝“北狩”热河，在烟波致爽殿演出《喜遇升平》、《万年欢》、《下西风》、《普天乐》、《水龙吟》、《到春来》等细吹乐曲八首，虽处在播迁之时，但享乐之心弗减。

一诗

滦河水共碧空鲜

◎乾　隆

日照孤峰生翠烟，
滦河水共碧空鲜。
寄语山灵好看待，
莫教佳景让江天。

一解

这首诗写于乾隆十二年(1747年)，为喀喇河屯行宫诗《小金山》四首之四。乾隆帝在诗中拜托山神好好照管这处名胜，以“莫教佳景让江天”。

诗的大意是，太阳照着孤立的山峰，生出缕缕青烟；滦河水和碧空交相辉映，澄明鲜新。转告山神好好待承，不能让这处佳景让给这广阔的江河。翠烟，烟霭。寄语，传话，转告。

滦河水运　选自《热河旧影》

【4月4日】

一日

嘉庆四年二月三十日(1799年4月4日)，令将查抄和珅家人呼什图米麦杂粮11065石，赈济顺天府文安、大城二县受水灾民。

一诗

口外

◎ 窦光鼐

古北雄关外，千山应接多。
峰回常碍石，路转每循河。
省岁筹旸雨，连云见麦禾。
好风资长养，轻拂翠旗过。

一解

内阁学士窦光鼐的这首诗描绘古北口雄关壮美及君臣省察民时农岁的情形。语言清新晓畅，体现康熙、乾隆时期“清真雅正”的诗风。

诗的前四句意思是，古北口雄关之外，千山万壑出来迎接皇帝出行的车舆。山峰回旋常常有山石阻挡着，路转弯时往往要沿着河边走路。

诗的后四句意思是，君臣出行时，统计晴雨气候，考察每年农业生产情况。好天气使庄稼适宜成长，轻风吹拂着皇帝车舆的翠羽旗帜。省，考察。旸(yáng)，晴天。长养，长大，生成。

古北口长城(老照片)

【4月5日】

一日

乾隆四十七年二月(1782年4月)，《四库全书》第一部缮写完竣。乾隆帝赐《四库全书》总裁、总纂、总校、分校、提调各官宴。又赐总裁9人、总纂各官77人如意、杂佩、文绮、笔墨等物。属于因事赐宴殊恩。

一诗

澹泊敬诚殿楹联

◎乾 隆

先泽志钦承宵衣旰食
民依心切念春雨秋旸

四面云山契仁寿
万家烟火验民和

祖训式钦思日监
天行惟健体时乘

一解

这三副楹联是弘历即位后为澹泊敬诚殿所书写的。

第一副楹联的意思是，我恭敬地继承先祖的德泽和远大志向，并愿早起晚睡勤于国政；我殷切地思念着百姓，并祝愿春雨及时，秋阳高照。民依，意思是依附农业生产，因为这是百姓的依靠，是立国之本。

第二副楹联的意思是，四面山峦祥云缭绕，它契合仁者长寿；万家烟火在街市上空漂浮，它证明百姓安乐。民和，即人和，国家盛世的重要标志。

第三副楹联的意思是，皇祖的训教令人崇敬，它像太阳光一样照监着我们的作为；天体不停地运行，继承先祖大业要自强不息，使其繁荣发展。日监，同日鉴，意思是太阳的光辉照耀着人间，含有上天对人世的监视。时乘，指帝王即位。

澹泊敬诚殿楹联　选自《清代宫廷匾额》

澹泊敬诚殿匾额

澹泊敬诚殿东墙

【4月6日】

一日

同治十年二月十七日(1866年4月6日)，总管内务府派员到热河“运取存收乐器”，中和、丹陛乐器清册计有柷斗、敔虎、镈钟、特磬、八卦编钟、编磬、穿心大鼓、琴、瑟、篪、韵锣、笙、排箫、埙、喜竹等。即日起程，热河总管委派兵弁沿途护送至京。

一诗

波罗河屯作

◎乾　隆

塞馆清凉车驾停，仰流鳞集众蕃屏。
亦咨力穑秋称好，更喜攻驹境永宁。
长计何须夸绝幕，恩桑遂以抚来庭。
寻常视此殊艰致，谟烈躬承勉德馨。

一解

这首诗写于乾隆十四年七月二十二日(1749年9月3日)，乾隆帝驻跸波罗河屯行宫(亦称皇姑屯，今隆化县隆化镇)。这首诗看似一般，却说出了一项促进民族繁荣与进步的重要举措。即改变蒙古族单一游牧的生产方式，辅之以农业生产，种庄稼解决食物不足，使人们相对定居下来，促进文化教育事业的发展，促进民族的文明进步。

诗的首联意思是，在波罗河屯行宫清凉之处停下车驾，蒙、回、维、藏各族首领像回游的鱼儿一样聚集在一起，兴高采烈地来朝见皇帝。塞馆，指波罗河屯行宫。蕃屏，屏藩，捍卫。这里指蒙古王公。

诗的颔联意思是，(蒙古族)也知道征询，商量农业生产的事了，他们尽力耕作，收成还是好的。更让人高兴的是，各部落年轻的执政者精明干练。使辖区内永保安宁。咨，征询，商量。力穑，尽力耕种。原诗注：“蒙古今亦知稼穑为重矣。”攻驹，指教幼马拉车。

诗的颈联意思是，不必赞扬长远的为民谋利的举措已经惠及极远的沙漠地区。皇帝亲自教导来朝见的蒙古王公注重农业生产，用以解决那里人民的生计问题。绝幕，幕同漠，极远的沙漠。恩桑，皇帝亲自教授农业有关事项。桑，种桑养蚕，泛指农业生产。来庭，朝见。抚，抚育，引申为解决生计问题。

诗的尾联意思是，平常人看来这件事(指教游牧民族耕田)特别难做到，其实也不难，但这需要继承和亲自实践圣祖“贻万世之缔构”的宏伟事业，不断勉励自己保持勤政爱民的高尚品德。谟烈，指康熙开创的“贻万世之缔构”的事业。谟，谋划。烈，光荣显赫的功业。

宫廷中和乐器敔

宫廷中和乐器排箫

宫廷中和乐器柷

宫廷中和乐器编磬　故宫博物院藏提供

波罗河屯行宫

【4月7日】

一日

乾隆七年(1742年)，热河西大街红庙山下建庄王府。庄王府是康熙帝十六子胤禄的府邸。胤禄六岁便随康熙帝巡幸塞外。曾受康熙帝指教，率领儒臣在避暑山庄澄观斋纂修《数理精蕴》。胤禄精数理，通音律。胤禄在热河的府邸分东西两所，胤禄死后，其孙永瑺袭爵，因而，庄王府又称为“瑺王府”。热河文庙建立时，将庄王府西所拆除。至今文庙东尚有“瑺王府胡同”。

一诗

题乐志园

◎胤　禄

安荣全荷圣恩周，乐志园成不外谋。
勺水拳山藏曲折，小亭疏槛足优游。
野花随意凭开谢，嘉客忘怀任去留。
大隐须知城市隐，各种容与更何求。

一解

乐志园为胤禄自己家修的花园，因胤禄通音律，故为花园题名时借用音乐的典制之名，表达在园中愉悦心志的感情。勺水拳山，指园中池小假山亦小。容与，舒散自适之意。

胤禄画像

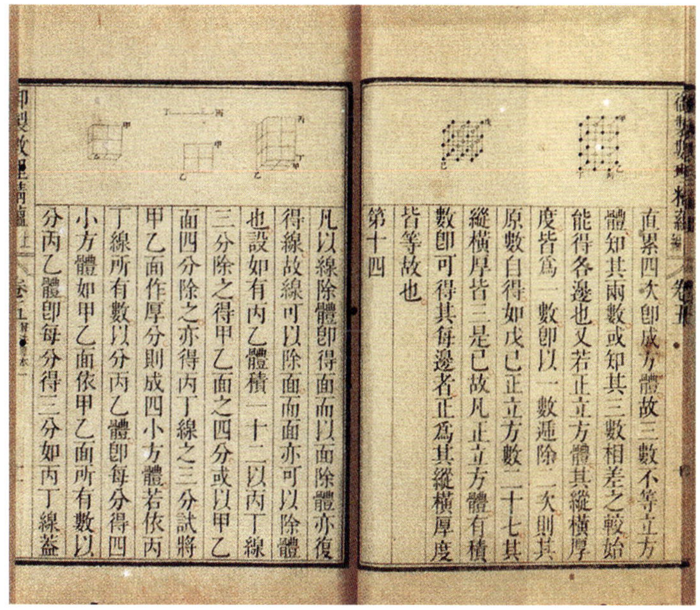

直累四次即成方體故三數不等立方體知其兩數或知其三數相差之較始能得各邊也又若正立方體其縱橫厚度皆爲一數即以一數遞除二次則其原數自得如戊己正立方數二十七其縱橫厚皆三是已故凡正立方體有積數即可得其每邊者正爲其縱橫厚度皆等故也

第十四

凡以線除體即得面而以面除體亦復得線故線可以除面而面亦可以除體也設如有丙乙體積一十二以丙丁線三分除之得甲乙面之四分或以甲乙面四分除之亦得丙丁線之三分試將甲乙面作厚分則成四小方體若依丙丁線所有數以分丙乙體即每分得四小方體如甲乙面依甲乙面所有數以分丙乙體即每分得三分如丙丁線蓋

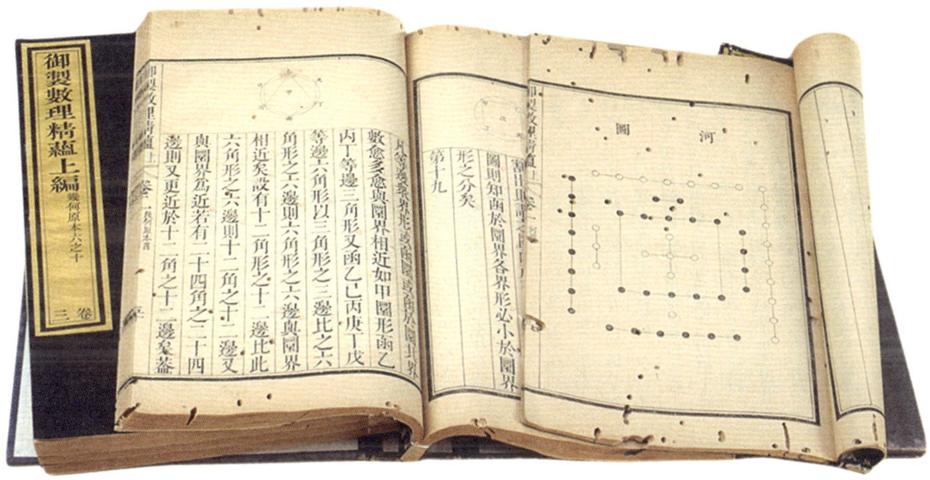

《御制数理精蕴》书影　故宫博物院提供

庄王府邸东所

尹忠绘

【4月8日】

一日

乾隆十三年三月十一日(1748年4月8日)，皇后富察氏在德州崩逝，年37岁。

乾隆四十五年三月初四日(1780年4月8日)，上谕禁止各省督抚本年八月七旬万寿时到热河避暑山庄祝寿，谕称“闻七旬万寿有取九九之义购备贡品，夸多斗靡，甚至力有不逮而随众效尤，勉为充数，尤属不必”。

一诗

曲水荷香

◎康 熙

碧溪清浅，随石盘折，流为小池。藕花无数，绿叶高低，每新雨初过，平堤水足，落红波面，贴贴如泛杯。兰亭觞咏，无此天趣。

荷气参差远益清，
兰亭曲水亦虚名。
八珍旨酒前贤戒，
空设流觞金玉羹。

一解

曲水荷香为“康熙三十六景”第十五景，意为弯弯曲曲的流水，弥漫着荷花的香气。此景是一座大型风景亭，地处山庄北岭山麓。涧水潺潺，随石折为小池，水中生长着无数荷花，其自然环境，似同王羲之在《兰亭集序》中所描写的景物。这首七言绝句，赞美避暑山庄荷花之美，胜于王羲之笔下兰亭曲水的景色。然后借景抒情，表明自己不爱金樽玉酒，只爱自然美景。诗序先写曲水的形成，然后描绘荷花的状貌，接着，康熙帝以“落红波面，贴贴如泛杯”为过渡，巧妙而又自然地把“兰亭觞咏”的典故引进作品中来。贴贴如泛杯，片片花瓣像在水面浮行的酒杯。兰亭觞咏，指王羲之与友人在兰亭饮酒赋诗的故事：东晋永和九年一月三日，按古代风俗，王羲之同友人去兰亭溪水之滨嬉戏饮宴。他们坐在岸边，把酒杯置于水上，任其顺流而下，杯停在谁的面前，谁就饮酒赋诗，相与为乐。此举引发王羲之作《兰亭集序》，兰亭，浙江省绍兴县西南的兰渚，有亭一座，名曰兰亭。觞咏，饮酒赋诗。觞，古代盛酒器。

诗的前两句意思是，时断时续的荷花香气，传送得越远越令人感到清香。兰亭曲水所歌咏的景色，跟山庄曲水荷香相比是徒有虚名的。

诗的后两句意思是，珍贵的食物与美酒，是前贤所禁戒的。美酒佳肴，在我眼前也是没有意义的摆设。八珍，古代八种珍贵的食品。旨酒，美酒。前贤，指夏禹，《孟子》有言：“禹恶旨酒而好善言。”金玉羹(gēng)，一种羹汤的名称。此处指代美食。

“康熙三十六景”之曲水荷香

【4月9日】

一日

康熙五十一年(1712年)，在避暑山庄南后二道街，康熙帝七子淳亲王胤祐建“七王府”(俗称七爷府)，康熙帝巡幸热河时，胤祐经常随扈。康熙三十五年(1696年)，曾奉命统率镶黄旗大营，随皇帝征讨噶尔丹，以功于康熙三十七年(1698年)晋封贝勒。康熙四十八年三月(1709年4月)，晋封多罗淳亲王。得到皇帝赐银5000两。七王府有房三十余间，是一座标准的四合院。

一诗

热河夏日即景

◎胤　祐

四面垂阴复绿杨，深深庭院昼方长。
半床古帖从容赏，一缕清烟自在香。
卷幔不知炎日苦，披襟正值午风凉。
闲来一望无穷趣，帘外山光接水光。

一解

这是康熙帝七子胤祐感受避暑山庄夏日之宁谧的一首幽闲清适诗，诗句通俗写真。

诗的首联意思是，青绿的杨树在四面树木枝叶覆盖下形成一片片阴影，深深的庭院长天白日。

诗的颔联意思是，布满一床供临摹的拓本墨迹从从容容地去欣赏，一缕香炉的青烟香气自在。古帖，指供临摹或欣赏的墨迹或拓本。

诗的颈联意思是，夏日热气正盛使人难忍，不知卷起帐幕散散热，可是这里中午山风习习，正好袒胸露臂取凉。

诗的尾联意思是，消闲无事随意向外眺望真有无穷的乐趣，窗帘之外山的景色正连着水的景色。山光，山的景色。水光，水的景色。

避暑山庄文园狮子林

【4月10日】

一日

康熙五十一年(1712年)，康熙帝第三子胤祉得到康熙帝5000两银子赏赐，在避暑山庄南二道街东建园邸，人称“诚王府”。胤祉曾随康熙帝征讨噶尔丹，领镶红旗大营。三十七年三月(1698年4月)，以征战功晋封诚郡王。康熙五十一年，胤祉率庶吉士何国宗等在避暑山庄澄观斋辑《律吕》、《算法》诸书，定名为《律吕渊源》。

一诗

扈跸塞外校猎

◎胤祉

塞垣红叶晓霜催，櫜鞬严装扈跸来。
满月雕弓飞鹭羽，嘶风铁骑震龙堆。
晓峰云影千旗合，夜火星联万帐开。
秋狝圣朝循故事，飞熊还载后车回。

一解

这首诗为皇三子胤祉扈从康熙帝行围时所作。诗中描写了塞外秋狝中的壮阔场景及将士的威武雄风，显示清帝保持八旗军“以弧矢威天下”的尚武传统。诗句严格按照七律格式，严整工稳。

诗的首联意思是，北方边境一带，秋天清晨的冷霜催红了枫树的叶子，装束整齐的武将扈驾而来。塞垣，本指汉代抵御鲜卑所设边塞，后指古城、边关城墙。此处指北方边境地带。櫜鞬(tuójiān)：藏箭和弓的器具。櫜鞬泛指武将的装束。

诗的颔联意思是，骑士们拉满了像月亮一样圆的弓矢，装有白鹭羽毛的飞箭疾速射出，马迎风嘶叫着，强悍的军马威震木兰围场。鹭羽，箭名。装有白鹭的羽毛。嘶风，(马)迎风嘶叫，形容马势雄猛。龙堆，见康熙《塞北早秋》注，此处借指木兰围场。

诗的颈联意思是，清晨映着云霞的山峰下聚合着千军万骑，到夜间，军营帐幕的灯火犹如天上的联星闪烁。

诗的尾联意思是，“木兰秋狝”是遵依本朝的旧制，皇帝回驾的车载着猎获的飞熊，可谓是君上得贤的征兆。圣朝，本朝。故事，旧例。飞熊，故事源于《武王伐纣平话》：西伯侯夜梦飞熊一只，来至殿下，周公解梦谓必得贤人，后果得贤人姜尚，当时姜尚正在渭水之滨垂钓。

清代木兰图　选自《避暑山庄300年特展》

【4月11日】

一日

康熙五十二年三月(1713年4月)，宫廷画家冷枚巨轴画作《热河行宫图》完成。该画全幅通长3.91米，通宽2.09米，画心长2.548米，宽1.725米，绢本着色。《热河行宫图》既是避暑山庄的三十六景风景画，又是一幅祝寿图，在康熙帝六旬万寿之前呈进。冷枚，山东胶州人，康熙三十五年(1696年)由其师焦秉贞推荐进入内廷画院。是我国画院史上成绩卓著的画家。

一诗

热河纪事

◎ 陈元龙

行殿无雕缋，山原有性情。
高卑因地胜，简朴俨天成。
林壑千重护，烟云四面生。
寰中新乐土，岁岁驻霓旌。

一解

这是康熙朝礼部尚书陈元龙一首描述早期离宫形胜的记事诗，高度赞美了离宫的朴素、自然、天成，是国内新开发的乐土。这首五言律诗味醇浓，中间两联对仗，词性相对，十分工稳，末句精粹、警策，蕴意深厚。

诗的前两句意思是，离宫的建筑朴素、自然，没有过多的雕刻彩绘，承德周边的山保持天然，富有个性。缋(huì)，同“绘”。

诗的中间四句意思是，这里地势有高有低，却是形胜之地，自然形成的十分简朴。山林涧谷层层叠叠相互护围，四面升起烟霭云雾。

诗的最后两句意思是，在广袤的国土内，这是一块新开发的乐土，每年皇帝都要临幸。霓旌，古时皇帝出行时仪仗的一种。

热河行宫图 冷枚绘 故宫博物院提供

【4月12日】

一日

康熙三十年三月十四日(1691年4月12日)，定于四月间于上都河与额尔屯河间的多伦诺尔举行喀尔喀蒙古会盟阅兵仪式。康熙帝拟于四月十二日亲往，本日遣大臣分赴喀尔喀各部传谕。

康熙五十二年三月十八日(1713年4月12日)，康熙帝六十寿辰，行庆贺礼。侍郎王原祁作《万寿盛典图》，长二十余丈，李绂作记，记载甚详。又，本日颁诏，诏内“恩款”四十五条。

一诗

雨中至喀喇河屯

◎乾 隆

夜霪垂檐晓发旌，渐车无碍就山程。
农夫袯襫欣方渥，仆役泥涂盼亟晴。
近失峰容云角竖，微侵凉气雨丝横。
藩王路左纷来接，惜雨霑衣命赏行。

一解

这首诗写于乾隆四十年(1775年)，描绘了乾隆帝奉皇太后巡幸塞外，雨中抵达喀喇河屯行宫的情形。诗中刻画了雨中的农夫、仆役和少数民族王公的不同形象和心态，饶有兴味。

诗的大意是，夜雨顺着屋檐流下，从早晨出发，沾湿的车驾沿着山路缓行，没有阻碍。农夫披着蓑衣为下雨而高兴，仆役浑身是泥水而盼望晴天。看不清山峰的样子，云头低垂，凉气微微侵身，雨丝横飞。蒙古王公纷纷在路旁接驾，一个个被雨淋湿了衣裳。命令对他们行赏。袯襫(bóshi)，粗制的防雨蓑衣。

《康熙万寿盛典图》之关帝庙鼓楼戏台

【4月13日】

一日

乾隆二年(1737年)，山东织造匠谢殿生携家人从原籍来热河，在板棚街(今马市街)创办丝织品手工厂，号“谢记丝绦铺”。从业18人，学徒3人，帮工12人，产品远销京师、内蒙等地。

同治元年(1862年)，李德在西大街葛家胡同开设“德亿号”，专事织毯工艺，其毯有山水、花鸟、虫鱼、龙凤、蝙蝠等图案。

光绪二十四年(1898年)，承德府凌源人王润在流水沟开设专事花丝(绒)线生产的“玉成广线坊”，缫丝、纺线、染色工艺齐全，蜚声长城内外。

光绪三十一年(1905年)，染匠邱洪九在马市街广升店胡同开设印染铺，其名为“魁聚染”，使用靛缸染法，印花、刻板手印技术，蓝地白花；图案有菊花、蝴蝶、翠竹等，染色分毛蓝、玉石蓝等。

一诗

湧翠岩

◎乾　隆

石罅泉源出山庄西北，淙淙潺潺，下为瀑布，依岩为佛庐，隔林明殿三楹，东向。晨曦朝爽，空翠四合。

拔地青莲耸德水，天人来往作音娱。

蓦逢杖锡权教住，试问眉毛拖地无？

一解

湧翠岩为“乾隆三十六景”第三十四景。约建于康熙四十二年至四十七年(1703—1708年)间。此景位于珠源寺之北，梨树峪之入口，“远近泉声”西侧之山岩上，有飞泉注下，形成美丽的瀑布景观。岩间殿三楹，康熙帝题额曰：“湧翠岩”。其后有佛庐三楹二层，名为“自在天”。

诗序叙写湧翠岩的泉水出于山庄西北山上，淙淙潺潺地流着，至此形成瀑布飞流而下，靠山岩建了一座佛堂，隔树林建造三间明殿，东向。早晨阳光明曦，空气清爽，四周山林青翠环绕。

诗的前两句意思是，拔地而起酷似青莲的湧翠岩，从功德水中耸立起来。瀑布奔泻，恍如佛祖从天界来到人间，宣讲佛法时声似潮声在空中飘荡。德水，即功德水。此处喻指湧翠岩瀑布。天人，指天界和人间。天人来往，指佛祖来往于天界和人间。作音娱，指佛祖讲经说法，妙演潮音。

诗的后两句意思是，突然遇到一位持锡杖的高僧，就请他暂且停下，请问他的寿眉拖到了地面没有？蓦，突然；忽然。杖锡，持执锡杖。锡杖，僧人所用法器。此处指僧人。湧翠岩是佛教胜地，有活佛住持。权，暂且；暂时。眉毛拖地，形容眉毛极长。古时以老人眉毛长为长寿之相。此句是询问高僧修行达到了什么境界。

“乾隆三十六景”之涌翠岩

【4月14日】

一日

康熙六十年三月十八日(1721年4月14日)，康熙帝诞辰日，停止行礼筵宴。

乾隆四十五年三月初十日(1780年4月14日)，六世班禅于青海塔尔寺，过冬后即日开始取道宁夏、内蒙伊克昭盟、察哈尔部，前往承德避暑山庄觐见乾隆帝。

一诗

沧浪屿

◎乾　隆

山泉汇为湖沼，澄泓见底，孤屿临流，悠然得沧浪趣。

绿洲朗润蕙兰荣，
日对沧浪之水清。
俯洁搴芳无限趣，
那更分别足和缨？

一解

沧浪屿为“乾隆三十六景”第十七景。建于康熙四十二年至四十七年(1703—1708年)间。沧浪屿是一座园中之园。在如意洲西北，有承德特有虎皮石墙相环绕，内设有殿堂六间，其中二间在水池上，后檐北向，康熙帝题额“沧浪屿”。沧浪，语出《孟子·离娄上》：“有孺子歌曰：‘沧浪之水清兮，可以濯我缨；沧浪之水浊兮，可以濯我足。’”康熙、乾隆二帝引用此歌表达一种顺乎自然的情趣，颇具新意。此景是仿苏州沧浪亭所建，极具南方苏州园林之特色。

诗序叙写避暑山庄山泉汇成湖沼，湖水深且清澈见底。有一个孤岛濒临湖水，在这里可以悠然得到《孺子之歌》的情趣。诗序既点明沧浪屿的特色，又说明了命名的缘由。

诗的前两句意思是，绿色的洲岛，阳光明朗，土地湿润，蕙草、兰花欣欣向荣，每天面对像沧浪之水的清清湖水。绿洲，水中草木繁茂的陆地。朗润，明亮润泽。蕙兰，芳草名。

诗的后两句意思是，俯身撩拨清水，采摘芳草，有无限的情趣，哪里还再分别浊水、清水，什么水洗脚，什么水洗帽缨呢？搴芳，采摘花草。

“乾隆三十六景”之沧浪屿

通天河 受八世达赖强白嘉措的委托，摄政甘丹喜热图诺门汗、驻藏大臣恒瑞和索林等，送六世班禅至青海通天河，远赴热河觐见乾隆帝

【4月15日】

一日

康熙四十三年三月(1704年4月)，清廷督修口外行宫第三处桦榆沟行宫(今滦平县境内)完工。该行宫由三品官邓光钱等人承建，共建大小房舍、楼阁、游廊445间，堤坝120丈，工程耗银六万一千余两。其中邓光钱出银二万零三百余两，张万鹏、张鼎臣、张鼎鼐、张常柱均各出银一万零一百五十余两。

一诗

濠濮间想

◎康　熙

清流素练，绿岫长林，好鸟枝头，游鱼波际，无非天适。会心处在南华秋水矣。

茂林临止水，
间想托身安。
飞跃禽鱼静，
神情欲状难。

一解

濠濮间想为“康熙三十六景”第十七景，意为眼前的景色，能使人体会到庄子游濠濮之水的感受。此景是地处澄湖北岸的四小亭之一，这里的自然环境十分优美。亭南濒临澄湖碧波，亭北有试马埭草原和万树园茂林。碧波里鱼儿欢快地浮游，草原和茂林群鸟飞鸣。由眼前的景色，联想到《世说新语·言语篇》一段记载：“简文(晋简文帝)入华林园，顾谓左右曰：‘会心处不必在远，翳然林水，便自有濠濮间想也。’”因而，取晋简文帝所言“濠濮间想”，为小亭命名。濠濮，是两条河水名，内含两个典故，其一即《庄子》中的记载：“庄子与惠子游濠梁水上。庄子曰：‘儵鱼出游从容，是鱼乐也。’惠子曰：‘子非鱼安知鱼之乐也？’庄子曰：‘子非我，安知我之不知鱼之乐也？’”

诗序主要内容是描写山庄的自然景色，赞美清流、长林、好鸟、游鱼所显现出来的自然情趣。南华，即《庄子》。南华秋水，可写作《庄子·秋水》。诗序最后一句，意为来到山庄澄湖北岸，可以领悟庄子游濠濮二水时的感受。

诗的前两句意思是，树叶茂密的树林，濒临平如明镜的湖水。置身于清幽环境，可产生庄子在濠濮水上那种安逸与自得其乐的感受。间想，即诗题所言“濠濮间想”。托身安，置身于宁静的环境中，感到安适而快乐。

诗的后两句意思是，鸟飞和鱼跃不急不躁，沉稳从容。它们所显现出来的神情，是难以用语言描摹的。静，平静。此处指鸟飞、鱼跃，在动态中所显现出来的沉稳与从容。

“康熙三十六景”之濠濮间想

【4月16日】

一日

咸丰十一年三月初七日(1861年4月16日)，恭亲王奕䜣等奏，请赴行在(避暑山庄)祇问起居。得旨：自去秋别后，半载有余，时思握手而谈，稍慰廑念。惟朕近日身体违和，咳嗽未止，红痰尚有时而见，总宜静摄，庶期火不上炎……著不必赴行在。

一诗

山庄杂咏(其一)

◎ 查慎行

山庄者，我皇上避暑行宫之统名也。臣以草茅新进，再尘扈从。自夏徂秋，往反各阅百余日。其间山川风土之美，草木禽鱼之状，一一俱蒙恩指示。凡耳之所闻，目之所睹，口不胜述，则纪以小诗合成三十首，用备忘遗，不揣芜词，并呈御览。

朝凉夕爽绝氛霾，画里山川处处佳。
圣德如尧惟尚俭，采椽不斲土为阶。

一解

康熙朝进士查慎行以词臣供奉内廷，多次扈从避暑山庄和木兰围场，其间山川风土之美，草木禽兽之状，随事吟咏，风格清新自然，善用白描手法。

诗序简要地论述了写避暑山庄杂咏三十首绝句的经过。草茅：在野未出仕的人，平民。徂(cú)，至。阅，经历。芜词，谦词，杂乱之词。

诗的前两句意思是，口外行宫气候早晚十分凉爽，绝没有阴霾的天气，山川如画，处处佳景。霾(mái)，阴霾，天气隐晦，昏暗。

诗的后两句意思是，皇上至高无上的道德如同尧舜，因为崇尚省俭，建筑无丹雘之饰，以土石为庭阶。惟，因为。《商书·盘庚》载："亦惟女故，以丕从厥志。"采椽不斲(zhuó)，采椽，栎木或柞木椽子，言俭朴。

“康熙三十六景”之青枫绿屿　选自《避暑山庄图咏》

【4月17日】

一日

乾隆三十六年三月三日(1771年4月17日)，鉴于热河街于乾隆二十四年(1759年)、乾隆三十五年(1770年)十年间两受大雨山水之患，命内大臣三和、御前大臣努三等偕直隶提督王进泰、热河道明山保，由南山下宽开河道，西自同知衙门前，东至旗营，长六百九十余丈，阔皆七丈，泻随地形高下，自三尺八寸至一丈二尺。新开河道于三月初至六月中旬告竣。费用内府金13000两。乾隆帝题《御制开新河记》，立石碑于西大街城隍庙东亭内。

一诗

山庄杂咏(其二)

◎ 查慎行

章奏多从驿骑驰，
行宫勤政日孜孜。
三更桦烛明如昼，
又是宵衣乙览时。

一解

诗的前两句意思是，臣僚呈报皇帝的文书由驿站里疾驰的乘马人传递，皇帝在行宫每日里勤劳于政事而勤勉不怠。

诗的后两句意思是，半夜三更由桦树皮卷成的蜡烛灯火通明，如同白昼，皇帝又在天不亮时就起身穿衣，批阅文书。乙览，皇帝阅读文书。

御製文

開新河記

熱河之水有二，其自東北來者為固都爾呼河，三源汇而為一，即《水經注》所謂武列水也。繞山莊東北錘峰下，（中關東溫泉為一源，又山莊行宮內亦有溫泉流出匯之，遂有熱河之名。）東南流入於灤。其水雖大，然向有堤以障之，時復培葺，故得循軌而有所歸宿，即盛漲不為患。其自西來者為廣仁嶺及獅子嶺諸山之水，水本無源，常時無涓涔迹，雨後則循山東赴至西紅橋轉而北，又由東紅橋轉而南，始緣南山溝流入熱河。而溝道紆狹，久復淤墊，故宣導不能速，向以其無大患，亦遂易而忽之。己卯夏

大雨驟霔，西南諸山水一時并集，平地漲丈餘，經西紅橋趨突北山下，石激波轉，勢益洶悍，自北而南衝擊東紅橋，奔湍蕩越，市廛廬舍，當之者多隨波而圮。事聞，發內帑賑恤，且量漂屋楹數給貲繕復之。及庚寅災仍如之，其賑恤繕復亦如之。夫十年之間，兩遭其害，警於已事曷可不籌度以善其後？顧無源之水，不能以有形治，惟順其勢而疏之，使下流暢達，則其上自不復壅潰為害。防弭之道，無過於此。蓋是水之致患，徒以兩紅橋溝狹而不能容耳，若舍此狹溝，使緣南山下新浚河寬而能容東赴熱河，宜免搏擊之勢。乃命內大臣三和、御前大臣努三等偕直隸提督王進泰、熱河道明山保由南山下寬開河道，西自同知衙前，東至旗營，長六百九十餘丈，闊皆七丈，深隨地形高下，自三尺八寸至一丈二尺有差。其河身經流有直民居者，令移構岸旁高地，仍計屋授之值，俾各得安處。工始於辛卯三月初，至六月中告蕆。通費內府金一萬三千兩有奇。新河既成，是秋雨復大，漲復盛，而水皆循河安行，無過無溢，其效固已立睹矣。熱河自皇祖締構山莊以來，迄今六十餘年，四方之民，環集輻輳，駢坒殷闐，盛若都會。朕敬繩祖武，歲奉聖母駐此，承志頤和，因以順時行蒐習武，從官衛士之扈行，以逮新舊諸藩之執役者，內外咸集，以故熱河烟火之盛，月益歲增，則計所以保聚而安全之者，誠為切要。而此新河之利，尤大且遠也。繼此之修浚惟勤，毋使堙塞，實莅斯土者之責，可不慎諸。惟茲廣仁嶺下，為每年恭迓安輿所必至，爰即疏河起處，規隙地，樸築數椽，以備憩候。其前實臨經涂，因植碑為亭，記其原始，以昭示無斁。

《乾隆御制开新河记》　选自《钦定热河志》

【4月18日】

一日

康熙四十八年三月初九日（1709年4月18日），以复立胤礽为皇太子，遣官祭告天地、宗庙、社稷。

一诗

山庄杂咏（其三）

◎ 查慎行

画鹿宫门树射棚，
冬膠秋幹试初呈。
静中人籁皆天籁，
朱鹭单传中的声。

一解

诗的前两句意思是，山庄宫门内树立画有鹿样的箭靶，皇帝命随围的满汉官员在此比试射技，通过校射来考察他们的武艺。冬膠秋幹，指弓弩或射艺。

诗的后两句意思是，忽然间，从万籁俱寂中单独传来射中箭靶中心的声响。朱鹭，又称朱鹮，体形如鹤。此处指绘有朱鹮的箭靶。的，箭靶中心。

皇太子胤礽画像 爱新觉罗·胤礽(1674—1725)，生于康熙十三年(1674年)。康熙十四年(1675年)，康熙帝20岁时就考虑到立储是关系到清朝统治长治久安的重大问题，他选中了刚刚一岁的胤礽为皇太子，这位皇太子十分受宠，养成了过分骄纵和暴戾的性情。康熙二十九年(1690年)，康熙帝在亲征噶尔丹的归途中生了病，十分想念皇太子胤礽，特召他至行宫。胤礽在行宫侍疾时毫无忧色；康熙帝看出皇太子无忠君爱父之念，实属不孝，怒遣胤礽先归。康熙四十七年九月(1708年)，康熙帝的十八皇子死，时年仅8岁。胤礽对十八皇弟之死，毫无弟兄友爱之情，这就更加深了康熙帝对他的嫌恶。胤礽平时对臣民百姓，稍有不从便任意殴打，仗势欺人，激起公愤。康熙帝对胤礽的行径无比气愤，勒令皇太子胤礽跪下，历数其罪状："胤礽不听教诲，目无法度，朕包容二十多年，他不但不改悔，反而愈演愈烈，实难承祖宗的宏业。"康熙帝边哭边诉，竟至气倒在地，被大臣急忙扶起。康熙帝下令，首先惩办了怂恿皇太子的官员，继而又废了皇太子，康熙又亲自撰文，告天地、太庙、社稷。废皇太子胤礽后不久，皇三子因胤礽向父皇告发胤禔用喇嘛巴汉格隆魇术魔废皇太子之事。康熙帝闻听此事，当即派人前往胤禔住处搜查，果然搜出"魇胜"，确信胤礽为魔术致狂。康熙帝确信胤礽被害，群臣又纷纷建议复立皇太子，康熙帝经过反复思想斗争，才于四十八年三月(1709年10月)，复立胤礽为皇太子，时过2年，康熙帝又发觉大臣们为太子结党会饮，于是将这些大臣分别遣责、绞杀、缉捕、幽禁。康熙帝手谕："诸事皆因胤礽，胤礽不仁不孝，徒以时年五十一岁。"胤礽死后被追封为理密亲王，葬于黄花山。

避暑山庄宫门东侧，皇帝命满汉官员比试射箭处

清代官员不仅重视行围习武，对八旗子弟的骑射教育更是长抓不懈

【4月19日】

一日

康熙四十八年三月初十日(1709年4月19日)，复立胤礽为皇太子，以大学士温达、李光地等为使，持节授皇子胤礽册宝，复立为皇太子。

乾隆十三年三月二十二日(1748年4月19日)，亲定大行皇后谥为“孝贤皇后”，乾隆帝认为孝贤二字最能概括皇后一生的淑德，且可以满足皇后生前的愿望。

一诗

山庄杂咏(其四)

◎ 查慎行

山梨微涩杞浆酸，
崖蜜煎从翠釜颁。
珍重蓬莱金醴味，
不传方法向人间。

一解

诗的前两句意思是，枸杞汁，经炼成膏，上尝以赐近臣。崖蜜，山野间野蜜蜂所酿的蜜，又称石蜜，色青，味微酸。煎从，熔炼。翠釜，精美的炊器。

诗的后两句意思是，这种精美珍贵的食品犹如来自蓬莱仙境的美味，可惜这种秘制的方法没有传授到人间。金醴，美酒。

查慎行画像 查慎行(1650—1727)，浙江海宁人。查曾为黄宗羲门人。康熙二十三年(1684年)为国子监生员，曾助徐乾学编纂《大清一统志》。康熙四十二年(1703年)赐进士出身，选入翰林院，并以词臣供奉内廷。两年后，授翰林院编修。查慎行在朝时曾为《佩文斋咏物诗选》、《佩文韵府》编纂之一。作为诗人的查慎行，《四库全书总目》的编者，曾把查氏与宋代苏轼、陆游这些著名诗人相提并论。查慎行是浙派承前启后的大家，有《敬业堂诗集》五十卷传世。

枸杞

【4月20日】

一日

光绪十九年三月初五日(1893年4月20日)，俄国蒙古学学者波兹德涅耶夫受俄国外交部派遣到我国蒙古地区考察，是日，在承德境内考察。波兹德涅耶夫于1892年6月至1893年10月，历时15个月，行程二万二千余俄里。足迹遍布北京、归化城(呼和浩特)、多伦、上都、承德、克什克腾、巴林等地。4月12日进入承德境内，记载了丰宁、滦平、隆化等地的河流、官地、军屯、牲畜、贸易、农业情况。到达热河后，详细记述了承德历史、演变、城市面貌、承德府商号、离宫苑囿及热河寺庙等。考察报告中记载："承德府的黄金时代是在乾隆年间(1736—1795年)。乾隆帝最终使承德府成为一座中国城市，并且提高了它的行政地位，使它成为这一行政地区的首府"，"从那时起，中国欧洲都开始对它注意起来"。考察中特别赞赏承德的寺庙："皇帝别墅中最美丽的地方是建筑在宫苑北面和东面的那些喇嘛庙。它们错落地散布在浓阴覆盖着的山上，各种颜色的琉璃瓦屋顶闪耀着美丽的光彩；造型奇特的寺刹、亭台、宝塔、牌楼等建筑物隐现在丛林之中。"

一诗

山庄杂咏(其五)

◎ 查慎行

溪流经雨杂清浑，
茗椀频沾雨露恩。
日给大官泉一斛，
衹应饮水亦思源。

一解

诗的大意是，行围从喀喇河屯出发，经伊逊、伊玛图等溪流，恐河流浑浊至伤脾气，皇帝命令每日赐给扈从大臣等官吏一斛厨水，这些大官们屡屡得到赏赐的恩泽，当喝茶饮水时都不忘幸福之源。茗，茶。椀，同碗。雨露，比喻恩泽。斛(hú)，古谓十斗，今容五斗。

普乐寺(老照片)

[俄] 阿·马·波兹德涅耶夫照片

须弥福寿之庙妙高庄严殿金顶

【4月21日】

一日

同治二年三月初四日(1863年4月21日)，为安插“闲散京旗”，决定在热河开垦荒地。热河都统瑞麟上《开垦围荒以济兵食》奏折，清廷下旨批复：“将围场四面边荒地八千余顷展出开垦。”瑞麟在热河设立裕课总局，协同管围官员出示招垦，此为开围之始。

一诗

御门引见月官因成什

◎乾 隆

近年因避暑，五月即启跸。山庄驻过秋，为日颇久致。
阁报按期发，无虞废庶事。惟是吏兵部，月有引见吏。
杂职司细务，代阅原可俾。印官董要郡，贤否应亲视。
虽然戒皮相，十可八九识。因令来引见，量材使以器。
独是拔山川，未免劳路费。先事有恒言，后禄思精义。

一解

这首诗写于乾隆四十一年(1776年)。诗中记叙了乾隆帝在避暑山庄期间是如何处理政务的，极有史料价值。诗的大意是，近几年为避暑，提前至五月份就开始动身前往避暑山庄，一直驻跸到过中秋节，为期很久。但是，中央官署的报告和信息，仍然按期发出。驻跸避暑山庄数月，期间所有审查升职的人员、文职的佐领、武职的护军校、骁骑校等官，即命留京王大臣验看。惟有吏部和兵部，每月都有荐引的官吏来此。杂职主管一些细务，原定可以使之代办。但是要职则要监督管理要害部门。文员知县以上，武员守备以上，职任较重，因令吏兵两部堂官每月各轮一人带至避暑山庄引见，以昭详慎。月选各官，就其缺之繁简，人是否有能力才干，量为更调，虽甄别核实，在奏言答对之时，类似表相，而人才大概避藏不了的。自从我执政至今41年，用这种简阅的方法已经多年，也可以说十有八九都相中不错。因此令他们来到避暑山庄引见，量才而用，给予不同的官职。唯独让这些人跋山涉水行路艰难，未免劳累，花费路费。先辈们对在避暑山庄处理政务有过规定，后人坐享其成，应该了解其精髓和意义。禄，享用的福气。

避暑山庄宫门听政处

【4月22日】

一日

光绪十九年三月(1893年4月)，波兹德涅耶夫在承德府考察中记载了城里最大店铺：资金最充足的是经营日用百货的“永聚隆”商号；最大店铺是“金成永”，这是一家由山西人合伙开办的商行，总号在北京；第三个最富的是“魁义永”，也是山西人开的，主要做棉花布匹生意。

一诗

芳渚临流

◎康 熙

亭临曲渚，巨石枕流，湖水自长桥泻出，至此折而南行。亭左右岸石天成，亘二里许，苍苔紫藓，丰草灌木，极似范宽图画。

堤柳汀沙翡翠茵，
清溪芳渚跃凡鳞。
数丛夹岸山花放，
独坐临流惜谷神。

一解

芳渚临流为“康熙三十六景”第二十七景，意为遍布芳草的沙洲，濒临流动的湖水。此景是地处如意湖西岸的一座敞亭，隔湖与芝径云堤相对，环境清幽秀美。这首七言绝句，其主要内容是描写自然景物。在康熙帝的笔下，堤柳、汀沙、清流、芳渚、凡鳞、山花被巧妙地组合在一起，构成一幅优美的图画，并借助于“独坐”二字，把诗人自己也置身于画中，表露出他对此景的喜爱之情。

诗序叙写此景的地理位置及其自然环境，并称赞它像丹青妙手笔下的图画。曲渚，弯曲的小沙洲。岸石天成，岸石非人工所为，是自然形成的。范宽，宋代画家，画师从李成和荆浩，善画山水。

诗的前两句意思是，长堤沙洲绿柳飘丝，翠碧的芳草犹如平铺的绒毯。濒临清流的小岛，可见跃出水面的游鱼。汀沙，水边的细沙。芳渚，生长着芳草的小洲。凡鳞，平凡的鱼。古人认为，鱼有平凡的，还有不平凡的。传说鲤鱼跳龙门，能跳过龙门的鱼则成为龙，是不平凡的鱼；跳不过龙门的鱼，仍然是平凡(普通)的鱼。

诗的后两句意思是，湖堤岸边一簇簇山花，正开得十分旺盛。独自坐在临水的小亭中，深感这清幽静美的环境有益于修养谷神。在老子看来，谷神是天地之根，它深藏虚怀，是万物生存繁衍的元神。

老五爷府
恒王府
蒙古寨
恭亲王府
信元亨
聚兴源
积成公
天顺兴
聚兴隆
养新店
兴隆馆
富盛染
周子明宅
宏济寺
德聚长
协成泰
福顺和
荣厚兴
同裕和
福成隆
振兴号
郭记杂货
全成永
东义厚
德厚兴
东合涌
富盛和
聚德泉
金鼎祥
福庆永
鸿兴号
敖孤堂
源盛和
裕昌厚
永义公
保元店
文秀斋
公聚源
协成栈
瑞增楼
德兴成
华三大药房
文友斋
德仁堂
裕顺成衣局
萃芳照像馆
万盛斋
永聚德
振兴楼
东虹桥
兴顺永
乾元亨
连顺成
聚德祥
德隆昌
聚源昌
官银号
桂兰斋
文秀斋玉记
恒丰泰
预兴公
永兴隆
德兴石印局
全福兴

热河商铺街景　尹忠绘

【4月23日】

一日

乾隆二十五年三月初八日(1760年4月23日)，各地向宫廷进贡茶叶。本日杭州织造西宁进贡第一批龙井雨前茶四瓶。三月十五日、七月二十五日又两次进贡龙井雨前茶。浙江巡抚庄有恭进龙井茶、龙井雨前茶各一百瓶，此外，还有江苏巡抚陈弘谋进阳羡茶、碧螺春茶；湖广总督苏昌、湖南巡抚冯钤分进安化茶；江西总督尹继善、安庆巡抚高晋、江宁织造托庸分别进银针茶、雀舌茶、珠兰茶、六安茶、松萝茶、梅片茶；江西巡抚阿思哈进安远九龙茶、赣邑储茶、宁都茶；浙闽总督庄有恭、福州将军社图肯、福建巡抚吴士功分别进岩顶花茶、功夫花茶、郑宅芽茶，莲心茶、天桂香茶；云南巡抚刘藻进大普洱茶、普洱芽茶、普洱茶膏、女儿茶、普洱蕊茶、小普洱茶；四川总督开泰进蒙顶仙茶；陕西巡抚进紫阳茶。从档案看，乾隆帝喜欢的只有蒙顶茶、珠兰、松萝、莲心、花香、安化、普洱、龙井雨前、天桂花香等几种。进给皇太后或赐予贵妃的主要是大普洱茶、女儿茶、普洱茶膏。

一诗

水流云在

◎康　熙

云无心以出岫，水不舍而长流，造物者之无尽藏也。杜甫诗云“水流心不竞，云在意俱迟”，斯言深有体验。

雨后云峰澄，水流远自凝。
岸花催短鬓，高年寸寸增。

一解

水流云在为“康熙三十六景”第三十六景。景名取杜甫《江亭》诗句：“水流心不竞，云在意俱迟。”康熙帝借杜甫的诗意，展示自己的心境。意为水流不息，我的心并不随着涌动。白云片刻停止，我的思绪像它一样平静。此景即横列澄湖北岸四小亭最西的一座亭。坐在亭中，既可遥望远山，也可俯瞰湖水缓缓流淌的状貌。

诗序借鉴陶潜的诗，形象地描绘白云自然而然从山间飘出来的状貌，然后引杜甫诗表达自己观赏景物时的感受。“云无心以出岫”，引自陶潜《归去来兮辞》：“云无心以出岫，鸟倦飞而知还。”康熙借陶渊明诗句，写白云悠然飘浮的状貌。康熙借用此语表现水不停地流淌。造物者，可理解为创造万物的上天。无尽藏，无穷无尽深藏的万物。

全诗大意是，雨过天晴，山峦像水洗过一样洁净青翠。远处的流水，似乎凝固在那里一动不动。岸边的花一年一度开开谢谢，似乎在催人鬓发越来越短。步入暮年的人，感到年岁逐步在增高。

宫中藏普洱茶圆饼

宫中藏中型普洱茶团

宫中用碎普洱茶膏

【4月24日】

一日

咸丰十一年三月十五日(1861年4月24日)，据热河副都统克兴额奏，官军攻克朝阳县，咸丰帝命督饬将士乘胜追剿。十九日(4月28日)又奏，朝阳起事首领李凤奎被获正法，刘猪亦于桃花园接仗受伤身死，余党当不难即时扑灭，帝命克兴额、成明督率将士迅攻凤凰山老巢，尽歼之。

一诗

石矶观鱼

◎康　熙

远近泉声而南，渡石步，有亭东向，倚山临溪，溪水清澈，修鳞衔尾，荇藻交枝，历历可数。溪边有平石，可坐以垂钓。

唱晚渔歌傍石矶，
空中任鸟带云飞。
羡鱼结网何须计，
备有长竿坠钓肥。

一解

石矶观鱼为“康熙三十六景”第三十一景，意为坐在水边平石上，可以观鱼或垂钓。此景是地处避暑山庄西湖岸边的一座敞亭，距离小亭不远的地方，有一块平展的岩石。可观赏游鱼，也可把竿垂钓。这首七言绝句，叙写耳听阵阵渔歌，眼观鸟儿翻飞，透露出一种悠然自得的闲适心情。诗人在写景基础上抒怀，展现他作为政治家的高瞻远瞩、胸有成竹的情怀。

诗序叙写此景的地理位置以及它依山临溪的自然环境。最后以“溪边有平石，可坐以垂钓”点出此景命名的缘由。石步，摆在浅水之中的一块块垫脚石(俗称“搭石”)，修鳞衔尾，溪水中鱼儿成群，一条接着一条地游动。修鳞，细长的鱼。荇藻交枝，水草旺盛。

全诗的大意是，傍晚的时候，石矶附近似乎响起了阵阵的渔歌声。仰望空中，鸟儿似乎带着白云任意飞翔。临渊羡鱼有什么实际意义呢？不如回去织好网再来。我早已备好鱼竿，等着钓上肥鱼来。石矶，指水边突出的岩石。矶，江河当中的石块。羡鱼，临渊羡鱼，比喻只有愿望，不去实干，于事无补。

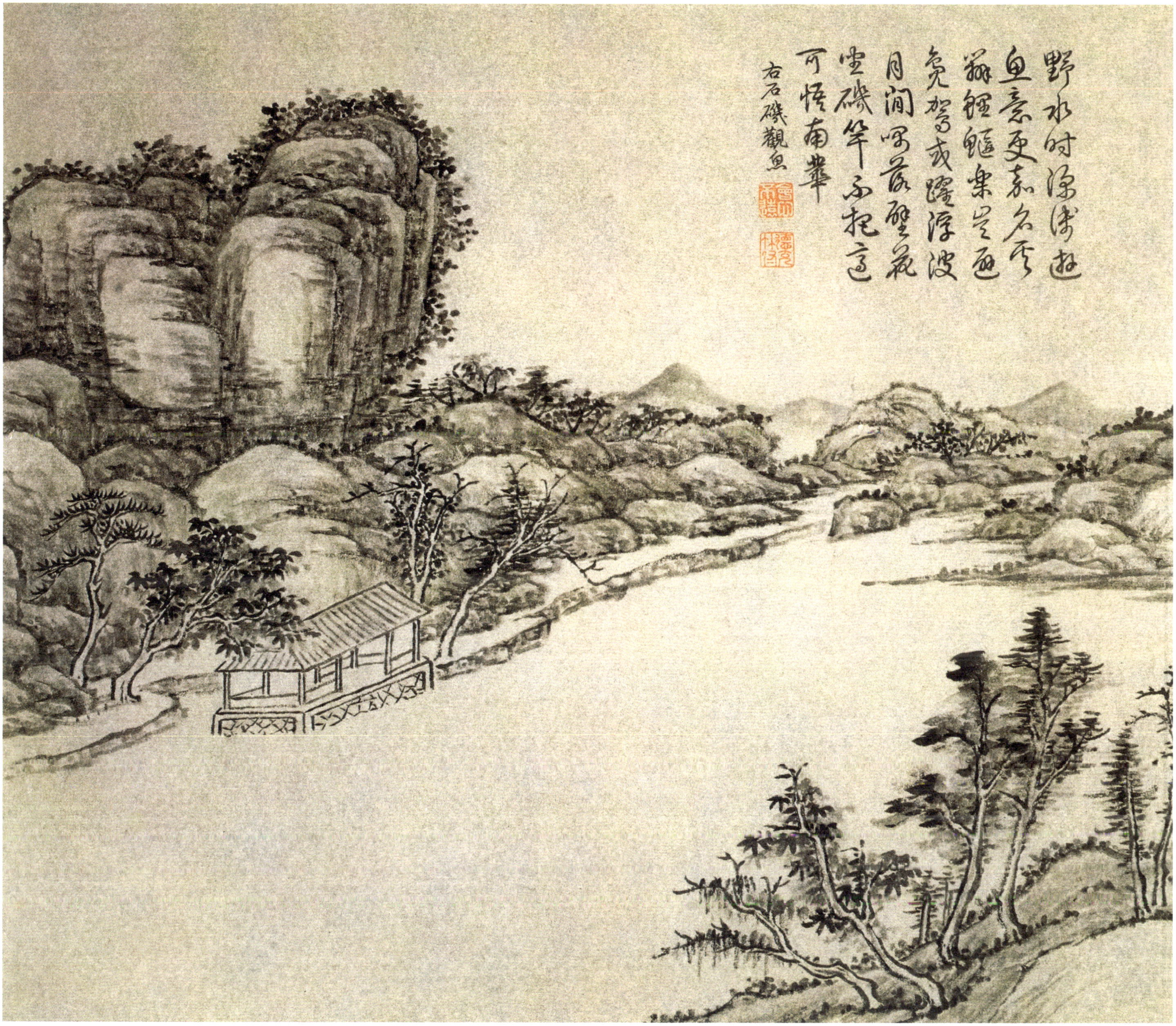

“康熙三十六景”之石矶观鱼

【4月25日】

一日

同治四年四月一日(1865年4月25日)，清廷禁垦热河围场红椿以内之地。

一诗

莺啭乔木

◎康熙

甫田丛樾之西，夏木千章，浓阴数里，晨曦始旭，宿露未晞，黄鸟好音与薰风相和，流声逸韻，山中一部笙簧也。

昨日闻莺鸣柳树，
今朝阅马至崇杠。
朱英紫脱平原绿，
月驷云骊错落駹。

一解

莺啭乔木为“康熙三十六景”第二十二景，意为黄莺在高大的树木上婉啭啼鸣。此景即避暑山庄澄湖北岸四小亭之一，地处万树园之南。万树园之西是一片大草原，名为“试马埭”，是皇家调试与检阅马匹的地方。这首七言绝句，一、三两句描摹春日美景，二、四两句叙写草原上检阅马匹的盛况。全诗仅仅四句，便把江南之秀媚与北国的雄豪融为一体，不能不令人赞叹。

诗序叙写此景的地理位置，然后具体地描绘这里的树木、浓荫，并怀着愉悦的心情赞美“黄鸟好音”，犹如在山中演奏的“笙簧”乐曲，从而使读者自然领悟此景得名的缘由。夏木千章，大树千棵。宿露未晞(xī)，夜间露水还没干。晞，干。流声逸韵，指鸟鸣流畅、婉啭、飘逸的声音。一部笙簧，意为由笙簧演奏的一部乐曲。

全诗的大意是，昨日倾听黄莺在柳枝上婉啭啼鸣，今天站在华盖伞的高杆旁检阅马匹。朱英、紫脱等花朵，生长在碧绿的草原上。月驷、云骊等各类骏马以其繁杂的毛色聚集在一起。崇杠，指撑华盖伞的高杆或旗杆。朱英、紫脱，均为野生花草，古人视这种花草为祥瑞植物。月驷(sì)、云骊，两种骏马的名称。駹(máng)，一种马的名称。

蜡嘴与樱桃　郎世宁绘

“康熙三十六景”之莺啭乔木

白翎　选自《清代鸟谱》

嘉雀　选自《清代鸟谱》

黄鹂

【4月26日】

一日

乾隆三十五年(1770年)，郑王府邸落成。郑王府位于避暑山庄关帝庙下坡、后二道街西。郑王府是热河街较大的一处府邸，建筑古朴典雅，四合院，建有后花园，四周有很高的围墙。郑亲王端华扈从咸丰帝来热河避难，领侍卫内大臣。咸丰帝弥留之际，端华被任命为顾命大臣之一。后，慈禧发动辛酉政变，端华罪赐死。在热河的郑王府也被查抄。

一诗

南山积雪

◎康熙

山庄之南，复岭环拱，岭上积雪经时不消。于北亭遥望，皓洁凝映，晴日朝鲜，琼瑶失素。峨眉明月，西崑阆风差足比拟。

图画难成丘壑容，
浓妆淡抹耐寒松。
水心山骨依然在，
不改冰霜积雪冬。

一解

南山积雪为“康熙三十六景”第十三景，意为遥望南山，积雪生辉。此景是立于山巅的一座敞亭，登临南望，可见连绵起伏的诸峰及其“经时不消”的积雪。这首七言绝句，开头赞美避暑山庄南岭美如图画，然后称颂松树、水心、山骨不畏冰封雪冻的品格与特征，表达了诗人对如何做人的看法：人应该像寒松、水心、山骨一样坚贞不屈，永远保持美好的品质。作品的蕴意很深，耐人寻味。

诗序开头叙写登避暑山庄北岭之所见：“山庄之南，复岭环拱，岭上积雪，经时不消”，说明此景命名的缘由。然后，具体描写岭上积雪之美，并称赞避暑山庄之南岭可与峨嵋、明月、西昆、阆风等名山相媲美。复岭环拱，层层山峦、环环围绕。皓洁凝映，冰雪凝结，洁白发光。晴日朝鲜，晴朗的早晨，阳光明丽。琼瑶失素，积雪映朝阳，其晶莹闪亮之状，使美玉也显得黯然失色。差足比拟，大致可以相比。

全诗的大意是，即使运用高超的绘画手法，也难以描摹出此处山丘沟壑的容貌之美。无论是浓妆还是淡抹，也改变不了松树耐寒的品格。水的本质与山的气势，依然存在，冰封雪冻无论怎么严寒，也不会使它们改变固有的特性。水心，水内在清凉的特质。山骨，山之骨相，亦即山之躯干所体现出来的气势。

“康熙三十六景”之南山积雪

【4月27日】

一日

雍正十年四月初三日(1732年4月27日)，从内务府总管鄂善奏，于喜峰口、冷口、古北口等边外打牲壮丁中选兵一千名，于热河地方操练鸟枪、弓箭。每名给地90亩，每月给银二两、米一斛，每名给房一二间，派副都统一员管领。

道光十九年三月十四日(1839年4月27日)，热河总管松桂、那扬阿，奏准将18年前从张三营运抵热河演戏“行头”及避暑山庄清音阁原存戏衣，选择解送京师升平署6260件，其余散卸切末盔头、衣靠15215件存放原处空闲房间。从道光六年至道光十九年(1880—1893年)，山庄珍藏文物按皇帝旨意开始搬运北京，先后四次近七万件。

光绪二十八年三月二十日(1902年4月27日)，热河都统色楞额奏报德国驻京公使穆默等一行三月初五日(4月12日)前往热河游历情形：德国公使穆默偕文武官员各一名，卫兵四名，翻译卜海，沿途进各行宫瞻仰，十一日(4月18日)到达热河，色楞额与道府依次延见款待，函告外务部容令进离宫瞻仰所有各处。敬谨如仪。十四日(4月21日)公使由古北口回京。

一诗

林下戏题

◎乾　隆

偶来林下坐，嘉荫实清便。
乐彼艰偻指，如予未息肩。
炎曦遮叶渡，爽籁透枝穿。
拟号个中者，还当二十年。

一解

这首诗写于乾隆四十年(1775年)。林下地点在避暑山庄内松云峡峡口，乾隆帝每到这里都要坐下来休息，然后开始登山进入松云峡。这里当年树高林密，清静凉爽。古时候将退隐之人称作“林下人”，乾隆帝身处林下，触景生情，想到归政太子的事，写下了这首诗。23年的时间里，在这里，就归政的主题一共写下了六首诗，这是第一首。后来，在这里立卧碑一座，将这六首诗刻在了上面。

全诗的意思是，偶尔来到松云峡口的林下休息，丰美的树荫实在清爽宜人。如数家珍地慢慢屈指算来，像我这样还肩负着重任。炽烈的阳光被树叶遮蔽着，透过树枝响着清爽的风声。想到我能号称“林下人”的时候，还得过20年呀。偻指，屈指数。爽籁，清爽的风声。拟，思量。

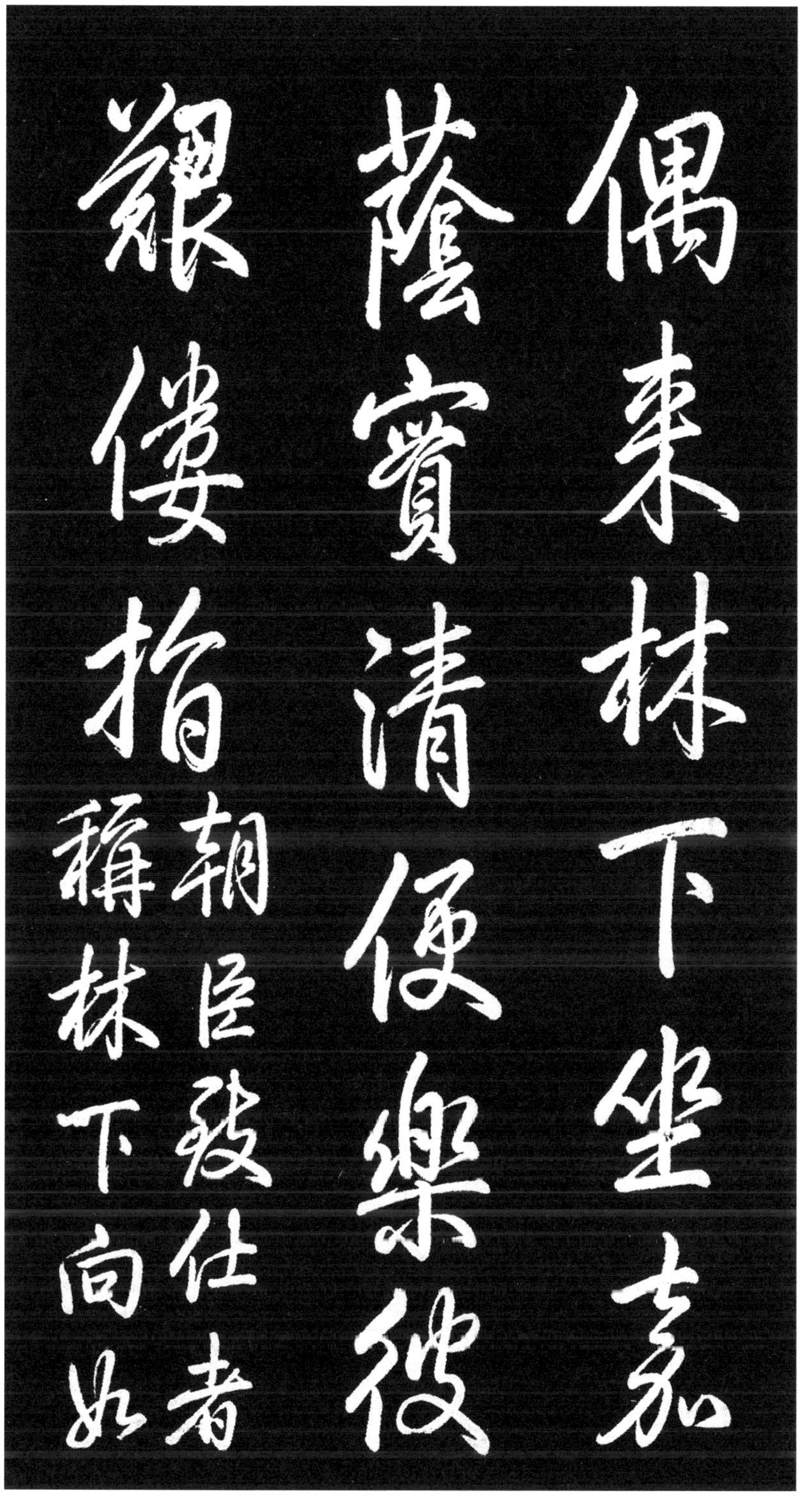

林下戏题碑文　选自《乾隆御笔避暑山庄碑诗》

避暑山庄林下戏题碑（老照片）　选自《热河》

【4月28日】

一日

康熙三十九年三月初十日(1700年4月28日)，河道总督兼直隶巡抚于成龙病逝，终年63岁。于成龙，字振甲，满族，祖籍东北，抬旗为镶黄旗。其父随清军入关，后圈占古北口外潮河川南关(今丰宁县黑山嘴镇八间房)定居。于成龙先后任直隶乐亭县知县、滦州知州、通州知州、江宁知府、直隶巡抚、河道总督等职。康熙三十五年二月(1696年3月)，征噶尔丹，于成龙总理两路粮务，赴内蒙沙场。于成龙“清操久著”，有“廉吏贤能”之誉。

乾隆十二年三月十九日(1747年4月28日)，金川(今四川大金川、小金川地区)土司作乱，乾隆帝命川陕总督张广泗率师进剿，使西陲永靖。此次征讨历时两年，前后调兵七万，大小金川之役从此开始。

一诗

降旨免经过州县纳税

◎乾　隆

经过赋免十分三，今岁还教依往例。
秋丰任土正所当，于民伤恩宁伤义。
扫除罢受雇钱归，筑纳完更无余事。
只虞中饱泽鲜均，申命有司察蠹吏。

一解

这首诗写于乾隆二十五年(1760年)。免除税赋是清帝从经济上解决蒙古生计问题，以求政治上安定的措施之一，本诗就是表达了此种思想。

诗的前四句意思是，凡是我巡视经过的地方，降旨减免地方赋税十分之三，今年还是要按照惯例做。秋收之后，根据土地具体情况来制定田赋，宁可减轻点，也不能对老百姓失去恩惠。任土，根据土地具体情况制定田赋。

诗的后四句意思是，针对当时交纳赋税方面存在的问题，提出改革旧制度中不合理的规定，停收按户摊派的雇佣人员的租金，是担心官吏从税收里中饱私囊，于是就下令司法部门监督惩罚那些贪官污吏。筑纳，筑场收藏庄稼。只虞，忧虑，担心。申命，下令，命令。蠹(dù)吏，比喻坏人，贪官污吏。

小金川碉楼遗址　选自《清史通鉴》

【4月29日】

一日

乾隆五十一年四月初二日(1786年4月29日)亥时，三世章嘉活佛圆寂。三世章嘉活佛，名若此多吉(又译为罗赖毕多尔吉)，康熙五十六年(1717年)生于甘肃凉州，经五世达赖选认，被康熙帝批准为章嘉活佛。雍正年间受敕封为“灌顶普善广慈大国师”，赐银印。乾隆元年(1736年)，命管理京师寺庙喇嘛，授“扎萨克达喇嘛”印，乾隆十六年(1751年)再赐“振兴黄教大慈大国师”之印。本年三月章嘉国师随乾隆帝到五台山，在参与祈愿诵经法会后，病情恶化，四月初二日圆寂，寿七十。按照藏传佛教仪轨安葬。乾隆帝出于父皇和自己与这位高僧大德的友谊，以及章嘉国师对国家和藏传佛教所作的贡献，违背国师遗言，当即用七千两黄金制造金塔一座，将章嘉国师肉体安放在塔内，灵塔安放在镇海寺之西的永乐院内。

一诗

至灵鹫峰文殊寺诗

◎乾隆

开塔曾闻演法华，梵经宣教率章嘉。
台称以五崇标顶，乘列维三普渡车。
萦缪抒诚陟云栈，霏微示喜舞天花。
曼殊师利寿无量，宝号贞符我国家。

一解

这首诗写于乾隆五十一年(1786年)，乾隆帝于此年到五台山，参与祈愿诵经法会，在菩萨顶大雄宝殿听完三世章嘉国师讲经后，写下了这首诗。诗中高度赞扬了三世章嘉国师为佛学大师，肯定了三世章嘉国师在宗教上的地位，同时祈愿大清王朝像“曼殊师利”一样福寿无疆，世代永存。乾隆帝没想到的是，他和三世章嘉国师在五台山菩萨顶共同举行的祈愿法会佛事活动及这首诗，竟成了他与自己交往长达60年的大国师的永别。

灵鹫峰，在山西五台山之东南，亦称菩萨顶。峰顶有真容院，黄教喇嘛扎萨克居此。法华，法华经。萦缪，回环缠绕。陟，登。霏微，飘洒。天花，亦作“天华”，佛家语，天界仙花，也作雪。宝号，神及僧道法号的敬称。贞符，祯祥的符瑞，指授命之符。

三世章嘉活佛画像

三世章嘉活佛圆寂前一天送给乾隆帝的金刚铃、金刚杵　故宫博物院提供

山西五台山镇海寺内盛放三世章嘉遗体的佛塔

【4月30日】

一日

康熙二十七年四月初一日(1688年4月30日)，一等公佟国纲上疏，要求改隶满洲旗下。经部议，准许，佟国纲等改入满洲世籍。但其同族镶黄旗一佐领、正蓝旗二十佐领、镶红旗三佐领因人数众多，仍留于汉军旗下。

一诗

威德吉祥天母

◎乾隆

吉祥天母，雷音主军。海兽狮面，前后引护。息诸恶业，增长善根。胜于一切，伏彼群魔。是四天母，俱化身足。而弗露相，复有四时。春夏秋冬，与是福相。化身而五，益寿者五。福寿青面，不动善音。善行白衣，是亦化身。律行十二，金刚善闻。金刚隆助、金刚普善、金刚普护、金刚双眼、金刚威伏、金刚龙母、金刚名王、金刚护国、金刚药王、金刚石母、金刚普顶。共廿九尊，隐相者四。相即非相，非相即相。宣扬佛法，福国佑民。

一解

三世章嘉国师七十大寿，乾隆五十一年(1786年)乾隆帝把自己的一幅《乾隆佛装像》和御笔题诗《具吉祥天女绣像》先后赐给章嘉。据说乾隆帝是文殊菩萨的化身。吉祥天女被乾隆皇帝尊为“宣扬佛法、福国佑民”的护法神。乾隆帝知道章嘉的护法神是吉祥天女，欲借吉祥天女的神力来助佑文殊大皇帝和大清王朝。

吉祥天母，即功德天，护法神名。为“二十天”之一，亦称“罗乞什密室利”，意为“吉祥天女”，又称“乳海之女”，以美丽无比、被古印度婆罗门教、印度教视为爱神之母。佛教将其吸收，称子为比沙门天王之妹或妻。善施财，散布吉祥，有大功德。威德，可畏为威，可爱为德。雷音，指佛说法的声音，谓其如雷震，故称。恶业，指一切由身、口、意所做的邪恶行为或反佛行为。善根，指能带来善报的行为。化身，为佛身之一，指佛为了普济众生，而化现为各种身体，包括生身。律，初指佛的纪律，后泛指有关佛门弟子、教团的仪式、衣食住行起居规定的文献典籍。与“经”、“论”合称为不能“三藏”。金刚，原指金刚杵，传为最坚硬的武器，能摧毁万物，后引申为“力士”，作护法天神，一般指执金刚杵之护法天神。相即，为中国佛教华严宗“法界缘起”内容之一，指各种不同现象可以融为一体，甲即是乙，乙即是甲。从最终的佛性上看，一切皆由因缘而生，皆为空，故有此种非甲非乙的融合观念。亦称“相入”。

吉祥天母塑像　选自《清帝与避暑山庄》

【5月1日】

一日

康熙五十七年(1718年)，随着避暑山庄的建立，山东、山西、直隶以及宁夏、甘肃等地的百姓来到古北口外定居，亦吸引回族各种手艺人进入热河。依伊斯兰教教义，有条件的回民都要到清真寺进行净身和聚礼，宣讲《古兰经》，为亡人送葬等宗教活动。热心宗教事业的伊妈目和乡老出面，在热河街本地或外地回族中集资，于五条胡同创建承德东清真寺和女寺。后来又修建了西清真寺，在潘家沟里。马氏因建寺有功，被推举为世袭伊妈目。

一诗

梨花伴月

◎康熙

入梨树峪，过三岔口，循涧西行可里许，依岩架屋，曲廊上下，层阁参差，翠岭作屏。梨花万树，微云淡月时，清景尤绝。

云窗倚石壁，月宇伴梨花。
四季风光丽，千岩土气嘉。
营情如白日，托志结丹霞。
夜静无人语，朝来对客夸。

一解

梨花伴月为“康熙三十六景”第十四景，意为万树梨花与淡淡的月色相映相伴。此景地处避暑山庄梨树峪，建有殿宇数间，是清帝的书斋，也是观花赏月的地方。这首五言律诗，先叙写梨花伴月的优美环境，并以拟人手法赞美梨花的情怀与志趣，最后表达自己急于向他人夸赞梨花的心愿。诗句如唇边口语，通俗自然，感情真挚。

诗的前四句意思是，房屋窗户面临山岩石壁，常有云雾笼罩其间。月光朗照的殿宇，在梨花相伴下似隐似现。一年四季的风光，总是那么秀丽。避暑山庄的气候与土壤好，适于梨花等植物生长。云窗，云雾笼罩着窗户。月宇，月光照耀的殿宇。

诗的后四句意思是，梨花晶莹的情怀，如同白日。她志趣高远，能与丹霞媲美。莹情，晶莹的情怀或情趣。夜静无人，没有机会述说自己的感受，清晨赶紧向客人夸赞梨花之高洁与秀美。托志，寄托志趣。丹霞，鲜红艳丽的云霞。

“康熙三十六景”之梨花伴月

梨花伴月(老照片)　选自《盛京风物》

深苑梨花月　故宫博物院提供

【5月2日】

一日

乾隆三十八年闰三月十一日(1773年5月2日)，命刘统勋、刘伦、于敏中、福隆安、王际华、裘曰修为办理《四库全书》正总裁，英廉、庆桂、张若溎、曹秀先、李友棠为副总裁，经刘统勋奏请，任命翰林编修纪昀、军机处郎中陆锡熊为总办。本年九月，又添派皇六子质郡王永瑢及蔡新为正总裁。

一诗

至避暑山庄作

◎ 于敏中

云山四面蔚林光，天辟神皋圣辟庄。
貉表行蒐骧逸骠，雁臣入觐旅中黄。
驻将辉罕循东道，规得都纲控北荒。
井里殷阗丰已屡，即功犹为廑田康。

一解

大学士于敏中的这首诗记述避暑山庄的开辟及修建周围寺庙，并指令蒙古王公陪同清帝“木兰秋狝”的史实，反映清帝绥抚蒙古以示柔遐的深意。

诗的前四句意思是，避暑山庄周围四面云山，草木茂密透着阳光，上天开辟了京畿之地，康熙帝开辟了避暑山庄。皇上骑着骏马在塞外行围打猎，杜尔伯特郡王策凌乌巴什等，于广仁岭前觐谒，然后上谕随侍卫扈行。神皋，指天子所居的京畿之地。貉(mò)，同貊，古代北方部落名，这里代指北方少数民族首领。逸骠，古代骏马名，这里指乾隆帝弘历的十骏坐骑。中黄，中营，指扈从侍卫而驱驰行猎。

诗的后四句意思是，皇帝在避暑山庄驻跸至中秋后，始幸木兰围场，从伊逊崖口东道进哨。避暑山庄的东北仿新疆固尔扎都纲之制建庙，今适落成，锡名安远，以示柔遐之义。承德日益繁华，农田多次获得丰收，可是皇帝仍旧关心民众，勤稼穑，平整道路，治理国家，使天下康宁。辉罕，满语译音，汉译围场。东道，进入围场有东西两个入口，东入口称“伊逊崖口”(在今围场四道沟乡庙宫村)，从此进哨为东道。都纲，固尔扎都纲简称。井里，乡里。古代同井而成里。殷阗，繁盛。即功，即康功田功。廑，勤的古字。

《钦定四库全书》书影

纪昀画像

避暑山庄文津阁

【5月3日】

一日

康熙三十六年春(1697年)，康熙帝第三次亲征噶尔丹，坐镇宁夏，到达克鲁伦河北岸托诺山(今蒙古国境内)地方。噶尔丹众叛亲离，于闰三月十三日(5月3日)饮鸩自尽，终年52岁。康熙帝闻报噶尔丹兵败身死，即不战班师回到京都。

一诗

望贺兰山

◎康 熙

巀嶪排霄耸处雄，马头苍駮望南穷。
遥遮洮陇绵秦塞，迅扫埃氛薄汉功。
气杂云烟疑结阵，势回龙虎状盘空。
金戈夜火长征地，尽属西陲界域中。

一解

康熙三十六年三月二十六日(1697年4月17日)，康熙帝第三次亲征噶尔丹至宁夏。以此为基地，大军西出追剿，迫使噶尔丹逃至外蒙古科布多地区自杀。

诗的大意是，巀嶪雄踞的贺兰山，在马上朝前望去那无际的苍山，尽呈五彩斑斓之色。苍山远去遮住了洮河和甘肃与陕西的要塞相连。迅速地消除了这一带的战争，这完全可以超越汉代。贺兰山气势宏伟，高山雄踞如龙虎盘空，烟霭升腾，疑似大军结阵。广大的西部和北部边陲，虽然常有战事发生，但这里自古就是祖国的领土。巀嶪，山势高大。排霄，山峰排列，耸入云霄。駮，同驳，马毛青间为駮。洮，甘肃的洮河。陇，甘肃。埃氛，战争的气氛。

康熙帝戎装图

康熙帝亲征噶尔丹凯旋时的甲胄和腰刀

噶尔丹画像

贺兰山

【5月4日】

一日

雍正元年五月(1723年6月)，康熙年间由内务府管辖的上三旗满族迁来平泉，圈占土地占为皇粮庄田。本年北京八旗兵丁移住热河，平泉县境七沟、八沟、小寺沟、党坝、南五十家子、金杖子等有47处大小庄头，交皇粮41处。庄头中地位高、名望大的有金、郭、胡、姚、计、朴、林、张等。其中金姓皇粮庄头，先人属旧满洲，隶属正白旗，其始祖金聪随努尔哈赤转战有功，得到圈地封赏，一支于平泉祥云岭下(东六沟村)建庄，每岁纳粮250石，供应木兰围场及驻防八旗官兵。其七代祖金廷玺曾得到乾隆帝御书金字大匾。

一诗

古北口

◎康　熙

断山逾古北，
石壁开峻远。
形胜固难凭，
在德不在险。

一解

古北口在北京市密云县东北部，地势险要，是长城的重要关口之一。这首五言绝句是康熙帝奉陪太皇太后往塞北避暑驻跸古北口时所作，表达出江山的巩固在于施行仁政而不在于关山险固的鲜明观点。

全诗的大意是，越过古北口看见大山就像被劈开了一样，在崇山峻岭中修建起险峻而遥远万里的长城。地势险要坚固本来就难以依靠，国家的安全和强盛在于施行仁德贤明的政治，而不是凭借险固的壁垒。逾，越过。壁，墙壁、壁垒，此处指长城。

古北口(老照片)

【5月5日】

一日

乾隆三十九年(1774年)夏，乾隆帝在避暑山庄之北，仿照北京香山宝相寺兴建热河殊像寺。为了让满族喇嘛能用满文念诵佛经，乾隆帝命三世章嘉国师将藏文《大藏经》翻译成满文。三世章嘉与乾隆帝通力合作，兴建满族寺院，翻译满文佛经，三世章嘉国师在其他高僧和热河殊像寺满族喇嘛的协同下，历时19年，将《满文大藏经》翻译而成。

乾隆五十七年四月十五日(1792年5月5日)，《四库全书》总纂纪昀带领应罚人员，前往避暑山庄再次校勘文津阁书籍。除将未经详校空函新书264函分配给应罚人员校勘外，对所有曾经详校书5880函，函函检阅，乾隆帝再次查阅已校对的经部书籍，签出空白舛误一千余条，因而再次申饬，责令复校全书，务臻完善。至此，文津阁全书复校基本完成。

一诗

过九松山

◎ 梁国治

松势回翔万壑低，青田黄鹤渺难稽。
即看黛色萦丹嶂，遂有涛声卷碧溪。
近塞云封依咫尺，下山苔径乍东西。
九株指点知焉是，路转林深入望齐。

一解

九松山，位于密云县东北28里，当年北巡御道经过的地方。康熙四十五年(1706年)，康熙帝因山上有松树九株，赐名“九松山”。乾隆有《御制九松山诗》：“九松之松数百计，祇今谁识九松名。”这里天然生态，令人陶醉。作者在描写九松山自然景色里，抒发了对山川的热爱之情。

诗的首联意思是，长得十分茂盛的松林回转飞翔，千山万谷如在脚下，在茫茫的九松山林中难去寻找那青田鹤鸟。青田，在浙江省青田县西北境，山有泉石之胜，道教称三十六洞天之一。黄鹤，即鹤，此指青田鹤。清代曹寅《游仙诗三十韵》之三载：“借得青田鹤一双，闲乘花月玩春江。”难稽，难以考察。

诗的颈联意思是，现时看眼前的青黑色萦绕着赤色如屏障的山峰，又有松涛之声席卷着绿色的溪流。

诗的颔联意思是，靠近着塞外山岭，云烟封锁，近在眼前，大队人马下山而去，生有苔藓的小路忽东忽西。

诗的尾联意思是，人们指点九株大松树，谁知道哪个是呢？一路转来转去深入林中，进入视野，看着都一样。入望，进入视野。齐，一样。

殊像寺内供奉的观音、文殊、普贤三大士像

殊像寺会乘殿

【5月6日】

一日

乾隆三十六年三月二十二日(1771年5月6日)，乾隆帝获悉土尔扈特部蒙古脱离俄国东返，特降旨谕示署定边左副将军车布东扎布、伊犁将军伊勒围等相机办理。同时谕示应着派干练之官，率其前来避暑山庄，其余众属下，则招抚安置，并暗中加以提防。

光绪二十九年四月初十日(1903年5月6日)，从热河都统锡良之请，改热河朝阳县为朝阳府，并添设阜新、建平、隆化县。

一诗

晓发古北口望雾灵山

◎康 熙

流吹凌晨发，长旓出塞分。
远峰犹见月，古木半笼云。
地迥疏人迹，山回簇马群。
观风当夏景，涧草自含薰。

一解

这首五言律诗，描写了从古北口出发时扈从队伍行军的情景，以及诗人望见雾灵山的独特景象。雾灵山，在河北省兴隆县南，是燕山山脉的主峰之一，海拔2118米，是避暑观光的胜地。

诗的前两句意思是，号令一响，队伍凌晨就出发了，出关后，士兵举着旗帜分列两边。流吹，笳、箫类的管乐器，这里作为军队出发的号令。旓(shāo)，旌旗的飘带，和斿一样都是旗帜的装饰物，此处指旗帜。

诗的中间四句意思是，望见远处的雾灵山有月亮相伴，山上的古树被云雾半掩半露着。这里离京城遥远，很少有行人来往。山路弯弯曲曲，马队常常簇拥在一起。远峰，此处指雾灵山。半笼，半掩半露，不是完全遮盖不露。

诗的最后两句意思是，已是夏季了，来到塞外观察民俗民风，山涧里的花草含着清新的香气。观风，观察民间风俗或社会风气。薰，花草的香气。

皇清职贡图

晨曦中的雾灵山

【5月7日】

一日

乾隆四十三年四月十一日(1778年5月7日)，本科会试正考官于敏中于发榜后奏称：“近年风气喜为长篇，又多沿用墨卷肤词烂调，遂尔冗蔓浮华。”乾隆帝遂命嗣后乡、会两试及学臣取士，俱以七百字为限，违者不录。

一诗

蘋香沜

◎乾　隆

度桥而北，回望烟水淼㳽，碧藻青蘋，溶漾可数。凉风微度，袖拂余馨，何必芳洲杜若。

香风摇荡绿波涵，
花正芳时伏数三。
词客关山月休怨，
来看塞北有江南。

一解

蘋香沜为“乾隆三十六景”第十九景，约建于康熙四十二年至康熙四十七年(1703—1708年)间。从“香远益清”向北过木拱桥，即达蘋香沜殿内。东侧为东船坞，西侧为“甫田丛樾”，是临水而建的一座庭院。四周为素白色灰粉墙。门殿三楹。南向，乾隆题额曰“蘋香沜”。院内有一方亭，亭周围多植花木、古松，宁静清丽，且有古意。此景仿唐代诗人王维辋川别墅“茱萸沜”意境而建。全诗格调清新、琅琅上口。蘋，一种生于浅水中的草本植物，四小叶成一复叶，像个“田”字，因称“田字草”。沜，又作“泮”，水边，岸。

诗序叙写蘋香沜位置，然后写蘋香沜景色绮丽秀美，湖水清澈，烟波浩渺，水藻碧绿，青萍漂浮，历历可数。凉风吹拂，衣袖甩动，青蘋飘香。最后以屈原《九歌·湘君》“采芳洲兮杜若，将以遗兮下女”句比喻作结，更突出了蘋香沜飘香的景色特点。淼㳽，水茫无边际、深满貌。溶漾，水波荡漾貌。余馨，残留的香气。杜若，香草名，多年生草本，高一二尺，叶广披针形，味辛香。夏日开白花，果实蓝黑色。

诗的前两句意思是，绿波中浸润着香气，微风吹拂，飘来缕缕清香。正当三伏天，这里鲜花吐芳。绿波，绿色水波。涵，浸润。伏(数三)，时令名。伏日有上、中、末三伏，此处指末伏，即三伏。

诗的后两句意思是，词客不要写《关山月》那样的词曲，怨恨“春风不度玉门关”。请到避暑山庄来看一看，就知道塞北也有江南的绮丽秀美风光。词客，犹词人。唐代王维《偶然作词》：“宿世谬词客，前身应画师。”关山月，汉乐府横吹曲名。内容多写边塞士兵久戍不归伤离怨别的情景。

“乾隆三十六景”之蘋香沜

【5月8日】

一日

乾隆四十四年五月(1779年6月)，热河文庙落成。礼部尚书曹秀先奏请颁发皇帝的《御制诗文集》和《御纂》、《钦定书集诗赋时义》各编给热河文庙。户部侍郎金简奉旨经办。《钦定热河志》记载有:《圣祖仁皇帝文集》、《世宗宪皇帝文集》、《圣谕广训》、《朱批谕旨》、《高宗纯皇帝乐善堂全集》、《御制文初集》、《御制诗初集》、《御制诗二集》、《御制诗三集》、《古今图书集成》、《日讲易经解义》、《日讲书经解义》、《日讲春秋解义》、《日讲礼记解义》、《日讲四书解义》、《孝经》、《孝经集注》、《康熙字典》、《朱子全书》、《资治通鉴纲目》、《性理精义》、《佩文韵府》、《全唐诗》、《清文鉴》、《大清会典》、《大清律例》、《皇朝礼器图》、《通典》、《通志》、《文献通考》、《满洲蒙古文鉴》、《清汉字音对式》及二十四史各部，总计善本书180种，13046册，多为武英殿本，是当时中国最精美的图书。

一诗

奉命热河文庙仲秋丁祭，恭诣行礼应制

◎旻 宁

熙朝文治被遐方，衔命初等夫子堂。
惠播春风群沐化，礼隆秋典敬升香。
衣冠俎豆千年寿，道德渊源百代光。
仰止尼山深敬慕，星云日月倬为章。

一解

这首诗是道光帝旻宁做皇次子时奉命前往热河文庙参加每年一度的仲秋丁祭(每年阴历八月第一个丁日祭祀孔子)，恭皇帝谕旨应招行释奠礼(设置酒食以祭奠先师孔子的一种典礼)时所作。

诗的首联意思是，本朝盛世的文治已经延及北部边远地区，我奉命初次登上孔庙大成殿。熙朝，谓盛世，多用来称颂本朝。

诗的颔联意思是，大清王朝仁政如春风般宣扬，使得全国上下百姓蒙受恩惠和教化，于每年孔子诞辰日举行隆重的奠基之礼，恭敬而庄严地上香。

诗的颈联意思是，穿戴好祭祀的衣服、帽子，摆上祭祀用的礼器，这是千百年来一直举行的礼仪，合乎仁义的道德规范，源远流长，光耀百代。俎豆，古时祭祀盛物的两种礼器。

诗的尾联意思是，对有高显之德如山的孔夫子，深表景仰，祭孔的雅乐乐章赞颂伟大的孔子可与天地相比，使日月大放光明。尼山，即尼丘，山名。在山东曲阜东南，相传孔子父亲叔梁纥、母颜氏祷于此而生孔子，故孔子名丘，字仲尼。

热河文庙尊经阁藏书楼

热河文庙尊经阁内部

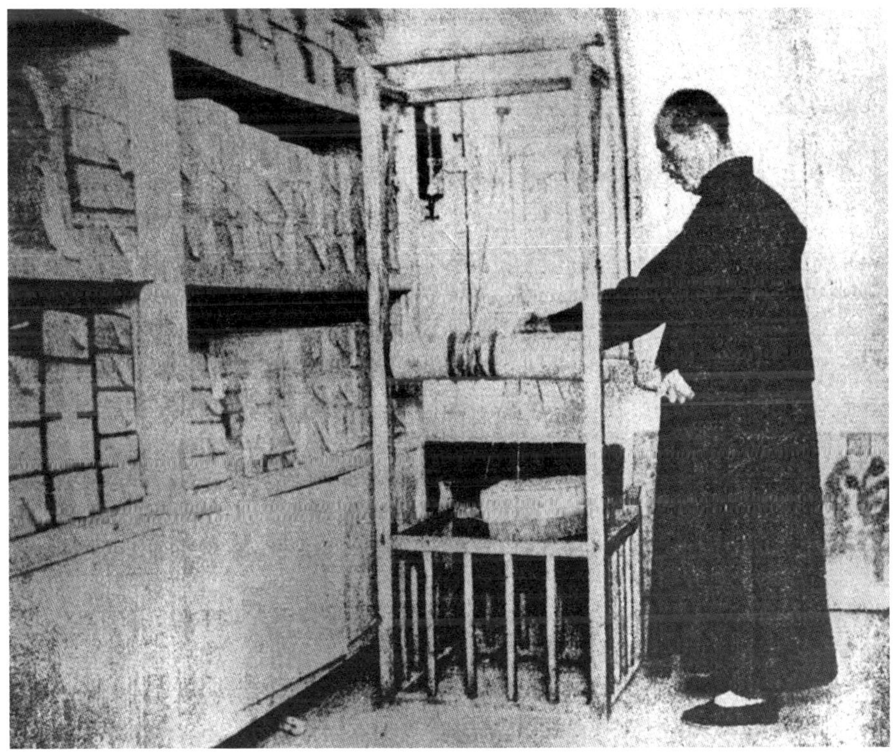

热河文庙尊经阁二楼提书　选自《热河旧影》

【5月9日】

一日

康熙三十年四月十二日(1691年5月9日)，漠北烽烟再起，噶尔丹率兵劫掠喀尔喀。康熙帝巡幸边外蒙古生计，又以喀尔喀地居极北，过去虽然进贡未曾亲身归顺，今土谢图汗等亲率所属数十万人来归，特往抚绥安辑。途经鞍匠屯(今滦平)、博罗诺(今丰宁境内)、巴彦沟(今围场新拨大院)，前往七溪(蒙语称多伦诺尔，意为七河水)会阅(后称多伦会盟)。

一诗

祝巴林淑慧大长公主诗并序

◎康 熙

公主秀毓天潢，祥钟坤顺，为皇考同气之亲。淑容懿范，俨若慈闱；履贵盛而冲和，居显荣而祗慎。耆老令德，宗党式钦；惠泽沦洽于远人，徽柔著闻于中外。数十年来，笃爱朕躬，礼周意挚。故常迎留京邸，晨夕相依，展敦睦之义。惟祝遐龄康豫，驯致期颐；俾得色笑恒瞻，德音常奉；藉以慰朕追慕慈宁之永念，岂不休欤！爰赋五言，以介眉寿。

长祝南山寿，愿言北斗诗。
祥开应帝女，釐降自金枝。
沙漠黎心服，坤贞天下知。
年年庆人瑞，岁岁赏瑶池。

一解

康熙帝于康熙三十四年(1695年)出古北口，前往多伦诺尔，安抚喀尔喀土谢图汗率众来归，以及举行多伦会盟。这一年正当大长公主淑慧(顺治帝同胞姐姐，康熙帝姑母)六十寿辰。康熙帝写了这首祝寿诗，托参加会盟的巴林郡王纳木达克(色布腾之孙)交给大长公主。

诗序叙述了康熙帝和淑慧大长公主的亲属关系以及对自己的慈爱，赞美了姑母的美德，祝福姑母健康长寿。天潢(huǎng)，皇族、宗室。同气，有血统关系的亲属，淑慧公主和顺治是同胞姐弟，是康熙的姑母。慈闱，就像我的慈母一样。期颐，百岁之人。介眉寿，祝福长寿。

诗的前四句意思是，祝愿姑母寿比南山，您的品德使人敬仰，为此献上这首小诗。吉祥顺应着帝王的金枝玉叶，您嫁到了蒙古巴林郡王之家。釐降，下嫁。

诗的后四句意思是，您辅佐着郡王，那里的黎民百姓都敬佩您，您忠贞的节操天下闻名。我愿年年祝贺您吉祥如意，在王宫里过着美好幸福生活。瑶池，古代神话中神仙居住的地方，此处指王宫。

多伦诺尔闪电河　多伦会盟时康熙帝举行盛大阅兵式之地

【5月10日】

一日

乾隆十四年三月二十日(1749年5月10日)，上谕，嗣后进哨行围，内扎萨克蒙古闲散行走之王、贝勒、贝子、公、额驸、台吉等均分为二班，由本年起，一班前赴波罗河屯请安。

道光元年四月初九日(1821年5月10日)，以本年七月二十五日(1821年9月6号)为嘉庆帝周年忌辰，令热河都统松筠于热河各寺内选喇嘛四五十名，在澹泊敬诚殿诵经一日。嗣后，每年七月二十五日均应照此办理。

一诗

热河杂咏(其一)

◎ 吴锡麒

万峰紫翠互盘迴，

岁岁曾经玉辇来。

丽正门开初日照，

五云端里现蓬莱。

一解

国子监祭酒吴锡麒的这组诗以皇帝驻跸热河的典型事物为题材，随事倚情吟咏，清真典雅，犹如浓郁的热河都邑风情画，有很强的历史真实感。

这首诗的意思是，众多的紫色、青绿色的山峰相互盘折回环着，每一年皇帝车驾都从这里经过。初升的太阳照耀着打开的丽正门，皇帝所在的避暑山庄呈现蓬莱般的仙境。五云，一指青、白、赤、黑、黄五种云色。古人视云色占凶吉丰歉；一指皇帝所在地，本诗即此意。

丽正门(老照片)

丽正门　选自《热河》

丽正门(老照片)　选自《热河宝物馆 避暑山庄 尊经阁》

吴锡麒画像

【5月11日】

一日

康熙六十年四月十六日(1721年5月11日)，康熙帝启程赴热河避暑，胤祉、胤禛等11名皇子随行。本年，八月三十日(10月20日)回驻波罗河屯，赐来朝科尔沁、郭尔罗斯、喀喇沁、翁牛特、敖汉、鄂尔多斯、喀尔喀、厄鲁特诸王贝勒等银币鞍马及随围蒙古官兵银布有差。九月三日(10月23日)回驻热河行宫。九月十五日(11月4日)自热河回銮。

一诗

热河杂咏(其二)

◎ 吴锡麒

瑶花天上散纷纶，
叶落长松挺瘦身。
顽石也成罗汉果，
雪山面目本来真。

一解

这首诗的意思是，霜雪天上散落纷飞着，树叶纷纷落下，而长松草瘦小的身子还在雪中挺立着。即使未经开化，一旦精修得道，便可成为面前形似的罗汉正果，雪山的面目本来就是它的真相。瑶花，亦作“瑶华”。喻指霜雪。长松，药草名。服之可黑须发。明代李时珍《本草纲目·草一·长松》载：“长松生古松下，根色如荠花，长三五寸，味甘微苦，类人参，清香可爱。”罗汉果，罗汉正果，佛教语。罗汉，亦称阿罗汉，小乘的最高果位。比丘之修行得道者，别于外道，故曰正果。

“叶落长松挺瘦身”

【5月12日】

一日

康熙十八年四月初三日(1679年5月12日)，开始编纂皇家《玉牒》。镇国公苏努为总裁官。以帝系为统，长幼为序，分别宗室、觉罗各支派男女，记录其宗支、房次、封职、姓名、生卒年月日时、母妻姓氏等。

康熙五十七年四月十三日(1718年5月12日)，康熙帝往热河避暑。皇子胤祉、胤祐、胤禩、胤禟等随行。同年九月二十三日(1718年11月15日)，回抵京城。

一诗

热河杂咏(其三)

◎ 吴锡麒

僧冠著絮白云屯，
五指悬槌轮相存。
忽耸双肩更奇绝，
大峰祖塔小峰孙。

一解

这首诗的意思是，僧冠峰白云屯聚像披着棉絮，又像五指悬动木槌在盘旋。忽然发现顶上耸动双肩，让人觉得妙极了，原来这双峰像爷孙似的，一个是大佛塔，一个是小佛塔。僧冠，僧冠峰，热河南部的山峰，因状似僧帽，故名。其峰夏秋朝暮之际，云雾升腾，清丽淡雅。祖塔，佛塔。

中国第一历史档案馆藏玉牒库 选自《清宫档案解读》

宗室（直系）玉牒及原包装

“僧冠著絮白云屯” 承德十大名山之一僧冠峰

【5月13日】

一日

雍正十一年(1733年)，正一品领侍卫内大臣克什图病逝。克什图，蒙古正白旗人，居丰宁县宣家营(今丰宁满族自治县选将营)。曾在云南立过战功，出使边疆，传谕噶尔丹，宣抚吐鲁番。为巩固国家统一、制止民族分裂作出过贡献。克什图病逝后，雍正帝为他在故里刻碑并撰写御制碑文，立在“将军坟”旁。称他“才献勇决，性行恪恭，往者滇省用师，行间效力，尔能奋其武力，屡破贼兵。论功而授以世官，擢用而俾司禁旅，出使屡经于沙漠，成劳茂著于边陲”。

一诗

热河杂咏(其四)

◎ 吴锡麒

皮褥山绸物价谐，
兔肩鹿尾市门排。
一条软绣差堪拟，
深夜灯头买卖街。

一解

这首诗的意思是，当地产的皮褥和土绸买卖时以质论价，门市里摆放着兔肩鹿尾。要买一条质地柔软的五彩丝绣，在此略可揣度价钱，这就是夜里灯头下热河行宫外的买卖街。价谐，犹谐价，商定价格。差堪，略可。买卖街，热河行宫外有买卖街。

縣初纂

豐寧縣

國朝領侍衛內大臣克什圖墓　在縣郭家屯西南六十里之宣家營北，俗稱爲將軍墳。克什圖，蒙古正白旗人，雍正年間以從征滇省有功，累官議政大臣、領侍衛內大臣，拜他拉布勒哈番兼一拖沙喇哈番，卒謚勤恪。恭錄

御賜墓碑：

朕惟國家任果毅之臣，干城是賴；臣子篤忠勤之誼，渥澤宜施。生膺爵命之崇，歿備哀榮之禮，所以昭彝憲答前勞也。爾克什圖才猷勇决，性行恪恭。往者滇省用師，行間効力。爾能奮其武力，屢破賊兵，論功而授以世官，擢用而俾司禁旅。出使屢經於沙漠，成勞茂著於邊陲。爰領侍衛之班，益勵靖共之節。方深倚任，遽嘆沉冥。眷言敵愾之功，堪書竹帛；特與易名之典，用賁泉壚。於戲！馬鬣初封，聽鼓鼙而懷舊績；龍章疊沛，垂琬仁宗皇帝廟諱以表榮名，昭示後昆，欽承無斁。雍正十一年月日。初纂

平泉州

承德府志　卷二十二　冢墓　二

雍正帝为正一品领侍卫内大臣克什图撰写的御制碑文　选自《承德府志》

清代买卖街

【5月14日】

一日

康熙六十年四月十九日(1721年5月14日)，朱一贵聚众数百人，焚表结盟，树“大元帅朱”旗帜，在台湾起事。五月初一日(5月26日)，朱一贵率数万人围攻台湾府城，官兵不战而溃，总兵、副将、参将先后被杀。起义军发展到30万人，全台俱下。五月初三日(5月28日)，朱一贵称中兴王，戴通天冠，著黄袍玉带，建号永和，称万岁。命兵民蓄发，恢复明制，发布讨清檄文，云，将“摆渡大海，会师北伐，饮马长城，捣彼虏廷，使胡元之辙复见于今”。

雍正十一年四月初一日(1733年5月14日)，雍正帝编成佛学著作《御选语录》，作《御制总序》。胤禛即位前曾与僧、道、喇嘛有来往，雍亲王府与柏林寺相近，雍正曾同迦陵上人朝夕谈禅，颇通释理。即位后，尝告近臣曰：“朕欲治世法十载，然后开明释法。”至是，乃集王、大臣、僧道共14人研究佛教禅宗，同时编辑《御选语录》19卷。

嘉庆四年四月初十日(1779年5月14日)，嘉庆帝朱笔密写“嘉庆四年四月初十日卯初立皇太子旻宁”御书，缄藏锸匣，放于乾清宫正大光明匾额之后。

一诗

热河杂咏(其五)

◎ 吴锡麒

冰梨含味妙于回，
巴榄良尤号果魁。
剥出匀圆榛实好，
不愁枵腹厕群材。

一解

这首诗的意思是，热河的冻酸梨味鲜美，吃后回味无穷，巴旦杏更号称是果魁。剥出又均匀又圆的榛子仁实在好，吃在口中，空着肚子去办公，也不发愁。巴榄，即巴旦杏，一名扁桃。《骈雅・释木》：“巴旦，北杏也。”此物实非杏，因果形稍似杏，故名。枵(xiāo)腹从公，形容饿着肚子办公。厕群材，置身于诸位贤才之中。

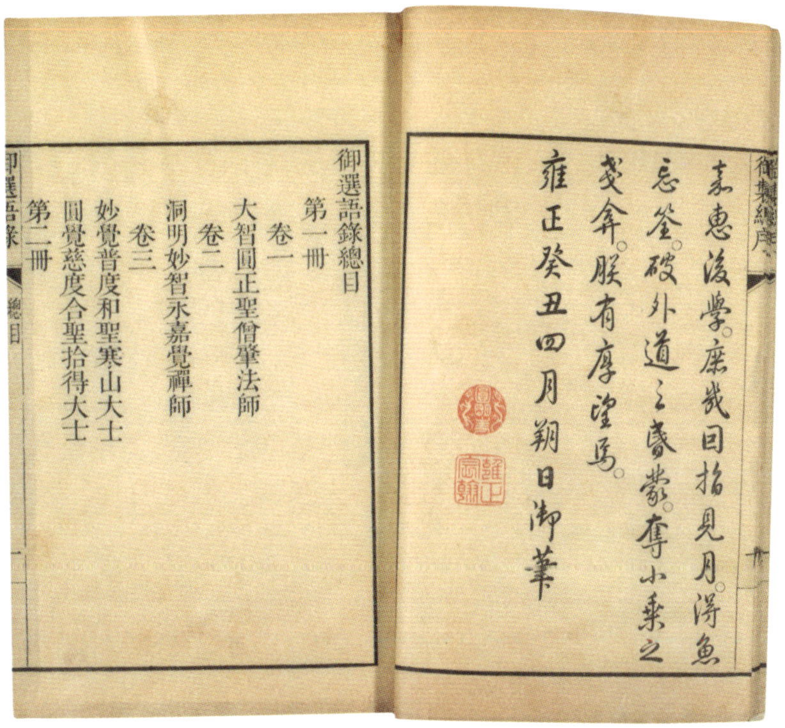

雍正帝编《御选语录》书影　故宫博物院提供

匣镝雍正帝创立秘密立储制。此为道光帝一匣二谕的立储密匣

故宫博物院提供

雍正帝道装图　故宫博物院提供

【5月15日】

一日

乾隆四十年四月十五日(1775年5月15日)，平定两金川，西北两路夹击勒乌围。北路明亮攻宜喜不克，遂令海兰察及领队福康安率领往宜喜助明亮。是月中旬，北路明亮之兵先攻甲索，继而西路攻克丫口一带山岭，设木栅占据。明亮一路同时并进，将萨科萨谷山梁全部攻占，金川番兵纷纷弃碉，五十余里之内大小数百处寨落被尽行剿洗。

一诗

初夏扈跸热河

◎雍　正

行苑留仙跸，层峦俨赤城。
烟光浓树色，暑气散泉声。
地僻花偏艳，山深梦亦清。
瞻依忻圣豫，风物慰皇情。

一解

这首诗是胤禛初夏随从父皇到热河所见所感，因为皇帝到来，本来偏僻之地也显得分外迷人。

诗的前四句意思是，行宫景色优美，神仙曾在此停留，层峦叠嶂，就像是传说中的赤城仙山。烟霞笼罩，使得树木显得更加苍翠，泉水飞溅，冲淡了初夏的暑气。赤城，即赤城山，《会稽记》载："赤城山土色皆赤，状似云霞。"

诗的后四句意思是，由于皇帝的到来，边远之地花儿异常艳丽，住在幽静的山里，做梦也特别地清香。看到父皇欢喜，心里也很高兴，塞外的景物足以使父皇精神上得到安慰了。忻，同"欣"，喜悦。豫，欢喜，快乐。风物，一个地方特有的景物。

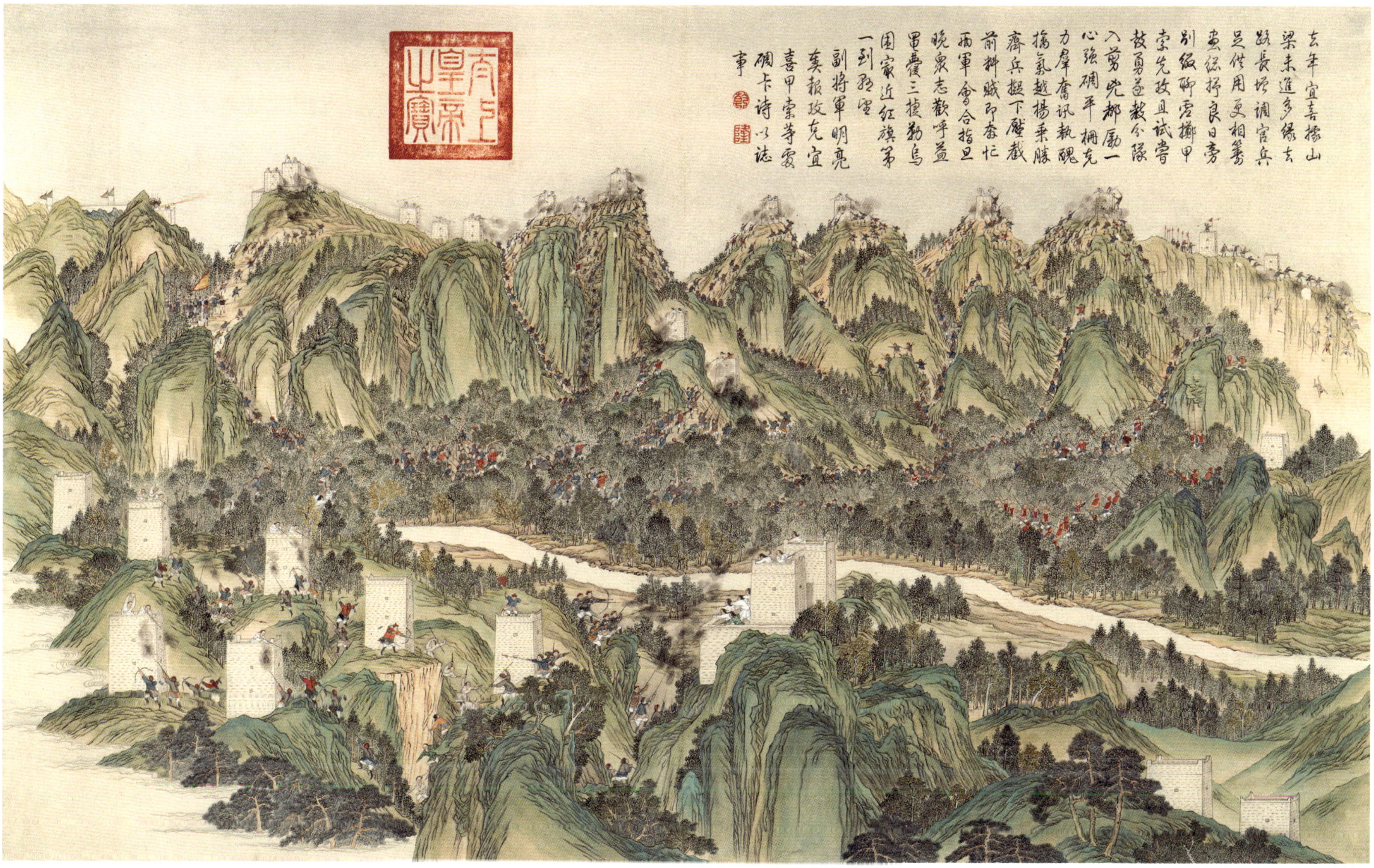

平定两金川战图 明亮奏报攻克宜喜甲索 故宫博物院提供

【5月16日】

一日

康熙四十二年四月一日(1703年5月16日)，彼得一世在波罗的海沿岸涅瓦河畔入海口修建了新首都圣彼得堡。彼得一世成为沙皇后，为了取得通向里海、黑海和波罗的海的出海口，先后发动了对瑞典、土耳其的战争。乾隆四十二年四月(1703年5月)，彼得一世开始在涅瓦河畔动工兴建军事要塞，并在要塞旁为自己修建了一所住宅。此处被命名为圣彼得堡。1713年，俄罗斯宫廷迁到这里，圣彼得堡成为俄罗斯新首都。

一诗

冷香亭

◎乾　隆

方亭东向，俯临碧沼，荷净蘋香，露白风清时，冰心玉壶殆不是过。

四柱池亭绕绿荷，
冷香雨后袭人多。
七襄可识天孙锦，
弥望盈盈接绛河。

一解

冷香亭为“乾隆三十六景”第十二景。建于康熙四十三年(1704年)。位于月色江声岛上静寄山房西侧，临水，东向，是一座十六柱歇山式卷棚攒尖顶方亭。方亭临浩淼之上湖与下湖之中，两湖遍植大量莲荷，为赏荷的好地方。诗写赏荷情景，描绘生动，比喻贴切，语句清新，别有韵味。冷香，荷花的清香，使人感到凉爽。

诗序叙写冷香亭坐向及周围“荷净香”的优美环境。露白风清的秋季，闲坐赏荷，品味纯净高洁的情趣，使人产生一种“一片冰心在玉壶”的心境，使心灵得到净化。亦点出方亭得名缘由。冰心玉壶，比喻高洁。

诗的前两句意思是，翠绿的莲荷绕着冷香亭遍植湖面，秋雨过后，荷花的缕缕香气沁人心脾。四柱，冷香亭十六柱，从一面看为四柱。袭，侵袭；触及。

诗的后两句意思是，织女从早到晚织出的彩锦就如眼前的荷花，满眼美丽的荷花似乎跟银河连接起来了。七襄，《诗·小雅·大东》：“跂彼织女，终日七襄，虽则七襄，不成报章。”鼎足而成三角的织女星，从早到晚越过七个星次。比喻一天从早到晚。天孙，即织女星。弥望，满眼。盈盈，美好貌。多指人的风姿、仪态。此处喻指荷花。绛河，银河，也称天河。

“乾隆三十六景”之冷香亭

【5月17日】

一日

乾隆十五年五月（1750年5月），将宫中管理膳食的御茶膳房、预备膳之膳房，改为内膳房，其饭房改为外膳房。内膳房下设荤局、素局、点心局、饭局、挂炉局等。清帝在避暑山庄一般每日早晚两膳，早膳七时许，多在寝宫烟波致爽殿、如意洲、惠迪吉等地，晚膳在下午二时许，一般在皇帝常活动之地，如延薰山馆、如意洲、秀起堂、含青斋、梨花伴月等地。避暑山庄御茶膳房设在正宫松鹤斋东侧，由内务府掌管。筵宴由光禄寺、礼部的精膳清吏司、御茶膳房共同承办。

一诗

口外设屯耕植聚落渐成

◎康　熙

沿边旷地多，弃置良非策。
年来设屯聚，教以分阡陌。
春夏耕耨勤，秋冬有畜積。
霜浓早收黍，暄迟晚刈麦。
土固有肥硗，人力变荒瘠。
山下出流泉，屋后树豚栅。
行之无倦弛，定能增户籍。
古来王者治，恐亦无以易。

一解

康熙帝见塞外可开垦的土地甚多，而蒙古族又不善于耕种，于是征集东北及关内无地无业的贫民来塞外垦植。这次出塞往盛京祭陵，看到设屯耕种初见成效十分欢喜而写成这首五言古诗，并表示要坚持施行这种屯田办法。

诗的前八句意思是，边境地区没耕种的土地很多，弃置不种实在是失策。近几年来，实行了集聚耕田的措施，教给他们如何划分田界和耕种方法。春夏两季勤劳地耕种和锄草，秋冬时节就有蓄存的粮食。寒霜来了，早一点收割黍谷；温暖天气迟到，就晚一点收割麦子。旷地，旷土，没耕种的土地。非策，意同非计，即失策。屯聚，意同屯田。屯田自古有之，又分军屯、民屯、商屯。分阡陌，划分田界，其中包含着教开垦、耕植的方法。

诗的后八句意思是，土地本来就有肥沃和贫瘠的分别，可以凭借人力将荒地和贪瘠土地变成良田。山下流出清清的泉水，屋后树起了养猪的栅栏。坚持不懈地将屯田制度实行下去，一定能够使这里的人口增多。自古以来，帝王要使国家清明安定，恐怕不会改变这种屯田措施吧！治，指国家清明安定。豚，小猪。硗（qiāo），多石瘠薄之地。

口外设屯耕植村落组图

【5月18日】

一日

康熙五十九年四月十二日(1720年5月18日)，康熙帝前往热河避暑。皇子胤祉、胤禩、胤禟等九人随行。

乾隆二十四年四月二十二日(1759年5月18日)，乾隆帝规划平定回部后军政措施。本日，富德将军抵额里齐城，据载，和田六城阿辉、伯克及回民数千人携壶浆跪迎。

一诗

热　河

◎ 高其倬

好景天开古塞垣，百灵翘首奉行轩。
峰回翠黛烟长护，水孕丹砂气自温。
五色云来知入夏，万家人聚喜成村。
年年雨露随雕辇，千里桑麻接广原。

一解

高其倬，少有诗名，称一代作手。康熙三十三年(1694年)进士，曾任山西学政、两江总督等职。

这首诗赞美了承德的自然风光，描写了康熙时代今承德市区已呈现"万家人聚"、"千里桑麻"的繁荣景象。

诗的前四句意思是，塞外秀美的古承德风光是天然形成的，众多有灵性的动物都仰头欢唱，与文武百官、百姓喜迎皇帝的銮驾。曲折墨绿色的山峰烟云遮掩，避暑山庄里天然的温水之泉含着无毒的朱砂。行轩，皇帝所乘的车舆。

诗的后四句意思是，知道夏日的到来，五色祥云也随风飘来，随着避暑山庄的兴起，这里聚集着上万户的人家而竟成了一个市镇。随着皇帝华美的车驾年年到来，这里的雨水也勤了，千里沃野种植着桑和麻，与关内广大的平原相连接。五色云，五色云彩，古人以之为祥瑞之兆。

避暑山庄热河泉

【5月19日】

一日

康熙五十七年四月二十日(1718年5月19日)，处理河南李雪臣白莲教案。行令各地方官，凡有白莲等邪教，均严查治罪。

嘉庆十五年四月十七日(1810年5月19日)，改设热河统辖大员。百余年来，热河生齿日繁，为便于管理，热河由原设副都统一名改设都统一员，除管辖驻防官兵外，将承德府等处附近各属专令统辖。所有附近一切蒙古部落事件，俱归都统转办。

一诗

观莲所

◎乾　隆

平湖曲渚，在在荷香，景中以之标名者不一。此间云廊窈窱，方亭虚敞，圣祖题额在焉，洵为甲观。

宝题恒焕圣人字，
冰牖仍凭君子花。
助感每教惊逝水，
追欢曾未泛流霞。

一解

观莲所为“乾隆三十六景”第十四景。约建于康熙四十二年(1703年)，位于延薰山馆西南，是座歇山式卷棚顶方亭，南向四周有围廊，装饰有窗户，亭内进深三楹，亭前有石桥直达如意湖之岸边。康熙帝题额“观莲所”。

诗序叙写观莲所美景。平静的湖水，弯曲的洲岛，处处飘着荷香，避暑山庄内用荷标名的景观有多处，各有特色。此处云气弥漫的走廊显得幽深，方亭空阔宽敞，康熙题写的额联还在，确实是一处最美的景观。在在，处处；到处。洵，确实。

诗的前两句意思是，珍贵的皇祖父的题额放射光彩，经常照耀着观莲所，观莲所仍然凭借君子花而令人留恋。宝题，指康熙题额。恒，经常；常常。焕，鲜明；明亮。冰牖，冰一样洁净明亮的窗户，此处代指方亭。仍，仍然；依然。凭，依托；依仗。君子花，指荷花。周敦颐《爱莲说》：“莲，花之君子者也。”

诗的后两句意思是，面对此情此景，常常教人增添感慨，令我惊叹时光如流水般逝去。我喜欢在大自然中寻求乐趣，可未曾为此而无节制地饮酒嬉游。助，增添；增加。感，感慨。教，使；令；让。惊逝水，惊叹时光如流水逝而不返。泛流霞，古代民俗，三月三日众集水边，祓除不祥。

“乾隆三十六景”之观莲所

【5月20日】

一日

乾隆四十六年四月二十七日(1781年5月20日)，直隶巡道李调元奉命来热河审理要案，出行逐日写有详细日记，集为《出口程记》。经过丰宁波罗诺，作诗一首。李调元是一位戏剧理论家，亦是一位藏书家，四川罗江家里建有“万卷楼”。

一诗

波罗诺普惠寺

◎ 李调元

沙际波罗诺，禅扉一径分。
僧眠半庵月，马渡一溪云。
红药何人赠，清谈未有群。
南山谁得雨？已觉炮车闻。

一解

乾隆四十六年四月(1781年5月)，李调元因秋谳(yàn，平议罪狱、审理诉讼)出古北口，经过丰宁波罗诺普惠寺(今丰宁满族自治县波罗诺乡境内)，见寺容新丽，佛像庄严，十分赞叹，但又以“清谈”不成，寺僧隐居不出，真人难见，高兴之余，又难免产生一缕怅惘的苦涩。

诗的前四句意思是，波罗诺位于平沙旷野交界处，一条路正冲着佛寺的山门。僧人睡在月光照射的庵堂里；来到这里骑马涉溪，看到溪中倒映着云霞。

诗的后四句意思是，香案上的芍药花不知何人所赠，想谈一下玄理却找不到人。南边的山雨欲来，已听到雷声。清谈，亦称玄谈。谈论有无、本末之辩。南山雨，典出(汉代)刘向《列女传·陶答子妻》：“妾闻南山有玄豹，雾雨七日而不下食者，何也？欲以泽其毛而成文章也。故藏而远害。”此喻寺僧隐居伏处，而有所不为。炮车闻，听到打雷的声响。

直隶巡道审案图

【5月21日】

一日

嘉庆二十二年四月初六日（1817年5月21日），内阁奉上谕：热河居住厄鲁特，生齿日繁，蓄养马匹增多，著加恩将普宁寺东西山场、建庙余剩地面，一并赏给厄鲁特游牧，不准私招民人开垦。

一诗

澄波叠翠

◎康熙

如意洲之后，小亭临湖，湖水清涟澈底。北面层峦重掩，云簇涛涌，特开屏障，扁舟过此，辄为流连，正如韦应物诗云："碧泉交幽绝，赏爱未能去。"

叠翠耸千仞，
澄波属紫文。
鉴开倒影列，
反照共氤氲。

一解

澄波叠翠为"康熙三十六景"第三十景，意为澄澈的湖波，映着层叠青翠的倒影。此景为地处如意洲北侧的三楹景亭。它北临澄湖，正与濠濮间想亭相望。澄湖之北，远有青山翠岭，近处岸边绿树成荫。水映山峦林木，层层叠叠，青翠碧绿。这首五言绝句，全诗句句写景，把澄湖的光波水影，描绘得十分真切，并表达了诗人对山庄美景的喜爱之情。

诗序叙写此景的地理位置及其周围环境，并引韦应物的诗句，热情赞美澄波叠翠的景色。澈底，通透到底，可理解为清澈见底。云簇涛涌，指层峦复岭犹如云朵纷繁、波涛汹涌。辄为流连，总是流连而不愿离去。韦应物，唐代诗人，曾任江州、苏州刺史等职。他的田园诗、山水诗颇为著名。康熙帝所引的诗句，出自韦应物《游龙门香山泉》。

全诗的大意是，重叠翠绿的山峦，有千仞之高。日光照在澄湖水中，湖水呈现出紫色的波纹。宛如明镜般的湖面，映照着远山近岭层层排列的倒影。夕阳返照在碧波上，紫色的光波与弥漫的雾气相融别有情趣。鉴，镜子。氤氲（yīn yūn），水气和光色混合动荡的样子。

居住热河的厄鲁特部众在普宁寺东游牧的旧址

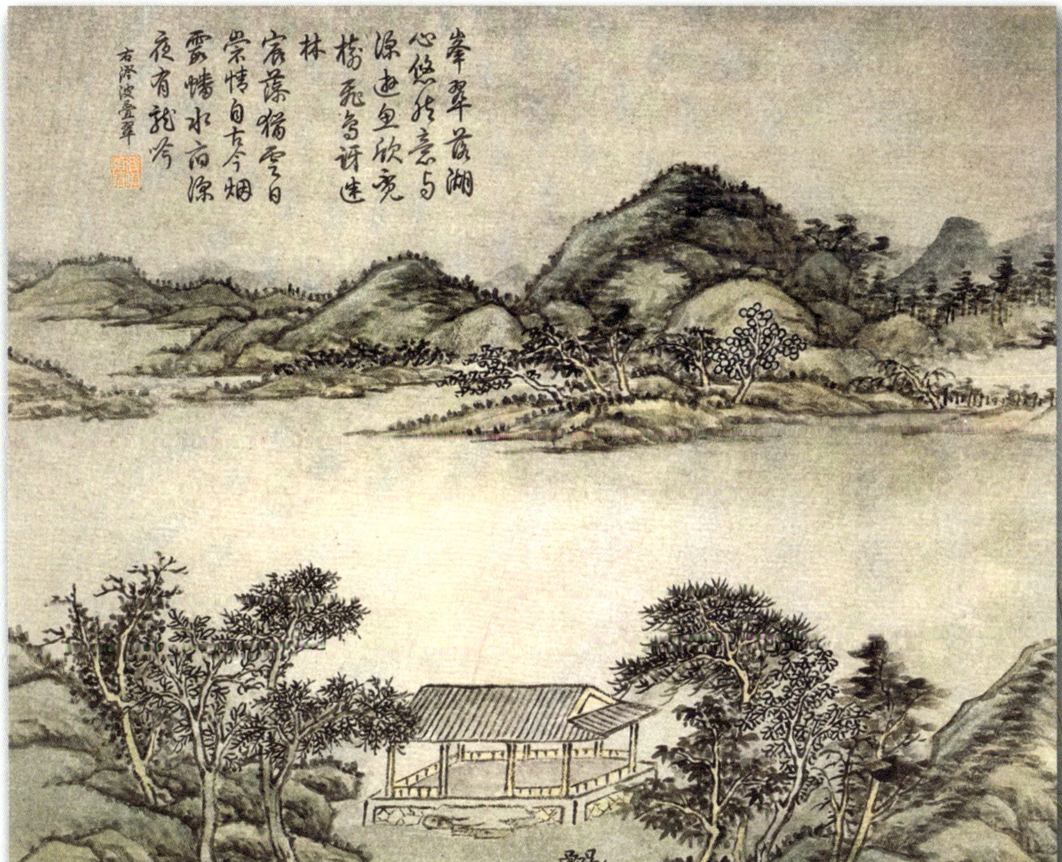

“康熙三十六景”之澄波叠翠

【5月22日】

一日

康熙五十五年闰三月(1716年5月),《康熙字典》告成。该字典系由张玉书、陈廷敬等人依据明代《字汇》、《正字通》加以增订而成。计42卷、12集,119部,收字47035个。

[评]康熙帝推崇汉文化,在他即位后开始大规模编纂图书,其中影响最大的是《康熙字典》。这部字典对中国文字学作出了巨大贡献。

一诗

咏　夏(其一)

◎康　熙

甘泉日永秩南讹,
清气重云入句多。
性理精研过盛夏,
岂因白首废编摩。

一解

《咏夏》是由两首七言绝句构成的组诗,写于康熙五十一年至五十四年(1712—1715年)间。这第一首诗,表现出康熙帝虽然年老体衰,仍然钻研儒家学说的自强不息的精神。

诗的前两句意思是,甜美的泉水、夏天的日光浇灌、照耀着农田,空气清明,云层重叠,都纳入我的诗句。日永,指夏至,也指夏天白昼长。这里指夏天的日光。秩,次序。南讹(é),亦作南伪,原指南方化育之事。这里指促进农作物正常生长的意思。清气,指天空中清明之气。

诗的后两句意思是,在精细地研究儒家的人性与天理中度过了炎热的夏季,怎能因为年老发白而废弃了编集、整理经典。性理,即人性与天理,指宋儒性理之学。编摩(mó),犹编集。

朱墨抄本《康熙字典》书影　故宫博物院提供

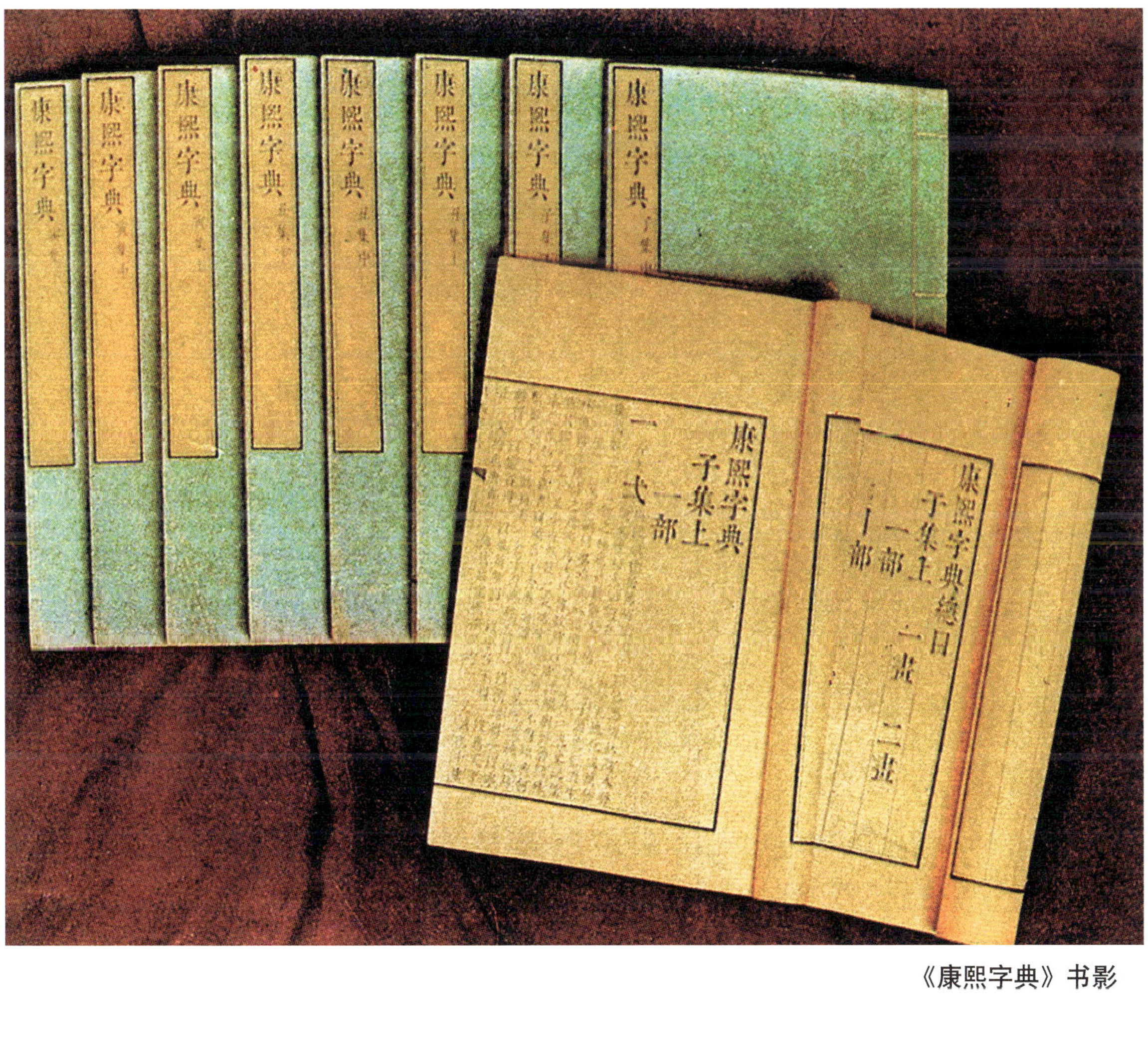

《康熙字典》书影

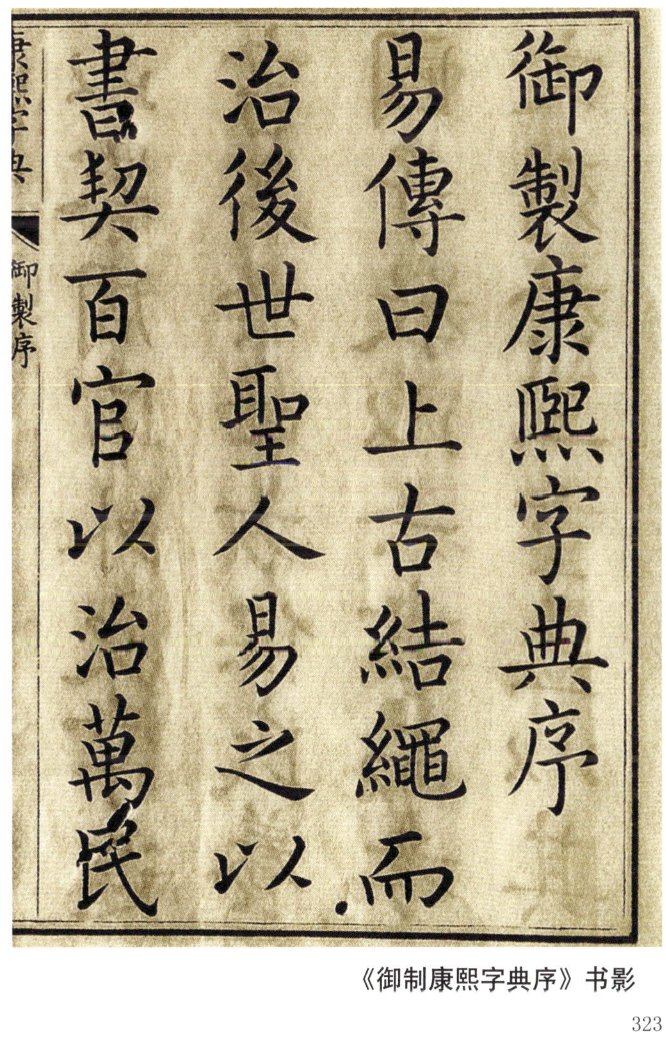

御製康熙字典序
易傳曰上古結繩而
治後世聖人易之以
書契百官以治萬民

《御制康熙字典序》书影

【5月23日】

一日

乾隆年间，京西玉泉山水味美甘清，乾隆帝曾赐予“天下第一泉”美名。清帝多用玉泉山水酿制御酒。清帝“木兰秋狝”驻跸热河，亦自备玉泉御酒享用。钱塘人吴锡麒《热河小记》称：“热河土酒味薄，惟越酒市中多有之，价亦都中相准。”避暑山庄酒膳除用玉泉酒外，有时也用燕酒和烧酒佐膳。

一诗

咏　夏（其二）

◎康　熙

信风已尽接朱明，
长养春容草木亨。
漱露调冰消暑气，
何如心静则神清。

一解

这首诗的思想内容和第一首不同。诗人认为漱露、调冰可以消除暑气，但真正除热驱烦，还须心静，所谓心静自然凉。

诗的前两句意思是，春风已经吹过，快进入夏季了。万物草木在春风、阳光的抚育下从容、顺利地生长。信风，指的是随时令变化，定期定向而来的风，即季候风，也可以泛指风，这里指的是春风。朱明，这里是夏季的意思，指立夏节气。长(zhǎng)养，抚育培养，长大、生成的意思。春(chōng)容，本指撞击钟声回荡相应，引申为从容畅达。亨(hēng)，顺利、通达。

诗的后两句意思是，用露水洗漱或用冰调节气温来消除暑气，不如心情宁静，这样才能神清气爽。调冰，古代盛夏季节为了使室内凉爽，往往在室内放置冰块。

康熙帝行乐图
故宫博物院提供

【5月24日】

一日

乾隆五十三年四月十九日(1788年5月24日)，容妃和卓氏卒。初，回疆平定，和卓氏随其兄图尔都入京，奉旨入宫，初封和贵人，二十七年(1762年)封容嫔，三十三年(1768年)晋容妃。卒年55岁。乾隆帝为之辍朝三日，丧仪照康熙九年(1670年)慧妃例办理。容妃，后人讹传为香妃。

一诗

巡幸出喜峰口过黄土岩

◎康　熙

紫塞双崖出，丹梯百尺悬。
草香遮细路，树老卧晴烟。
地为时巡至，山当隘口偏。
何年留石室，驻马望层巅。

一解

康熙二十年四月初七日(1681年5月24日)，康熙帝出喜峰口巡视塞外，经过黄土岩(今宽城满族自治县万塔黄崖处)时，见这里的景色独特而作此诗。这首五言律诗描写了从喜峰口到黄土岩的险要地势和景物特色。巡幸，特指皇帝出京到各地巡视考察。喜峰口，在河北省遵化县北部，是长城的重要关隘之一。

诗的前四句意思是，过了双峰对峙之间的关隘——喜峰口，百尺高的红色石阶像梯子一样悬挂在石崖上。遍地花草散发着香气并遮盖了山间小路，几棵古树老气横秋地卧在晴日下山峦的雾气之中。紫塞，特指长城的要塞，因秦筑长城时，发现山石土地呈紫色而得名。后来泛指北方边塞地区。崔豹《古今注·都邑》载：“秦筑长城，土色皆紫，汉塞亦然。故称紫塞焉。”丹梯，红色的梯子，这里用来形容石阶形状和颜色。晴烟，意同晴岚，指晴日山中的雾气。

诗的后四句意思是，这里是我按时巡视经过的地方，黄土岩就在狭隘山口的旁边。时巡，皇帝按时到各地视察。哪年哪月开凿的石洞呢？我停下车马，望着层层山巅。石室，岩洞、石窟。即修建黄崖峭壁间夹嵌的砖塔是随地采石砌成石窟的遗迹。

位于宽城满族自治县境内的万塔黄崖

【5月25日】

一日

宣统二年(1910年)，热河都统廷杰病逝。廷杰，满洲正蓝旗人，光绪二年(1876年)进士。曾署理盛京将军、法部尚书。光绪十二年(1886年)补承德知府，光绪十四年(1888年)奉旨修护热河宫墙仓廒、武列河大坝。与李世寅修订了道光年间海忠主持编纂的《承德府志》，并刊刻。光绪三十一年(1905年)授热河都统。廷杰在热河推行新政，开办新式学校，开荒招垦，查禁鸦片，设立商号，兴办实业，整顿吏治，成绩斐然，深受官民敬戴。宣统元年(1909年)回京任法部尚书。

一诗

环 碧

◎嘉 庆

湖滨文馆碧回环，檐外披云见远山。
雾敛长空峰更迴，风鸣密树叶微斑。
林边驯鹿眠莎静，水面浮鸥趁浪潺。
仙苑秋宫拟成绘，倪王粉本总须删。

一解

环碧在避暑山庄芝径云堤西边的半岛上，碧水周回，青莲入目，康熙帝题名为“环碧”。文馆，精巧华美的房舍。莎，草，草地。倪王，指元代大画家倪瓒和王蒙，皆善画山水，对后世影响极大。粉本，古代中国画施粉上样的稿本，后亦通称只用墨笔勾描的画稿。删，定稿。

热河都统廷杰像　选自《旧中国掠影》

【5月26日】

一日

光绪七年(1881年)，直隶总督李鸿章在热河承德府平泉州筹办开采铜矿，并在上海《申报》上刊登平泉铜矿招股启事。

一诗

毛金大岭

◎ 李调元

曲折峰头下，浓云拨不开。
却从平地看，始觉自天来。
花满千山雪，泉奔万壑雷。
非言同叱驭，马首正东回。

一解

这首诗写于乾隆四十六年四月(1781年5月)，直隶巡道李调元因秋谳公务出古北口，到承德府平泉、朝阳、赤峰、凌源等7个州县。有纪录此行的《出口程记》。此诗前有记：自马厂“四十五里至毛金(茅荆)坝，宿。是日所过，溪流清浅，四山多树，异花匝地，啼鸟时闻。但为喀喇沁王围场，禁人樵采，也无内地佃民耕垦，是以一百二十里并无居人。而沿溪柳尚未叶，桃初含蕊，风气也异。薄暮始抵毛金(茅荆)坝山岭。借宿山神庙。树栅为篱，狼嚎狨啸，一灯睒睒，塞星在户。二十一日，大雪，登毛金(茅荆)大梁，在天之半。悬崖大壑，叠翠重峦；大风吹衣，白雪绕足。坡作之字，栈处重霄。羊肠熊耳，不足为险矣。有花满山，如锦如火。下岭向南行，有溪出岭下，奔轮激石，活活有声，亦向南流。而沿沟榆柳，又皆着叶。相隔一岭，而天时不同如此。此后始有居民村落。午后雪复雨，时止时作，六十里至七家儿，食。是日，得诗一首”。

毛金大岭，即今喀喇沁旗与隆化县交界区的茅荆坝岭，主峰海拔1622米。所经道路最高处1289米。叱驭，汉代琅琊人王阳为益州刺史，行至邛崃九折阪，因道险而返。及王尊为刺史，行至其阪，叱其驭曰：“驱之，王阳为孝子，王尊为忠臣。”后遂以叱驭为因公忘险，奋不顾身之人。

茅荆坝岭

【5月27日】

一日

康熙三十年四月三十日(1691年5月27日),康熙帝率上三旗军队和古北口绿营兵溯滦河而上,下五旗军队出独山口经上都牧场,齐集多伦诺尔。清政府"布营设哨后",命喀尔喀蒙古三大部、内蒙古四十九旗王公营帐移近50里,按照万水朝宗、众星捧月的布局,与蒙古各盟旗的帐幕一起,环绕在康熙帝的行营屯列。

康熙五十八年四月初九日(1719年5月27日),康熙帝谓大学士九卿等曰:"今气血渐衰,精神渐减,办事殊觉疲惫,写字手亦渐颤,仍欲如当年事事精详,则力有不能。""或有不肖之徒见朕精神气血渐不如前,因以为奸,亦未可定。此诸臣俱应留心者也。"越二日,康熙帝往热河避暑,皇子胤祉、胤禩、胤禟等八人随行。十月初八日,返京,驻跸畅春园。

康熙六十一年四月十三日(1722年5月27日),康熙帝往热河避暑,皇子胤祉、胤禛等11人随行。八月间,康熙帝率诸皇子围猎。九月二十八日回京。

一诗

出塞杂咏

◎乾 隆

雕舆绣羽飒金风,晓发都城旭影红。十部箫韶翻似海,三千车骑气如虹。

边关峰色翠芙蓉,万古堤防笑祖龙。守德由来胜守险,金汤礼义是提封。

静夜离宫月在窗,独裁奏章烛金釭。雁鸣远浦传霜信,人过孤村引吠尨。

塞上峰峦万景齐,笳声傍晚谱凉伊。玉台叠进琉璃酒,毡屋周悬虎豹皮。

日射高峰紫雾开,骖驔羽骑蔽山来。鸾旗影扬云林外,清跸声声北狩回。

一解

这组诗写于乾隆六年(1741年),乾隆帝首次出塞秋狝之时。诗作气势恢弘,色彩明丽,语句隽永,表现出大清王朝一代英主正值青春年华,年富力强,走上执政道路,希冀创造出一个超越贞观之治盛世的豪迈气派和雄心壮志。

第一首诗的大意是,首次北巡途中卤簿仪仗,鼓角相闻。军容煜耀的恢弘壮观景象。雕花彩饰的皇舆与翠羽装饰的卤簿旌旗在秋风中飒然前行。迎着初升的太阳,北巡队伍从京城出发了。箫韶,舜乐名,泛指美妙的仙乐,此处指卤簿乐队所奏的音乐。

第二首诗写经过边关古北口产生的"守德由来胜守险"的感慨。笑话修筑万里长城的秦始皇。祖龙,指秦始皇。为国家应当以礼义为防,城郭甲兵以为固,不能只靠守险。提封,版图,疆域。金汤,为固若金汤的省略语,形容城池坚固。

第三首诗写皇帝勤于政务,于静夜离宫灯下批阅奏章的情形。拢(xiè),指灯烛之光。金釭,亦作金缸,金制的灯盏,烛台。

第四首诗写塞外边地傍晚吹笳之声和晚宴情景。凉伊,即伊、凉二曲。唐天宝乐曲,以边地伊州(故城在今新疆哈密)、凉州(故城在今甘肃武威)命名的曲调。玉台,此指行殿。琉璃酒,比喻晶莹碧透的美酒。

第五首诗写皇帝在保卫骑兵的护卫下北巡狩猎归来。骖驔,马奔跑相随。羽骑,御林军的骑兵。鸾旗,天子之旗。清跸,天子出行,清洁道路,使人避开。

多伦汇宗寺一隅

【5月28日】

一日

康熙三十年五月初一日(1691年5月28日)，召见喀尔喀两翼王台之日。喀尔喀蒙古土谢图汗、哲布尊丹巴胡图克图遵旨，就起兵击杀扎萨克图汗得克黑墨尔根阿海及在喀尔喀妄为之事具疏请罪。康熙帝“故不忍治罪”，命袭汗号。

[评]康熙帝处理纷繁复杂的部族纠纷的政治经验与作风，在封建时代是其他人难以企及的。

咸丰三年四月二十一日(1853年5月28日)，命纳尔经额会同热河都统毓书派人先开采承德及平泉州所属的地方银矿。

一诗

平泉州

◎ 李调元

平泉在州治之南十余步。其泉终年不减，故曰“平泉”。旁有碑，刻“平泉”二字。

细脉何年泄？泉名冠一州。
涌来虽趵突，泻处总平流。
不井千村饮，非田万顷收。
左宵风雨猛，疑是老龙湫。

一解

这首诗写于乾隆四十六年四月(1781年5月)。直隶巡道李调元奉命到承德府处理秋谳，出古北口，走两间房(今滦平县两间房乡)、常山峪(亦今滦平县今长山峪)、三道梁(今滦平县长山峪境内)驿道，又自平泉黄土梁子出发，经西柳河、东柳沟，至凤凰岭、二十五里至平泉州，宿平泉书院。《出口程纪》载：“州旧名巴(八)沟。两山分退，翠嶂东横，上通锦州，下通喜峰口。街长十六里，瓦屋鳞次，商贾辐辏，人烟稠密。口外最繁华处也。”脉，水之流行地中。趵突，喷涌，奔突，指泉水。泻处，水向下流。龙湫，上有悬瀑下有深潭谓之龙湫。此处比喻昨日平泉夜晚猛雨之势。

多伦佛像制作厂

多伦城市　选自《多伦文史资料》

多伦诺尔(老照片)

【5月29日】

一日

康熙三十年五月初二日(1691年5月29日)，多伦会盟。为解决喀尔喀蒙古各部纷争，康熙帝亲自调节矛盾，亲临塞外，主持会盟。康熙帝著朝服，升座御帐，鼓乐齐鸣。喀尔喀王公贵族行三跪九叩礼，康熙帝宣布免除土谢图汗罪并授汗印，允喀尔喀请求，“将尔等与朕四十九旗一例编设，其名号亦与四十九旗同”。康熙帝主持了约二百桌的盛大宴会，亲手递酒给哲布尊丹巴、三位喀尔喀亲王、20位台吉。

嘉庆四年四月二十五日(1799年5月29日)，和珅既已伏法，世间仍传“和珅倒，嘉庆饱”流言，嘉庆帝大为烦恼。内阁学士兼副都统萨图彬不识时宜，屡次上疏言和珅财产断不止所查出之数目，多有隐匿。本日，嘉庆帝大怒，借此事再次申明查处和珅，乃因其“蠹国病民，专擅狂悖”，而不是计较其财产。

一诗

山居

◎康熙

迎薰避暑驻山庄，四顾重重丘壑长。
雨后雏莺歌密树，风前练雀舞斜廊。
静观得趣无非景，佳兴涵虚可致凉。
烹茗汲泉清意味，个中谁解有真香。

一解

这首七言律诗，写于康熙六十年(1721年)或六十一年(1722年)。诗中描绘出热河行宫的景色幽雅、环境清净，既指出山庄适宜避暑的特点，又抒发了亲自汲泉烹茗，自得其乐的闲情逸致。

诗的首联意思是，为了接受清凉和煦的南风的吹拂，我来到山庄避暑，举目观望，这里的山谷重重而又深长。薰，指薰风，意为和煦的南风。丘壑，深山幽谷。

诗的颔联意思是，小雨过后，雏莺在密树林中歌唱；微风吹来，练雀围绕着斜廊飞舞。雏莺，莺，鸟名，即黄莺，又名黄鸟，黄鹂、仓庚，因初春始鸣，又称告春鸟。练雀，即练鹊，尾部有白色长毛如练而得此名。

诗的颈联意思是，静观而产生情趣，这是由于山庄内处处是美景，美好的情趣既可使心情清静无杂念，又能招致清凉。涵，包容；涵虚，内心虚无没杂念。

诗的尾联意思是，亲自打来泉水又亲手煮茶，喝了有一种清新意味，其中真正的香味有谁能解释清楚呢！烹茗，煮茶。汲，取水。意味，情趣、趣味。个中，其中。

多伦诺尔会盟碑

多伦诺尔会盟旧址

多伦汇宗寺

【5月30日】

一日

康熙三十年五月初三日(1691年5月30日)，多伦会盟第二天。康熙帝赏赐一世哲布尊丹巴及三部汗。喀尔喀蒙古贵族分别封为亲王、郡王、贝勒、贝子、公、台吉，对喀尔喀蒙古实施清廷封爵制度和清廷法律制度。

一诗

远近泉声

◎康 熙

北为趵突泉，涌也觱沸；西为瀑布，银河倒泻，晶簾映崖，微风斜卷，珠玑散空。前后池塘，白莲万朵，花芬泉响，直入庐山胜境矣。

引泉开瀑布，
迸水起飞珠。
锵玉云崖应，
色空有若无。

一解

远近泉声为“康熙三十六景”第二十五景，意为远近传来的泉水声，悦耳动听。此景地处避暑山庄西湖之北，文津阁之南，环境清幽，景色优美。这首五言绝句，全诗都是写景，赞美瀑布飞珠，泉水叮咚，既悦目又悦耳的美妙情景。

诗序叙写远近泉声的自然环境，并具体描绘此景前后池塘花芬泉响的胜境。趵突泉，泉名。山东省济南市，相传有名泉七十二，趵突泉最为著名。远近泉声之北，有泉水涌出，也以趵突泉为名。

全诗大意是，引来泉水，由山岗向下倾泻而形成的瀑布。瀑水飞奔，迸出无数晶莹闪光的水珠。泉水击石，犹如玉石相击铿锵悦耳。泉声在云岩石壁间回荡，令人感到似有若无。此语借鉴了杜甫“铿锵鸣玉动”的诗意。色空，水色空明，虽有如无。

“康熙三十六景”之远近泉声

【5月31日】

一日

康熙二十八年四月十三日(1689年5月31日)，派遣理藩院尚书阿喇尼、归化城扎萨克大喇嘛阿齐图绰尔济等往厄鲁特蒙古，以敕谕噶尔丹与喀尔喀释仇息兵，各守疆界，安居辑睦。

康熙三十年五月四日(1691年5月31日)，多伦会盟第三日，清政府在多伦闪电河畔的牧场上，举行盛大阅兵仪式。康熙帝著戎装，戴头盔，佩胯刀、弓箭，骑马绕场一周，亲射弓箭，十射九中。受阅部队有：骑兵和步兵中的八旗满洲官兵、古北口绿营兵、火器营的炮兵。受阅部队排列十里，炮兵还表演了打靶。显示了清王朝震慑分裂势力的强大力量。

一诗

万树园

◎乾　隆

北枕双峰之南，平原径数千余亩，灌树成帷幄，绿草铺茵毯，虽以园名，不施土木。今年杜尔伯特部长入觐，即园中张穹幕，集名藩，锡燕观灯，陈马伎、火戏燕乐之，为时盛事。

原田每每曾闻传，
鹿鹿麌麌载咏诗。
秀木佳阴尘不到，
乘凉点笔合于斯。

一解

万树园为“乾隆三十六景”第二十景。位于澄湖北岸，平原数千亩，其中佳木罗植，有松、柏、榆、槐、桑、杉以及秋海棠等，麋鹿、野兔、山鸡遍布其间，万树园作为自然景观康熙时已经具备条件，乾隆帝题碣“万树园”。清帝经常在这里行步围、设野宴。当时有28架蒙古包散置其间，是清帝进行政治活动的重要场所。

诗序叙写万树园位置在北枕双峰之南，面积数千亩，其特色为“灌树成帷幄，绿草铺茵毯，虽以园名，不施土木”。最后叙写园中举行活动情况，及其盛大场面。帷幄，宫室的帷幕，此处喻指宫室。茵，车上的垫子。

诗的前两句意思是，《左传》用“原田每每”形容晋国军队强盛的气势，我用来描摹万树园土地肥美，草木繁茂；《诗经》中用“鹿鹿麌麌”赞美周宣王与诸侯会猎时的盛况，我用来形容万树园鹿鹿成群的景象。原田，原野上的田地。每每，肥美。

诗的后两句意思是，万树园中，秀木佳荫，一尘不染，无论是乘凉还是写诗赋词，在这里都很合适。点笔，涂改文字。此处点笔犹染翰，指写诗作赋，用引申义。斯，指示代词，此，指万树园。

康熙帝头盔　故宫博物院提供

康熙帝大阅甲　故宫博物院提供

内蒙古多伦闪电河畔康熙帝阅兵处

【6月1日】

一日

康熙三十年五月初五日(1691年6月1日)，多伦会盟第四日，清政府答应蒙古贵族“愿建寺以彰盛典”的请求，在多伦兴建喇嘛寺。康熙帝根据蒙古对中央政府“恪守侯度，奔走来同，犹江汉朝宗于海”的情况，给寺庙题名“汇宗”。后来，乾隆帝在承德《普宁寺碑文》中追叙：“昔我皇祖之定喀尔喀也，建汇宗寺于多伦，以一众志。”

一诗

甫田丛樾

◎康 熙

流杯亭之北，瓜圃之西，平原如掌，丰草茂木，麇麚雉兔，交牣其间，秋凉弓劲，合烝徒，行步围，诚猎场选地。

留憩田间乐，
旷观恤闾阎。
丛林欣赏处，
遍地豫丰占。

一解

甫田丛樾为“康熙三十六景”第三十五景，意为大块田地平平坦坦，树木浓荫片片相连。此景地处万树园和山庄御瓜园之南，是横列澄湖北岸的四小亭之一。万树园林木繁茂，并有很多飞禽走兽生活于其中。御瓜园种植瓜菜稻谷，长得都很旺盛。坐在亭中，可品味田园之乐。这首五言绝句，开头称赞山庄的田园之乐，结尾处预祝农业大丰收。甫田，指大田。丛樾，指一片连一片的树荫。

诗序介绍此景地理位置与自然环境，并说明万树园是很好的围猎场所。流杯亭，指避暑山庄东门。正对此门的香远益清，内有一座小亭，当年名为流杯亭，因亭与门相对，故而以亭名为门命名。瓜圃，指康熙时期开辟的瓜园。如掌，像手掌一样平。麇麚(jūn jiā)雉兔，泛指飞禽走兽。麇，獐。麚，牡鹿。雉，野鸡。交牣其间，彼此相安，充满于其中。弓劲，弓箭强健有力。合烝徒，会集很多随从人员。会，会集。烝(zhēng)徒，众多的随从人员。步行围，进行徒步围猎。

全诗的大意是，停留在甫田丛樾亭内休息，可以感受到无限的田园乐趣。极目远望，联想起山庄外的百姓需要多加体恤。这里的林木花草非常繁茂，是赏景的好地方。田野里遍地生长着庄稼，预示农业大丰收。闾阎(lú yán)，里巷门，可解为里巷，借指平民。豫，通“预”。占，占卜，古代企求上天预示年成好坏的一种方术。

多伦汇宗寺全景

多伦汇宗寺大经堂

“康熙三十六景”之甫田丛樾

甫田丛樾亭

【6月2日】

一日

康熙五十二年五月初十日(1713年6月2日)，康熙帝从长春园出发，前往热河，皇太后及三子、五子、九子、十四子、十五子、十六子随行。因其六十寿辰，路途中可见老年男女，手持鲜花，在其行宫住处附近列队路旁，等候皇帝的到来，祝皇上幸福长寿。此次为皇帝花甲之年，特予恩准，但只对老人。

康熙五十三年四月二十日(1714年6月2日)，康熙帝往热河避暑，皇太后及皇子胤祉、胤祯等六人随行。九月二十八回京。康熙帝于避暑山庄期间，喀尔喀、察哈尔诸蒙古王、贝勒、公等先后来见。

一诗

松鹤清越

◎康　熙

进榛子峪，香草遍地，异花缀崖，夹岭虬松苍蔚，鸣鹤飞翔。登蓬瀛，临昆圃，神怡心旷，洵仙人所都不老之庭也。

寿比青松愿，
千龄叶不彫。
铜龙鹤发健，
喜动四时调。

一解

松鹤清越为“康熙三十六景”第七景，意为松声与鹤鸣，清丽而悠扬。此景地处避暑山庄榛子峪，是皇太后居住的殿宇。这首五言绝句，是康熙帝为母后祝寿而写，充分表达了一位敬老的孝子之情。语言晓畅自然。

诗序叙写地处榛子峪的松鹤清越，花草芬芳，环境优美，似同蓬莱、昆仑仙山，并点明此景命名缘由：“夹岭虬松苍蔚，鸣鹤飞翔。”虬(qiú)松，盘曲如虬龙般的松树。虬，虬龙，传说中的一种龙。蓬瀛，蓬莱、瀛洲，都是仙山。昆圃，昆仑、玄圃，也是仙山。

全诗的大意是，祝愿母后寿比苍劲的松树，千年的青松枝叶不凋谢。住在山庄居室里的太后，她头发虽白但身体很健康。此处四时景色和谐，着实令人喜爱。千龄，树龄达千年，此处为不定数，指树龄很高。铜龙，古代房顶上的一种装饰物，帝王后妃居住的宫殿，多用龙、鹤、鸟兽装饰。此处以铜龙指代太后的居室。四时调，意为四季景色总是和谐美好的。

蟠桃图 清代宫廷画家、内阁学士邹一桂绘

“康熙三十六景”之松鹤清越

松鹤清越

【6月3日】

一日

康熙三十年五月初七日(1691年6月3日)，处斩叛附噶尔丹的内蒙古乌朱穆秦部台吉车根、阿穆尔、充特、阿达里、罗雷喇扎布等。同日，康熙帝动身回京。他再一次单独会见大喇嘛一世哲布尊丹巴，告诫他要保持家族内部亲王之间的和睦共处。内蒙古四十九旗、喀尔喀蒙古各旗诸汗、王、贝勒、贝子、公、台吉等分别于道路两旁跪送。康熙谕随行官员："昔秦兴土石之工修筑长城，我朝施恩于喀尔喀，使之防备朔方，较长城更为坚固。"一世哲布尊丹巴随驾进京，为太后、皇后、公主讲法。

乾隆四十六年五月十二日(1781年6月3日)，《钦定热河志》(武英殿本)告成。乾隆帝撰写《御制〈热河志〉序》云："为各省之志书易，为热河之志书难。"《钦定热河志》计120卷，分为24门，记载行宫、典制、史实、文献、天文、地理、资源、经济、文化、教育、掌故等，是研究清代历史的重要文献。《钦定热河志》在山庄澄观斋修成后，此年即收入《四库全书》。户部尚书、四库全书馆正总裁和珅，吏部尚书、军机大臣汪由敦，礼部尚书董邦达，《四库全书》总纂官纪昀，刑部尚书、《四库全书》编修裘曰修，上书房师傅钱大昕，大学士、军机大臣于敏中皆奉旨参与《热河志》的编修。历时24年。

一诗

凯旋言怀

◎康　熙

皇舆奠四极，海外皆来臣。
眷言漠北地，茕茕皆吾人。
六载不遑息，三度勤征轮。
边柝自此静，亭堠无烟尘。
兵革方既偃，风教期还淳。
兴廉遵昔轨，崇文育群伦。
所用惟才俊，非仅荣簪绅。
尔俸与尔禄，脂膏出细民。
永念固邦本，不愧王国宾。

一解

康熙三十六年四月十五日(1697年6月3日)，康熙帝第三次亲征噶尔丹回师途中写下了此诗。诗的大意是，先皇奠定了国家疆域，海外各国都来臣服。看到居住于北方沙漠地带的都是我国人民，他们孤独无依的样子，真使人眷念不已。六年来没有休息，曾三次亲征噶尔丹。从此边地没有了报警的刁斗，烽火台也没有了报警的烟火。刚停息了战争，还要加强教化，希望百姓恢复淳朴的民风。按照先王的遗教使政治清廉，并推崇古代礼制文明，教育臣民。用人要任用才能出众的人，不要只看到达官显宦。告诫你们：你们所享用的俸禄都是老百姓身上的血汗呀！永远要记住，安定人民是巩固国家的根本，只有这样做才不愧为君主与国家的重臣。

汪由敦画像

钱大昕画像

裘曰修画像

汪由敦、钱大昕、裘曰修为参与编修《钦定热河志》的清代学者

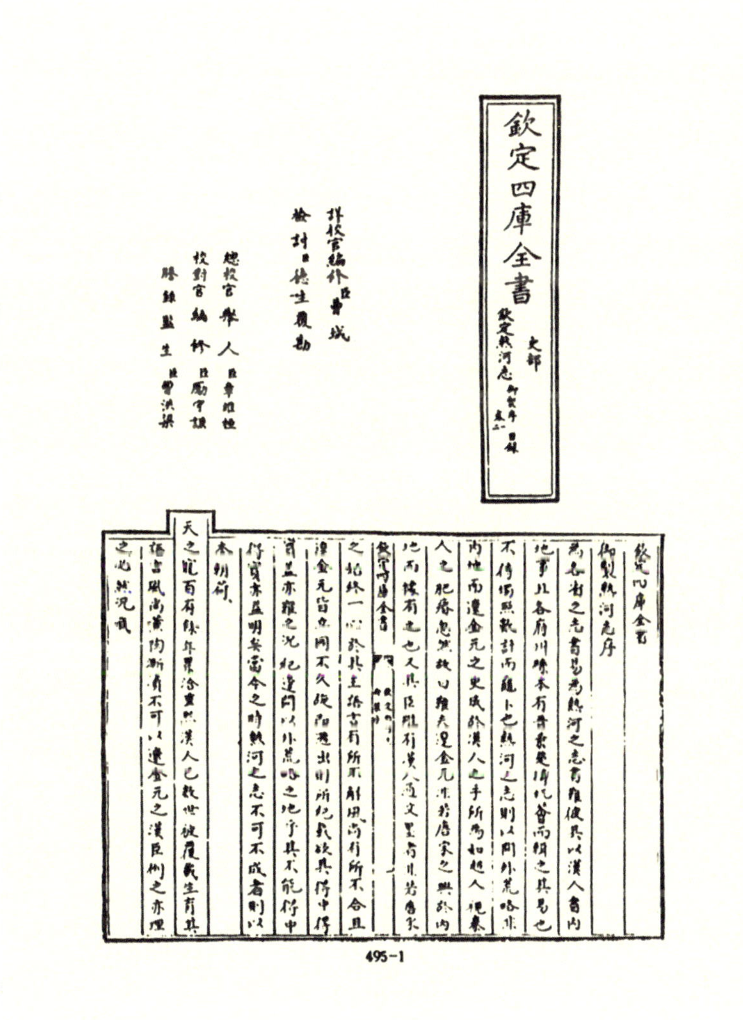

欽定四庫全書

史部

欽定熱河志 御製序 目錄 卷一

詳校官編修臣曹城

檢討臣德生覆勘

總校官舉人臣章維桓

校對官編修臣勵守謙

謄錄監生臣曾洪操

欽定四庫全書

御製熱河志序

為名山之志書易為熱河之志書難彼其以漢人書內地事且各府州縣本有舊乘是仍倣舊而輯之其易也不待攷然熱河之志則以關外荒略非內地而遼金元之史成於漢人之手所為如越人視秦人之肥瘠忽然執以難夫遼金元非若唐宋之興於內地而據有之也又其臣雖有漢人通文墨者非若唐宋之始終一心於其主語言有所不解風尚有所不合且遼金元皆立國不久旋即廢出則所紀載攷其傳中傳者益亦離之況紀遼關以外荒略之地予其不能傳中傳者亦益明矣當今之時熱河之志不可不成者則以

本朝荷

天之寵百有餘年累洽重熙漢人已數世彼履戴生育其播之風尚漸陶漸有不可以遼金元之漢臣例之亦理之必然況或

495-1

《钦定热河志》被收入《钦定四库全书》

【6月4日】

一日

康熙四十八年四月二十六日(1709年6月4日)，康熙帝往塞外避暑行猎，随行有皇太子胤礽、皇子胤祉、胤禩等六人。九月二十三日回京。

乾隆二十五年四月二十一日(1760年6月4日)，太监胡世杰传旨："着郎世宁画伊犁人民投降、追取霍占集首级、黑水河打仗、阿尔楚打仗、献俘、郊劳、丰泽园筵宴等七张绢画。"此即乾隆战功图十六幅中的七幅草稿，至乾隆三十年(1765年)完成。

一诗

山庄灯词

◎ 钱维城

(其一)

万树园开朗太空，放灯如在上元中。
观光初接狼𥇦部，应与朝正旧例同。

(其二)

万点攒星五色云，空中雷转远山闻。
鼓声未骤红初结，火凤银龙各一群。

一解

灯词，贴在彩灯上供人品评娱乐的诗词。山庄灯词八首写于乾隆十九年五月(1754年6月)。乾隆帝在接见内迁的杜尔伯特三策凌时，于万树园设大蒙古包宴，宴请内蒙古、青海、喀尔喀诸部蒙古王公及京师赶来的各部大臣，五月十七日起，连续七天举行活动，每天晚上万树园张灯结彩，灯火通明，烟花四起，声乐大作，歌舞杂技间或演出，盛况空前。乾隆帝写灯词，词臣恭和，欢庆大同。在接见和接待中，三策凌如实报告准噶尔内情，促使乾隆帝下决心彻底解决准噶尔问题，并批准了军机处平息叛乱的出兵计划，最后终使天山南北的民族分裂活动得以解决。工部左侍郎钱维城的灯词记述了这场活动。

这两首灯词的大意是，万树园天空明朗，点燃花灯供人欣赏如同在正月十五的上元节。来朝贺，观览国之盛德光辉，初次接待天山南北边远地区的少数民族首领，其礼仪应该与岁首元旦皇帝御殿受王公、文武百官参拜的大朝典礼一样。万点繁星般的烟花映着空中五色云彩，惊天动地的声响雷动电转，在远处的山中都能听到。鼓乐声声凝结着红彤彤的焰火，又如一群火凤和银龙在夜空中飞旋。狼𥇦(kánɡ)，荒远的边地少数民族。朝正(zhēnɡ)，古代诸侯和臣属在正月朝见天子。汉代后，通常在岁首元旦进行，也称大朝会。

乾隆鼎盛时期的万树园

【6月5日】

一日

康熙五十五年四月十六日(1716年6月5日)，因热河米贵，每石至一两七钱，康熙帝命发热河及唐三营仓米卖给随驾官兵，每石定价一两，不许多买转卖。

乾隆三十九年四月二十七日(1774年6月5日)，皇十五子颙琰(即后来的嘉庆帝)大婚礼成。

一诗

山庄灯词

◎ 钱维城

(其二)

不知明月水晶寒，并对晴山火齐看。

夜气自澄天宇净，镜光融彻锦轮团。

(其四)

初闻烟气若燔萧，旋有霞光似建标。

嘉会胜情都不减，藕花香里试灯宵。

一解

这两首灯词的大意是，在这里忘掉了一轮冷月的晶莹透明，而对面阳光照耀下紫色光耀琉璃般的山峦。夜间清凉之气自然清静而天空明净，可是月亮明亮的光却融合着一簇簇焰火般的五色花团。初次闻到烟火的气味如同烧着的艾蒿味，片刻，阳光透过烟雾射出的彩色光芒如同树立的标识。美好的宴集，高雅的情趣一点也不减，本应在正月十五日元宵节晚上张灯，而现在在荷花香气时节张灯预赏了。火齐，火齐珠。又谓琉璃的别名。镜光，明亮的光。燔萧，烧艾蒿。建标，树立标识。嘉会，欢迎的集会、美好的宴集。藕花，即荷花。试灯宵，未到元宵节而张灯预赏谓之试灯宵。

“镜光融彻锦轮团”

【6月6日】

一日

乾隆三十九年(1774年)，热河街民众为纪念清官热河巡检夏熙，于三官庙旁修建“夏公祠”。夏熙，字春台，浙江上虞人。初来热河供职于承德府经历厅。夏熙在任十余年因维护热河街治安、解决民事纠纷、立义冢建祠庙、征调民工重修新河而受到百姓称赞。他在承德开设两家粥厂，召集富户捐资捐粮，每年阴历十一月初一开勺，来年二月扣勺；在西大街设留养局，专门收养流浪街头、无家可归的乞丐。他还多方筹集资金，以此为本，存入质库(银行)，用利息购粮与棉布等物，发给无衣无食者。乾隆三十八年春，积劳成疾，病逝于住所。“夏公祠”里镌刻有军机大臣、大学士于敏中及尚书观保、热河兵备道海忠等人书写的颂扬夏熙的诗文和碑记(见《承德府志・名宦》)。

光绪二十五年(1899年)、宣统元年(1909年)，热河街民众又于市南九华山建有“庆公祠”(热河都统庆裕)、“崇公祠”(热河都统崇礼)等。

一诗

山庄灯词

◎乾　隆

(其五)

锦幄还垂五彩线，莲花合作九华灯。
更看宝树玲珑塔，疑有琉璃界里僧。

(其六)

乌浒亦登同乐苑，素娥偏结蕊珠缘。
已过仙艾灵丝节，重预传柑撒荔筵。

一解

这两首灯词的大意是，锦制的帷幄、装饰下垂的五色丝线，一起共同制作了莲花灯与菊花灯。再看左右极乐世界的七宝之树和发出清越玉声的宝塔，让人疑惑这里用玻璃制作的油灯旁有老僧在那里打坐。荒远边地的少数民族王公贵族也登上一同欢乐的皇家苑囿，如同嫦娥偏偏与仙宫结下缘分将来得度的因缘。已过五月端午的节日，现在重新布置从南方送来的柑桔和荔枝果品筵席。九华灯，菊花灯。九华(huā)，九重之花，指菊花。宝树，佛教语，指七宝之树，即极乐世界中以七宝合成的树木。琉璃界里僧，《西湖佳话・灵隐诗迹》载：“忽见殿上琉璃灯下，蒲团之上，有一个老僧在那里打坐。”乌浒，边地少数民族。素娥，嫦娥的别称，亦作乐的代称。蕊珠，即蕊珠宫，道教经典中所说的仙宫。仙艾，艾子。旧俗，端午日用菖蒲、艾子插于门旁，以禳不祥。灵丝，指传说中的续命丝。旧俗，五月五日，赐五色续命丝系背，俗说以益人命。

“更看宝树玲珑塔”

【6月7日】

一日

乾隆二十年四月二十八日(1755年6月7日)，须弥福寿庙东侧敕建药王庙建成。本日为药王诞辰，庙会期间，庙前竖立写有“药王圣会”四黑字的大旗。正殿内供奉的是药王孙思邈泥塑坐像。殿后有药王阁，内藏孙思邈的著作、药方及药材等。

一诗

山庄灯词

◎ 钱维城

(其七)

到来玉塞招凉地，犹是金吾放禁宵。
丽正门开千队入，山庄仍设正衙朝。

(其八)

鱼龙曼衍毕分陈，欢洽终宵转玉轮。
好语西戎全入觐，来同上国踏歌人。

一解

这两首灯词的大意是，如今来到避暑胜地，如同掌管京城警卫的武官唯于正月十五日开放夜禁一样。群臣百官列队从丽正门进入行宫，避暑山庄仍为设立正式朝会听政之所。各种百戏杂耍一一布列，在月下欢乐和洽至深夜。此次内蒙古、青海、喀尔喀诸部蒙古王公得以入朝觐见皇帝的佳音，也如同入朝时拉手而歌、踏地为拍的西部乐舞那样欢欣鼓舞。金吾，负责皇帝大臣警卫，京师治安的武职官员，京城警卫时街衢禁止夜行。鱼龙曼衍，古代百戏杂耍名，由艺人执特别制作的珍异动物模型表演，有幻化的感觉。好语，好消息。西戎，我国西北少数民族，此指蒙古诸部。上国，国都以西的地区。

“丽正门开千队入”

【6月8日】

一日

康熙二十年四月二十二日(1681年6月8日),康熙帝第二次北巡,在达希喀布齐尔口(今平泉县党坝镇内大吉口)行宫黄幄设卤簿,作乐,赏赐各蒙古王公贵族袍帽、弓箭撒袋、佩刀。同时,赏赐随从护卫、骁骑1612人缎纱、银两等。又赐御前引导、都统、佐领等人,因前往喀喇沁、翁牛特两部相度地势,酌设围场而赏之。

[评] 康熙帝在第二次北巡中,选择距离蒙古各部道里适中,便于"绥远"的原属蒙古喀喇沁、翁牛特的牧地建立木兰围场,进一步发展了清王朝与漠南、漠北、漠西蒙古各部的友好关系。

嘉庆元年五月初四日(1796年6月8日),嘉庆帝谕内阁:凡未出痘之察哈尔厄鲁特引见人员,俱令由科布多、乌里亚苏台、多伦诺尔一路前赴热河引见,不必进京。

一诗

塞上宴诸藩

◎康 熙

龙沙张宴塞云收,帐外连营散酒筹。
万里车书皆属国,一时剑佩列通侯。
天高大漠围青嶂,日午微风动綵斿。
声教无私疆域远,省方随处示怀柔。

一解

康熙二十年(1681年),康熙帝出喜峰口第二次巡视塞外,曾在拜察、和尔和、乌兰冈安(皆蒙语地名)等处停留,四月二十二日(6月8日),于达希喀布齐尔口北赏赐和宴请来朝见的蒙古各部的首领及其属下。这首七言律诗就是此时所作,表现出北方边境安定、民族团结的欢乐气氛,表达出诗人无私地对待各民族的信念和决心。藩,本义为篱笆,引申为封建王朝的属国或边境一带的属地。

诗的首联意思是,我在龙沙设宴款待蒙古各部首领,塞外的风云也收拢起来了。大帐外连营里满、蒙、汉各族的官兵也都举杯畅饮。龙沙,原指我国西部和西北部的山地和沙漠地区,后来泛指我国的边塞地区。酒筹,古代饮酒计数用的竹片,用来表示酒过几巡的意思。

诗的颔联意思是,万里边疆也都"车同轨、书同文"了,蒙古各部成了大清的附属国。片刻间受封赏的蒙古各部郡王、贝勒、公等人佩戴着宝剑和饰物,齐聚在大帐里面。剑佩,代表身份的短剑和玉佩等饰物。车书,"车同轨、书同文"的简称,意思是:全国的车辆两轮之间的距离要一致,全国使用统一的文字。后引申为全国有统一的规章制度。属国,附属国,仍然保留本国的习俗而归顺朝廷的边疆政权称为属国。通侯,古代爵位的名称,古代官员不仅有官职名称,有的还赐予爵位,最初有公、侯、伯、子、男五等;清代则有亲王、郡王、贝勒、国公等。

诗的颈联意思是,天高气爽,大漠被屏障似的青峰围绕着;正午时分,微风吹动着旗帜。大漠,蒙古高原上的大沙漠,又称瀚海。嶂,像屏障一样的山峰。綵斿(liú),同旒,旗帜下垂的彩色丝织饰物。此处指旗帜。

诗的尾联意思是,无私的声威和教化传播到遥远边疆,视察各地,随时随地安抚当地的民众。声教,名声威望和教育感化。省(xǐng)方,视察四方。怀柔,安抚。

康熙帝出巡图 故宫博物院提供

【6月9日】

一日

光绪年间(1875—1908年)，热河的商贾行商保安主要依靠名气最大的北京八大镖局之一的会友镖局，其鼎盛时期从业者多达千余号人，保镖走四路，其中北路镖是张家口、热河。另一在北京打磨厂的北源镖局，专走热河(承德)、八沟(平泉)、喇嘛庙(多伦)之镖，运往山西。热河设有这两家镖局的分号。

一诗

赐宴喀喇沁诸部落恭记

◎ 高士奇

黄幄高张羽卫陈，遐方述职尽称臣。
金螺酒醴颁三爵，宝碗茶膏遍一巡。
问俗远同虞出狩，要盟欲笑汉和亲。
长城有险休重设，至治从来守四邻。

一解

康熙二十年四月二十二日(1681年6月8日)，康熙帝北巡返回途中，在达希喀布齐尔口原野(今河北平泉县大吉口附近)，设黄幄赐宴喀喇沁、科尔沁诸部落。“皇长子及温郡王侍诸部落，率其所属列于幄之左，内大臣列于幄之右。蒙古上下数千人，人赐酒一金叵罗，乳茶一瘿碗，顷刻而遍。”文学侍从高士奇的这首诗即赋此次赐宴之盛况。反映出清帝抚绥蒙古、密切蒙古王公贵族的和谐关系，同时也反映出蒙古民族对清王朝的向心力。此诗语言通俗，简洁，风格疏淡，把议论与形象融为一体，寓道理于具体形象之中，具有史料文献价值。

诗的首联意思是，皇帝为宴请蒙古喀喇沁诸部落高设帐幕，仪仗排列，左右护卫，喀喇沁、科尔沁蒙古王公及臣子身倾向皇帝陈述职守。羽卫，羽林军，皇帝护卫。这里指皇帝的仪仗。遐方，远方。此处代指喀喇沁等蒙古诸部落。

诗的颔联意思是，皇帝用鹦鹉螺做成的酒杯分赐蒙古王公三杯酒，又用楠木树根做成的瘿碗盛的一杯奶茶，众人顷刻而遍。金螺，用鹦鹉螺或红螺壳做成的酒杯的美称。三爵，三杯酒。茶膏，奶茶。

诗的颈联意思是，此次北巡犹如古时虞舜出猎，视察诸侯所守的地方，入境问俗，而把汉代与匈奴和亲作为笑谈(含讥讽意)。出狩，巡狩。要盟，盟约。和亲，指王朝利用婚姻关系与边疆各族统治者结亲和好。

诗的尾联意思是，长城虽然险要，但是如今不须再度修复，安定昌盛，教化大行的政治局面从来都是靠四方守土之臣把守的。至治，指安定昌盛、教化大行的政治局面或时世。四邻，四方邻国。

喀喇沁蒙古王府 喀喇沁为内蒙古一部，隶属卓索图盟。该王府位于今内蒙古自治区赤峰市喀喇沁旗，始建于康熙十八年(1679年)，先后有十二代王公在此居住。 选自《清史图典》

打猎归来的康熙帝

高士奇画像 高士奇(1645—1703)，清代著名学者。生于直隶固安，长于钱塘(今杭州)。家贫，在朝廷以打杂为生，后在詹事府做记录官。康熙十五年(1676年)迁内阁中书，领六品俸薪，住在赏赐给他的西安门内。高士奇每日为康熙帝讲书释疑，评析书画，极得信任。官至詹事府少詹事兼翰林院侍读学士。晚年又特授詹事府詹事、礼部侍郎。死后，被封谥号文恪。他学识渊博，能诗文，擅书法，精考证，善鉴赏，所藏书画甚富。著有史学著作《左传纪事本末》五十三卷、《清吟堂集》等。

【6月10日】

一日

乾隆五十八年五月(1793年6月)，拟赏赐英吉利国王来使物品清单，其中茶叶项：赐国王普洱茶六团、六安茶八瓶、武夷茶十瓶、茶膏四匣、又普洱茶四十团、茶膏五匣、六安茶十瓶、武夷茶十瓶；赏英吉利国正使茶叶二大瓶、茶膏三匣、茶砖二块、大普洱茶二个，又普洱茶八团、六安茶八瓶、茶膏二匣；赏英吉利副使茶叶四小瓶、茶膏一匣、茶砖二块、女儿茶十个，又普洱茶四团、六安茶四瓶、茶膏一匣。

马戛尔尼南下广州出海归途中，在途经浙赣交界前往广州的一段旱路途中，马戛尔尼称当时还没有一个欧洲人来到中国的内地，陪同使团的新任两广总督长麟，允许英国使团随意采集植物标本，并带走一些茶树苗和种子。马戛尔尼在信中说，我与他一起穿越中国最好的种植区，我得以观察和提取优质样品，带到加尔各答。马戛尔尼把中国的树苗引入当时英国的殖民地印度，被东印度公司种在了当时的印度领地孟加拉、加尔各答的植物园里，并向印度所有苗圃送去中国茶苗后代。以后再与印度本土野茶杂交，形成了印度茶种。

一诗

入喜峰口

◎康　熙

一道鸣銮度，三驱振旅还。
莓苔天半石，松栝雨中山。
险设关门壮，时清堠火闲。
孝陵佳气近，缥缈翠微间。

一解

康熙二十年(1681年)，康熙帝经喜峰口出关巡视塞外蒙古各部，又经此处入关回京。这是一首五言律诗，所描写的景物富有特色，于写景中透露出希望北方边境永久安定的愿望。

诗的前两句意思是，这次到塞外巡视，曾从这里出关。围猎完毕，整顿好军队，又从这里入关回京。鸣銮，指皇帝出行。銮，又作鸾，特指皇帝车上装饰的铃铛，所以皇帝所乘的车子又叫作銮驾。三驱，有多种解释，一般认为皇帝狩猎时，三面包围并驱赶追杀禽兽，让开一路，不至于赶尽杀绝，以表示皇帝有好生之德，俗称网开一面。振旅，整顿军队。

诗的中间四句意思是，半空中的巨石上布满了青苔。雨中的山峦上松树和桧树更加青翠。设在险要处的喜峰口，城楼雄伟，城池坚固；现在北方安定，烽火台已经闲置起来，没人看守了。时清，现在天下清明和平。堠(hòu)火，烽火台，有敌情时点火报警的土堡。莓苔、青苔。栝(guā)，桧树。

诗的最后两句意思是，向远处望去，隐隐约约的青葱山色之中，有祥瑞的云气笼罩着，一定是快到父皇的陵墓了。孝陵，爱新觉罗・福临的陵墓。福临，清朝第一代皇帝，在位18年，年号顺治，庙号世祖。孝陵在河北省遵化县马兰峪。翠微，轻淡青葱的山色，也指青山。

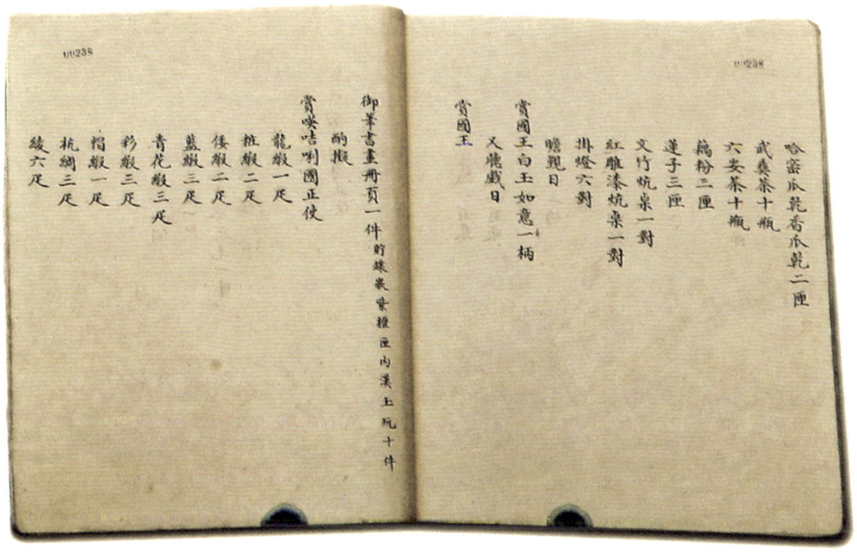

乾隆帝赏赐给英国王乔治三世及英特使马戛尔尼等人的物品清单

英特使马戛尔尼到避暑山庄的奏折

长城上的城楼(老照片)

烽火台(老照片)

【6月11日】

一日

乾隆二十三年五月初六日(1758年6月11日)，靖逆将军雅尔哈善及所率索伦、绿营兵等万余人从哈喇沙尔抵达雅哈托和鼎，次日到达回人所居之库车近郊，进剿回部之役开始。

道光四年五月(1824年6月)，因水旱无收，荒年大饥，民艰于食，途有饿殍。下板城人计诚宽以百万钱购得当地囤积粮食的米粟，赈济贫困无粮百姓，并以自家仓中之米，施粥四十日，救活灾民不可胜数。

一诗

香远益清 调柳梢青

◎康 熙

曲水之东，开凉轩，前后临池，中植重台、千叶诸名种，翠盖凌波，朱房含露。流风冉冉，芳气竟谷。

出水涟漪，香清益远，不染偏奇。
沙漠龙堆，青湖芳草，疑是谁知。
移根各地参差，归何处，那分公私。
楼起千层，荷占数顷，炎景相宜。

一解

香远益清为“康熙三十六景”第二十三景，意为荷花的芬芳，飘散得越远越令人感到清香。此景地处澄湖东岸、金山之北，有殿数重。当年，康熙帝常常坐在香远益清的殿宇中，欣赏香气四溢的荷花。这首调柳梢青曲，主要内容是赞美荷花，并通过对荷花的描绘，讴歌塞北的避暑山庄，犹如江南水乡一样美。

诗序先介绍此景的自然环境，前后临池，并对池中的荷花进行了具体的描绘。最后一句以“翠盖凌波，朱房含露，流风冉冉，芳气袭人”点出此景得名的缘由。曲水，曲岸环绕的澄湖水湾。重台，一种荷花的名称，此种荷花为花上复生花。千叶，也是荷花品种之一，此种荷花花瓣重叠。翠盖，指绿色的荷叶。朱房，红色的花蕾。流风冉冉，微风徐徐地吹拂。竟谷，充满山谷。

诗的前两句意思是，清清的湖水泛着波纹，立于水中的荷花散发着清香，它挺直洁净没有沾染偏奇的毛病。不染偏奇，含周敦颐《爱莲说》：“中通外直，不蔓不枝……亭亭净植”与“出淤泥而不染，濯清涟而不妖”的诗意，这香气是敖汉荷花，还是青湖芳草发出来的，谁能分辨清楚呢？龙堆，白龙堆得简称，此处龙堆，指敖汉荷花。青湖，即青草湖，在湖南省，南接湘水，北通洞庭。

诗的后两句意思是，从各地移来的荷花，其茎叶花朵相近，不管什么地方皆可栽种。朵大瓣多的荷花犹如千层楼阁，占湖区水域达数顷的荷花，其碧叶红花在夏日里更适于欣赏。那分公私，可理解为不分什么地方，在山庄里处处都可以栽种。

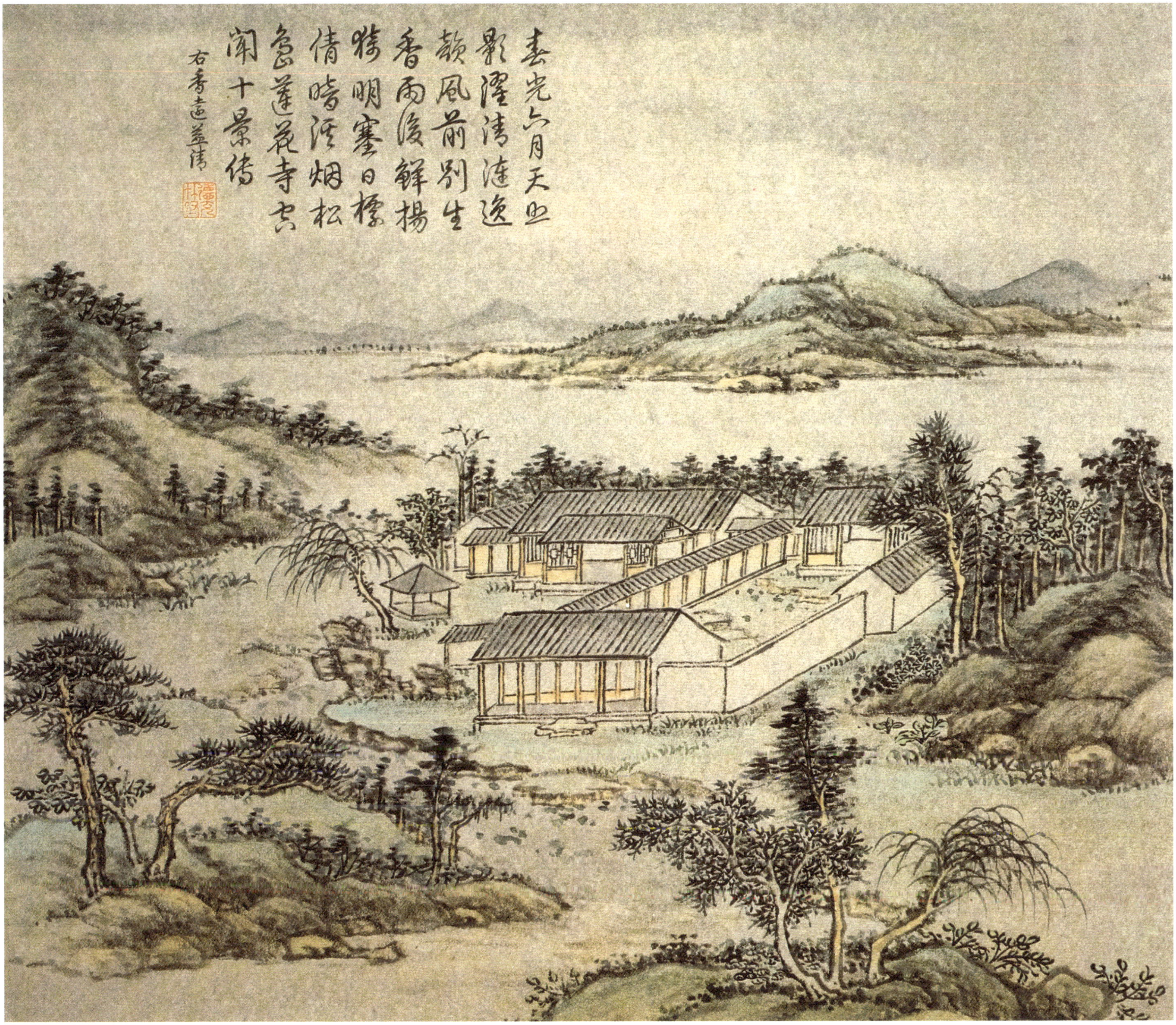

“康熙三十六景”之香远益清

【6月12日】

一日

康熙五十三年五月初一日(1714年6月12日)，康熙帝为康熙三十年在多伦诺尔建立的喇嘛庙(为彰显多伦会盟，蒙古王公贵族在多伦会盟后奏请建立)题写御制碑文，碑文用满、汉、蒙、藏四种文字刻写在两块汉白玉石碑上，碑刻立于寺内正殿旁。康熙帝为这座意义非凡的大喇嘛庙赐名“汇宗”。

[评]康熙敕建多伦汇宗寺，在清代前期对加强蒙古地区的统治和民族团结，巩固北部边防具有重要意义。通过多伦会盟，改革了喀尔喀蒙古的行政管理制度，确立了对蒙古草原的有效统治，而汇宗寺的建立，则使多伦诺尔成为蒙古草原的宗教中心。康熙帝建汇宗寺的目的，就是利用藏传佛教统治蒙古地区。清帝来到多伦，在汇宗寺拈香礼佛的同时，召见蒙古王公贵族，赏赐、宴赉，既联络了感情、密切了关系，又对其进行了有效的管理。这种以柔化刚的手法，确实起到了特殊的作用。

乾隆二十年五月初三日(1755年6月12日)，平定准噶尔两路大军抵达伊犁河畔，初五日渡伊犁河。所有近河居住之堪布喇嘛所属宰桑、得木齐相率来降甚众，伊犁河源之乌鲁特、克呼特一万余户亦渐次来归。

一诗

五月上旬避暑热河途中喜麦秋盈野雨旸得时赋七言一律

◎康　熙

畏暑乘舆出凰城，麦秋预卜望庚晴。
千村共饱连年稔，万井同欢比屋盈。
谷有灵泉山脉壮，道无峻岭马蹄轻。
移风易俗先忠孝，蕃息编氓在厚生。

一解

这首七言律诗写于康熙五十一年(1712年)。此年五月上旬，康熙帝出京师前往热河避暑山庄，途中见风调雨顺，麦收在望，非常高兴，写下此诗。诗中表现了康熙帝对农事和对百姓生活的关注。旸(yáng)，晴天。

诗的首联意思是，畏惧暑热乘车离开京城前往热河，看见今年的麦子丰收在望，希望庚伏时天气晴朗。凰城，即皇城，指京师紫禁城。麦秋，指农历四月，麦子成熟季节。

诗的颔联意思是，近几年庄稼丰收，村村落落的百姓都吃饱饭，千家万户粮食丰盈，同欢共畅。

诗的颈联意思是，山谷中因为有灵泉，所以山脉壮美，一路上没有高大险峻的山岭所以马跑得轻快。

诗的尾联意思是，在对国君、父母忠孝的前提下，应改变旧的风俗习惯；让百姓繁衍生息，过上安定富裕的生活。

多伦汇宗寺康熙御制石碑碑文

多伦山西会馆　多伦曾是内外蒙古藏传佛教的中心，康熙帝于此会盟内外蒙古王公，使漠北蒙古正式纳入到清朝版图，其后康熙帝在多伦建蒙古地区藏传佛教寺庙汇宗寺，使多伦声名远扬，多伦“因庙而兴”，“因商而市”，商贾汇聚，日趋繁华

【6月13日】

一日

康熙五十六年五月端午(1717年6月13日)，康熙帝巡行塞外，驻跸避暑山庄。皇四子胤禛随驾驻热河。端午节在避暑山庄游览，遇雨，在涌翠岩避雨，此时，寺庙钟声响起，有感而发，遂作《避雨闻钟》诗一首。

乾隆二十七年五月二十一日(1762年6月13日)，册封容嫔。

咸丰四年五月十八日(1854年6月13日)，清廷谕旨热河都统毓书，迅即札饬热河道道员裕恒、督同承德府尹崇祥筹议开局(在承德开设新的铸钱局)。

一诗

避雨闻钟

◎康 熙

雨阻端阳涌翠隈，
荷香瀑水点新苔。
午钟忽送昙花曲，
那得闲心笑儿回。

一解

端午节康熙帝到避暑山庄各处游览，遇雨受阻于涌翠岩，避雨时听到寺庙钟声，有感而发写下此诗，诗中流露出几分喜悦，也有几分苦涩。

全诗的大意是，端午这一天下起雨来，被阻在涌翠岩。这里散发着荷香，瀑布滴在长着苔藓的石头上。中午钟声一敲响，忽然雨就停止了，这钟声好像奏起昙花一现的曲子。这点雨哪能解除大旱呢，我哪里还有闲心欢笑呢！涌翠，此处指涌翠岩，避暑山庄的景观之一，是山崖上的佛庐，康熙年间修建，佛庐旁山崖上有瀑布垂落。隈，山水弯曲之处，也泛指角落。昙花曲，昙花开放的时间极短，俗称昙花一现。钟声响起，雨就停了，康熙帝就把钟声说成是昙花一现的曲调了。

容妃画像 容妃，和卓氏(1734—1788)，维吾尔族人，阿里和卓(或称艾力和卓)之女。27岁入宫，封为贵人，乾隆二十七年(1762年)册封为容嫔，33岁晋封为容妃，终年55岁。

《塞宴四事》图中嫔妃亦有容妃画像

威弧获鹿图 为乾隆帝递箭的回族妃子，即是容妃。

【6月14日】

一日

康熙五十二年五月二十二日(1713年6月14日)，康熙帝六十寿辰后往热河避暑，遣官往喀尔喀蒙古各部，赏给蒙古老人银两。

乾隆五十年五月初八日(1785年6月14日)，直隶总督刘峨奏报，送往热河的《四库全书》已经全数运至，内称："照前准武英殿修书处咨会奉旨送往热河文津阁(《四库全书》)于三月二十日起，分为四拨，间十日一起运往。令臣按站雇夫并派员照料。经臣饬霸昌道玉成赴京领运送至古北口交热河道当保接替照料，并将应需抬夫以及绳杠席片饬令预备。第四起书籍于四月二十五日运至热河，面同武英殿委员点交热河总管，如数查收并无短少渍湿。"

一诗

避暑行宫怀恩纪事

◎ 汤右曾

登舟

摇溶桂楫漾兰舟，
青雀晴飞彩鹢浮。
欲到蓬莱三万里，
应从瀛海更乘流。

一解

原诗题为《康熙五十二年五月二十五日蒙恩宣赐筵席得游避暑行宫怀恩纪事》。即康熙帝六旬(1713年)万寿节过后，作为吏部侍郎的汤右曾蒙恩赐膳得游行宫，记恩诗20首，一事一咏，从入宫门及至筵宴，其间包括记述观景诗，表达作者酷爱避暑山庄和对皇帝的感恩之情。

诗的大意是，划动着小船泛游湖上，水波荡漾。游船像晴空下浮飞的彩鹢水鸟。想要到三万里外的蓬莱仙岛，应乘着这样的小船去大海中去找。摇溶，水势貌。桂楫，桂木船桨，亦泛指桨。兰舟，小船的美称。青雀，即鹢，水鸟名。彩鹢，一种水鸟，古代常在船头上画鹢，著以彩色，因以借指船。瀛海，大海。乘流，犹乘舟。

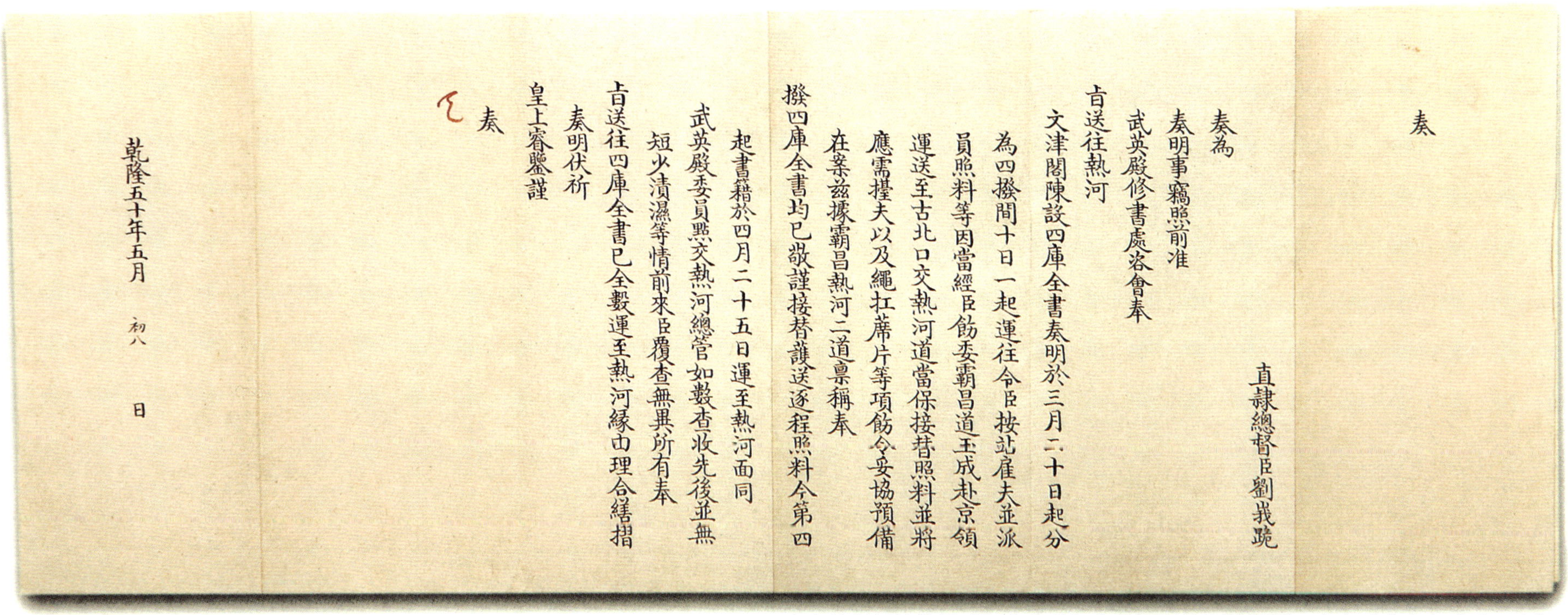

奏

直隸總督臣劉峩跪

奏為

奏明事竊照前准

武英殿修書處咨會奉

旨送往熱河

文津閣陳設四庫全書奏明於三月二十日起分為四撥間十日一起運往令臣按站雇夫並派員照料等因當經臣飭委霸昌道王成赴京領運送至古北口交熱河道當保接替照料並將應需擡夫以及繩扛蓆片等項飭令妥協預備在案茲據霸昌熱河二道稟稱奉

撥四庫全書均已敬謹接替護送逐程照料今第四起書籍於四月二十五日運至熱河面同

武英殿委員熙交熱河總管如數查收先後並無短少潰濕等情前來臣覆查無異所有奉

旨送往四庫全書已全數運至熱河緣由理合繕摺

奏明伏祈

皇上睿鑒謹

奏

乾隆五十年五月初八日

直隶总督刘峨关于《四库全书》全数运至热河的奏折　选自《清帝与避暑山庄》

“摇溶桂楫漾兰舟”

【6月15日】

一日

康熙二十八年四月二十八日(1689年6月15日)，喀尔喀蒙古土谢图汗以米粮将尽，续到二万余人不能赡给，请赈济。康熙帝命领侍卫内大臣费扬古等携银茶布等采买牲畜前往散赈，先发骆驼二万头运张家口之仓米，使其可支一两月，然后以所买牲畜给之。

康熙五十二年五月二十三日(1713年6月15日)，以康熙帝六十寿辰，停本年秋审朝审。

一诗

避暑行宫怀恩纪事

◎ 汤右曾

芝径云堤

殊形特似产芝房，
行尽云根别有庄。
横截一堤银汉绕，
大罗天在水中央。

一解

全诗的大意是，这里不同的形状特别像是成丛的灵芝，在深山云起的地方走到尽头便有别处庄园。湖中横穿的芝径云堤像是一条银河萦绕，仙界便在湖水中央。银汉，天河，银河。芝房，指成丛的灵芝。云根，深山云起之处。庄，庄园，庄田。大罗天，道教所称三十六天中最高的一重天。唐代房玄龄《送王尊师归蜀拜扫》：“大罗天上神仙客，濯锦江头花柳春。”

芝径云堤松荫之道(老照片)

“康熙三十六景”之芝径云堤

“横截一堤银汉绕”

【6月16日】

一日

康熙二十三年五月初四日(1684年6月16日)，纂修《大清会典》，以大学士勒德洪、明珠、李霨等为总裁官。

康熙五十二年五月(1713年6月)，清宫御画家、版画家、地图家、意大利传教士马国贤(1682—1745年)奉康熙帝之命，前往热河行宫，为避暑山庄制作了一组铜版画，即《御制避暑山庄三十六景图》，当画册进呈御览时，深得康熙帝赞赏，朱批：“甚好，甚恭谨。”说“这是宝贝”。其后，下令大量复制，分赐皇子皇孙和其他亲王。雍正二年(1724年)，马国贤将这组画带至伦敦。一位英国学者指出，避暑山庄铜版画，推动了英国园林设计革命，并带来图像式观念的产生。

一诗

避暑行宫怀恩纪事

◎ 汤右曾

草荔枝

青丝笼里盛犹早，白玉盘中看不殊。

每向上兰宫树望，匀圆万颗水精珠。

白樱桃

龙沙小草孕琼浆，赐出金盘得共尝。

一自嘉名天赐予，海南不记荔枝香。

一解

草荔枝似塞外普盘而无子，以其实甘芳，亦有解渴生津之益。

第一首诗的大意是，塞外的草荔枝孕育着玉液琼浆，用承露的金盘皇帝赏赐臣子得以同尝。自从康熙皇帝下令移植避暑山庄并赐以“草荔枝”嘉名，可是南方地区依旧按时向朝廷进送荔枝。一自，自从。天赐于，指康熙皇帝赐名。荔枝香，乐曲名。指南方进荔枝，小部乐奏《荔枝香》。

第二首诗的大意是，细细的垂柳柔枝编成的圆笼里盛满尚早出产的白樱桃，拿出来放在白瓷盆子看，与这种白瓷的颜色没有区别。每当在木兰行宫里向树木望去，樱桃树枝头上缀着万颗均匀而圆润的樱桃像是无色透明的水晶。青丝，借指垂柳柔枝或其他植物的藤蔓。笼，用枝蔓所制的圆形有盖的盛物器。白玉盘，白瓷盆的美称。上兰，木兰的别名。宫树，宫苑中的树木。水精，水晶，无色透明的结晶石英。

草荔枝

马国贤像

白樱桃

【6月17日】

一日

康熙三十年五月二十一日(1691年6月17日)，工部等议复古北口总兵蔡元疏“古北口一带边墙倾塌甚多，请行修筑”，康熙谕：“蔡元所奏未谙事宜，帝王治天下，自有本原，不专恃险阻。秦筑长城以来，汉、唐、宋宜常修理，其时岂无边患？明末我太祖统大兵长驱直入，诸路瓦解，皆莫敢当。可见守国之道，惟在修德安民。民心悦，则邦本得，而边境自固，所谓众志成城者是也。”

［评］康熙帝是一位雄才大略、文武全能的政治家，他反对修筑长城，并不能说明其轻视边防，见人不见物的唯意志论者。他所说的是，中华大一统，为消除游牧民族与农耕民族、少数民族与满族之间的隔阂，将在各民族人民的心理上、感情上筑起一道坚固的钢铁长城。

一诗

班师次拖陵

◎康　熙

战马初闲甲士欢，
挥戈早已破楼兰。
弥天星斗销兵器，
照彻边山五月寒。

一解

康熙三十五年(1696年)，康熙帝第二次亲征噶尔丹，大败之。五月十八日(6月17日)回师至拖陵(今蒙古人民共和国境内克鲁伦河上游)地方，得抚远大将军费扬古捷报，噶尔丹引数骑逃走。本日，康熙帝于行宫行庆贺礼。是时，康熙帝赋《班师次拖陵》。次，远行所居之地。楼兰，汉西域国名。这里指噶尔丹叛乱势力。诗的后两句意思是，因为战事消弭，所以天宇澄澈，星月朗照边关，一片寒气。五月寒，因地处北方边鄙，节气较晚，所以五月仍有寒意。

金山岭长城

【6月18日】

一日

乾隆五十五年五月六日(1790年6月18日)，浙闽总督伍拉纳、福建巡抚徐嗣增奏报，为祝贺乾隆帝八旬万寿，“台湾高山族狮仔等社头目怀目怀等十二人，吁恳祝釐，并带来樟脑、乌龙茶等贡品，于四月九日自鹿耳岛门开船，由厦门登陆，二十八日抵省城”。乾隆帝下旨对其优加赏赐，妥善照料，并要求巡抚亲率番目来热河参加生辰典礼。

咸丰五年五月十五日(1855年6月18日)，以马兰镇总兵柏俊为热河都统，于本日上奏朝廷：“拟于八月初二暂缓鼓铸……暂行停炉。”至此，热河宝德局停止铸钱。户部将宝德局所剩存厂铜调往京局鼓铸。承德宝德局一年共铸铜钱、铁钱六万六千串(一千钱为一串)。铸钱所用铜，主要来自承德府平泉州铅铜沟铜矿。

[评]宝德局开局铸币是承德建城史上唯一一次铸币活动，也是咸丰钱法之变少数新设钱局唯一由皇帝直接钦定局名的钱局。宝德局开局铸币是清代热河地区经济发展历程的一个标志。随着道咸矿变，热河铜铅的开采，为宝德局铸币提供了必需的原料，热河作为单一的农牧经济区，发展到较大的矿业开发，推动了清末民初热河地方矿业、冶炼、商业、手工业的发展。

一诗

口外山村

◎雍　正

鸟外窥烟树，微茫碛路斜。
地寒宜种黍，坡暖好栽瓜。
比户裁驼褐，居人置兔罝。
谁将淳朴意，传写入中华。

一解

这首诗描绘了口外山村与关内不同的风土人情、生活习俗，表达了口外关内俱属一家的豪迈感情。

全诗的大意是，远远望去，口外山村青烟袅袅，一条沙石小路弯弯曲曲，直通村里。这里地气寒冷，适宜种植耐寒的黍子，向阳的坡地则适合种瓜。家家户户都穿骆驼毛皮做的衣服，用网子来捉野兔。是谁把这样淳朴的风情，传抄到中华来的呢？碛(qì)路，沙石积成的路。比，挨着。兔罝(jū)，捉兔子的网。传写，传抄。

宝德局当百母钱

宝德局当十铁母钱

热河宝德局铜钱

【6月19日】

一日

乾隆四十七年五月(1782年6月)，乾隆帝撰写《避暑山庄后序》。这篇文章，乾隆帝以深沉舒缓的语言，反复申明自己对于大清江山、国家安危的思考，强调要简朴，反复强调习武，号召要体恤人民，不要忘记别人的劳动，要做一个有道德的人。居安思危、守成不易、警戒来者是这篇后序的主旨。《避暑山庄后序》碑一立于避暑山庄永佑寺主殿前，一立于关帝庙主殿前。

一诗

滦阳别墅

◎ 秦蕙田

水势山容一揽收，翠华临幸正清秋。
四围烟树纷无数，百道风泉在上头。
奇境得来因地设，藻思溢出似川流。
碧波清嶂幽寻处，岁岁荣经御墨留。

一解

刑部尚书秦蕙田的这首诗赞美了喀喇河屯行宫苑景中的滦阳别墅之幽胜奇境和清帝巡御所经每有榜题的钟爱。此诗客观生活图景和主观思想感情相结合，语言简洁朗畅，意境较佳。

诗的前四句意思是，滚滚而来的滦水和伊逊水交汇流经苑景之地，正当明净爽朗的秋天，皇帝亲自来到滦阳别墅。苑景周围的树木丛林云烟缭绕，头顶上百股山泉，风吹泉响，叮咚作声。翠华，天子仪仗中以翠羽为饰的旗帜或车盖，这里为皇帝的代称。

诗的后四句意思是，这里奇绝的佳境是自然形成的，来此佳域也自然让你文思藻采涌出，如大河奔流。在碧绿的水波中或形如屏障间去探求佳胜，皇帝每年行围巡御所经必莅此地，“绍文继序，题咏至多”。乾隆帝有“翰墨因心会辄留”之句。

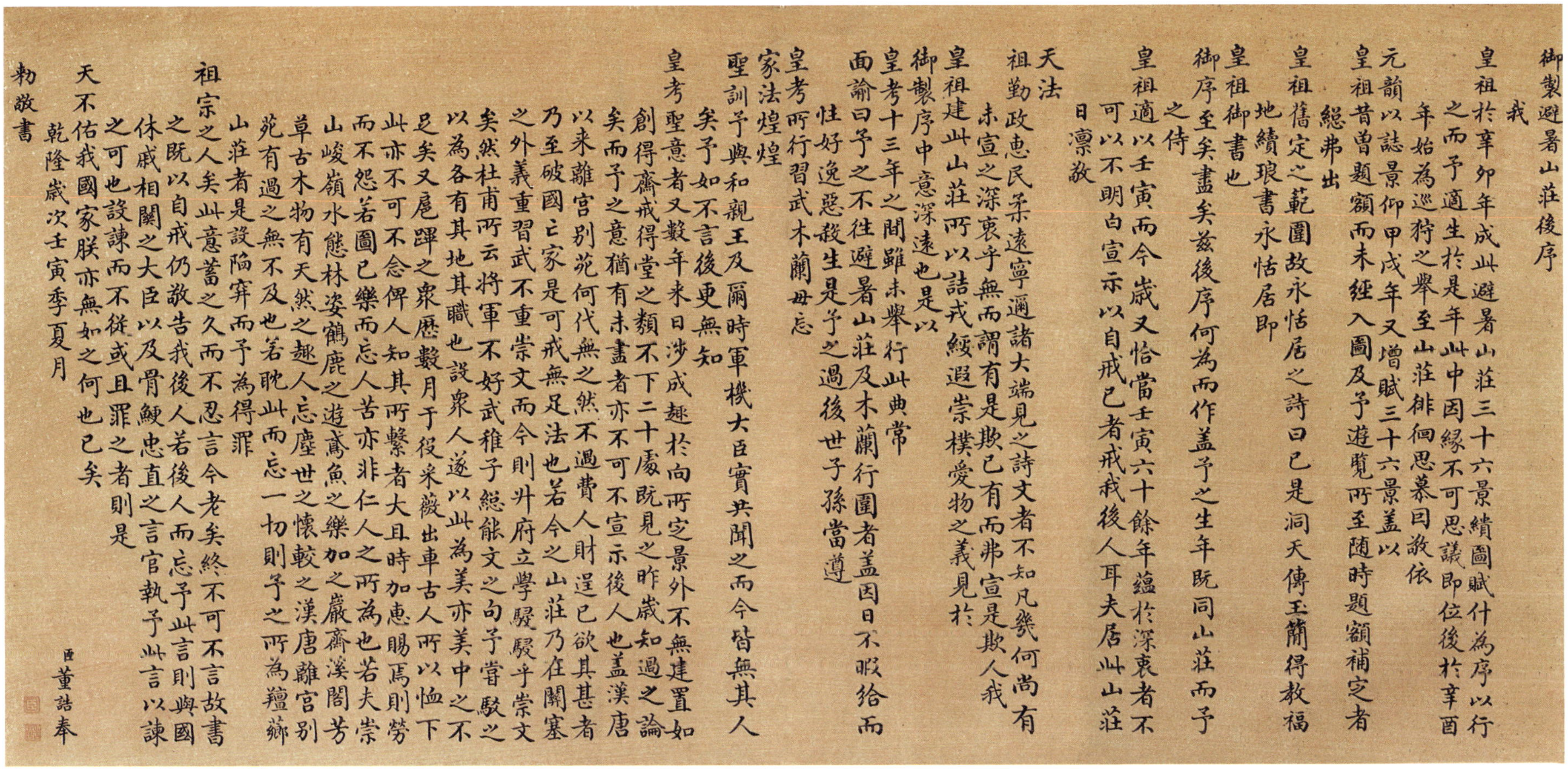

御製避暑山莊後序
我
皇祖於辛卯年成此避暑山莊三十六景繪圖賦什為序以行
之而予適生於是年此中因緣不可思議即位後於辛酉
年始為巡狩之舉至山莊徘徊思慕曰敬依
元韻以誌景仰甲戌年又增賦三十六景蓋以
皇祖昔曾題額而未經入圖及予遊覽所至隨時題額補定者
總弗出
皇祖舊定之範圍故永恬居之詩曰已是洞天傳玉簡得教福
地續琅書永恬居即
皇祖御書也
御序至矣盡矣茲後序何為而作蓋予之生年既同山莊而予
之侍
皇祖適以壬寅而今歲又恰當壬寅六十餘年蘊於深衷者不
可以不明白宣示以自戒已者戒我後人耳夫居此山莊
日凜敬
天法
祖勤政惠民柔遠寧邇諸大端見之詩文者不知凡幾何尚有
未宣之深衷乎無而謂有是欺已有而弗宣是欺人我
皇祖建此山莊所以詰戎綏遐崇樸愛物之義見於
御製序中意深遠也是以
皇考十三年之間雖未舉行此典常
面諭曰予之不往避暑山莊及木蘭行圍者蓋因日不暇給而
性好逸惡殺生是予之過後世子孫當遵
皇考所行習武木蘭毋忘
家法煌煌
聖訓予與和親王及爾時軍機大臣實共聞之而今皆無其人
矣予如不言後更無知
皇考聖意者又數年來日涉成趣於向所定景外不無建置如
創得齋戒得堂之類不下二十處既見之昨歲知過之論
矣而予之意猶有未盡者亦不可不宣示後人也蓋漢唐
以來離宮別苑何代無之然不過費人財逞己欲其甚者
乃至破國亡家是可戒無足法也若今之山莊乃在關塞
之外義重習武不重崇文而今則升府立學駸駸乎崇文
矣然杜甫所云將軍不好武稚子總能文之句予嘗駁之
以為各有其地其職也設衆人遂以此為美亦美中之不
足矣又扈蹕之衆歷數月于役采薇出車古人所以恤下
此亦不可不念俾人知其所繫者大且時加惠賜焉則勞
而不怨若圖已樂而忘人苦亦非仁人之所為也若夫崇
山峻嶺水態林姿鶴鹿之遊鳶魚之樂加之巖齋溪閣芳
草古木物有天然之趣人忘塵世之懷較之漢唐離宮別
苑有過之無不及也若耽此而忘一切則予之所為獯鬻
山莊者是設陷阱而予為得罪
祖宗之人矣此意蓄之久而不忍言今老矣終不可不言故書
之既以自戒仍敬告我後人若後人而忘予此言則與國
休戚相關之大臣以及骨鯁忠直之言官執予此言以諫
之可也設諫而不從或且罪之者則是
天不佑我國家朕亦無如之何也已矣
乾隆歲次壬寅季夏月
臣董誥奉
勅敬書

军机大臣董诰奉旨敬书《御制避暑山庄后序》 选自《避暑山庄七十二景》

《御制避暑山庄后序》碑

避暑山庄永佑寺远眺图（老照片）

【6月20日】

一日

乾隆五十五年(1790年)，《四库全书》总纂官纪晓岚修《热河志》时曾考察了承德的奇山异水，他曾亲临罗汉山、磬锤峰、双塔山等地。在《阅微草堂笔记》中，对这些塞外美景做了细致的描绘。如记双塔山："双塔峰，亭亭对立，远望如两浮屠，拔地涌出。无路可上，或夜闻上有钟磬经呗声，昼亦时有片云往来。乾隆庚戌(五十五年)，命守吏构木为梯，遣人登视。一峰周围一百六步，上有小屋。屋中一几一香炉，中供片石，镌'王仙生'三字。一峰周围六十二步，上种韭二畦；塍畛方正，如园圃所筑。是决非人力所到，不谓之仙踪灵迹不得矣。"

一诗

双塔山

◎嵇 璜

窣堵波明入画图，
双尖马耳故应殊。
一鞭重指滦河北，
绝胜扁舟西子湖。

一解

文渊阁大学士嵇璜的这首诗以赞叹的语气描写双塔山奇特的景观，表达了作者热爱塞外山川的美好感情。

全诗的大意是，塔影明丽，宛如一幅图画；峰尖排立像马的两只耳朵，让人感到有特异的风致。重游滦河北岸，远远胜过驾一叶扁舟在西湖里游览。窣堵波，佛塔。唐代黄滔《大唐福州报恩寺光多宝塔碑记》载："拜之西天谓之窣堵波，中华谓之塔。" 一鞭重指，借指策马重游。

南山峰古塔生灵

南山峰塔室穹顶

北山峰残塔叠砖

嵇璜画像

北山峰韭花初绽

双塔山（老照片） 选自《热河旧影》

【6月21日】

一日

康熙五十九年五月(1702年6月)，康熙帝传旨要求苏州织造李煦之子李鼎从江南送丹桂20盆至热河，并要求六月份送到。李煦随即派其子李鼎挑选桂花，雇船只装载从水路北行。

避暑山庄庭院内摆设的盆栽花卉，除盆景外，还有很多带有清香之气的花卉，有些是大臣进献给皇帝的，如乾隆年间热河总管进献的万寿桔四盆，茉莉花四盆、夜兰花四盆、秋海棠四盆、果石榴四盆、蜜罗柑四盆、万年松四盆、桂花八盆。

一诗

无暑清凉

◎康　熙

循芝径北行，折而少东，过小山下，红莲满渚，绿树缘堤。西南夏屋轩敞，长廊联络，为无暑清凉。山爽朝来，水风微度，泠然善也。

畏景先愁永昼长，晚年好静益彷徨，三庚退暑清风至，九夏迎凉称物芳。
意惜始终宵旰志，踟蹰自问济时方，谷神不守还崇政，暂养回心山水庄。

一解

无暑清凉为“康熙三十六景”第三景，意为盛夏无酷暑之热，清新爽快。此景是一座殿宇式的建筑，地处避暑山庄如意洲，四面环水，景色优美。这首七言律诗，开头叙写思想感受，然后描写避暑山庄清凉的气候，结尾写自己的想法和意愿。

诗序写无暑清凉的地理位置和优美环境以及长廊联络轩屋的建筑格局，并着重抒发切身感受：“山爽朝来，水风微度，泠然善也。”

诗的首联意思是，炎热的阳光令人觉得可怕，长长的白日则使人感到困倦。步入晚年好静恶扰，盛夏之际更觉得心神不安。

诗的颔联意思是，三庚过后的属伏季节，阵阵清风驱走盛夏之热。九夏酷暑之时，仍然可以迎来含有花草芬芳的凉风。三庚，即三个庚日(一个庚日十天)。《初学记》卷四引《阴阳书》：“从夏至后第三个庚日为初伏，第四庚为中伏，立秋后初庚为后伏，谓之三伏。”九夏，夏季九十天，此处指盛夏。

诗的颈联意思是，我始终怀着治国安邦的理想，总是早起晚睡勤于政事。我常常在大殿中踱来踱去，苦苦思索匡正时弊、救民疾苦的良策。济时方，治理当前国家和社会的方略。

诗的尾联意思是，我不愿意像道家那样远离人群静养谷神，因为我崇尚国家政事。暂时在山庄休养身心，为的是恢复身心健康后，更好地去治理国家。谷神，语出自《老子》：“谷神不死，是谓玄牝(pìn)；玄牝之门，是谓天地之根。”

清代丹桂

桂花挂屏 把乾隆帝在避暑山庄写的《咏桂》诗，用金片雕琢成桂树风景，配以紫檀木框，做成挂屏。此幅挂屏由故宫博物院收藏。

"康熙三十六景"之无暑清凉

【6月22日】

一日

康熙五十年五月初三日(1716年6月22日)，京城大旱，米价上涨，康熙帝谕旨，要求发米三万石平粜，在避暑山庄说："自明日为始，朕于宫中每日只进膳一次，先人而忧，后人而乐，庶可感召天和也。"初十日京城连日大雨，康熙帝才开始正常进膳。

乾隆四十五年五月二十日(1780年6月22日)，乾隆帝赐和珅之子名"丰绅殷德"，并指为十公主之额驸，赏戴红绒结顶，双眼孔雀翎，穿金线花褂，待年及岁时举行指婚礼。乾隆帝之最小女儿十公主时年六岁，稍长于丰绅殷德。

嘉庆元年五月十八日(1796年6月22日)，以秋狝木兰，嘉庆帝侍太上皇自圆明园启程，成亲王永瑆、大学士阿桂、尚书庆桂等留京办事。五月二十四日到热河，驻避暑山庄，九月初三日返圆明园。

一诗

热河年屡丰京畿米价腾贵议者每过虑作诗告之

◎ 鄂尔泰

香貂廿载侍龙颜，猎骑频年过虎川。
塞上人烟垂万户，京师斗粟直千钱。
运移南北天长健，理契均平物有还。
四海为家明圣日，不须琐屑计当前。

一解

鄂尔泰曾任云南、贵州、广西三省总督，讨准噶尔之役任西北两路经略，授保和殿大学士、军机大臣。这首诗阐述清廷以丰补歉的救荒政策。歌颂国家统一的好处。香貂，清制，文官四品以上、武官三品以上著貂皮帽，这里用香貂指代显贵。虎川，指内蒙古固阳东北虎山。直，通值，价。运移，调运。天长健，年成总是平常的。契，符合。有还，有偿。

大学士鄂尔泰画像　选自《雍正皇帝画传》

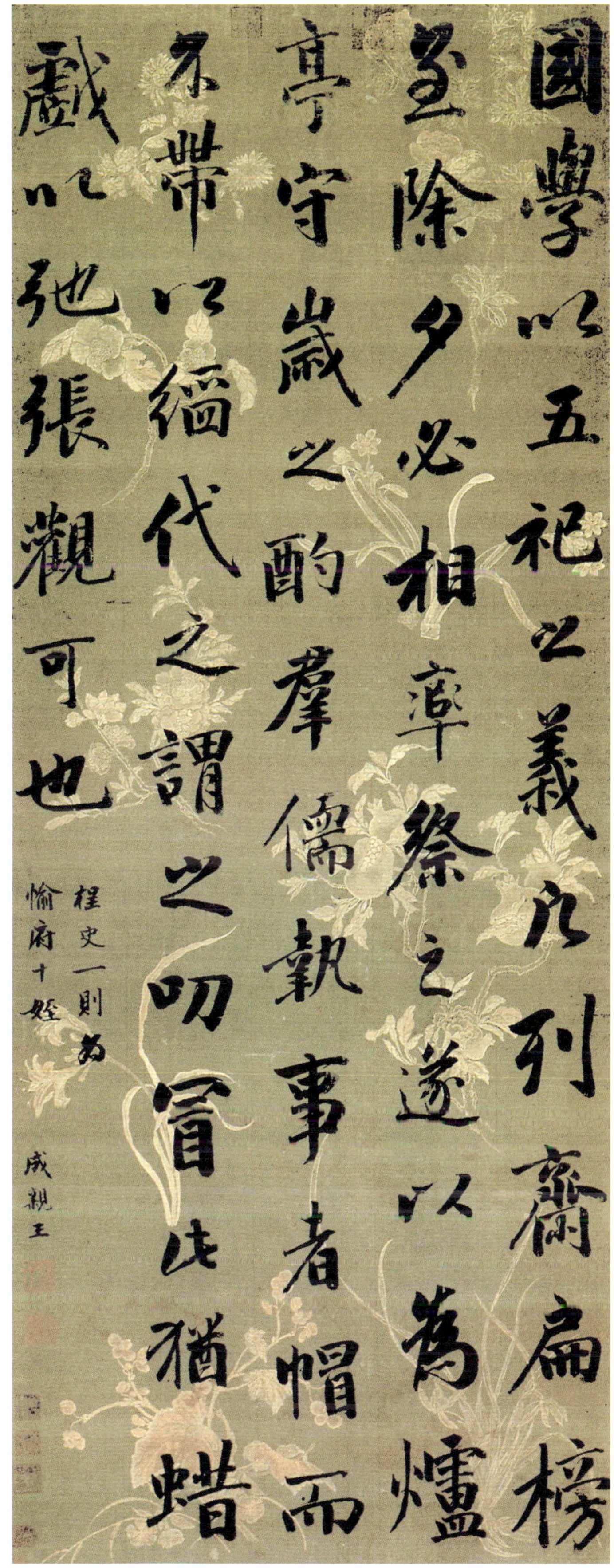

成亲王永瑆书法

【6月23日】

一日

康熙二十四年五月二十二日(1685年6月23日)，清军抵达雅克萨城下，彭春派人至书，宣称朝廷不忍加诛，令彼撤还本境。但俄国入侵者恃城坚固，不肯迁回。

乾隆二十年五月十四日(1755年6月23日)，平定准噶尔清军渡伊犁河后，达瓦齐拥众万人退守格登山，背山据水，结营固守。是日，清军两路进逼格登山，夜晚阿睦尔撒纳派翼领喀喇巴图鲁阿玉锡带领22名勇士探达瓦齐踪迹，冲入敌营，敌众惊溃，达瓦齐仅率二千余人窜去。黎明，阿玉锡收其四千余人而归。

乾隆四十年五月二十六日(1775年6月23日)，容妃随乾隆帝抵避暑山庄并随围木兰。容妃来自回部，故特设回回厨师努倪玛特、额勒沙拉为容妃制作饭食。据膳底档记，乾隆帝赏赐容妃的食品主要有：羊西尔占、羊他他士、石头子羊肉、海青天鹅面筋、烧狍子肉等。

乾隆四十五年五月二十一日(1780年6月23日)，乾隆帝自圆明园启程，幸避暑山庄。在避暑山庄行七旬万寿，兼以班禅额尔德尼来避暑山庄朝觐，故停止进哨木兰行围。

一诗

格登鄂拉斫营

◎乾　隆

阿玉锡者伊何人，准噶尔属司牧臣。其法获罪应剉臂，何不即斩犯厥尊。
徒步万里来向化，育之塞外先朝恩。萨拉尔来述其事，云即波中勇绝伦。
持铳迎面未及发，直进手夺无逡迎。召见赐银擢侍卫，即命先驱清漠尘。
我师直入定伊犁，达瓦齐聚近万军。鼓其螳臂欲借一，依山据淖为营屯。
健卒抡选二十二，曰阿玉锡统其群。衔枚夜袭觇贼，向如万祖又临。
儿孙大声策马入敌垒，厥角披靡相蹦奔。降者六千五百骑，阿玉锡手大嘉骞。
达瓦齐携近千骑，脱走喙息嗟难存。神勇有如阿玉锡，知方亦复知报恩。
今我作歌壮生色，千秋以后斯人闻。

一解

这是一首纪实诗，记述了乾隆二十年五月十四日(1775年6月23日)，翼领阿玉锡斫营(袭击敌营)格登山的英雄壮举。诗歌明白如话，琅琅上口。确令皇帝“作歌壮生色，千秋以后”传佳话。阿玉锡为准噶尔主管畜牧的官员。剉臂，一种刑罚，斩断臂肢。萨拉尔，定边右副将军。衔枚，行军中，为使军士禁止言语喧哗口中叼着的横木。厥角，以额触地。喙息，犹喘息，短暂的休息，知方，谓明大义。

平定西域战图 格登鄂拉斫营 故宫博物院提供

阿玉锡持矛荡寇图 在平定达瓦齐叛乱中，准噶尔归顺勇士阿玉锡在伊犁格登山与达瓦齐奋力拼杀，如入无人之境。

【6月24日】

一日

康熙二十四年五月二十三日(1685年6月24日)，清军水陆官兵分两处列阵夹围雅克萨。二十四日夜调大炮，二十五日黎明水陆夹击，俄军纷纷落水，死伤大半；余者四处溃逃，清军士卒每人取草一束，堆于城下，准备火攻。雅克萨城内大乱，俄军头目额里克舍等出城稽首愿降。清军宣布朝廷令其迁归，恢复雅克萨城。清军焚城后返回瑷珲。

乾隆六年五月十二日(1741年6月24日)，乾隆帝谕二世哲布尊丹巴归库伦驻锡，饬亲王策凌随时保护，又派御前侍卫两名，随同保护。其后，哲布尊丹巴巡视喀尔喀各部，提倡黄教，修建寺庙。并在庆宁寺建塑大佛像，集喇嘛千余人为清帝祈祷。

乾隆二十四年五月三十日(1759年6月24日)，编前来热河安插的达什达瓦属人男妇2136(其中壮丁703名)为蒙古正黄旗、镶黄旗、正白旗三旗，31个牛录，设三、四品总管、副总管各一员，并划武列河沿岸一带为牧场，在普宁寺附近河谷上营建房舍供其居住。

一诗

热河园中避暑

◎雍　正

别业遥连上苑边，
承恩避暑兴怡然。
兰舟晓泛清波里，
荷盖擎珠颗颗圆。

一解

此诗为雍正帝胤禛作皇子时所作。康熙四十八年十月(1709年11月)，皇四子胤禛晋为和硕雍亲王。康熙五十年(1711年)，康熙帝把热河狮子园赐予雍亲王，作为其在热河的府邸。胤禛多次随父皇出巡、秋狝，并在山庄避暑。这首诗描绘了盛夏在避暑山庄划船消暑时的情形，表达了随父皇康熙来热河避暑的闲适与感激的心情。

全诗的大意是，别墅远远地和上苑相连，承蒙父皇的恩宠，来到热河园中避暑，心情多么舒畅自然。美丽的小舟游走在碧波荡漾的湖里，亭亭出水的荷叶上，一颗颗露珠滚动着，晶莹圆润。别业，别墅，这里似指避暑山庄之北的狮子园，康熙帝赐予皇四子胤禛居住。上苑，供帝王玩赏、打猎的园林，这里指避暑山庄。兰舟，船的美称。

雅克萨之战图　吉林市接待办、吉林市文物管理处提供

热河副都统富当阿关于将移居的达什达瓦部众编设旗佐补防官员支给粮的呈文

清康熙武成永固大将军铜炮

【6月25日】

一日

康熙五十一年五月二十二日(1712年6月25日)，厄鲁特蒙古土尔扈特部住牧欧洲伏尔加河下游草原，其汗阿玉奇曾派遣使者萨木坦等假道俄罗斯达京师，表贡方物。康熙帝嘉其诚，欲悉知该部情形。本日，康熙帝于避暑山庄命内阁侍读图理琛携敕书前往，一行34人。

雍正六年五月十八日(1728年6月25日)，中俄《恰克图条约》正式签订。中俄两国代表在边境正式签订规定两国关系之总条约，共11条，明确了两国边界，准许自由贸易。两大帝国保持永久和平。

乾隆十九年五月初六日(1754年6月25日)，乾隆帝奉皇太后巡幸盛京，第二次恭谒祖陵，途经热河，所经地方蠲免本年应征地丁钱粮十分之三。

乾隆四十四年五月十二日(1779年6月25日)，乾隆帝自圆明园启程，巡幸木兰。四十二、三年，因圣母皇太后去世，未举行秋狝木兰大典，本年四月，满27个月，举行释服礼毕，遂仍旧例。十八日驻跸避暑山庄，至八月十六日俱留驻避暑山庄。

一诗

宴土尔扈特使臣

◎乾　隆

乌孙别种限罗叉，假道崎岖岁月赊。天阙不辞饮献赆，雪山何碍许熬茶。
覆帱谁可殊圆盖，中外由来本一家。彼以诚输以诚惠，无心望蜀更勤遐。

一解

此诗写于乾隆二十一年(1756年)。是年土尔扈特部使臣觐见，乾隆帝在避暑山庄热情地会见并宴请了他们。这首诗描绘了宴请时的情形，表明了中外一家的民族情感。

诗的首联意思是，土尔扈特部是古代乌孙的一支，这次他们借道俄罗斯，经过长途跋涉来到中原。原注：土尔扈特亦准噶尔厄鲁特也，旧为四卫拉特之一，曰绰罗斯、曰杜尔伯特、曰和硕特、曰土尔扈特。策妄阿拉布坦时与土尔扈特构衅，土尔扈特全部西北去，乃名辉特为一卫拉特。故今土尔扈特南则限于哈萨克，东则限于俄罗斯，欲至中国，必假到俄罗斯。俄罗斯又名罗叉云。戌年(乾隆十九年)自彼部起程，今始至。

诗的颔联意思是，在京城辞别时赠送与礼物给他们，同时允许他们到西藏去。原注：蒙古以旨西藏熬茶为要务，故并许之。天阙，京城。赆，赆仪，临别时赠送熬茶的财物。

诗的颈联意思是，同在一片蓝天下，同生在一块大地上，中外本来就是一家人。覆帱，覆被。《礼记·中庸》载："辟如天地之无不持载，无不覆帱。"圆盖，比喻天，形如圆伞。

诗的尾联意思是，你们以诚归来，我们也以诚相待，给以恩惠，以表示我们念念不忘远方。望蜀，不知足。唐代李白《古风》载："物若不知足，得陇又望蜀。"

盛京福陵图　故宫博物院提供

【6月26日】

一日

乾隆四十三年五月(1778年6月)，继热河文庙兴建后，又诏谕协办大学士英廉、侍郎和珅、重建丽正门右关帝庙，改易黄瓦，殿宇崇闳，规制大备。关帝庙始建于雍正十年(1732年)。改建后，不仅为朝廷官员、少数民族首领来热河拈香礼佛，亦为行辕之所。四十五年五月竣工，用银五千八百余两。经筵讲官户部尚书梁国治奉敕撰写《重修关帝庙碑记》中说“新庙既成，文武吏士邦人咸喜，而各蒙古外藩岁时朝覲者展礼庑下，以申畏神服教之诚，以昭文德武功之盛。”此碑立于正殿西侧，东侧为乾隆御制《避暑山庄后序》碑。

乾隆五十五年五月十四日(1790年6月26日)，乾隆帝启跸巡幸塞外，出古北口，达两间房，路途雷雨交加，雨下得深透。乾隆帝十分关注京师一代雨情，特驰谕留京王大臣，令其速报。据报京师亦得雨，乾隆帝作《留京王大臣报雨诗以志事》。

一诗

留京王大臣报雨诗以志事

◎乾隆

望前得雨问京师，今报通为四寸滋。
虽觉田间膏泽被，究输关外渥优施。
一欣一盼难为意，曰彼曰兹总切思。
却见云山常聚散，几沾甘澍普无遗。

一解

这首诗作于乾隆五十五年五月十四日(1790年6月26日)。五月十日乾隆帝启跸巡幸塞外，十三日出古北口，十四日自两间房启程，路途雷雨交加，终日疏密相间，雨下得深透。乾隆帝为此十分关注京师一带的雨情，特驰谕留京王大臣，令其速报，以使自己的祈雨求盼的心情得到安慰。不久，据王大臣奏报，十四日京师自丑时至辰时得雨约为二寸，其时雨势犹未止。因为至盼心情即先发报续奏，巳时午时之交雨势复加绵密，全天得雨共有四寸余。农田得此喜雨，庄稼一定见长，然而京师一带还不及关外深透。但是自己还是欣慰之余，仍然深盼得雨，保证秋日丰收。膏泽，滋润作物的雨水。渥优，优渥，丰厚。

承德关帝庙法会

关圣帝君

承德关帝庙山门

【6月27日】

【一日】

乾隆十九年五月(1754年6月)，为接受新投诚的厄鲁特三策凌，举行隆重的仪式，以示褒奖。乾隆帝特命承恩公德保率宫廷画家、法国人王致诚赴热河为三策凌画油画像。王致诚在避暑山庄住了50天，为以后创作《万树园赐宴图》、《马术图》、《乾隆射箭油画挂屏》积累了素材。

【一诗】

热河道中

◎ 雍　正

山色岚光映马鞯，软沙细草缓鸣鞭。
花开遍野时飞蝶，云散晴空好射鸢。
孤店酒帘飘柳外，几家溪水绕门前。
穿林暮返携锄叟，略彴攲斜度晚烟。

【一解】

这首诗描绘了热河乡村的自然景色及宁静而恬淡的农家生活。诗句自然清新，对仗工整，很有陶渊明山水田园诗的神韵。

诗的首联意思是，山间美丽的景色照耀在马鞍上，软软的沙地上生长着翠绿小草，放慢速度，缓缓信马而行。马鞯(jiān)，马鞍子及垫在其下面的东西。

诗的颔联意思是，山花盛开，漫山遍野，蝴蝶翩翩飞舞，晴空万里，这是射鸢的好时候。鸢(yuān)，老鹰。

诗的颈联意思是，孤零零的酒店的酒幌子挂在柳树头上，溪水从住家门前环绕而过。酒帘，即酒望，旧时酒店的幌子，用布做成，也叫酒望子。

诗的尾联意思是，傍晚收工归来的老农扛着锄头穿过林子回来，从倾斜的独木桥上穿过晚烟走过。略彴(zhuó)，独木桥。攲(qī)，倾斜，歪。同“敧”。

乾隆宸翰之宝及印拓

生活在清朝的人们

耕种　选自《二十四节气》

“软沙细草缓鸣鞭”

【6月28日】

一日

康熙四十七年五月十一日(1708年6月28日)，康熙帝往塞外避暑。六月初二日(7月19日)，驻跸避暑山庄。胤礽及皇子七人随行。

乾隆二十年五月十九日(1755年6月28日)，清军进军伊犁，沿途受到厄鲁特、回人的迎接。厄鲁特、回人携酒牵羊，迎接清军。回人阿卜达莫米木十三桑宰等两千余户投诚。

乾隆四十四年五月十五日(1779年6月28日)，乾隆帝撰写《热河文庙碑记》。碑记刻于文庙大成门御碑亭巨碑上。碑文记述了决定兴建热河文庙的经过，填补了热河教育的空白，讲述了关外荒蛮之地设立学校、建筑文庙的重要意义。最后赞颂了孔子的道德光辉普照到了塞外大地。

乾隆四十五年五月二十六日(1780年6月28日)，六世班禅三月离开塔尔寺，今日抵达岱汉寺(今内蒙古凉城县境内)，乾隆帝派三世章嘉和六皇子永瑢到此迎接。六世班禅跪问皇帝好，六皇子永瑢传乾隆帝口谕，说大师不必跪拜。三世章嘉和六皇子用藏语向班禅颁赐了乾隆帝的上谕和物品。

一诗

西师底定伊犁捷音至诗以述事

◎乾　隆

乘时命将定条枝，天佑人归捷报驰。
无战有征安绝域，壶浆箪食迎王师。
两朝缔构敢云继，百世宁绥有所思。
好雨优沾土宇拓，敬心那为慰心移。

一解

这首诗作于乾隆二十年(1755年)。乾隆十年(1745年)蒙古准噶尔部首领噶尔丹策凌死后，内部发生动乱。乾隆十七年(1752年)，准部达瓦齐乘乱夺得了汗位并拥兵反清。准噶尔的动乱给广大蒙古牧民带来了深重的灾难。他们强烈要求安定统一，加之原依附于达瓦齐的阿睦尔撒纳归附清廷，这些都造成平准的有利时机。乾隆二十年，清军两路进兵，达瓦齐军土崩瓦解，清军几乎兵不血刃进抵伊犁。乾隆帝第一次平准之战宣告成功。底定，平定。条枝，古西域国名，此指伊犁，为达瓦齐叛军的大本营。无战，指平叛战争是正义的，所以百姓奉献酒肉以迎接王师。征，古代指正义的战争。壶浆箪食，指军队受到人民的欢迎慰劳。两朝，意为继承了前两朝的武功，开创了百世安宁的局面。

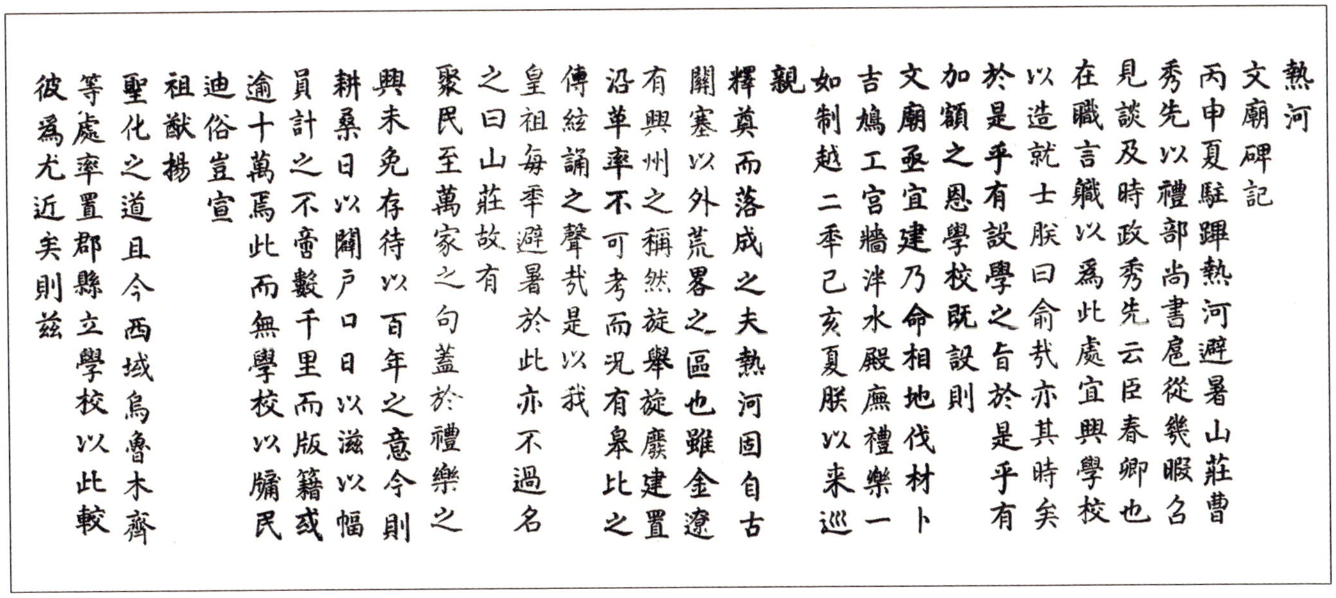

熱河
文廟碑記
丙申夏駐蹕熱河避暑山莊曹
秀先以禮部尚書扈從幾暇名
見談及時政秀先云臣春卿也
在職言職以為此處宜興學校
以造就士朕曰俞哉亦其時矣
於是乎有設學之旨於是乎有
加額之恩學校既設則
文廟亟宜建乃命相地伐材卜
吉鳩工宮牆泮水殿廡禮樂一
如制越二年己亥夏朕以來巡
親
釋奠而落成之夫熱河固自古
關塞以外荒畧之區也雖金遼
有興州之稱然旋舉旋廢建置
沿革率不可考而況有臯比之
傳絃誦之聲哉是以我
皇祖每年避暑於此亦不過名
之曰山莊故有
聚民至萬家之句蓋於禮樂之
興未免存待以百年之意今則
耕桑日以闢戶口日以滋以幅
員計之不啻數千里而版籍或
逾十萬焉此而無學校以牖民
迪俗豈宣
祖猷揚
聖化之道且今西域烏魯木齊
等處率置郡縣立學校以此較
彼為尤近矣則茲

热河文庙碑记（局部） 乾隆帝手书 选自《热河文庙》

热河文庙碑亭 选自《热河》

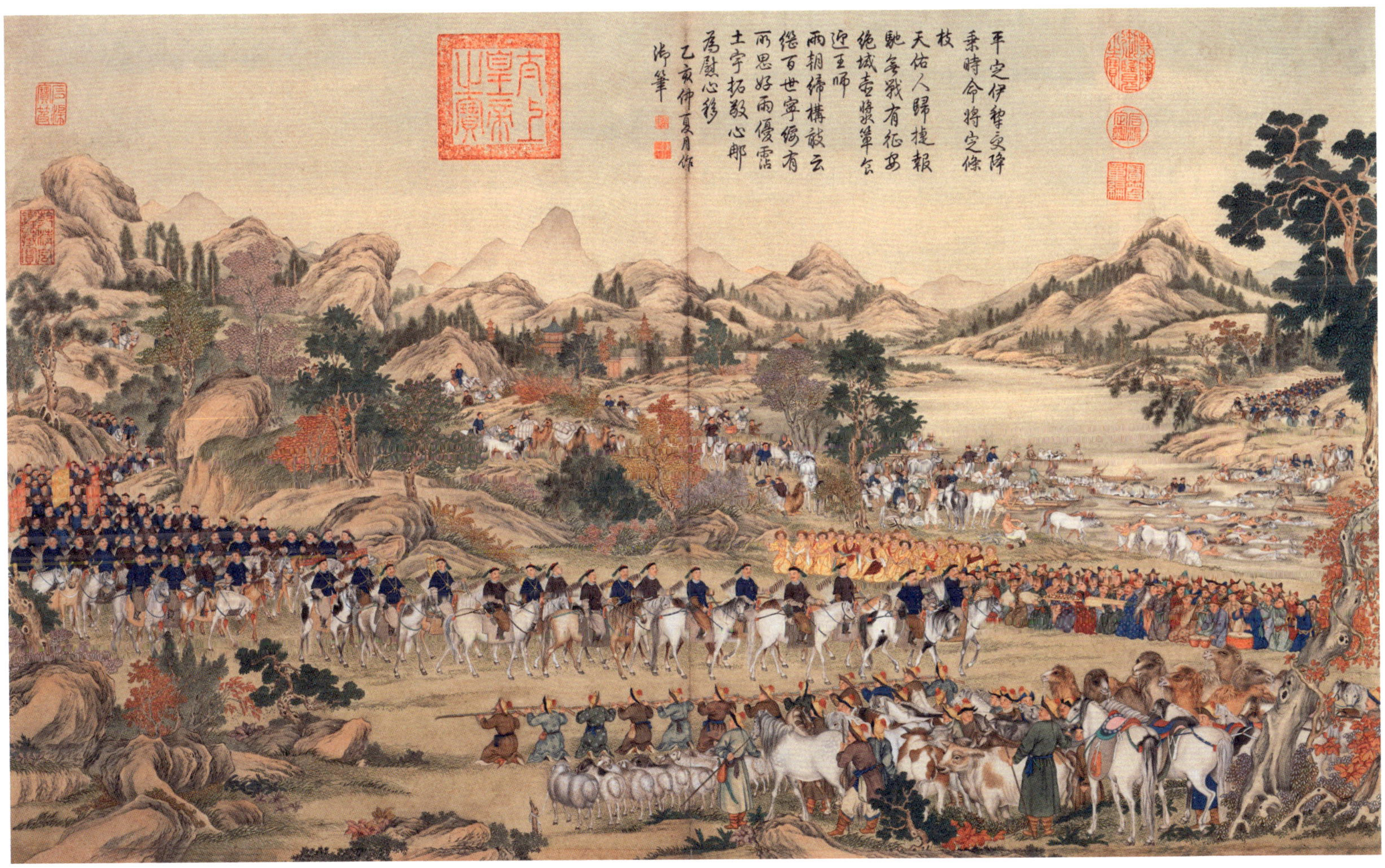

平定西域战图 平定伊犁受降 故宫博物院提供

【6月29日】

一日

乾隆四十五年五月二十七日(1780年6月29日)，六皇子永瑢在岱汉寺(今内蒙古凉城县境内)颁赐乾隆帝的诏书和赏赐物品。并请六世班禅摸顶赐福，三世章嘉和永瑢为班禅举行了盛宴款待。

光绪二十年五月二十六日(1894年6月29日)，热河总管世纲奏报查明文津阁并园内各殿宇陈设书籍情形：文津阁库存缮本经史子集刊本《古今图书集成》等6805函，3334部，91015卷，各殿宇计462款919部，71738卷。列圣鉴定签记仍敬谨收藏。文津阁并各殿宇共计藏书4253部，162753卷。

一诗

延薰山馆

◎康熙

入无暑清凉转西，为延薰山馆，楹宇守朴，不雘不雕，得山居雅致。启北户，引清风，几忘六月。

夏木阴阴盖溽暑，
炎风欵欵守峰衔。
山中无物能解愠，
独有清凉免脱衫。

一解

延薰山馆为“康熙三十六景”第四景，意为引进和风，清爽舒适。此景为七楹大殿，地处如意洲。避暑山庄正宫未建成之前，是清帝处理政务、接见少数民族王公首领、举行宴会颁发奖赏的地方。这首七言绝句，赞美树木浓荫、山风送爽的自然风光，并以自然界的和风隐喻温和的仁政，语义双关，耐人寻味。

诗序介绍延薰山馆的地理位置，称赞其淡雅别致的建筑风格，并点明延薰山馆命名的缘由：“启北户，引清风，几忘六月。”不雘(huò)不雕，不彩绘、不雕饰。

诗的大意是，茂盛高大的树木以其浓密的树荫消除了盛夏的酷热；东北风从宫殿附近两座山峰之间徐徐吹来。山中没有任何东西能解除酷暑之热；独有清风才能使人不脱衣衫而感到凉爽。夏木，高大的树木。阴阴，幽暗的样子，此处指浓密的树冠投在地面形成阴暗的树影。溽(rǔ)暑，盛夏天气又湿又热。炎风，指东北风。款款，徐徐的样子。守峰衔，靠近宫殿两座山峰之间。解愠，同诗题“薰”字一样，也取自屈原“南风之薰兮，可以解吾民之愠兮”之句。愠(yùn)，烦恼、怨怒。

“康熙三十六景”之延薰山馆

【6月30日】

一日

乾隆四十五年五月二十八日(1780年6月30日)，六世班禅在岱汉寺与章嘉国师和六皇子永瑢观赏戏剧、射击、马术、喀尔喀舞蹈。六世班禅与三世章嘉国师晤谈良久。

乾隆五十九年六月三日(1794年6月30日)，乾隆帝命江苏巡抚丰额密查侍郎巴宁阿在原任两淮盐政任内及安远庙工程监工时有无贪黩败检情节。经查属实，遂革去巴宁阿花翎、黄马褂，念其平日办理工程尚属谙习，命释放在热河工程处效力赎罪。

一诗

临芳墅

◎乾　隆

曲阜平冈，缘蹊被隰，无葩不秀，有卉皆芳。别墅数椽，自足幽趣。

奇葩异草四时芬，
八百功常鼻观闻。
是药是花皆采取，
文殊于此亦疑黂。

一解

临芳墅为“乾隆三十六景”第三十二景。此景约建于康熙四十二年至四十七年(1703—1708年)。位于“水流云在”亭之隔岸，西折而南，主体建筑为五楹殿堂规制，跨院。还有东西配殿，周围还有回廊。这里近山临水，且鲜花烂漫，药草遍布，荷满池塘。康熙帝题名“临芳墅”的意境就在于百花草药之芬芳浓郁。

诗序叙写在起伏不平的山冈上，沿着小路两旁或覆盖在低洼处，到处长满奇花异草，竞秀芬芳。皇祖在此构筑了数间殿堂。在此观赏风光，可品味出清净幽雅的情趣。缘，沿着；顺着。被，覆盖。隰，低湿的地方。

诗的前两句意思是，这里一年四季都有奇花异草吐露芬芳，品味花香会使人六根清净而有佛教所说的八百功德。八百功常，即八百功德。指做善事得福报，修得六根(眼、耳、鼻、舌、身、意)清净的功德。鼻观，佛教修行的方法，修行时一心观鼻端和想如来佛一切圆满之相，由初见鼻息如烟，身心内明，再见鼻观成白，化为光明，就修成罗汉果。闻，指闻香，佛地有众香国，园囿楼阁皆香，香气周流十方无量世界。因此把佛居之地或佛寺称为“香界”。乾隆诗句用“闻”字，表现出临芳墅满院飘香，如同“香界”，适合在此修身养性。

诗的后两句意思是，不论是药花还是一般鲜花，都可以随意采撷，即使文殊菩萨来到这里，也像一般人一样分辨不出雄花雌花。文殊，佛教菩萨名。梵语“MANJUSRLS”音译为“妙吉祥”。象征大日如来之五智，象征智慧、锐利、威猛。黂(fén)，指麻的雄株。疑黂，此处并非专指辨不清麻的雌雄株，而是表示临芳墅花草繁茂，很难辨清药花与一般鲜花。

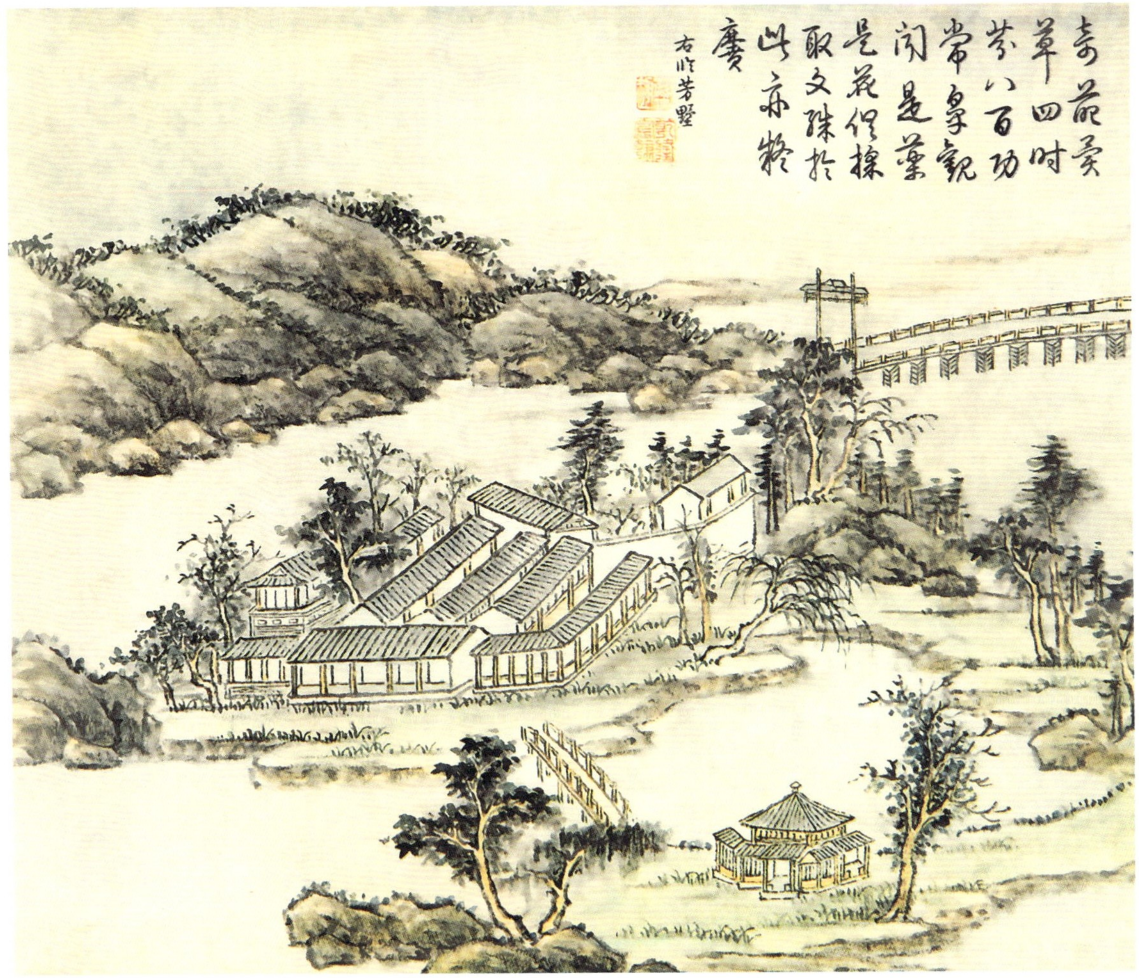

“乾隆三十六景”之临芳墅

蒋廷锡绘制的金莲花、石竹、紫藤、锦葵、荷包牡丹、金丝桃、山丹和夹竹桃等　选自《避暑山庄园林景观》